２分冊の取り外し方法

各冊子と白い紙は、のりで接着されています。
取り外す際は、白い紙を残したまま、各冊子を１冊ずつつまみ、手前にゆっくり引っ張るようにして、取り外してください。

※　取り外しの際に生じた損傷につきましては、お取り替えいたしかねます。あらかじめご了承ください。

第1分冊
正解と解説

住宅新報出版

2024年版

パーフェクト宅建士 過去問12年間

住宅新報出版

はしがき

宅建試験に合格するにはどうすればよいのでしょうか。

勉強法はそれぞれのスタイルがあり、自分に合ったテキストを使うほうがいいことに間違いはありません。しかし、どんな資格試験であっても、合格するためには共通の勉強法があります。それは過去の本試験問題を解くことです。

実際の本試験は、過去の問題と同じではありませんが、問題の多くが基本知識を基にしたバリエーションです。つまり、過去問を確実に理解できれば、合格できるのです。

具体的には、まずは、出題傾向を把握しましょう。試験範囲は膨大でも実際に出るところは限られています。巻頭の12年分の出題傾向や出題テーマ一覧を見てみましょう。その上で、過去問を解くことで、出題箇所がどこかよく知ることができます。

また、問題を解くチカラとコツを身につけて下さい。知識を詰め込むことと問題を解けるようになることは別です。テキストをしっかり読み込んでいても思うように解けないこともあります。しかし、過去問を繰り返し解くうちに、問題を解くコツが体得できます。さらに、詳しい解説を読むことによって、深い知識が身につくのです。

これで、過去問の勉強がいかに効果的であるか、おわかりいただけたでしょうか。

本書は、正解の肢だけでなく、全部の選択肢について詳しくていねいに解説を記述しています。さらに、過去の問題にも法改正を反映し、令和6年度試験に対応してあります。「問題編」「解説編」それぞれが取り外せるため学習がはかどります。

合格をめざす全受験者の期待に十分応えられるものと自負しています。

本書の活用によって、より多くの方々が合格されますことを、編集部一同、心から願っております。

2023年12月

(株)住宅新報出版
出版部

Contents

目次

第1分冊

本書の見方と使い方

1．出題傾向を把握する

分野別出題傾向（xiiiページ～）を参考に、学習計画や弱点克服、本試験攻略に役立ててください。

2．本試験で50問解ききる力をつける

①〔問題〕を解く

問題を順に解いていくだけでは、時間内に全問解ききることができないかもしれません。そのために、どの分野を先に解いていくか、また、どのくらいの時間を使うかというペース配分をあらかじめ知っておくことは重要です。過去問を使って自分の得意・不得意の傾向をつかみましょう。

［問題の見方］

問題 1※　改正などにより、出題当時のままでは不適切である場合、令和６年度の試験に対応するよう、問題番号の後に※印をつけ、内容を補正しました。

問題 48　問題48は統計問題です。参考問題として出題当時の数値のまま掲載しております。後日、読者特典として令和５年度試験に向けた最新の数値で作り直した問題を公開いたします。詳細は次ページ＊特典３＊を参照してください。

②〔解説〕を読む

正解や誤りの根拠をわかりやすく解説しています。答えられたかどうかにかかわらず、目を通すようにしましょう。

［解答・解説の見方］

難易度 A　難易度 B　難易度 C　難易度 D

各問題の解説には難易度を掲載。Aが最もやさしく、Dが最も難しくなっています。問題を解く際の目安としてください。

基本書　第１編 第２章 2 不動産物権変動

解説末尾に『2024年版パーフェクト宅建士基本書』の参照項目を掲載しています。わからない箇所は基本書に戻って復習しましょう。

問題 48　正解 －　統計

統計問題の解説は、後日読者特典として令和6年度試験に向けた最新の数値で改題した解説を公開いたしますので、令和5年度試験の解説（最新問題）を除き、掲載しておりません。

おしらせ

本書は、2023年11月1日現在で施行されている法令に基づいて編集されています。宅建試験は、その年の法令適用日（例年4月1日）に施行されている法令にのっとり、出題されます。本書に掲載している法令等が2024年4月1日までに改正・施行され、**本書の内容に修正等を要する場合**には、当社ウェブサイトにてお知らせいたします。

https://www.jssbook.com/

なお、情報の公開は「2025年版」発行までとさせていただきます。ご了承ください。

● パーフェクト宅建士シリーズ読者特典 ●

下記のコンテンツはすべて、無料で専用ページからダウンロードできます。

https://www.jssbook.com/news/n54784.html

＊特典１＊　**電子書籍　パーフェクト宅建士基本書 ＋ 一問一答Pocket　おためし版**

シリーズの人気タイトルの一部を無料でお試しいただけます。ぜひお試しください。

（2024年2月公開予定）

＊特典２＊　**重要統計データ**

令和６年度の宅建本試験で出題される可能性が高い統計データを掲載します。

（2024年8月公開予定）

＊特典3＊　**12年分の最新統計問題＆解説**

各年度の問題48（統計問題）は、今年度の本試験の基準となる最新統計数値をベースとした問題に改題し、解説を作成したものを掲載します。　（2024年8月末公開予定）

●マークシートの記入方法（実際の用紙はＡ4判）

（記入上の注意）

1. 氏名(フリガナ)及び受験番号を確認すること。
2. 氏名(漢字)欄に漢字で氏名を記入すること。
3. 解答は1問につき1つしかないので、2つ以上マークしないこと。
4. 記入に際しては必ずB又はHBの鉛筆(シャープペンの場合は、なるべくしんの太いもの)を使用すること。
5. マークを訂正する場合は、プラスチック消しゴムで完全に消してからマークし直すこと。
6. この解答用紙をよごしたり折り曲げたりしないこと。
7. (マーク欄)は右の良い例のようにマークすること。

— マ ー ク 例 —

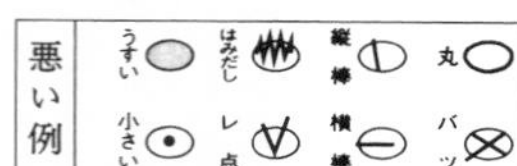

マークシートは、無料で専用ページからダウンロードできます。

https://www.jssbook.com/news/n54784.html

解答欄

問題番号	解答番号	問題番号	解答番号
第 1 問	① ② ③ ④	第 26 問	① ② ③ ④
第 2 問	① ② ③ ④	第 27 問	① ② ③ ④
第 3 問	① ② ③ ④	第 28 問	① ② ③ ④
第 4 問	① ② ③ ④	第 29 問	① ② ③ ④
第 5 問	① ② ③ ④	第 30 問	① ② ③ ④
第 6 問	① ② ③ ④	第 31 問	① ② ③ ④
第 7 問	① ② ③ ④	第 32 問	① ② ③ ④
第 8 問	① ② ③ ④	第 33 問	① ② ③ ④
第 9 問	① ② ③ ④	第 34 問	① ② ③ ④
第 10 問	① ② ③ ④	第 35 問	① ② ③ ④
第 11 問	① ② ③ ④	第 36 問	① ② ③ ④
第 12 問	① ② ③ ④	第 37 問	① ② ③ ④
第 13 問	① ② ③ ④	第 38 問	① ② ③ ④
第 14 問	① ② ③ ④	第 39 問	① ② ③ ④
第 15 問	① ② ③ ④	第 40 問	① ② ③ ④
第 16 問	① ② ③ ④	第 41 問	① ② ③ ④
第 17 問	① ② ③ ④	第 42 問	① ② ③ ④
第 18 問	① ② ③ ④	第 43 問	① ② ③ ④
第 19 問	① ② ③ ④	第 44 問	① ② ③ ④
第 20 問	① ② ③ ④	第 45 問	① ② ③ ④
第 21 問	① ② ③ ④	第 46 問	① ② ③ ④
第 22 問	① ② ③ ④	第 47 問	① ② ③ ④
第 23 問	① ② ③ ④	第 48 問	① ② ③ ④
第 24 問	① ② ③ ④	第 49 問	① ② ③ ④
第 25 問	① ② ③ ④	第 50 問	① ② ③ ④

傾向と対策

宅建試験ガイド

1 宅建試験とは

不動産のスペシャリストである宅地建物取引士（宅建士）になるための試験のことです。毎年約20万人の受験生がチャレンジし、合格率は15%前後。試験は例年10月の第三日曜日に実施されます。

2 受験資格

年齢・性別・学歴等の制限はいっさいありません。

3 試験の内容

試験は都道府県知事が行うことになっており、試験日時、試験問題は全国統一です。

試験基準は、宅地建物取引業法施行規則7条に「試験は、宅地建物取引業に関する実用的な知識を有するかどうかを判定することに基準を置くものとする」と規定されています。具体的には、宅地建物取引業法施行規則8条では、試験内容を次の表のように定めています。

号	試験の内容
1	土地の形質、地積、地目及び種別並びに建物の形質、構造及び種別に関すること
2	土地及び建物についての権利及び権利の変動に関する法令に関すること
3	土地及び建物についての法令上の制限に関すること
4	宅地及び建物についての税に関する法令に関すること
5	宅地及び建物の需給に関する法令及び実務に関すること
6	宅地及び建物の価格の評定に関すること
7	宅地建物取引業法及び同法の関係法令に関すること

⑤ 試験の一部免除

登録講習（宅建業に従事している方を対象として、宅地建物取引業法16条3項に基づいて国土交通大臣の登録を受けた登録講習機関が行う講習）を修了し、その修了試験に合格した日から3年以内に宅建試験を受けようとする方は、前ページ表の第1号と第5号について免除されます。免除される問題は、これまで第1号が2問、第5号が3問の計5問でした。

⑥ 最新の出題傾向

出題は全部で50問です。試験の内容は❸で紹介した7項目ですが、実際には次の4分野に振り分けられます。

分野	号	出題数
宅建業法	第7号	20問
権利関係	第2号	14問
法令上の制限	第3号	8問
その他	第1号、 第4号～6号	8問（税金2、需給関係・取引実務3、 鑑定関係1、土地・建物2）

⑦ 直近5年分の合格ラインと合格率

年度	R1	R2(10月)	R2(12月)	R3(10月)	R3(12月)	R4	R5
合格ライン(点)	35	38	36	34	34	36	36
合格率(%)	17.0	17.6	13.1	17.9	15.6	17.0	17.2

合格のための学習法

本書をはじめとするパーフェクト宅建士シリーズでは、独学で学ぶ受験生のニーズに合わせた豊富なラインナップをそろえています。

ただし、効率よく学習するためにはそれぞれの特色を理解し、①インプット、②アウトプット、③しあげをバランスよく組み合わせる必要があります。ぜひ使いこなして、合格を掴みとりましょう。

1 おすすめの組合せ

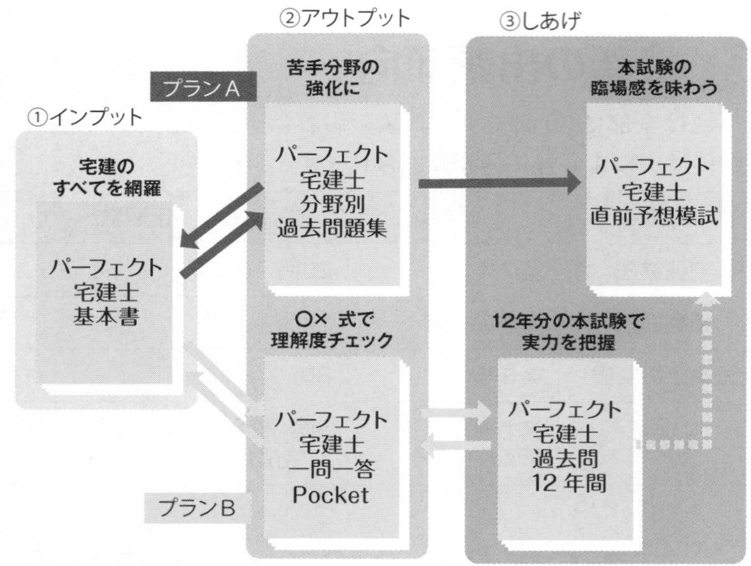

プランA 分野別＆基本書＆直前予想模試	プランB 基本書＆一問一答＆12年間
まずは実際の本試験の問題を解いて、どう出題されるのかを知りながら進めるならこちら。 ① **分野別過去問題集**を解いて、 ② **基本書**でわからないことを確認！ ③ ①②を繰り返したら、**直前予想模試**で本試験形式を体験しつつ、苦手分野を補強しましょう！	確実な得点力が欲しいなら、肢ひとつひとつの正誤に答えられる正確な知識を身につけることが一番です。そのためのプランがこちら！ ① **基本書**を読んで、 ② **一問一答Pocket**で繰り返し問題を解き、 ③ ①②を進めつつ、**過去問12年間**で本試験の解き方をものにしましょう！

② スケジュール・使い方

選んだテキスト・問題集はどう使えばいいのでしょうか。
また、いつ頃しあげにかかればいいか、目安をまとめてみました。

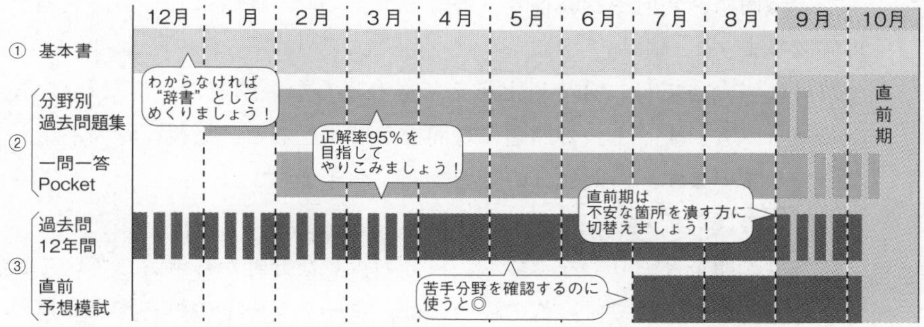

① インプット
→直前までわからなければ調べる
② アウトプット
→夏までに一通り終わらせる
③ しあげ
→８月ごろから直前期にかけて集中的に使う
→**過去問12年間**の場合は春ごろから使って、苦手分野を定期的に洗い出そう

ワンポイントアドバイス！

学習を進めるコツは1冊を使いきることです。
これと決めたテキスト・問題集を使い込みましょう。

ヒント！ これは、あくまで理想のスケジュールです。ご自分の勉強の進捗や、苦手な分野・論点に合わせて必要と感じたテキスト・問題集を使いましょう。

本試験攻略法

① 目指せ！１問２分

50問を２時間で解く試験ですので、単純に計算すると、１問当たりの所要時間は２分24秒。これでは問題を再検討する時間がないため、平均２分で１問を解くようにすると、トータルで20分の余裕ができます。

この時間に、名前や受験番号、解答できなくて、保留にしてある問題を再確認します。

解答に当たっては、３分以上考えてもわからない問題は、こだわらず、次に進むべきです。１つの問題に時間をかけすぎると、最後に時間不足となってしまいます。時間配分の練習をしておきましょう。

② 解くのは得意分野から！

解答は、順番どおりでなくても、自分の得意な分野から解答していくというのも１つの方法です。この場合には、マークシートの解答欄を間違わないように十分注意しましょう。

③ 「正しいもの」と「誤ったもの」に注意！

出題は、「正しいものはどれか」「誤ったものはどれか」といった形式がほとんどです。正誤を取り違えるような単純なミスを防ぐために、問題文の「正」「誤」に目印の○をつけてから、出題肢を読んでいくとよいでしょう。

④ 余白を活用せよ！

民法や宅建業法などの問題では、A、B、Cなど、複数の人物が出てくることがあります。その関係図を問題用紙の余白に書いて出題肢を読むと、理解がスムーズです。

⑤ 記入ミスをなくそう！

試験問題の形式は四肢択一で、正解は１つです。１問に２つ以上を解答用紙に記入してしまうと、その問題の得点にはなりません。マークシートの正しい記入の仕方については、viページを参考にしてください。

分野別出題傾向

※1　出題項目は『2024年版パーフェクト宅建士基本書』の掲載順になっています。
※2　重要度は頻出順に★★★→★★→★で表記しています。
※3　出題項目の詳細は令和５年度～平成24年度出題テーマ一覧（xxxページ～）をご参照ください。

1 権利関係

法令等	出題項目	H24	H25	H26	H27	H28	H29	H30	R1	R2⑩	R2⑫	R3⑩	R3⑫	R4	R5	重要度
民法	民法の基本原則	○	○													★
	制限行為能力者制度		○	○		○						○	○	○	○	★★
	法律行為･意思表示	○	○		○	○	○	○	○	○						★★★
	代理	○		○			○	○	○		○		○	○		★★
	時効			○	○		○	○	○	○	○			○	○	★★
	条件･期限･期間							○						○		★
	物権とは													○		★
	不動産物権変動					○			○				○	○	○	★
	所有権･共有、地役権等			○	○		○			○	○		○		○	★★
	担保物権(留置権･先取特権･質権)		○				○									★
	抵当権･根抵当権	○	○	○	○	○	○	○	○				○	○	○	★★★
	連帯債務						○					○				★
	保証債務	○	○							○						★
	可分債権･債務、不可分債券･債務、連帯債権															★
	債権譲渡			○		○		○				○				★★
	債務引受				○	○										★
	債務不履行、損害賠償、解除	○		○	○	○				○	○		○			★★
	売買、予約･手付他				○		○			○	○		○			★★
	売主の契約不適合責任			○		○	○		○			○	○			★★
	弁済		○						○			○				★
	相殺							○							○	★
	賃貸借		○	○	○	○	○	○		○	○	○	○	○	○	★★★
	請負･委任･寄託･贈与･使用貸借･消費貸借	○	○		○		○		○	○		○		○	○	★★
	不法行為	○	○	○		○			○		○	○				★★
	相続	○	○	○	○	○	○	○	○	○	○	○	○	○	○	★★★
借地借家法	借地関係	○	○	○	○	○	○	○	○	○	○	○	○	○	○	★★★
	借家関係	○	○	○	○	○	○	○	○	○	○	○	○	○	○	★★★
建物の区分所有等に関する法律		○	○	○	○	○	○	○	○	○	○	○	○	○	○	★★★
不動産登記法		○	○	○	○	○	○	○	○	○	○	○	○	○	○	★★★

問１から問14までが権利関係の分野であり、問１から問10までが民法、問11と問12が借地借家法、問13が区分所有法、問14が不動産登記法から出題されている。

令和５年度の本試験において、令和２年民法改正点から、14肢出題された。民法に関し、令和５年に相隣関係、共有、遺産分割等について重要な改正があり、相隣関係の一部は出題されたが、共有や遺産分割については出題されていない。また、所有者不明土地・建物管理制度が新設されている。令和６年度の試験においても、改正点は注視しなければならない。

さらに、不動産登記法について、令和５年に改正があり、その一部が令和５年度本試験において正解肢として出題されている。また、令和６年４月１日施行の改正として、相続登記の義務化と相続人申告登記が重要である。

下記において試験に出るポイントを解説したい。

●民法

《制限行為能力者制度》

(1) 成年被後見人の居住用不動産の処分については、家庭裁判所の許可が必要であるという論点は、繰り返し定期的に出題される。この制度は、被保佐人も被補助人の場合にも同じように適用されることに注意。

(2) 制限行為能力者の相手方の保護の制度に注目しよう。具体的には、制限行為能力者が詐術を用いた場合、取消権の期間の制限、催告権が重要である。

《法律行為・意思表示》

意思表示の問題は、ほぼ毎年出題される重要論点であるが令和３年～５年度は出題されていないので注目しよう。法改正点は、今後も出題されると思われるので、意思表示における第三者が保護される要件をまとめてみよう。

(1) 心裡留保により意思表示をした者は、相手方が悪意または善意有過失であれば無効を主張できるが、その無効を善意の第三者に対抗できない。心裡留保における第三者は、善意有過失・善意無過失を問わず善意でさえあれば保護される。

(2)　虚偽表示による無効は、善意の第三者には対抗できない。虚偽表示における第三者は、善意有過失・善意無過失を問わず善意でさえあれば保護される。

(3)　相手方の詐欺を理由とする取消しは、善意無過失の第三者には対抗できないが、悪意または善意有過失の第三者には対抗できる。また、第三者の詐欺を理由とする取消しは、相手方が善意無過失の場合は取り消せないが、悪意または善意有過失の場合は取り消すことができる。

(4)　錯誤を理由とする取消しは、善意無過失の第三者には対抗できない。

《代理》

代理に関する改正点で、今後、出題が予想される重要なものとして以下のようなものがある。

(1)　制限行為能力を理由に代理人の代理行為を取り消すことができないが、これについて例外を設けている。

(2)　代理権の濫用行為について、相手方がその濫用目的を知りまたは知ることができたときは、無権代理となる。

(3)　代理権消滅後の表見代理と権限外の行為の表見代理の重複適用が可能であるとの判例が条文になった点も注目しなければならない。過去問題においても、この論点は判例として出題されている。

(4)　無権代理人と取引をした相手方が善意有過失であっても、無権代理人が悪意であれば、履行または損害賠償の請求をすることができるようになった点に注目しよう。もちろん、相手方の権利として、催告権、取消権も重要である。

《時効》

時効も改正点が多数あり、令和２年度10月・12月、令和４年度の試験に出題されている。まだ、出題されていない、(1)〜(3)の論点にも注目しよう。

(1)　裁判上の請求（訴えの提起）は時効完成猶予事由であり、訴訟継続中は時効は完成しない。確定判決により権利が確定すると時効は新たに進行を開始する。すなわち、確定判決は時効更新事由である。

(2)　訴えを取り下げた場合には、時効は６カ月経過するまで完成しない。すなわち、訴えの取り下げは、時効完成猶予事由となる。

(3)　催告は時効完成猶予事由であり、６カ月経過するまで時効は完成しない。催告によって時効の完成が猶予されている間にされた再度の催告は、時効の完成猶予の効力を有しない。

(4) 取得時効の要件を押さえよう。占有には、直接占有だけでなく間接占有（代理占有）も含まれること、善意・悪意・過失の有無は占有開始時に決まること、占有の承継の応用問題等も解けるようにしておこう。

《不動産物権変動》

令和５年度試験では、時効取得と登記の問題が出題されたが、他にも登記がなくても対抗できる第三者、背信的悪意者、取消しと登記、解除と登記、遺産分割と登記、相続放棄と登記等も重要な論点である。

《所有権・共有、地役権等》

(1) 令和５年度の試験において、令和５年の改正点である相隣関係の「隣地使用権」と「竹木の枝の切除」から出題されたが、「継続的給付を受けるための設備の設置権等」は、まだ、出題されていない。

(2) 令和５年の共有の改正点からは、まだ、出題されていないので、注目しなければならない。軽微な変更行為は、管理行為として扱い、過半数で決することができるようになったこと、共有物の短期賃貸借は、管理行為に属するが、短期賃貸借の存続期間を超える賃貸借は、変更行為に該当すること、所在等不明共有者が存在する場合の処理が重要な論点となる。

《抵当権・根抵当権》

抵当権は毎年出題される必須論点であったが民法改正論点から多く出題する必要があったためか、令和２年度10月・12月試験および令和３年度10月試験においては、出題されなかった。

今後、出題が予想される論点として以下のものを押さえておこう。

(1) 抵当権の順位の変更には、抵当権者全員の合意、利害関係人の承諾および登記が必要である。利害関係人とは具体的にどういう者をいうのかを把握しておこう。

(2) 抵当権の効力が及ぶ範囲を具体的に覚えること。①抵当目的物に付加して一体となった物（付加一体物）、②主物である不動産に抵当権を設定した場合、従物である畳・建具、石灯籠にも抵当権の効力が及ぶ。

(3) (2)とは反対に、抵当権の効力の及ばない物として、土地と建物は別個の不動産であるから、一方に抵当権を設定しても、他方には抵当権の効力が及ばない。また、果実には抵当権の効力は原則として及ばないが、被担保債権について債務不履行があった後は、その後に生じた天然果実・法定果実に抵当権の効力が及ぶことに注意が必要である。

(4) 物上代位、代価弁済、抵当目的の賃借人の保護等も押さえておこう。

(5) 根抵当権の被担保債権の範囲および債務者の変更、極度額の変更、根抵当権の元本の確定事由等が重要である。

《債務不履行、損害賠償、解除》

履行期と債務不履行の時期、履行遅滞中の履行不能と帰責事由、金銭債務の特則からの出題が予想される。また、損害賠償額の予定については、民法の問題だけでなく、宅建業法にも関連するので、注意が必要。

《売主の契約不適合責任》

売主の契約不適合責任は、民法の問題だけでなく、宅建業法の８種制限での基礎知識にもなる重要な論点である。買主が不適合を知った時から１年以内に売主に通知しないときは、追完請求等の不適合責任を追及できない。また、引渡しを受けた買主が、契約不適合の事実を知らずに、目的物の引渡しの時（消滅時効の起算点）から10年経過した場合には、買主の権利は時効によって消滅することに注意しよう。

《賃貸借》

賃貸借は、借地借家法の基礎となるので必須論点である。賃借権の存続期間が50年であること、不動産の賃貸人たる地位の移転、敷金の移転、賃貸人による修繕義務、賃借人による修繕、賃借物の一部滅失等による賃料の減額等、転貸借の効果等が重要である。

《請負・委任・寄託・贈与・使用貸借・消費貸借》

この分野は、要領よくそれぞれの契約の特徴を押さえるべきである。請負契約においては、注文者が受ける利益の割合に応じた報酬、請負人の担保責任の制限、担保責任の期間の制限等をチェックしよう。委任契約においては、委任が途中で終了した場合の受任者の報酬請求が重要。使用貸借契約は、改正前は要物契約であったが、諾成契約に改正された。そのため書面によらない使用貸借契約の場合、借用物受取り前の買主による使用貸借の解除権が設けられた部分を押さえておこう。

書面でする消費貸借契約の借主は、貸主から金銭その他の物を受け取るまで、契約の解除をすることができる。なお、電磁的記録によって消費貸借契約がなされる場合も書面による消費貸借とみなされる。

《不法行為》

人の生命または身体を害する不法行為による損害賠償請求権の消滅時効については、損害および加害者を知った時から５年間行使しないとき、または不法行為の時から20年間行使しないときは、時効によって消滅するという部分と一般的な不法行為の場合との違いが重要である。

《相続》

令和５年の改正により、原則として、相続開始時から10年を経過した後にする遺産分割は、具体的相続分ではなく、法定相続分（又は指定相続分）によることになった。遺留分侵害額請求権を行使しても、遺贈等は有効のままであり、単に金銭を請求できる権利にすぎないという点と配偶者居住権と配偶者短期居住権の違いが重要である。

●借地借家法

《借地関係》

借地借家法からは借地の問題が１問出題される。民法の賃貸借の規定が適用される場合と借地借家法が適用される場合の事例問題に対処できるように知識を比較しながらまとめておこう。定期借地権、存続期間10年以上30年未満の事業用定期借地権、存続期間30年以上50年未満の事業用定期借地権の違いを押さえておこう。

《借家関係》

相続人ではない内縁の配偶者等が居住用建物の借家権を承継するための要件、期間の定めのない普通借家契約と期間の定めのある普通借家契約の解約の申入れ・更新拒絶の要件を押さえておけば、応用問題にも対処できると思われる。

●建物の区分所有等に関する法律

区分所有法からは毎年１問出題される。共用部分等や規約および集会から多数出題されている。規約で、原則を変更することができる事例を覚えよう。

●不動産登記法

令和6年の改正点として、不動産を取得した相続人に対し、その取得を知った日から3年以内に相続登記の申請をすることを義務付けられた点と、相続人申告登記が狙い目である。

2 宅建業法

法令等	出題項目	H24	H25	H26	H27	H28	H29	H30	R1	R2⑩	R2⑫	R3⑩	R3⑫	R4	R5	重要度
宅建業法	「宅地建物取引業」とは	○		○	○		○	○	○	○	○		○	○	○	★★★
	宅建業の免許	○	○	○	○	○	○		○	○	○		○		○	★★★
	宅地建物取引士	○	○	○		○	○	○	○	○	○	○	○	○	○	★★★
	免許の基準と登録の基準	○	○		○			○	○	○	○	○	○	○	○	★★★
	営業保証金と保証協会	○	○	○	○	○	○	○	○	○	○	○	○	○	○	★★★
	一般的規制	○	○	○	○	○	○	○	○	○	○	○	○	○	○	★★★
	自ら売主規制（8種制限）	○	○	○	○	○	○	○	○	○	○	○	○	○	○	★★★
	報酬・その他の制限	○	○	○	○	○	○	○	○	○	○	○	○	○	○	★★★
	監督処分等	○	○	○	○	○	○	○	○		○		○		○	★★★
	罰則		○				○	○					○		○	★
	合格の取消し等															★
住宅瑕疵担保履行法	売主・請負人の担保責任				○			○	○	○					○	★★
	住宅販売瑕疵担保保証金の供託	○	○	○	○	○	○		○	○	○	○	○	○	○	★★★

問26から問45までの20問は、宅地建物取引業の分野である。問26から問44までの19問が宅地建物取引業法の問題であり、問45は住宅瑕疵担保履行法の問題が出題されている。

●宅建業法

《「宅地建物取引業」とは》

分譲の代理を依頼した者、分譲の媒介を依頼した者には免許が必要であるという問題が、ほぼ毎年出題される。また、学校が、自校の生徒にのみ毎年、賃貸マンションを紹介する行為は、業として行う行為に該当しないというように、業として行う行為に該当するか否かの論点も注意してほしい。

《宅建業の免許》

宅建業者名簿の登載事項および変更の届出、免許証の記載事項および免許証の書換交付申請を明確に暗記しなければならない。また、廃業等の届出も頻出論点であり、5つの場合に廃業等の届出が必要であり、免許の失効時期も細かく覚える必要がある。

《宅地建物取引士》

宅地建物取引士登録簿（以下「登録簿」という）の変更の登録をしなけ

ればいけないのは、氏名・住所・本籍・宅建業者の商号・免許番号の５つである。宅地建物取引士は、氏名または住所に変更を生じた場合、登録簿の変更の登録と宅地建物取引士証の書換え交付申請をしなければならない等の応用問題に注意が必要である。

《免許の基準と登録の基準》

免許の基準（免許欠格要件）と登録の基準（登録欠格要件）は共通するものが多い。特に、成年者と同一の行為能力を有しない未成年者の法定代理人が免許の欠格事由に該当する場合は要注意。

《営業保証金と保証協会》

この分野は毎年それぞれ１問出題される。両分野について、お金の流れを図を描いて理解を深めるとよい。この両分野では、ほとんど２週間以内に何々をしなければらないと定められているが、１週間以内にしなければならないものが２つある。また、本店を移動したため最寄りの供託所に変更を生じた場合の二重供託または保管替え請求も重要である。さらに、営業保証金の取戻しと、弁済業務保証金の取戻しの場合の６カ月間の公告の違いも押さえておこう。

《一般的規制》

媒介契約書面、重要事項説明書、37条書面の３大書面が最も重要である。媒介書面に関しては、一般媒介契約、専任媒介契約または専属専任媒介契約ごとに、それぞれの違いを比較しながら覚えよう。同じように、重要事項説明書と37条書面も比較しながら、両方に共通する事項、共通しない事項を把握すべきである。また、重要事項については、取引対象がマンションの場合の追加重要事項も細かく暗記しなければならない。また、ＩＴ重説を行う場合の条件が令和４年度の試験に出題されている。なお、媒介契約書面、レインズへの登録済証、重要事項説明書、37条書面は電磁的方法で提供することができるようになったので注意が必要。

《自ら売主規制（８種制限）》

８種制限について、他人物売買の禁止、手付金の制限、損害賠償額・違約金の制限、クーリング・オフ、手付金等保全措置、担保責任についての特約の制限が重要である。割賦販売契約の解除等の制限および所有権留保等の禁止はあまり出題されないので、後回しにしよう。

担保責任についての特約の制限は、契約不適合責任の十分な理解が必要である。

《報酬・その他の規制》

(1) 報酬の問題は、媒介または代理をする宅建業者が複数関与する場合の計算が難しいので、理解を深めておこう。また、取引金額が400万円以下で、現地調査費用が必要とされる場合に適用される空家等の場合の特例も重要である。

(2) 従業者名簿・帳簿の保存期間・記載事項または標識等は、定期的に出題されている。案内所等に成年者の専任の宅地建物取引士を１名以上設置しなければならない場合の10日前までの届出も重要である。

《監督処分等》

(1) 宅地建物取引業者に対する指示処分、業務停止処分、免許取消処分は、宅地建物取引士に対する指示処分、事務禁止処分、登録消除処分はそれぞれ誰ができるかを押さえなければならない。

(2) 罰則について、覚える順序をいうと、最初に一番軽い10万円以下の過料に処される３つを覚え、次に、一番重い３年以下の懲役または300万円以下の罰金に処される４つを覚え、さらに余裕があれば、両罰規定である法人に１億円以下の罰金を科すことができる場合を覚えよう。

●住宅瑕疵担保履行法

この分野は、同じ論点が繰り返し出題されているので、得点しやすい分野である。

《売主・請負人の担保責任》

新築住宅を非業者に販売する場合は、宅建業者が資力確保措置を講じなければならず、代理・媒介業者が講じるのではないという部分が繰り返し出題されている。また、新築住宅の定義も押さえておこう。

《住宅販売瑕疵担保保証金の供託》

令和２年10月実施試験の問45肢２は、新傾向の問題であるが、このようにわからない問題が出たら、宅地建物取引業法の営業保証金の知識で解けば、ほぼ正解に達することができる。以下、少し例をあげよう。

(1) 住宅販売瑕疵担保保証金も営業保証金も、当該宅地建物取引業者の主たる事務所の最寄りの供託所に供託する。

⑵　住宅販売瑕疵担保保証金も営業保証金も、国債証券、地方債証券その他の国土交通省令で定める有価証券をもって、これに充てることができる。また、評価の仕方も同じである。国債証券は額面金額の100％の評価額となり、地方債証券・政府保証債券は額面金額の90％の評価額、その他の有価証券は額面金額の80％の評価額となる。

⑶　宅地建物取引業者は、金銭のみをもって住宅販売瑕疵担保保証金や営業保証金を供託している場合において、主たる事務所を移転したためその最寄りの供託所に変更を生じたときは、遅滞なく移転前の供託所に対し、費用を予納して、移転後の主たる事務所の最寄りの供託所への住宅販売瑕疵担保保証金や営業保証金の保管替えを請求しなければならない。

また、金銭と有価証券で供託している場合、または有価証券のみで供託している場合は、二重供託しなければならないのも同様である。

3 法令上の制限

法令等	出題項目	H24	H25	H26	H27	H28	H29	H30	R1	R2⑩	R2⑫	R3⑩	R3⑫	R4	R5	重要度
都市計画法	都市計画の全体構造															★
	都市計画区域・準都市計画区域の指定										○				○	★
	都市計画の内容			○	○	○	○	○	○	○	○	○	○	○	○	★★★
	都市施設・市街地開発事業・予定区域と建築等の制限（都市計画制限・都市計画事業制限）	○					○			○			○			★
	都市計画の決定	○			○						○					★
	開発許可制度	○	○	○	○	○	○	○	○	○	○	○	○	○	○	★★★
	不服申立て（開発審査会への審査請求）															★
建築基準法	全体構造													○		★
	建築確認と完了検査	○		○	○		○	○	○	○		○		○		★★★
	単体規定	○	○	○		○	○		○	○	○	○	○	○	○	★★★
	集団規定	○	○	○	○	○	○	○	○	○	○	○	○	○	○	★★★
	建築協定	○			○		○									★
	仮設建築物															★
盛土規制法又は宅地造成及び特定盛土等規制法	定義				○					○		○				★
	規制区域内における宅地造成等に関する工事等の規制	○	○	○	○	○	○	○	○	○	○	○	○	○	○	★★★
	造成宅地防災区域内の制限											○		○	○	★
土地区画整理法	土地区画整理事業	○	○	○			○	○	○	○	○	○	○	○		★★★
	仮換地		○		○	○		○						○	○	★★
	換地処分		○	○	○				○			○	○	○	○	★★
	建築等の制限							○				○		○	○	★
農地法		○	○	○	○	○	○	○	○	○	○	○	○	○	○	★★★
国土利用計画法	土地取引の規制				○						○		○		○	★
	事後届出制	○	○	○	○	○		○	○	○	○	○	○	○	○	★★★
	事前届出制（注視区域制度・監視区域制度）															★
	土地取引の許可制													○		★
その他の法令上の制限	原則			○			○									★
	例外			○			○									★

問15から問22までの８問は、法令上の制限の分野である。都市計画法から２問、建築基準法から２問、他に国土利用計画法、農地法、宅地造成及び特定盛土等規制法、土地区画整理法、その他の法令から出題される。

今後、出題が予想される論点として以下に注意しよう。

●都市計画法

《都市計画の内容》

都市計画法については、最初に13種類の用途地域は完璧に暗記することが必要だ。

特に、高度地区、高度利用地区、特別用途地区、特定用途制限地域、高層住居誘導地区、特例容積率適用地区等のキーワードはしっかり暗記しなければならない。

《開発許可制度》

開発行為に関連する問題は、ほぼ毎年出題される。①許可が必要とされる面積、②工事完了公告前の建築制限と例外、③工事完了公告後の建築制限と例外、④市街化調整区域のうち開発許可を受けた開発区域以外の区域内の建築制限等が重要である。

●建築基準法

《建築確認と完了検査》

建築基準法からは、建築確認の問題がほぼ毎年出題されるので、延べ面積200㎡を超える特殊建築物、大規模建築物または一般建築物がどのような場合に建築確認が必要とされるかを覚えなければならない。また、その後の中間検査、工事完了検査の申請等の手続も押さえておこう。

《単体規定》

単体規定で重要なのは数字を暗記すること。例えば、高さ31mを超える建築物には、非常用エレベーターを設置しなければならない。高さ20mを超える建築物には、避雷設備を設置しなければならない。住宅の採光のための開口部の面積は、床面積の７分の１（10分の１まで緩和可能）以上、換気のための開口部の面積は、床面積の20分の１以上等である。

《集団規定》

集団規定も同様に数字が重要だ。その他の論点としては、改正点である準防火地域内において耐火建築物等・準耐火建築物等を建築する場合の建蔽率、防火地域または準防火地域内の制限、日影規制等も重要である。

●宅地造成及び特定盛土等規制法

《宅地造成等工事規制区域内における宅地造成等に関する工事等の規制》

令和５年５月に宅地造成等規制法は、宅地造成及び特定盛土等規制法という名称の法律に変更された。宅地造成等工事規制区域内において行われる宅地造成等に関する工事については、工事主は、当該工事に着手する前に、都道府県知事の許可を受けなければならない（許可を受けるのは工事主である)。「盛土であって、高さが２ｍを超えるもので崖を生じないもの」も宅地造成に加えられた。

なお、宅地造成等とは、宅地造成、特定盛土等又は土石の堆積をいい、これらの定義が問われる可能性が高い。

●土地区画整理法

《土地区画整理事業》

土地区画整理事業の施行者を２つのグループに分けることが重要である。個人・土地区画整理組合、区画整理会社という私的な施行者と、国土交通大臣、地方公共団体、都市再生機構、地方住宅供給公社という公的な施行者に分ける。

私的施行者が仮換地・保留地を定める場合と公的施行者が仮換地・保留地を定める場合の違いを整理しよう。

《仮換地・換地処分》

仮換地の指定が重要。誰に対して、いつ、何を通知するかなどを押さえよう。換地処分は手続方法や効果をまとめておこう。

●農地法

農地法３条１項、４条１項、５条１項の許可がどのような場合に必要かを一番最初に勉強しなければならない。ただし、それぞれには例外があるのでこれらを混同しないように、まとめて整理しておこう。

●国土利用計画法

《事後届出制》

市街化区域、市街化調整区域、非線引き都市計画区域、都市計画区域外

における届出必要面積を、最初に暗記しよう。次に、届出が必要な取引の具体的な契約名を暗記し、さらに勧告に従わなかった場合には、契約はどうなるかを押さえておこう。

4 税・その他

法令等	出題項目	H24	H25	H26	H27	H28	H29	H30	R1	R2⑩	R2⑫	R3⑩	R3⑫	R4	R5	重要度
土地・建物に関する税	土地・建物に関する税制の概要															★
	不動産取得税	○		○		○		○		○		○			○	★★
	固定資産税		○		○		○		○		○		○	○		★★
	印紙税		○			○				○				○	○	★★
	登録免許税			○				○			○		○			★
	土地・建物の譲渡所得税	○					○		○			○				★
	贈与税				○											★
地価公示法と土地・建物の鑑定評価	地価公示		○		○		○		○		○		○	○		★★
	土地・建物の鑑定評価	○		○		○		○		○		○			○	★★
住宅金融支援機構		○	○	○	○	○	○	○	○	○	○	○	○	○	○	★★★
取引の実務	景表法（不当景品類及び不当表示防止法）	○	○	○	○	○	○	○	○	○	○	○	○	○		★★★
	景品類の提供の制限に関する公正競争規約															★
	表示に関する公正競争規約	○	○	○	○	○	○	○	○	○	○	○	○	○	○	★★★
土地・建物	土地	○	○	○	○	○	○	○	○	○	○	○	○	○	○	★★★
	建物	○	○	○	○	○	○	○	○	○	○	○	○	○	○	★★★
統計		○	○	○	○	○	○	○	○	○	○	○	○	○	○	★★★

この分野からは8問出題される。土地・建物に関する税から2問、地価公示法または土地・建物の鑑定評価から１問、住宅金融支援機構から１問、取引の実務から１問、土地・建物から２問、統計から１問出題される。

●土地・建物に関する税

税金の問題は２問出題される。不動産取得税または固定資産税から１問出題され、他の１問は一定しておらず、譲渡所得税、印紙税、登録免許税等から出題される。出題が予想される次の論点に注目したい。

《不動産取得税》

(1) 不動産取得税が課税される取引等をまとめよう。例えば、贈与、交換契約による取得は課税されるが、相続、合併、包括遺贈による取得には課税されない等である。また、新築、増築、改築（価格が増加した場合）

の場合にも課税される。

⑵　新築住宅を取得した場合の特別控除は、個人が取得した場合だけでなく法人が取得した場合にも適用がある。また、既存住宅を取得した場合の特別控除は、個人が取得した場合には適用があるが、法人には適用がない。また、特例適用住宅の要件等もまとめておこう。

《固定資産税》

固定資産税については、住宅に対する課税標準の特例と新築住宅に対する減額の特例が重要である。まずは、次の特例を理解してから、他の知識を増やしていこう。

⑴　住宅用地の200㎡以下の部分の課税標準は、評価額の６分の１とし、200㎡を超える部分の課税標準は、評価額の３分の１とする。

⑵　一定の新築住宅は、３年または５年、床面積の120㎡までの部分の税額が２分の１相当額が減額される。

《印紙税》

印紙税は、経済取引文書に課税されるが、例えば建物賃貸借契約書には課税されない。そこで、①不課税文書にはどのようなものがあるか、②非課税文書と不課税文書の違い、③増額変更契約書・減額変更契約書、贈与契約書、交換契約書等の記載金額は何かなどを押さえよう。

《登録免許税》

登記を受ける者には登録免許税が課される。①登録免許税は現金納付が原則であるが、３万円以下の場合等は印紙納付が認められる。②住宅及び土地に対する税率は３％で、住宅以外の建物は４％である。築年数要件が廃止され、①一定の耐震基準に適合している、または②昭和57年１月１日以後に建築された家屋が適用対象となったので、注意が必要だ。

●地価公示法と土地・建物の鑑定評価

地価公示法または土地・建物の鑑定評価のどちらか１問が出題されるが、地価公示法は比較的やさしい問題であり得点しやすい。

《地価公示》

土地鑑定委員会は、標準地の正常な価格を判定したときは、すみやかに官報で公示しなければならない。官報で公示する事項として、標準地の前面道路の状況、標準地についての水道・ガス供給施設および下水道の整備状況等が出題される可能性があるので、チェックしておこう。

《土地・建物の鑑定評価》

鑑定評価は、苦手な受験生が多いと思う。まず、鑑定評価の手法には、原価法、取引事例比較法、収益還元法の３手法があり、その意味を理解しよう。次に、鑑定評価によって求める価格として、正常価格、限定価格、特定価格、特殊価格があり、それぞれのチェックすべきキーワードを暗記しよう。

●住宅金融支援機構

毎年１問出題される。特に、①金融機関が貸し付けた債権を機構が買い取る場合の買取型の証券化支援事業と、②機構が直接融資を行う場合が重要である。①については、どのような貸付け債権が買取りの対象となるかを覚えよう。住宅購入資金の貸付け債権だけでなく、これに付随する土地や借地権の取得資金の貸付け債権も買取りの対象になる等。②については、災害復興建築物の建設・購入資金の貸付け等である。

●取引の実務

《表示に関する公正競争規約》

不当景品類及び不当表示防止法から１問出題される。ほとんど、表示に関する公正競争規約から出題されるので、見ておこう。

不動産の表示に関する公正競争規約について次のような改正があった。「交通の利便性・各種施設までの距離や所要時間」「特定事項の明示義務」「物件名称の使用基準」「未完成の新築住宅等の外観写真」「学校等の公共施設等やスーパー等の商業施設を表示する場合」「二重価格表示」「予告広告」等の改正点から出題されそうである。

●土地・建物

宅建試験の最後の２問が土地・建物の問題であり、土地から１問、建物から１問出題される。

《土地》

土地の問題は、主に宅地として適当な土地か否かを問う問題であり、自然堤防、自然堤防の後背低地、旧河道、谷の出口、台地の縁辺部等がよく出題される。

《建物》

木造、鉄骨造、鉄筋コンクリート造、鉄骨鉄筋コンクリート造の建築構造を理解し、それぞれの特徴を把握しよう。また、近年は、耐震性を高める構造についても出題されており、①耐震構造、②制震構造、③免震構造が重要である。

●統計

問48は統計の問題が出題されている。統計は、①地価公示、②建築着工統計、③法人企業統計年報、④国土交通白書、⑤土地白書などから出題されている。統計の問題の大胆な処理の仕方は、増加（上昇）したのか減少（下落）したのか、結論だけ覚えれば、ほとんど正解することができるが、令和５年度の試験では、数値を答えなければならない問題であった。

(1) 地価公示については、全国平均で、用途別（住宅地・商業地・工業地）にまたは全用途で地価が上昇したのか下落したのかが問われる。

(2) 建築着工統計からは、新設住宅着工戸数の総戸数や利用関係別戸数（持家、分譲住宅、貸家）が増加したのか減少したのかが問われる。

(3) 法人企業統計年報からは、不動産業の売上高、経常利益等が増加したのか減少したのかが問われる。

(4) 国土交通白書からは、宅地建物取引業者数が増加したのか減少したのかが問われる。

(5) 土地白書からは、土地取引について、売買による所有権移転登記の件数から見て、土地取引件数が増加したのか減少したのかが問われる。

令和５年度試験　出題テーマ一覧

分野	問題	テーマ	難易度	分野	問題	テーマ	難易度
権利関係	1	相続	C	宅建業法	26	37条書面	C
	2	相隣関係	A		27	建物状況調査	C
	3	請負	C		28	業務上の規制	A
	4	相殺	B		29	免許基準・免許取消し	A
	5	不在者の財産管理	D		30	営業保証金	B
	6	時効	C		31	取引態様の明示	B
	7	配偶者居住権	B		32	免許の更新・廃業等	B
	8	制限行為能力者	A		33	重要事項の説明	B
	9	賃貸借	C		34	報酬	B
	10	抵当権	D		35	クーリング・オフ	C
	11	借地借家法／借地権	B		36	業務上の規制	B
	12	賃貸借・借地借家法／借家権	C		37	業務上の規制	B
	13	区分所有法	B		38	総則	B
	14	不動産登記法	C		39	手付金等の保全措置	C
法令上の制限	15	都市計画法／地域地区	B		40	媒介契約	B
	16	都市計画法／開発許可制度	C		41	監督・罰則	C
	17	建築基準法総合	C		42	重要事項の説明	B
	18	建築基準法／集団規定	C		43	37条書面	A
	19	宅地造成及び特定盛土等規制法	B		44	保証協会	B
	20	土地区画整理法	C		45	住宅瑕疵担保履行法	C
	21	農地法	D	その他	46	住宅金融支援機構	C
	22	国土利用計画法	C		47	景表法	B
税・その他	23	印紙税	B		48	統計	C
	24	不動産取得税	B		49	土地	C
	25	不動産鑑定評価	C		50	建物	C

※　難易度は、Aが最もやさしく、Dが最も難しい

令和４年度試験　出題テーマ一覧

分野	問題	テーマ	難易度	分野	問題	テーマ	難易度
権利関係	1	物権変動	B	宅建業法	26	用語の定義	A
権利関係	2	相続	C	宅建業法	27	報酬	B
権利関係	3	制限行為能力者	C	宅建業法	28	重要事項の説明	B
権利関係	4	抵当権	B	宅建業法	29	宅地建物取引士	B
権利関係	5	期間	C	宅建業法	30	用語の定義	C
権利関係	6	賃貸借・使用貸借	D	宅建業法	31	媒介契約	B
権利関係	7	失踪宣告	D	宅建業法	32	37条書面	B
権利関係	8	地上権・賃借権	B	宅建業法	33	登録	B
権利関係	9	代理人等の辞任	D	宅建業法	34	重要事項の説明	C
権利関係	10	時効	C	宅建業法	35	重要事項の説明・37条書面	B
権利関係	11	借地借家法／借地権	C	宅建業法	36	重要事項の説明	B
権利関係	12	借地借家法／借家権	B	宅建業法	37	広告	C
権利関係	13	区分所有法	B	宅建業法	38	クーリング・オフ	B
権利関係	14	不動産登記法	C	宅建業法	39	保証協会	B
法令上の制限	15	都市計画法／地域地区	B	宅建業法	40	重要事項の説明	C
法令上の制限	16	都市計画法／開発許可制度	C	宅建業法	41	営業保証金・保証協会	B
法令上の制限	17	建築基準法総合	B	宅建業法	42	媒介契約	A
法令上の制限	18	建築基準法／集団規定	D	宅建業法	43	８種制限	A
法令上の制限	19	宅地造成及び特定盛土等規制法	B	宅建業法	44	37条書面	B
法令上の制限	20	土地区画整理法	C	宅建業法	45	住宅瑕疵担保履行法	B
法令上の制限	21	農地法	D	その他	46	住宅金融支援機構	B
法令上の制限	22	国土利用計画法	B	その他	47	景表法	B
税・その他	23	印紙税	B	その他	48	統計	―
税・その他	24	固定資産税	B	その他	49	土地	A
税・その他	25	地価公示法	B	その他	50	建物	D

※　難易度は、Aが最もやさしく、Dが最も難しい

令和３年度(12月)試験　出題テーマ一覧

分野	問題	テーマ	難易度	分野	問題	テーマ	難易度
権利関係	1	自力救済	A	宅建業法	26	37条書面	B
	2	相隣関係	C		27	手付金等の保全措置	B
	3	成年被後見人	B		28	監督・罰則	C
	4	売買契約	C		29	免許の更新・廃業届	B
	5	代理	B		30	広告	B
	6	物権変動	B		31	報酬	B
	7	遺言	C		32	供託所等の説明	A
	8	契約の成立	D		33	媒介契約	B
	9	売買・賃貸借	C		34	宅地建物の定義	A
	10	抵当権	B		35	重要事項の説明	B
	11	借地借家法／借地権	B		36	免許	C
	12	借地借家法／借家権	C		37	登録	B
	13	区分所有法	C		38	広告	C
	14	不動産登記法	D		39	保証協会	B
法令上の制限	15	都市計画法／用途地域	C		40	37条書面	B
	16	都市計画法／開発許可制度	C		41	専任の宅地建物取引士	B
	17	建築基準法／単体規定	C		42	37条書面	C
	18	建築基準法／集団規定	D		43	クーリング・オフ	C
	19	宅地造成及び特定盛土等規制法	C		44	重要事項の説明	B
	20	土地区画整理法	C		45	住宅瑕疵担保履行法	B
	21	農地法	B	その他	46	住宅金融支援機構	B
	22	国土利用計画法	C		47	景表法	C
税・その他	23	登録免許税	A		48	統計	—
	24	固定資産税	B		49	土地	C
	25	地価公示法	B		50	建物	C

※　難易度は、Aが最もやさしく、Dが最も難しい

令和３年度(10月)試験　出題テーマ一覧

分野	問題	テーマ	難易度	分野	問題	テーマ	難易度
権利関係	1	敷金	B	宅建業法	26	重要事項の説明	B
	2	連帯債務	B		27	免許	B
	3	各種の契約	C		28	登録	B
	4	相続／配偶者居住権	D		29	業務上の規制	B
	5	未成年者等	B		30	広告	B
	6	債権譲渡	B		31	保証協会	C
	7	契約不適合責任	C		32	免許	C
	8	不法行為	B		33	重要事項の説明	C
	9	相続	B		34	営業保証金	A
	10	選択債権	D		35	登録	C
	11	借地借家法／借地権	A		36	重要事項の説明	B
	12	借地借家法／借家権	C		37	37条書面	B
	13	区分所有法	A		38	媒介契約	B
	14	不動産登記法	C		39	クーリング・オフ	B
法令上の制限	15	都市計画法／地区計画	C		40	業務上の規制	B
	16	都市計画法／開発許可制度	D		41	37条書面	B
	17	建築基準法総合	C		42	8種制限	B
	18	建築基準法／集団規定	D		43	業務に関する禁止事項	B
	19	宅地造成及び特定盛土等規制法	C		44	報酬	C
	20	土地区画整理法	C		45	住宅瑕疵担保履行法	C
	21	農地法	B	その他	46	住宅金融支援機構	B
	22	国土利用計画法	B		47	景表法	B
税・その他	23	譲渡所得	D		48	統計	―
	24	不動産取得税	C		49	土地	C
	25	不動産鑑定評価	B		50	建物	B

※　難易度は、Aが最もやさしく、Dが最も難しい

令和２年度(12月)試験　出題テーマ一覧

分野	問題	テーマ	難易度
権利関係	1	不法行為	C
	2	代理	A
	3	親族	C
	4	債務不履行	B
	5	時効	B
	6	賃貸借	C
	7	売買契約	B
	8	相続	A
	9	地役権	B
	10	共有	A
	11	借地借家法／借地権	C
	12	借地借家法／借家権	B
	13	区分所有法	A
	14	不動産登記法	C
法令上の制限	15	都市計画法／都市計画	C
	16	都市計画法／開発許可制度	C
	17	建築基準法／単体規定・集団規定等	C
	18	建築基準法／集団規定	C
	19	宅地造成及び特定盛土等規制法	B
	20	土地区画整理法	C
	21	農地法	C
	22	国土利用計画法	C
税・その他	23	登録免許税	B
	24	固定資産税	C
	25	地価公示法	B
宅建業法	26	業務上の規制	B
	27	広告に関する規制	A
	28	媒介契約の規制	B
	29	免許	B
	30	保証協会	B
	31	免許	B
	32	重要事項の説明	C
	33	営業保証金	B
	34	報酬に関する規制	B
	35	37条書面	C
	36	秘密保持義務	A
	37	37条書面	B
	38	宅地建物取引士	C
	39	クーリング・オフ	C
	40	業務上の規制	B
	41	帳簿	B
	42	重要事項の説明	B
	43	宅地建物取引士	B
	44	宅地建物取引業	A
	45	住宅瑕疵担保履行法	B
その他	46	住宅金融支援機構	C
	47	景表法	C
	48	統計	―
	49	土地	C
	50	建物	C

※　難易度は、Aが最もやさしく、Dが最も難しい

令和２年度(10月)試験　出題テーマ一覧

分野	問題	テーマ	難易度	分野	問題	テーマ	難易度
権利関係	1	相隣関係	B	宅建業法	26	宅建業の免許	A
権利関係	2	保証契約	D	宅建業法	27	広告	C
権利関係	3	債務不履行	C	宅建業法	28	宅地建物取引士	A
権利関係	4	賃貸借	B	宅建業法	29	専任媒介契約	B
権利関係	5	委任	C	宅建業法	30	報酬	B
権利関係	6	意思表示	B	宅建業法	31	重要事項の説明	B
権利関係	7	保証債務	B	宅建業法	32	８種制限	B
権利関係	8	相続	A	宅建業法	33	37条書面	A
権利関係	9	贈与	A	宅建業法	34	登録	A
権利関係	10	時効	B	宅建業法	35	営業保証金	B
権利関係	11	借地借家法／借地権	A	宅建業法	36	保証協会	A
権利関係	12	借地借家法／借家権	B	宅建業法	37	37条書面	B
権利関係	13	区分所有法	A	宅建業法	38	媒介契約	B
権利関係	14	不動産登記法	C	宅建業法	39	従業者名簿・従業者証明書	B
法令上の制限	15	都市計画法／都市計画	C	宅建業法	40	クーリング・オフ	C
法令上の制限	16	都市計画法／開発許可制度	B	宅建業法	41	重要事項の説明	A
法令上の制限	17	建築基準法／単体規定	B	宅建業法	42	８種制限	C
法令上の制限	18	建築基準法／集団規定	B	宅建業法	43	免許基準	B
法令上の制限	19	宅地造成及び特定盛土等規制法	B	宅建業法	44	重要事項の説明	B
法令上の制限	20	土地区画整理法	C	宅建業法	45	住宅瑕疵担保履行法	C
法令上の制限	21	農地法	A	その他	46	住宅金融支援機構	C
法令上の制限	22	国土利用計画法	B	その他	47	景表法	B
税・その他	23	印紙税	C	その他	48	統計	―
税・その他	24	不動産取得税	B	その他	49	土地	B
税・その他	25	不動産鑑定評価	C	その他	50	建物	C

※　難易度は、Ａが最もやさしく、Ｄが最も難しい

令和元年度試験　出題テーマ一覧

分野	問題	テーマ	難易度
権利関係	1	物権変動	B
	2	意思表示	B
	3	売主の契約不適合責任	C
	4	不法行為	C
	5	無権代理	B
	6	遺産分割	C
	7	弁済	D
	8	請負	C
	9	時効	B
	10	抵当権	C
	11	賃貸借・借地借家法／借地権	B
	12	借地借家法／借家権	B
	13	区分所有法	A
	14	不動産登記法	D
法令上の制限	15	都市計画法／地域地区	A
	16	都市計画法／開発許可制度	B
	17	建築基準法総合	C
	18	建築基準法／集団規定	C
	19	宅地造成及び特定盛土等規制法	B
	20	土地区画整理法	C
	21	農地法	A
	22	国土利用計画法	A
税・その他	23	譲渡所得	D
	24	固定資産税	B
	25	地価公示法	B
宅建業法	26	免許	A
	27	業務上の規制	B
	28	重要事項の説明	C
	29	監督処分	C
	30	広告	B
	31	媒介契約	C
	32	報酬	C
	33	保証協会	C
	34	37条書面	B
	35	業務上の規制	B
	36	37条書面	C
	37	手付金等の保全措置	B
	38	クーリング・オフ	B
	39	重要事項の説明	C
	40	業務上の規制	C
	41	重要事項の説明	B
	42	宅地の定義	A
	43	免許基準	B
	44	登録	C
	45	住宅瑕疵担保履行法	B
その他	46	住宅金融支援機構	C
	47	景表法	B
	48	統計	―
	49	土地	B
	50	建物	B

※　難易度は、Aが最もやさしく、Dが最も難しい

平成30年度試験　出題テーマ一覧

分野	問題	テーマ	難易度	分野	問題	テーマ	難易度
権利関係	1	意思表示	B	宅建業法	26	広告	A
	2	代理	A		27	建物状況調査に関する記載事項	C
	3	条件	B		28	宅建業者間取引	C
	4	時効	C		29	8種制限等	A
	5	事務管理	D		30	報酬	B
	6	抵当権	D		31	空き家等の売買の媒介の場合の特例	C
	7	債権譲渡	C		32	監督処分等	B
	8	賃貸借	B		33	媒介契約	B
	9	相殺	B		34	37条書面	A
	10	相続	B		35	重要事項の説明	B
	11	借地借家法／借地権	A		36	免許	A
	12	借地借家法／借家権	B		37	クーリング・オフ	C
	13	区分所有法	A		38	手付金等の保全措置	B
	14	不動産登記法	B		39	重要事項の説明	B
法令上の制限	15	国土利用計画法	A		40	業務に関する禁止事項	A
	16	都市計画法総合	A		41	免許	A
	17	都市計画法／開発許可制度	A		42	宅地建物取引士	A
	18	建築基準法総合	C		43	営業保証金	B
	19	建築基準法／集団規定	B		44	保証協会	B
	20	宅地造成及び特定盛土等規制法	A		45	住宅瑕疵担保履行法	B
	21	土地区画整理法	B	その他	46	住宅金融支援機構	C
	22	農地法	B		47	景表法	B
税・その他	23	登録免許税	D		48	統計	ー
	24	不動産取得税	A		49	土地	B
	25	不動産鑑定評価	C		50	建物	C

※　難易度は、Aが最もやさしく、Dが最も難しい

平成29年度試験　出題テーマ一覧

分野	問題	テーマ	難易度	分野	問題	テーマ	難易度
権利関係	1	代理	C	宅建業法	26	報酬	B
	2	所有権の移転・取得	B		27	契約不適合責任	A
	3	共有	A		28	業務上の規制	B
	4	民法の規定	B		29	監督処分・罰則	C
	5	売買・契約不適合責任	A		30	登録	A
	6	相続	C		31	8種制限	B
	7	請負	D		32	営業保証金	A
	8	連帯債務	B		33	重要事項の説明	B
	9	相続	B		34	業務に関する禁止事項	B
	10	不動産質権・抵当権	B		35	業務上の規制	B
	11	賃貸借・借地借家法／借地権	C		36	宅建業者と免許	C
	12	借地借家法／借家権	A		37	宅地建物取引士	A
	13	区分所有法	B		38	37条書面	B
	14	不動産登記法	D		39	営業保証金・保証協会	B
法令上の制限	15	農地法	B		40	37条書面	A
	16	都市計画法総合	C		41	重要事項の説明	B
	17	都市計画法／開発許可制度	B		42	広告	B
	18	建築基準法総合	B		43	専任媒介契約	C
	19	建築基準法／集団規定	C		44	免許	B
	20	宅地造成及び特定盛土等規制法	D		45	住宅瑕疵担保履行法	C
	21	土地区画整理法	B	その他	46	住宅金融支援機構	C
	22	各種法令	C		47	景表法	B
税・その他	23	譲渡所得	D		48	統計	―
	24	固定資産税	C		49	土地	C
	25	地価公示法	B		50	建物	C

※　難易度は、Aが最もやさしく、Dが最も難しい

平成28年度試験　出題テーマ一覧

分野	問題	テーマ	難易度	分野	問題	テーマ	難易度
権利関係	1	民法の規定	C	宅建業法	26	監督処分	A
権利関係	2	制限行為能力者	B	宅建業法	27	専任・一般媒介契約	A
権利関係	3	意思表示・物権変動	A	宅建業法	28	8種制限	B
権利関係	4	抵当権	D	宅建業法	29	業務上の規制	B
権利関係	5	債権譲渡	C	宅建業法	30	重要事項の説明・37条書面	A
権利関係	6	売主の契約不適合責任	A	宅建業法	31	保証協会	A
権利関係	7	賃貸借・不法行為	C	宅建業法	32	広告	A
権利関係	8	賃貸借	B	宅建業法	33	報酬	B
権利関係	9	不法行為	B	宅建業法	34	業務に関する禁止事項	A
権利関係	10	相続	B	宅建業法	35	免許	C
権利関係	11	借地借家法／借地権	A	宅建業法	36	重要事項の説明	D
権利関係	12	借地借家法／借家権	B	宅建業法	37	免許	C
権利関係	13	区分所有法	B	宅建業法	38	登録	B
権利関係	14	不動産登記法	A	宅建業法	39	重要事項の説明・37条書面	B
法令上の制限	15	国土利用計画法	B	宅建業法	40	営業保証金	A
法令上の制限	16	都市計画法総合	C	宅建業法	41	業務上の規制	A
法令上の制限	17	都市計画法／開発許可制度	B	宅建業法	42	37条書面	B
法令上の制限	18	建築基準法総合	B	宅建業法	43	手付金等の保全措置	B
法令上の制限	19	建築基準法／集団規定	B	宅建業法	44	クーリング・オフ	B
法令上の制限	20	宅地造成及び特定盛土等規制法	C	宅建業法	45	住宅瑕疵担保履行法	C
法令上の制限	21	土地区画整理法	B	その他	46	住宅金融支援機構	C
法令上の制限	22	農地法	B	その他	47	景表法	B
税・その他	23	印紙税	A	その他	48	統計	—
税・その他	24	不動産取得税	B	その他	49	土地	C
税・その他	25	不動産鑑定評価	D	その他	50	建物	B

※　難易度は、Aが最もやさしく、Dが最も難しい

平成27年度試験　出題テーマ一覧

分野	問題	テーマ	難易度	分野	問題	テーマ	難易度
権利関係	1	民法の規定	C	宅建業法	26	用語の定義	B
	2	虚偽表示	C		27	免許	B
	3	賃貸借・使用貸借	C		28	媒介契約	C
	4	取得時効	B		29	重要事項の説明	A
	5	占有権	D		30	専任媒介契約	B
	6	抵当権	B		31	重要事項の説明	D
	7	抵当権	D		32	重要事項の説明	C
	8	同時履行の抗弁権	B		33	報酬	B
	9	賃貸借	C		34	８種制限	B
	10	遺言および遺留分	D		35	宅地建物取引士等の業務処理の原則	C
	11	借地借家法／借家権	B		36	８種制限	B
	12	借地借家法／借家権	B		37	未完成物件に関する広告・契約	A
	13	区分所有法	C		38	37条書面	C
	14	不動産登記法	D		39	８種制限	B
法令上の制限	15	都市計画法／開発許可制度	B		40	手付金等の保全措置	C
	16	都市計画法総合	D		41	業務に関する禁止事項	C
	17	建築基準法／建築確認	A		42	営業保証金・弁済業務保証金	A
	18	建築基準法総合	B		43	監督処分等	B
	19	宅地造成及び特定盛土等規制法	A		44	標識の提示等	B
	20	土地区画整理法	A		45	住宅瑕疵担保履行法	B
	21	国土利用計画法	A	その他	46	住宅金融支援機構	C
	22	農地法	B		47	景表法	B
税・その他	23	贈与税	B		48	統計	—
	24	固定資産税	C		49	土地	C
	25	地価公示法	B		50	建物	C

※　難易度は、Aが最もやさしく、Dが最も難しい

平成26年度試験　出題テーマ一覧

分野	問題	テーマ	難易度	分野	問題	テーマ	難易度
権利関係	1	債務不履行	C	宅建業法	26	宅地建物取引業	B
	2	代理	C		27	免許	C
	3	時効	B		28	案内所	A
	4	抵当権	D		29	営業保証金	B
	5	―	―		30	広告	A
	6	契約不適合責任・不法行為	B		31	8種制限	B
	7	賃貸借	C		32	媒介契約	B
	8	不法行為	D		33	手付金等の保全措置	A
	9	後見人制度	C		34	重要事項の説明	B
	10	相続	C		35	重要事項の説明	A
	11	賃貸借・借地借家法／借地権	C		36	重要事項の説明	A
	12	借地借家法／借家権	B		37	報酬	A
	13	区分所有法	B		38	クーリング・オフ	B
	14	不動産登記法	C		39	保証協会	A
法令上の制限	15	都市計画法総合	B		40	37条書面	B
	16	都市計画法／開発許可制度	C		41	業務上の規制	C
	17	建築基準法総合	B		42	37条書面	C
	18	建築基準法総合	C		43	契約に付随する行為制限	B
	19	宅地造成及び特定盛土等規制法	B		44	監督処分	C
	20	土地区画整理法	B		45	住宅瑕疵担保履行法	C
	21	農地法	B	その他	46	住宅金融支援機構	C
	22	各種法令	C		47	景表法	C
税・その他	23	登録免許税	C		48	統計	―
	24	不動産取得税	C		49	土地	B
	25	地価公示法	D		50	建物	D

※　難易度は、Aが最もやさしく、Dが最も難しい

平成25年度試験　出題テーマ一覧

分野	問題	テーマ	難易度	分野	問題	テーマ	難易度
権利関係	1	民法の規定	A	宅建業法	26	免許基準・免許取消し	A
	2	未成年者	C		27	営業保証金	A
	3	相隣関係	B		28	媒介契約	B
	4	留置権	C		29	重要事項の説明	B
	5	抵当権	B		30	重要事項の説明	B
	6	弁済による代位	D		31	37条書面	A
	7	保証債務	A		32	広告	A
	8	賃貸借等	C		33	重要事項の説明	B
	9	不法行為	A		34	クーリング・オフ	C
	10	相続	C		35	37条書面	B
	11	賃貸借・借地借家法／借地権	D		36	37条書面	A
	12	借地借家法／借家権	B		37	報酬	B
	13	区分所有法	A		38	8種制限	B
	14	不動産登記法	C		39	保証協会	B
法令上の制限	15	都市計画法総合	B		40	手付金等の保全措置	A
	16	都市計画法／開発許可制度	B		41	業務上の規制	A
	17	建築基準法／単体規定	D		42	監督処分	A
	18	建築基準法／集団規定	B		43	免許	A
	19	宅地造成及び特定盛土等規制法	B		44	宅地建物取引士	B
	20	土地区画整理法	C		45	住宅瑕疵担保履行法	C
	21	農地法	B	その他	46	住宅金融支援機構	B
	22	各種法令	B		47	景表法	B
税・その他	23	印紙税	C		48	統計	—
	24	固定資産税	D		49	土地	C
	25	地価公示法	B		50	建物	B

※　難易度は、Aが最もやさしく、Dが最も難しい

平成24年度試験　出題テーマ一覧

分野	問題	テーマ	難易度	分野	問題	テーマ	難易度
権利関係	1	意思表示	C	宅建業法	26	免許基準	A
	2	代理	A		27	免許	A
	3	民法の規定	B		28	広告	B
	4	無権代理	B		29	媒介契約	A
	5	ー	ー		30	重要事項の説明	B
	6	不動産物権変動	B		31	37条書面	B
	7	抵当権	D		32	業務上の規制	B
	8	債務不履行	D		33	営業保証金	A
	9	不法行為	C		34	手付金等の保全措置	B
	10	相続	B		35	報酬	B
	11	借地借家法／借地権	B		36	専任の宅地建物取引士	A
	12	借地借家法／借家権	B		37	クーリング・オフ	B
	13	区分所有法	A		38	8種制限	B
	14	不動産登記法	C		39	契約不適合責任	A
法令上の制限	15	国土利用計画法	C		40	業務上の規制	C
	16	都市計画法総合	A		41	不当勧誘行為	C
	17	都市計画法／開発許可制度	B		42	案内所	B
	18	建築基準法総合	A		43	保証協会	A
	19	建築基準法総合	A		44	監督処分	D
	20	宅地造成及び特定盛土等規制法	C		45	住宅瑕疵担保履行法	B
	21	土地区画整理法	C	その他	46	住宅金融支援機構	D
	22	農地法	C		47	景表法	C
税・その他	23	譲渡所得	C		48	統計	ー
	24	不動産取得税	B		49	土地	B
	25	不動産鑑定評価	C		50	建物	C

※　難易度は、Aが最もやさしく、Dが最も難しい

正解と解説

令和5年度 正解と解説

＊正解番号一覧

問題	正解	問題	正解	問題	正解	問題	正解	問題	正解
1	1	11	4	21	2	31	4	41	2
2	1	12	3	22	1	32	4	42	3
3	2	13	2	23	1	33	1	43	4
4	4	14	2	24	4	34	3	44	1
5	4	15	4	25	4	35	4	45	4
6	3	16	1	26	3	36	3	46	2
7	3	17	3	27	4	37	3	47	2
8	3	18	1	28	3	38	2	48	1
9	2	19	1	29	2	39	2	49	2
10	3	20	4	30	1	40	4	50	3

難易度は A ～ D。
A がやさしく、
D が最難関な問題です。

合格ライン⇒50問中36問以上の正解
（登録講習修了者は、45問中31問以上の正解）

問題 1　正解 1　相続……………………………………………… 難易度 C

1　**誤り**。正解。設問の判決文（最判平17.9.8）は、相続開始から遺産分割までの間に遺産である賃貸不動産から生ずる金銭債権たる賃料債権は、遺産とは別個の財産であり、各共同相続人がその相続分に応じて分割単独債権として確定的に取得するとしている。遺産とは別個の債権として各共同相続人が確定的に取得するのであるから、その後に行われた遺産分割によってその取得が変更されることはない。

2　**正しい**。民法898条1項は「相続人が数人あるときは、相続財産は、その共有に属する」と定めており、また、民法899条は「各共同相続人は、その相続分に応じて被相続人の権利義務を承継する」と定めている。本肢の記述は、民法の規定どおりであり、正しい。

3　**正しい**。民法909条は「遺産の分割は、相続開始の時にさかのぼってその効力を生ずる。ただし、第三者の権利を害することができない」と定めており、本肢の記述は、民法の規定どおりであり、正しい。

4　**正しい**。設問の判決文は、相続開始から遺産分割までに生ずる賃料債権の帰属を述べたものである。本肢の記述は、遺産分割後に生じた賃料債権に関するものであるが、これは遺産分割によって当該不動産が帰属した相続人が取得することになる。

基本書　第1編 第4章 相続

問題 2　正解 1　相隣関係…………………………………　難易度 A

1　**正しい**。正解。土地の所有者は、一定の目的のために必要な範囲内で隣地を使用することできるが、住家については、プライバシーの問題があるので、その家の居住者の承諾がなければ、当該住家に立ち入ることはできないとされている（民法209条1項）。

2　**誤り**。土地の所有者は、隣地の竹木の枝が越境してきた場合、その竹木の所有者に枝を切り取らせることができるが、自分で切り取ることはできないのが原則である（同法233条1項）。しかし、①竹木の所有者に枝を切除するよう催告したにもかかわらず、相当の期間内に切除しなかったとき、②竹木の所有者を知ることができず、またはその所在を知ることができないとき、③急迫の事情があるときは、土地の所有者が自らその枝を切り取ることができる（同法233条3項）。

3　**誤り**。相隣者の一人は、他の共有者の承諾なしに共有の障壁の高さを増すことができる（同法231条1項）。隣人の利益を害しない限り共有者の一人による障壁の高さを増すことを許したほうが便利な場合があるからである。

4　**誤り**。他の土地に囲まれて公道に通じない土地の所有者は、公道に出るためにその土地を囲んでいる他の土地を通行することができるが（同法210条1項）、その場合には、通行の場所および方法は、通行権を有する者のために必要であり、かつ、他の土地のために損害が最も少ないものを選ばなければならない（同法211条1項）。

基本書　第1編 第2章 3 所有権・共有、地役権等

問題 3 正解 2 請負…………………………………… 難易度 C

1 **正しい**。不動産の所有者は、その不動産に従として付合した物の所有権を取得する（民法 242 条本文）。建物に対して独立性を有さずその構成部分となる増築部分は、本体ともいうべき建物の所有権に含まれるとするのが合理的だからである。

2 **誤り**。正解。請負人が契約内容に適合しない仕事の目的物を注文者に引き渡した場合、請負人に対して担保責任を追及（修補請求等）するためには、不適合を知った時から１年以内にその旨を請負人に通知しなければならない（同法 637 条１項）。

3 **正しい**。肢２で述べた通知期間の制限は、仕事の目的物を注文者に引き渡した時において、請負人が不適合を知り、または重大な過失によって知らなかったときは、適用されない（同条 637 条２項）。したがって、期間制限が適用されないので、消滅時効が完成するまで担保責任を追及できることになる。

4 **正しい**。仕事の目的物の契約不適合が、注文者の供した材料の性質または注文者の与えた指図によって生じた場合、注文者は、原則として請負人に担保責任を追及することができない（同法 636 条）。

基本書 **第１編 第３章 ⑫ 請負・委任・寄託・贈与・使用貸借・消費貸借**

問題 4 正解 4 相殺…………………………………… 難易度 B

ア **相殺できる**。互いに同種の目的を有する債務を負担し合っている（債権を有し合っている）場合、双方の債務（自働債権と受働債権）が弁済期にあるときは、相殺をすることができる（民法 505 条１項）。弁済期の定めのない債権は、成立と同時に請求が可能となるので、甲債権（Ａから見れば自働債権）は弁済期にあるといえる。他方、乙債権（Ａから見れば受働債権であり債務）は、債務者の側から期限の利益を放棄することによって弁済期を到来させることができる（同法 136 条２項本文）。したがって、両債権の弁済期は到来しているといえるので、Ａの一方的な意思表示により相殺をすることができる。

イ **相殺できる**。弁済期の定めのない債務は、債務者の側からいつでも弁済することができる。したがって、両債権の弁済期は到来しているといえるので、Aの一方的な意思表示により相殺することができる。

ウ　**相殺できる**。肢アの解説で述べたとおり、弁済期の定めのない債権は成立と同時に請求が可能となるので、両債権の弁済期は到来しているといえ、Aの一方的な意思表示により相殺することができる。

エ　**相殺できない**。甲債権の弁済期が到来しておらず、双方の債権が弁済期にあるとはいえないので、Aの一方的な意思表示により相殺することはできない。

以上により、相殺できないものはエのみであり、正解は4。

基本書　**第1編 第3章 10 相殺**

問題 5　正解 4　不在者の財産管理……………………………　難易度 D

1　**誤り**。不在者がその財産の管理人を置かなかったときは、当該不在者の生存が予測される場合であっても、家庭裁判所は、利害関係人または検察官の請求により、その財産の管理について必要な処分をすることができる（民法25条1項）。不在者の生死が不明な場合だけでなく、生存が予測される場合でも、不在者の放置した財産を管理することは必要だからである。

2　**誤り**。不在者が管理人を置いた場合において、その不在者の生死が明らかでないときは、不在者が管理人に対して十分な監督をすることができず、管理が失当になる可能性があるので、家庭裁判所は、利害関係人または検察官の請求により、管理人を改任することができる（同法26条）。

3　**誤り**。家庭裁判所の選任した不在者の財産管理人は、不在者を被告とする訴訟において、家庭裁判所の許可を得ることなく、控訴・上告をする権限を有すると解されている（最判昭47.9.1）。不在者の財産を管理する上で必要な行為といえるからである。

4　**正しい**。正解。家庭裁判所により選任された管理人は、不在者の財産の保存行為や目的物の性質を変えない範囲での利用・改良行為を行うことができ（家庭裁判所の許可は不要）、さらに、家庭裁判所の許可を得れば財産を売却処分することもできる（同法28条、103条）。

基本書　**該当なし**

問題 6　正解 3　時効……………………………………………… **難易度 C**

ア　**正しい**。時効完成前に目的物の所有者から権利を譲り受け登記を備えた者に対しては、登記をしなくても時効による権利取得を対抗することができる(最判昭 41.11.22)。

イ　**正しい**。時効完成後に旧所有者から所有権を取得し登記を得た第三者に対しては、登記なくしては、時効による権利取得を対抗することができない(最判昭 33.8.28)。しかし、その第三者の登記後に改めて取得時効に要する期間の占有が継続して時効が完成したときは、登記を経由しなくても時効による権利取得を対抗することができる(最判昭 36.7.20)。

ウ　**正しい**。時効完成後に第三者が旧所有者から抵当権の設定を受け登記を得た場合、占有者は、抵当権設定登記後引き続き時効取得に必要な期間の占有を継続したときは、抵当権の存在を容認していたなどの事情がない限り、不動産を再度時効取得し、その結果、抵当権は消滅する(最判平 24.3.16)。

以上により、正しいものはア、イ、ウの三つであり、正解は3。

基本書　**第1編 第2章 2 不動産物権変動**

問題 7　正解 3　配偶者居住権………………………………… **難易度 B**

1　**誤り**。配偶者居住権の存続期間は、遺産分割の協議・調停・審判、遺言において自由に定めることができるが、定めがないときは配偶者の終身の間となる(民法 1030 条)。

2　**誤り**。配偶者は、居住建物の所有者の承諾を得なければ、第三者に居住建物の使用もしくは収益をさせることができない(同法 1032 条 3 項)。配偶者居住権は、配偶者自身の居住の権利を保護するための制度であり、居住権を譲渡したり、居住建物を転貸する権利まで認める必要はないからである。

3　**正しい**。正解。居住建物の所有者は、配偶者に対し、配偶者居住権の設定登記を備えさせる義務を負う(同法 1031 条 1 項)。居住建物について物件を取得した者その他の第三者に配偶者居住権を対抗できるようにするためである。

4　**誤り**。配偶者は、配偶者居住権に基づいて居住する建物の通常の必要費を負担しなければならない(同法 1034 条 1 項)。なお、通常の必要費とは、居住建物およびその敷地に課される固定資産税、通常の修繕費などを指す。

基本書　第1編 第4章 相続

問題 8　正解 3　制限行為能力者…………………………… 難易度 A

1　**誤り**。制限行為能力を理由とする取消しは、制限行為能力者自身も行うことができる（民法120条1項）。未成年者が法定代理人の同意を得ずに取消しの意思表示をしたとしても、法定代理人がこれを取り消すことはできない。

2　**誤り**。制限行為能力を理由とする取消しは、善意無過失の第三者にも対抗できる。制限行為能力者は保護する必要性が高いので、善意の第三者との関係でも取消しを主張させることにしたのである。

3　**正しい**。正解。未成年者であった者は、成年に達すれば十分な判断能力を有するようになるので、取消権があることを知ったうえで、自分自身の判断で未成年当時の行為を追認することができる（同法124条1項）。この追認により行為の有効性が確定するので、以後、取消しはできなくなる（同法122条）。

4　**誤り**。追認をすることができる時以降に、取り消すことができる行為について、その行為によって取得した権利の譲渡などの行為をしたときは、追認をしたものとみなされる（同法125条、法定追認）。しかし、未成年者本人は、成年に達する前に法定代理人の同意を得ずに追認することはできない。したがって、法定代理人の同意を得ていない未成年者が行った行為は、追認をすることができる状態で行われたものとはいえないので、法定追認は生じない。法定追認が生じていない以上、意思表示の取消しは可能である。

基本書　第1編 第1章 2 制限行為能力者制度

問題 9　正解 2　賃貸借…………………………… 難易度 C

1　**正しい**。賃貸借の目的物の修繕義務は賃貸人が負うが（民法606条1項本文）、①賃借人が賃貸人に修繕が必要である旨を通知し、または賃貸人がその旨を知ったにもかかわらず、賃貸人が相当の期間内に必要な修繕をしないとき、②急迫の事情があるときは、賃借人は、その修繕をすることができる（同法607条の2）。

2　**誤り**。正解。肢1の解説で述べたとおり、賃借人が賃貸人に修繕が必要である旨を通知した場合に賃借人が修繕をすることができるのは、賃貸人が相当の期間内に必要な修繕をしないときである。「直ちに」とする本肢は誤りである。

3 **正しい**。賃貸人が修繕義務を負うのが原則であるが、賃借人の責めに帰すべき事由によって修繕が必要になったときは、賃貸人に修繕する義務はない(同法606条1項ただし書)。

4 **正しい**。肢1の解説で述べたとおり、急迫の事情があるときは、賃借人が目的物を修繕することができる。

基本書 **第1編 第3章 11 賃貸借**

問題 10 正解 3 抵当権…………………………… 難易度 D

Bによる抵当権の順位の放棄は、三番抵当権者Dの利益のために行ったものであり、二番抵当権者Cとの関係で行ったものではない。それゆえ、この順位の放棄により、Cの抵当権に関する地位に変動はない。Cは、本来、競売に基づく売却代金2,400万円から一番抵当権者Bが1,000万円の配当を受けた残額1,400万円から、自己の債権額1,200万円全額の配当を受けることができる地位にあった。したがって、設問の事例においても、Cは1,200万円の配当を受けるとして計算すべきである。

そうすると、Cに1,200万円を配当した残額1,200万円をBとDに配当することになる。BがDとの関係で抵当権の順位を放棄した場合、BがDより順位が上という関係がなくなるので、両者は同順位となる。同順位の債権者間では、それぞれの債権額の割合に応じて配当額が按分される。BとDの債権額の割合は1対2であるから、B 400万円、D 800万円の配当を受けることになる。したがって、肢3が正解である。

基本書 **第1編 第2章 5 抵当権・根抵当権**

問題 11 正解 4 借地借家法／借地権……………………… 難易度 B

1 **誤り**。地代を一定期間増額しない特約は有効である(借地借家法11条1項ただし書)。これに対し、地代を減額しない特約については、その特約があっても、賃貸人は、賃借人からの減額請求を拒むことができないとされている(最判平16.6.29)。したがって、賃借人は、減額しない特約があっても、減額請求をすることができる。

2　**誤り**。契約の更新や建物の築造による存続期間の延長がない事業用定期借地権は、公正証書によって設定しなければならないが（同法23条3項）、そもそも借地上の建物の利用目的が居住用である場合に事業用定期借地権を設定することはできない（同法23条1項）。アパートは、集合住宅であり居住用の建物であるから、本件契約を事業用定期借地権として設定することはできない。ただ、本件借地契約を一般定期借地権として設定することは可能であるが、その場合は契約の更新や建物の築造による存続期間の延長がないなどの特約を書面で定めればよく、公正証書による必要はない（同法22条1項）。

3　**誤り**。借地権者の債務不履行により契約が解除されたような場合は、借地権者を保護する必要性が低いので、建物買取請求権は認められないと考えられている。

4　**正しい**。正解。借地期間満了後、建物が存在するときに、借地権者から更新請求があったとしても、借地権設定者が遅滞なく正当事由のある異議を述べた場合は、借地契約は更新されない（同法5条1項）、

基本書　**第1編 第5章 1 借地借家法－①（借地関係）**

問題 12　正解 3　賃貸借・借地借家法／借家権……………　難易度 C

1　**誤り**。期間を1年未満とする建物の賃貸借は、期間1年とされるのではなく、期間の定めがないものとみなされる（借地借家法29条1項）。

2　**誤り**。一定期間、賃料を増額しない旨の特約は有効であるが（同法32条1項ただし書）、減額しない旨の特約は無効であると考えられている。減額しないということは、借主にとって不利な内容だからである。

3　**正しい**。正解。不動産が譲渡されると、賃貸人たる地位も譲受人に移転するのが原則である（民法605条の2第1項）。しかし、本肢のように賃貸人たる地位を譲渡人に留保する旨およびその不動産を譲受人が譲渡人に賃貸する旨の合意をしたときは、その合意が尊重され、賃貸人たる地位は移転しない（同法605条の2第2項）。

4　**誤り**。賃料が定められてから一定期間経過していなくても、賃料の額が不相当となったときは、増額請求することができる（最判平3.11.29）。

基本書 第1編 第3章 11 賃貸借、第5章 2 借地借家法－②（借家関係）

問題 13 正解 2 区分所有法…………………………… **難易度 B**

1 **正しい**。集会においては、招集通知であらかじめ通知した事項についてしか決議できないのが原則であるが（区分所有法37条1項）、特別決議事項以外の事項（すなわち普通決議事項）については、規約で別段の定め（通知していない事項でも決議することができる旨の定め）をすれば、決議することができる（同法37条2項）。

2 **誤り**。正解。招集手続を経ないで集会を開くことができるのは、区分所有者全員の同意があるときである（同法36条）。招集手続は区分所有者全員に出席の機会と準備の余裕を与えるために行うものなので、区分所有者全員がその利益を放棄して集会の開催に同意したのなら、有効な集会の成立を認めてよいと考えられるからである。

3 **正しい**。共用部分の保存行為は、各共有者がすることができる（同法18条1項ただし書）。したがって、集会の決議なしで共用部分の保存行為をすることができる。

4 **正しい**。一部共用部分に関する事項で区分所有者全員の利害に関係しないものについて区分所有者全員の規約で定めることができる。ただし、その場合は、当該一部共用部分を共用すべき区分所有者の4分の1を超える者または議決権の4分の1を超える議決権を有する者が反対しないことが条件となる（同法31条2項）。

基本書 第1編 第5章 3 建物の区分所有等に関する法律

問題 14 正解 2 不動産登記法…………………………… **難易度 C**

1 **正しい**。建物が滅失したときは、表題部所有者または所有権の登記名義人は、その滅失の日から1カ月以内に、当該建物の滅失登記を申請しなければならない（不動産登記法57条）。

2 **誤り**。正解。何人も、正当な理由があるときは、登記官に対し、手数料を納付して、登記簿の附属書類の全部または一部の閲覧を請求することができるが（同法121条3項）、正当な理由がないときは、閲覧請求できない。

3 **正しい**。共有物分割禁止の定めに係る権利の変更の登記は、共有者全員の利害に関係することなので、共有者であるすべての登記名義人が共同でしなければならない（同法65条）。

4　**正しい**。区分建物の場合、表題部所有者だけでなく、表題部所有者から所有権を取得した者も、所有権保存登記を申請することができる（同法74条2項）。

基本書　第1編 第5章 4 不動産登記法

問題 15　正解 4　都市計画法／地域地区……………………　難易度 B

1　**誤り**。市街化調整区域は、市街化を抑制すべき区域とする（都市計画法7条3項）。なお、本肢の記述は、準都市計画区域のものである。

2　**誤り**。高度利用地区は、用途地域内において、市街地の土地の合理的かつ健全な高度利用と都市機能の更新とを図るため、都市計画により、容積率の最高限度及び最低限度、建蔽率の最高限度、建築面積の最低限度及び壁面の位置の制限（一定の敷地内の道路に面する部分に限る）を定める地区である（同法9条19項）。

3　**誤り**。特定用途制限地域は、用途地域が定められていない土地の区域（市街化調整区域を除く）内において、その良好な環境の形成または保持のため当該地域の特性に応じて合理的な土地利用が行われるよう、都市計画により、制限すべき特定の建築物等の用途の概要を定める地域である（同法9条15項）。

4　**正しい**。正解。地区計画は、都市計画区域内において定められ（同法12条の4）、用途地域が定められている土地の区域や用途地域が定められていない土地の区域についても、一定の要件のもとに定めることができる（同法12条の5第1項）。

基本書　第3編 第1章 3 都市計画の内容

問題 16　正解 1　都市計画法／開発許可制度………………　難易度 C

1　**正しい**。正解。開発許可を申請しようとする者は、あらかじめ、開発行為に関係がある公共施設の管理者と協議し、その同意を得なければならない（都市計画法32条1項）。

2　**誤り**。開発許可を受けた者は、その許可内容を変更しようとする場合は、原則として、改めて都道府県知事の許可を受けなければならない（同法35条の2第1項）が、一定の軽微な変更をしたときは、遅滞なく、その旨を都道府県知事に届け出ればよい（同法35条の2第3項）。

3 **誤り**。開発許可を受けた者は、当該開発区域の全部について開発行為に関する工事を完了したときは、その旨を都道府県知事に届け出なければならず（同法36条1項）、都道府県知事は、工事完了の届出があったときは、遅滞なく、当該工事が開発許可の内容に適合しているかどうかについて検査し、その検査の結果、当該工事が開発許可の内容に適合していると認めたときは、検査済証を、開発許可を受けた者に交付しなければならない（同法36条2項）。そして、都道府県知事は、検査済証を交付したときは、遅滞なく、当該工事が完了した旨を公告しなければならない（同法36条3項）。開発許可を受けた者が公告しなければならないのではない。

4 **誤り**。何人も、市街化調整区域のうち開発許可を受けた開発区域以外の区域内においては、原則として、都道府県知事の許可を受けなければ、建築物を新築し、改築し、用途を変更し、または第一種特定工作物を新設してはならない（同法43条1項）。市街化調整区域のうち開発許可を受けた開発区域以外の区域内においては、開発行為を伴わない単なる建築行為についても、都道府県知事の許可を受ける必要がある。

基本書　第3編 第1章 6 開発許可制度

問題17　正解3　建築基準法総合……………………………　難易度C

1 **正しい**。地方公共団体は、条例で、津波、高潮、出水等による危険の著しい区域を災害危険区域として指定することができ（建築基準法39条1項）、災害危険区域内における住居の用に供する建築物の建築の禁止その他建築物の建築に関する制限で災害防止上必要なものは、条例で定めるとされている（同法39条2項）。

2 **正しい**。3階建て以上の建築物の避難階以外の階を、物品販売業の店舗（床面積の合計が1,500㎡を超えるものに限る）の売場とする場合には、その階から避難階または地上に通ずる二以上の直通階段を設けなければならない（同法施行令121条1項2号）。

3 **誤り**。正解。建築物が防火地域と準防火地域等、規制の異なる区域にわたるときは、原則として、その全部について防火地域内の建築物に関する規定（厳しいほうの規定）を適用する（同法65条2項）。

4　**正しい**。石綿等をあらかじめ添加した建築材料は、石綿等を飛散または発散させるおそれがないものとして国土交通大臣が定めたものまたは国土交通大臣の認定を受けたものを除き、使用しないこととされている（同法28条の2第2号）。

基本書　第3編 第2章 3 単体規定、4 集団規定

問題 18　正解 1　建築基準法／集団規定……………………　難易度 C

1　**正しい**。正解。建蔽率制限に係る規定の適用について、①準防火地域内にある準耐火建築物については、建蔽率は指定建蔽率に1/10が加算された数値を上限とし（建築基準法53条3項1号ロ）②「街区の角にある敷地等で特定行政庁が指定したものの内にある建築物」については、建蔽率は指定建蔽率に1/10が加算された数値を上限とする（同法53条3項2号）。前記①及び②が重なって適用される場合は、建蔽率は指定建蔽率に2/10が加算された数値を上限とする（同法53条3項）。

2　**誤り**。建築物または敷地を造成するための擁壁は、原則として、道路内に、または道路に突き出して建築し、または築造してはならない（同法44条1項）が、地盤面下に設ける建築物は、建築することができる（同法44条1項1号）。

3　**誤り**。地方公共団体は、その敷地が袋路状道路（その一端のみが他の道路に接続したもの）にのみ接する建築物であって、一戸建ての住宅を除く、延べ面積が150㎡を超えるもの（同法43条3項5号）については、条例で、その敷地が接しなければならない道路の幅員、その敷地が道路に接する部分の長さその他その敷地または建築物と道路との関係に関して、必要な制限を付加することができる（同法43条3項）。

4　**誤り**。対象区域外にある高さが10mを超える建築物で、冬至日において、対象区域内の土地に日影を生じさせるものは、当該対象区域内にある建築物とみなして、法56条の2第1項の規定が適用される（同法56条の2第4項）。

基本書　第3編 第2章 4 集団規定

問題 19　正解 1　宅地造成及び特定盛土等規制法…………　難易度 B

1　**誤り**。正解。都道府県知事が造成宅地防災区域として指定することができるのは、宅地造成等工事規制区域外の土地について、宅地造成または特定盛土等（宅地において行うものに限る）に伴う災害で相当数の居住者等に危害を生ずるものの発生のおそれが大きい一団の造成宅地の区域であって、一定の基準に該当するものである（宅地造成及び特定盛土等規制法45条1項）。宅地造成等工事規制区域内には指定しない。

2　**正しい**。都道府県知事は、その地方の気候、風土または地勢の特殊性により、宅地造成及び特定盛土等規制法の規定のみによっては宅地造成等に伴う崖崩れまたは土砂の流出の防止の目的を達し難いと認める場合は、都道府県の規則で、宅地造成等工事規制区域内において行われる宅地造成等に関する工事の技術的基準を強化し、または必要な技術的基準を付加することができる（同法13条1項。施行令20条2項）。

3　**正しい**。都道府県知事は、宅地造成等工事規制区域内の土地について、宅地造成等に伴う災害を防止するために必要があると認める場合には、その土地の所有者、管理者、占有者、工事主または工事施行者に対し擁壁等の設置等の必要な措置をとることを勧告することができる（同法22条2項）。

4　**正しい**。宅地造成等工事規制区域内の土地において、雨水その他の地表水または地下水を排除するための排水施設の除却工事を行おうとする場合は、一定の場合を除き工事に着手する日の14日前までに都道府県知事に届け出なければならない（同法21条3項、施行令26条1項）。

基本書　第3編 第3章 **2** 規制区域内における宅地造成等に関する工事等の規制、**3** 造成宅地防災区域内の制限

問題 20　正解 4　土地区画整理法……………………………　難易度 C

1　**正しい**。換地計画に定められた清算金は、換地処分の公告の日の翌日において確定する（土地区画整理法104条8項）。

2　**正しい**。現に施行されている土地区画整理事業の施行地区となっている区域については、その施行者の同意がなければ、その施行者以外の者は、土地区画整理事業を施行することができない（同法128条1項）。

3　**正しい**。施行者は、換地処分の公告があった場合において、施行地区内の

土地・建物について土地区画整理事業の施行により変動があったときは、遅滞なく、その変動に係る登記を申請し、または嘱託しなければならない（同法107条2項）。

4　**誤り**。正解。土地区画整理組合は、仮換地を指定しようとする場合においては、あらかじめ、その指定について、総会もしくはその部会または総代会の同意を得なければならない（同法98条3項）のであって、土地区画整理審議会（公的施行の場合に設置される組織）の同意を得なければならないのではない。

基本書　第3編 第4章 **2** 仮換地、**3** 換地処分

問題 21　正解 2　農地法…………………………………　難易度 D

1　**正しい**。特定遺贈は、特定の財産を指定して、その財産を受遺者に遺贈することで、法律の規定に沿って遺産が法定相続人に引き継がれる「相続」とは異なる。相続人に該当しない者が特定遺贈により農地を取得する場合には、法３条１項の許可を受ける必要がある（農地法3条1項16号、施行規則15条5号）。

2　**誤り**。正解。自己所有する面積2a未満の農地を農作物の育成もしくは養畜の事業のための農業用施設に転用する場合は、法４条１項の許可を受ける必要はない（同法4条1項8号、施行規則29条1号）が、面積4aの農地の転用の場合には、法4条1項の許可を受ける必要がある。

3　**正しい**。必要な許可を受けないで売買契約を締結しても、その所有権移転の効力は生じない（同法3条6項、5条3項）。

4　**正しい**。社会福祉法人が、農地をその目的に係る業務の運営に必要な施設の用に供すると認められる場合、農地所有適格法人でなくても、農業委員会の許可を得て、農地の所有権を取得することができる（同法3条2項2号、施行令2条1項1号ハ、施行令2条2項5号）。

基本書　第3編 第5章 農地法

問題 22　正解 1　国土利用計画法……………………………　難易度 C

1　**正しい**。正解。土地の売買等の契約を締結した場合には、当事者のうち当該契約による権利取得者は、その契約を締結した日から2週間以内に、事後

届出を行わなければならない（国土利用計画法23条1項）が、契約当事者の一方または双方が、国、地方公共団体であるときは、区域、取引規模を問わず、事後届出をする必要がない（同法23条2項3号）。

2　**誤り**。市街化区域を除く都市計画区域内において、Aが所有する7,000㎡の土地をBが相続により取得した場合、「相続による取得」は、事後届出の対象となる「土地取引」に該当しない（同法14条1項、施行令5条）。したがって、Bは、事後届出を行う必要はない。

3　**誤り**。市街化区域内の2,000㎡以上の土地の売買等の契約を締結した場合には、当事者のうち当該契約による権利取得者は、その契約を締結した日から2週間以内に、事後届出を行わなければならない（同法23条1項）。したがって、事後届出をしなければならないのは土地の購入者（権利取得者）である「D」だけである。

4　**誤り**。重要土地等調査法の規定による特別注視区域にある規模200㎡以上の土地に関する所有権またはその取得を目的とする権利の移転をする契約を締結する場合には、当事者は、一定の事項を、あらかじめ、内閣総理大臣に届け出なければならない（重要土地等調査法13条1項、同法施行令4条）。本肢の規模100㎡の土地は、規模200㎡未満であり、あらかじめ、内閣総理大臣に届け出る必要はない。

基本書　第3編 第6章 **1** 土地取引の規制、**2** 事後届出制

問題23　正解1　印紙税……………………………………　難易度B

1　**正しい**。正解。土地の譲渡契約書は、不動産の譲渡に関する契約書として、印紙税法2条別表第1の第1号課税文書に該当する。そして契約当事者のみならず、仲介人等の契約参加者に対して交付する文書も課税文書に該当する（印紙税法基本通達20条）ので、本肢契約書3通に印紙税が課税されるのは正しい。

2　**誤り**。一の契約書に第1号文書（不動産譲渡契約書）と第2号文書（請負契約書）が併記されているときは、原則的に第1号文書であるが、両者が区分され第2号文書の金額（請負金額）に第1号文書の金額（不動産譲渡金額）が満たないときは第2号文書の金額（請負金額）のみを記載金額とすることができる（同法2条別表1課税物件表の適用に関する通則3ロ）ので、

本肢は請負金額の6,000万円を記載金額とするのが正しく、不動産譲渡契約金額5,000万円との合計額1億1,000万円を記載金額とするのは誤り。

3 **誤り**。不動産の贈与契約書は、物件価額の記載があっても譲渡対価がなく、契約金額の記載のないものとして、一律200円の印紙税が課される（同法2条別表第1第1号課税文書、同法基本通達23条(1)ホ）ので本肢のように記載金額を2,000万とするのは誤り。

4 **誤り**。契約金額の変更を証すべき文書に変更金額が記載されている場合（変更前後の金額が併記されて変更金額が明らかな場合を含む）には、増額のときは変更金額を契約金額とし、減額のときは、記載金額がないものとされる（同法2条別表1課税物件表の適用に関する通則4ニ）ので本肢の減額変更につき記載金額を1,000万円とするのは誤り。

基本書 **第4編 第1章 4 印紙税**

問題24 正解4 不動産取得税……………………………… 難易度 B

1 **誤り**。不動産取得税の徴収については、普通徴収の方法（納税吏員が納税通知書を納税者に交付することによって徴収する方法）によらなければならないとされており（地方税法73条の17）、本肢のように特別徴収（地方税の徴収につき便宜を有する者に徴収させかつ納付させること）の方法によることはできず、本肢は誤り。

2 **誤り**。不動産取得税は、道府県の課する普通税であって（同法4条2項4号）、本肢のように目的税でなく誤り。

3 **誤り**。不動産取得税は、不動産の取得に対し、不動産所在の都道府県において、取得者に課する（同法73条の2、1条2項）ものであり、本肢のように市町村、特別区において課するものではなく誤り。

4 **正しい**。正解。都道府県は不動産取得税を、国、非課税独立行政法人、国立大学法人等、日本年金機構及び福島国際研究教育機構並びに都道府県、市町村、特別区、地方公共団体の組合、財産区、合併特例区及び地方独立行政法人には課することができない（非課税）とされ、本肢の市町村及び特別区もこちらに含まれており正しい。

基本書 **第4編 第1章 2 不動産取得税**

問題 25　正解 4　不動産鑑定評価……………………………　難易度 C

1　**誤り**。原価法は、価格時点における対象不動産の再調達原価を求め、これを減価修正して対象不動産の試算価格（積算価格）を求める手法である（不動産鑑定評価基準（以下「基準」という）総論第7章第1節Ⅱ1意義）。

2　**誤り**。原価法は、対象不動産が建物または建物および敷地である場合において、再調達原価の把握および減価修正を適正に行うことができるときに有効であり、対象不動産が土地のみである場合においても、再調達原価を適切に求めることができるときは、適用できる（基準総論第7章第1節Ⅱ1意義）。例えば、たとえ既成市街地でも「建物及びその敷地」については、敷地の評価を取引事例比較法または収益還元法より行うことによって、全体として、原価法を適用することができる。

3　**誤り**。取引事例比較法を適用するにあたって、取引事例は取引事情が正常なものと認められるものであることまたは正常なものに補正することができるものであることが必要である（基準総論第7章第1節Ⅲ2適用方法）。特殊事情のある取引事例であってもその具体的な状況が判明し、適正に事情補正できるものは、選択することができる。

4　**正しい**。正解。取引事例比較法は、近隣地域もしくは同一需給圏内の類似地域等において対象不動産と類似の不動産の取引が行われている場合または同一需給圏内の代替競争不動産の取引が行われている場合に有効である（基準総論第7章第1節Ⅲ1意義）。

基本書　第4編第2章 **2** 土地・建物の鑑定評価

問題 26　正解 3　37条書面……………………………　難易度 C

ア　**正しい**。宅建業者が自ら当事者として締結する売買契約においては、37条書面の交付に代えて、電磁的方法による提供をするについては、当該契約の相手方から宅建業法施行令3条の4第1項に規定する承諾を得なければならない（宅建業法37条4項1号、施行令3条の4第1項）。

イ　**誤り**。37条書面の交付に代えて、電磁的方法による提供をするについては、提供に係る宅地建物取引士が明示されるものでなければならない（同法37条4項、施行規則16条の4の12第2項4号）。

ウ　**正しい**。37条書面の交付に代えて、電磁的方法を行う場合、相手方が提供されたファイルへの記録を出力することにより書面を作成することができるものでなければならない（同法施行規則16条の4の12第2項1号）。

エ　**正しい**。37条書面の交付に代えて、電磁的方法を行う場合、ファイルに記録された記載事項について、改変が行われていないかどうかを確認することができる措置を講じていなければならない（同法施行規則16条の4の12第2項2号）。

以上により、正しいものは、ア、ウ、エの三つであり、正解は3。

基本書　**第2編第2章 1 一般的規制**

問題27　正解4　建物状況調査……………………………　難易度 C

1　**正しい**。建物状況調査とは、建物の構造耐力上主要な部分または雨水の浸入を防止する部分として国土交通省令で定める状況の調査であって、経年変化その他の建物に生じる事象に関する知識および能力を有する者として国土交通省令で定める者が実施するものをいう（宅建業法34条の2第1項4号）。

2　**正しい**。建築状況調査を実施する者（既存住宅状況調査技術者）は、建築士法2条1項に規定する建築士であって、国土交通大臣が定める講習を修了した者でなければならない（同法施行規則15条の8）。

3　**正しい**。宅建業者が建物状況調査を実施する者のあっせんを行った場合でも宅建業者は売主から報酬とは別にあっせんに係る料金を受領することはできない。

4　**誤り**。正解。　建物の構造上主要な部分等の状況について当事者が確認した事項は、既存住宅の売買の場合は、37条書面の必要的記載事項であるが、貸借の媒介の場合は、記載する必要はない（同法37条1項2号の2）。

基本書　**第2編第2章 1 一般的規制**

問題28　正解3　業務上の規制……………………………　難易度 A

ア　**違反する**。相手方が契約を締結しない旨の意思を表示したにもかかわらず別の従業員に同じ目的で勧誘を継続させることは、不当勧誘行為等の禁止に該当する（宅建業法47条の2、施行規則16条の11第1号ニ）。

イ　**違反する**。宅建業者は、相手方等の判断に重要な影響を及ぼすことについて不実のことを告げてはならない（同法47条1号ニ）。不実のことを認識しながら「今後5年以内にこの一帯は再開発される」と説明することは、宅建業法に違反する。

ウ　**違反する**。深夜に私生活の平穏を害するような方法によりその者を困惑させることは、不当勧誘行為等の禁止に該当する（同法施行規則16条の11第1号へ）。

エ　**違反しない**。37条書面には、宅地建物取引士の記名があればよく、押印は必要ではない（同法37条3項）。

以上により、違反するものは、ア、イ、ウの三つであり、正解は3。

基本書　第2編 第2章 3 報酬・その他の制限

問題29　正解2　免許基準・免許取消し……………………　難易度A

1　**誤り**。A社の政令で定める使用人が禁錮以上の刑に処せられたときは、必要的免許取消事由に該当する（宅建業法66条1項1号・3号）。したがって、道路交通法の規定に違反したことにより懲役刑に処せられたときは、A社の免許は取り消される。

2　**正しい**。正解。B社の取締役が所得税法の規定に違反したことにより罰金の刑に処せられたとしても、B社の免許は取り消されることはない。なお、罰金の刑に処せられたことにより免許が取り消されるのは、（イ）宅建業法違反の場合と（ロ）一定の刑法犯罪等に処せられた場合に限られる。

3　**誤り**。Cが宅建業法に違反したことにより罰金の刑に処せられたときは、Cの免許は取り消される（同法66条1項1号、上記2（イ）参照）。

4　**誤り**。D社の非常勤の取締役が刑法222条（脅迫）の罪を犯したことにより罰金の刑に処せられたときは、D社の免許は取り消される（同法66条1号1号・3号、上記2（ロ）参照）。

基本書　第2編 第3章 1 監督処分等

問題30　正解1　営業保証金……………………………　難易度B

ア　**誤り**。免許権者（本肢では甲県知事）は宅建業者Aが「免許をした日から3カ月以内」に営業保証金を供託した旨の届出を行わないときは、Aに対し届出をすべき旨の催告をしなければならず、当該催告が到達した日から1カ月以内に届出をしないときは、Aの免許を取り消すことができる（宅建業法25条7項―任意的免許取消)。免許権者の宅建業者に対する供託の届出をすべき旨の催告は、「免許を受けた日から6カ月以内」ではない。

イ　**正しい**。営業保証金の供託を行った場合、宅建業者は、供託物の受入れの記載のある供託書の写しを添付して、その旨を免許権者に届け出なければならず、この届出の後でなければ事業を開始することはできない(同法25条5項)。

ウ　**誤り**。宅建業者が営業保証金の補充供託をしたときは、補充供託した日から「2週間以内」に届け出なければならない(同法28条2項)。補充供託した旨の届出は、30日以内ではない。

エ　**誤り**。営業保証金の取戻しは、還付請求権を有する者に対し「6カ月以上」の一定期間内に申し出るべき旨を公告し、期間内にその申出がなかった場合でなければ、取り戻すことができない(同法30条2項)。3カ月を下らない一定期間内ではない。

以上により、正しいものはイのみであり、正解は1。

基本書　第2編第1章 5 営業保証金と保証協会

問題31　正解4　取引態様の明示……………………………　難易度 B

1　**誤り**。広告を見た顧客から注文を受けた場合でも改めて取引様態の別を遅滞なく明示しなければならない(宅建業法34条)。

2　**誤り**。広告には一定事項を表示しなければならないが、既存の住宅に関する広告には法34条の2第1項4号に規定する建物状況調査を実施しているかどうかは、表示すべき一定事項に含まれていないので明示する必要はない(同法32条)。

3　**誤り**。「建築確認申請中の建物」については、建物の売買の媒介に関する広告に限らず、貸借の媒介に関する広告をすることもできない(同法33条)。

4　**正しい**。正解。著しく事実に相違する表示は誇大広告等の禁止規定に違反し、監督処分(業務停止処分事由)の対象になるだけでなく、罰則として6カ月以下の懲役もしくは100万円以下の罰金またはこれを併科されることもある(同法32条、65条2項2号、81条1号)。

基本書　第2編第2章 1 一般的規制

問題32　正解4　免許の更新・廃業等……………………　難易度B

1　**正しい**。甲県内に新たに宅建業を営む支店を設けることは宅建業者名簿の登録事項中の「事務所の名称・所在地」等について変更することになり、宅建業者は、その日から30日以内に届け出なければならない（宅建業法8条2項5号、9条）。

2　**正しい**。合併により消滅した場合、消滅した法人の代表役員（本肢ではBを代表する役員）であった者は、その日から30日以内に廃業等の届出をしなければならない（同法11条1項4号）。

3　**正しい**。宅建業者が専任の宅地建物取引士の設置要件への適合措置を講じた場合、宅建業者名簿の登載事項中の「専任の宅地建物取引士の氏名」が変更することになり、宅建業者は、その日から30日以内にその旨を届け出なければならない（同法8条2項6号、9条）。

4　**誤り**。正解。宅建業者は契約の締結等をする案内所等を設置した場合は、「業務を開始する日の10日前まで」に免許権者およびその所在地を管轄する都道府県知事に届け出なければならない（同法50条2項、施行規則19条3項）。「業務を開始する日の5日前まで」ではない。

基本書　**第2編 第1章 2 宅建業の免許、第2章 3 報酬・その他の制限**

問題33　正解1　重要事項の説明……………………　難易度B

1　**正しい**。正解。重要事項の説明の相手方は「物件を取得し、または借りようとしている者」である（宅建業法35条1項）。甲宅地と乙宅地の交換契約の場合、甲宅地を所有する宅建業者Aは、「甲宅地を取得する」Bに対して甲宅地に関する重要事項の説明を行う義務はあるが、乙宅地に関する重要事項の説明を行う義務はない。

2　**誤り**。宅地の引渡しの時期は、37条書面の記載事項であるが、35条の重要事項の説明事項ではない（同法37条1項4号）。

3　**誤り**。「買主への所有権移転登記後」の預り金等は、保全の必要がなく、重要事項説明書に記載する必要はない（同法35条1項11号、施行規則16条の4）。

4　**誤り**。重要事項の説明を受けている者から電磁的方法でよいと口頭で依頼があった場合でも、改めて電磁的方法で提供することについて承諾を得なければならない（同法35条8項・9項）。

基本書　第2編 第2章 1 一般的規制

問題34　正解3　報酬……　難易度B

ア　**違反する**。居住用建物の貸借の媒介の場合、媒介業者Cが依頼者の一方から受領することができる報酬は、借賃の1カ月の0.55倍に相当する金額以内であり、本肢では6万6,000円となる（宅建業法46条、報酬額に関する告示第4）。

イ　**違反しない**。宅建業者は、依頼者の依頼によって行う広告の料金に相当する額は、受領することができる（同告示第9第1項）。

ウ　**違反する**。宅建業者は、媒介報酬の他に賃貸借契約書の作成費を受領することができない。

エ　**違反する**。居住用建物以外の貸借の媒介の場合、宅建業者は、依頼者の双方から受領できる報酬額の総額は「借賃の1カ月分の1.1倍に相当する金額以内」（本肢ではAとC双方が受領できる報酬の総額は13万2,000円）とされる（同告示第4）。

以上により、違反するものは、ア、ウ、エの三つであり、正解は3。

基本書　第2編 第2章 3 報酬・その他の制限

問題35　正解4　クーリング・オフ……　難易度C

1　**誤り**。クーリング・オフの告知は、書面でしなければならない（宅建業法37条の2第1項1号、施行規則16条の6）。電磁的方法で告げることはできない。

2　**誤り**。申込みの撤回等は、書面でしなければならない（同法施行規則16条の6）。電磁的方法によって、申込みの撤回を行うことはできない。

3　**誤り**。事務所等で買受けの申込みをした場合には、クーリング・オフの対象外となり、申込みの撤回を行うことができない（同法37条の2第1項）。

4　**正しい**。正解。事務所等（媒介業者Cの事務所も該当する）で買受けの申込みをした場合には、クーリング・オフの対象外となり、買主Bは書面により申込みの撤回を行うことができない（同法37条の2第1項）。

基本書　第2編 第2章 2 自ら売主規制（8種制限）

問題 36　正解 3　業務上の規制……………………………　難易度 B

ア　**違反する**。契約の申込みの撤回を行うに際し、既に受領した預り金の返還を拒むことは、契約締結等の不当な勧誘等の禁止に該当する（宅建業法47条の2第3項、施行規則16条の11第2号）。既に受領した預り金を返還する際にかかった諸費用を差し引いて預り金を返還することはできない。

イ　**違反する**。手付金の分割払いをもちかけることは、手付貸与の禁止に該当する（同法47条3号）。

ウ　**違反しない**。帳簿には「取引のあったつど」必要な記載事項を記載しなければならないが（同法49条）、必要に応じて紙面にその内容を表示できる状態で、電子媒体により帳簿の保存を行うことができる（同法施行規則18条2項）。

エ　**違反する**。契約の勧誘に先立って、宅建業者の商号・名称、勧誘を行う者の氏名、勧誘をする目的である旨を告げずに勧誘を行うことはできない（同法施行規則16条の11第1号ハ）。

以上により、違反するものは、ア、イ、エの三つであり、正解は3。

基本書　第2編 第2章 3 報酬・その他の制限

問題 37　正解 3　業務上の規制……………………………　難易度 B

1　**誤り**。従業者証明書を携帯させるべき者の範囲には、代表者のほか非常勤役員等も含まれるから、従業者証明書を携帯させなければならない（宅建業法48条1項、宅建業法の解釈・運用の考え方48条1項関係）。

2　**誤り**。宅建業者は、「取引の関係者」から従業者名簿の閲覧請求があった場合には、秘密を守る業務を理由に、閲覧を拒むことはできない（同法48条4項）。

3　**正しい**。正解。従業者は、取引の関係者が宅建業者であっても、提示の請求があったときは、従業者証明書を提示しなければならない（同法48条1項・2項）。

4　**誤り**。宅建業者は、従業者名簿を最終の記載をした日から「10年間」保存しなければならない（同法48条3項、施行規則17条の2第4項）。5年間ではない。

基本書　第2編 第2章 3 報酬・その他の制限

問題 38　正解 2　総則……………………………………………　**難易度 B**

ア　**正しい**。「自ら貸借する行為」は、宅建業に該当しない（宅建業法２条２号）。

イ　**誤り**。宅地建物取引士とは、試験に合格し、都道府県知事の登録を受け、「登録をしている知事から宅地建物取引士証の交付を受けた者」をいう（同法２条４号）。宅地建物取引士証の交付を受けていない者は、宅地建物取引士ではない。

ウ　**誤り**。建設業者であっても、業として宅地の売買の媒介を行う行為は、宅建業に該当する（同法２条２号）。なお、建物の建築は宅建業に該当しないことに注意。

エ　**正しい**。宅地建物取引士は、宅地または建物の取引に係る事務に必要な知識および能力の維持向上に努めなければならない（同法 15 条の３）。

以上により、正しいものは、ア、エの二つであり、正解は2。

基本書　第２編 第１章 ❶「宅地建物取引業」とは、❸ 宅地建物取引士

問題 39　正解 2　手付金等の保全措置………………………　**難易度 C**

1　**誤り**。手付金の受領前に手付金の保全措置を講じなければならない（宅建業法 41 条１項）。

2　**正しい**。正解。保証保険契約においては、保険期間は保証保険契約が成立した時から物件の引渡しまでとされる（同法 41 条３項２号）。

3　**誤り**。保証保険契約を締結することにより手付金の保全措置を講じた宅建業者は、買主に保険証券を交付しなければならない（同法 41 条１項２号）。

4　**誤り**。保険証券の買主への「書面の交付」は、買主の承諾を得て、一定の電磁的方法により代替することができる（同法 41 条５項）。

基本書　第２編 第２章 ❷ 自ら売主規制（８種制限）

問題 40　正解 4　媒介契約……………………………………　**難易度 B**

1　**誤り**。専任媒介契約を締結した宅建業者は、売買・交換の申込みがあったときは、依頼者の希望条件を満たさない申込みだと判断した場合でも、遅滞なくその旨を依頼者に報告しなければならない(宅建業法 34 条の２第８項)。

2　**誤り**。当該建物が既存建物であるときは、建物状況調査を実施する者の

あっせんに関する事項を媒介契約書面に「記載」しなければならない（同法34条の2第1項4号）。

3　**誤り**。専任媒介契約を締結した宅建業者は、契約締結の日から7日以内に指定流通機構に登録しなければならない（同法34条の2第5項、施行規則15条の10）。「7日以内」には、当日、休業日は含まれない。

4　**正しい**。正解。専任媒介契約を締結した宅建業者は、依頼者が他の宅建業者の媒介または代理によって売買の契約を成立させたときの措置を媒介契約書面に記載しなければならない（同法34条の2第1項8号、施行規則15条の9第1号）。なお、媒介契約書面と登録を証する書面は、依頼者の承諾を得て電磁的方法により行うことができる（同法34条の2第11項・12項）。

基本書　**第2編 第2章 1 一般的規制**

問題41　正解2　監督・罰則…………　難易度C

1　**誤り**。都道府県知事は、その登録をうけている宅地建物取引士および「当該都道府県の区域内でその事務を行う宅地建物取引士」に対して宅地建物取引士の事務の適正な遂行を確保するため必要があると認めるときは、その事務について必要な報告を求めることができる（宅建業法72条3項）。甲県知事登録の宅地建物取引士に限らない。

2　**正しい**。正解。所在地を管轄する乙県知事は、乙県内で宅地建物取引士が不正な行為等を行えば、乙県知事は必要な指示をすることができる（同法68条3項）。

3　**誤り**。宅地建物取引士が不正な手段により宅地建物取引士証の交付を受けた場合は、登録をしている都道府県知事は、登録を「消除しなければならない」（同法68条の2第1項）。登録を消除できる（任意）のではない。

4　**誤り**。都道府県知事の登録消除については、公告は行われない。なお、宅建業者に対する業務停止処分および免許取消しについては公告が行われることに注意。

基本書　**第2編 第3章 1 監督処分等**

問題42　正解3　重要事項の説明…………　難易度B

ア　**誤り**。宅地建物取引士は、重要事項説明をする場合には、取引の相手方の請求の有無にかかわらず、宅地建物取引士証を相手方に提示しなければならない（宅建業法 35 条 1 項・ 4 項）。

イ　**誤り**。重要事項の説明すべき相手方は、宅地建物を「取得し、または借りようとしている者」であり、売主に対して重要事項の説明をする必要はない（同法 35 条 1 項）。

ウ　**正しい**。取引の相手方が宅建業者である場合は、重要事項の説明は、書面の「交付」のみで足り、宅地建物取引士による説明を省略することができる（同法 35 条 6 項）。

エ　**誤り**。「代金ならびにその支払時期および方法」は、37 条書面の必要的記載事項となるが、重要事項としての説明義務はない（同法 37 条 1 項 3 号）。

以上により、誤っているものは、ア、イ、エの三つであり、正解は3。

なお、35 条書面は相手方の承諾を得て電磁的方法による代用措置を講じることができる（同法 35 条 8 項・9 項）。

基本書　**第 2 編 第 2 章 1 一般的規制**

問題 43　正解 4　37 条書面　難易度 A

1　**誤り**。宅建業者Aは、買主が宅建業者であっても「移転登記申請時期」等を記載した 37 条書面を交付しなければならない（宅建業法 37 条 1 項 5 号）。

2　**誤り**。37 条書面は、契約を締結後、遅滞なく各当事者に交付しなければならない（同法 37 条 1 項）。

3　**誤り**。37 条書面の記名は、宅地建物取引士によるものであればよく、専任の宅地建物取引士である必要はない（同法 37 条 3 項）。

4　**正しい**。正解。天災その他不可抗力による損害の負担の定めがあるときは、その内容を 37 条書面に記載しなければならない（同法 37 条 1 項 10 号—任意的記載事項）。

なお、37 条書面は、電磁的方法による代用措置を講じることができる（同法 37 条 4 項・5 項）。

基本書　**第 2 編 第 2 章 1 一般的規制**

問題 44　正解 1　保証協会　難易度 B

1　**正しい**。正解。保証協会から関係する資料の提出を求められた社員は、正当な理由がある場合でなければこれを拒んではならない（宅建業法64条の5第2項・第3項）。

2　**誤り**。一部の事務所を廃止した場合、保証協会は、社員であった者に対して、公告することなく弁済業務保証金分担金を返還する（同法64条の11第2項）。なお、保証協会による公告が必要とされるのは、「社員でなくなったとき」である（同法64条の11第4項）。

3　**誤り**。還付請求権者は、保証協会の認証を受けて法務大臣および国土交通大臣の指定する供託所（指定供託所）に請求しなければならないから（同法64条の7第2項、64条の8第1項・第2項）、保証協会は債権額を認証する前に弁債業務保証金を返還する必要はない。

4　**誤り**。指定保管機関による保管措置は、完成物件の場合に限られ、未完成物件（工事完了前の宅地または建物）の場合は対象とならない（同法41条の2第1項1号）。

基本書　第2編 第1章 5 営業保証金と保証協会

問題 45　正解 4　**住宅瑕疵担保履行法**…………………………　難易度 C

1　**誤り**。宅建業者には信託会社または金融機関の信託業務の兼営等に関する法律第1条第1項の認可を受けた金融機関であって、宅建業を営むものが含まれ（住宅瑕疵担保履行法2条4項）、これらの者が売主で、買主が宅建業者でない場合には、住宅販売瑕疵担保保証金の供託または住宅販売担保責任保険契約の締結を行う義務を負う（同法11条1項）。

2　**誤り**。宅建業者による供託所の所在地等に関する説明は、書面を交付して説明しなければならないが、この書面の交付は「買主の承諾」を得て電磁的方法により提供することができる（同法15条1項・2項）。

3　**誤り**。住宅販売瑕疵担保保証金は、当該宅建業者の「主たる事務所の最寄りの供託所」に供託しなければならない（同法11条6項）。

4　**正しい**。正解。「当該住宅の構造耐力上主要な部分に瑕疵があっても瑕疵担保責任を負わない」旨の特約は買主に不利な特約として無効であり、売主の宅建業者Aは住宅販売瑕疵担保保証金の供託または住宅販売瑕疵担保責任保証契約の締結を行う義務がある（同法2条7項、品確法95条2項）。

基本書　第2編第4章 2 住宅販売瑕疵担保保証金の供託

問題 46　正解 2　住宅金融支援機構 ……………………… 難易度 C

1　**正しい**。独立行政法人住宅金融支援機構（以下、この問において「機構」という）は、子どもを育成する家庭または高齢者の家庭に適した良好な居住性能および居住環境を有する賃貸住宅の建設に必要な資金の貸付けを業務として行っている（機構法 13 条 1 項 8 号）。

2　**誤り**。正解。機構による、証券化支援事業（買取型）の、買取りの対象となる貸付債権は、住宅（特に、新築や中古を問わない）の建設または購入に必要な資金（これに付随する一定の資金を含む）の貸付けに係る一定の金融機関の貸付債権である（同法 13 条 1 項 1 号、機構業務方法書 3 条 1 号）。したがって、中古住宅を購入するための貸付債権も買取りの対象としている。

3　**正しい**。機構は、証券化支援事業（買取型）において ZEH（ネット・ゼロ・エネルギーハウス）および省エネルギー性、耐震性、バリアフリー性、耐久性・可変性に優れた住宅を取得する場合について、貸付金の利率を一定期間引き下げる制度（優良住宅取得支援制度）を実施している。

4　**正しい**。機構は、マンション管理組合や区分所有者に対するマンション共用部分の改良に必要な資金の貸付けを業務として行っている（機構法 13 条 1 項 7 号）。

基本書　第 4 編 第 3 章 住宅金融支援機構

問題 47　正解 2　景表法……………………………………… 難易度 B

1　**誤り**。物件は存在するが、実際に取引する意思がない物件を広告に掲載するとおとり広告に該当し、広告表示をしてなならない（不当景品類及び不当表示防止法 5 条、不動産の表示に関する公正競争規約（以下、表示規約という）21 条(3)）。

2　**正しい**。正解。物件を広告するにあたり、当該物件から直線距離で 50 メートル以内に所在する街道の名称を用いることができる（同法 5 条、表示規約 19 条 1 項(4)）。直線で 50 メートル以内であれば、街道の名称を使用しても特段の支障はない。

3　**誤り**。物件の近隣に所在するスーパーマーケットを表示する場合には①現に利用できるものを、物件からの道路距離または徒歩所要時間を明示して表示すること②ただし、工事中である等その施設が将来確実に利用できると認められるものは、その整備予定時期を明示して表示することができるとされている（同法5条、表示規約15条⑽、表示規約施行規則9条⒇）。

4　**誤り**。「新発売」とは、新たに造成された宅地、新築の住宅または一棟リノベーションマンションについて、一般消費者に対し、初めて購入の申込みの勧誘を行うことをいう（同法5条、表示規約18条1項⑵）。したがって、「新発売」との表示を行うことができる（同法5条、表示規約23条(69)）。

基本書　第4編 第4章 1 景表法（不当景品類及び不当表示防止法）、3 表示に関する公正競争規約

問題 48　正解 1　統計……………………………………………… 難易度 C

本問は参考資料として解説を掲載しています。
次の本試験の基準となる最新統計情報をもとに改題した本問の解説を、弊社webサイトよりダウンロードしてご利用ください（2024年8月末予定）。

※詳細はvページ「パーフェクト宅建士シリーズ読者特典（＊特典3＊）」をご参照ください。

1　**誤り**。正解。令和3年度宅地建物取引業法の施行状況調査（令和4年9月公表）によれば、令和4年3月末における宅地建物取引業者数の全事業者数は、12万8,597業者となっている。前年度比1.1%増で、8年連続増加となったが、14万業者を超えていない。

2　**正しい**。令和5年地価公示（令和5年3月公表）によれば、令和4年1月以降の1年間の地価について、地方圏平均では、全用途平均（前年比1.2%増）、住宅地（前年比1.2%増）、商業地（前年比1.0%増）で、いずれも2年連続で上昇し、上昇率が拡大した。工業地は6年連続の上昇（前年比2.0%増）し、上昇率が拡大した。

3　**正しい**。建築着工統計調査報告（令和4年計。令和5年1月公表）によれば、令和4年の民間非居住建築物の着工床面積は、前年と比較すると工場（前年比27.4%増）及び倉庫（前年比1.3%増）は増加したが、事務所（前年比27.4%減）及び店舗（前年比2.7%減）が減少したため、全体で昨年の増

加から再びの減少（前年比 0.5% 減）となった。

4　**正しい**。年次別法人企業統計調査（令和３年度。令和４年９月公表）によれば、令和３年度における不動産業の売上高営業利益率は 11.1% と２年連続で、前年度（10.2%、前々年度 9.4%）に比べ上昇し、売上高経常利益率も 12.5% と２年連続で前年度（12.1%、前々年度 10.2%）に比べ上昇した。

基本書　**第４編 第６章 統計**

問題 49　正解 2　土地………………………………………… **難易度 C**

1　**適当**。自然堤防の後背湿地（自然堤防の後背にできる湿り気のある土地）側の縁は、砂が緩く堆積していて、低湿で、地下水位も浅いため、大雨による浸水、地震による建物の損壊及び地震時に液状化被害が生じやすい地盤である。

2　**最も不適当**。正解。谷底低地（谷の中にある平担なところ）に軟弱層が硬い岩盤の上に厚く堆積している所では、地震の際に揺れが増幅されて、震動が大きくなり被害が発生しやすい。

3　**適当**。1923 年の関東地震の際には、東京の谷底低地で多くの水道管の破損・破裂や建物が損壊する被害を受けた。

4　**適当**。大都市の近郊の丘陵地を切盛りして平担化した住宅地では、切土部と盛土部にまたがる住宅地、土留めや排水工事の十分でない盛土地等は、排水不良や地盤沈下が生じやすく、崩壊や地滑りの恐れがあるので、盛土造成に際しては、地下水位を下げるため排水施設を設け、締め固める等の必要がある。

基本書　**第４編 第５章 1 土地**

問題 50　正解 3　建物………………………………………… **難易度 C**

1　**適当**。鉄筋コンクリート構造は、耐火、耐久性が大で、耐震・耐風的にも優れた構造である。

2　**適当**。鉄筋コンクリート構造は、躯体の断面が大きく、材料の質量が大きいので、建物の自重が大きくなる。

3　**最も不適当**。正解。鉄筋コンクリート構造で用いる鉄筋には、断面が円形の棒鋼（丸鋼）と表面に突起 (節・リブ) をつけた異形棒鋼があるが、鉄筋とコンクリートを一体化するには、断面が円形の棒鋼（丸鋼）より、鉄筋とコンクリートの付着する力の強い異形棒鋼の方が多く用いられ、優れている。

4　**適当**。鉄筋コンクリート構造は、コンクリートが固まって所定の強度が得られるまでに適切な環境を維持するのに相応の日数がかかり、また、現場での施工工程も多いので、工事期間が長くなる。

基本書　第4編 第5章 2 建物

令和4年度 正解と解説

＊正解番号一覧

問題	正解	問題	正解	問題	正解	問題	正解	問題	正解
1	3	11	3	21	4	31	1	41	2
2	3	12	1	22	3	32	1	42	2
3	4	13	1	23	3	33	2	43	2
4	1	14	2	24	2	34	4	44	4
5	2	15	3	25	2	35	4	45	3
6	3	16	2	26	2	36	1	46	1
7	4	17	3	27	1	37	2	47	4
8	3	18	3	28	1	38	4	48	―
9	1	19	4	29	3	39	4	49	2
10	2	20	1	30	3	40	2	50	4

難易度は A ～ D 。
A がやさしく、
D が最難関な問題です。

合格ライン⇒50 問中 36 問以上の正解
（登録講習修了者は、45 問中 31 問以上の正解）

問題 1　正解 3　物権変動……………………………………　難易度 B

1　**誤り**。背信的悪意者は、他者が登記をしていないことを主張する正当な利益を有しておらず、不動産の物権変動は登記をしなければ第三者に対抗できないとする民法 177 条の「第三者」には該当しない（最判昭 43.8.2）。したがって、背信的悪意者であるＣは、Ｂに対して不動産の所有権取得を対抗することはできない。

2　**誤り**。不動産の物権変動は、登記をしなければ、第三者に対抗することができない（民法 177 条）。同一の不動産が二重に譲渡された場合、譲受人相互の優劣は登記の先後で決着をつけることになるのである。したがって、買い受けたのはＢが先であったとしても、登記が未了である以上、Ｂは、不動産の所有権取得をＣに対抗することはできない。

3　**正しい**。正解。設問の判例（最判平 8.10.29）は、背信的悪意者から買い受けた者（転得者）自身が第一の買主に対する関係で背信的悪意者と評価されるのでない限り、登記を得た転得者は第一の買主に所有権取得を対抗できるとしている。だとすれば、転得者Ｄ自身も第一の買主Ｂに対する関係で背信的悪意者と評価されるのであれば、当該不動産の所有権取得を対抗できないことになる。

4　**誤り**。民法 177 条は、第三者の善意・悪意を区別しないとされている（大判明 38.1.20）。したがって、単なる悪意者であり背信的悪意者ではないＣは、登記を完了している以上、登記未了のＢに当該不動産の所有権取得を対抗できる。

基本書　**第１編 第２章 2 不動産物権変動**

問題 2　正解 3　相続 ………………………………………… **難易度 C**

1　**正しい**。「遺留分」の放棄は、家庭裁判所の許可を受ければ、被相続人の生前 (相続開始前）においてもすることができる（民法 1049 条１項）。

2　**正しい**。「遺留分」の放棄と異なり、「相続」を放棄することは、被相続人の生前には行うことができないと解されている。

3　**誤り**。正解。遺留分の放棄をしたとしても、それはあくまで将来遺留分が侵害されても侵害額請求をしないという意味しかなく、相続そのものを放棄するまでの効果はない。したがって、遺留分を放棄しても、被相続人の遺産を相続する権利は失わない。

4　**正しい**。遺留分を有するのは、兄弟姉妹以外の相続人である（同法 1042 条１項)。したがって、被相続人の兄弟姉妹は、遺留分を有しない。

基本書　**第１編 第４章 相続**

問題 3　正解 4　制限行為能力者 ………………………………… **難易度 C**

1　**誤り**。成年後見人が、成年被後見人に代わって営業行為や一定の重要な財産行為を行う場合、後見監督人がいるときはその同意を得なければならないが（民法 864 条)、成年被後見人の法律行為を取り消す場合は後見監督人の同意を得る必要はない。

2　**誤り**。成年後見人と成年被後見人がともに相続人である場合は、成年後見人が成年被後見人に代わって相続放棄すると、成年後見人も事前または同時に相続放棄する場合を除き、成年後見人の相続分が増加することになるので、利益相反行為になる。

3　**誤り**。成年後見人は、成年被後見人を代理する権限を有しており（同法859条1項）、法定代理人である。これに対し、保佐人は、同意権と取消権は有するが（同法13条1項、120条1項）、代理権を原則として有しない。しかし、家庭裁判所は、一定の者の請求によって、被保佐人のために特定の法律行為について保佐人に代理権を付与する旨の審判をすることができる（同法876条の4第1項）。

4　**正しい**。正解。未成年者は後見人となることができないとされているが（同法847条1号）、令和4年4月1日から18歳の者は未成年者ではなくなったので（同法4条）、年齢を理由とする後見人の欠格事由には該当しなくなった。

基本書　第1編 第1章 2 制限行為能力者制度

問題4　正解1　抵当権……………………………………　難易度B

1　**正しい**。正解。抵当不動産について所有権または地上権を買い受けた第三者が、抵当権者の請求に応じてその抵当権者にその代価を弁済したときは、抵当権は、その第三者のために消滅するとされている（民法378条）。

2　**誤り**。建物が抵当権の目的である場合は、本肢のとおりの制度が定められている（同法395条1項）。建物は生活の本拠であり、直ちに退去させられると困るからである。これに対し、土地が抵当権の目的である場合は、本肢のような明渡猶予の制度は定められていない。

3　**誤り**。更地に抵当権を設定した後、抵当地上に建物が築造された場合、抵当権者は、土地とともに建物を競売にかけることができる（一括競売、同法389条1項）。これは、抵当権者の権利として認められた手段であり、一括して競売にかけるよう申し立てることが義務づけられているわけではない。

4　**誤り**。抵当不動産の第三取得者は、抵当権消滅請求をすることができるのが原則である（同法379条）。しかし、その第三取得者が被担保債権の債務者、保証人およびこれらの者の承継人であるときは、抵当権消滅請求をすることができない（同法380条）。これらの者は債務の全額を弁済すべき義務を負う者なので、債務の全額に満たない金額で抵当権を消滅させることができる制度である抵当権消滅請求の行使を認めるべきではないからである。

基本書 第1編 第2章 5 抵当権・根抵当権

問題 5 正解 2 期間…………………………………………… 難易度 C

1 **誤り**。日、週、月または年によって期間を定めたときは、期間の初日は算入しないのが原則である（民法140条）。したがって、本肢の場合、令和5年10月18日から起算して1年後の令和6年10月17日が引渡日となる。

2 **正しい**。正解。週、月または年によって期間を定めたときは、その期間は暦に従って計算する（同法143条1項）。また、期間は、その末日の終了をもって満了するとされている（同法141条）。したがって、肢1のとおり初日不算入なので（同法140条）、本肢の場合、令和6年9月1日から起算して1か月後の令和6年9月30日の終了をもって弁済期限を迎えることになる。

3 **誤り**。期間の末日が日曜日、国民の祝日に関する法律に規定する休日その他の休日に当たるときは、その日に取引をしない慣習がある場合に限り、期間は、その前日ではなく、その翌日に満了するとされている（同法142条）。

4 **誤り**。肢1のとおり初日不算入により（同法140条）起算日は令和6年5月31日となり、また期間は暦によって計算されるため（同法143条1項）、本肢の場合、令和6年5月31日から起算して1カ月後の令和6年6月30日の終了をもって支払期限を迎えることになる。

基本書 第1編 第1章 6 条件・期限・期間

問題 6 正解 3 賃貸借・使用貸借………………………… 難易度 D

1 **誤り**。口頭での契約であろうと、賃貸借契約が締結された以上、当事者双方は契約を自由に解除することはできない。使用貸借の借主は、いつでも自由に契約の解除をすることができるが（民法598条3項）、本問のように使用貸借の期間（2年）および使用収益の目的（資材置場とする目的）を定めた場合、貸主の側からは、口頭・書面いずれの手段で契約したとしても、その期間が満了するまでは原則として契約を解除することができない（同法598条2項参照）。

2　**誤り**。賃貸借・使用貸借いずれの契約も、貸主の承諾を得なければ、目的物を第三者に転貸することはできない（同法594条2項、612条1項）。

3　**正しい**。正解。賃貸借の期間を定めた場合、期間満了前に中途解約することはできないのが原則であるが、当事者の一方または双方がその期間内に解約する権利を留保したときは、中途解約が認められる（同法618条）。使用貸借については、肢1の解説で述べたとおり、借主の側からはいつでも契約を解除することができる（同法598条3項）。

4　**誤り**。使用貸借契約の本旨に反する使用収益によって生じた損害の賠償は、貸主が返還を受けた時から1年以内に行使しなければならない（同法600条1項）。この規定は、賃貸借契約にも準用されているので（同法622条）、賃貸借の場合も、賠償請求は目的物の返還を受けた時から1年以内に請求しなければならない。

基本書　**第1編 第3章 11 賃貸借、12 請負・委任・寄託・贈与・使用貸借・消費貸借**

問題 7　正解 4　失踪宣告……………………………………　難易度 D

失踪宣告の取消しは、失踪の宣告後その取消し前に善意でした行為の効力に影響を及ぼさないが（民法32条1項後段）、ここでいう「善意でした行為」とは、契約については、契約当時当事者双方とも善意であることを要するとされている（大判昭13.2.7）。したがって、Cが本件売買契約に基づき取得した甲土地の所有権を失踪者Aに対抗できるのは、（ア）の「Bが善意でCが善意」の場合に限られるので、肢4が正解となる。

基本書　**該当なし**

問題 8　正解 3　地上権・賃借権…………………………　難易度 B

1　**誤り**。賃借権については、「賃貸人は、賃貸物の使用および収益に必要な修繕をする義務を負う」という規定が定められている（民法606条1項本文）。これに対し、地上権については、同様の規定は存在しておらず、特約がない限り地主は修繕義務を負わないと解される。

2　**誤り**。賃借人は、賃貸人の承諾を得なければ、その賃借権を譲渡することができない。賃借人が賃貸人に無断で賃借権を譲渡して第三者に賃借物の使用または収益をさせたときは、賃貸人は、契約の解除をすることができるし（同法612条）、譲受人に対して明渡しを請求することもできる（最判昭26.5.31）。これに対し、地上権者は、地主の承諾なしに自由に地上権を譲渡できるとされているので、無断譲渡があったとしても、地主は土地の明渡しを請求することはできない。

3 **正しい**。正解。抵当権の目的にすることができるのは、不動産、地上権、永小作権だけである（同法369条）。したがって、地上権を抵当権の目的とすることはできるが、賃借権を抵当権の目的とすることはできない。

4 **誤り**。地上権者は、土地利用が第三者に妨害された場合には、土地所有者と同様に物権的請求権（返還請求権、妨害排除請求権、妨害予防請求権）を行使することができる。これに対し、賃借権は債権なので物権的請求権は行使することができないが、不動産の賃借人は、賃借権の対抗要件を備えている場合は、その不動産の占有を第三者が妨害しているときは、その第三者に対して妨害の停止請求をすることが認められている（同法605条の4）。

基本書　第1編 第2章 1 物権とは、第3章 11 賃貸借

問題 9　正解 1　代理人等の辞任…………………………　難易度 D

ア **正しい**。委任契約は、報酬の有無にかかわらず、各当事者がいつでもその解除をすることができる（民法651条1項）。したがって、委任によって代理権を授与された者は、いつでも委任契約を解除することにより代理人を辞することができる。

イ **誤り**。親権を行う父または母は、やむを得ない事由があるときは、親権を辞することができるが、その際は家庭裁判所の許可を得なければならない（同法837条1項）。法務局に届出をするだけで親権を辞することはできない。

ウ **誤り**。後見人は、正当な事由があるときは、その任務を辞することができるが、その際は家庭裁判所の許可を得なければならない（同法844条）。後見監督人の許可で任務を辞することはできない。

エ **誤り**。遺言執行者は、正当な事由があるときは、その任務を辞することができるが、その際は家庭裁判所の許可を得なければならない（同法1019条2項）。相続人の許可で任務を辞することはできない。

以上により、正しいものはアの一つであり、正解は1。

基本書 **第1編 第3章 ⑫ 請負・委任・寄託・贈与・使用貸借・消費貸借**

問題 10 正解 2 時効…………………………………………… 難易度 C

1 **誤り**。目的物を賃貸し引き渡したとしても、賃借人を通じた間接的な占有が認められるので（民法 181 条）、時効取得は可能である。

2 **正しい**。正解。占有者が任意にその占有を中止し、または他人によってその占有を奪われたときは、取得時効は中断する（同法 164 条）。しかし、占有回収の訴えにより目的物を取り戻した場合は、占有侵奪前の状況を回復することができるので（同法 200 条 1 項）、占有は途切れなかったことになり、占有を奪われていた期間も時効期間に算入される。

3 **誤り**。所有の意思の有無は、占有を始めるに至った原因によって決まる。したがって、占有開始時点で所有の意思を有していた者が、その後、目的物が売買され登記が移転された事実を知ったとしても、所有の意思は失われない。本肢の場合、Bは甲土地を時効取得できないとするのは誤り。

4 **誤り**。時効取得者は、取得時効完成後に権利を譲り受けた者に対しては、登記なくして時効による権利取得を対抗することはできないが、時効完成前に真の権利者から権利を譲り受けた者に対しては、登記なくして時効による権利取得を対抗することができる（最判昭 41.11.22）。

基本書 **第1編 第1章 ⑤ 時効、第2章 ② 不動産物権変動**

問題 11 正解 3 借地借家法／借地権………………………… 難易度 C

1 **誤り**。借地権の存続期間満了前に建物が滅失し、借地権者が残存期間を超えて存続すべき建物を再築したときは、再築につき借地権設定者の承諾がある場合には、借地権の期間延長の効果が生じるが、再築についての借地権設定者の承諾がない場合は延長の効果は生じない（借地借家法７条１項）。

2 **誤り**。転借地権が有効に設定されている場合、転借地上の建物が滅失したとしても、転借地権は消滅せず、建物の再築は可能である。少なくとも借地権および転借地権の残存期間は、借地上で建物を所有する権利を有しているからである。

3 **正しい**。正解。借地上の建物が滅失し、借地権設定者の承諾を得て借地権者が建物を再築するに当たり、残存期間を超えて存続する建物を築造しない旨の特約は、借地権者に不利な特約であり無効であると解される（同法9条）。

4 **誤り**。建物買取請求権行使後、建物所有者は、買取代金支払まで建物の引渡しを拒むことができるが、それによる敷地占有は不当利得として賃料相当額の返還をしなければならないとされている（最判昭35.9.20）。

基本書 第1編 第5章 1 借地借家法－①（借地関係）

問題12 正解1 借地借家法／借家権…………………… 難易度 B

1 **誤り**。正解。定期建物賃貸借契約を締結する場合は、契約締結前に、契約の更新がなく、期間の満了により賃貸借が終了する旨を書面を交付して（賃借人の承諾を得て電磁的方法により提供することもできる）説明した上で、書面（または電磁的記録）により契約を締結しなければならない（借地借家法38条1項・3項）。事前説明の書面と契約書は別個独立の書面でなければならず、契約書で両書面を兼ねることはできない。なお、事前説明書面と宅建業法上の重要事項書面は兼用できるとされているが、このことと混同しないように。

2 **正しい**。建物の賃借権は、その登記がなくても、建物の引渡しがあったときは、その後その建物について物権を取得した者に対抗することができる（同法31条）。甲建物の賃借人Aは建物の引渡しを受けているので、その後、甲建物を購入したCに賃借権を対抗することができる。

3 **正しい**。居住用建物（床面積200㎡未満のもの）の定期建物賃貸借において、賃借人が転勤・療養・親族の介護等のやむを得ない事情で自己の生活の本拠としての使用が困難になったときは、中途解約を禁止する特約があったとしても、賃借人は、1カ月の予告期間で解約を申し入れることができる（同法38条7項・8項）。

4 **正しい**。敷金返還請求権の発生時期は、賃貸借終了時ではなく、目的物の明渡しが終了した時である（民法622条の2第1項1号）。したがって、賃貸人は、目的物の返還を受けるまでは、賃借人に対し敷金を返還する必要はない。

基本書 第1編 第3章 11 賃貸借、第5章 2 借地借家法－②（借家関係）

問題 13 正解 1 区分所有法…………………………… 難易度 B

1 **誤り**。正解。管理者が、集会の決議により、その職務に関し区分所有者のために原告または被告となったときは、その旨を各区分所有者に通知する必要はないが、規約により、原告または被告となったときは、その旨を各区分所有者に通知しなければならない（区分所有法26条5項）。

2 **正しい**。管理者がいるときは管理者が集会を招集するが(同法34条1項)、管理者がないときは、区分所有者の５分の１以上で議決権の５分の１以上を有するものにより、集会を招集することができる（同法34条5項本文)。この集会招集権に関する規定は、少数者でも集会を開催できるようにしようとするものなので、「5分の1」という定数を規約で減ずることが認められている（同項ただし書)。

3 **正しい**。管理者の選任・解任は、規約に別段の定めがない限り、集会の普通決議（区分所有者および議決権の各過半数による決議）で行う（同法25条1項、39条1項)。

4 **正しい**。管理組合を法人化するには、区分所有者および議決権の各４分の３以上の多数による集会の決議が必要であるが、当該決議においては法人となる旨、法人の名称、事務所を定めなければならず、登記をすることによって法人が成立する（同法47条1項)。

基本書 **第1編 第5章 3 建物の区分所有等に関する法律**

問題 14 正解 2 不動産登記法…………………………… 難易度 C

1 **正しい**。所有権移転登記など権利に関する登記を申請する場合には、申請人は、法令に別段の定めがある場合を除き、その申請情報と併せて登記原因を証する情報を提供しなければならない（不動産登記法61条)。

2 **誤り**。正解。権利に関する登記を申請する場合、登記識別情報を提供することができないことにつき正当な理由があるときを除き、登記識別情報を提供しなければならない（同法22条)。司法書士などの登記申請の代理を業とすることができる代理人によってすることは、登記識別情報を提供することができないことにつき正当な理由がある場合に該当しない。正当な理由が認められる場合とは、登記識別情報が提供されなかった場合、登記識別情報を失念した場合などをいう。

3　**正しい**。登記官は、その登記をすることによって申請人自らが登記名義人となる場合において、登記を完了したときは、速やかに、当該申請人に対し、当該登記に係る登記識別情報を通知しなければならない（同法21条本文）。ただし、当該申請人があらかじめ登記識別情報の通知を希望しない旨の申出をした場合は、登記識別情報の通知は行われない（同法21条ただし書）。

4　**正しい**。登記完了証とは、登記が完了したことを証明する書類であるが、送付（郵送）の方法により交付することを求める場合は、その旨および送付先の住所を申請情報の内容にしなければならない（不動産登記規則182条2項）。

基本書　第1編 第5章 4 不動産登記法

問題 15　正解 3　都市計画法／地域地区…………………… 難易度 B

1　**正しい**。市街化区域については、都市計画に、少なくとも用途地域を定めるものとされている（都市計画法13条1項7号）。

2　**正しい**。準都市計画区域については、都市計画に、①用途地域②特別用途地域③特定用途制限地域④高度地区⑤景観地区⑥風致地区⑦緑地保全地域⑧伝統的建造物保存地区の8つの地域地区を定めることができる（同法8条2項）。

3　**誤り**。正解。高度地区については、都市計画に、用途地域内において市街地の環境を維持し、または土地利用の増進を図るため、建築物の高さの最高限度（最高限度高度地区）または最低限度（最低限度高度地区）を定めるものとされている（同法9条18項）。

4　**正しい**。工業地域は、主として工業の利便を増進するために定める地域とされている（同法9条12項）。

基本書　第3編 第1章 3 都市計画の内容

問題 16　正解 2　都市計画法／開発許可制度……………… 難易度 C

1　**誤り**。市街化区域内において、市街地再開発事業の施行として開発行為を行おうとする者は、その規模にかかわらず都道府県知事の許可を受ける必要がない（都市計画法29条1項6号）。

2 **正しい**。正解。適正かつ合理的な土地利用および環境の保全を図る上で支障がない公益上必要な公益的建築物を建築するために行う開発行為には、都道府県知事の許可は不要である（同法29条1項3号）。博物館法（昭和26年法律第285号）第2条第1項に規定する博物館の用に供する施設である建築物は、公益上必要な公益的建築物に該当し、当該建築物の建築を目的とした開発行為を行おうとする者は、区域、その規模にかかわらず都道府県知事の許可を受ける必要がない（都市計画法施行令21条17号）。

3 **誤り**。自己の業務の用に供する施設の建築の用に供する目的で行う開発行為にあっては、開発区域内に災害危険区域等（災害危険区域、地すべり防止区域、「土砂災害特別警戒区域」および浸水被害防止区域）その他政令で定める開発行為を行うのに適当でない区域内の土地を含まないこととされている（同法33条1項8号）が、土砂災害警戒区域等における土砂災害防止対策の推進に関する法律に規定する「土砂災害警戒区域」はその限りではない。

4 **誤り**。市街化調整区域内における開発行為について、当該開発行為が開発区域の周辺における市街化を促進するおそれがなく、かつ、市街化区域内において行うことが困難または著しく不適当と認める開発行為については、都道府県知事は開発審査会の議を経て、開発許可をすることができる（同法34条14号）。

基本書 **第3編 第1章 6 開発許可制度**

問題 17 正解 3 建築基準法総合 …………………………… 難易度 B

1 **誤り**。法の改正により、現に存する建築物が改正後の法の規定に適合しなくなった場合でも、当該建築物は既存不適格建築物となり、建築基準法の適用除外となる（建築基準法3条2項）。現に存する建築物が建築基準関係規定に違反していても、違反建築物ではなく、速やかに改正後の法の規定に適合させる必要はない。

2 **誤り**。延べ面積500㎡を超える建築物について、大規模な修繕をしようとする場合、全国どこでも建築確認を受ける必要がある（同法6条1項2号）。

3 **正しい**。正解。地方公共団体は、その地方の気候・風土の特殊性などにより、単体規定のみによっては建築物の安全、防火または衛生の目的を十分に達し難いと認める場合においては、条例で、建築物の敷地、構造または建築設備に関して安全上、防火上または衛生上必要な制限を附加することができる（同法40条）。

4　**誤り**。地方公共団体は、条例で、津波、高潮、出水等による危険の著しい区域を災害危険区域として指定することができる（同法39条1項）。災害危険区域内における住居の用に供する建築物の建築の禁止その他建築物の建築に関する制限で災害防止上必要なものは、条例で定めるとされており（同法39条2項）、一律に禁止されることになるのではない。

基本書　第3編 第2章 **1** 全体構造、**2** 建築確認と完了検査、**3** 単体規定

問題 18　正解 3　建築基準法／集団規定……………………　難易度 D

1　**誤り**。第1種低層住居専用地域内においては神社、寺院、教会を建築することができる（建築基準法48条1項、同別表2(い)五）。神社、寺院、教会などの宗教施設は、全ての用途地域で建築できる。

2　**誤り**。その敷地内に政令で定める空地を有し、かつ、その敷地面積が政令で定める規模以上である建築物で、特定行政庁が交通上、安全上、防火上および衛生上支障がなく、かつ、その建蔽率、容積率および各部分の高さについて総合的な配慮がなされていることにより市街地の環境の整備改善に資すると認めて許可したものの容積率または各部分の高さは、その許可の範囲内において、関係規定による限度を超えることができる（同法59条の2第1項）が、建蔽率は関係規定による限度を超えることができない。

3　**正しい**。正解。法第3章の規定が適用されるに至った際、現に建築物が立ち並んでいる幅員4m未満の道で、特定行政庁の指定したものは、法第3章の規定における道路とみなされる（同法42条2項）。そして、1.8m未満の道を道路として指定する場合には、あらかじめ、建築審査会の同意を得て特定行政庁の指定したものは、法第3章の規定における道路とみなされる（同法42条6項）。

4　**誤り**。第1種・第2種低層住居専用地域、および田園住居地域では、良好な住環境を保護するため、都市計画で、建築物の高さの最高限度（10mまたは12mのどちらかが定められる・絶対高さ制限）を超えてはならないとされている（同法55条1項）。したがって、第1種住居地域内では建築物

の高さの限度の制限は定められていない。

基本書　第3編 第2章 ❹ 集団規定

問題 19　正解 4　宅地造成及び特定盛土等規制法…………　難易度 B

1　**正しい**。宅地造成等工事規制区域内において、雨水その他の地表水または地下水を排除するための排水施設の除去工事を行おうとする場合は、一定の場合を除き、工事に着手する日の14日前までに都道府県知事に届け出なければならない（宅地造成及び特定盛土等規制法21条3項、施行令26条1項）。

2　**正しい**。宅地造成等工事規制区域内において、森林を宅地にするために行う切土であって、切土をした部分に高さ2mを超える崖を生ずる工事は、宅地造成に該当し（同法施行令3条2号）、工事主は、宅地造成等に伴う災害の発生のおそれがないと認めれる一定の工事を除き、工事に着手する前に、都道府県知事の許可を受けなければならない（同法12条1項）。

3　**正しい**。宅地造成等工事規制区域内の土地の所有者、管理者または占有者は、宅地造成等に伴う災害を防ぐために、その土地を常時安全な状態に維持するように努めなければならない（同法22条1項）。

4　**誤り**。正解。都道府県知事が造成宅地防災区域として指定することができるのは、宅地造成等工事規制区域外の土地について、宅地造成または特定盛土等（宅地において行うものに限る）に伴う災害で相当数の居住者等に危害を生ずるものの発生のおそれが大きい一団の造成宅地の区域であって、一定の基準に該当するものである（同法45条1項）。盛土の高さが5m未満であっても、盛土面積が3,000㎡以上であり、かつ、盛土により地下水位が盛土をする前の地盤面の高さを超え、盛土の内部に浸入しているものおよびその他の一定の要件に該当すれば指定できる場合がある（同法施行令35条1項）。

基本書　第3編 第3章 ❷ 規制区域内における宅地造成等に関する工事等の規制、❸ 造成宅地防災区域内の制限

問題 20　正解 1　土地区画整理法……………………………　難易度 C

1　**誤り**。正解。土地区画整理組合の設立の認可の公告があった日後、換地処

分の公告がある日までは、施行地区内において、土地区画整理事業の施行の障害となるおそれがある建築物の新築を行おうとする者は、都道府県知事等の許可を受けなければならない（土地区画整理法 76 条 1 項）。したがって土地区画整理組合の許可ではない。

2　**正しい**。換地処分は、換地計画に係る区域の全部について土地区画整理事業の工事が完了した後において、遅滞なく、しなければならない（同法 103 条 2 項）が、土地区画整理組合は定款に別段の定めがある場合においては、換地計画に係る区域の全部について工事が完了する以前においても換地処分をすることができる（同法 103 条 2 項ただし書）。

3　**正しい**。仮換地の指定により、使用し、または収益することができる者のなくなった従前の宅地については、当該宅地を使用し、または収益することができる者のなくなった時から換地処分の公告がある日までは、施行者が当該宅地を管理する（同法 100 条の 2）。

4　**正しい**。換地計画に定められた清算金は、換地処分の公告があった日の翌日において確定する（同法 104 条 8 項）。この場合、精算金の徴収または交付に関する権利義務は、換地処分の公告当時の土地の所有者等に帰属し、換地処分後に行われた当該換地の所有権の移転に伴い当然に移転する性質を有するものではない。

基本書　第 3 編 第 4 章 2 仮換地、3 換地処分、4 建築等の制限

問題 21　正解 4　農地法…………　難易度 D

1　**誤り**。農地の賃貸借は、その登記がなくても、農地の引渡しがあったときは、これをもってその後その農地について物権（所有権）を取得した第三者に対抗することができる（農地法 16 条）。この対抗要件は、農地の賃借人を保護するための定めであり、使用貸借には適用しない。

2　**誤り**。農地を所有する法人は農地所有適格法人でなければならないが、農地を所有するのではなく、賃貸借することで農業経営を行う場合には、農地所有適格法人の要件を満たしていない株式会社でも、一定の条件を満たすことにより耕作目的で農地を借り入れることができる（同法 3 条 3 項、同 3 条の 2 参照）。

3　**誤り**。法第 4 条第 1 項、第 5 条第 1 項の違反について原状回復等の措置に

係る命令の対象となる者（違反転用者等）には、当該規定に違反した者またはその一般承継人が含まれ（同法51条1項1号）、当該違反に係る土地について工事を請け負った者も含まれる（同法51条1項3号）。

4 **正しい**。正解。法の適用については、土地の面積は、登記簿の面積によるとしているが、登記簿の地積が著しく事実と相違する場合および登記簿の地積がない場合には、実測に基づき、農業委員会が認定したところによる（同法56条）。

基本書 第3編 第5章 農地法

問題22 正解3 国土利用計画法 難易度B

1 **誤り**。都市計画区域外において、面積15,000㎡の土地の売買等の契約を締結した場合には、当事者のうち当該契約による権利取得者は、その契約を締結した日から2週間以内に、事後届出を行わなければならない（国土利用計画法23条1項・2項1号ハ）が、当事者の一方または双方が、国、地方公共団体であるときは、区域、取引規模を問わず、事後届出をする必要がない（同法23条2項3号）。

2 **誤り**。事後届出において、土地売買等の契約に係る土地の土地に関する権利の移転または設定の対価の額は、届出事項である（同法23条1項6号）。

3 **正しい**。正解。市街化区域を除く都市計画区域内の規模5,000㎡未満の土地について土地売買等の契約をした場合には、届出を要しない（同法23条2項1号ロ）が、宅地建物取引業者Eが、一団の土地である甲土地（C所有、面積3,500㎡）と乙土地（D所有、面積2,500㎡）を購入した場合、Eは、一団の土地である甲土地と乙土地の合計面積（面積6,000㎡）を権利取得したことになり、事後届出を行わなければならない（同法23条1項）。

4 **誤り**。都道府県知事は、土地の利用目的を審査し、利用目的の変更について勧告をした場合において、その勧告を受けた者がその勧告に従わないときは、その旨およびその勧告の内容を公表することができる（同法26条）が、土地売買等の契約を取り消すことはできない。

基本書 第3編 第6章 2 事後届出制

問題 23　正解 3　印紙税……………………………… 難易度 B

1　**誤り**。土地の譲渡契約書は、不動産の譲渡に関する契約書として、印紙税法２条別表第１の第１号課税文書に該当する。そして印紙税法上の「契約書」とは、名称のいかんを問わず契約（その予約を含む）の成立もしくは更改または契約の内容の変更もしくは補充の事実（以下契約の成立等）を証すべき文書をいう（印紙税法別表第１　課税物件表の適用に関する通則５）とされ、本件覚書もこれに含まれるから、印紙税が課税されないとするのは誤り。

2　**誤り**。課税文書の記載金額について、課税文書中に２以上の記載金額があり、かつこれらの金額が同一の号の課税文書に該当するときには、合計金額を記載金額とする（同法別表第１　課税物件表の適用に関する通則４イ）とされており、本肢甲土地および乙建物の譲渡契約は、ともに不動産の譲渡契約書として１号課税文書にあたることから、記載金額は両者の合計額の 9,000万円となり、甲のみの 6,000 万円とするのは誤り。

3　**正しい**。正解。土地の賃貸借契約書は土地の賃借権の設定に関する契約書（同法２条別表第１・１号課税文書 2）にあたる。そしてここに「契約書」とは肢１の通り契約内容を変更もしくは補充の事実を証する文書も名称のいかんを問わず含まれることから、本肢契約期間を５年から 10 年に変更する覚書も課税文書となる。したがって印紙税が課されるとする本肢は正しい。

4　**誤り**。駐車場としての設備のある土地の特定の区画に駐車させる旨の賃貸借契約書は、駐車場という施設の賃貸借契約であって、土地の賃借権の設定に関する契約（同法２条別表第１・１号課税文書 2）にはあたらないため、印紙税が課税されるとするのは誤り。

基本書　第４編 第１章 4 印紙税

問題 24　正解 2　固定資産税……………………………… 難易度 B

1　**誤り**。固定資産の徴収については、普通徴収の方法（納税吏員が納税通知書を納税者に交付することによって徴収する方法）によらなければならないとされており（地方税法 364 条１項）、特別徴収の方法によるという本肢は誤り。

2　**正しい**。正解。土地価格等縦覧帳簿および家屋価格等縦覧帳簿の縦覧期間は、毎年4月1日から4月20日または当該年度の最初の納期限の日のいずれか遅い日以降の日までの間とされており（同法416条1項）、正しい。

3　**誤り**。固定資産税の賦課期日は、当該年度の初日の属する年の1月1日とされていて（同法359条）、本肢のように条例で定めることはできず誤り。

4　**誤り**。固定資産税は、固定資産の所有者（質権または100年より永い存続期間の定めのある地上権の目的であるときは、その質権者または地上権者）に課するとされており（同法343条1項）、本肢のように賃借権者に課されるとするのは誤り。

基本書　第4編 第1章 3 固定資産税

問題 25　正解 2　地価公示法……………………………… 難易度 B

1　**正しい**。土地鑑定委員会は、標準地の正常な価格を判定したときは、すみやかに、標準地の単位面積当たりの価格のほか、標準地の地積および形状などの一定の事項を官報で公示しなければならない（地価公示法6条）。

2　**誤り**。正解。正常な価格とは、土地について、自由な取引が行われる場合におけるその取引（一定の場合を除く）において通常成立すると認められる価格をいい、当該土地に建物がある場合には、「それらが存しない」ものとして通常成立すると認められる価格をいう（同法2条2項）。

3　**正しい**。地価公示が実施されている公示区域内の土地について鑑定評価を行う場合において、正常な価格を求めるときは、標準地の公示価格を「規準」とする必要がある（同法8条）。その際には、当該土地とこれに類似する利用価値を有すると認められる1または2以上の標準地との位置、地積、環境等の土地の客観的価値に作用する諸要因についての比較を行い、その結果に基づき、当該標準地の公示価格と当該対象土地の価格との間に均衡を保たせる必要がある（同法11条）。

4　**正しい**。公示区域とは、都市計画法4条2項に規定する都市計画区域その他の土地取引が相当程度見込まれるものとして国土交通省令で定める区域をいうが、そのうち国土利用計画法12条1項の規定により指定された「規制区域」を除いた区域をいう（地価公示法2条1項）。

基本書　第4編第2章 1 地価公示

問題 26 正解 2 用語の定義…………………………… **難易度 A**

1 **誤り**。商業登記簿に登載されていなくても、契約締結権限を有する者を置き、継続的に業務を行うことができる施設（支配人・支店長などが置かれている営業所など）は事務所に該当する（宅建業法3条1項、施行令1条の2第2号）。

2 **正しい**。正解。本店は、宅建業を営んでいなくても事務所に該当するが、宅建業を営まず他の兼業業務のみを営んでいる支店は事務所に該当しない（同法3条1項、施行令1条の2第1号）。

3 **誤り**。宅建業者は、「事務所ごとに」報酬額についての掲示、従業者名簿および帳簿を備置し（同法46条4項、48条3項、49条）、「事務所および業務を行う場所ごとに」標識を掲示しなければならない（同法50条1項）。「主たる事務所」ではない。なお、免許証については掲示義務は課されていない。

4 **誤り**。宅建業者は、既存の事務所が専任の宅地建物取引士の設置要件を満たさなくなった場合は「2週間以内」に、必要な措置を執らなければならない（同法31条の3第3項）。「30日以内」ではない。

基本書 第2編第1章 **1**「宅地建物取引業」とは、**3** 宅地建物取引士、第2章 **3** 報酬・その他の制限

問題 27 正解 1 報酬…………………………… **難易度 B**

1 **正しい**。正解。依頼者の特別の依頼に基づく遠隔地への現地調査に要する特別の費用については、事前に依頼者の承諾があれば宅建業者は媒介報酬とは別に、当該調査に要した特別の費用相当額を受領することができる（宅建業法の解釈・運用の考え方46条1項関係）。

2 **誤り**。居住用建物の貸借の媒介が使用貸借に係るものである場合は、通常の借賃をもとに報酬の限度額が定まるが（報酬額に関する告示第4）、その算定に当たっては不動産鑑定業者の鑑定評価を求める必要はない。

3 **誤り**。居住用建物の賃貸借の媒介に関して、依頼者の一方から受けることのできる報酬額は、借賃の1カ月の0.55倍に相当する金額以内とされるが、依頼者の承諾を得ている場合は、双方から受けることのできる報酬の限度額は、借賃の1カ月の1.1倍に相当する金額以内とされる（同告示第4）。

したがって、依頼者の承諾を得ても、借賃の1カ月分の1.1倍を超えることはできない。

4　**誤り**。400万円以下の空家等の売買または交換の媒介における特例が適用される場合においては、当該依頼者である売主Bから受ける報酬の額は18万円の1.1倍（19万8,000円）に相当する金額を超えてはならない（同告示第7）。本肢の20万200円は、この額を超えている。

基本書　第2編 第2章 3 報酬・その他の制限

問題 28　正解 1　**重要事項の説明**……………………………　難易度 B

1　**正しい**。正解。重要事項の説明の相手方は、売主・貸主になろうとする者ではなく、買主・借主になろうとする者である（宅建業法35条1項）。したがって、重要事項説明義務を負うのは売主である宅建業者であって買主である宅建業者は重要事項説明書を作成しなくても宅建業法に違反しない。

2　**誤り**。調査不足のため、重要事項説明書に記載された内容が異なるものとなった場合には、宅建業者の故意・過失を問わず、宅建業法違反となる。なお、35条の違反の行為を「故意」に行えば告知義務（同法47条）違反になることに注意。

3　**誤り**。上記肢1で記述したように重要事項は買主に対して説明しなければならないが、売主に対して説明する必要はない。

4　**誤り**。重要事項の説明、重要事項説明書への記名は、宅地建物取引士の法定事務であるが（同法35条1項・5項）、重要事項説明書の作成は、宅地建物取引士の法定事務ではなく、宅地建物取引士である必要はない。

基本書　第2編 第2章 1 一般的規制

問題 29　正解 3　**宅地建物取引士**……………………………　難易度 B

1　**正しい**。宅地建物取引士は、禁錮以上の刑に処せられた場合、刑に処せられた日から30日以内にその旨を宅地建物取引士の登録を受けた都道府県知事に届け出なければならない（宅建業法21条2号、18条1項6号）。

2　**正しい**。宅地建物取引士は、事務禁止の処分を受けた場合、速やかに宅地建物取引士証をその交付を受けた都道府県知事に提出しなければならない（同法22条の2第7項）。これに違反した者は罰則（10万円以下の過料）の適用を受けることがある（同法86条）。

3　**誤り**。正解。宅地建物取引士証の更新を受けようとする者は、登録をしている都道府県知事が指定する講習（法定講習）で、交付の申請前6カ月以内に行われるものを受講しなければならない（同法22条の3第2項、22条の2第2項）。国土交通大臣が指定する講習ではない。また当該宅地建物取引士証の有効期間は5年である（同法22条の2第3項）。

4　**正しい**。宅地建物取引士は、宅地建物取引士の信用または品位を害するような行為をしてはならない（同法15条の2）。この信用失墜行為は、職務に限らず、職務に関係しない行為や私的な行為も含まれる。

基本書　**第2編 第1章 3 宅地建物取引士**

問題30　正解3　用語の定義……………………………… **難易度 C**

ア　**誤り**。「割賦販売」とは、代金の全部または一部について、「目的物の引渡し後1年以上の期間にわたり、かつ、2回以上」に分割して受領することを条件として販売することをいう（宅建業法35条2項）。「目的物の引渡し後6カ月以上の期間」ではない。

イ　**正しい**。犯罪による収益の移転防止に関する法律では、宅建業のうち、宅地・建物の売買契約の締結またはその代理もしくは媒介を特定取引としている（犯罪収益移転防止法4条別表）。なお、この法律における宅建業者の特定取引は、宅建業法の適用範囲（売買・交換、売買・交換・貸借の代理・媒介）より狭いことに注意。

ウ　**正しい**。宅建業者は、その従業者に対し、その業務を適正に実施させるため、必要な教育を行うように努めなければならないと法に定められている（宅建業法31条の2）。

エ　**正しい**。宅建業者の使用人その他の従業者は、正当な理由がある場合でなければ、宅建業の業務を補助したことについて知り得た秘密を他に漏らしてはならないと法に定められている（同法75条の3）。

以上により、正しいものはイ、ウ、エの三つであり、正解は3。

基本書　**第2編第2章 1 一般的規制、3 報酬・その他の制限**

問題 31 正解 1 媒介契約…………………………………………… **難易度 B**

1 **正しい**。正解。媒介価額に関する意見の根拠の明示は、法律上の義務であるから、そのために行った価額の査定に要した費用は依頼者に請求することはできない（宅建業法の解釈・運用の考え方34条の2関係）。

2 **誤り**。一般媒介契約・専任媒介契約を問わず媒介契約書面には、「売買すべき価額」を記載しなければならない（宅建業法34条の2第1項2号）。

3 **誤り**。専任媒介契約の有効期間は、依頼者（本肢ではB）の申出により、更新することができるが、更新の時から3カ月を超えることができない（同法34条の2第4項）。

4 **誤り**。宅建業者は、一般媒介契約を締結した場合でも、媒介契約書面を作成して記名押印し、依頼者にこれを交付しなければならない（同法34条の2第1項）。

なお、媒介契約書面は、依頼者の承諾を得て、電磁的方法により行うことができる（同法34条の2第11項）。

基本書 **第2編第2章 1 一般的規制**

問題 32 正解 1 37条書面 …………………………………… **難易度 B**

1 **誤り**。正解。売主の宅建業者および媒介業者は37条書面の交付義務があり、売主の宅建業者Aと媒介業者Bが共同して作成した37条書面にはBの宅地建物取引士の記名とAの宅地建物取引士の記名が必要である（宅建業法37条3項）。

2 **正しい**。宅地建物取引士は、取引関係者から請求があったときまたは重要事項を説明するときは、取引の相手方に宅地建物取引士証を提示しなければならない（同法22条の4、35条4項）。したがって、37条書面を交付する際、買主から請求された宅地建物取引士は、宅地建物取引士証を提示しなければならない。

3 **正しい**。手付金等の保全措置の概要は、重要事項の説明事項であるが（同法35条1項10号）、37条書面の記載事項ではない。

4 **正しい**。契約不適合責任の特約は、37条書面の任意的記載事項であり（同法37条1項11号）、契約不適合責任について特約を定めたときは、37条書面にその内容を記載しなければならない。

なお、37 条書面は、37 条 1 項・2 項に規定する者の承諾を得て電磁的方法による代用措置を講じることができる（同法 37 条 4 項・5 項）。

基本書　第 2 編 第 2 章 1 一般的規制

問題 33　正解 2　登録…………………………………………　**難易度 B**

ア　**誤り**。宅建業にかかる営業に関し成年者と同一の行為能力を有する未成年者は、成年に達しなくても宅地建物取引士の登録を受けることができる（宅建業法 18 条 1 項 1 号）。

イ　**誤り**。登録の移転の申請は、任意（「移転ができる」）であり、甲県知事登録の宅地建物取引士が甲県から乙県へ勤務先を変更する場合、乙県に移転しなければならないわけではない（同法 19 条の 2）。登録の移転をしなくても乙県で専任の宅地建物取引士に就任することができる。

ウ　**正しい**。事務禁止処分を受けた宅地建物取引士は、その禁止の期間が満了するまでは、登録の移転を申請することができない（同法 19 条の 2 ただし書）。

エ　**正しい**。登録の移転の申請とともに移転先の都道府県知事に宅地建物取引士証の交付を申請した場合、移転先の知事（本肢では己県知事）が交付する宅地建物取引士証の有効期間は、従前の宅地建物取引士証（本肢では戊県知事が交付したもの）の残存期間を有効期間とする（同法 22 条の 2 第 5 項）。

以上により、正しいものはウ、エの二つであり、正解は 2。

基本書　第 2 編 第 1 章 3 宅地建物取引士

問題 34　正解 4　重要事項の説明………………………………　**難易度 C**

1　**正しい**。既存建物であるときは、建物状況調査を過去 1 年以内に実施しているかどうか、およびこれを実施している場合には、建物状況調査の結果の概要を説明しなければならない（宅建業法 35 条 1 項 6 号の 2 イ、施行規則 16 条の 2 の 2）。

2　**正しい**。当該建物が造成宅地防災区域内にあるときは、その旨を説明しなければならない（同法施行規則 16 条の 4 の 3 第 1 号）。

3　**正しい**。当該建物について、石綿の使用の有無の調査の結果が記録されているときは、その内容を説明しなければならない（同法施行規則 16 条の 4

の3第4号）。

4　**誤り**。正解。当該建物（昭和56年5月31日以前に新築の工事に着手したもの）が指定確認検査機関、建築士、登録住宅性能または地方公共団体による耐震診断を受けたものであるときは、その内容を説明しなければならない（同法施行規則16条の4の3第5号）。「その旨」ではない。

なお、35条書面は相手方の承認を得て電磁的方法による代用措置を講じることができる（同法35条8項・9項）。

基本書　第2編 第2章 **1** 一般的規制

問題 35　正解 4　重要事項の説明・37条書面……………　難易度 B

1　**誤り**。宅建業者の従業者である宅地建物取引士は、取引の関係者から従業者証明書の提示を求められたときは従業者証明書を提示しなければならない（宅建業法48条2項）。従業者証明書に代えて従業者名簿または宅地建物取引士証を提示することはできない。

2　**誤り**。売買の相手方が宅建業者である場合は、重要事項説明書を交付すればよく、説明は必要ではないが、売買の相手方が宅建業者でない場合は重要事項説明書を交付して説明しなければならない（同法35条6項）。

3　**誤り**。賃貸借契約が成立したときは、媒介業者（本肢ではE）は、相手方（本肢ではD）に対して、法35条の重要事項説明書ではなく37条書面を交付しなければならない。37条書面の交付については宅地建物取引士である必要もなく、また説明義務もない（同法37条2項）。

4　**正しい**。正解。37条の規定については、宅建業者間取引でも適用除外とされず（同法78条2項）、相手方が宅建業者であるか否かを問わず、37条書面を交付しなければならない（同法37条1項）。

基本書　第2編 第2章 **1** 一般的規制、**3** 報酬・その他の制限

問題 36　正解 1　重要事項の説明……………………………　難易度 B

1　**正しい**。正解。既存建物であるときは当該建物の検査済証の保存状況について説明しなければならず、当該検査済証が存在しない場合はその旨を説明しなければならない（宅建業法35条1項6号の2ロ、施行規則16条の2の3第2号）。

2　**誤り**。売買代金の額並びにその支払時期および方法は、重要事項の説明事項ではなく、37 条書面の記載事項である（同法 37 条 1 項 3 号）。

3　**誤り**。当該建物の位置が、水害ハザードマップに表示されている場合には、その「所在地」を説明しなければならない（同法 35 条 1 項 14 号イ、施行規則 16 条の 4 の 3 第 3 号の 2）。

4　**誤り**。当該建物の引渡しの時期は、重要事項の説明事項ではなく、37 条書面の記載事項である（同法 37 条 1 項 4 号）。

なお、35 条書面は相手方の承認を得て電磁的方法による代用措置を講じることができる（同法 35 条 8 項・9 項）。

基本書　**第 2 編 第 2 章 1 一般的規制**

問題 37　正解 2　広告…………　難易度 C

ア　**正しい**。未完成物件については、建築確認その他法令に基づく許可等の処分後であれば広告を開始することができる（宅建業法 33 条）。したがって、建築確認を受けた後、変更の確認の申請書を提出している期間内においては、変更の確認を受ける予定であることを表示し、かつ、当初の確認内容を合わせて表示すれば、変更の確認の内容を広告することができる（宅建業法の解釈・運用の考え方 33 条関係）。

イ　**誤り**。インターネットによる広告において、実際のものより著しく優良または有利であると人を誤認させる表示をすれば、広告について問合せや申込みがなかったときでも誇大広告となり、同法 32 条の規定に違反する。

ウ　**正しい**。一団の宅地の販売について、数回に分けて広告するときは、そのたびごとに取引形態の別を明示しなければならない（同法 34 条 1 項）。また広告を見た者から売買の注文を受けたときも、改めて取引形態の別を明示しなければならない（同法 34 条 2 項）。

以上により、正しいものはア、ウの二つであり、正解は 2。

基本書　**第 2 編 第 2 章 1 一般的規制**

問題 38　正解 4　クーリング・オフ…………　難易度 B

1　**誤り**。買受けの申込者が、宅地・建物の引渡しを受け、かつ、代金の全部を支払ったとき（履行関係の終了）は、クーリング・オフによる売買契約の解除はできないが、引渡しを受けただけでは、履行関係は終了していないから、クーリング・オフによる売買契約の解除を行うことができる（宅建業法37条の2第1項2号）。

2 **誤り**。クーリング・オフに関する法37条の2の規定は、宅建業者間取引には適用がなく、宅建業者である買主は、クーリング・オフによる売買契約の解除を行うことができない（同法78条2項）。

3 **誤り**。買受けの申込場所と契約締結場所が異なる場合は、買受けの申込場所でクーリング・オフの可否が判断される。喫茶店（事務所等以外の場所）で買受けの申込みを行った買主が売主業者の申出により買主の勤務先（事務所等以外の場所）で売買契約を行った場合は、クーリング・オフによる売買契約の解除を行うことができる（同法37条の2第1項、施行規則16条の5第2号）。

4 **正しい**。正解。クーリング・オフによる売買契約の解除がなされた場合には、宅建業者は、買受けの申込者に対し、速やかに売買契約の締結に際し受領した手付金等を「返還」しなければならない（同法37条の2第3項）。

基本書 **第2編 第2章 2 自ら売主規制（8種制限）**

問題 39 正解 4 保証協会…………………………… 難易度 B

1 **誤り**。保証協会は、認証に係る事務を処理する場合には、認証申出書の受理の順序に従ってしなければならない（宅建業法64条の8第2項、施行規則26条の7第1項）。「各月ごとに、認証申出書に記載された取引が成立した時期の順序」ではない。

2 **誤り**。弁済業務保証金の供託は、法務大臣および国土交通大臣の定める供託所にしなければならない（同法64条の7第2項）。主たる事務所の最寄りの供託所に供託しなければならない営業保証金と異なることに注意。

3 **誤り**。弁済業務保証金分担金は、金銭で納付しなければならず、営業保証金の場合と異なり、国債等の有価証券での納付はできない（同法64条の9第1項、施行令7条）。

4 **正しい**。正解。宅建業者と宅建業に関し取引した買主（宅建業者ではない）は、当該宅建業者が保証協会の社員となる前にその取引により生じた債権に関し、当該保証協会が供託した弁済業務保証金について弁済を受ける権利を有する（同法64条の8第1項）。

基本書　第2編 第1章 5 営業保証金と保証協会

問題 40　正解 2　重要事項の説明…………………………　難易度 C

ア　**違反する**。宅建業者の取引の相手方が、宅建業者でないときで、IT環境を持たない場合は、宅地建物取引士はあらかじめ宅地建物取引士証を提示し（宅建業法35条4項）、記名した重要事項説明書を交付して説明しなければならない（同法35条6項）。

イ　**違反する**。宅地・建物の貸借の媒介は宅建業に該当し、宅建業法が適用されるが、宅地・建物を自ら貸借することは宅建業に該当せず、宅建業法は適用されない（同法2条2号）。したがって、重要事項の説明義務を負うのは貸主の代表者ではなく、貸借の媒介業者である。

ウ　**違反しない**。重要事項の説明を行うのは、宅地建物取引士であればよく、物件の担当ではない宅地建物取引士が重要事項説明書にある宅地建物取引士欄を訂正し、記名をし、説明することができる。

エ　**違反しない**。IT重説は、①宅地建物取引士の記名のある重要事項説明書をあらかじめ送付していること、②宅地建物取引士証を提示・確認すること、③双方音声・映像ともやりとりできる状況等の条件を満たせば認められる。本肢はこの条件を満たしている。

以上により、違反しないものはウ、エの二つであり、正解は2。

基本書　第2編 第2章 1 一般的規制

問題 41　正解 2　営業保証金・保証協会……………………　難易度 B

ア　**誤り**。免許を取り消された場合でも、原則として還付請求権者に対し、6カ月以上の一定期間内に申し出るべき旨を公告し、その期間内に申出がなかった場合に営業保証金を取り戻すことができる（宅建業法30条1項・2項）。

イ　**正しい**。営業保証金の補充供託は、免許権者から不足額を供託すべき旨の通知書の送付を受けた日から、2週間以内にその不足額を供託しなければならない（同法28条1項）。

ウ **正しい**。保証協会は、社員の取り扱った取引に関する苦情について解決の申出があったときは、当該社員に対し資料の提出を求めることができる。社員は保証協会からの提出の求めを、正当な理由がある場合でなければ、これを拒んではならない（同法64条の5第2項・第3項）。

エ **誤り**。保証協会の社員と宅建業に関し、取引をした者は、その取引により生じた債権に関し、当該社員が社員でないとしたならばその者が供託すべき「営業保証金の額に相当する範囲内」で弁済を受ける権利を有する（同法64条の8第1項）。「弁済業務保証金の額に相当する額の範囲内」ではない。

以上により、誤っているものはア、エの二つであり、正解は2。

基本書 **第2編 第1章 5 営業保証金と保証協会**

問題42 正解2 媒介契約……………………………… 難易度 A

1 **誤り**。専属専任媒介契約における業務処理状況は、「1週間に1回以上」報告しなければならない（宅建業法34条の2第9項かっこ書）。なお、専任媒介契約においては、「2週間に1回以上」とされる。

2 **正しい**。正解。価額または評価額の根拠の明示は、口頭でも書面でもよい（同法34条の2第2項）。

3 **誤り**。専任・専属専任媒介契約の有効期間は「3カ月」が上限であり、依頼者の申出があっても3カ月を超えることができない（同法34条の2第3項）。

4 **誤り**。指定流通機構に登録した宅建業者は、登録を証する書面を依頼者の引渡しの依頼がなくても遅滞なく依頼者に引き渡さなければならない（同法34条の2第6項）。

なお、媒介契約書面は依頼者の承諾を得て、電磁的方法により行うことができる（同法34条の2第11項・第12項）。

基本書 **第2編 第2章 1 一般的規制**

問題43 正解2 8種制限……………………………… 難易度 A

1 **正しい**。宅建業者が自ら売主として宅地・建物の売買契約の締結に際して手付を受領した場合、その手付がいかなる性質のものであっても、解約手付の性質を有するものとして売主の宅建業者が契約の履行に着手するまでの間、宅建業者でない買主はその手付を放棄して契約の解除をすることができる（宅建業法39条2項）。

2　**誤り**。正解。契約不適合の担保責任期間について「売主は、売買物件の引渡しの日から1年間に限り、担保責任を負う」とする旨の特約は、民法の規定より買主に不利な特約であり、設けることができない（同法40条）。

3　**正しい**。損害賠償の額の予定および違約金の定めをした場合は、これらを合算した額が、代金の「10分の2」を超えることとなる定めをしてはならない（同法38条1項）。本肢では販売代金が2,500万円であり、損害賠償の予定および違約金の合算した額が代金の10分の2以内の500万円であるから、設定することができる。

4　**正しい**。宅建業者の売主が建物の割賦販売を行った場合、当該建物を宅建業者でない買主に引き渡し、かつ、代金の額の10分の3を超える額の金銭の支払を受けた後は、担保の目的で当該建物を譲り受けてはならない（同法43条2項）。

基本書　第2編 第2章 **2** 自ら売主規制（8種制限）

問題44　正解4　37条書面 ……………………………… 難易度 B

1　**違反しない**。売主の宅建業者Aは、37条書面を相手方である買主Bに交付しているため、買主Bの代理業者Cに交付しても差し支えはない（宅建業法37条1項）。

2　**違反しない**。37条書面を交付する者には、限定がなく、従業員に書面を交付させることができる。

3　**違反しない**。借賃以外の金銭の授受に関する定めがあれば、その額、授受の時期と目的を37条書面に記載して交付しなければならない（同法37条2項3号）。

4　**違反する**。正解。37条書面の交付義務は、相手方等の承諾・同意があっても免除されない。本肢のように37条書面について、交付せずにそれぞれ自ら作成した書類を保管することはできない。

なお、37条書面は37条1項・3項に規定する者の承諾を得て、電磁的方法による代用措置を講じることができる（同法37条4項・5項）。

基本書　第２編 第２章 1 一般的規制

問題 45　正解 3　住宅瑕疵担保履行法……………………　難易度 B

1　**誤り**。住宅販売瑕疵担保保証金の供託義務は、宅建業者が自ら売主で、買主が宅建業者でない場合に適用され、買主が宅建業者である場合には供託義務はない（住宅瑕疵担保履行法 11 条１項）。

2　**誤り**。住宅販売瑕疵担保責任保険契約は、買主が新築住宅の引渡しを受けた日から 10 年以上有効でなければならず、買主の承諾があっても当該保険契約に係る保険期間を５年間に短縮することができない（同法２条７項４号）。

3　**正しい**。正解。宅建業者は、毎年基準日から３週間を経過する日までの間において、当該基準日前 10 年間に自ら売主となる売買契約に基づき、住宅販売瑕疵担保保証金の供託をしていなければならない（同法 11 条１項）。

4　**誤り**。宅建業者が住宅販売瑕疵担保保証金の供託をし、その額が、基準日において販売新築住宅の合計戸数を基礎として算定する基準額を超えることとなったときは、その超過額を取り戻すことができるが（同法９条１項、16 条）、免許を受けた国土交通大臣または都道府県知事の承認を受けなければならない（同法９条２項、16 条）。

基本書　第２編第４章 2 住宅販売瑕疵担保保証金の供託

問題 46　正解 1　住宅金融支援機構 ……………………　難易度 B

1　**誤り**。正解。独立行政法人住宅金融支援機構（以下、この問において「機構」という）は、住宅の建設または購入に必要な資金の貸付けに係る金融機関の貸付債権の譲受けを業務として行っており、当該住宅の建設または購入に付随する土地または借地権の取得に必要な資金の貸付けに係る金融機関の貸付債権についても、譲受けを業務として行っている（機構法 13 条１項１号、施行令５条１項１号・２号）。

2　**正しい**。団体信用生命保険業務として、貸付けを受けた者が死亡した場合（重度障害の状態となった場合を含む）に支払われる生命保険の保険金を当該貸付けに係る債務の弁済に充当することができる（同法 13 条１項 11 号）。

3　**正しい**。証券化支援事業（買取型）において、機構による譲受けの対象となる貸付債権の償還方法は、原則として、毎月払い（6か月払いとの併用払いを含む）の元金均等または元利均等方式により償還されるものであることとされている（機構業務方法書3条6号）。

4　**正しい**。機構は、証券化支援事業（買取型）において、金融機関から買取った住宅ローン債権を担保としてＭＢＳ（資産担保証券）を発行することにより、債券市場（投資家）から資金を調達している。

基本書　第4編 第3章 住宅金融支援機構

問題 47　正解 4　**景表法**…………………………………………　難易度 B

1　**誤り**。徒歩による所要時間は「道路距離 80 mにつき 1 分間を要する」として算出した数値を表示する必要がある。この場合において、1 分未満の端数が生じたときは、1分として切り上げて算出する（不当景品類及び不当表示防止法5条、不動産の表示に関する公正競争規約（以下、表示規約という）15条(4)、表示規約施行規則9条(9)）。

2　**誤り**。インターネット上に掲載した賃貸物件の広告について、掲載直前に契約済みとなり実際に取引ができなくなった場合には、いわゆる「おとり広告」の、物件が存在しないため、実際には取引することができない物件に関する表示に該当（同法5条、表示規約21条(1)）し、当該物件について消費者からの問合せに対して既に契約済みであり取引できない旨を説明しても、事業者は、かかる広告表示をしてはならないので、不当表示に問われる恐れがある。

3　**誤り**。マンションの管理費について、住戸により管理費の額が異なる場合において、その全ての住宅の管理費を表示することが困難であるときは、最低額および最高額のみで表示することができる（同法5条、表示規約15条(11)、表示規約施行規則9条(41)）。

4　**正しい**。正解。建築条件付土地とは、自己の所有する土地を取引するに当り、自己と土地購入者との間において、自己または自己の指定する建築業者との間に、当該土地に建築する建物について一定期間内に建築請負契約が成立することを条件として取引される土地（建築請負契約の相手方となるものを制限しない場合を含む）をいい、建築条件付土地の広告においては、当該条件の内容、当該条件が成就しなかったときの措置の内容だけでなく、当該取引の対象が「土地」であることも明らかにして表示しなければならない(同法5条、表示規約4条6項(1)、施行規則7条(1))。

基本書 **第4編 第4章 1 景表法(不当景品類及び不当表示防止法)、3 表示に関する公正競争規約**

問題 48 正解 ー 統計……………… 難易度 ー

本問は古い統計情報のため掲載しておりません。
次の本試験の基準となる最新統計情報をもとに改題した本問の解説を、弊社webサイトよりダウンロードしてご利用ください(2024年8月末予定)。

※詳細はvページ「パーフェクト宅建士シリーズ読者特典(＊特典3＊)」をご参照ください。

問題 49 正解 2 土地……………… 難易度 A

1 **適当**。台地上の浅い谷は、現地に入っても一見して気付かないことが多いが、豪雨時には一時的に浸水することがあり、注意を要するといえる。

2 **最も不適当**。正解。低地は、一般に洪水や地震、津波、高潮に対して弱く、防災的見地から住宅地として好ましくない。

3 **適当**。埋立地は、平均海面に対し4～5mの比高があり護岸がしっかりしていれば住宅地としての利用も十分可能である。

4 **適当**。国土交通省が運営するハザードマップポータルサイトでは、洪水、土砂災害、高潮、津波のリスク情報、道路防災情報、土地の特徴、成り立ちなどを地図や写真に自由に重ねて表示できる。

基本書 **第4編 第5章 1 土地**

問題 50 正解 4 建物……………… 難易度 D

1 **適当**。木構造は、主要構造を木質系材料で構成するものであり、在来軸組構法での主要構造は、一般に軸組、小屋組、床組からなる。

2 **適当**。在来軸組構法の軸組は、通常、壁の骨組であり、水平材である土台、桁、胴差と、垂直材である柱（管柱・通し柱）および耐力壁からなる。

3　**適当**。小屋組は、屋根の骨組であり、小屋梁、小屋束、母屋、垂木等の部材を組み合わせた「和小屋」と陸梁、合掌、束、方杖等の部材で三角形を形成するトラス構造の「洋小屋」の２種がある。

4　**最も不適当**。正解。軸組に仕上げを施した壁には、真壁（柱や梁などが見える壁）と大壁（柱や梁が見えない壁）があり、真壁のみで構成する和風構造と、大壁のみで構成する洋風構造と区別して用いられることは少なく、これらを併用して用いる場合が多い。

基本書　第4編 第5章 2 建物

令和（12月）3年度 正解と解説

＊正解番号一覧　※問題の一部補正により、出題当時と正解が変わっている場合があります。

問題	正解	問題	正解	問題	正解	問題	正解	問題	正解
1	4	11	3	21	4	31	2	41	1
2	3	12	2	22	1	32	1	42	3
3	2	13	2	23	2	33	2	43	1
4	4	14	2	24	1	34	1	44	3
5	3	15	4	25	2	35	4	45	4
6	1	16	3	26	3	36	4	46	1
7	4	17	3	27	4	37	2	47	4
8	2	18	2	28	1	38	3	48	―
9	3	19	1	29	3	39	3	49	2
10	1	20	1	30	3	40	2	50	4

難易度は A ～ D 。
A がやさしく、
D が最難関な問題です。

合格ライン⇒50 問中 34 問以上の正解
（登録講習修了者は該当なし）

問題 1　正解 4　自力救済…………………………　難易度 A

1　**誤り**。設問の判決文は、「法律に定める手続によつたのでは、権利に対する違法な侵害に対抗して現状を維持することが不可能又は著しく困難であると認められる緊急やむを得ない特別の事情が存する場合においてのみ」自力救済が認められるとしている。したがって、「事情のいかんに関わらず」自力救済が許されるとする本肢の記述は、誤りである。

2　**誤り**。建物賃貸借契約終了後に当該建物内に家財などの残置物があるというだけでは、緊急やむを得ない特別の事情があるとはいえない。したがって、賃借人の同意なしに、裁判を行わずに残置物を建物内から撤去することはできない。

3　**誤り**。賃料を１年分以上滞納したという事実だけで、緊急やむを得ない特別の事情を認めることはできない。また、自力救済の行使は、「必要の限度を超えない範囲内で」なければならないが、建物の鍵とシリンダーを交換して建物内に入れなくする行為は、必要の限度を超えている。

4　**正しい**。正解。緊急やむを得ない特別の事情がある場合に、必要の限度を超えない範囲内で例外的に私力の行使が許されるとする本肢の記述は、設問の判決文に合致した内容である。

基本書　**該当なし**

問題 2　正解 3　相隣関係……………………………… **難易度 C**

1　**正しい**。土地の境界を明らかにして将来の紛争を防止することは、相隣する土地の所有者双方にとって利益になることなので、本肢のとおり、相隣者が共同の費用で境界標を設けることができるとされている（民法 223 条）。

2　**正しい**。土地の境界線上に設けた境界標、囲障、障壁、溝および堀は、相隣者双方にとって必要または有益なものなので、これらの工作物は相隣者の共有に属するものと推定されている（同法 229 条）。

3　**誤り**。正解。高地の所有者は、その高地が浸水した場合にこれを乾かすため、または自家用もしくは農工業用の余水を排出するため、公の水流または下水道に至るまで、低地に水を通過させることができる（同法 220 条）。

4　**正しい**。土地の所有者は、直接に雨水を隣地に注ぐ構造の屋根その他の工作物を設けてはならない（同法 218 条）。これに違反して雨水が屋根等から直接隣地に注ぐ構造になっている場合には、隣地所有者は、所有権に基づく妨害排除または予防を請求することができる。たとえば、雨樋の設置請求などができるのである（佐賀地判昭 32.7.29）。

基本書　**第 1 編 第 2 章 3 所有権・共有、地役権等**

問題 3　正解 2　成年被後見人……………………………… **難易度 B**

1　**家庭裁判所の許可を得なくても代理して行うことができる**。成年後見人が、成年被後見人を代理する際に、家庭裁判所の許可が必要になるのは、成年被後見人の居住の用に供する建物または敷地について、売却、賃貸、賃貸借の解除または抵当権の設定その他これらに準ずる処分をする場合である（民法 859 条の 3）。乗用車の売却について、家庭裁判所の許可は不要である。

2　**家庭裁判所の許可を得なければ代理して行うことができない**。正解。成年被後見人の居住用建物に抵当権を設定すると、抵当権の実行により成年被後見人が居住する建物を失うことになる恐れがあるので、家庭裁判所の許可を得なければならないことにしたのである。

3　**家庭裁判所の許可を得なくても代理して行うことができる**。オフィスビルであり、成年被後見人の居住の用に供する建物ではないので、家庭裁判所の許可は不要である。

4　**家庭裁判所の許可を得なくても代理して行うことができる**。倉庫は、居住の用に供する建物ではないので、その賃貸借契約を解除する場合に家庭裁判所の許可を得る必要はない。

基本書　**第1編 第1章 2 制限行為能力者制度**

問題 4　正解 4　売買契約……………………………… 難易度 C

1　**誤り**。手付が交付されたときは、買主はその手付を放棄し、売主はその倍額を現実に提供して、契約の解除をすることができるのが原則であるが、契約の相手方が契約の履行に着手した後は、手付による契約解除をすることはできない（民法557条1項）。したがって、売主Aは、目的物を引き渡す前であっても、買主Bが履行に着手していた（代金の支払等をしていた）場合は、手付による解除をすることはできない。

2　**誤り**。民法には、「買戻しについて期間を定めなかったときは、5年以内に買戻しをしなければならない」という規定がある（同法580条3項）。これは、買戻し期間を定めない買戻し特約が有効であることを前提にする規定である。

3　**誤り**。他人の権利を売買の目的としたときは、売主は、その権利を取得して買主に移転する義務を負う（同法561条）。したがって、売買の目的物が第三者Cの所有物であることを売主Aが知らなかったとしても、Aはその権利を取得して買主に移転する義務を負う以上、契約を解除することによってその義務を免れることはできない。

4　**正しい**。正解。売主が種類または品質に関して契約の内容に適合しない目的物を買主に引き渡した場合において、買主がその不適合を知った時から1

年以内にその旨を売主に通知しないときは、買主は、売主の担保責任を追及できなくなるのが原則であるが、売主が引渡しの時にその不適合を知り、または重大な過失によって知らなかったときは、この期間制限は適用されない（同法566条）。したがって、契約不適合を売主Aが知っていた場合は、期間制限が適用されず、当該不適合に関する請求権が消滅時効にかかっていない限り、買主Bは売主に担保責任を追及できることになる。

基本書　**第1編 第3章 7 売買、予約・手付他、8 売主の契約不適合責任**

問題 5　正解 3　代理……………………………… **難易度 B**

1　**誤り**。代理人が自己または第三者の利益を図る目的で代理権の範囲内の行為をした場合において、相手方がその目的を知り、または知ることができたときは、その行為は、代理権を有しない者がした行為（無権代理行為）とみなされる（民法107条）。無権代理行為とみなされるのだから、本人Bが追認をしない限り、その代理行為の効果は本人Bに帰属しない（同法113条1項）。

2　**誤り**。第三者に対して他人に代理権を与えた旨を表示した者は、その代理権の範囲内においてその他人が第三者との間でした行為について責任を負うのが原則であるが、第三者が、その他人が代理権を与えられていないことを知り、または過失によって知らなかったときは、責任を負わない（同法109条1項）。したがって、Bは責任を負う必要はない。

3　**正しい**。正解。表見代理が成立するためには、本人に一定の帰責事由（代理権授与表示をしたり、何らかの代理権を付与したりするなど）が必要である（同法109条、110条、112条）。したがって、相手方が代理人と称する者に代理権があると信じただけでは、原則として表見代理は成立せず、Aの行為の効果はBに帰属しない。

4　**誤り**。代理権消滅後の表見代理は、代理権消滅の事実について相手方が善意無過失でなければ成立しない（同法112条1項）。したがって、Bは責任を負う必要はない。

基本書　**第1編 第1章 4 代理**

問題 6　正解 1　物権変動……………………………… 難易度 B

1　**誤り**。正解。不動産に関する物権変動は、登記をしなければ第三者に対抗できないとされている（民法 177 条）。この登記をしなければ対抗できない第三者（対抗関係にある第三者）とは、物権変動の当事者およびその包括承継人以外の者で、登記の有無について主張する正当な利益を有する者を指す（大判連明 41.12.15）。所有権が順次移転していった場合、それぞれ物権変動の当事者の関係に立つので、A は D と対抗関係にある第三者には該当しない。

2　**正しい**。土地に対して賃借権を有する者と、その後、当該土地の所有権を新たに取得した者との関係は、物権変動の当事者の関係ではないし、登記の有無について主張する正当な利益を有する者といえるから、対抗関係にある第三者に該当する。

3　**正しい**。たとえば、第三者が土地を購入して所有権の登記をした後に、時効が完成してその土地の所有権を取得した場合、土地の購入者が有していた所有権が、時効により時効取得者に移転したのと同様な関係が生じる。これは、所有権移転の当事者の関係といえるので、対抗関係にある第三者には該当せず、時効取得者は、登記を備えなくても時効取得を対抗することができる（最判昭 42.7.21）。

4　**正しい**。共同相続財産につき、相続人の一人から相続不動産につき所有権の全部の譲渡を受けたとしても、他の共同相続人の持分については無権利であり、対抗関係にある第三者には該当しない。したがって、他の共同相続人は、自己の持分を登記なくして対抗することができる（最判昭 38.2.22）。

基本書　第 1 編 第 2 章 2 不動産物権変動

問題 7　正解 4　遺言……………………………… 難易度 C

1　**正しい**。自筆証書遺言をするときは、遺言者が、その全文、日付および氏名を自書し、これに印を押さなければならないが（民法 968 条 1 項）、遺言書に添付する財産目録についてまで自書することは煩雑なので、本肢のとおり、財産目録については、各葉に遺言者が署名押印すれば、自書によらずワープロ書きも許されている（同法 968 条 2 項）。

2　**正しい**。公正証書遺言を作成には、証人 2 人以上の立会いが必要とされているが（同法969条1号）、この証人には、①未成年者、②推定相続人・受遺者、③推定相続人・受遺者の配偶者・直系血族、④公証人の配偶者・4親等内の親族・書記・使用人は、なることができない（同法974条）。これらの者は、遺言の内容に利害関係を有しているからである。

3　**正しい**。船舶が遭難し、当該船舶中にいて死亡の危急に迫った者は、通常の方法によって遺言をすることが困難なので、本肢のとおりの方法で遺言することが認められている（同法979条1項）。

4　**誤り**。正解。遺贈義務者が、遺贈の義務を履行するため、受遺者に対し、相当の期間を定めて遺贈の承認をすべき旨を催告したにもかかわらず、期間内に意思表示がないときは、遺贈の放棄ではなく、承認をしたものとみなされる（同法987条）。

基本書　**第1編 第4章 相続**

問題 8　正解 2　契約の成立……………………　難易度 D

1　**誤り**。申込者が申込みの通知を発した後に死亡し、意思能力を有しない常況にある者となり、または行為能力の制限を受けた場合において、申込者がその事実が生じたとすればその申込みは効力を有しない旨の意思を表示していたとき、またはその相手方が承諾の通知を発するまでにその事実が生じたことを知ったときは、その申込みは、その効力を生じないとされている（民法526条）。したがって、Bの申込みは効力を失う。

2　**正しい**。正解。肢1の解説で述べたとおり、申込者が、自己が死亡した場合には申込みの効力を失う旨の意思表示をしていたときも、Bの申込みは効力を失う。

3　**誤り**。承諾の期間を定めないでした申込みは、申込者が撤回をする権利を留保していない限り、申込者が承諾の通知を受けるのに相当な期間を経過するまでは、撤回することができない（同法525条1項）。

4　**誤り**。意思表示は、その通知が相手方に到達した時から、その効力を生ずる（同法97条1項）。したがって、売買契約が成立するのは、承諾の意思表示をBが発信した時点ではなく、到達した時点である。

基本書　**該当なし**

問題 9 正解 3 売買・賃貸借…………………………… 難易度 C

1 **正しい**。売買契約を解除すると、契約は最初からなかったことになるので(大判大7.12.23)、買主は、受領した目的物を返還するとともに、その目的物を使用収益した利益も売主に返還する必要がある（民法545条3項)。これに対し、賃貸借契約を解除した場合には、その解除は将来に向かってのみ効力を生ずるので（同法620条)、解除までの期間の賃料を返還する必要はない。

2 **正しい**。買主は、売買契約により目的物の所有権を取得している。所有者は、法令の制限内において、自由にその所有物の使用・収益・処分をする権利を有しているので（同法206条)、Bは、売主Aの承諾を得ずに目的物を賃貸することができる。これに対し、賃借人は、賃貸人の承諾を得なければ、その賃借権を譲渡し、または賃借物を転貸することができないとされている（同法612条1項)。

3 **誤り**。正解。不動産の物権変動は、登記をしなければ第三者に対抗できないのが原則であるが（同法177条)、不法占拠者のように登記の有無について主張する正当な利益を有しない者に対しては、登記がなくても物権変動を対抗できる（最判昭25.12.19)。これに対し、不動産の賃借権については、賃借権の登記等の対抗要件を備えた場合は、不法占拠者に対して賃借権に基づいて目的物の返還等を請求することができるとされている（同法605条の4)。

4 **正しい**。当事者双方の責めに帰することができない事由によって債務を履行することができなくなったときは、債権者は、反対給付の履行を拒むことができる（同法536条1項)。したがって、第三者の放火により売買契約の目的物が全焼した場合、買主は売買代金の支払を拒むことができる。また、賃借物の全部が滅失その他の事由により使用・収益をすることができなくなった場合には、賃貸借はこれによって終了するとされている（同法616条の2)。したがって、賃貸借契約の目的物である建物が全焼した場合、賃貸借契約は終了することになる。

基本書 第1編 第2章 2 不動産物権変動、第3章 6 債務不履行、損害賠償、解除

問題 10　正解 1　**抵当権**……………………………………　**難易度 B**

1　**正しい**。正解。抵当権は、その担保する債権について不履行があったときは、その後に生じた抵当不動産の果実に及ぶとされている（民法 371 条）。賃料は抵当不動産から生じる果実であるから、抵当権者Bは、AのCに対する賃料債権に抵当権の効力を及ぼして差し押さえることができる。

2　**誤り**。建物の賃借権は、建物の引渡しを受けることによって対抗力を取得する（借地借家法 31 条）。抵当権設定登記より前に対抗要件を備えた賃借権は、抵当権に優先する（同法 605 条）。したがって、賃借人Cは、甲建物の競売による買受人に賃借権を対抗することができる。

3　**誤り**。肢2と異なり、抵当権設定登記後に設定された賃借権は、抵当権者に対抗することができない。したがって、抵当権が実行された場合、賃貸借期間中であっても、賃借人Cは目的物を買受人に引き渡さなければならないが、建物は生活の基盤になる場所であり、自分に関係のない事情により突然立ち退きを求められる賃借人の保護にも配慮する必要がある。そこで、目的物が建物である場合には、買受人への引渡し時期について、競売による買受人の買受けの時から６カ月を経過するまでは、引渡しが猶予されることになっている（同法 395 条）。

4　**誤り**。抵当権設定登記より前に賃借権の対抗要件を備えているので、賃借人は、第三者に賃借権を対抗することができる（同法 605 条）。したがって、賃借人Cは、買受人に賃借権を対抗できるから、目的物を買受人に引き渡す必要はない。

基本書　**第 1 編 第 2 章 5 抵当権・根抵当権**

問題 11　正解 3　**借地借家法／借地権**……………………　**難易度 B**

1　誤り。借地契約を更新する際、その存続期間は、１回目の更新の場合は最低 20 年、２回目以降の更新の場合は最低 10 年としなければならないとされている（借地借家法 4 条）。したがって、当初の存続期間が 30 年であったとしても、この最低 20 年・10 年の制限をクリアしていれば、有効に期間を定めることができる。

2　**誤り**。借地上の建物が存在する限り、借地権の存続期間満了の際に、借地権者が更新の請求をしたときは、従前の契約と同一条件で契約を更新したものとみなされるが、借地権設定者が遅滞なく正当事由のある異議を述べたときは、契約の更新は認められない（同法5条1項、6条）。したがって、「異議を述べることができない」とする本肢の記述は、誤りである。

3　**正しい**。正解。借地権は、その登記がなくても、土地の上に借地権者が登記されている建物を所有するときは、これをもって第三者に対抗することができる（同法10条1項）。ただし、建物の登記にはその敷地の範囲についての記載がないため、対抗力ある借地権が及ぶ範囲を合理的に制限する必要がある。それゆえ、たとえば、一人で甲乙2筆の土地を借地し、登記建物が甲地にのみ存在するときは、それによる対抗力を乙地にまで及ぼすことはできないとされている（最判昭40.6.29）。

4　**誤り**。借地権設定者が、借地権者がその土地において所有する建物の上に先取特権を行使することができるのは、弁済期の到来した最後の3年分ではなく、2年分の地代等についてである（同法12条1項）。

基本書　**第1編 第5章 1 借地借家法－①（借地関係）**

問題12　正解2　借地借家法／借家権……………………　難易度C

1　**誤り**。期間の定めがある借家契約において、当事者が期間満了の1年前から6カ月前までの間に相手方に対して更新をしない旨の通知をしなかったときは、従前の契約と同一の条件で契約を更新したものとみなされる（借地借家法26条1項本文）。ただし、「同一の条件」の中に期間は含まれておらず、更新後の借家期間は定めがないものとなる（同法26条1項ただし書）。

2　**正しい**。正解。期間の定めがない借家契約の場合、賃貸人が正当事由のある解約申入れをすると、借家契約は終了することになるが、賃借人が引っ越し先を探すなどの猶予期間を与えるため、契約の終了時期は、解約申入れの日から6月後となる（同法27条1項）。

3　**誤り**。賃貸借契約が転貸人の債務不履行を理由とする解除により終了した場合、転貸借は、賃貸人が転借人に対して目的物の返還を請求した時点で、転貸人の転借人に対する債務が履行不能となり終了する（最判平9.2.25）。したがって、契約の終了を通知した日から6月を経過することによって、転貸借契約が終了するのではない。

4　**誤り**。借地借家法の規定より賃借人に不利な内容の特約は無効となるのが

原則であるが、造作買取請求権（同法33条）を認めないとする特約は、例外的に有効とされている（同法30条、37条）

基本書　第1編 第5章 **2** 借地借家法－②（借家関係）

問題 13　正解 2　区分所有法……………………………　難易度 C

1　**正しい**。議決権は区分所有者のみに与えられるものなので、専有部分の占有者が集会に出席して議決権を行使することはできない。しかし、専有部分の占有者は、建物、敷地、附属施設の使用方法につき、区分所有者が規約または集会の決議に基づいて負う義務と同一の義務を負うので（区分所有法46条2項）、集会の決議について利害関係を有している。そこで、占有者の利益を保護するため、区分所有者の承諾を得て専有部分を占有する者が集会の議題について利害関係を有する場合は、集会に出席して意見を述べることができるとされている（同法44条1項）。

2　**誤り**。正解。最初に専有部分の全部を所有する者が、公正証書により定めることができる規約事項は、①規約共用部分の定め、②規約敷地の定め、③専有部分と敷地利用権の分離処分を許す定め、④各専有部分に係る敷地利用権の割合に関する定め、だけである（同法32条）。したがって、法定共用部分も含めた共用部分全般に関する事項を定めることはできない。

3　**正しい**。共用部分は、区分所有者全員の共有に属するのが原則であるが（同法11条1項）、管理の便宜のため、規約の特別の定めにより、管理者の単独所有の形式にすることが認められている（同法27条1項）。

4　**正しい**。管理組合法人には、必ず理事を置かなければならない（同法49条1項）。理事の員数には制限がなく、複数の理事を置くこともできるが（同法49条4項）、理事が数人ある場合の事務の決定は、規約に別段の定めがないときは、理事の過半数で決することになる（同法49条2項）。

基本書　第1編 第5章 **3** 建物の区分所有等に関する法律

問題 14　正解 2　不動産登記法……………………………　難易度 D

1　**正しい**。不動産の現況を登記簿に反映させることが登記制度の理想なので、表題登記がない状態はなるべく早く解消すべきである。そこで、本肢のとおり、表題登記がない土地の所有権を取得した者には、所有権取得の日から1カ月以内に、表題登記を申請する義務が課されている（不動産登記法36条）。

2　**誤り**。正解。共用部分である旨の登記または団地共用部分である旨の登記がある建物と他の建物との合併の登記は、することができない（同法56条1号）。

3　**正しい**。不動産の現況と登記簿上の表示は一致しているべきである。そこで、登記官は、表示に関する登記の申請があった場合、必要があると認めるときは、申請内容と不動産の現況が一致しているかどうかを調査できることになっている（同法29条1項）。

4　**正しい**。区分建物を新築した場合、その建物の所有権を最初に取得した者が、表題登記を申請しなければならない（同法47条1項）。しかし、その所有者が表題登記を申請しないまま死亡した場合、その相続人その他の一般承継人は最初に所有権を取得した者ではなく、表題登記の申請義務は負わないが、表題登記がないままでは不便なので、本肢のとおり、表題登記の申請をすることができるものとされている（同法47条2項）。

基本書　第1編 第5章 4 不動産登記法

問題 15　正解 4　都市計画法 / 用途地域……………………　難易度 C

1　**誤り**。近隣商業地域は、近隣の住宅地の住民に対する日用品の供給を行うことを主たる内容とする商業その他の業務の利便を増進するため定める地域とする（都市計画法9条9号）。

2　**誤り**。準工業地域は、主として環境の悪化をもたらすおそれのない工業の利便を増進するため定める地域とする（同法9条11号）。

3　**誤り**。特定用途制限地域は、用途地域が定められていない土地の区域（市街化調整区域を除く）内において、その良好な環境の形成または保持のため当該地域の特性に応じて合理的な土地利用が行われるよう、都市計画により、制限すべき特定の建築物等の用途の概要を定める地域とする（同法9条15号）。よって、特定用途制限地域は、用途地域が定められていない土地の区域（市街化調整区域を除く）内において定められるので、第一種低層住居専用地域については、都市計画に特定用途制限地域を定めることはできない。

4　**正しい**。正解。高層住居誘導地区は、住居と住居以外の用途とを適正に配分し、利便性の高い高層住宅の建設を誘導するため、第一種住居地域、第二種住居地域、準住居地域、近隣商業地域または準工業地域でこれらの地域に関する都市計画において建築基準法第52条第1項第2号に規定する建築物の容積率が10分の40または10分の50と定められたものの内において、建築物の容積率の最高限度、建築物の建蔽率の最高限度および建築物の敷地面積の最低限度を定める地区とする（同法9条17号）。よって、第一種住居地域については、都市計画に高層住居誘導地区を定めることができる場合がある。

基本書　第3編 第1章 **3** 都市計画の内容

問題 16　正解 3　**都市計画法 / 開発許可制度**……………… 難易度 C

1　**正しい**。開発許可を受けようとする者は、工事施行者（開発行為に関する工事の請負人または請負契約によらないで自らその工事を施行する者をいう）を記載した申請書を都道府県知事に提出しなければならない（都市計画法30条1項4号）。

2　**正しい**。開発許可を受けた者は、開発行為に関する国土交通省令で定める軽微な変更をしたときは、遅滞なく、その旨を都道府県知事に届出（事後届出）をしなければならない（同法35条の2第3項）。

3　**誤り**。正解。開発許可を受けた者が、開発行為に関する工事を廃止した場合には、遅滞なく、国土交通省令で定めるところにより、その旨を都道府県知事に届け出なければならない（事後届出、同法38条）。許可を受けなければならないのではない。

4　**正しい**。開発許可を受けた開発区域内の土地においては、当該開発行為に関する工事完了の公告があるまでの間は、建築物を建築し、または特定工作物を建設してはならないが、開発行為に同意をしていない者が、その権利の行使として建築物を建築し、または特定工作物を建設することができる（同法37条2号）。

基本書　第3編 第1章 **6** 開発許可制度

問題 17　正解 3　**建築基準法／単体規定**……………………　**難易度 C**

1　**正しい**。建築物の避難階以外の階が、劇場、映画館、演芸場、観覧場、公会堂または集会場の用途に供する階でその階に客席、集会室その他これらに類するものを有するものにおいては、その階から避難階または地上に通ずる二以上の直通階段を設けなければならない（建築基準法施行令121条1項1号）。

2　**正しい**。「映画館」の用途に供する建築物を「演芸場」に用途変更する場合、類似の用途相互間の用途変更に該当し、建築主事または指定確認検査機関の確認を受ける必要がない（同法87条1項、施行令137条の18第1号）。

3　**誤り**。正解。換気設備を設けていない居室には原則として、換気のための窓その他の開口部を設け、その換気に有効な部分の面積は、その居室の床面積に対して、20分の1以上（10分の1以上ではない）としなければならない（同法28条2項）。

4　**正しい**。延べ面積が500㎡を超える百貨店には排煙設備を設けなければならないが、階段の部分には、排煙設備を設けなくてもよい（同法施行令126条の2第1項3号）。

基本書　**第3編 第2章 3 単体規定**

問題 18　正解 2　**建築基準法／集団規定**……………………　**難易度 D**

1　**誤り**。法第68条の9第1項の規定に基づく条例の制定の際、建築物またはその敷地と道路の関係については、法第43条（敷地等と道路との関係）から第45条（私道の変更または廃止の制限）までの規定による制限よりも厳しいものでないこととされている（建築基準法施行令136条の2の9第1項1号）。したがって、現に建築物が立ち並んでいる一定の要件を満たしていない道（幅員4m未満（6mの区域にあっては6m未満）の「道」で、特定行政庁が指定したものでない「道」は、建築基準法の「道路」ではない）は、法上の道路とみなされる。

2　**正しい**。正解。都市計画により、容積率の限度が10分の50とされている準工業地域内において、建築物の各部分の高さは、その部分から前面道路の反対側の境界線からの水平距離が35m以下の範囲内においては、当該部分から前面道路の反対側の境界線までの水平距離に、1.5を乗じて得た数値以下としなければならない（同法56条1項1号、別表第3三）。

3　**誤り**。第一種住居地域においては、畜舎で、その用途に供する部分の床面積が3,000㎡を超えるものを建築することができない（同法48条5項、別表第2（ほ）四）。

4　**誤り**。建築物の敷地が建蔽率の制限の異なる地域・区域にわたるときは、それぞれの地域の建蔽率にその地域に含まれている敷地の割合を乗じて得た合計数以下が当該建築物の建蔽率となる（同法53条2項）。

基本書　**第3編 第2章 4 集団規定**

問題19　正解 1　宅地造成及び特定盛土等規制法…………　難易度 C

1　**誤り**。正解。宅地造成等工事規制区域内で「宅地造成等工事」を行おうとする場合は、工事主は、都道府県知事の許可を受けなければならない（宅地造成及び特定盛土等規制法12条1項）のであって、宅地造成等工事規制区域外で「宅地造成等工事」を行おうとする場合には、工事主は、工事に着手する前に都道府県知事に届け出る必要はない。

2　**正しい**。都道府県知事は、宅地造成等工事規制区域内における土地の所有者、管理者または占有者に対して、当該土地または当該土地において行われている工事の状況について報告を求めることができる（同法25条）。

3　**正しい**。宅地造成等工事規制区域内で宅地造成等を行う場合、宅地造成等に伴う災害を防止するために行う高さ5mを超える擁壁に係る工事については、一定の資格を有する者の設計によらなければならない（同法13条2項、施行令21条1号、22条）。

4　**正しい**。都道府県知事は、偽りその他不正な手段により宅地造成等工事規制区域内において行われる宅地造成等に関する工事の許可を受けた者に対して、その許可を取り消すことができる（同法20条1項）。

基本書　**第3編 第3章 2 規制区域内における宅地造成等に関する工事等の規制**

問題20　正解 1　土地区画整理法……………………………　難易度 C

1　**誤り**。正解。土地区画整理組合が施行する土地区画整理事業に係る施行地区内の宅地について所有権または借地権を有する者は、すべてその組合の組合員とする（土地区画整理法25条1項）。よって、借地権のみ有する者は組合員となる。

2 **正しい**。土地区画整理法において「公共施設」とは、道路、公園、広場、河川その他政令で定める公共の用に供する施設をいう（同法２条５号）。

3 **正しい**。施行者は、換地処分の公告があった場合においては、直ちに、その旨を換地計画に係る区域を管轄する登記所に通知しなければならない（同法107条１項）。

4 **正しい**。市町村が施行する土地区画整理事業では、事業ごとに、市町村に、土地区画整理審議会が設置され（同法56条１項）、当該審議会は換地計画、仮換地の指定および減価補償金の交付に関する事項についてこの法律に定める権限を行う（同法56条３項）。

基本書 **第３編 第４章 1 土地区画整理事業**

問題 21 正解 4 農地法………………………………………… 難易度 B

1 **誤り**。自己所有の農地に住宅を建設する資金を借り入れるため、当該農地に抵当権を設定する場合には、使用収益権は移転しないので法第３条第１項の許可を受ける必要はない（農地法３条１項）。

2 **誤り**。農地の賃貸借の当事者は、政令で定めるところにより都道府県知事の許可を受けなければ、賃貸借の解除をし、解約の申入れをし、合意による解約をし、または賃貸借の更新をしない旨の通知をしてはならない（同法18条１項）。

3 **誤り**。農地とは、耕作の目的に供されている土地をいい（同法２条１項）、登記簿上の地目が宅地であっても、現況が農地として耕作している土地であれば、法の適用を受ける農地に該当する。

4 **正しい**。正解。市街化区域内にある自己所有の農地を転用する者は、あらかじめ農業委員会に届出をすれば足り、法第４条第１項の許可を受ける必要がない（同法４条１項７号）。

基本書 **第３編 第５章 農地法**

問題 22 正解 1 国土利用計画法……………………………… 難易度 C

1 **正しい**。正解。都市計画区域外の規模10,000㎡未満の土地について土地売買等の契約をした場合には、届出を要しない（同法23条２項１号ハ）。

個人Aが所有する都市計画区域外の12,000㎡の土地に、個人Bが対価を支払って地上権設定契約を締結した場合、Bは事後届出を行う必要がある。

2　**誤り**。法28条に基づく遊休土地に係る通知を受けた者は、その通知があった日から起算して6週間以内（1月以内ではない）に、国土交通省令で定めるところにより、その通知に係る遊休土地の利用または処分に関する計画を、当該土地が所在する市町村の長を経由して、都道府県知事に届け出なければならない（同法29条1項）。

3　**誤り**。市街化調整区域内の規模5,000㎡未満の土地について土地売買等の契約をした場合には、届出を要しない（同法23条2項1号ロ）が、市街化調整区域内において、宅建業者Cが所有する面積5,000㎡の土地について、宅建業者Dが一定の計画に従って、2,000㎡と3,000㎡に分割して順次購入した場合には、個々の土地取引に係る面積は5,000㎡未満であるが、最終的に権利取得者Dが取得した面積5,000㎡の土地は一団の土地の売買契約となり、事後届出が必要である（同法23条1項・同2項1号）。

4　**誤り**。都道府県知事は、土地利用目的に係る必要な勧告をした場合において、その勧告を受けた者がその勧告に従わないときは、その旨およびその勧告の内容を公表することができる（同法26条）。公表をしなければならないわけではない。

基本書　**第3編 第6章 1 土地取引の規制、2 事後届出制**

問題23　正解2　登録免許税…………………………………　難易度A

1　**誤り**。住宅用家屋の所有権の移転登記に係る登録免許税の税率の軽減措置（租税特別措置法73条）の対象となる住宅用家屋の床面積は50㎡以上であることが要件とされている。したがって100㎡以上とする本肢は誤り（同法施行令42条1号、41条1号）。

2　**正しい**。正解。この税率の軽減措置の対象となる住宅用家屋は、売買または競売により取得したものに限られる（同法施行令42条3項）。本肢のとおりであり正しい。

3　**誤り**。この税率の軽減措置の対象は住宅用家屋に限られ、その敷地にまで及ぶものではない。したがって本肢は誤り。

4　**誤り**。この税率の軽減措置の適用を受けるためには、登記の申請書に、一定の要件を満たす住宅用家屋であることの市町村長等の証明書を添付しなければならない（同法施行規則25条の2）とされる。したがって都道府県知事の証明書を添付しなければならないとする本肢は誤り（同法施行令41条）。

基本書　第4編 第1章 5 登録免許税

問題 24　正解 1　固定資産税…………………………………………　難易度 B

1　**正しい**。正解。市町村長は、登録された価格等に重大な錯誤があることを発見した場合においては、直ちに決定された価格等を修正してこれを固定資産台帳に登録しなければならない（地方税法417条1項）。なお、この場合市町村長は遅滞なくその旨を納税義務者に通知しなければならない。

2　**誤り**。固定資産税の納税義務者は、固定資産税課税台帳の登録された価格について不服があるときは、公示の日から納税通知書の交付を受けた日後3月を経過するまでの間、文書をもって固定資産評価委員会に審査の申出をすることができる（同法432条1項）。したがって審査の申出の期限を納税通知書を受けた日後1月を経過するまでとする本肢は誤り。

3　**誤り**。固定資産税は、賦課期日（当該年度の初日の属する年の1月1日）における（同法359条）、所有者（質権または100年より永い存続期間のある地上権の目的である土地については質権者または地上権者）とされており（同法343条1項）、年度途中に売買があっても変わらない。したがって売主と買主で日数按分して納付しなければならないとする本肢は誤り。ただ、実務上は当事者間の公平から売買に際して固定資産税の負担を日数按分することが慣例となっている（売主が全額を納付するが、買主から按分された負担分を受け取ることで実質的負担を日数割としている）。

4　**誤り**。住宅用地に対して課する固定資産税の課税標準は、面積200㎡以下であるものについては、当該住宅用地に係る固定資産税の課税標準となるべき価格の6分の1の額とされており（同法349条の3の2）、3分の1とする本肢は誤り。なお、課税標準となるべき価格の3分の1の額とされるのは住宅用地のうち200㎡を超える部分である。

基本書　第4編 第1章 3 固定資産税

問題 25　正解 2　地価公示法……………………………… 難易度 B

1　**正しい**。地価公示の目的は、都市およびその周辺の地域等において、標準地を選定し、その正常な価格を公示することによって、一般の土地の取引価格に指標を与え、また、公共事業用地の取得に対しては適正な補償金の額を算定等に資し、これらによって適正な地価の形成に寄与することである（地価公示法１条）。

2　**誤り**。正解。不動産鑑定士は、公示区域内の土地について鑑定評価を行う場合において、当該土地の正常な価格を求めるときは、公示価格を規準としなければならない（同法８条）。実際の取引価格を規準とすることはできない。

3　**正しい**。不動産鑑定士は、土地鑑定委員会の求めに応じて標準地の鑑定評価を行うに当たっては、近傍類地の取引価格や地代等から算定される推定の価格等を勘案しなければならない。（同法４条）。

4　**正しい**。関係市町村の長は、土地鑑定委員会が公示した事項のうち、当該市町村が属する都道府県に存する標準地に係る部分を記載した書面等を、その事務所で一般の閲覧に供しなければならない（同法７条２項）。

基本書　第４編 第２章 **1** 地価公示

問題 26　正解 3　37 条書面 ……………………………… 難易度 B

1　**誤り**。売買の場合の 37 条書面には、宅地・建物の引渡しの時期および移転登記の申請の時期のどちらも記載しなければならない（宅建業法 37 条１項４号・５号）。

2　**誤り**。貸借の場合の 37 条書面には、当該建物が既存の建物であるときは、建物の構造耐力上主要な部分等の状況について当事者の双方が確認した事項を記載する必要はない（同法 37 条１項２号の２・２項１号）。

3　**正しい**。正解。貸借の場合の 37 条書面には、借賃以外の金銭の授受に関する定めがあるときは、その額、授受の時期と目的を記載しなければならない（同法 37 条２項３号）。

4　**誤り**。宅建業者は、37 条書面を作成したときは、その書面に宅地建物取引士に記名させなければならないが、その内容を説明させる義務はない（同法 37 条３項）。

なお、37条書面には、37条1項・3項に規定する者の承諾を得て電磁的方法による代用措置を講じることができる（同法37条4項・5項）。

基本書　第2編 第2章❶ 一般的規制

問題27　正解4　手付金等の保全措置…………………… 難易度B

1　**誤り**。当事者の債務の不履行を理由とする契約の解除に伴い、損害賠償の額を予定するときは、代金の額の10分の2を超えてはならないが、これに反する特約は、代金の額の10分の2を超える部分について無効となる（宅建業法38条）。

2　**誤り**。工事完了前の宅地・建物（未完成物件）における手付金等の保全措置は、保証委託契約または保証保険契約の方法で行う（同法41条1項1号）。指定保管機関による保管措置は、工事完了後の宅地・建物（完成物件）の場合に限られる（同法41条の2第1項1号）。

3　**誤り**。宅建業者が自ら売主となる宅地・建物の売買契約においては、買主の書面による承諾を得ても、代金の10分の2を超える手付金を受領することはできない（同法39条1項）。

4　**正しい**。正解。宅建業者が必要な手付金等の保全措置を講じないときは、買主は手付金の支払いを拒否することができ、手付金を支払わなくても、債務不履行などの責任を負うことはない（同法41条4項）。

なお、手付金等の保全措置は、電磁的方法による代用措置で行うことができる（同法41条5項、41条の2第6項）。

基本書　第2編 第2章❷ 自ら売主規制（8種制限）

問題28　正解1　監督・罰則…………………… 難易度C

ア　**正しい**。不正の手段により免許を受けたときは、免許権者（本肢では甲県知事）は当該免許を取り消さなければならない（宅建業法66条1項8号、必要的免許取消し）。

イ　**誤り**。免許の条件に違反したときは、免許権者（本肢では甲県知事）は、当該免許を取り消すことができる（同法66条2項、任意的免許取消し）。

ウ　**誤り**。国土交通大臣の定めた報酬額を掲示しなかった場合、指示処分を受けるほか罰則（50万円以下の罰金）の適用を受けることがある（同法83条

1項2号、46条4項）。

エ　**誤り**。宅建業者の従業者Bが従業者名簿の虚偽記載をした場合は、その行為者Bだけでなく、その違反業者の使用者Aも、罰則の適用を受ける（同法84条2号、83条1項3号の2、両罰規定）。

以上により、正しいものはアのみであり、正解は1。

基本書　**第2編 第3章 1 監督処分等**

問題29　正解3　免許の更新・廃業届…………　難易度B

1　**正しい**。宅建業の免許の有効期間は5年であり、免許の更新の申請は、有効期間満了の日の90日前から30日前までの間にしなければならない（宅建業法3条2項・3項、施行規則3条）。

2　**正しい**。宅建業者から免許の更新の申請があった場合、従前の免許の更新について処分がないときは、その処分がなされるまでの間は、従前の免許はなお効力を有する（同法3条4項）。

3　**誤り**。正解。宅建業者（個人業者）が死亡した場合、その相続人は「死亡の事実を知った日」から30日以内に免許権者（本肢では甲県知事）にその旨を届け出なければならない（同法21条1号）。死亡の日から30日以内ではない。

4　**正しい**。宅建業者（法人業者）が合併により消滅した場合、消滅した法人（本肢ではB）の代表役員は、その日から30日以内にその旨を免許権者（本肢では乙県知事）に届け出なければならない（同法11条1項2号）。

基本書　**第2編 第1章 2 宅建業の免許**

問題30　正解3　広告…………　難易度B

1　**誤り**。宅建業者は取引にかかる広告をするときは取引態様の別を示さなければならない（宅建業法34条1項）。取引態様の別を明示しないときは、問い合わせや契約の成立の有無にかかわらず宅建業法に違反する。

2　**誤り**。工事完了前の建物については、建築確認前に広告することはできない（同法33条）。建築確認の申請中に広告することは、宅建業法に違反する。

3　**正しい**。正解。顧客を誘引する目的で売る意思のない条件の良い物件を広告することは誇大広告となり、取引が不成立のときでも宅建業法32条に違反し、監督処分の対象（業務停止事由）となる（同法65条4項2号）。

4　**誤り**。宅建業者が免許取消処分を受け、免許が失効した場合でも、買主等取引の相手方保護のために免許取消処分前に締結した契約に基づく「取引を結了する目的の範囲内」においては、なお宅建業者とみなされる（同法76条）が、免許取消処分の前に広告しただけで契約を締結していない場合に「契約を締結する目的の範囲内」においてはなお宅建業者とみなされるという規定はない。

基本書　第2編 第1章 2 宅建業の免許、第2章 1 一般的規制

問題31　正解2　報酬……………………………………　難易度B

ア　**正しい**。居住用建物の賃貸借の媒介の場合は、依頼者の承諾がない限り、依頼者の一方から受け取ることができる報酬の限度額は、借賃の1カ月分の0.55倍（本肢では4万4,000円）以下となる（宅建業法46条、報酬額に関する告示第4）。

イ　**正しい**。正解。店舗等の非居住用建物の賃貸借において、本肢のように代理業者Aと媒介業者Cが介在したときでも報酬の限度額は同一であり、借賃の1カ月分の1.1倍（本肢では8万8,000円）以下となる（同告示第5）。

ウ　**誤り**。店舗等の非居住用建物の賃貸借において、権利金を売買代金とみなして計算することができ（同告示第6）、したがってAおよびCが受領できる報酬の限度額は、200万円×0.55（消費税込み）×（AとC＝2倍）＝22万円以下となる。

エ　**誤り**。広告の料金の相当額は、依頼者の特別の依頼がない限り、別途受領することができない（同告示第9第1項）。

以上により、誤っているものはウ、エであり、正解は2。

基本書　第2編第2章 3 報酬・その他の制限

問題32　正解1　供託所等の説明…………………………　難易度A

1　**正しい**。正解。供託所等の説明は、宅建業法35条の2では書面の交付は要求されてはいないが、重要事項説明書に記載して説明することが望ましい（宅建業法の解釈・運用の考え方35条の2関係）。

2　**誤り**。宅建業者は、取引の相手方が宅建業者である場合には、供託所等の説明をする必要はない（同法35条の2本文かっこ書）。

3　**誤り**。宅建業者は、取引の相手方に対して、「契約が成立するまでの間に」供託所等の説明をするようにしなければならない（同法35条の2）。

4　**誤り**。宅建業者が保証協会の社員である場合の説明事項は、「社員である旨、保証協会の名称・住所・事務所の所在地、指定供託所・その所在地」である（同法35条の2第2号）。「営業保証金を供託した主たる事務所の最寄りの供託所・所在地」は、宅建業者が保証協会の社員でない場合の説明事項である。

基本書　**第2編 第2章 1 一般的規制**

問題 33　正解 2　媒介契約……………………………………　**難易度 B**

ア　**誤り**。宅建業者の業務処理状況の報告義務は、専任媒介契約においては「2週間に1回以上」、専属専任媒介契約においては「1週間に1回以上」とされる（宅建業法34条の2第9項）。

イ　**誤り**。専任媒介契約を締結した宅建業者は、特約の如何を問わず指定流通機構への登録義務があり、登録期間は、専任媒介契約においては「契約締結の日から7日以内」、専属専任媒介契約においては「契約締結の日から5日以内」とされる（同法34条の2第5項、施行規則15条の10）。

ウ　**正しい**。宅建業者は、一般媒介契約または専任媒介を締結したときは、遅滞なく、所定の事項を記載した書面を依頼者に交付しなければならない（同法34条の2第1項）。

エ　**正しい**。宅建業者の価額等の根拠の明示については、口頭でも書面でもよい（同法34条の2第2項）。

以上により、正しいものはウ、エの二つであり、正解は2。

基本書　**第2編 第2章 1 一般的規制**

問題 34　正解 1　宅地建物の定義……………………………　**難易度 A**

1　**正しい**。正解。宅地とは、建物の敷地に供せられる土地をいい、用途地域内においても道路、公園、河川、広場および水路は宅地に当たらない（宅建業法2条1号、施行令1条）。

2　**誤り**。建物の全部はもとより建物の一部（例えばアパートやマンションの一室）でも売買の代理を業として行う行為は、宅建業に当たる（同法２条２号）。

3　**誤り**。建物とは、屋根および柱もしくは壁を有する工作物をいい（建築基準法２条１号）、工事等非居住用でも、学校、病院、官公庁施設等の公共的な施設でも建物に当たる（宅建業法２条２号）。

4　**誤り**。宅建業法上の宅地であるか否かは、その土地の地目、現況とは関係なく判断される（同法２条１号）。

基本書　**第２編 第１章 1「宅地建物取引業」とは**

問題 35　正解 4　重要事項の説明……………………………　難易度 B

1　**誤り**。宅地建物取引士は、テレビ会議等のＩＴを活用して重要事項の説明を行うときでも、必ず宅地建物取引士証を提示しなければならない（宅建業法 35 条４項）。

2　**誤り**。宅建業者は「契約が成立するまでの間に」に、売買契約等の各当事者に対し、重要事項の説明をしなければならない（同法 35 条１項）。

3　**誤り**。宅建業者が交付する重要事項説明書には「宅地建物取引士の記名」が必要であるが（同法 35 条５項）、専任の宅地建物取引士の記名や売買契約の各当事者の記名は必要ない。

4　**正しい**。正解。宅建業者は、買主が宅建業者であるときには、重要事項を説明する必要はないが、重要事項説明書を交付しなければならない（同法 35 条６項）。

なお、35 条書面は、相手方の承諾を得て電磁的方法による代用措置を講じることができる（同法 35 条８項・９項）。

基本書　**第２編 第２章 1 一般的規制**

問題 36　正解 4　免許…………………………………………　難易度 C

1　**誤り**。破産手続開始の決定があった場合の廃業等の届出の届出義務者は、「破産管財人」であって、法人の代表役員ではない（宅建業法 11 条１項３号）。

2　**誤り**。宅建業者が、免許換えの申請を行ったからといって直ちに免許が失効することはないから（同法７条１項）、取引の相手方に対し、重要事項説明書および37条書面を交付することができる。

3　**誤り**。宅建業の免許の有効期間が満了したことにより従前の免許が失効した場合でも免許証を返納する必要がない。なお宅地建物取引士証の場合には返納義務が課されていることに注意（同法22条の２第６項）。

4　**正しい**。正解。宅建業者が引き続き１年以上事業を休止したときは、免許権者（本肢ではＪ県知事）は免許を取り消さなければならない（同法66条１項６号、必要的免許取消事由）。

基本書　第２編 第１章 ❷ 宅建業の免許、第３章 ❶ 監督処分等

問題 37　正解 2　登録……………………………………………　難易度 B

1　**誤り**。登録の移転は、他の都道府県に転勤などで就職する宅地建物取引士の便宜を図る制度であり、その申請は「することができる」（任意）のであって、必ず「しなければならない」わけではない（宅建業法19条の２）。

2　**正しい**。正解。宅地建物資格登録簿は、一般の閲覧に供されない（同法18条）。宅地建物取引業者名簿には、専任の宅地建物取引士の氏名が登載され（同法８条２項６号）、一般の閲覧に供される（同法10条）。

3　**誤り**。宅地建物取引士が、刑法204条（傷害）の罪により罰金の刑に処せられ、登録が消除された場合、「その刑の執行を終り、または執行を受けることがなくなった日」から５年を経過するまでは、登録を受けることができない（宅建業法18条１項７号）。当該登録が消除された日から５年ではない。

4　**誤り**。宅建業に係る営業に関し、成年者と同一の行為能力を有する未成年者は登録を受けることができる（同法18条１項１号）。

基本書　第２編 第１章 ❸ 宅地建物取引士

問題 38　正解 3　広告……………………………………………　難易度 C

ア　**違反する**。建築確認の済んでいない建築工事完了前の建物（未完成物件）の売買その他の業務に関する広告を行うことはできない（宅建業法33条）。

イ　**違反しない**。契約締結等の時期の制限は、貸借の代理・媒介を制限しないから（同法36条）、建築確認の済んでいない建築工事完了前の建物（未完成

物件）について、代理人として借主との間で賃貸借契約を締結することができる。

ウ　**違反しない**。自己の所有に属しない宅地・建物の売買契約締結の制限は、宅建業者間取引では適用除外とされ（同法78条2項）、宅建業者は自ら売主として、自己の所有に属しない宅地について、宅建業者Gと売買契約の予約を締結することができる（同法33条の2）。

エ　**違反する**。法定条件付き（本肢のように農地法5条許可を条件とするなどの場合）や停止条件付のI所有の農地の売買契約について、宅建業者Hは、自ら売主として宅建業者でないJと売買契約を締結することができない（同法33条の2第1号）。

以上により、違反しないものはイ、ウの二つであり、正解は3。

基本書　第2編 第2章 1 一般的規制、2 自ら売主規制（8種制限）

問題39　正解3　保証協会　難易度B

1　**正しい**。保証協会は、その名称、住所または事務所の所在地を変更しようとするときは、あらかじめ、その旨を国土交通大臣に届け出なければならない（宅建業法64条の2第3項）。

2　**正しい**。保証協会は、新たに社員が加入したときは、直ちに、その旨を当該社員である宅建業者が免許を受けた国土交通大臣または都道府県知事に報告しなければならない（同法64条の4第2項）。なお社員がその地位を失ったときも同様である。

3　**誤り**。正解。宅建業者で保証協会に加入しようとする者は、「その加入しようとする日」までに弁済業務保証金分担金を当該保証協会に納付しなければならない（同法64条の9第1項1号）。加入した日から1週間以内ではない。

4　**正しい**。保証協会は、社員の取引の相手方からの苦情の解決の申出について、当該社員に対し、文書もしくは口頭による説明を求めることができ（同法64条の5第2項）、社員は保証協会から説明を求められたときは、正当な理由がある場合でなければ、これを拒んではならない（同法64条の5第3項）。

基本書　第2編 第1章 5 営業保証金と保証協会

問題 40　正解 2　**37条書面**　難易度 B

1　**誤り**。宅建業者が自ら売主として宅地・建物の売買契約を締結した場合は、契約の相手方に交付する37条書面には、宅地建物取引士に記名させなければならない（宅建業法37条3項）。

2　**正しい**。正解。契約不適合責任について定め（特約）があるときの内容は、37条書面に記載しなければならず（同法37条1項11号）、当該特約について記載した書面を契約当事者（本肢ではDおよびE）に交付しなければならない。

3　**誤り**。宅建業者Aが自ら買主として売買契約を締結した場合には、売買契約の当事者として、売主Bに対して37条書面を交付しなければならない（同法37条1項）。

4　**誤り**。宅建業者が自ら貸主として定期賃貸借契約を締結したときは、宅建業に該当しない（同法2条2号）から、宅建業法の適用がなく、37条書面を交付する必要はない。

なお、37条書面には、37条1項・3項に規定する者の承諾を得て電磁的方法による代用措置を講じることができる（同法37条4項・5項）。

基本書　第2編 第2章 1 一般的規制

問題 41　正解 1　**専任の宅地建物取引士**　難易度 B

1　**誤り**。正解。宅建業者は、契約を締結することなく、かつ、契約の申込みを受けることがない案内所には専任の宅地建物取引士を置く必要がない（宅建業法31条の3第1項、施行規則15条の5の2）。

2　**正しい**。宅建業者は、専任の宅地建物取引士の法定数が不足したときは、「2週間以内」に補充などの適合措置を執らなければならない（同法31条の3第3項）。

3　**正しい**。宅建業者は、契約を締結したり、申込みを受けたりする案内所には、専任の宅地建物取引士を設置しなければならない（同法31条の3第1項、施行規則15条の5の2）。

4　**正しい**。宅建業に係る営業に関し成年者と同一の行為能力を有する18歳未満の宅地建物取引士は、法人の役員であるときを除いて、他人に雇われて専任の宅地建物取引士となることができない（同法31条の3第2項）。

基本書 第2編 第1章 3 宅地建物取引士

問題 42 正解 3 37条書面 ……………………………… 難易度 C

ア **記載しなければならない**。貸借契約においては「借賃以外の金銭の授受に関する定めがあるときは、その額ならびに当該金銭の授受の時期および目的」は、37条書面の記載事項である（宅建業法37条2項3号）。

イ **記載しなくてもよい**。既存建物の場合の「設計図書、点検記録その他の建物の建築および維持保全の状況に関する書面で国土交通省令で定めるものの保存の状況」は、35条書面の記載事項であるが（同法35条1項6号の2ロ）、37条書面の記載事項ではない。

ウ **記載しなければならない**。貸借契約においては「契約の解除に関する定めがあるときは、その内容」は、37条書面の記載事項となる（同法37条2項1号・1項7号）。

エ **記載しなければならない**。貸借契約においては「天災その他不可抗力による損害の負担（危険負担）に関する定めがあるときは、その内容」は、37条書面の記載事項となる（同法37条2項1号・1項10号）。

以上により、37条書面に記載しなければならないものはア、ウ、エの三つであり、正解は3。

なお、37条書面には、37条1項・3項に規定する者の承諾を得て電磁的方法による代用措置を講じることができる（同法37条4項・5項）。

基本書 第2編 第2章 1 一般的規制

問題 43 正解 1 クーリング・オフ ………………………… 難易度 C

1 **誤り**。正解。事務所等以外の場所（本肢では仮設テント張りの案内所）で行われた申込み等でも書面で告知を受けた後、8日が経過した後はクーリング・オフができないが、書面による告知がないときは、いつでも（8日経過後でも）買主Bは契約を解除することができる（宅建業法37条の2第1項1号、施行規則16条の6）。

2 **正しい**。クーリング・オフによる売買契約の解除ができる期間を14日間とする旨の特約は、買主に有利な特約として有効であり、書面を交付された日から12日後であっても買主Bは売買契約の解除をすることができる（同法37条の2第4項）。

3　**正しい**。クーリング・オフによる売買契約の解除の効力は、「その書面を発した時」に生じる（発信主義）から、書面による告知を受けた日から8日以内に解除する旨の書面を発信すれば、到達した日が8日経過後であっても有効である（同法37条の2第2項）。

4　**正しい**。売主の事務所等で買受けの申込みをした場合には、契約締結の場所が事務所以外の場所（本肢では喫茶店）であっても買主Bはクーリング・オフはできない（同法37条の2第1項かっこ書）。

基本書　**第2編 第2章 2 自ら売主規制（8種制限）**

問題 44　正解 3　重要事項の説明……………………………　難易度 B

ア　**正しい**。宅地・建物の売買契約または賃貸借契約において、水防法施行規則第11条第1号により市町村長が提供する図書（水害ハザードマップ）に当該宅地・建物の位置が表示されているときは、その所在地を重要事項として説明しなければならない（宅建業法施行規則16条の4の3第3号の2）。

イ　**正しい**。宅地・建物の売買契約または賃貸借契約において、「当該建物が既存建物であるときは、建物状況調査を実施しているかどうか、およびこれを実施している場合におけるその結果」は、重要事項として説明しなければならない（同法35条1項6号の2イ）。

ウ　**正しい**。建物の売買契約において、当該建物が「種類または品質」に関して契約の内容に適合しない場合の不適合を担保すべき責任の履行に関し保証保険契約などの措置を講ずるかどうか、また講ずる場合はその措置を説明しなければならない（同法35条1項13号）。

以上により正しいものはア、イ、ウの三つであり、正解は3。

基本書　**第2編 第2章 1 一般的規制**

問題 45　正解 4　住宅瑕疵担保履行法……………………………　難易度 B

1　**誤り**。新築住宅を販売する宅建業者は、宅建業者でない買主に引き渡した新築住宅について、当該買主に対する特定住宅販売瑕疵担保責任の履行を確保するため、住宅販売瑕疵担保保証金の供託または住宅瑕疵担保責任保険契約の締結を行わなければならない（住宅瑕疵担保履行法11条1項）。

2　**誤り**。新築住宅を引き渡した宅建業者は、基準日に係る住宅販売瑕疵担保保証金の供託および住宅販売瑕疵担保責任保険契約の締結の状況について届出をしなければ当該基準日の翌日から起算して「50日」を経過した日以後においては、新たに自ら売主となる新築住宅の売買契約を締結することができない（同法13条）。

3　**誤り**。住宅販売瑕疵担保責任保険契約を締結する場合には、保険金額が2,000万円以上でなければならない（同法2条7項3号）。

4　**正しい**。正解。宅建業者が住宅販売瑕疵担保責任保険契約を締結した特定住宅販売瑕疵担保責任期間内に、住宅の構造耐力上主要な部分等の瑕疵によって損害を生じた場合、損害を受けた新築住宅の買主は、当該宅建業者が相当な期間を経過しても責任を履行しないときは、その損害について保険金を請求することができる（同法2条7項2号ロ）。

基本書　**第2編第4章 1 売主・請負人の担保責任、2 住宅販売瑕疵担保保証金の供託**

問題 46　正解 1　住宅金融支援機構 ……………………… 難易度 B

1　**誤り**。正解。独立行政法人住宅金融支援機構（以下、この問において「機構」という）は、子どもを育成する家庭または高齢者の家庭に適した良好な居住性能および居住環境を有する賃貸住宅の建設に必要な資金の貸付けを業務として行っている（機構法13条1項8号）。

2　**正しい**。機構は、災害により住宅が滅失した場合において、それに代わるべき建築物の建設または購入に必要な資金の貸付けを業務として行っている（同法13条1項5号）。

3　**正しい**。機構が証券化支援事業（買取型）により譲り受ける貸付債権は、自己居住用または親族居住用に住宅を建設、購入する者に対する貸付けに係るものでなければならない（同法13条1項1号、機構業務方法書3条1号）。

4　**正しい**。機構は、マンション管理組合や区分所有者に対するマンション共用部分の改良に必要な資金の貸付けを業務として行っている（機構法13条1項7号）。

基本書　第4編 第3章 住宅金融支援機構

問題 47　正解 4　景表法……………………………………………　難易度 C

1　**誤り**。新築分譲マンションの販売広告において、近隣のデパート、スーパーマーケット、コンビニエンスストア、商店等の商業施設は①現に利用できるものを、物件からの道路距離または徒歩所要時間を明示して表示すること②ただし、工事中である等その施設が将来確実に利用できると認められるものは、その整備予定時期を明示して表示することができるとされている（不当景品類及び不当表示防止法5条、不動産の表示に関する公正競争規約（以下、表示規約という）15条⑽、表示規約施行規則9条⒇）。

なお、下線部分は令和4年改正により追加もしくは改訂された部分である。

2　**誤り**。新築分譲マンションが有名な旧跡から直線距離で300m以内に所在している場合は、名称に当該旧跡の名称を用いることができるとされている（同法5条、表示規約19条⑶）。1,100 mではない。

3　**誤り**。土地の販売価格については①1区画当たりの価格を表示すること②ただし、1区画当たりの土地面積を明らかにし、これを基礎として算出する場合に限り、1㎡当たりの価格で表示することができるとされている（同法5条、表示規約15条⑾、表示規約施行規則9条㉟）。よって、1区画当たりの価格を表示すれば、1㎡当たりの価格および1区画当たりの土地面積を表示する必要はない。

4　**正しい**。正解。修繕積立金については①1戸当たりの月額を表示すること②ただし、住戸によりそれらの額が異なる場合において、その全てを示すことが困難であるときは、最低額および最高額のみで表示することができるとされている（同法5条、表示規約15条⑾、表示規約施行規則9条㊸）。よって、広告スペースの関係で全ての住戸の修繕積立金を示すことが困難であっても、修繕積立金について全住戸の平均額で表示することはできない。

基本書　第4編 第4章 1 景表法（不当景品類及び不当表示防止法）、3 表示に関する公正競争規約

問題 48　正解 ―　統計……………………………………………　**難易度 ―**

本問は古い統計情報のため掲載しておりません。
次の本試験の基準となる最新統計情報をもとに改題した本問の解説を、弊社 web サイトよりダウンロードしてご利用ください（2024 年 8 月末予定）。

※詳細は v ページ「パーフェクト宅建士シリーズ読者特典（＊特典３＊）」をご参照ください。

問題 49　正解 2　土地……………………………………………　**難易度 C**

1　**適当**。沿岸地域における地震時の津波を免れるためには、巨大な防波堤が必要となるが、それには限度があり、完全に津波の襲来を防ぐことはできない。そのため、できるだけ沿岸低地を避け、標高の少しでも高い土地を選ぶ必要がある。

2　**最も不適当**。正解。一般に凝灰岩、集塊岩（しゅうかいがん）、頁岩（けつがん）、花崗岩（風化してマサ土化したもの）は、崩壊しやすい。なお、崩壊しにくいのは、一般に玄武岩、安山岩、珪質岩（けいしつがん）等である。

3　**適当**。低地は、大部分が水田や宅地として利用され、また、都市としての広がりを得やすく、用水や交通等の便利さから大都市の大部分もここに立地している。

4　**適当**。平地は土地利用が水田等の農業的利用から都市的な利用に移行し、人口や産業の集積が大きくなっており、平地に乏しい都市の周辺では、住宅地が周辺の丘陵や山麓に不用意に広がって、土砂崩壊等の災害を引き起こす事例も多く、防災対策が大きな課題となっている。

基本書　**第 4 編 第 5 章 1 土地**

問題 50　正解 4　建物……………………………………………　**難易度 C**

1　**適当**。組積式構造は、石、れんが、コンクリートブロック等の単体をモルタル、コンクリートによって組積し壁体等を造る構造で、その特徴は、熱・音などを遮断する性能は優れているが、耐震性が劣る。

2　**適当**。組積式構造を耐震的な構造にするためには、壁厚を大きくし、大きな開口部を造ることを避ける必要がある。

3　**適当**。補強コンクリートブロック造は、コンクリートブロック造を鉄筋コンクリートで耐震的に補強改良したものであり、わが国では、石造、レンガ造の建物は少ないが、補強コンクリートブロック造は、多く使用されている。

4　**最も不適当**。正解。補強コンクリートブロック造は、壁式構造の一種であり、壁量が多く必要であり、住宅等の間仕切壁が多い小規模の建物に適し、使用されている。

基本書　第4編 第5章 2 建物

令和(10月)3年度 正解と解説

＊正解番号一覧

問題	正解	問題	正解	問題	正解	問題	正解	問題	正解
1	1	11	3	21	3	31	3	41	1
2	2	12	2	22	4	32	1	42	2
3	4	13	4	23	1	33	1	43	4
4	1	14	3	24	1	34	2	44	2
5	4	15	3	25	3	35	3	45	3
6	2	16	2	26	2	36	1	46	1
7	3	17	4	27	4	37	3	47	2
8	1	18	2	28	4	38	4	48	―
9	1	19	4	29	4	39	1	49	4
10	2	20	3	30	2	40	3	50	3

難易度は A ～ D 。
A がやさしく、
D が最難関な問題です。

合格ライン⇒ 50 問中 34 問以上の正解
（登録講習修了者は、45 問中 29 問以上の正解）

問題 1　正解 1　敷金……………………………………… 難易度 B

1　**正しい**。正解。留置権とは、他人の物の占有者が、その物に関して生じた債権を有する場合に、その債権の弁済を受けるまでその物を留置することによって、債権の弁済を心理的に強制することができる権利である（民法 295 条 1 項本文）。判決文は、家屋明渡債務と敷金返還債務の同時履行関係を否定し、家屋明渡しを先に履行すべきとするものである。したがって、賃借人は、家屋の明渡しを済ませないと敷金の返還を請求することはできないので、家屋につき留置権を行使することはできない（最判昭 49.9.2）。

2　**誤り**。敷金の授受は、賃貸借契約とは別個の敷金契約に基づくものであるから、家屋明渡債務と敷金返還債務とは、同一の双務契約から生じるものではなく、対価性も認められないと解されている。

3　**誤り**。敷金の返還は家屋の明渡しの後に行われるのであるから、敷金は、賃貸借の終了後明渡しまでに生じた債権も担保するものである。したがって、賃貸借終了後明渡しまでの賃料相当額なども敷金からの控除対象となる。

4　**誤り**。たとえば、賃借人が家屋の内部を損傷していたとしても、その損害は明渡しを受けた後でなければ判明しないことがある。その明渡し後の判明した損傷に対する損害賠償債権を敷金によって担保しようとしても、家屋明渡債務と敷金返還債務が同時履行されていたのでは、敷金から損害賠償金を控除することができない。したがって、同時履行関係を肯定することは、明渡しまでに賃貸人が取得する一切の債権を担保するという敷金の性質には適合しない。

基本書　**第１編 第２章 4 担保物権（留置権・先取特権・質権）、第３章 11 賃貸借**

問題 2　正解 2　連帯債務…………………………………　**難易度 B**

1　**正しい**。弁済、更改、混同、相殺を除いて、連帯債務者の１人について生じた事由は、他の連帯債務者に対してはその効力を生じないのが原則である（民法 441 条）。したがって、連帯債務者の１人に対して裁判上の請求を行ったとしても、その効力は他の連帯債務者には及ばないので、他の連帯債務者には裁判上の請求による時効の完成猶予の効力も生じない。

2　**誤り**。正解。反対債権を有している連帯債務者が相殺を援用しない場合でも、他の連帯債務者は、反対債権を有している連帯債務者の負担部分の限度において、債権者に対して債務の履行を拒むことができる（同法 439 条２項）。これは、あくまで負担部分の限度で履行を拒むことを認めただけで、他人の債権を用いて相殺の意思表示をすることまで認めたものではない。

3　**正しい**。連帯債務者の１人に対して債務の免除をしたとしても、その効力は他の連帯債務者には生じないので、債権者は他の連帯債務者に対しては全額の支払いを請求することができる。

4　**正しい**。連帯債務者の１人と債権者との間に更改があったときは、他の連帯債務者にもその効力が生じ、債権は、すべての連帯債務者のために消滅する（同法 438 条）。

基本書　**第１編 第３章 1 連帯債務**

問題 3　正解 4　各種の契約…………………………… 難易度 C

ア　**誤り**。準委任契約（法律行為でない事務の委託契約）には、委任契約に関する規定が準用される（民法 656 条）。委任は、委任者または受任者の死亡によって終了する（同法 653 条 1 号）。委任契約自体が終了してしまう以上、死亡した委任者または受任者の地位は相続されない。

イ　**誤り**。賃貸人が死亡したとしても、賃貸借契約は終了せず、賃貸人の地位は相続人に相続される。賃貸人Ａの相続人は、そのままＡの地位を引き継ぐことになり、建物を賃借人Ｃに使用収益させる義務を負う。したがって、Ａの死亡を理由として、賃貸借契約の解除をすることはできない。

ウ　**誤り**。売主が死亡したとしても、売買契約は終了せず、売主の地位は相続人に相続される。相続人によって土地の引き渡しをすることは可能なのだから、売主Ａが死亡したからといって、売買契約の履行が原始的に不能となったわけではない。

エ　**誤り**。使用貸借は、借主の死亡によって終了する（同法 597 条 3 項）。使用貸借は、借主に対する信頼関係に基づいて無償でされるものだからである。したがって、借主が死亡した場合、使用借権は相続されず、借主の相続人は目的物の返還義務を負う。なお、借主ではなく、貸主が死亡しても、使用貸借は終了せず、借主は引き続き目的物を使用収益できることに注意。

以上により、誤っているものはア、イ、ウ、エの四つであり、正解は４。

基本書　**第 1 編 第 3 章 ⑫ 請負・委任・寄託・贈与・使用貸借・消費貸借**

問題 4　正解 1　配偶者居住権…………………………… 難易度 D

1　**正しい**。正解。配偶者居住権は配偶者の終身の間存続するのが原則であるが、存続期間について、遺産分割協議もしくは遺言に定めがあるとき、または家庭裁判所が遺産分割審判において定めをしたときは、その定めに従うことになる（民法 1030 条）。したがって、遺産分割協議で存続期間を 20 年と定めた場合は、その期間が満了した時点で配偶者居住権は消滅し、延長や更新はできない。

2　**誤り**。配偶者居住権は配偶者自身の居住を保護するための権利なので、居住建物の所有者の承諾を得なければ、第三者に居住建物の使用もしくは収益をさせることができない（同法 1032 条 3 項）。

3　**誤り**。存続期間満了前に、配偶者が死亡したときは、配偶者居住権は消滅する（同法1041条、597条3項）。したがって、配偶者居住権は相続されない。

4　**誤り**。配偶者居住権は登記することができ、登記をすれば配偶者居住権を第三者に対抗することができるが（同法1031条、605条）、登記がない場合は対抗できない。

基本書　**第1編 第4章 相続**

問題 5　正解 4　未成年者等……………………………　難易度 B

1　**誤り**。法改正により成年年齢が18歳に引き下げられるのは、令和4年4月1日からである。令和3年4月1日の時点では、まだ成年年齢は20歳であるから、18歳の者は1人で携帯電話サービス契約や不動産の賃貸借契約を締結することはできない。

2　**誤り**。養育費は、未成熟子を対象として支払われるものであるが、病弱であるなどの理由により就労できない場合は、成年に達していても未成熟子といえるし（東京高決昭46.3.15）、夫婦の収入や学歴、社会的地位などから子が大学に進学しても不釣り合いでなければ、大学生も未成熟子ということができる場合もある（大阪高決平30.3.13）と考えられている。したがって、子が成年に達したからといって、当然に養育費の支払義務が終了するものではない。

3　**誤り**。営業の許可を受けた未成年者は、その営業に関しては、成年者と同一の行為能力を有するので、負担付贈与であっても、法定代理人の同意なく有効に契約を締結することができる（民法6条1項）。しかし、営業の許可を受けていても、その営業とは無関係の行為については、未成年者として行為能力の制限を受ける。未成年者は、負担付でない贈与のように単に権利を得る契約であれば、法定代理人の同意なく有効に契約を締結することができるが（同法5条1項）、負担付贈与は受贈者の負担を伴うので、単に権利を得る契約とはいえず、法定代理人の同意なく有効に契約を締結することはできない。したがって、営業とは無関係に法定代理人の同意なく負担付贈与を受けた場合は、当該法律行為を取り消すことができる。

4　**正しい**。正解。法律行為の当事者が意思表示をした時に意思能力を有しなかったときは、その法律行為は無効となる（同法３条の２）。この規定は、後見開始の審判を受けていない場合だけでなく、受けている場合にも適用される。

基本書　第１編 第１章 **2** 制限行為能力者制度

問題 6　正解 2　**債権譲渡**……………………………………　難易度 B

1　**正しい**。債権の譲渡を制限する意思表示（譲渡制限特約）がされた場合でも、立場の弱い債権者（中小・零細企業等）が債権を譲渡して資金調達する機会を失わせるのは適当でないので、債権譲渡を有効に行うことはできるとされている（民法 466 条２項）。ただし、譲渡制限特約の目的は、弁済の相手方を固定することにより、見知らぬ第三者が弁済の相手方となることを防ぐことにあり、この点への配慮も必要である。そこで、譲渡制限特約が付された金銭債権が譲渡された場合、債務者は、その金銭債権の全額に相当する金銭を供託することによって、弁済の相手方の判断を誤るリスクを回避することが認められている（同法 466 条の２第１項）。

2　**誤り**。正解。将来発生すべき債権も、現在の時点において譲渡することができる（同法 466 条の６第１項）。この場合、譲受人は、債権譲渡後に発生した債権を当然に取得することができる（同法 466 条の６第２項）。

3　**正しい**。譲渡制限特約につき悪意または善意重過失の第三者との関係では、弁済の相手方を固定するという債務者の利益を尊重すべきである。それゆえ、債務者は、譲渡制限特約につき悪意または善意重過失の第三者に対しては、債務の履行を拒むことができ、かつ、譲渡人に対する弁済等の債務を消滅させる事由をもって対抗することができる（同法 466 条３項）。

4　**正しい**。譲渡人（債権者）から債務者に譲渡の通知をするか、債務者が譲渡人または譲受人に承諾をするかのいずれかがないと、譲受人は債務者に対して債権譲渡を対抗できない（同法 467 条１項）。この債務者に対抗するために必要とされる通知・承諾は、特に方式等が限定されていないが、譲受人が第三者に債権譲渡を対抗するための通知・承諾は、確定日付のある証書によって行わなければならない（同法 467 条２項）。

基本書　第１編 第３章 **4** 債権譲渡

問題 7 正解 3 契約不適合責任…………………………… 難易度 C

1 **正しい**。売買契約に基づいて引き渡された目的物が種類・品質・数量に関して契約の内容に適合しないものであるときは、買主には、売主に対し、目的物の修補等の追完請求をすることができる（民法 562 条 1 項）。したがって、買主Bは売主Aに対して、甲自動車の修理を請求することができる。

2 **正しい**。目的物の品質等が契約の内容に適合しない場合において、履行の追完（修理等）が不能であるときは、買主は売主に対して、直ちに代金の減額を請求することができる（同法 563 条 2 項 1 号）。

3 **誤り**。正解。目的物の契約不適合について修理等による追完が可能である場合、買主は、相当の期間を定めて履行の追完の催告をし、その期間内に履行の追完がないときでなければ、契約を解除することができない（同法 564 条、541 条）。

4 **正しい**。売買の目的物について権利を主張するものがあるなどの事由により、買主が買い受けた権利の全部もしくは一部を取得できなかったり、失ったりするおそれがあるときは、そのリスクをカバーする担保の提供がある場合を除き、リスクの程度に応じて代金の支払を拒むことができる（同法 576 条）。

基本書 第 1 編 第 3 章 8 売主の契約不適合責任

問題 8 正解 1 不法行為…………………………… 難易度 B

1 **誤り**。正解。土地の工作物の設置・保存の瑕疵により他人に損害を生じた場合、その工作物の占有者が損害の発生を防止するのに必要な注意をしていたときは占有者に損害賠償責任は生じないが、その注意を欠いていたときは占有者が被害者に対して損害賠償責任を負う（民法 717 条 1 項）。

2 **正しい**。肢 1 の解説で述べたとおり、占有者としての損害賠償責任は損害発生を防止するのに必要な注意をしていたときは免れることができるが、工作物の所有者としての責任については、そのような免責が認められていない（同法 717 条 1 項）。したがって、甲建物の所有者Aは、損害の発生の防止に必要な注意をしていたとしても、Bに対して不法行為責任を負う。

3 **正しい**。不法行為による損害賠償請求権は、①被害者またはその法定代理人が損害および加害者を知った時から 3 年間（人の生命または身体を害する不法行為の場合は5年間）行使しないとき、または②不法行為の時から20年間行使しないときは、時効によって消滅する（同法724条）。

4　**正しい**。本件は通行人Bがケガをした事例であり、人の生命または身体を害する不法行為であるから、肢3の解説で述べたとおり、被害者またはその法定代理人が損害および加害者を知った時から5年間行使しないときは、損害賠償請求権が時効により消滅する（同法724条の2）。

基本書　第1編 第3章 ⑬ 不法行為

問題 9　正解 1　相続……………………………… 難易度 B

まず、相続人を確定する。

AはDの現在の配偶者であるから、相続人となる（民法890条）。離婚しているEは、現時点では配偶者ではないので、相続人とはならない。FとGは、被相続人Dの子であるから、相続人となる（同法887条1項）。Fに対する親権をDは有していないが、親権の有無は相続に影響しない。Cは、AB間の子であり、Dとの間に親子関係はないので、Dの相続人とはならない。したがって、Dの相続人は、配偶者Aと子Fと子Gである。

次に、相続分を確定する。配偶者と子が相続人であるときは、配偶者の相続分が2分の1、子の相続分が2分の1となる（同法900条1号）。子FとGは、子全体で2分の1の相続分を、頭数で均等に相続することになる（同法900条4号）。

したがって、Dが死亡した場合、Aが2分の1、Fが4分の1、Gが4分の1の相続分によりそれぞれ相続することになるので、正解は1。

基本書　第1編 第4章 相続

問題 10　正解 2　選択債権……………………………… 難易度 D

1　**誤り**。本問のように、債権の目的が数個の給付の中から選択によって定まる債権を「選択債権」という。選択権者を第三者とする合意があれば、その第三者が選択権を有することになるが、第三者が選択をすることができないとき、または選択する意思を有しないときは、選択権は「債務者」に移転することになっている（民法409条2項）。この場合の「債務者」とは、目的を給付する債務を負う者を指すから、選択権は買主Bではなく、売主Aに移転する。

2　**正しい**。正解。債権の目的である給付の中に不能のものがある場合において、その不能が選択権を有する者の過失によるものであるときは、債権は残存するものについて存在することになる（同法410条）。したがって、債務者Aの失火により甲の給付が不能になった場合は、乙が給付の目的物となる。

3　**誤り**。選択権について当事者間に合意がない場合は、選択権は債務者に帰属することになっている（同法406条）。

4　**誤り**。第三者が選択権を有する場合、その選択は、債権者「または」債務者に対する意思表示によって行われる（同法409条1項）。「または」という接続詞は、2つの語句を選択的に連結する場合に用いられる。つまり、選択権行使の意思表示は、債務者と債権者の両者に対してする必要はなく、どちらか一方に対して行えばよいのである。

基本書　第1編 第3章 9 弁済

問題 11　正解 3　借地借家法／借地権　難易度 A

1　**正しい**。存続期間を50年以上とするのであれば、一般定期借地権として、契約の更新や建物の築造による存続期間の延長がない旨を書面（電磁的記録も可）で合意することができる（借地借家法22条）。この場合の書面は、公正証書でなくてもよい。

2　**正しい**。専ら事業の用に供する建物を所有する目的であれば、事業用定期借地権として、公正証書によって期間を10年以上50年未満とし契約の更新や建物の築造による存続期間の延長がない旨を借地契約に定めることができる（同法23条）。しかし、本肢のように居住の用に供する建物を所有する目的の場合は、事業定期借地権を設定することはできない。

3　**誤り**。正解。借地権設定後一定期間を経過した日に、建物を借地権設定者に相当対価で譲渡する旨を特約し、その譲渡によって借地権を消滅させる契約を締結することができるが、その建物を譲渡する時期は、借地権設定後「30年以上」経過した日でなければならない（同法24条1項）。この特約は、書面で行う必要はないが、書面で行ったとしても、譲渡する時期を30年未満とすることはできない。

4　**正しい**。臨時設備の設置その他一時使用のために借地権を設定したことが明らかな場合は、借地権の存続期間、契約の更新、存続期間の延長、建物買取請求権などの借地借家法の規定が適用されないこととされている（同法25条）。したがって、本肢のような借地契約も可能である。

基本書　第1編 第5章 1 借地借家法－①（借地関係）

問題12　正解2　借地借家法／借家権……………………　難易度C

1　**誤り**。期間の定めがなく借家契約が締結された場合、契約当事者はいつでも解約を申し入れることができるが、賃貸人の側から解約を申し入れるためには正当事由が必要であり、正当事由のある解約申し入れであったとしても、契約が終了するのは、解約申入れの日から「6月」を経過した時である（借地借家法27条1項、28条）。

2　**正しい**。正解。賃貸借存続中に目的不動産の所有権が移転し、新所有者が賃貸人の地位を承継した場合には、旧賃貸人に差し入れられていた敷金は、未払賃料があれば充当され、残額が新賃貸人に承継されることになる（民法605条の2第4項、最判昭44.7.17）。

3　**誤り**。借家が適法に転貸されている場合、賃貸人と賃借人（転貸人）の契約が期間満了により終了すると、転貸借も終了せざるを得ないが、賃貸借が終了した旨を転借人に通知しなければ、これを対抗できないものとされている（借地借家法34条1項）。そして、転借人に対して通知をしたとしても、転貸借が終了するのは通知がされた日から6月を経過した時である（同法34条2項）。

4　**誤り**。期間1年以上の定期建物賃貸借契約を締結した場合、賃貸人は、期間満了の1年前から6月前までの間に、賃借人に対し、期間満了により契約が終了する旨の通知をしなければ、その終了を対抗できない（同法38条6項本文）。ただし、この期間内に通知をしなかったとしても、その後賃貸人が通知すると、その日から6月後に賃貸借は終了する（同法38条6項ただし書）。つまり、契約の終了時期が遅れることになるだけであり、従前の契約と同一条件で契約が更新されるわけではない。

基本書　第1編 第5章 2 借地借家法－②（借家関係）

問題 13　正解 4　区分所有法……………………………… 難易度 A

1　**正しい**。集会を開催せずに、書面または電磁的方法により決議するためには、区分所有者全員の承諾が必要である（区分所有法 45 条 1 項本文）。したがって、区分所有者が 1 人でも反対するときは、集会の開催を省略して書面によって決議することはできない。

2　**正しい**。形状または効用の著しい変更を伴わないものを除く共用部分の変更（重大変更）は、区分所有者および議決権の各 4 分の 3 以上の多数による集会の決議で決するものであるが（同法 17 条 1 項本文）、この決議要件のうち区分所有者の定数は、規約で過半数まで減ずることができる（同法 17 条 1 項ただし書）。

3　**正しい**。敷地利用権は、マンションの専有部分を所有するために存在する権利なので、専有部分と敷地利用権はなるべく一体であるべきである。それゆえ、規約に別段の定めがあるときを除き、区分所有者は、専有部分と敷地利用権を分離して処分することはできない（同法 22 条 1 項）。

4　**誤り**。正解。各共有者の共用部分の持分は、規約に別段の定めがない限り、各区分所有者が有する専有部分の床面積の割合によって決まるが（同法 14 条 1 項）、この床面積は壁その他の区画の「中心線」ではなく、「内側線」で囲まれた部分の水平投影面積による（同法 14 条 3 項）。

基本書　**第 1 編 第 5 章 3 建物の区分所有等に関する法律**

問題 14　正解 3　不動産登記法……………………………… 難易度 C

1　**誤り**。所有権の登記の抹消は、所有権の移転の登記がない場合に限り、所有権の登記名義人が単独で申請することができる（不動産登記法 77 条）。所有権の移転の登記がある場合は、移転の両当事者による共同申請が必要である。

2　**誤り**。登記申請の代理権（登記を申請する者の委任による代理人の権限）は、本人の死亡によっては消滅しない（同法 17 条 1 号）。

3　**正しい**。正解。相続または法人の合併による権利の移転の登記は、登記権利者が単独で申請することができる（同法 63 条 2 項）。被相続人から相続人への権利移転、合併前の法人から合併後の法人への権利移転が行われる場合、登記義務者に当たるべき者は被相続人と合併前の法人であるが、被相続人は死亡し、合併前の法人は合併により消滅しており、登記義務者は現存していないので、登記権利者が単独で申請するしかないからである。

4　**誤り**。信託の登記は、受託者が単独で申請することができる（同法98条2項）。信託の登記は、当該信託に係る権利の保存、設定、移転、変更の登記の申請と同時にしなければならないとされており（同法98条1項）、その同時に行われる登記は共同申請で行われ、登記の真正が確保されているので、信託登記を単独申請で行っても問題がないからである。

基本書　第1編 第5章 4 不動産登記法

問題 15　正解 3　都市計画法／地区計画……………………　難易度 C

1　**正しい**。地区計画については、都市計画に、当該地区計画の目標を定めるよう努めるものとされている（都市計画法12条の5第2項2号）。

2　**正しい**。地区計画等については、都市計画に、地区計画等の種類、名称、位置及び区域を定めるものとするとともに、区域の面積その他の政令で定める事項を定めるよう努めるものとされている（同法12条の4第2項）。

3　**誤り**。正解。地区整備計画においては、市街化区域と市街化調整区域との区分の決定の有無を定めることはできない（同法12条の5第7項、7条参照）。

4　**正しい**。地区整備計画は、地区計画の目的を達成するための地区計画ごとの具体的計画であり、地区施設の配置・規模に関する事項や、いわゆる「ミニ開発」を規制するための建築物の用途および形態等の制限（用途制限、容積率の最高限度・最低限度、建蔽率の最高限度、敷地面積または建築面積の最低限度など）その他一定の事項を定めることができる（同法12条の5第7項）。

基本書　第3編 第1章 3 都市計画の内容

問題 16　正解 2　都市計画法／開発許可制度…………　難易度 D

1　**誤り**。都市公園法に規定する公園施設である建築物は、公益上必要な建築物に該当するため、都道府県知事の許可を受ける必要がない（都市計画法29条1項、施行令21条3号）。

2　**正しい**。正解。市街化区域において、1,000㎡未満の土地の区画形質の変更を行おうとする者は、都道府県知事の許可を受ける必要がない（同法29条1項1号、施行令19条1項）が、首都圏整備法に規定する既成市街地にある市街化区域において、500㎡以上の開発行為には許可が必要である（同法29条1項、施行令19条2項1号）。

3　**誤り**。準都市計画区域において、3,000㎡未満の土地の区画形質の変更を行おうとする者は、都道府県知事の許可を受ける必要がない（同法29条1項1号、施行令19条1項）。

4　**誤り**。区域区分の定められていない都市計画区域において、3,000㎡以上の土地の区画形質の変更を行おうとする者は、都道府県知事の許可を受ける必要がある（同法29条1項1号、施行令19条1項）が、土地区画整理事業の施行として行う土地の区画形質の変更を行おうとする者は、都道府県知事の許可を受ける必要がない（同法29条1項5号）。

基本書　**第3編 第1章 6 開発許可制度**

問題 17　正解 4　建築基準法総合……………………………　難易度 C

1　**誤り**。居室の内装の仕上げには、第一種ホルムアルデヒド発散建築材料を使用しないこととされている（建築基準法28条の2第3号、施行令20条の7第1項1号）が、それ以外の第二種ホルムアルデヒド発散建築材料及び第三種ホルムアルデヒド発散建築材料を使用するときは、これらの使用面積の合計が、制限される（建築基準法28条の2第3号、施行令20条の7第1項2号）のであって、使用することが認められていないわけではない。

2　**誤り**。4階建ての共同住宅の敷地内には、避難階に設けた屋外への出口から道または公園、広場その他の空地に通ずる幅員が1.5m以上の通路を設けなければならない（同法施行令128条）。2m以上の通路ではない。

3　**誤り**。防火地域または準防火地域にある建築物で、外壁が耐火構造（防火構造ではない）であるものについては、その外壁を隣地境界線に接して設けることができる（同法63条）。

4　**正しい**。正解。建築主は、木造の建築物で3以上の階数を有する共同住宅を新築する場合には、原則として、検査済証の交付を受けた後でなければ、その建築物の使用を開始できないが、特定行政庁の仮使用の認定があったときは、仮の使用を開始できる（同法7条の6第1項1号）。

基本書　第3編 第2章 **2** 建築確認と完了検査、**3** 単体規定、**4** 集団規定

問題 18　正解 2　建築基準法／集団規定……………………　難易度 D

1　**正しい**。建蔽率の緩和措置として①特定行政庁の「角地指定」がある場合、建蔽率は指定建蔽率に10分の1が加算された数値を上限とし②準防火地域内にある耐火建築物等または準耐火建築物等についても、建蔽率は指定建蔽率に10分の1が加算された数値を上限とする（建築基準法53条3項）。よって、本肢の建築物については①と②が重なって適用されるので、都市計画により建蔽率の限度が10分の6と定められている近隣商業地域の指定建蔽率に、10分の2が加算された数値を上限とし、建蔽率の限度が10分の8となる。

2　**誤り**。正解。市町村は、用途地域における用途の制限を補完し、地区計画等の区域の特性にふさわしい土地利用の増進等の目的を達成するため必要と認める場合においては、国土交通大臣の承認を得て、条例で、法第48条1項から13項までの規定による制限を緩和することができるとされているが、当該地区計画等の区域から集落地区計画の区域は除外されている（同法68条の2第5項）。よって、本肢は、「集落地区計画の区域において」なので、誤りである。

3　**正しい**。居住環境向上用途誘導地区内においては、公益上必要な一定の建築物を除き、建築物の建蔽率は、居住環境向上用途誘導地区に関する都市計画において建築物の建蔽率の最高限度が定められたときは、当該最高限度以下でなければならない（同法60条の2の2第1項）。

4　**正しい**。都市計画区域内において、「用途制限」を満たした上で、ごみ焼却場の用途に供する建築物は、都市計画でその敷地の位置が決定していなければ新築・増築することができないが、特定行政庁が建築基準法第51条に規定する都市計画審議会の議を経てその敷地の位置が都市計画上支障がないと認めて許可した場合においては、都市計画でその敷地の位置が決定しているものでなくても、新築することができる（同法51条）。

基本書　第3編 第2章 **4** 集団規定

問題 19　正解 4　**宅地造成及び特定盛土等規制法**…………　難易度 C

1　**正しい**。宅地造成等工事規制区域内において①切土をした部分に高さ 2m を超える崖を生ずる場合は、宅地造成に該当する。また②切土をした部分に高さ 2m 以下の崖を生ずる場合でも、その面積が 500㎡を超える場合には宅地造成に該当する。本肢は①および②に該当しないので宅地造成には該当せず、都道府県知事の許可は必要ない（宅地造成及び特定盛土等規制法 12 条 1 項、施行令 3 条）。

2　**正しい**。都道府県知事は、法 12 条 1 項本文の工事の許可の申請があったときは、遅滞なく、許可または不許可の処分をしなければならない（同法 14 条 1 項）。この許可の処分をしたときは、許可証を交付し、不許可の処分をしたときは文書をもってその旨を通知しなければならない（同法 14 条 2 項）。

3　**正しい**。都道府県知事は、一定の場合には都道府県等の規則で、宅地造成等工事規制区域内において行われる宅地造成等に関する工事の技術的基準を強化し、または必要な技術的基準を付加することができる（同法 13 条 1 項、施行令 20 条 2 項）。

4　**誤り**。正解。都道府県知事は、宅地造成等工事規制区域外の土地について、宅地造成または特定盛土等（宅地において行うものに限る）に伴う災害で相当数の居住者等に危害を生ずるものの発生のおそれが大きい一団の造成宅地の区域であって一定の基準に該当するものを、造成宅地防災区域として指定することができる（同法 45 条 1 項）。造成宅地防災区域は、宅地造成等工事規制区域内の土地については指定することはできない。

基本書　**第 3 編 第 3 章 2 規制区域内における宅地造成等に関する工事等の規制、 3 造成宅地防災区域内の制限**

問題 20　正解 3　**土地区画整理法**……………………　難易度 C

1　**正しい**。所有権または借地権を有する者のほか、独立行政法人都市再生機構、地方住宅供給公社その他政令で定める者であって、組合が都市計画事業として施行する土地区画整理事業に参加することを希望し、定款で定められたものは、参加組合員として、組合の組合員となる（土地区画整理法 25 条の 2）。換地計画において定められた換地は、換地処分の公告があった日の翌日から、従前の宅地とみなされ（同法104条1項）、換地計画において参加組合員に対して与えるべきものとして定められた宅地は、当該宅地の所有者となるべきものとして換地計画において定められた参加組合員が取得する（同法104条10項）。

2 **正しい**。換地計画において換地を定める場合は、換地および従前の宅地の位置、地積、土質、水利、利用状況、環境等が照応するように定めなければならない（換地照応の原則・同法89条1項）。

3 **誤り**。正解。土地区画整理組合の設立の認可の公告があった日後、換地処分の公告がある日までは、施行地区内において、土地区画整理事業の施行の障害となるおそれがある土地の形質の変更を行おうとする者は、都道府県知事等の許可を受けなければならない（同法76条1項）。当該土地区画整理組合の許可ではない。

4 **正しい**。土地区画整理組合の組合員は、組合員の3分の1以上の連署をもって、その代表者から理由を記載した書面を組合に提出して、理事または監事の解任を請求することができる（同法27条7項）。

基本書 第3編第4章 1 土地区画整理事業、3 換地処分、4 建築等の制限

問題 21 正解 3 農地法……………………………… 難易度 B

1 **正しい**。遺産分割により農地を取得する場合には、法第3条第1項の許可を受ける必要がない（農地法3条1項12号）。なお、この場合、権利取得の届出を、遅滞なく、農業委員会に届け出なければならない（同法3条の3）。

2 **正しい**。法第3条第1項の許可が必要な農地の売買をする場合には、この許可を受けないでした行為は、その効力を生じない（同法3条6項）。

3 **誤り**。正解。砂利採取法第6条の認可を受けて市街化調整区域内の農地を砂利採取のために借り受ける場合には、農地法第5条第1項の許可が必要である（同法5条1項）。一時使用の目的の賃貸借にも許可が必要である。

4 **正しい**。国または都道府県等が農地等を転用目的で権利移動する場合は、都道府県知事等の協議の成立をもって、法第5条第1項の許可があったものとみなされる（同法5条4項）。

基本書 第3編 第5章 農地法

問題 22　正解 4　国土利用計画法…………………………　難易度 B

1　**誤り**。土地の売買等の契約を締結した場合には、当事者のうち当該契約による権利取得者は、その契約を締結した日から起算して２週間以内に、事後届出を行わなければならない（国土利用計画法23条１項）。契約を締結した日の翌日から起算して３週間以内ではない。

2　**誤り**。都道府県知事は、事後届出をした者に対し、その届出に係る土地の利用目的について、当該土地を含む周辺の地域の適正かつ合理的な土地利用を図るために必要な助言をすることができる（同法27条の2）。助言の対象は、土地利用のみで、対価の額について助言することはできない。

3　**誤り**。事後届出が必要な土地の売買等の契約を締結したにもかかわらず、所定の期間内に当該届出をしなかった者は、６カ月以下の懲役または100万円以下の罰金に処するとの罰則が適用される（同法47条１号）。

4　**正しい**。正解。B市は、契約者の一方または双方が国または地方公共団体に該当し、事後届出の適用除外である（同法23条２項３号）。また、準都市計画区域内の規模10,000㎡未満の土地について土地売買等の契約をした場合には、届出を要しない（同法23条２項１号ハ）。よって、Cは規模10,000㎡の土地を取得したので事後届出を行う必要がある。以上により、B市は、事後届出を行う必要はないが、Cは、一定の場合を除き事後届出を行う必要がある。

基本書　第３編 第６章 2 事後届出制

問題 23　正解 1　譲渡所得…………………………　難易度 D

1　**正しい**。正解。譲渡所得の金額は譲渡益（譲渡収入から取得費等を差し引いた金額）から譲渡所得の特別控除額（50万円）を控除した額とされ（所得税法33条３項・４項）、特別控除額は、まず資産の譲渡でその資産の取得の日以後５年以内にされたものによる所得（短期譲渡所得）から差し引かれ、次にそれ以外の譲渡による所得（長期譲渡所得）から差し引かれることから（同法33条３項）、本肢のとおりで正しい。

2　**誤り**。譲渡所得の金額の計算上控除する資産の取得費は、その資産の取得に要した金額ならびに設備費および改良費の額の合計額とされており（同法38条１項）、設備費および改良費が含まれないとするのは誤り。

3　**誤り**。建物の所有を目的とする土地賃借権の設定の対価として支払いを受ける権利金等の金額が、その土地の価額の10分の5を超えるときは、資産の譲渡とみなされ、譲渡所得となり（同法33条1項）、不動産所得として課税されるとするのは誤り。

4　**誤り**。固定資産とは、土地（土地の上に存する権利を含む）、減価償却資産、電話加入権その他資産（山林を除く）で政令で定めるものとされる（同法2条18号）。そして居住者が、固定資産である土地もしくは土地の上に存する権利を譲渡した場合には、分離課税（租税特別措置法31条以下の所得税の特例計算の仕組み）となり、譲渡所得における50万円の特別控除が適用される総合課税（譲渡所得以外の他の所得と合算して課税される仕組み）とは別の計算で課税されるため誤り。さらに譲渡所得の2分の1に相当する金額が課税されるのは長期譲渡所得であり（所得税法22条2項2号）、資産の取得日以後5年以内の譲渡所得（短期譲渡所得）について2分の1に相当する部分に課税されるとの部分も誤り。

基本書　第4編第1章 6 土地・建物の譲渡所得税

問題24　正解1　不動産取得税　…………………………　難易度C

1　**正しい**。正解。個人が自己の居住のために取得した床面積50㎡以上240㎡以下の耐震基準適合既存住宅については、平成9年4月以降の新築であれば、1,200万円が不動産取得税の課税標準から控除されるので正しく、正解（地方税法73条の14第3項）。

2　**誤り**。新築された日から、未使用、未譲渡のため所有者に対しみなし取得で課税する際は、一般に6カ月、宅建業者等なら1年の経過を要件としており（同法73条の2第2項、同法附則10条の3第1項）、3年とするのは誤り。

3　**誤り**。不動産取得税の徴収は、納税者に納付書を交付することによる普通徴収（同法1条7号）によらなければならないとされており（同法73条の17）、申告納付しなければならないとするのは誤り。

4　**誤り**。不動産取得税の標準税率は100分の4とするとされており（同法73条の15）、これは制限税率ではないので、4%を超えることはできないとするのは誤り。

基本書 第4編第1章 **2** 不動産取得税

問題 25 正解 3 不動産鑑定評価…………………………… 難易度 B

1 **正しい**。不動産鑑定士が不動産鑑定評価を行う場合、調査範囲等条件を設定できるのは、調査範囲等条件を設定しても鑑定評価書の利用者の利益を害するおそれがないと判断される場合に限るとされている（不動産鑑定評価基準（以下「基準」という）総論第5章第1節Ⅲ調査範囲等条件）。

2 **正しい**。建設資材・工法等の変遷があった場合は、対象建築物と同等の有用性を持つものに置き換えて求めた原価（置換原価）を再調達原価とみなすものとする（基準総論第7章第1節Ⅱ2適用方法⑴）。

3 **誤り**。正解。本肢の記述は、事情補正のものである（基準総論第7章第1節Ⅰ3事情補正⑵）なお、時点修正とは、取引事例等の取引時点が「価格時点」と異なり、その間に価格水準に変動が認められる場合は、取引事例等の取引価格を価格時点におけるものに修正することである（基準総論第7章第1節Ⅰ4時点補正⑵）。

4 **正しい**。不動産の鑑定評価によって求める賃料は、一般的には正常賃料または継続賃料であるが、鑑定評価の依頼目的に対応した条件により限定賃料を求めることができる場合がある（基準各論第2章）。

基本書 第4編第2章 **2** 土地・建物の鑑定評価

問題 26 正解 2 重要事項の説明…………………………… 難易度 B

1 **誤り**。宅建業者Aは、Bに対し、宅地建物取引士をして重要事項の説明をさせなければならないが、専任の宅地建物取引士に説明させる必要はない（宅建業法35条6項）。

2 **正しい**。正解。代金・交換差金および借賃以外の金銭については、その額と目的を重要事項として説明しなければならない（同法35条1項7号）。

3 **誤り**。登記された権利の種類および内容は重要事項として説明義務があるが、移転登記の申請の時期は、37条書面の記載事項となるが重要事項としての説明義務はない（同法35条1項1号、37条1項5号）。

4 **誤り**。宅地または建物の引渡しの時期は、37条書面の記載事項となるが、重要事項としての説明義務はない（同法37条1項4号）。

なお、35条書面は相手方の承諾を得て電磁的方法による代用措置を講じることができる（同法35条8項・9項）。

基本書　**第2編 第2章 1 一般的規制**

問題 27　正解 4　**免許** …………………………………… **難易度 B**

1　**誤り**。不正の手段により免許を受けた後、免許が取り消された場合、その取消しの日から5年間は免許を受けることができないが、5年を経過すればAは再び免許を受けることができる（宅建業法5条1項2号）。

2　**誤り**。破産手続開始の決定を受けた後に復権を得た場合、Bはすぐに免許を受けることができる（同法5条1項1号）。

3　**誤り**。C社の役員Dが控訴や上告をし、裁判が係属中の場合は、現に刑を受けていないので、C社は免許を受けることができる（同法5条1項5号）。なお、後に禁錮以上の刑が確定すると、免許を受けても取り消されることに注意。

4　**正しい**。正解。E社の役員に宅建業法の規定に違反して罰金の刑に処せられた者がいる場合、その刑の執行が終わって5年を経過しなければ、E社は免許を受けることができない（同法5条1項6号・12号）。

基本書　**第2編第1章 4 免許の基準と登録の基準**

問題 28　正解 4　**登録** …………………………………… **難易度 B**

1　**誤り**。甲県知事の登録を受けている宅地建物取引士Aが、乙県内の宅建業者の事務所の業務に従事することとなったときは、乙県知事に対し、甲県知事を経由して、登録の移転の申請をすることができる（宅建業法19条の2）。なお、登録の移転の申請は、任意であることと、経由申請であることに注意。

2　**誤り**。宅地建物取引士証の交付を受けていないBが宅地建物取引士としてすべき事務を行った場合、「情状が特に重いとき」は、甲県知事は登録を消除しなければならない（同法68条の2第2項3号）。

3　**誤り**。宅地建物取引士Cは、宅建業者D社から宅建業者E社に勤務先を変更した場合は、専任の宅地建物取引士ではなくても、遅滞なく勤務先の変更の登録を申請しなければならない（同法20条、18条2項）。

4　**正しい**。正解。甲県で宅地建物取引士資格試験に合格したFは、乙県に転勤することとなったとしても、登録は、「試験を行った」甲県知事に申請しなければならない（同法18条1項本文）

基本書　第2編第1章 3 宅地建物取引士

問題 29　正解 4　**業務上の規制**……………………………… 難易度 B

1　**誤り**。宅建業者は、従業者名簿を最終の記載をした日から「10年間」保存しなければならない（宅建業法48条3項、施行規則17条の2第4項）。

2　**誤り**。標識を掲示すべき場所は、宅地建物取引士の設置義務がある場所以外の場所も含まれるから、売買の契約の締結を行わない場合の案内所にも標識を掲示しなければならない（同法50条1項）。

3　**誤り**。宅建業者は「事務所ごと」に、公衆の見やすい場所に、報酬額を掲示しなければならない（同法46条4項）。案内所には報酬額を掲示する必要はない。

4　**正しい**。正解。事務所以外の場所で、契約の締結を行わず、かつ、契約の申込みを受けない場合（物件の案内のみを行う案内所など）は、専任の宅地建物取引士を置く必要はない（同法31条の3第1項）。

基本書　第2編第2章 3 報酬・その他の制限

問題 30　正解 2　**広告**……………………………………… 難易度 B

ア　**正しい**。現在もしくは将来の利用の制限について、著しく事実に相違する表示をしてはならない（宅建業法32条）。

イ　**誤り**。依頼者の依頼によって行う広告については、宅建業者は報酬の限度を超えて、広告の料金に相当する額を受領することができるが、依頼者の依頼によらないで行う広告の料金は受領することができない（報酬額に関する告示第9①）。

ウ　**誤り**。数回に分けて広告するときでも、広告する都度、取引様態の別を明示しなければならない（同法34条）。

エ　**正しい**。建築確認申請中の賃貸マンションについては、建築確認後でなければ広告することができない（同法33条）。

以上により、正しいものはア、エの二つであり、正解は2。

基本書　第２編第２章 **1** 一般的規制

問題 31　正解 3　保証協会……………………………… 難易度 C

1　**正しい**。保証協会は、加入前の宅建業に関する取引により生じた債権に関し、弁済が行われることにより、弁済業務の円滑な運営に支障を生ずるおそれがあると認めるときは、当該社員に対し、担保の提供を求めることができる（宅建業法 64 条の 4 第 3 項）。

2　**正しい**。保証協会の社員である宅建業者は、保証協会から苦情の解決のために資料の提出の求めがあったときは、正当な理由がある場合でなければ、これを拒んではならない（同法 64 条の 5 第 3 項）。

3　**誤り**。正解。保証協会の社員である宅建業者は、保証協会から「通知を受けた日から２週間以内」に還付充当金を保証協会に納付しなければならない（同法 64 条の 10 第 2 項）。「還付がなされた日から２週間以内」ではない。

4　**正しい**。保証協会は社員が新たに加入し、または「社員がその地位を失ったとき」は、直ちに、その旨を社員である宅建業者の免許権者に報告しなければならない（同法 64 条の 4 第 2 項）。

基本書　第２編第１章 **5** 営業保証金と保証協会

問題 32　正解 1　免許……………………………… 難易度 C

1　**正しい**。正解。都市計画法に規定する用途地域外の土地であって、ソーラーパネルを設置するための土地は、建物の敷地に供される土地ではなく、宅地に該当しないから、A社は免許を必要としない（宅建業法 2 条 1 号、都市計画法 8 条 1 項 1 号）。

2　**誤り**。土地区画整理事業の換地処分による換地をし、住宅用地として分譲しようとするときは、その土地は、建物の敷地に供される土地であり、宅地に該当し、B社は免許を必要とする（宅建業法 2 条 1 号）。

3　**誤り**。農業協同組合Cが、組合員が所有する宅地の売却の代理を業として行う場合は、宅建業に該当し、免許を必要とする（同法 2 条 2 号）。

4　**誤り**。D社が、地方公共団体が定住促進策としてその所有する土地について住宅を建築しようとする個人に売却する取引の媒介をしようとする場合は、宅建業に該当し、免許を必要とする（同法2条2号）。なお、地方公共団体には宅建業法の適用がないから、免許を必要としないことに注意。

基本書　第2編第1章 1「宅地建物取引業」とは

問題 33　正解 1　重要事項の説明……………………　難易度 C

1　**正しい**。正解。市町村が、水害ハザードマップを作成せず、または印刷物の配布もしくはホームページ等への掲載をしていないことを確認できた場合は、重要事項説明書にその旨を記載し、重要事項説明の際に提示すべき水害ハザードマップが存在しない旨を説明すればよい（宅建業法35条1項14号、施行規則16条の4の3第3号の2）。

2　**誤り**。水防法15条3項の規定に基づいて市町村が提供するハザードマップの水害は、洪水、雨水出水、高潮を指し、市町村が洪水、雨水出水、高潮の水害ハザードマップを作成している場合、重要事項説明の際に、すべての水害ハザードマップを提示し、取引対象物件の概ねの位置を示さなければならない。

3　**誤り**。水害ハザードマップの提示は、売買・交換の媒介に限らず、貸借の媒介のときもその必要がある。

4　**誤り**。市町村が取引対象物件の位置を含むハザードマップを作成している場合は、重要事項説明書に水害ハザードマップを添付するだけでは足りず、その内容を説明しなければならない。

なお、35条書面は相手方の承諾を得て電磁的方法による代用措置を講じることができる（同法35条8項・9項）。

基本書　第2編第2章 1 一般的規制

問題 34　正解 2　営業保証金 ……………………………　難易度 A

1　**誤り**。国土交通大臣の免許を受けた宅建業者は、営業保証金を供託した場合、免許権者である国土交通大臣にその旨を届け出なければならない（宅建業法25条4項）。

2　**正しい**。正解。宅建業者と宅建業に関し取引をした者は、営業保証金について、その債権の弁済を受ける権利を有するが、取引をした者が宅建業者である場合は、その権利を有しない（同法27条1項かっこ書）。

3　**誤り**。営業保証金の供託は、金銭のほか一定の有価証券で行うことができ、また金銭と一定の有価証券とを併用して行うことができる（同法25条3項）。

4　**誤り**。有価証券を営業保証金に充てる場合の評価額については、国債証券のときは額面の100%、地方債・政府保証債のときは額面金額の90%とされる（同法施行規則15条1項）。

基本書　第2編第1章 5 営業保証金と保証協会

問題35　正解3　登録……………………………………………　難易度C

ア　**正しい**。事務禁止処分を受けた宅地建物取引士は、その交付を受けた都道府県知事（本肢では甲県知事）に速やかに宅地建物取引士証を提出しなければならず、これに違反したときは10万円以下の過料に処せられることがある（宅建業法22条の2第7項、86条）。

イ　**正しい**。事務禁止処分の期間中は、本人の申請により登録が消除された場合でも、当該期間が満了していないときは、都道府県知事（本肢では乙県知事）の登録を受けることができない（同法18条1項11号）。

ウ　**誤り**。登録の移転は、勤務先の変更に限られ、単なる住所の変更では、登録の移転を申請することができない（同法19条の2）。なお、住所は資格登録簿の登載事項なので「変更の登録」が必要であることに注意。

エ　**正しい**。本籍は資格登録簿の記載事項であり、本籍を変更した場合、遅滞なく変更の登録をしなければならない（同法20条、18条2項）。

以上により、正しいものはア、イ、エの三つであり、正解は3。

基本書　第2編第1章 3 宅地建物取引士

問題36　正解1　重要事項の説明……………………………　難易度B

1　**掲げられていない**。正解。「都市計画法29条1項の規定に基づく制度（開発許可制度）」が、重要事項説明の対象となるのは、宅地または建物の貸借の契約以外の契約の場合であって、建物の貸借の契約の場合は、重要事項説明の対象とならない（宅建業法35条1項2号、施行令3条）。

2　**掲げられている**。建物の貸借の媒介においては、「当該建物について、石綿の使用の有無の調査の結果が記録されているときは、その内容」は、重要事項説明の対象となる（同法35条1項14号、施行規則16条の4の3第4号）。

3　**掲げられている**。建物の貸借の媒介においては、「台所、浴室、便所その他の当該建物の設備の整備の状況」は、重要事項説明の対象となる（同法35条1項14号、施行規則16条の4の3第7号）。

4　**掲げられている**。宅地の貸借の媒介においては、「敷金その他いかなる名義をもって授受されるかを問わず、契約終了時において清算することとされている金銭の精算に関する事項」は、重要事項説明の対象となる（同法35条1項14号、施行規則16条の4の3第11号）。

基本書　**第2編 第2章 1 一般的規制**

問題37　正解3　37条書面 ……………………………… 難易度 B

1　**誤り**。区分所有建物の賃貸借契約においては、専有部分の利用の制限に関する規約（本肢ではペットの飼育の禁止に関する事項）の定めは、重要事項説明書の記載事項であるが、37条書面の記載事項ではない（宅建業法35条1項6号、施行規則16条の2第3号）。

2　**誤り**。宅建業者自ら売主となる土地付建物の売買契約において、宅建業者が手付金の保全措置を講じないときは、その旨を重要事項として説明しなければならないが、手付金の保全措置は、37条書面の記載事項ではない（同法35条1項10号）。

3　**正しい**。正解。土地の売買契約において、代金以外の金銭の授受に関する定めがあるときは、その額ならびに当該金銭の授受の時期および目的は、37条書面の記載事項である（同法37条1項6号）。

4　**誤り**。宅地建物取引とは、自ら当事者として売買・交換をすること、または売買・交換、貸借の代理・媒介をすることをいう（同法2条2号）。したがって、自ら貸主となる土地付建物の賃貸借契約においては、宅建業に該当しないため、37条書面を作成し、交付する必要はない。

なお、35条書面と37条書面については、電磁的方法による代用措置が認められている（同法35条8項・9項、37条4項・5項）。

基本書　**第2編 第2章 1 一般的規制**

問題 38　正解 4　媒介契約……………………………… 難易度 B

ア　**違反しない**。一般媒介契約においては、専任媒介契約と異なり、有効期間の上限の定めはなく、AとBが協議して、有効期間を3カ月とすることができる（宅建業法34条の2第3項）。

イ　**違反しない**。一般媒介契約においては、専任媒介契約と異なり、定期的な報告義務はなく、報告を口頭により14日に1回以上の頻度で行うことができる（同法34条の2第9項）。

ウ　**違反しない**。一般媒介契約においては、専任媒介契約と異なり、指定流通機構（レインズ）への登録義務はなく、Aの任意とされ、その登録を証する書面を、登録してから14日後にBに交付することができる（同法34条の2第6項）。

エ　**違反しない**。媒介契約等の規制は、売買・交換の媒介・代理にのみ適用され、貸借の媒介・代理には適用がなく、有効期間を定めないこともできる（同法34条の2第1項）。

以上により、違反しないものはア、イ、ウ、エの四つであり、正解は4。

なお、媒介契約書面については、電磁的方法による代用措置も認められる（同法34条の2第11項・第12項）。

基本書　第2編 第2章 1 一般的規制

問題 39　正解 1　クーリング・オフ…………………………… 難易度 B

1　**正しい**。正解。クーリング・オフは、宅建業者でない買主に無条件解除を認める制度であり、告知書面には、買受けの申込みの撤回等があったときは、買受けの申込みの撤回等に伴う損害賠償または違約金の支払を請求できないことを記載しなければならない（宅建業法37条の2第1項、施行規則16条の6第4号）。

2　**誤り**。告知書面には、告げられた日から起算して8日を経過するまでの間は、宅地または建物の引渡しを受け、「かつ」その代金を支払った場合（履行が完了した場合）を除き、書面により買受けの申込みの撤回等を行うことができることを記載しなければならない（同法施行規則16条の6第3号）。本肢では、引渡しを受け、「または」その代金の全部を支払った場合としており、履行が完了していないので誤り。

3　**誤り**。買受けの申込みの撤回等の効力は書面が到達した時ではなく、発した時に生じるとされ（同法37条の2第2項　発信主義）、告知書面には、買受けの申込みの撤回等を行う旨を「発した時に」、その効力を生ずることを記載しなければならない（同法施行規則16条の6第5号）。

4　**誤り**。告知書面には、売主である宅建業者Aの商号または名称および住所ならびに免許証番号を記載しなければならないが、代理業者Bについては記載する必要はない（同法施行規則16条の6第2号）。

基本書　第2編 第2章 2 自ら売主規制（8種制限）

問題40　正解3　業務上の規制……………………………　難易度B

1　**誤り**。帳簿は、「事務所ごとに」備え付けなければならず、支店には備え付ける必要があるが（宅建業法49条）、案内所には備え付ける必要はない。

2　**誤り**。成年者である宅建業者は、宅建業の業務に関し行った行為は、行為能力の制限によっては取り消すことができない（同法47条の3）。

3　**正しい**。正解。宅建業者は、一団の宅地建物の分譲をする場合における宅地建物の所在する場所に標識を掲示しなければならない（同法50条1項、施行規則19条1項2号）。

4　**誤り**。業務上取り扱ったことについて知り得た秘密は、正当な理由がある場合を除いて他に漏らしてはならないが（同法45条）、税法上の質問検査権に基づく質問を受けたときは、正当な理由とされ、回答しなければならない。

基本書　第2編 第2章 3 報酬・その他の制限

問題41　正解1　37条書面……………………………　難易度B

ア　**正しい**。自ら売主として売買契約を締結した宅建業者Aも媒介をした宅建業者Bも宅地建物取引士をして37条書面に記名させなければならない（宅建業法37条3項）。

イ　**誤り**。代金・交換差金・借賃以外の金銭（手付金・権利金・敷金等）の授受の定めがあるときは、その額、授受の時期と目的を37条書面に記載しなければならない（同法37条1項6号）。

ウ　**誤り**。宅建業者Aは、買主が宅建業者であっても、37条書面を交付しなければならない（同法37条1項）。

エ　**誤り**。抵当権の内容は、重要事項説明書の記載事項となるが（同法35条1項1号）、37条書面の記載事項ではない。

以上により、正しいものはアの一つであり、正解は1。

なお37条書面は、電磁的方法による代用措置が認められる（同法37条4項・5項）。

基本書　第2編第2章 1 一般的規制

問題42　正解2　8種制限……………………　難易度B

1　**誤り**。割賦販売契約の場合、割賦金の支払いを受けた金銭の額が、代金の10分の3（本肢では、代金3,200万円×0.3＝960万円）を超える場合には、所有権を移転しなければならない（宅建業法43条1項本文）。本肢の800万円は、代金の10分の3を超えていない。

2　**正しい**。正解。未完成物件（工事完了前の宅地建物）の場合、代金額の100分の5（5%）以下であり、かつ、1,000万円以下の場合には、手付金の保全措置を講じる必要がない（同法41条1項ただし書、施行令3条の3）。本肢の手付金100万円と中間金60万円の合計160万円は代金の5%以下であり、手付金等の保全措置を講じなくても買主から受領することができる。

3　**誤り**。損害賠償の予定と違約金を定める場合は、合算額が、代金の額の10分の2以下とされ、これに反する特約は、代金の額の10分の2を超える部分について、無効となる（同法38条）。本肢では代金の額の10分の2（代金3,200万円×0.2＝640万円）以下であるから、特約は有効である。

4　**誤り**。損害賠償額の予定がないときは、民法の原則に従い、各当事者は代金の額の10分の2に制限されずに、実際の損害額を証明してその全額を請求することができる。

基本書　第2編 第2章 2 自ら売主規制（8種制限）

問題43　正解4　業務に関する禁止事項……………………　難易度B

ア　**違反する**。手付を分割受領することにより、契約の締結を誘引することは、手付貸与との禁止に該当する（宅建業法47条3号）。

イ　**違反する**。事実を歪めて、契約を締結するかどうかを判断するために必要な時間を与えないで契約の締結に持ち込もうとする行為は、契約締結等の不当な勧誘等の禁止に該当する（同法47条の2第3項、施行規則16条の12第1号ロ）。

ウ　**違反する**。契約の締結の勧誘に先立って、宅建業者の商号または名称、勧誘の目的を告げなければならない（同法47条の2第3項、施行規則16条の12第1号ハ）。これを告げないことは契約締結等の不当な勧誘等の禁止に該当する。

エ　**違反する**。契約の申込みの撤回等が行われた場合は、預り金を返還しなければならず、返還を拒むことは、契約締結等の不当な勧誘等に該当する（同法47条の2第3項、施行規則16条の12第2号）。

以上により、違反するものはア、イ、ウ、エの四つであり、正解は4

基本書　第2編第2章 3 報酬・その他の制限

問題44　正解2　報酬……………………………………………　難易度 C

1　**誤り**。建物の貸借の媒介の場合、依頼者の双方から受領する報酬の額は、「借賃の1カ月分の1.1倍（消費税含む）の範囲内」とされ、本肢では借賃20万円であるから11万円を超えることができる。ただし、居住用建物の貸借の媒介においては、依頼者の一方から受領する報酬の額は「借賃の1カ月分の0.55倍（＝半月分の借賃＋消費税）」となる（宅建業法46条1項、報酬額に関する告示第5）。なお、権利金の授受がある場合の特例は、居住用建物には適用がないことに注意（同告示第6）。

2　**正しい**。正解。代理と媒介の依頼を受けている場合には、両方から受領できる報酬の合算額は、代理を基準に速算式によって計算すれば、次のようになる。代金1,000万円×3% +6万円＝36万円となり、36万円×2（代理）＝72万円。これに消費税を加算すると79万2,000円が上限となる。したがって、買主から30万3,000円の報酬を受領する宅建業者は、売主からは48万9,000円の報酬を受領することができる（同告示第3）。

3　**誤り**。消費税抜き価額が400万円以下の宅地・建物の売買の媒介で、通常の売買の媒介と比較して現地調査等の費用を要する場合には、売買の媒介における報酬額に現地調査費用を加えた金額を売主から受領することができるが、その合計の上限は18万円×1.1（消費税含む）＝19万8,000円となる。買主からは、300万円×4％＋2万円＝14万円に消費税を加算して、15万4,000円を受領することができる。したがって、依頼者双方から、受領できる上限額は合計35万2,000円となり、本肢の44万円は誤り。

4　**誤り**。店舗兼住宅の貸借の媒介の場合の報酬額は、「借賃の１カ月分の範囲内」とされ、本肢では借賃が20万円であるので、依頼者の一方から受領できる報酬は11万円を超えることができる。

基本書　第2編第2章 3 報酬・その他の制限

問題 45　正解 3　住宅瑕疵担保履行法…………………………　難易度 C

1　**誤り**。新築住宅の販売について、売主Aが宅建業者で、買主Bが宅建業者でない（本肢では建設業者）場合には、Aは資力確保措置（住宅販売瑕疵担保保証金の供託または住宅建設瑕疵担保責任保険契約の締結）を講じなければならない（住宅瑕疵担保履行法11条）。

2　**誤り**。住宅瑕疵担保責任保険契約は、買主が、売主である宅建業者から新築住宅の引渡しを受けた時から、「10年以上」の期間有効でなければならない（同法2条7項4号）。

3　**正しい**。正解。指定住宅紛争処理機関は、新築住宅の瑕疵に関する紛争の当事者の双方または一方からの申請により、当該紛争のあっせん、調停および仲裁の業務を行うことができる（同法33条1項）。

4　**誤り**。新築住宅の構造耐力上主要な部分に瑕疵があっても責任を負わないとする旨の特約（免責特約）は、宅建業者でない買主に不利な特約として無効となり、売主である宅建業者は、資力確保措置を講じる義務を負う（同法2条7項2号ロ）。

基本書　第2編第4章 2 住宅販売瑕疵担保保証金の供託

問題 46　正解 1　住宅金融支援機構　…………………………　難易度 B

1　**誤り**。正解。独立行政法人住宅金融支援機構（以下、この問において「機構」という）による、証券化支援事業（買取型）において、買取りの対象となる貸付債権は、自己居住用または親族居住用に住宅を建設・購入する者に対する貸付けに係る金融機関の貸付債権である（機構業務方法書3条1号）。

賃貸住宅の建設または購入に必要な資金の貸付けに係る金融機関の貸付債権については譲受けの対象としていない。

2 **正しい**。機構は、市街地の土地の合理的な利用に寄与する一定の建築物の建設に必要な資金の貸付業務を行っている（機構法13条1項7号、2条7項）。

3 **正しい**。機構は、証券化支援事業（買取型）において、省エネルギー性に優れた住宅を取得する場合について、貸付金の利率を一定期間引き下げる制度（優良住宅取得支援制度）を設けている。

4 **正しい**。機構は、貸付けを受けた者が経済事情の変動に伴い、住宅ローンの元利金の支払いが著しく困難となった場合に、償還期間の延長等の貸付条件の変更を行っている（機構業務方法書26条1項）。

基本書 **第4編 第3章 住宅金融支援機構**

問題 47 正解 2 景表法……………………………… 難易度 B

1 **誤り**。住宅の居室等の広さを畳数で表示する場合には、畳1枚当たりの広さは1.62㎡（各室の壁心面積を畳数で除した数値）以上の広さがあるという意味で用いることとされている（不当景品類及び不当表示防止法5条、不動産の表示に関する公正競争規約（以下、表示規約という）15条⑹、表示規約施行規則9条⒃）。

2 **正しい**。正解。団地（一団の宅地または建物をいう）と駅その他の施設との間の道路距離または所要時間は、取引する区画のうちそれぞれの施設ごとにその施設から最も近い区画（マンションおよびアパートにあっては、その施設から最も近い建物の出入口）を起点として算出した数値とともに、その施設から最も遠い区画（マンションおよびアパートにあっては、その施設から最も遠い建物の出入口）を起点として算出した数値も表示することとされている（同法5条、表示規約15条⑷、表示規約施行規則9条⑻）。

3 **誤り**。新築分譲マンションをコンピュータグラフィックス、見取図、完成図または完成予想図により表示する場合、その旨を明示して用い、当該物件の周囲の状況について表示するときは、現況に反する表示をしないこと、とされている（同法5条、表示規約15条⑻、表示規約施行規則9条㉓）。令和4年の改正により下線部分が追加された。

4 **誤り**。新築分譲住宅の販売に当たって行う二重価格表示は、実際に過去において販売価格として公表していた価格を比較対照価格として用いて行うのであれば、値下げの日から６カ月以内の表示であること、とされている（同法５条、表示規約20条、表示規約施行規則12条(3)）。１年以内ではない。

なお、下線部分は令和４年の改正により「時期」から「日」に修正された。

基本書　第４編 第４章 1 景表法（不当景品類及び不当表示防止法）、3 表示に関する公正競争規約

問題 48　正解 ―　統計……………………………………………　難易度 ―

本問は古い統計情報のため掲載しておりません。
次の本試験の基準となる最新統計情報をもとに改題した本問の解説を、弊社webサイトよりダウンロードしてご利用ください（2024年８月末予定）。

※詳細はｖページ「パーフェクト宅建士シリーズ読者特典（＊特典３＊）」をご参照ください。

問題 49　正解 4　土地……………………………………………　難易度 C

1　**適当**。山地（狭義）は、大部分が森林となっており、これらの森林は、木材資源等の供給地としても重要であるが、流域内の水源涵養、洪水防止等の大きな役割を担っている。

2　**適当**。火山麓の地形の中で、注意しなければならないのは、過去の土石流や土砂崩壊による堆積でできた地形、地すべりによってできた地形等であり、活動度の高い火山の火山麓では、火山活動に伴う災害にも留意する必要がある。

3　**適当**。林相（森林の様相形態）は良好でも、破砕帯や崖錐（山地から崩れ落ちた砂礫の堆積した所）等の上の杉の植林地は、豪雨に際して崩壊することがある。

4　**最も不適当**。正解。崖錐（山地から崩れ落ちた砂礫の堆積した所）や小河川の出口で堆積物の多い所等は、土石流の危険が大きい。「土石流の危険が

少ない」ではない。

基本書 第4編 第5章 **1** 土地

問題 50 正解 3 建物…………………………………………… 難易度 B

1 **適当**。鉄骨構造は、主要構造の構造形式にトラス、ラーメン、アーチ等が用いられ、自重が軽く、靭性が大きいので高層建築の骨組みに適している。

2 **適当**。鉄骨構造は、通常、柱、梁を鋼材で造るが、床、基礎は鉄筋コンクリート等でつくられる。特に床は、既製気泡コンクリート板、プレキャストコンクリート板等でつくられる。

3 **最も不適当**。正解。鉄骨構造は、耐火被覆工法の進展や鋼材の加工性の良さが見直され、現在は住宅、店舗、事務所、工業化建築等にも用いられている。

4 **適当**。鉄骨構造は、工場、倉庫、体育館、講堂等の単層の大空間の建物や鉄塔等の高い構築物に利用されている。

基本書 第4編 第5章 **2** 建物

令和2年度(12月) 正解と解説

＊正解番号一覧

問題	正解	問題	正解	問題	正解	問題	正解	問題	正解
1	3	11	4	21	3	31	3	41	2
2	1	12	3	22	4	32	4	42	1
3	4	13	3	23	1	33	4	43	4
4	2	14	2	24	3	34	4	44	2
5	2	15	2	25	1	35	3	45	4
6	1	16	2	26	2	36	3	46	4
7	2	17	1	27	3	37	1	47	2
8	3	18	4	28	1	38	1	48	―
9	1	19	1	29	3	39	1	49	3
10	4	20	3	30	2	40	4	50	3

難易度は A ～ D 。
A がやさしく、
D が最難関な問題です。

合格ライン⇒50 問中 36 問以上の正解
（登録講習修了者は、45 問中 31 問以上の正解）

問題 1　正解 3　不法行為……………………………… 難易度 C

1　**正しい**。債務不履行による損害賠償責任は、契約関係を前提として生じるものである。これに対し、不法行為による損害賠償責任は、契約関係を前提にせず認められるものなので、契約関係にある者だけでなく、契約関係にない被害者に対しても負うことがある。

2　**正しい**。損害の公平な分担という見地から、使用者責任による損害を賠償した使用者は、信義則上相当な限度で被用者に求償できるとされている（最判昭 51.7.8）。同様に、被用者が損害を賠償した場合も、損害の公平な分担という見地から相当と認められる額について、使用者に求償できると解されている（最判令 2.2.8）。

3　**誤り**。正解。精神障害者と同居する配偶者であるからといって、民法 714

条（責任無能力者の監督義務者等の責任を定めた規定）の法定の監督義務者に当たるとはいえないとするのが判例である（最判平 28.3.1）。

4　**正しい**。不法行為による損害賠償請求権は、被害者またはその法定代理人が損害および加害者を知った時から「３年」で時効消滅するのが原則であるが（民法 724 条１号）、人の生命または身体を害する不法行為による損害賠償請求権は、被害者保護の見地から消滅時効期間が「５年」に延長されている（同法 724 条の２）。

基本書　第１編 第３章 ⓭ 不法行為

問題 2　正解 1　代理……………………………………………… 難易度 A

1　**正しい**。正解。代理人が代理権の範囲内の行為をしたが、本人のためにする意図ではなく、自己または第三者の利益を図る目的であった場合でも、代理権の範囲内の行為である以上、有効な代理行為となるのが原則である。しかし、代理人の目的を相手方が知り、または知ることができたときは、無権代理行為とみなされる（民法 107 条）。

2　**誤り**。代理人が契約当事者双方の代理人になることを双方代理という。双方代理は、どちらか一方の本人の利益が害されるおそれがある行為なので、損害発生の有無にかかわらず、無権代理行為とみなされる（同法 108 条１項本文）。

3　**誤り**。代理権が消滅した後に代理行為をした場合でも、代理権の消滅の事実を相手方が過失なく知らなかった（善意無過失であった）ときは、表見代理が成立し、本人は有効な代理行為があったのと同じ責任を負う（同法 112 条１項）。

4　**誤り**。無権代理行為を本人が追認した場合、当該無権代理行為は、追認の時からではなく、契約の時に遡って効力を生じる（同法 116 条）。

基本書　第１編 第１章 ❹ 代理

問題 3　正解 4　親族……………………………………………… 難易度 C

1　**誤り**。離婚した場合は、当然に姻族関係が終了するが（民法 728 条１項）、夫婦の一方が死亡した場合は、生存配偶者が姻族関係を終了させる意思を表示したときに、はじめて姻族関係が終了する（同条２項）。

2　**誤り**。民法768条1項には、「協議上の離婚をした者の一方は、相手方に対して財産の分与を請求することができる」と規定されている。協議上の離婚は夫婦の合意によって離婚する制度であるから、財産分与請求は有責不法の行為を要件とするものではない（最判昭31.2.21）。

3　**誤り**。未成年者に対して親権を行う者がいないときは、未成年後見人が付される（同法838条1号）。未成年者に対して最後に親権を行う者は、遺言で未成年後見人を指定することができ（同法839条1項）、その指定がないときは、家庭裁判所は、未成年被後見人またはその親族その他の利害関係人の請求によって、未成年後見人を選任する（同法840条1項）。また、未成年後見人は、法人から選任されることもあり（同条3項かっこ書参照）、必ずしも親族の中から選任されるものではない。

4　**正しい**。正解。共同生活をしている夫婦が婚姻中に形成した財産は、夫婦が協力して形成されるものであるという考え方に基づき、夫婦のいずれに属するか明らかでない財産は、夫婦の共有に属するものであると推定される（同法762条2項）。

基本書　**該当なし**

問題4　正解2　債務不履行…………………………………　難易度B

1　**正しい**。債務の履行について不確定期限があるときは、債務者は、その期限の到来した後に履行の請求を受けた時、またはその期限の到来したことを知った時のいずれか早い時から遅滞の責任を負うとされている（民法412条2項）。したがって、債務者が期限が到来したことを知らなくても、履行の請求を受けた時から遅滞の責任を負うことになる。

2　**誤り**。正解。債権者が債務の履行を受けることを拒み、または受けることができないことによって、その履行の費用が増加したときは、費用増加の原因は債権者側にあるのだから、その増加額は全部債権者が負担する（同法413条2項）。

3　**正しい**。債務者がその債務について履行遅滞の責任を負っている間に、当事者双方の責めに帰することができない事由によってその債務の履行が不能になったときは、履行遅滞がなければ履行不能とならなかったという側面があるので、その履行不能は、債務者の責めに帰すべき事由によるものとみなされる（同法413条の2第1項）。

4　**正しい**。たとえば、建物の売買契約をしたが、実はその前日に火事で焼失していたケースのように、契約の成立時に債務の履行が不能であった場合、そもそも債務が生じておらず、その不履行による損害賠償もあり得ないはずであるが、相手方の信頼利益を保護するため、その不能が債務者の責めに帰することができない事由によるものでない限り、債権者からの損害賠償請求を認めている（同法412条の2第2項、415条）。

基本書　**第1編 第3章 6 債務不履行、損害賠償、解除**

問題 5　正解 2　時効……難易度 B

1　**正しい**。消滅時効を援用することができる「当事者」には、債務者本人のほか、保証人、物上保証人、第三取得者その他権利の消滅について正当な利益を有する者が含まれる（民法145条）。

2　**誤り**。正解。裁判上の請求をした場合、裁判が終了するまでの間は時効が完成しないとする点は正しい（同法147条1項1号）。しかし、請求の取下げなど、確定判決または確定判決と同一の効力を有するものによって権利が確定することなく裁判が終了した場合には、その終了した時に時効が更新されるのではなく、終了の時から6カ月を経過するまで時効の完成が猶予される（同条同項かっこ書）ので、後半の記述は誤りである。

3　**正しい**。権利の承認があったときは、時効が更新され、その時から新たに時効が進行を始める（同法152条1項）。権利の承認は、単に権利の存在を知っていることを表示するだけであり、これにより既に得た利益を放棄したり、新たに義務を負担したりするものではないので、権利の承認をするのに、相手方の権利についての処分につき行為能力の制限を受けていないことまたは権限があることを要しない（同条2項）。

4　**正しい**。婚姻中に夫婦間で時効更新等の手続をすることは期待できないので、夫婦の一方が他方に対して有する権利については、婚姻解消の時から6カ月経過するまでは、時効の完成が猶予される（同法159条）。

基本書　**第1編 第3章 5 時効**

問題 6　正解 1　賃貸借……………………………………　**難易度 C**

1　**誤り**。正解。賃借人が適法に賃借物を転貸した場合には、賃貸人は、賃借人との間の賃貸借を合意解除したとしても、そのことを転借人には対抗できないのが原則である（民法613条3項本文）。これを認めると、賃貸人と賃借人がその気になれば、いつでも転借人を追い出せることになってしまうからである。しかし、解除の当時、賃貸人が賃借人の債務不履行による解除権を有していたときは、合意解除のかたちを取っていたとしても、実質的には債務不履行を理由とする正当な解除なので、これを転借人に対抗することが認められている（同条同項ただし書）。

2　**正しい**。契約の本旨に反する使用または収益によって生じた損害の賠償は、賃貸人が返還を受けた時から1年以内に請求しなければならないとされている（同法622条、600条1項）。法律関係を早期に安定させようという趣旨の規定である。

3　**正しい**。賃借人が不動産の賃貸借の対抗要件を備えた場合に、その不動産が譲渡されたときは、特段の合意がない限り、その不動産の賃貸人たる地位は、譲受人に移転する（同法605条の2第1項・2項）。

4　**正しい**。賃借人が適法に賃借物を転貸した場合、転借人は、賃貸人と賃借人との間の賃貸借に基づく賃借人の債務の範囲を限度として、賃貸人に対して転貸借に基づく債務を直接履行する義務を負う（同法613条1項前段）。この場合、転借人は、転貸人（賃借人）に賃料の前払いをしたことをもって賃貸人に対抗することはできない（同条同項後段）。

基本書　**第1編 第3章 11 賃貸借**

問題 7　正解 2　売買契約……………………………………　**難易度 B**

1　**誤り**。引き渡された売買の目的物が種類または品質に関して契約の内容に適合しない場合については、買主が売主に対して代金減額請求等の担保責任を追及するためには、買主が契約不適合を知った時から1年以内に通知する必要がある（民法566条本文）。しかし、引き渡された目的物が数量に関して契約の内容に適合しない場合については、期間制限を設けていない。種類や品質の契約不適合は外見上明らかでないことが多いのに対し、数量不足は外見上明らかであるので、期間制限を設ける必要性が低いと考えたのである。

2　**正しい**。正解。債務の履行が不能である場合、債権者は、その不履行が契約その他の債務の発生原因および取引上の社会通念に関して債務者の責めに帰することができない事由によるものであるときを除き、損害賠償請求ができる（同法415条1項）。

3　**誤り**。売買代金債務のように金銭の給付を目的とする債務の不履行については、その損害賠償の額は、債務者が遅滞の責任を負った最初の時点における法定利率によって定められるのが原則である（同法419条1項本文）。現在の法定利率は、年5％ではなく、年3％である（同法404条2項）。

4　**誤り**。意思表示の錯誤に関する規定が適用される場合であっても、その意思表示は無効になるのではなく、取り消すことができるものとなる（同法95条1項）。また、法律行為の目的および取引上の社会通念に照らして重要な錯誤に基づく意思表示であっても、その錯誤が表意者の重大な過失によるものであった場合は、原則として錯誤による意思表示の取消しを主張することはできない（同条3項）。

基本書　**第1編 第3章 7 売買、予約・手付他**

問題 8　正解 3　相続……………………………………………　難易度 A

ア　**誤り**。Aの長男の子BおよびC、Aの次男の子Dは、Aから見れば孫であるから、本記述は代襲相続の事例である。代襲相続は、本来相続すべきだったAの子（長男および次男）の代わりに孫が相続する制度であるから、まず長男および次男の相続分を計算したうえで、それを代襲相続する人数で割ることになる（民法901条1項）。長男と次男は、Aの遺産の2分の1（6,000万円）ずつを相続するはずであるから（同法900条4号）、長男の子BおよびCはそれぞれ3,000万円ずつ、次男の子Dは6,000万円を相続することになる。

イ　**正しい**。本記述は上記アと同じ事例であるから、肢アの解説で述べたとおり、BおよびCはそれぞれ3,000万円、Dは6,000万円を相続する。

ウ　**正しい**。被相続人の直系尊属が相続する場合、直系尊属が数人あるときは、各自の相続分は均等となる（同法900条4号）。したがって、E、F、Gは頭割りで遺産の3分の1である4,000万円ずつ相続することになる。

エ　**誤り**。上記ウの解説で述べたとおり、直系尊属はそれぞれ均等に相続する。

以上により、正しいものはイとウであり、正解は3。

基本書　第1編 第4章 相続

問題 9　正解 1　地役権…………………………………………… 難易度 B

1　**誤り**。正解。地役権は、継続的に行使され、「かつ」、外形上認識することができるものに限り、時効によって取得することができる（民法283条）。継続的な行使と外形上の認識の両方の要件を満たす必要があるのである。「または」という場合は、どちらか一方の要件を満たせばよいことになってしまう。

2　**正しい**。地役権とは、設定行為で定めた目的に従って、他人の土地を自己の土地の便益に供することができる権利をいう（同法280条）。地役権の存在によって便益を受ける自己の土地を要役地といい、地役権の負担を受ける他人の土地を承役地という。

3　**正しい**。承役地の所有者が設定行為またはその後の契約によって、地役権行使のために工作物の設置義務や修繕義務を負担することにしたときは、承役地の特定承継人（買主等）もその義務を引き継ぐこととされている（同法286条）。

4　**正しい**。地役権は、要役地の所有権に従たるものとして、その所有権とともに移転する（同法281条1項本文）。したがって、所有権の移転を承役地の所有者に対抗しうるときは、地役権の移転も登記なく対抗できるとされている（大判大13.3.17）。

基本書　第1編 第2章 3 所有権・共有、地役権等

問題 10　正解 4　共有…………………………………………… 難易度 A

1　**正しい**。共有物の各共有者の持分が明らかでない場合は、その持分は相等しいものと推定されている（民法250条）。

2　**正しい**。共有物を変更（その形状または効用の著しい変更を伴わないものを除く）することは、共有者全員に対して大きな影響を与える行為であるから、共有者全員の合意が必要である（同法251条1項）。

3　**正しい**。共有物の修繕などの保存行為は、共有物を維持するために必要な行為であり、共有者全員の利益になる行為であるから、各共有者が単独ですることができる（同法252条5項）。

4　**誤り**。正解。共有者の1人が、その持分を放棄したり、死亡して相続人がないときは、その持分は、他の共有者に帰属する（同法255条）。

基本書　**第1編 第2章 3 所有権・共有、地役権等**

問題 11　正解 4　借地借家法／借地権…………………………　難易度 C

1　**誤り**。借地権は、その登記がなくても、土地の上に借地権者が登記されている建物を所有していれば、第三者に対抗することができる（借地借家法10条1項）。この建物の登記は、表示の登記でもよいとされている（最判昭50.2.13）。

2　**誤り**。借地上の登記ある建物が滅失したとしても、借地権者が、その建物を特定するために必要な事項、その滅失があった日および建物を新たに築造する旨を土地の見やすい場所に掲示するときは、借地権の対抗力を維持することができるが、建物の滅失があった日から2年を経過した後には、その前に建物を新たに築造し、かつ、その建物につき登記することが必要である（同法10条2項）。

3　**誤り**。適法な土地転借人は、転貸人（借地権者）がその賃借権（借地権）を対抗しうる第三者に対して、転貸人の賃借権を援用して自己の転借権を主張することができるとされている（最判昭39.11.20）。したがって、転借人自身が対抗力を備えておく必要はない。

4　**正しい**。正解。一筆の土地の上に借地権者の有する数棟の建物がある場合は、そのうちの一棟について登記があれば、借地権の対抗力は土地全部に及ぶとされている（大判大3.4.4）。借地上の建物が1つしかない場合、その建物について登記があれば土地全体に借地権の対抗力が及ぶわけだが、その土地にさらにもう1つ建物を築造したとたん、その新たな建物について登記がないと借地権の対抗力が失われるとする結論は不当である。そう考えると、登記されていない建物が一部あっても、一棟の登記があれば土地全体に対抗力を認めるべきだということになる。

基本書　**第1編 第5章 1 借地借家法－①（借地関係）**

問題 12　正解 3　借地借家法／借家権……………………… 難易度 B

1　**正しい**。賃借物の修繕が必要である場合において、①賃借人が賃貸人に修繕が必要である旨を通知し、または賃貸人がその旨を知ったにもかかわらず、賃貸人が相当な期間内に必要な修繕をしないとき、および②急迫の事情があるときは、賃借人は自ら、賃借物の修繕をすることができる（民法607条の２）。

2　**正しい**。賃借人が賃貸人の承諾なく第三者に目的物を転貸し、使用収益させた場合でも、その行為が賃貸人に対する背信的行為と認めるに足りない特段の事情があるときは、賃貸借契約の解除権は発生しない（最判昭28.9.25）。

3　**誤り**。正解。期間満了により契約が終了し、契約の更新がない借家契約を有効に締結するためには、建物の賃貸人が、あらかじめ、建物の賃借人に対し、契約の更新がなく、期間の満了により当該建物の賃貸借は終了することについて、その旨を記載した書面を交付して説明しなければならない（借地借家法38条１項・３項）。単にあらかじめ説明すればよいのではない。なお、契約更新がないこと等の事前説明は、賃借人の承諾を得れば、書面の交付に代えて、電磁的方法により提供して行うこともできる（同法38条４項）。

4　**正しい**。居住用建物の賃借人が相続人なくして死亡した場合、建物の賃借人と婚姻の届出をしていないが、事実上夫婦と同様の関係にあった同居者は、相続人なしに死亡したことを知った後１月以内に建物の賃貸人に反対の意思表示をしない限り、借家権を承継する（同法36条１項）。

基本書　第１編 第５章 **2** 借地借家法－②（借家関係）

問題 13　正解 3　区分所有法……………………………… 難易度 A

1　**正しい**。区分所有権を購入しようとする者など規約について利害関係を有する者は、規約の閲覧を請求することができる（区分所有法33条２項）。こうした閲覧を容易にするため、規約の保管場所は、建物内の見やすい場所に掲示しておかなければならない（同条３項）。

2　**正しい**。共用部分は、区分所有者全員の共有に属するのが原則であるが（同法11条１項本文）、管理の便宜のため、規約の特別の定めにより、管理者または特定の区分所有者の単独所有の形式にすることができる（同法11条2項、27条1項）。

3　**誤り**。正解。区分所有者の特定承継人（売買等によって区分所有者から区分所有権を取得した者）にも、規約および集会の決議の効力が及ぶ（同法46条1項）。

4　**正しい**。管理者の選任・解任は、規約に別段の定めがない限り、集会の普通決議によって行われる（同法25条1項）。

基本書　第1編 第5章 3 建物の区分所有等に関する法律

問題 14　正解 2　不動産登記法……………………………　難易度 C

1　**正しい**。表題部所有者が表示に関する登記の申請人となることができる場合において、当該表示に関する登記が未了の間に表題部所有者について相続その他の一般承継が生じたときは、その相続人が、当該不動産の表示に関する登記の申請人になることができる（不動産登記法30条）。

2　**誤り**。正解。土地の分筆の登記をする場合には、原則として、分筆された分筆後の土地について、所有権およびそれ以外の権利に関する登記が転写され、その分筆後の土地もこれらの権利の目的となる（不動産登記規則101条、102条）。これは、所有権の登記以外の権利（抵当権など）に関する登記がある土地であっても、分筆の登記ができることを前提にした規定である。

3　**正しい**。区分建物が属する一棟の建物が新築された場合における当該区分建物についての表題登記の申請は、その新築された一棟の建物に属する他の区分建物についての表題登記の申請と併せてしなければならない（不動産登記法48条1項）。つまり、区分建物の表題登記は、一棟の建物全体について一括して申請しなければならないのである。

4　**正しい**。登記簿の附属書類（申請情報およびその添付情報）については、その写しの交付を請求することができるだけでなく、閲覧請求も認められているが、土地所在図等以外の登記簿の附属書類については、正当な理由がある場合に限って閲覧することができる（同法121条1項・2項・3項）。閲覧は登記官の面前で行うこととされており（不動産登記規則202条1項）、正当な理由のない者にまで広く閲覧を認めるべきではないからである。

基本書　第1編 第5章 4 不動産登記法

問題 15　正解 2　都市計画法／都市計画……………………　難易度 C

1　**誤り**。市街化区域および区域区分のない都市計画区域には、少なくとも道路、公園および下水道を定めるものとされている（都市計画法13条1項11号）。

2　**正しい**。正解。市街地開発事業は、市街化区域または区域区分のない都市計画区域内において、一体的に開発し、または整備する必要がある土地の区域について定めることとされており（同法13条1項13号）、市街化調整区域においては、都市計画に、市街地開発事業を定めることができないとされている。

3　**誤り**。都道府県は、都市計画区域を指定しようとするときは、あらかじめ、関係市町村および都道府県都市計画審議会の意見を聴くとともに、国土交通大臣に協議し、その同意を得なければならない（同法5条3項）。

4　**誤り**。準都市計画区域については、都市計画に、高度地区を定めることができる（同法8条2項）。

基本書　第3編 第1章 2 都市計画区域・準都市計画区域の指定、3 都市計画の内容、5 都市計画の決定

問題 16　正解 2　都市計画法／開発許可制度………………　難易度 C

1　**誤り**。市街化調整区域において開発行為をしようとする者は、あらかじめ、都道府県知事の許可を受けなければならないが、非常災害のため必要な応急措置として行う開発行為は、許可を受ける必要がない（都市計画法29条1項10号）。

2　**正しい**。正解。市街化区域において、社会教育法に規定する公民館の建築の用に供する目的で開発行為を行おうとする者は、都道府県知事の許可を受ける必要がない（同法29条1項3号）。

3　**誤り**。区域区分が定められていない都市計画区域において、規模が3,000㎡未満の開発行為を行おうとする者は、都道府県知事の許可を受ける必要がない（同法29条1項1号、施行令19条1項）。

4　**誤り**。市街化調整区域において、農林漁業を営む者の自宅の建築の用に供

する目的で開発行為を行おうとする者は、都道府県知事の許可は不要であるが、自己の居住の用に供する住宅の建築の用に供する目的で開発行為を行おうとする者は区域の性格上、その面積を問わず、原則として、都道府県知事の許可を受ける必要がある（同法 29 条 1 項 1 号、施行令 19 条 1 項参照）。

基本書　第 3 編 第 1 章 6 開発許可制度

問題 17　正解 1　建築基準法 / 単体規定・集団規定等……　難易度 C

1　**誤り**。正解。建築物が防火地域と準防火地域等、規制の異なる区域にわたるときは、その全部について規制の厳しいほうの防火地域内の建築物に関する規定を適用する（建築基準法 65 条 2 項）。

2　**正しい**。倉庫の用途に供する建築物で、その用途に供する 3 階以上の部分の床面積の合計が 200 ㎡以上であるものは、耐火建築物としなければならない（同法 27 条 2 項 1 号別表第 1(五)）。

3　**正しい**。高さ 20 m をこえる建築物には、周囲の状況によって安全上支障がない場合を除き、有効に避雷設備を設けなければならない（同法 33 条）。

4　**正しい**。階段には、手すりを設けなければならない（同法施行令 25 条 1 項）が、高さ 1 m 以下の階段の部分には、適用しない（同条 4 項）。

基本書　第 3 編 第 2 章 3 単体規定、4 集団規定

問題 18　正解 4　建築基準法／集団規定……………………　難易度 C

1　**正しい**。建築物の壁またはこれに代る柱は、地盤面下の部分または特定行政庁が建築審査会の同意を得て許可した歩廊の柱その他これに類するものを除き、壁面線を越えて建築してはならない（建築基準法 47 条）。

2　**正しい**。特別用途地区内においては、地方公共団体は、その地区の指定の目的のために必要と認める場合には、国土交通大臣の承認を得て、条例で、建築基準法 48 条 1 項から 13 項までの規定による用途制限を緩和することができる（同法 49 条 2 項）。

3　**正しい**。都市計画により建蔽率の限度が 10 分の 8 と定められている準工業地域において、防火地域内にある耐火建築物等については、そもそも建蔽率は適用されない（同法 53 条 6 項 1 号）。

4　**誤り**。正解。田園住居地域内の建築物に対しては、北側斜線制限は、適用

される（同法56条1項3号）。

基本書　第3編 第2章 4 集団規定

問題 19　正解 1　宅地造成及び特定盛土等規制法…………　難易度 B

1　**誤り**。正解。宅地造成等工事規制区域は、都道府県知事（指定都市等の区域内の土地については、指定都市等の長）が、宅地造成等に伴い災害が生ずるおそれが大きい市街地もしくは市街地となろうとする土地の区域または集落の区域で、宅地造成等工事につき規制の必要があるものを、関係市町村長の意見を聴いて、指定することができる（宅地造成及び特定盛土等規制法10条1項・2項）。

2　**正しい**。宅地造成等工事規制区域内で宅地造成等を行う場合、宅地造成等に伴う災害を防止するために行う高さが5ｍを超える擁壁工事については、一定の資格を有する者の設計によらなければならない（同法13条2項、施行令21条、22条）。

3　**正しい**。都道府県（地方自治法に基づく指定都市、中核市または施行時特例市の区域にあっては、それぞれ指定都市、中核市または施行時特例市）は、基礎調査のために行う測量または調査のため他人の占有する土地に立ち入ったことにより他人に損失を与えたときは、その損失を受けた者に対して、通常生ずべき損失を補償しなければならない（同法8条1項、5条1項）。

4　**正しい**。宅地造成及び特定盛土等規制法12条1項本文の許可を受けた工事主は、当該許可に係る工事を完了したときは、その工事が同法13条1項の規定に適合しているかどうかについて、都道府県知事（指定都市等の区域内の土地については、指定都市等の長）の検査を申請しなければならない（同法17条1項）。

基本書　第3編 第3章 2 規制区域内における宅地造成等に関する工事等の規制

問題 20　正解 3　土地区画整理法……………………………　難易度 C

1　**誤り**。市町村が施行する土地区画整理事業の施行後の宅地の価額の総額が土地区画整理事業の施行前の宅地の価額の総額より減少した場合は、その差額に相当する金額を、従前の宅地の所有者およびその宅地について地上権、永小作権、賃借権その他の宅地を使用し、または収益することができる権利を有する者に対して、減価補償金として交付しなければならない（土地区画整理法109条1項）。

2 **誤り**。施行者は、仮換地を指定した場合、必要があると認めるときは、仮清算金を、清算金の徴収または交付の方法に準ずる方法により徴収し、または交付することができる（同法102条1項）。

3 **正しい**。正解。換地計画において換地を定める場合は、換地および従前の宅地の位置、地積、土質、水利、利用状況、環境等が照応するように定めなければならない（同法89条1項）。

4 **誤り**。都道府県または市町村、国土交通大臣、独立行政法人都市再生機構、地方住宅供給公社が施行する土地区画整理事業の換地計画においては、災害を防止し、および衛生の向上を図るため宅地の地積の規模を適正にする特別な必要があると認められる場合には、その換地計画に係る区域内の地積が小である宅地について、過小宅地とならないように換地を定めることができる（同法91条1項）が、土地区画整理組合が施行する土地区画整理事業の換地計画の場合には、できない。

基本書 第3編 第4章 1 土地区画整理事業

問題21 正解3 農地法…………………………………… 難易度C

1 **誤り**。土地登記簿上の地目が山林であっても、山林を開墾し、現況が農地として耕作している土地であれば、農地法の適用を受ける農地に該当する（農地法2条1項）。

2 **誤り**。農地について、所有権を移転する場合には、当事者は、農業委員会の許可を受けなければならない（同法3条1項）。したがって、親から子に対して、所有するすべての農地を一括して贈与することは、所有権を移転する場合に該当し、農地法3条1項の許可を受けなければならない。

3 **正しい**。正解。耕作を目的として農業者が競売により農地を取得することは、所有権を移転する場合に該当し、農地法3条1項の許可を受けなければならない（同法3条1項）。

4 **誤り**。市街化区域以外に存する農地を転用する場合には、面積の多少にかかわらず、農林水産大臣ではなく、都道府県知事等の許可を受けなければならない（同法４条１項）。

基本書 第３編 第５章 農地法

問題 22 正解 4 国土利用計画法…………………………… 難易度 C

1 **誤り**。都道府県知事は、事後届出があった場合、その届出に係る土地に関する権利の移転または設定後における土地の利用目的を審査し、その届出をした者に対し、その届出に係る土地の利用目的について必要な変更をすべきことを勧告することができ（国土利用計画法 24 条）、当該勧告をした場合において、その勧告を受けた者がその勧告に従わないときは、その旨およびその勧告の内容を公表することができる（同法 26 条）。対価への額は対象ではない。

2 **誤り**。事後届出が必要な土地売買等の契約により権利取得者となった者が事後届出を行わなかった場合、罰則が適用される（同法 47 条１号）。

3 **誤り**。契約当事者の一方または双方が国または地方公共団体である場合には、事後届出は不要である（同法 23 条２項３号）。したがって、Ａは事後届出を行う必要はない。

4 **正しい**。正解。都市計画区域外の規模 10,000 ㎡未満の土地について土地売買等の契約をした場合には、届出を要しない（同法 23 条２項１号ハ）が、Ｂが所有する都市計画区域外の 11,000 ㎡の土地をＣがＢとの間で対価を支払って地上権設定契約を締結した場合（同法 14 条１項）は、Ｃは事後届出を行う必要がある。

基本書 第３編 第６章 **1** 土地取引の規制、**2** 事後届出制

問題 23 正解 1 登録免許税…………………………… 難易度 B

1 **正しい**。正解。住宅用家屋の所有権の移転登記に係る登録免許税の軽減税率の特例は、政令で定めるやむを得ない事情がある場合を除き、取得後１年以内に登記を受けるものに限り適用される（租税特別措置法 73 条）ものである。

2 **誤り**。この軽減税率の特例は、売買または競落による取得に限り適用され（同法 73 条、施行令 42 条３項）、相続による取得には適用されない。

3 **誤り**。登録免許税の課税標準となる不動産の価額（登録免許税法 10 条）

は当分の間、登記申請日の属する前年の12月31日または申請日の属する1月1日の固定資産台帳に登録された価額（固定資産税評価額）を基礎として政令に定める額によることができるとされている（同法附則7条）。したがって、実際の取引価格が不動産の価額となるのではない。

4 **誤り**。この軽減税率の特例には、適用履歴を問う要件はなく、過去に適用を受けたことがある者が、再度この特例の適用を受けることも可能である（租税特別措置法73条）。

基本書 第4編 第1章 5 登録免許税

問題24 正解3 固定資産税 …………………………… 難易度 C

1 **誤り**。固定資産税の納税義務者は、賦課期日（当該年度の初日が属する年の1月1日）における所有者であり（地方税法343条1項、359条）、年度途中で譲渡があっても、全納した納税者が譲渡後の月数に応じて還付を受けることはできない。なお実務上は当事者間で譲渡に際し固定資産税負担を実質的に按分する慣行がある。

2 **誤り**。固定資産税の標準税率は1.4%であるが（同法350条1項）、市町村は条例で税率を変更することができる。ただし特例の必要がある場合に、1.7%を超える税率を定めようとするときは、議会において納税義務者の意見を聞かなければならないとされる（同条2項）。したがって、固定資産税の税率は1.7%を超えることもできる。

3 **正しい**。正解。固定資産税の納期は、特別の事情のない限り、4月、7月、12月および2月中において、市町村の条例で定めるとされている（同法362条1項）。

4 **誤り**。200㎡以下の小規模住宅用地に対する固定資産税の課税標準は、課税標準となるべき価格の6分の1の額とされており（同法349条の3の2第2項）、2分の1ではない。なお、200㎡を超えた住宅用地については3分の1の額とされている。

基本書 第4編 第1章 3 固定資産税

問題25 正解1 地価公示法 …………………………… 難易度 B

1 **正しい**。正解。土地鑑定委員会は、その土地に建物その他の定着物または地上権その他土地の使用・収益を制限する権利が存する場合であっても、標準地として選定することができる（地価公示法３条、施行規則３条、同法２条２項参照）。

2　**誤り**。標準地の鑑定評価を行った不動産鑑定士は、土地鑑定委員会に対し、鑑定評価額のほか国土交通省令で定められた事項（鑑定評価を行った不動産鑑定士の氏名および住所など）を記載した鑑定評価書を提出しなければならない。しかし、連名で提出する必要はない（同法５条、施行規則４条１項４号）。

3　**誤り**。土地鑑定委員会は、標準地の正常な価格を判定したときは、官報で標準地の単位面積当たりの価格をすみやかに公示しなければならない（同法６条２号）が、標準地の総額は、公示する必要がない（同条５号、施行規則５条参照）。

4　**誤り**。土地収用法その他の法律による公共事業を行う者が、地価公示が実施されている公示区域内で、公共事業用地を取得する場合は、公示価格を規準としなければならない（同法９条）が、同額とする必要はない。

基本書　第４編 第２章 **1** 地価公示

問題 26　正解 2　業務上の規制……………………………　難易度 B

1　**誤り**。買主に対して売買代金の貸借のあっせんをすることは、手付貸与の禁止規定に該当しない（宅建業法47条１項３号）。

2　**正しい**。正解。宅地建物取引士は、自ら役員を務める宅建業者が宅建業に関し不正な行為をし、情状が特に重いことにより免許を取り消された場合、宅地建物取引士の登録が消除されることとなる（同法18条１項３号、68条の２第１項１号）。

3　**誤り**。宅地または建物を自ら貸借する行為は、宅建業に該当しないため、建築工事完了前の賃貸住宅について、借主として貸借の契約を締結することができる（同法２条２号）。

4　**誤り**。宅建業者は、事務所ごとに、その業務に関する帳簿を備えなければならないが、案内所に備える必要はない（同法49条）。

基本書　第２編 第１章 **1**「宅地建物取引業」とは、第２章 **1** 一般的規制、**3** 報酬・その他の制限

問題 27　正解 3　**広告に関する規制** …………………………　**難易度 A**

1 **誤り**。広告の表示が実際のものよりも著しく優良または有利であると人を誤認させるものは誇大広告となり、実害のいかんに関係なく誇大広告等の禁止規定に違反し、監督処分の対象となる（宅建業法 32 条）。

2 **誤り**。建築確認申請中の建物（未完成物件）については、許可等の処分後でなければ広告することができないから、建築確認申請中である旨を表示しても広告することができない（同法 33 条）。

3 **正しい**。正解。造成工事の完成前の宅地（未完成物件）については、許可等の処分後であれば、当該宅地の販売に関する広告をすることができる（同法 33 条）。

4 **誤り**。テレビやインターネット等その広告の方法は問わず、どのようなものでも誇大広告の禁止の対象となる（同法 32 条）。

基本書　**第 2 編 第 2 章 1 一般的規制**

問題 28　正解 1　**媒介契約の規制** ……………………………　**難易度 B**

ア　**誤り**。専任媒介契約を締結した宅建業者は、登録しない旨の特約をしているときでも、当該契約締結日から７日以内（休業日を含まない）に、所在等を指定流通機構に登録しなければならない（宅建業法 34 条の２第５項、施行規則 15 条の 10）。

イ　**誤り**。専任媒介契約を締結した宅建業者は、業務の処理状況を「２週間に１回以上」報告しなければならない（同法 34 条の２第９項）。業務処理状況を「１週間に１回以上」報告しなければならないのは、専属専任媒介契約の場合である。

ウ　**正しい**。一般媒介契約の明示型を締結した宅建業者は、明示義務に違反した場合の措置を媒介契約書面に記載しなければならない（同法 34 条の２第１項８号、施行規則 15 条の９第３号）。

エ　**誤り**。宅建業者が価額について意見を述べる根拠は、価格査定マニュアルや同種の取引事例等により合理的な説明がつくものであればよく、不動産鑑定士に評価を依頼して、根拠を明らかにする必要はない（同法 34 条の２第２項、宅建業法の解釈・運用の考え方 34 条の２関係）。

以上により、正しいものはウのみであり、正解は１。

なお、媒介契約書面は依頼者の承諾を得て、電磁的方法により行うことができる（同法34条の2第11項・12項）。

基本書　第2編 第2章 ❶ 一般的規制

問題 29　正解 3　免許……………………………………　難易度 B

1　**誤り**。免許換えにより受ける免許は新規の免許であり、免許の有効期間は、従前の免許の残存期間ではなく、新たに取得した日から5年となる（宅建業法7条1項）。

2　**誤り**。登録の移転の申請とともに宅地建物取引士証の交付の申請があったときは、移転後の都道府県知事（本肢では乙県知事）から、現に有する宅地建物取引士証と引換えに、「従前の宅地建物取引士証の残存期間」を有効期間とする新たな宅地建物取引士証が交付される（同法19条の2、22条の2第5項、施行規則14条の14）。

3　**正しい**。正解。宅地建物取引士は、事務禁止処分を受けたときは、速やかに、宅地建物取引士証をその交付を受けた都道府県知事（本肢では甲県知事）に提出しなければならない（同法22条の2第7項）。

4　**誤り**。事業開始後に事務所を変更した結果、免許権者に変更を生じるときは、免許換えの手続をとらなければならないが、一団の建物の分譲を行う案内所を設置しても免許換えをする必要はない（同法7条）。

基本書　第2編 第1章 ❷ 宅建業の免許

問題 30　正解 2　保証協会……………………………………　難易度 B

1　**誤り**。弁済業務保証金分担金の納付額は主たる事務所が60万円、その他の事務所はその事務所ごとに30万円となり、これを合わせた額である（宅建業法64条の9第1項、施行令7条）。本肢の場合は、60万円（本店分）＋30万円×3（支店分）＝150万円となる。

2　**正しい**。正解。保証協会の社員または社員であった者が、保証協会から還付額に相当する還付充当金を納付すべき旨の通知を受けたときは、その通知を受けた日から2週間以内に、通知された額の還付充当金を保証協会に納付しなければならない（同法64条の10第2項）。

3　**誤り**。保証協会への加入は任意であるが、1つの保証協会にしか加入できない（「二重加入の禁止」）（同法64条の4第1項）。

4　**誤り**。還付が受けられる額は、営業保証金に相当する額の範囲内で、保証協会の認証した額である（同法64の8第1項・2項）。免許権者（本肢では甲県知事）の認証ではない。

基本書　第2編 第1章 5 営業保証金と保証協会

問題31　正解3　免許……………………………………………　難易度 B

1　**誤り**。宅建業者が免許後1年以内に事業を開始せず、または引き続き1年以上休業した場合は、必要的免許取消事由となるが（宅建業法66条1項6号）、この場合、待機期間の定めはなく、5年を経過しなくても免許を受けることができる。

2　**誤り**。破産手続開始の決定を受けた者でも、復権を得れば、5年間待機することなく、免許を受けることができる（同法5条1項1号）。

3　**正しい**。正解。免許権者は、免許に条件を付し、およびこれを変更することができる（同法3条の2第1項）。免許の更新に当たっても同様である。

4　**誤り**。役員の氏名に変更があったときは、30日以内に免許権者に届け出なければならないが（同法9条、8条2項3号）、役員の住所の変更については変更届を必要としない。

基本書　第2編第1章 2 宅建業の免許、5 営業保証金と保証協会、第3章 1 監督処分等

問題32　正解4　重要事項の説明……………………………　難易度 C

ア　**正しい**。急傾斜地の崩壊による災害の防止に関する法律7条1項に基づく制限の概要は、重要事項として説明しなければならない（宅建業法35条1項2号、施行令3条1項23号）。

イ　**正しい**。建物が土砂災害警戒区域等における土砂災害防止対策の推進に関する法律7条1項により指定された土砂災害警戒区域内にあるときは、その旨を重要事項として説明しなければならない（宅建業法35条1項14号、施行規則16条の4の3第2号）。

ウ　**正しい**。宅地の貸借の媒介契約については、文化財保護法46条1項および5項の規定に基づく制限の概要を重要事項として説明する必要はない（同法35条1項2号、施行令3条2項）。

エ　**正しい**。宅地が津波防災地域づくりに関する法律21条1項により指定された津波防護施設区域内にあるときは、同法23条1項に基づく制限の概要を説明しなければならない（宅建業法35条1項2号、施行令3条1項20号の2）。

以上により、正しいものはア、イ、ウ、エのすべてであり、正解は4。

なお35条書面は、相手方の承諾を得て電磁的方法による代用措置を講じることができる（同法35条8項・9項）。

基本書　第2編 第2章 1 一般的規制

問題33　正解4　営業保証金……………………… 難易度 B

1　**誤り**。宅建業者は、業務の開始後、新たに従たる事務所を増設したときは、増設した事務所分に相当する営業保証金を「主たる事務所の最寄りの供託所」に供託し、その旨を免許権者に届け出た後でなければ、当該事務所で業務を開始することができない（宅建業法25条1項、26条）。

2　**誤り**。営業保証金の保管替えは、金銭のみで営業保証金を供託している場合に限られ、国債等その他の場合は、保管替え請求はできず、移転後の主たる事務所の最寄りの供託所に営業保証金を新たに供託しなければならない（同法29条1項）。

3　**誤り**。免許の有効期間満了に伴い営業保証金を取り戻す場合は、還付請求権者に対する公告後でなければ営業保証金を取り戻すことができない（同法30条）。

4　**正しい**。正解。宅建業者が、その免許を受けた日から3カ月以内に営業保証金を供託した旨の届出をしないときは、免許権者は、その届出をすべき旨の催告をしなければならず（同法25条6項）、催告が到達した日から1カ月以内に営業保証金を供託した旨の届出がないときは、免許を取り消すことができる（同条7項）。

基本書　第2編 第1章 5 営業保証金と保証協会

問題34　正解4　報酬に関する規制 ……………………… 難易度 B

1　**正しい**。宅建業者が受けることのできる報酬の額は、国土交通大臣の定めるところによる（宅建業法46条1項）。宅建業者は、依頼者が承諾していたとしても、国土交通大臣の定める報酬の額を超えて報酬を受けてはならない（同条２項）。

2　**正しい**。実際に受領していなくとも、不当に高額の報酬を要求すれば不当に高額な報酬の要求の禁止規定に違反する（同法 47 条２号）。

3　**正しい**。事業用建物の貸借（権利金の授受はないものとする）の媒介の場合、宅建業者が依頼者双方から受けることのできる報酬の合計額は、借賃1カ月分の 1.1 倍以内とされるが、貸主と借主の負担の割合については特段の規制はない（報酬額に関する告示第４）。

4　**誤り**。正解。宅建業者は、依頼者の依頼によらない広告の料金に相当する額を受領することができないため、その広告費を報酬額に合算することができない（同告示第９①）。したがって、代理または媒介に係る報酬の限度額を超える額の報酬を依頼者から受けることができない。

基本書　**第２編 第２章 3 報酬・その他の制限**

問題 35　正解 3　37 条書面 …………………………… 難易度 C

ア　**正しい**。37 条書面の記名は、宅地建物取引士によるものでなければならないが（宅建業法 37 条３項）、37 条書面の交付義務は、宅建業者に課せられ、宅建業者Ａの従業者でも交付することができる（同条１項）。

イ　**誤り**。建物の賃貸借契約において、引渡しの時期は 37 条書面の必要的記載事項となるが（同法 37 条２項１号）、賃借権設定登記の申請の時期は、37 条書面の記載事項ではない。なお、37 条の規定は、宅建業者間取引でも適用されること（同法 78 条２項）、および宅地または建物の売買契約においては「移転登記の申請の時期」は必要的記載事項であること（同法 37 条１項５号）に注意。

ウ　**正しい**。天災その他不可抗力による損害の負担に関する定めは、37 条書面の記載事項であって、35 条の説明事項ではない。したがって、重要事項説明書にその旨を記載していたとしても、その内容を 37 条書面に記載しなければならない（同法 37 条１項 10 号）。

エ　**正しい**。37 条書面の交付義務は、宅建業者間取引でも適用されるから（同法 78 条２項）、契約の当事者が宅建業者であっても、宅地建物取引士をして 37 条書面に記名させなければならない（同法 37 条３項）。

以上により、正しいものはア、ウ、エの三つであり、正解は3。

なお37条書面には、37条1項・3項に規定する者の承諾を得て電磁的方法による代用措置を講じることができる（同法37条4項・5項）。

基本書　第2編 第2章 1 一般的規制

問題 36　正解 3　秘密保持義務……………………………… 難易度 A

1　**誤り**。宅建業者は、正当な理由がある場合でなければ、秘密を他に漏らしてはならないが、依頼者本人の承諾がある場合は正当な理由に含まれる（宅建業法45条）。

2　**誤り**。宅建業者は、宅建業を営まなくなった後でも正当な理由がある場合でなければ、その業務上取り扱ったことについて知り得た秘密を他に漏らしてはならない（同法45条）。

3　**正しい**。正解。秘密保持義務を負わない「正当な理由」には、裁判の証人として証言する場合のように、法律上陳述義務があるときを含む（同法45条）。

4　**誤り**。宅建業者は、売主が秘密にすることを希望した場合でも、宅建業法35条1項各号に掲げる事項（重要事項）を、買主に対して宅地建物取引士をして説明させなければならない（同法35条1項、45条）。

基本書　第2編 第2章 3 報酬・その他の制限

問題 37　正解 1　37条書面 ……………………………… 難易度 B

1　**正しい**。正解。既存の建物の構造耐力上主要な部分等の状況について当事者の双方が確認した事項は、37条書面の必要的記載事項であるから、確認した事項がない場合は、確認した事項がない旨を37条書面に記載しなければならない（宅建業法37条1項2号の2）。

2　**誤り**。代金または交換差金についての金銭の貸借のあっせんに関する定めは、37条書面の任意的記載事項であるから、定めがない場合は記載する必要はない（同法37条1項9号）。

3　**誤り**。損害賠償額の予定または違約金に関する定めは、37条書面の任意的記載事項であるから、定めがない場合は記載する必要はない（同法37条1項8号）。

4　**誤り**。宅地または建物に係る租税その他の公課の負担に関する定めは、37条書面の任意的記載事項であるから、定めがない場合は記載する必要はない（同法37条1項12号）。

基本書　第2編 第2章 ❶ 一般的規制

問題 38　正解 1　宅地建物取引士…………………………　難易度 C

ア　**誤り**。専任の宅地建物取引士の法定数が不足したときは、宅建業者は「2週間以内」に補充措置をとらなければならず（宅建業法31条の3第3項）、その設置の日から「30日以内」にその旨の変更届を提出しなければならない（同法9条、8条2項6号）。本肢の記述は、「2週間」と「30日以内」が逆である。

イ　**誤り**。宅建業者の事務所に置かれる専任の宅地建物取引士は、成年者（18歳以上の者）でなければならず、未成年者は法定代理人の同意があっても専任の宅地建物取引士になることはできない（同法31条の3第1項）。

ウ　**正しい**。相手方が宅建業者である場合には、重要事項説明書の交付のみで足り、重要事項の説明をする必要はない（同法35条6項）。したがって、宅地建物取引士は、取引の関係者から請求があったときは、宅地建物取引士証を提示しなければならないが、その請求がないときは、提示する必要はない（同法22条の4）。

エ　**誤り**。成年被後見人または被保佐人であることを理由に直ちに登録を拒否されるわけではない。なお、従前は、成年被後見人または被保佐人は、登録の欠格要件であったが、改正法（令和元年）により削除され「心身の故障により宅地建物取引士の事務を適正に行うことができない者として国土交通省令で定める者」が新設された（同法18条1項12号）。

以上により、正しいものはウのみであり、正解は1。

基本書　第2編 第1章 ❸ 宅地建物取引士、❹ 免許の基準と登録の基準

問題 39　正解 1　クーリング・オフ…………………………　難易度 C

1　**誤り**。正解。仮設テント張りの案内所は、事務所等以外の場所に該当し、クーリング・オフの対象となる（宅建業法37条の2第1項1号、施行規則16条5第1号ロ）。仮設テント張りの案内所で買受けの申込みをした買主B

は、宅建業者である売主Aから、クーリング・オフについて書面による告知が行われないときは、履行関係が終了する前はいつでも申込みの撤回等ができる（同条1項）。したがって、売主Aは、引渡し前に代金金額が支払われていることを理由に契約の解除を拒むことができない。

2　**正しい**。事務所等以外の場所である喫茶店で買受けの申込みをした買主Bは、宅建業者である売主Aから、クーリング・オフについて書面による告知を受けた日から8日以内（クーリング・オフ期間）であれば申込みの撤回等ができる。本肢では、契約の締結日から10日後であってもクーリング・オフ期間内であるから、買主Bは、契約の解除をすることができる。

3　**正しい**。クーリング・オフ期間を14日間とする特約は、買主に有利なものとして有効であり（同法37条の2第4項）、本肢の買主Bは契約の締結日から10日後であっても契約の解除をすることができる。

4　**正しい**。宅地の売却について代理または媒介の依頼を受けていないハウスメーカーの事務所は、事務所等以外の場所に該当する（同法施行規則16条の5第1号ハ）。したがって、買主B は、クーリング・オフについて書面で告げられた日から8日間以内であれば、契約を解除することができ、売主Aは、契約の解除を拒むことができない。

基本書　**第2編 第2章 ❷ 自ら売主規制（8種制限）**

問題 40　正解 4　業務上の規制……………………………　難易度 B

1　**誤り**。宅建業者の相手方がマンション等の購入を希望しない旨の返事があった後に、勧誘を継続することは、契約締結等の不当な勧誘等の禁止規定に違反する（宅建業法47条の2第3項、施行規則16条の12第1号ニ）。

2　**誤り**。手付の貸付けをすることにより契約の締結を誘引することは、たとえ契約締結後に償還されたとしても、手付貸与の禁止に違反する（同法47条3号）。

3　**誤り**。契約の締結の勧誘をするに際し、「正当な理由なく」、相手方に対して、当該契約を締結するかどうかを判断するために必要な時間を与えることを拒むことはできない（同法47条の2第3項、施行規則16条の12第1号ロ）。「理由の如何を問わず」ではない。

4　**正しい**。正解。売買代金の額を引き下げ（減額し）て契約の締結を勧誘しても、手付貸与の禁止に違反しない（同法47条3号）。

基本書　第2編 第2章 3 報酬・その他の制限

問題41　正解2　帳簿……………………………… **難易度 B**

1　**誤り**。宅建業者は、国土交通省令の定めるところにより、「事務所ごと」に業務に関する帳簿を備えなければならない（宅建業法49条）。

2　**正しい**。正解。宅建業者は、宅建業に関し取引のあったつど、その年月日、その取引に係る宅地または建物の所在および面積その他国土交通省令で定める事項を記載しなければならない（同法49条）。

3　**誤り**。宅建業者は、帳簿を各事業年度の末日をもって閉鎖するものとし、閉鎖後5年間（宅建業者が自ら売主となる新築住宅に係るものは、10年間）保存しなければならない（同法49条、施行規則18条3項）。売買の代理媒介の場合は10年間保存の対象ではない。

4　**誤り**。帳簿の記載事項を、事務所のパソコンのハードディスクに記録し、必要に応じ当該事務所においてパソコンやプリンターを用いて明確に紙面に表示されるときは、当該記録をもって帳簿への記載に代えることができる（同法施行規則18条2項）。

基本書　第2編 第2章 3 報酬・その他の制限

問題42　正解1　重要事項の説明……………………………… **難易度 B**

1　**誤り**。正解。歴史的風致形成建造物である建物の売買の媒介を行う場合、その増築をするときは市町村長への届出が必要である旨を説明しなければならない（宅建業法35条1項2号、施行令3条1項12号の5）。

2　**正しい**。既存の建物の売買の媒介を行う場合、当該建物の建築確認証がなくなっているときは、その旨を説明すればよい。

3　**正しい**。区分所有建物の売買の媒介を行う場合、一棟の建物の維持修繕の実施状況が記録されているときは、その内容を説明しなければならない（同法35条1項6号、施行規則16条の2第9号）。

4　**正しい**。建物の貸借の媒介を行う場合、台所、浴室、便所その他の当該建物の設備の整備の状況について、説明しなければならない（同法35条1項14号、施行規則16条の4の3第7号）。

基本書　第2編 第2章 ❶ 一般的規制

問題 43　正解 4　宅地建物取引士……………………………　難易度 B

1　**誤り**。心身の故障により宅地建物取引士の事務を適正に行うことができない者となった場合は、「本人」またはその法定代理人もしくは同居の親族が届け出なければならない（宅建業法21条3号）。本人も登録している都道府県知事に届け出ることができる。

2　**誤り**。登録の移転の申請とともに宅地建物取引士証の交付の申請を行う場合は、法定講習を受講する必要はない（同法22条の2第5項）。法定講習の受講義務が課せられるのは宅地建物取引士証の新規の交付申請および更新申請の場合に限られる（同法22条の2第1項・第2項）。

3　**誤り**。宅地建物取引士が、事務禁止処分を受け、宅地建物取引士証を提出しなかったときは、「10万円以下の過料」に処される（同法86条、22条の2第7項）。宅地建物取引士に対しては50万円以下の罰金の刑に処されることはない。

4　**正しい**。正解。宅地建物取引士が、刑法222条（脅迫）の罪により、罰金の刑に処せられ、登録が消除された場合、刑の執行を終え、または執行を受けることがなくなった日から5年を経過するまでは、登録を受けることができない（宅建業法18条1項7号）。

基本書　第2編 第1章 ❸ 宅地建物取引士

問題 44　正解 2　宅地建物取引業……………………………　難易度 A

ア　**正しい**。宅地とは、建物の敷地に供せられる土地をいい、これには、現に建物の敷地に供されている土地に限らず、将来的に建物の敷地に供する目的で取引の対象とされる土地も含まれる（宅建業法2条1号）。

イ　**誤り**。用途地域内の農地は、宅地に該当する。

ウ　**正しい**。用途地域外の土地であっても建物の敷地に供される土地であれば、宅地に該当する。

エ　**誤り**。用途地域内の道路、公園、河川等の公共施設の用に供せられている土地は、宅地に該当しない。

以上により、正しいものはア、ウの二つであり、正解は2。

基本書　第2編 第1章 1「宅地建物取引業」とは

問題 45　正解 4　住宅瑕疵担保履行法…………………………　難易度 B

1　**誤り**。住宅の床面積が55㎡以下であるときは、新築住宅の合計戸数の算定にあたって、2戸をもって1戸と数える（住宅瑕疵担保履行法11条3項、施行令5条）。100㎡以下ではない。

2　**誤り**。住宅販売瑕疵担保責任保険契約の保険期間は、新築住宅の買主Bがその引渡しを受けた時から10年以上でなければならないため、買主Bが引渡しから10年以内に転売した場合でも新築住宅の売主である宅建業者Aは当該保険契約を解除することはできない（同法2条7項4号、11条）。

3　**誤り**。住宅販売瑕疵担保責任保険契約の保険の対象となる特定住宅瑕疵担保責任には、構造耐力上主要な部分または雨水の浸入を防止する部分の隠れた瑕疵によって生じた損害を含むが、給水設備またはガス設備の隠れた瑕疵によって生じた損害は含まれない（同法2条7項2号、品確法94条1項、95条1項）。

4　**正しい**。正解。住宅販売瑕疵担保責任保険契約は、自ら売主として新築住宅を売買した宅建業者が住宅瑕疵担保責任保険法人と締結するものであり、買主Bが保険料を支払うものではない（住宅瑕疵担保履行法2条7項1号）。

基本書　第2編第4章 2 住宅販売瑕疵担保保証金の供託

問題 46　正解 4　住宅金融支援機構 …………………………　難易度 C

1　**正しい**。独立行政法人住宅金融支援機構（以下、この問において「機構」という）は、地震に対する安全性を向上させるための住宅改良資金の貸付けを行っている（機構法13条1項6号）。

2　**正しい**。証券化支援事業（買取型）における民間金融機関の住宅ローン金利は、機構の直接融資業務ではないので、取扱金融機関の独自の判断で決定される（機構業務方法書22条参照）。したがって、金融機関によって異なる場合がある。

3　**正しい**。機構は、高齢者が自ら居住する住宅に対して行うバリアフリー工事に係る貸付けについては、貸付金の償還を高齢者の死亡時に一括して行う制度（死亡時一括償還制度）を設けている（同方法書24条4項）。

4　**誤り**。正解。証券化支援事業（買取型）において、機構による譲受けの対象となる住宅の購入に必要な資金の貸付けに係る金融機関の貸付債権には、当該住宅の購入に付随する改良に必要な資金も含まれる（機構法13条1項1号、施行令5条1項2号）。

基本書　第4編 第3章 住宅金融支援機構

問題 47　正解 2　景表法……………………………………………… 難易度 C

1　**誤り**。建築基準法 42 条2項の規定により道路とみなされる部分（セットバックを要する部分）を含む土地については、①その旨を表示し、②セットバックを要する部分の面積がおおむね 10%以上である場合は、併せてその面積を明示することとされている（不当景品類および不当表示防止法5条、不動産の表示に関する公正競争規約（以下、表示規約という）13条、表示規約施行規則7条(2)）。

2　**正しい**。正解。取引態様は、「売主」「貸主」「代理」または「媒介（「仲介」）」の別をこれらの用語を用いて表示することとされている（同法5条、表示規約 15 条(1)、表示規約施行規則9条(1)）。

3　**誤り**。インターネット上に掲載している賃貸物件について、掲載した後に契約済みとなり実際に取引ができなくなった場合には、いわゆる「おとり広告」であり、物件が存在しないため、実際には取引することができない物件に関する表示に該当し（同法5条、表示規約 21 条(1)）、当該物件について消費者からの問合せがなく、故意に掲載を継続していたものでなくても、不当表示に問われるおそれがある。

4　**誤り**。新築分譲住宅を販売するに当たり、販売価格が確定していないため直ちに取引することができない場合には、その取引開始時期をあらかじめ告知する予告広告を行うことができる（同法5条、表示規約4条6項(3)、9条参照）。

基本書　第4編 第4章 ❶ 景表法（不当景品類及び不当表示防止法）、❸ 表示に関する公正競争規約

問題 48 正解 －　統計…………………… 難易度 －

本問は古い統計情報のため掲載しておりません。
次の本試験の基準となる最新統計情報をもとに改題した本問の解説を、弊社 web サイトよりダウンロードしてご利用ください（2024 年 8 月末予定）。

※詳細は v ページ「パーフェクト宅建士シリーズ読者特典（＊特典 3 ＊）」をご参照ください。

問題 49 正解 3　土地…………………… 難易度 C

1　**適当**。山地は、地形がかなり急峻で、細かい谷が複雑に入り組み、農地、牧野（ぼくや）等としての利用は、かなり困難で、大部分が森林となっている。

2　**適当**。低地は、一般的に洪水や地震、津波、高潮などに対して弱く、防災的見地からは住宅地として好ましくない。

3　**最も不適当**。正解。埋立地は、一般に海面に対して数 m の比高（ひこう）を持ち、宅地として利用でき、干拓地に比べ自然災害に対して安全である。

4　**適当**。台地は、一般的に水はけもよく、砂礫やよく締まった硬粘土質の地盤も安定しており、低地に比べ洪水や地震等の自然災害に対して安全度が高い。

基本書　第 4 編 第 5 章 **1** 土地

問題 50 正解 3　建物…………………… 難易度 C

1　**適当**。基礎は、建物が沈下したり傾斜したりしないようにするためのものなので、硬質の支持地盤に堅固に設置し、上部構造とも堅固に緊結する必要がある。

2　**適当**。木造建物を耐震、耐風的な構造にするためには、まず、建物形態をできるだけ単純なものとすることが適切である。

3　**最も不適当**。正解。鉄骨造は不燃構造であり、自重が軽く靭性（じんせい）が大きいことから、大空間の建築や高層建築の骨組に適するが、鋼材は錆により断面が減少するので、防錆（ぼうせい）処理を行い、耐久力を増す必要がある。

4　**適当**。近年、コンクリートと鉄筋の強度が向上しており、高強度コンクリートと太径の鉄筋を用いた超高層共同住宅建物も出現している。

基本書　第4編 第5章 ❷ 建物

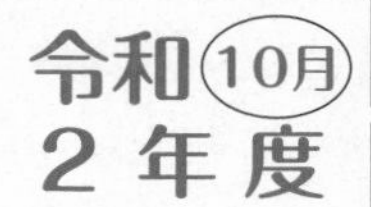

正解と解説

＊正解番号一覧　※　問題の一部補正により、出題当時と正解が変わっている場合があります。

問題	正解	問題	正解	問題	正解	問題	正解	問題	正解
1	1	11	4	21	1	31	1	41	3
2	4	12	3	22	1	32	1	42	4
3	2	13	4	23	3	33	1	43	2
4	3	14	1	24	4	34	4	44	4
5	1	15	4	25	4	35	3	45	2
6	3	16	2	26	3	36	4	46	2
7	2	17	1	27	2	37	1	47	1
8	2	18	3	28	3	38	4	48	—
9	3	19	3	29	3	39	2	49	4
10	2	20	2	30	4	40	2	50	3

難易度は A ～ D 。
A がやさしく、
D が最難関な問題です。

合格ライン⇨ 50問中38問以上の正解
（登録講習修了者は、45問中33問）

問題 1　正解 1　相隣関係……………………………………　難易度 B

1　**正しい**。正解。他の土地に囲まれて公道に通じない土地の所有者は、公道に至るため、その土地を囲んでいる他の土地を通行することができるが、その通行する他の土地の損害に対して償金を払わなければならないのが原則である（民法210条1項、212条）。しかし、共有物である土地を分割することによって公道に通じない土地が生じた場合には、その土地の所有者は、公道に至るため他の分割者の所有地のみを償金を払うことなく通行することができる（同法213条1項）。

2　**誤り**。公道に至るため他の土地を通行する権利の内容として、自動車による通行までを認めるかどうかは、自動車による通行を認める必要性、周辺の土地の状況、通行権が認められることにより他の土地の所有者が被る不利益等の諸事情を総合的に考慮して判断すべきであるとされている（最判平18.3.16）。したがって、自動車による通行権が認められることもある。

3　**誤り**。民法87条2項の「従物は、主物の処分に従う」という規定は、従たる権利と主たる権利との関係にも当てはまると解釈されている。しかし、肢1の解説で述べたとおり、他の土地に囲まれて公道に通じない土地の所有者は、公道に至るため、その土地を囲んでいる他の土地を通行する権利を有しているので、甲土地を購入して所有権を取得したBは、乙土地の賃借権を取得しなくても、他の土地を通行することができる。その意味では、乙土地の賃借権は、甲土地の所有権とセットになって移転すべき従たる権利とはいえない。

4　**誤り**。時効取得は、それまでの所有者が有していた権利状態を承継して取得するものではなく、まっさらな権利とでもいうべきものを取得するものである（原始取得）ので、それまでの所有者が負担していた自分の土地を通行されるという権利状態は引き継がれないようにも思われる。しかし、公道に至るための通行権は、公道に通じないという土地の物理的状況に基づいて認められるものであり、この物理的状況は時効取得があっても変わらないので、時効取得後も通行権は引き続き認められる。

基本書　**第1編 第2章 3 所有権・共有、地役権等**

問題 2　正解 4　保証契約…………………………………　**難易度 D**

1　**誤り**。保証契約は、書面（電磁的記録も「書面」とみなされる）でしなければ効力が認められない（民法446条2項・3項）。これは、ケース①のように事業のために負担した貸金等債務を主たる債務とする保証契約や、ケース②のように個人が一定の範囲に属する不特定の債務を主たる債務とする保証（個人根保証）契約にも当てはまる。したがって、ケース①の保証契約を口頭による合意でしても無効である。

2　**誤り**。ケース①の保証契約は、特定の債務を保証するものなので、極度額を定める必要はない。これに対し、ケース②のような不特定の債務を保証する根保証については、保証人が個人である場合は、保証人の負担の限度を明らかにする極度額を定めなければ保証契約の効力を有しないが、保証人が法人である場合は、極度額を定めなくてもよいとされている（同法465条の2

第２項）。

3　**誤り**。ケース①やケース②であっても、その保証契約が連帯保証契約である場合、保証人は催告の抗弁権・検索の抗弁権を有しない（同法 454 条）。

4　**正しい**。正解。ケース①の事業のために負担した貸金等債務を主たる債務とする保証契約については、保証人が個人である場合、保証契約の締結に先立って、保証人となろうとする者がその締結の日前１カ月以内に作成された公正証書で、保証債務を履行する意思を表示していなければ、保証契約は効力を生じないとされている（同法 465 条の６第１項）。この規定は、あくまで事業のための債務保証について適用されるので、ケース②の保証契約には当てはまらない。

基本書　**第 1 編 第 3 章 2 保証債務**

問題 3　正解 2　債務不履行……………………………　**難易度 C**

1　**正しい**。判決文には「契約をなした主たる目的の達成に必須的でない附随的義務の履行を怠ったに過ぎないような場合には、特段の事情の存しない限り‥‥契約を解除することができない」とある。土地の売買契約において、売主が負担した当該土地の税金相当額を買主が償還する旨の付随的義務は、契約の目的達成に必須的なものではないので、この義務を履行しなかったとしても、特段の事情がない限り、契約の解除はできないと解される。

2　**誤り**。正解。「債務不履行による契約の解除を認める趣意は、契約の要素をなす債務の履行がないために、該契約をなした目的を達することができない場合を救済するため」にあるのだから、債務不履行について債務者の責めに帰すべき事由がなかったとしても、契約の目的を達成できない状態になっているのであれば、契約の解除を認めるべきである。また、附随的義務かどうかは、契約の目的達成に必須的かどうかという点で判断されるのであり、債務者の責めに帰すべき事由の有無によって判断されるのではない。したがって、債務者の責めに帰すべき事由がないからといって、付随的義務の不履行となるわけではない。

3　**正しい**。債務不履行に対して債権者が催告したにもかかわらず、相当期間内に履行がなされない場合であっても、その時点で債務不履行が契約および取引上の社会通念に照らして軽微であるときは、契約の解除はできない（民法541条ただし書)。軽微な債務不履行であれば、契約の目的を達成できないとはいえないからである。

4 **正しい**。債務不履行があっても、債権者は相当の期間を定めてその履行を催告し、その期間内に履行がないときでなければ契約を解除できないのが原則である(同法541条本文)。しかし、債務者がその債務の全部の履行を拒絶する意思を明確に表示したときは、催告をしても無駄なので、催告することなく、ただちに契約を解除することが認められている(同法542条1項2号)。

基本書 第1編 第3章 6 債務不履行、損害賠償、解除

問題 4 正解 3 賃貸借…………………… 難易度 B

1 **誤り**。賃借物を受け取った後に生じた損傷のうち、通常の使用・収益によって生じた賃借物の損耗や経年変化は、賃借人による原状回復義務の対象にはならない(民法621条本文)。

2 **誤り**。賃借物を受け取った後に生じた損傷であっても、その損傷が賃借人の責めに帰することができない事由によるものであるときは、賃借人は、その損傷の原状回復義務を負わない(同法621条ただし書)。

3 **正しい**。正解。賃貸人が敷金の返還義務を負うのは、賃貸借が終了し、かつ、賃貸物の返還を受けたときである(同法622条の2第1項1号)。つまり、賃貸物の返還と敷金の返還は、同時履行の関係には立たず、賃貸物の返還が先履行となるのである。したがって、賃貸人は、賃貸物の返還を受けるまでは、敷金の返還を拒むことができる。

4 **誤り**。敷金を未払賃料債務の弁済に充てることは、賃貸人の権利として認められたものであり(同法622条の2第2項)、賃借人の側から請求することはできない。

基本書 第1編 第3章 11 賃貸借

問題 5 正解 1 委任…………………… 難易度 C

1 **正しい**。正解。債権者の責めに帰すべき事由によって債務を履行することができなくなったときは、債権者は、その履行できなくなった債務に対応する自己の債務(反対給付。本問題の場合は報酬の支払)を拒むことができな

い（民法536条２項前段）。したがって、報酬の定めがある委任契約において、委任者Ａの帰責事由により委任事務の履行が終了した場合、受任者Ｂは報酬全額を請求することができる。ただし、この場合において、債務者は、自己の債務を免れたことによって得た利益は、債権者に償還しなければならない（同条２項後段）。委任事務を途中からしなくてもよくなったことにより利益を得ていた場合は、その分は委任者に返すべきだということである。

2　**誤り**。受任者は、委任の本旨に従い、善良な管理者の注意をもって委任事務を処理しなければならない（同法644条）。自己の財産に対するのと同一の注意では足りないのである。

3　**誤り**。民法648条３項１号は、委任者の責めに帰することができない事由によって委任事務の履行をすることができなくなったときは、すでにした履行の割合に応じて報酬を請求することができるとしている。受任者の責めに帰すべき事由がある場合も、「委任者の責めに帰することができない事由」に含まれるので、本肢の場合でも、Ｂは、すでにした履行の割合に応じて、Ａに対して報酬を請求することができる。雇用の場合の労働者の報酬請求と同様に考えると、たとえ受任者の自己都合で委任事務が途中からできなくなったとしても、すでに履行した割合に応じた報酬は請求できるからである。

4　**誤り**。委任者または受任者が死亡した場合、委任契約は当然に終了する（同法653条１号）。ただし、委任が終了した場合でも、急迫の事情があるときは受任者の相続人は、委任者本人等が事務処理をすることができるようになるまで、必要な処分をしなければならない（同法654条）。

基本書　第１編 第３章 ⑫ 請負・委任・寄託・贈与・使用貸借・消費貸借

問題 6　正解 3　意思表示……………………………………　難易度 B

1　**取消しができない**。錯誤が表意者の重大な過失によるものであった場合には、意思表示の取消しをすることができないのが原則である（民法95条３項）。なお、表意者に重大な過失があったとしても、①相手方が表意者に錯誤があることを知り、または重大な過失によって知らなかったとき、または②相手方が表意者と同一の錯誤に陥っていたときは、例外的に取消しをすることができるが、本肢のＢは、過失なくＡの意思表示を信じていたのであるから、取消しができなくなる例外に当たらない。

2　**取消しができない**。Aは、10万円の壺だと思って、「10万円で売却したい」と表示しており、意思表示に対応する意思は認められる。しかし、Aは壺の価値について勘違いしており、その点の認識が真実に反している。このように、法律行為の基礎事情について錯誤があることを理由に意思表示を取り消すことができるのは、その事情が法律行為の基礎とされていることが表示されていなければならない（同法95条1項2号・2項）。Aは、「手元にお金がないので」としか表示しておらず、壺の価値を10万円と認識している旨の表示はないので、原則として取消しはできない。

3　**取消しができる**。正解。本肢の場合、「贋作であるので」と法律行為の基礎とした事情が表示されているので、肢2の場合と異なり、錯誤を理由として意思表示を取り消すことができる。また、仮に、贋作だと思い込んだことについてAに重大な過失があったとしても、Bも贋作だと思い込んでおり、相手方も表意者と同一の錯誤に陥っているので、肢1の解説で述べたとおり、例外的に取消しができる場合に該当する。

4　**取消しができない**。本肢の場合、法律行為の基礎事情である為替レートに関する表示がされておらず、仮に、その表示がされていたとしても、重大な過失に基づいており、その意思表示を相手方は過失なく信じているので、錯誤による取消しは認められない。

基本書　**第1編 第1章 3 法律行為・意思表示**

問題 7　正解 2　保証債務……………………………………　**難易度 B**

1　**正しい**。保証人は、主たる債務に関する利息、違約金、損害賠償その他その債務に従たるすべてのものを含んで保証する責任を負う（民法447条1項）。この条文の解釈に関する判例として、特定物売買における売主の保証人は、特に反対の意思表示がない限り、売主の債務不履行により契約が解除された場合には、原状回復義務である既払代金の返還義務についても保証責任がある、とするものがある（最大判昭40.6.30）。

2　**誤り**。正解。主たる債務の目的または態様が保証契約の締結後に加重されたとしても、その効力は保証人には及ばず、保証人の負担は加重されない（同法448条2項）。時効の援用や時効利益の放棄は、それぞれの当事者の意思に任せるべき事柄なので、主たる債務者が時効利益を放棄しても、その効力は保証人には及ばない。

3　**正しい**。委託を受けた保証人が主たる債務の弁済期前に弁済をし、その求償を主たる債務者に求めたところ、主たる債務者が弁済日以前から債権者に対して反対債権を有しており、その債権により相殺できた旨を主張する場合は、保証人は、債権者に対し、その相殺によって消滅すべきであった債務の履行を請求することができる（同法459条の2第1項）。

4　**正しい**。委託を受けた保証人が、主たる債務者にあらかじめ通知をせずに、債務の消滅行為をしたときは、主たる債務者が債権者に対抗することができた事由に基づいて求償が制限されることがある（同法463条1項）。事前通知せずに弁済等が行われると、主たる債務者が債権者に二重払いをしてしまったり、債権者に対抗できたりしたはずの期待が裏切られ、不利益を受けるからである。

基本書　第1編 第3章 2 保証債務

問題 8　正解 2　相続……………………………………　難易度 A

1　**正しい**。相続回復の請求権（相続権を侵害された者がその回復を求める権利）は、相続人またはその法定代理人が相続権を侵害された事実を知った時から5年、または相続開始の時から20年を経過すると、時効により消滅する（民法884条）。

2　**誤り**。正解。被相続人の子が相続開始以前に死亡したときは、その子（つまり被相続人から見れば孫）が代襲して相続人となるが、さらに代襲者も死亡していたときは、代襲者の子（つまり被相続人から見ればひ孫）が再代襲して相続人となる（同法887条2項・3項）。

3　**正しい**。第一順位の相続人である子またはその代襲相続人が相続する場合は、第二順位の直系尊属が相続することはなく、第二順位の直系尊属が相続する場合は、第三順位の兄弟姉妹が相続することはない（同法889条1項）。

4　**正しい**。肢2の解説で述べたとおり、第一順位の子については、代襲者の子がさらに再代襲することが認められている。これに対し、第三順位の兄弟姉妹については、その子（つまり被相続人から見れば、おい・めい）が代襲相続することは認められているが、さらに代襲者の子が相続する再代襲は認められていない（同法889条2項）。

基本書 第1編 第4章 相続

問題 9 正解 3 贈与…………………………………………… 難易度 A

1 **誤り**。解約手付による契約の解除は、相手方が契約の履行に着手した後はすることができない（民法557条1項ただし書）。履行期の到来後に買主が代金支払の準備をして、売主に履行の催告をした場合には、履行の着手が認められると解されているので（最判昭33.6.5）、①の契約における売主Aは、手付の倍額を現実に提供しても契約解除をすることはできない。

2 **誤り**。書面によらない贈与は、各当事者が解除することができるのが原則であるが、履行が終わったものは解除できない（同法550条）。不動産の贈与契約において、その不動産の所有権移転登記がされたときは、引渡しの有無を問わず、履行が終わったものと解釈されている（最判昭40.3.26）。したがって、引渡しと所有権移転登記の両方が終わらなくても、どちらか一方が終われば、履行が終わったものとして贈与契約の解除はできなくなる。

3 **正しい**。正解。受贈者の負担がない贈与契約の場合は、原則として贈与者は担保責任を負わないが、負担付贈与については、その負担の限度では売買契約の売主と同じく担保責任を負う（同法551条）。

4 **誤り**。負担付贈与については、その性質に反しない限り、売買などの双務契約に関する規定が準用される（同法553条）。したがって、売買契約の買主の債務不履行を理由として売主に解除権が発生するのと同様に、負担付贈与契約の受贈者による負担の債務不履行を理由として贈与者に解除権が発生することがある。

基本書 第1編 第3章 12 請負・委任・寄託・贈与・使用貸借・消費貸借、第4章 相続

問題 10 正解 2 時効…………………………………………… 難易度 B

1 **正しい**。Bを相続したCは、C自身の占有期間とBの占有期間をあわせて主張することができる（民法187条1項）。したがって、Cは、合計して20年間の占有期間を主張して、甲土地の所有権を時効取得することができる（同法162条1項）。

2 **誤り**。正解。占有開始の時に、他人の物であることにつき善意無過失で、

所有の意思をもって、平穏かつ公然と他人の物を占有した場合、10年の占有期間で取得時効が完成する（同法162条2項）。善意無過失であることは、占有の開始の時に存在すればよく、占有期間の途中で悪意に変わったとしても、10年の取得時効が認められる（最判昭53.3.6）。したがって、本肢のDは、甲土地の所有権を時効取得することができる。

3　**正しい**。前の占有者の占有期間をあわせて主張する場合、前の占有者の善意・悪意や過失の有無を引き継ぐ（同法187条2項）。そうすると、Fが前の占有者であるDの占有期間をあわせて主張するときは、占有の開始の時に善意無過失であったことになるから、Fは10年の占有期間で甲土地の所有権を時効取得できることになる。

4　**正しい**。所有権そのものは、消滅時効にかからない（同法166条2項）。したがって、権利不行使の状態がいくら続いても、所有権が時効消滅することはない。所有権が時効消滅すると、だれの所有物でもない状態になることを意味するが、他の者に時効取得されることによって、それまでの所有者の所有権が失われることがあることに注意。

基本書　第1編 第1章 5 時効

問題 11　正解 4　借地借家法／借地権……………………… 難易度 A

1　**誤り**。引渡しによって第三者に権利を主張できるのは、建物の賃借権（借家権）である（借地借家法31条1項）。借地権を第三者に主張するためには、借地権の登記または借地上の建物の登記が必要である（同法10条1項）。

2　**誤り**。借地契約において、一定期間、借賃の額を「増額」しない旨の特約は、借主に有利な内容なので有効とされている（同法11条1項ただし書）。しかし、「減額」しない旨の特約は、借主に不利な内容なので、無効である。したがって、「増減を行わない」と定めた場合、Aからの増額請求は認められないが、Bからの減額請求は認められることになる。

3　**誤り**。借地契約において、借地権者の債務不履行による契約解除が認められるのは、借地契約当事者間の信頼関係が破壊されるような債務不履行があった場合であるとされている（最判昭39.7.28）。だとすると、借地権者の債務不履行により契約が解除された場合とは、当事者間の信頼関係が破壊された状況であることを意味するから、借地権者による建物買取請求権（同法13条1項）を認めることは難しいと考えられている。したがって、本肢の合意は、借主に不利な内容とはいえず、有効である。

4　**正しい**。正解。借地契約を更新する場合、更新後の存続期間は、最初の更新では20年以上、2回目以降の更新では10年以上としなければならない（同法4条）。これより短い期間を定めた場合は、最初の更新では20年、2回目以降の更新では10年が更新後の存続期間となる（同法9条、4条）。

基本書　**第1編 第5章 1 借地借家法－①（借地関係）**

問題 12　正解 3　借地借家法／借家権…………………　難易度 B

1　**正しい**。建物の賃借人（借家人）が建物の引渡しを受けており、第三者に対する賃借権の対抗要件を備えている場合に、その建物が譲渡されたときは、その建物の賃貸人たる地位は譲受人に移転することになる（民法605条の2第1項）。つまり、建物の買主Cは、Aが有していた賃貸人の地位をそのまま引き継ぐのであるから、賃料全額の前払いを受けていたという地位も引き継ぐことになる。したがって、賃借人Bは、賃料全額の前払いをCに対抗することができる。

2　**正しい**。定期建物賃貸借契約において、賃料改定に関する特約がある場合はそれに従うことになるが、そのような特約がない場合、通常の借家契約と同様に経済事情の変動等により賃料が不相当となったときは、賃料の増減額請求をすることができる（借地借家法38条9項、32条）。

3　**誤り**。正解。転勤、療養、親族の介護その他のやむを得ない事情がある場合に、定期建物賃貸借契約の中途解約を申し入れることができるのは、賃借人Bであり、賃貸人Aの側から本肢のような中途解約を申し入れることはできない（同法38条7項）。本肢の問題文は、賃貸人Aの側から解約を申し入れる事例となっている。

4　**正しい**。造作買取請求については、通常の借家と定期建物賃貸借とで異なった取扱いはされていない。したがって、定期建物賃貸借契約であっても、造作買取請求に関する特約がない場合は、契約が終了するときに、賃借人は、賃貸人の同意を得て建物に付加した造作の買取りを請求することができる（同法33条1項）。

基本書　第１編 第５章 **2** 借地借家法－②（借家関係）

問題 13　正解 4　区分所有法……………………………… 難易度 A

1　**誤り**。形状または効用の著しい変更を伴わないものを除く共用部分の変更（重大変更）は、区分所有者および議決権の各４分の３以上の多数による集会の決議で決するとする前半の記述は正しい（区分所有法 17 条１項本文）。この決議要件のうち区分所有者の定数は、規約で「過半数」まで減ずることができるのであり、「２分の１以上」ではない（同条１項ただし書）。「２分の１以上」には２分の１ちょうどの数字が含まれるが、「過半数」という場合は２分の１ちょうどの数字は含まれない。

2　**誤り**。共用部分の各共有者は、規約に別段の定めがない限り、その持分に応じて共用部分の負担（管理費用の負担など）に任じる必要がある（同法 19 条）。共用部分に対する各共有者の持分は、その有する専有部分の床面積の割合によるのが原則なので、等分ではない（同法 14 条１項）。

3　**誤り**。共用部分の保存行為は、共用部分を維持するために不可欠な行為なので、集会の決議によらず、各共有者が単独ですることもできる（同法 18 条１項ただし書）。

4　**正しい**。正解。一部共用部分（区分所有者の一部のみが共用すべき共用部分）は、その一部の者で共有するのが原則であるが（同法 11 条１項ただし書）、規約の別段の定めにより、区分所有者全員の共有にすることもできる（同条２項本文）。

基本書　第１編 第５章 **3** 建物の区分所有等に関する法律

問題 14　正解 1　不動産登記法……………………………… 難易度 C

1　**正しい**。正解。敷地権付き区分建物の表題部所有者（マンションの分譲業者等）から所有権を取得した者（マンションの購入者）は、自分の名義で区分建物に係る所有権保存登記をすることができるが、その際は、当該敷地権の登記名義人の承諾を得なければならない（不動産登記法 74 条２項）。

2　**誤り**。所有権以外の権利（抵当権など）に関する仮登記に基づく本登記は、登記上の利害関係者の承諾がなくても申請することができるが、所有権に関する仮登記に基づく本登記を申請する場合は、利害関係者の承諾を得ることが必要である（同法109条1項）。たとえば、抵当権の仮登記を本登記にしたとしても、他の抵当権者（利害関係者）の抵当権が二番抵当権になるだけで、登記そのものが抹消されることはないが、所有権の仮登記を本登記にする場合は、他の所有者（利害関係者）の所有権とは両立できないので、その利害関係者の所有権の登記が抹消されることになる。それゆえ、所有権の仮登記を本登記にする場合は、利害関係者の承諾が必要とされているのである。

3 **誤り**。登記識別情報は、登記名義人を識別するための情報であるから、登記名義人となる者に通知することに意味がある。したがって、登記申請者自身が登記名義人になる場合であれば、その登記申請者に対して登記識別情報が通知されるが（同法21条）、本肢のように登記申請者（A）と登記名義人になるべき者（B）が異なる場合は、登記申請者に対し登記識別情報は通知されない。

4 **誤り**。居住建物の所有者は、配偶者に対し、配偶者居住権の設定の登記を備えさせる義務を負うとされている（民法1031条1項）。これを受け、不動産登記法においても、配偶者居住権を登記することができる権利としている（不動産登記法3条9号）。

基本書 **第1編 第5章 4 不動産登記法**

問題 15 正解 4 都市計画法／都市計画…………………… 難易度 C

1 **誤り**。地区計画については、都市計画に、地区施設および地区整備計画を定めるものとする（都市計画法12条の5第2項1号）。「定めるよう努めるものとされている」と努力義務が規定されているのではない。

2 **誤り**。都市計画事業の認可の告示の公告の翌日から起算して10日を経過した後に、当該認可に係る事業地内の土地建物等を有償で譲り渡そうとする者は、予定対価の額等一定の事項を施行者に届け出なければならない（同法67条1項）のであって、施行者の許可を受ける必要はない。

3 **誤り**。第二種住居地域は、主として住居の環境を保護するため定める地域とされている（同法9条6項）。

4 **正しい**。正解。市街化調整区域における地区計画は、その周辺の市街化を促進することがないなど、計画的な市街化を図るうえで支障がないよう定める必要がある（同法13条1項15号イ）。

基本書　第3編 第1章 3 都市計画の内容

問題 16　正解 2　都市計画法／開発許可制度……………… 難易度 B

1　**正しい**。開発許可を申請しようとする者は、あらかじめ、開発行為または開発行為に関する工事により設置される公共施設の管理者等と協議しなければならない（都市計画法32条2項）。

2　**誤り**。正解。市街化調整区域のうち開発許可を受けた開発区域以外の区域内においては、都道府県知事の許可を受けなければ、建築物の新築をすることができない（同法43条1項柱書）が、都市計画事業の施行として行う建築物の新築の場合には、都道府県知事の許可を受ける必要はない（同条1項1号）。

3　**正しい**。開発許可を受けた開発行為により設置された公共施設は、工事完了の公告の日の翌日において、原則としてその公共施設の存する市町村の管理に属するものとされている（同法39条）。

4　**正しい**。開発許可を受けた者から、当該開発区域内の土地の所有権その他工事を施行する権原を取得した者は、都道府県知事の承認を受けて、当該開発許可に基づく地位を承継することができる（同法45条）。

基本書　第3編 第1章 6 開発許可制度

問題 17　正解 1　建築基準法／単体規定…………………… 難易度 B

1 **正しい**。正解。階数2で延べ面積200㎡の鉄骨造の共同住宅は、木造以外の建築物で2以上の階数を有し、または延べ面積が200㎡を超えるもの（いわゆる木造以外の大規模建築物）に該当するので（建築基準法6条1項3号）、大規模の修繕をしようとする場合、建築主は、その建築物の所在にかかわらず、当該工事に着手する前に、確認済証の交付を受けなければならない（同条1項）。

2 **誤り**。居室の天井の高さは、2.1 m以上でなければならない（同法施行令21条1項）が、その天井の高さは、室の床面から測り、一室で天井の高さが異なる部分がある場合においては、その平均の高さによるものとする（同条2項）。

3 **誤り**。延べ面積が1,000㎡を超える建築物は、防火上有効な構造の防火壁または防火床によって有効に区画し、かつ、各区画の床面積の合計をそれぞれ1,000㎡以内としなければならない（同法26条柱書）が、この規定は準耐火建築物には適用されない（同条1号）。

4 **誤り**。高さ31 mを超える建築物（政令で定めるものを除く）には、非常用の昇降機を設けなければならない（同法34条2項）。30 mではない。

基本書 **第3編 第2章 3 単体規定**

問題 18 正解 3 建築基準法／集団規定…………………… 難易度 B

1 **誤り**。建築物・擁壁は、原則として道路内に、または道路内に突き出して建築できない（建築基準法44条1項柱書）が、公衆便所および巡査派出所については、特定行政庁が許可（建築審査会の同意が必要）したものは、建築することができる（同条1項2号）。

2 **誤り**。近隣商業地域内において、「客席の部分の床面積の合計が200㎡以上の映画館」は建築することができる（同法48条9項、別表第2(り)(ぬ)(る)）。

3 **正しい**。正解。建築物の容積率の算定の基礎となる延べ面積には、老人ホームの共用の廊下または階段の用に供する部分の床面積は、算入しないものとされている（同法52条6項2号）。

4 **誤り**。日影による中高層の建築物の高さの制限に係る日影時間の測定は、冬至日（夏至日ではない）の真太陽時による午前8時から午後4時まで（道の区域内にあっては、午前9時から午後3時まで）の間について行われる（同法56条の2第1項）。

基本書 **第3編 第2章 4 集団規定**

問題 19 正解 3 宅地造成及び特定盛土等規制法………… 難易度 B

1 **正しい**。土地の占有者は、都道府県知事またはその命じた者もしくは委任した者が、基礎調査のため必要があるときは当該土地に立ち入って測量または調査を行うときがあるため、正当な理由がない限り、立入りを拒み、または妨げてはならない（宅地造成及び特定盛土等規制法5条1項・5項）。

2 **正しい**。宅地造成とは、宅地以外の土地を宅地にするために行う盛土その他の土地の形質の変更で政令で定めるものをいう（同法2条2号、施行令3

条）。よって、宅地を宅地以外にする目的で行う土地の区画形質の変更は、宅地造成に該当しない。

3　**誤り**。正解。宅地造成等工事規制区域内で「宅地造成等工事」を行おうとする場合には、工事主は、当該工事に着手する前に、都道府県知事の許可を受けなければならない（同法12条1項）のであって、「宅地造成等工事」そのものを行わない場合には、都道府県知事の許可を受ける必要がない。

4　**正しい**。宅地造成等に関する工事の許可を受けた者が、工事施行者を変更する場合は、軽微な変更に該当（同法16条1項ただし書・2項、施行規則38条1項1号）し、遅滞なく、その旨を都道府県知事に届け出ればよく（同法16条2項）、改めて許可を受ける必要はない。

基本書　**第3編 第3章 1 定義、2 規制区域内における宅地造成等に関する工事等の規制**

問題20　正解2　土地区画整理法……………………　難易度C

1　**誤り**。組合の設立認可を申請しようとする者は、施行地区となるべき区域内の宅地について借地権を有するすべての者の3分の2以上の同意を得なければならない（土地区画整理法18条）。その際、施行地区となるべき区域内の宅地の未登記の借地権者であっても、借地権の申告をすることにより組合員となる（同法19条4項参照、25条1項）ので、同意を得る必要がある。

2　**正しい**。正解。組合の総会の会議は、定款に特別の定めがある場合を除くほか、組合員の半数以上が出席しなければ開くことができない（同法34条1項）。

3　**誤り**。組合が賦課金を徴収する場合、賦課金の額は、組合員が施行地区内に有する宅地または借地の位置、地積等を考慮して公平に定めなければならない（同法40条2項）。一律ではない。

4　**誤り**。組合が施行する土地区画整理事業に係る施行地区内の宅地について所有権または借地権を有する者のほか、独立行政法人都市再生機構、地方住宅供給公社その他政令で定める者であって、組合が都市計画事業として施行する土地区画整理事業に参加することを希望し、定款で定められた者は、参加組合員として、組合の組合員となる（同法25条の2）。必要な資力および信用を有する者であればよいわけではない。

基本書　**第3編 第4章 1 土地区画整理事業**

問題 21　正解 1　**農地法**……………………………　**難易度 A**

1　**正しい**。正解。農地法３条１項の許可が必要な農地の売買をする場合には、この許可を受けないでした行為は、その効力を生じない（農地法３条６項）。

2　**誤り**。市街化区域内にある自己の農地を、農地以外（駐車場）に転用する場合には、あらかじめ農業委員会に届け出ればよい（同法４条１項７号）。事前届出であり、事後届出ではない。

3　**誤り**。相続により農地を取得することとなった場合には、農地法３条１項の許可を受ける必要がない（同法３条１項12号）。なお、この場合、権利取得の届出を農業委員会に届け出なければならない（同法３条の3）。

4　**誤り**。農地に抵当権を設定する場合には、設定の段階では使用収益権は移転しないので、農地法３条１項の許可を受ける必要がない。

基本書　**第3編 第5章 農地法**

問題 22　正解 1　**国土利用計画法**……………………………　**難易度 B**

事後届出は、規制区域外の「一定規模」以上の「一団の」土地について、土地売買等の契約を締結した場合、権利取得者は、その契約を締結した日から２週間以内に、当該土地が所在する市町村の長を経由して、都道府県知事（当該土地が指定都市の区域内にある場合は、指定都市の長）に、一定の事項を届け出なければならない（国土利用計画法23条１項）制度である。

1　**正しい**。正解。市街化区域内の規模2,000㎡未満の土地について土地売買等の契約をした場合には、届出を要しない（同法23条２項１号イ）。よって、Ｂが1,500㎡の土地を取得した場合、事後届出を行う必要はない。また、市街化調整区域内の規模5,000㎡未満の土地について土地売買に係る予約契約をした場合には、届出を要しない（同項１号ロ）が、Ｄは6,000㎡の土地について予約契約したので、事後届出を行う必要がある。

2　**誤り**。Ｅが所有する市街化区域内の2,000㎡の土地をＦが購入した場合、その契約を締結した日から起算して２週間以内に事後届出をする必要がある（同法23条１項・２項１号イ）。所有権移転登記が完了した日から起算するのではない。

3　**誤り**。都市計画区域外の規模10,000㎡未満の土地について土地売買等の契約をした場合には、届出を要しない（同法23条2項1号ハ）。Gが所有する都市計画区域外の15,000㎡の土地をHに贈与した場合、規模としては届出を必要とするが、「贈与」は、規制の対象となる土地取引（対価を得て行われる移転または設定に限る）に該当しない（同法14条1項）ので、Hは事後届出を行う必要はない

4 **誤り**。「交換」は規制の対象となる土地取引に該当する（同法14条1項）。Iが所有する都市計画区域外の10,000㎡の土地とJが所有する市街化調整区域の10,000㎡の土地を交換した場合、IもJも事後届出を行う必要がある（同法23条2項1号ロ・ハ）。

基本書　第3編 第6章 2 事後届出制

問題23　正解3　印紙税……………………………………………　難易度C

1 **誤り**。工事請負契約書には、取引に当たり課される消費税額等が明記されており、印紙税の課税標準は消費税額等100万円を除いた1,000万円である。したがって、消費税等を含めた1,100万円ではない（消費税法の改正等に伴う印紙税の取扱いについて　印紙税法個別通達）。

2 **誤り**。交換契約における記載金額は、対象物双方の価額が記載されているときは、いずれか高いほうの金額とされ、本肢の場合、5,000万円である（印紙税法基本通達23条⑴ロ）。

3 **正しい**。正解。国等と国等以外の者が共同で作成した文書は、国等以外の者が保存する文書を、国等が作成したものとみなす（印紙税法4条5項）。また、国等が作成する文書は非課税とされているので、本肢の記述は正しい（同法5条2号）。

4 **誤り**。土地賃借権の設定に関する契約書は、印紙税法別紙第一 課税物件表の第1号の2の課税文書に該当する。そこでの課税標準たる記載金額は、賃貸料を除き、権利金その他名称のいかんを問わず後日返還されることが予定されていない金額とされる（同法基本通達23条⑵）。したがって、本肢では、記載金額は権利金の100万円とするのが正しく、10年分の賃料も含めた1,300万円とするのではない。

基本書　第4編 第1章 4 印紙税

問題 24 正解 4 不動産取得税…………………………… 難易度 B

1 **誤り**。不動産取得税の標準税率は4%であるが（地方税法73条の15)、住宅または土地の取得の場合には3%とされており（同法附則11条の2第1項)、本肢のいう4%ではない。

2 **誤り**。不動産取得税の免税点は、課税標準となるべき額が、土地の場合10万円未満とされており（同法73条の15の2第1項)、一定面積未満の土地の取得を対象とするものではない。

3 **誤り**。家屋を改築したことにより、当該家屋の価格が増加した場合には、当該改築をもって家屋の取得とみなして、不動産取得税を課するとされている（同法73条の2第3項)。

4 **正しい**。正解。共有物分割による不動産の取得については、取得者の分割前の当該共有物に係る持分の割合を超えない部分の取得については、不動産取得税は課税されないとされている（同法73条の7第2号の3)。本肢のとおりであり、正しくこれが正解。

基本書 第4編 第1章 2 不動産取得税

問題 25 正解 4 不動産鑑定評価…………………………… 難易度 C

1 **正しい**。不動産の価格は、最有効使用を前提として把握される価格を標準として形成される。なお、ある不動産についての現実の使用方法は、必ずしも最有効使用に基づいているものではなく、不合理または個人的な事情による使用方法のために、当該不動産が十分な効用を発揮していない場合があることに留意すべきである（不動産鑑定評価基準（以下「基準」という）総論第4章Ⅳ最有効使用の原則)。

2 **正しい**。対象建築物に関する工事が完了していない場合でも、工事完了の実現性が高いと判断されるときには、依頼目的に応じて「当該工事の完了を前提として」との想定上の条件を付加して鑑定評価（未竣工建物等鑑定評価）を行うことがある（基準総論第5章第1節Ⅰ対象確定条件(5))。

3 **正しい**。特殊価格とは、文化財等の一般的な市場性を有しない不動産について、その利用状況等を前提とした不動産の経済価値を適正に表示する価格をいい、文化財の指定を受けた建造物・宗教建築物などについて、その保存等に主眼をおいた鑑定評価を行う場合などに適用する（基準総論第5章第3

節Ⅰ４特殊価格）。

4 **誤り**。正解。原価法は、対象不動産が建物およびその敷地である場合において、再調達原価の把握および減価修正を適切に行うことができる場合に有効な手法であり、対象不動産が土地のみである場合においても、再調達原価を適切に求めることができるときは、この手法を適用することができる（基準総論第７章第１節Ⅱ１意義）。

基本書　第4編 第2章 2 土地・建物の鑑定評価

問題 26　正解 3　宅建業の免許……………………………　難易度 A

1 **誤り**。A社がB社との合併により消滅した場合、合併消滅の日にA社の免許は失効する（宅建業法11条１項２号・２項）。したがって、B社はA社の免許を承継することができない。

2 **誤り**。信託業法３条の免許を受けた信託会社は、国土交通大臣への届出のみで国土交通大臣の免許を受けた宅建業者とみなされ、宅建業を営むことができる（同法77条２項・３項）。

3 **正しい**。正解。個人Cが転売目的で競売により取得した宅地を多数の区画に分割し、宅建業者に販売代理を依頼して、不特定多数の者に分譲する事業を行おうとする場合は、宅建業に該当し、Cは免許を受けなければならない（同法２条２号）。

4 **誤り**。乙県知事免許の宅建業者Eが、同一県内に２以上の事務所を設置して宅建業を営もうとする場合は、乙県知事免許で足り、国土交通大臣免許は必要がなく、国土交通大臣への免許換えの問題を生じない。

基本書　第2編 第1章 2 宅建業の免許

問題 27　正解 2　広告…………………………………………　難易度 C

ア **誤り**。取引態様を明示して広告を行った後に注文を受けたときは、広告を行った時点と取引態様に変更がない場合でも、遅滞なく注文者に取引態様の別を明らかにしなければならない（宅建業法34条２項）。

イ **正しい**。広告について誤認させる方法には限定がなく、宅地・建物に係る現在または将来の利用の制限の一部を表示しないことにより誤認させることも禁止されている（同法32条）。

ウ　**正しい**。複数の区画がある宅地の売買について、数回に分けて広告をする場合は、広告を行う都度、取引態様の別を明示しなければならない（同法34条1項）。

エ　**誤り**。工事完了前の宅地・建物について広告を開始することができるのは「法令に基づく許可等の処分後」であって、「許可等の申請後」ではない（同法33条）。

以上により、正しいものはイ、ウの二つであり、正解は2。

基本書　**第2編 第2章 1 一般的規制**

問題28　正解3　宅地建物取引士…………………………　難易度 A

1　**誤り**。登録の申請については制限がなく、合格後いつ申請してもよい（宅建業法18条1項）。本肢のような規定はない。

2　**誤り**。宅地建物取引士証の有効期間の更新の申請については、宅建業の免許と異なり、期間の定めがなく、法定講習（登録をしている都道府県知事が指定する講習で交付申請前6カ月以内に行われるもの）の受講義務が課せられているにすぎない（同法22条の2第2項）。なお、宅建業の免許の更新の時期は、有効期間の満了日の90日前から30日前までとされる。

3　**正しい**。正解。宅地建物取引士は、重要事項の説明をするときは、相手方の請求の有無にかかわらず、必ず宅地建物取引士証を提示しなければならない（同法35条4項）。また、取引の関係者から請求があったときは宅地建物取引士証を提示しなければならない（同法22条の4）。

4　**誤り**。登録の移転を申請するときに、都道府県知事が指定する講習（法定講習）を受ける必要はない（同法19条の2）。

基本書　**第2編 第1章 3 宅地建物取引士**

問題29　正解3　専任媒介契約…………………………　難易度 B

ア　**正しい**。専任媒介契約を締結し、所定の事項を指定流通機構に登録したときは、その「登録を証する書面」を遅滞なく依頼者Bに引き渡さなければならない（宅建業法34条の2第6項）。

イ　**正しい**。媒介契約を締結したときは、当該契約が国土交通大臣が定める標準媒介契約約款に基づくものであるか否かの別を、媒介契約書面に記載しなければならない（同法34条の2第1項8号、施行規則15条の9第4号）。

ウ　**誤り**。専任媒介契約を締結するときは、たとえ依頼者Bの要望に基づく場合であっても、有効期間満了時に自動的に更新する旨の特約をすることはできない（同法34条の2第4項）。

エ　**正しい**。専属専任媒介契約を締結したときは、依頼者Bに対し、当該契約に係る業務の処理状況を1週間に1回以上報告しなければならない（同法34条の2第9項）。

以上により、正しいものはア、イ、エの三つであり、正解は3。

なお媒介契約書面と登録を証する書面は依頼者の承諾を得て電磁的方法により行うことができる（同法34条の2第11項・第12項）。

基本書　第2編 第2章 1 一般的規制

問題30　正解4　報酬…………………………　難易度 B

1　**誤り**。1つの取引に複数の宅建業者が介在する場合でも、宅建業者が受領できる報酬の限度額は同じである。代理の場合は、媒介の一方から受領できる額の2倍以内が報酬の限度額とされる。これを基準に速算式で計算すると、5,000万円（代金）×3％＋6万円＝156万円、156万円×2（代理）＝312万円。312万円×1.1（消費税）＝343万2,000円が報酬の限度額となる（宅建業法46条、報酬額に関する告示第2・第3）。A（代理業者）が343万2,000円を受領すると同時にB（媒介業者）が171万6,000円を受領することは、上記の報酬の限度額を超えることになる。

2　**誤り**。居住用建物の貸借の媒介に関して、依頼者の一方から受けることのできる報酬の限度額は、原則として、借賃の「1カ月分の0.55倍」に相当する金額以内とされるが、例外として借賃の1.1カ月分を受領するためには、「媒介の依頼を受けるにあたって」依頼者の承諾を得ている場合であり、かつ双方から受領する報酬額の総額の場合である（同告示第4）。

3　**誤り**。店舗用建物の貸借の媒介で権利金の授受がある場合には、権利金の額を売買に係る代金の額とみなして計算することができる（同告示第6）。本肢の場合、300万円（権利金の税抜価格）×4％＋2万円）×1.1（消費税分）＝15万4,000円を報酬の限度額として依頼者の一方から受領することができる。本肢の30万8,000円は、この限度額を超えている。

4　**正しい**。正解。事務所用建物の貸借の媒介に関し、Aが受ける報酬の合計額が1.1カ月分以内であれば、依頼者の双方からどのような割合で報酬を受けてもよく、また依頼者の一方のみから報酬を受けることもできる（同告示第4）。

基本書　第2編 第2章 3 報酬・その他の制限

問題 31　正解 1　**重要事項の説明**……………………………　難易度 B

1　**正しい**。正解。建物の売買の媒介だけでなく建物の貸借の媒介を行う場合においても、損害賠償額の予定または違約金に関する事項について、説明しなければならない（宅建業法35条1項9号）。

2　**誤り**。建物の売買の媒介を行う場合、当該建物について、石綿の使用の有無の調査の結果が記録されているときは、その内容は、重要事項として説明しなければならないが、宅建業者自らが石綿の使用の有無の調査を実施し、その結果を説明する必要はない（同法35条1項14号、施行規則16条の4の3第4号）。

3　**誤り**。建物の売買の媒介を行う場合、当該建物が既存の建物であるときは、建物状況調査を実施しているかどうか、およびこれを実施している場合は、その結果の概要を説明しなければならない（同法35条1項6の2号イ）。

4　**誤り**。区分所有建物において専有部分の用途その他の利用の制限に関する規約の定めがあるときの内容は、区分所有建物の売買の媒介を行う場合も区分所有建物の貸借の媒介を行う場合も、説明しなければならない（同法35条1項6号、施行規則16条の2第3号）。

なお、35条書面は相手方の承諾を得て電磁的方法による代用措置を講じることができる（同法35条8項・9項）。

基本書　第2編 第2章 1 一般的規制

問題 32　正解 1　**8種制限**……………………………　難易度 B

1　**正しい**。正解。相手方が契約の履行に着手した後は、売主である宅建業者Aは手付金の倍額を現実に提供しても、契約を解除することができない（宅建業法39条2項）。

2 **誤り**。クーリング・オフによる契約の解除は、無条件解除であり、「AがBから受領した手付金を返還しない」旨の特約は、買主に不利な特約として無効である（同法37条の2第4項）。

3 **誤り**。宅地・建物の割賦販売契約を解除するには、30日以上の相当期間を定めて書面で催告しなければならない（同法42条1項）。したがって、Aはただちに賦払金の支払の遅滞を理由として契約を解除することができない。

4 **誤り**。工事完了前の宅地・建物の売買契約において手付金等の保全措置を講じなければならないのは、代金額5％または1,000万円を超える手付金等を受領する場合である（同法41条1項、施行令3条の3）。本肢では、代金が5,000万円であるから、Bから200万円の手付金を受領することは5％以下であり、保全措置の必要はない。

基本書 第2編 第2章 2 自ら売主規制（8種制限）

問題33 正解 1 37条書面 難易度 A

1 **正しい**。正解。媒介により建物の貸借の契約を成立させたときは、37条書面に借賃の額ならびにその支払の時期および方法を記載し、当該書面を各当事者に交付しなければならない（宅建業法37条2項2号・1項）。

2 **誤り**。媒介により宅地の貸借の契約を成立させたときは、当該宅地の引渡しの時期について重要事項説明書に記載して説明を行ったときでも、その内容を37条書面に記載しなければならない（同法37条2項1号、1項4号）。なお、引渡しの時期は、37条書面の記載事項であって、35条書面の記載事項ではないことに注意。

3 **誤り**。売主Aは、買主が宅建業者である場合でも、宅地建物取引士に37条書面に記名させなければならない（同法37条3項）。

4 **誤り**。売主Aは、代金についての金銭の貸借のあっせんに関する定めがある場合における当該あっせんに係る金銭の貸借が成立しないときの措置について、37条書面に記載しなければならない（同法37条1項9号）。

なお37条書面は、37条1項・3項に規定する者の承諾を得て電磁的方法による代用措置を講じることができる（同法37条4項・5項）。

基本書　第2編 第2章 1 一般的規制

問題 34　正解 4　登録…………………………………　難易度 A

1　**誤り**。登録の申請は、宅地建物取引士試験に合格した者で、一定の条件を具備した者が試験を行った都道府県知事（合格地の都道府県知事）に対して行う（宅建業法19条1項）。したがって、勤務地の乙県知事ではなく、甲県知事に登録を申請しなければならない。

2　**誤り**。登録を受けている者の住所は、宅地建物取引士資格登録簿の登載事項であり（同法18条2項）、住所に変更があれば、遅滞なく変更の登録を申請しなければならない（同法20条）。

3　**誤り**。従事先として登録している宅建業者の事務所の所在地は、宅地建物取引士資格登録簿の登載事項ではないから、その変更については、変更の登録を申請する必要がない。

4　**正しい**。正解。登録の移転の申請とともに宅地建物取引士証の交付の申請があったときは、移転後の都道府県知事（本肢では丁県知事）は、移転前の宅地建物取引士証の有効期間が経過するまでの期間を有効期間（＝残存期間）とする新たな宅地建物取引士証を交付しなければならない（同法22条の2第5項、施行規則14条の14）。

基本書　第2編 第1章 3 宅建建物取引士

問題 35　正解 3　営業保証金…………………………………　難易度 B

1　**誤り**。Aに対する請負代金債権は、宅建業者と宅地建物取引業に関し取引したことから生じた債権に該当しないため、建設業者は、営業保証金の還付請求権（債権の弁済を受ける権利）を有しない（宅建業法27条1項）。

2　**誤り**。Aが新たに甲県内に支店を設置したときは、本店の最寄の供託所に支店分に相当する営業保証金を供託し、その旨を免許権者（甲県知事）に届け出た後でなければ、当該支店での事業を開始することができない（同法25条5項、26条）。

3　**正しい**。正解。営業保証金の還付が行われ、その還付額分の営業保証金に不足が生じた場合、Aは免許権者（甲県知事）から補充供託の通知書を受けた日から2週間以内に、不足額を供託しなければならない（同法28条1

項）。

4　**誤り**。本店および2つの支店を設置した場合の供託すべき営業保証金の合計額は、1,000万円（本店分）＋500万円×2（支店分）＝2,000万円である（同法25条2項、施行令2条の4）。

基本書　第2編 第1章 5 営業保証金と保証協会

問題36　正解4　保証協会……………………………………　難易度A

1　**誤り**。保証協会の社員との宅建業に関する取引により生じた債権を有する者は、当該社員が供託すべき「営業保証金の額に相当する額の範囲内」において弁済を受ける権利を有する（宅建業法64条の8第1項）。弁済業務保証金分担金の額に相当する額の範囲内ではない。

2　**誤り**。弁済業務保証金について弁済を受ける権利を実行するときは、当該保証協会の認証を受けるとともに（同法64条の8第2項）、「供託所」に対し還付請求をしなければならない（保証協会弁済業務保証金規則2条1項）。

3　**誤り**。保証協会は、弁済業務保証金の還付があったときは、その還付に係る社員または社員であった者に対し、還付額に相当する額の還付充当金を「保証協会」に納付するように通知しなければならない（宅建業法64条の10第1項）。

4　**正しい**。正解。保証協会は、弁済業務保証金の還付があったときは、国土交通大臣から通知を受けた日から2週間以内に、当該還付額に相当する額の弁済業務保証金を供託しなければならない（同法64条の8第3項）。

基本書　第2編 第1章 5 営業保証金と保証協会

問題37　正解1　37条書面……………………………………　難易度B

ア　**誤り**。37条書面については、宅建業者に交付義務はあるが、専任か否かを問わず宅地建物取引士をして説明させる義務はない（宅建業法37条1項）。

イ　**誤り**。供託所等に関する事項は、37条書面の記載事項とはされていない。

ウ　**正しい**。正解。37条は宅建業者間取引の適用除外とはされていないから（同法78条2項）、買主が宅建業者であっても37条書面を交付しなければならない。

エ　**誤り**。宅地の引渡しの時期および移転登記の申請の時期は、37条書面の必要的記載事項とされ、買主が宅建業者であっても37条書面に必ず記載しなければならない（同法37条1項4号・5号）。

以上により、ウのみが正しく、正解は1。

基本書 第2編 第2章 1 一般的規制

問題38 正解4 媒介契約…………………………… **難易度 B**

1 **誤り**。宅建業者Aが媒介契約書面に記名押印し、依頼者に交付しなければならない（宅建業法34条の2第1項）。媒介契約書面の記名押印は、宅地建物取引士でないことに注意。

2 **誤り**。宅建業者Aが価額について意見を述べる場合の根拠の明示は、口頭でもよい（同法34条の2第2項）。

3 **誤り**。一般媒介契約の場合でも「指定流通機構への登録に関する事項」は記載しなければならない（同法34条の2第1項6号）。しかし、専任媒介契約、専属専任媒介契約と異なり、宅建業者に登録義務はなく、登録する場合は、登録事項を記載する必要があるが、登録しない場合は、目的物の所在等の登録事項を記載しなくてもよい（同法34条の2第5項）。

4 **正しい**。正解。媒介契約書面には、「媒介契約の有効期間及び解除に関する事項」を記載しなければならない（同法34条の2第1項5号）。

基本書 第2編 第2章 1 一般的規制

問題39 正解2 従業者名簿・従業者証明書……………… **難易度 B**

1 **誤り**。宅建業者は、「取引の関係者」から請求があったときは、従業者名簿をその者の閲覧に供しなければならない（宅建業法48条4項）。

2 **正しい**。正解。従業者が宅地建物取引士であるときでも、宅地建物取引士証とは別に従業者証明書を携帯する必要があるから、宅建業者は、宅地建物取引士証だけでなく、従業者証明書も携帯させなければならない（同法48条1項）。

3 **誤り**。宅建業者は、その事務所ごとに従業者名簿を備え、最終の記載をした日から10年間保存しなければならない（同法48条3項、施行規則17条の2第4項）。退職した従業者に関する事項は、従業者名簿から消去しなければならないという規定はない。

4　**誤り**。従業者証明書を携帯させるべき者の範囲は、代表者のほかに、非常勤の役員や単に一時的に事務の補助をする者も含まれる（同法 48 条 1 項、宅建業法の解釈・運用の考え方 48 条第 1 項関係）。

基本書　第 2 編 第 2 章 3 報酬・その他の制限

問題 40　正解 2　クーリング・オフ　難易度 C

ア　**解除できない**。クーリング・オフによる契約解除は、告げられた当日から起算して 8 日以内に書面を発信すればよい（宅建業法 37 条の 2 第 1 項 1 号）。本肢では、告知を受けた日の翌日から 8 日目であるから、B はクーリング・オフによる契約解除ができない。

イ　**解除できる**。本肢の喫茶店での買受けの申込みは、事務所以外の場所で行われた申込みであるから、A が契約の履行に着手したときでも、B はクーリング・オフによる契約解除ができる。

ウ　**解除できる**。クーリング・オフによる契約の解除をしない旨の A と B との合意は、買主に不利な特約として無効ある（同法 37 条の 2 第 4 項）。また、本肢の喫茶店での買受けの申込みは、事務所等以外の場所で行われた買受けの申込みであり、B はクーリング・オフによる契約解除ができる。

エ　**解除できない**。継続的に業務を行うことができる施設で専任の宅地建物取引士が設置されている場所（同法施行規則 15 条の 5 の 2）で行われた B の買受けの申込みは、クーリング・オフによる契約解除ができない。

以上により、クーリング・オフによる契約解除ができるのは、イ、ウの二つであり、正解は 2。

基本書　第 2 編 第 2 章 2 自ら売主規制（8 種制限）

問題 41　正解 3　重要事項の説明　難易度 A

1　**誤り**。重要事項説明書の記名は、宅地建物取引士によるものでなければならない（宅建業法 35 条 5 項・7 項）。

2　**誤り**。重要事項の説明および重要事項説明書の記名は、宅地建物取引士でなければならないが、いずれも専任の宅地建物取引士である必要はない（同法 35 条 1 項・5 項・7 項）。

3　**正しい**。正解。重要事項を説明するときは、宅地建物取引士は相手方からの請求の有無に関わらず、宅地建物取引士証を提示しなければならない。したがって、宅地建物取引士証の再交付申請中の宅地建物取引士は宅地建物取引士証の提示ができず重要事項を説明することができない（同法35条4項）。

4　**誤り**。重要事項の説明場所については、どこでもよく、宅建業者の事務所である必要はない。

基本書　第2編 第2章 **1** 一般的規制

問題 42　正解 4　8種制限……………………………… 難易度 C

1　**正しい**。買主は、売主業者の契約不適合責任を追及するために、一定期間内に契約不適合である旨を通知して権利を保全できるが、その通知期間について「引渡しの日から2年以上」となる特約は、宅建業法上有効な特約として認められ、本肢は正しい（民法566条、宅建業法40条）。

2　**正しい**。Aが受領する200万円の手付金については保全措置を講じる必要はないが、中間金300万円を受領する時点で合算額（500万円）が代金の5％を超えることになり、保全措置を講じないと中間金を受領することができない（同法41条1項）。

3　**正しい**。宅建業者間取引においては、宅地建物取引業39条、41条の2の規定は適用除外となり（同法78条2項）、Aは造成工事完了後の宅地の売買契約において代金（3,000万円）の10分の2を超える手付金800万円を手付金等の保全措置を講ずることなく受領することができる。

4　**誤り**。正解。契約不適合責任を一切負わないとする契約は、買主に不利な特約として無効となるが（同法40条2項）、Aがその責任を負う期間は引渡日から2年となるわけではなく、民法の原則に戻り、買主は契約不適合を知ってから1年以内に通知をすればよいとされる（民法566条）。

基本書　第2編 第2章 **2** 自ら売主規制（8種制限）

問題 43　正解 2　免許基準……………………………… 難易度 B

1　**誤り**。刑の執行猶予がついた場合、その執行猶予が満了すれば、刑の言渡しは効力を失い、5年を経過しなくてもA社は免許を受けることができる（宅建業法5条1項6号、刑法27条）。

2　**正しい**。正解。相続人Cは、Bが締結した契約に基づく取引を結了する目的の範囲内において宅建業者とみなされ（宅建業法76条）、免許の失効後でも目的物を買主に引き渡すことができる。

3　**誤り**。破産手続開始の決定があった場合、破産管財人はその決定の日から30日以内に届け出なければならず、届出によって免許が失効する（同法11条1項3号・2項）。

4　**誤り**。破産手続開始の決定があった場合、破産者が復権を得れば5年を経過しなくても免許を受けることができる（同法5条1項1号・12号）。

基本書　第2編 第1章 4 免許の基準と登録の基準

問題44　正解4　重要事項の説明……………………　難易度B

1　**正しい**。昭和56年6月1日前に着工した建物で耐震診断を受けたものであるときは、その内容を説明しなければならない（宅建業法35条1項14号、施行規則16条の4の3第5号）。

2　**正しい**。貸借の媒介を行う場合には、敷金その他いかなる名義をもって授受されるかを問わず契約終了時に精算に関する事項を説明しなければならない（同法35条1項14号、施行規則16条の4の3第11号）。

3　**正しい**。宅建業者が自ら信託受益権の売主となる場合は、取引の相手方が宅建業者であっても、重要事項説明書を交付して説明しなければならない（同法35条3項）。

4　**誤り**。正解。区分所有建物の売買の媒介を行う場合、計画修繕金の積立てを行う旨の規約の定め（案を含む）があるときは、その内容およびすでに積み立てられている額について説明しなければならない（同法35条1項6号、施行規則16条の2第6号）。

基本書　第2編 第2章 1 一般的規制

問題45　正解2　住宅瑕疵担保履行法……………………　難易度C

1　**誤り**。新築住宅を販売する宅建業者Aは、買主Bに引き渡した新築住宅について、当該買主に対する特定住宅販売瑕疵担保責任の履行を確保するため、住宅販売瑕疵担保保証金を供託しなければならない（住宅瑕疵担保履行法11条1項）。なお、住宅販売瑕疵担保保証金の供託については、基準日まで供託していなければならなかったが、令和３年５月の改正により、毎年、基準日から３週間を経過する日までに供託していればよいこととなった。

2　**正しい**。正解。住宅販売瑕疵担保保証金の供託額が、基準日において基準額を超える場合は、免許権者（本肢では甲県知事）の承認を得て、その超過額を取り戻すことができる（同法９条２項）。

3　**誤り**。資力確保措置の状況の届出期間は、基準日ごとに基準日から３週間以内とされる（同法12条１項、施行規則16条１項）。

4　**誤り**。資力確保措置は、宅建業者自ら売主として新築住宅について、宅建業者でない買主と売買契約を締結した場合であり、宅建業者間取引については適用除外となる（同法２条７項２号ロ、11条）。

基本書　第２編 第４章 **1** 売主・請負人の担保責任、**2** 住宅販売瑕疵担保保証金の供託

問題 46　正解 2　住宅金融支援機構…………………　難易度 C

1　**正しい**。独立行政法人住宅金融支援機構（以下、この問において「機構」という）は、証券化支援事業（買取型）において、金融機関から買い取った住宅ローン債権を担保としてＭＢＳ（資産担保証券）を発行することにより、債券市場（投資家）から資金を調達している。

2　**誤り**。正解。機構は、災害により住宅が滅失した場合におけるその住宅に代わるべき住宅の建設または購入に係る貸付金については、元金据置期間を設けることができる（機構業務方法書24条２項１号）。

3　**正しい**。機構による証券化支援事業（買取型）において、買取り対象となる貸付債権は、自己居住用または親族居住用に住宅を建設・購入する者に対する貸付けに係る金融機関の貸付債権である（同方法書３条１号）。したがって、賃貸住宅の建設または購入に必要な資金の貸付けに係る金融機関の貸付債権については譲受けの対象としていない。

4　**正しい**。機構は、貸付けを受けた者とあらかじめ締結した団体信用生命保険契約に基づき、その者が死亡等した場合に支払われる死亡保険金等を、当該貸付けに係る債務の弁済に充当する団体信用生命保険を業務として行っている（機構法13条１項11号）。

基本書　第４編 第３章 住宅金融支援機構

問題 47 正解 1 　**景表法**……………………………………… **難易度 B**

1　**正しい**。正解。路地状部分（敷地延長部分）のみで道路に接する土地であって、その路地状部分の面積が、おおむね30％以上を占める場合には、①路地状部分を含む旨および、②路地状部分の割合または面積を明示しなければならない（不当景品類及び不当表示防止法5条、不動産の表示に関する公正競争規約（以下、「表示規約」という）13条、表示規約施行規則7条(8)）。

2　**誤り**。徒歩による所要時間は「道路距離80ｍにつき1分間を要する」として算出した数値を表示する必要がある。この場合において、1分未満の端数が生じたときは、1分として切り上げて算出する（同法5条、表示規約15条(4)、表示規約施行規則9条(9)）。実際に歩いたときの所要時間を表示するのではない。

3　**誤り**。新築住宅を販売するに当り、予告広告である旨および契約または予約の申込みには応じられない旨を明瞭に表示（同法5条、表示規約9条、表示規約施行規則5条2項(1)(4)）しても、当該物件が建築確認を受けていなければ、未完成物件の業務に関する広告開始時期の制限（宅建業法33条）に抵触し、広告を表示することができない。

4　**誤り**。新築分譲マンションを販売するに当り、住戸により管理費の額が異なる場合であって、その全ての住宅の管理費を表示することが困難であるときは、最低額および最高額のみで表示することができる（不当景品類及び不当表示防止法5条、表示規約15条(11)、表示規約施行規則9条(41)）。

基本書　**第4編 第4章 1 景表法（不当景品類及び不当表示防止法）、3 表示に関する公正競争規約**

問題 48　正解 －　統計…………………………………………　**難易度 －**

> 本問は古い統計情報のため掲載しておりません。
> 次の本試験の基準となる最新統計情報をもとに改題した本問の解説を、弊社 web サイトよりダウンロードしてご利用ください（2024 年 8 月末予定）。
>
> ※詳細は v ページ「パーフェクト宅建士シリーズ読者特典（＊特典３＊）」をご参照ください。

問題 49　正解 4　土地…………………………………………　**難易度 B**

1　**適当**。都市の中小河川の氾濫の原因の一つは、急速な都市化、宅地化に伴い、降水時に雨水が短時間に大量に河川に流れ込むようになったことである。

2　**適当**。中小河川の防災対策は、中小河川に係る防災の観点から、宅地選定に当たっては、その地点だけでなく、周辺の地形と防災施設に十分注意して選定する必要がある。

3　**適当**。地盤の液状化については、宅地の地盤条件についてあらかじめ調べておくことが重要であり、地盤条件は過去の地形とも関係するので、過去にいかなる地形であったかについても、古地図などで確認することが必要である。

4　**最も不適当**。正解。地形や地質的な条件については、宅地に適しているか調査する必要があるが、その調査は困難である。そのため、十分信頼できる業者による造成地を選び、かつ、擁壁や排水施設の有無、周辺住民の意見を聴く等のことが必要である。

基本書　第 4 編 第 5 章 **1** 土地

問題 50　正解 3　建物…………………………………………　**難易度 C**

1　**適当**。建物の構成は、大別して基礎構造と上部構造からなる。基礎構造は地業と基礎盤から構成されて、上部構造を安全に支持する役目を負うものである。なお、「地業（ちぎょう）」とは、基礎構造のうち地盤に対して行う工事のことで、割ぐり地業や杭打ち地業などがある。

2 **適当**。基礎の種類には、基礎の底面が直接支持基盤に接する直接基礎と、建物を支持する地盤が深い場合に使用する杭基礎（杭地業）があり、杭地業を用いる場合は杭地業の上に直接基礎が設けられる。

3 **最も不適当**。正解。直接基礎の種類には、形状により、柱の下に設ける独立基礎、壁体等の下に設ける布基礎（連続基礎）、建物の底部全体に設けるべた基礎等がある。本肢は、布基礎（連続基礎）とべた基礎との記述が逆である。

4 **適当**。上部構造は、建築空間の骨格を形成し、重力、風力、地震力等の荷重に耐える役目を負う柱や梁（はり）等の主要構造と、屋根、壁、床等の仕上げ部分等から構成されている。

基本書 **第4編 第5章 2 建物**

令和元年度

正解と解説

＊正解番号一覧

問題	正解	問題	正解	問題	正解	問題	正解	問題	正解
1	1	11	3	21	1	31	1	41	1
2	4	12	4	22	3	32	4	42	1
3	1	13	3	23	2	33	3	43	2
4	4	14	3	24	4	34	2	44	3
5	2	15	4	25	3	35	4	45	1
6	2	16	1	26	4	36	2	46	1
7	1	17	4	27	1	37	3	47	4
8	2	18	2	28	4	38	2	48	―
9	4	19	3	29	3	39	3	49	3
10	1	20	1	30	4	40	2	50	4

難易度は A ～ D 。
A がやさしく、
D が最難関な問題です。

合格ライン⇨ 50 問中 35 問以上の正解
（登録講習修了者は、45 問中 30 問以上の正解）

問題 1　正解 1　物権変動……………………………………… 難易度 B

1　**誤り。**正解。不動産の物権変動を第三者に対抗するためには、登記を得ておかなければならないのが原則であるが（民法 177 条）、ここでいう「第三者」は、登記を得ていないことを主張する正当な利益を有する者に限られる（大連判明 41.12.15）。権原もないのに他人所有の不動産を不法占有する者は「第三者」に当たらない（最判昭 25.12.19）。したがって、Bは、登記を得ていなくても、不法占有者Cに対して甲土地の所有権を主張して明渡請求をすることができる。

2　**正しい。**建物所有目的で土地を賃借している場合、借地上の建物について借地権者名義の登記がされているときは、借地権を第三者に対抗できる（借地借家法 10 条 1 項）。このように賃借権が対抗要件を備えている場合において、その不動産が譲渡されたときは、譲受人は所有権の移転の登記をしなければ、賃借人に所有権を対抗できない（民法 177 条）。

3　**正しい。**不動産の所有権が順次譲渡された場合、直接的な所有権移転の当事者間だけでなく、その前の所有権移転の当事者に対しても、不動産の譲受人は登記がなくても所有権を主張することができる（最判昭 39.2.13）。つまり、AとEは第三者の関係にはなく、Eは登記がなくてもAに対して所有権を主張できる。

4　**正しい。**時効取得者Fは、時効完成前に登場した目的物の譲受人Bに対して取得時効を原因とする所有権取得を対抗するためには、登記を必要としない（最判昭 41.11.22）。時効完成時の甲土地の所有者はBであり、Bは、甲土地所有権の得喪につき当事者の立場に立ち、「第三者」に該当しないからである。

基本書　**第1編 第2章 2 不動産物権変動**

問題 2　正解 4　意思表示……………………………………　**難易度 B**

1　**正しい。**取消しによって売主に権利が戻ってくる過程（買主→売主）と、買主から第三者に権利が移転する過程（買主→第三者）があり、ちょうど買主を起点として権利が二重に譲渡された場合に似ている。つまり、詐欺による取消しの後に出現した第三者と取消者との関係は、対抗問題となり、登記なくして権利を主張することはできない（大判昭 17.9.30）。よって、AはCに対して、登記なくして甲土地の返還を請求できない。

2　**正しい。**詐欺による取消しの前に出現した第三者と取消者との関係は、第三者が善意無過失かどうかで決まり、登記の有無は結論に影響しない（民法 96 条３項、最判昭 49.9.26）。したがって、Aは、詐欺について悪意のCに対して、取消しを主張して甲土地の返還を請求することができる。

3　**正しい。**意思表示に対応する意思を欠く錯誤があり、その錯誤が法律行為の目的および取引上の社会通念に照らして重要なものであるときは、その錯誤が表意者の重大な過失によるものでなければ、錯誤により意思表示をした者は、その意思表示を取り消すことができる（同法 95 条１項１号・３項）。ただし、第三者が善意無過失の場合、取消しを対抗できない（同条４項）。したがって、Aは悪意のCに対して甲土地の返還を請求することができる。

4　**誤り。**正解。錯誤が表意者の重大な過失によるものであった場合には、意思表示の取消しをすることができないのが原則である（同法95条3項）。よって、AはBに対し、錯誤による当該意思表示の取消しを主張して、甲土地の返還を請求することはできない。

基本書　第1編 第1章 3 法律行為・意思表示

問題 3　正解 1　売主の契約不適合責任……………………　難易度 C

1　**正しい。**正解。売主は、担保責任を負わない旨の特約をしたときであっても、知りながら告げなかった事実および自ら第三者のために設定しまたは第三者に譲り渡した権利については、その責任を免れることができない（民法572条）。したがって、引渡しから3カ月で担保責任を免れる旨の特約は、効力を有しないと解される。特約が効力を有しないのであれば、買主Bは不適合を知った時から1年以内にその旨を売主Aに通知すれば、その契約不適合を理由として担保責任を追及することができる（同法566条）。

2　**誤り。**目的物の重要な部分に不適合があるため契約の目的を達成できないときは、売主に対して不適合の追完の催告をすることなく、直ちに契約を解除することができるが、契約の目的を達成できるときは、原則として、相当の期間を定めて履行の追完を催告した上でなければ、契約を解除することができない（同法564条、541条、542条）。

3　**誤り。**不適合を理由に契約を解除することができる場合でも、買主に損害があれば、損害賠償を請求することができる（同法545条3項）。

4　**誤り。**担保責任は、種類、品質および数量に関して契約の内容に適合した目的物を引き渡す債務を売主が負うことを前提にして認められたものである。目的物に瑕疵があり契約に適合しない場合は、売主に債務不履行があるとして、担保責任を負わせているのである。したがって、売買契約を媒介した宅建業者Cは売主でないから、担保責任を負わない。

基本書　第1編 第3章 8 売主の契約不適合責任

問題 4　正解 4　不法行為……………………………………　難易度 C

1　**誤り。**第三者の不法行為または債務不履行により家屋が焼失した場合、その損害につき火災保険契約に基づいて家屋所有者に給付される保険金は、第三者が負担すべき損害賠償額から損益相殺として控除されるべき利益には当たらない（最判昭 50.1.31）。

2 **誤り。**不法行為と同一の原因によって被害者またはその相続人が第三者に対して損害に対する賠償と同じような性質を有する債権を取得した場合は、当該債権が現実に履行されたとき、またはその存続および履行が確実であるときに限り、これを加害者の賠償すべき損害額から控除すべきであるとされている（最大判平 5.3.24）。

3 **誤り。**不法行為の行為者を教唆した者および幇助（ほうじょ）した者は、共同行為者とみなされ、行為者と連帯して損害賠償責任を負う（民法 719 条 2 項）。

4 **正しい。**正解。他人の名誉を毀損した者に対しては、裁判所は、被害者の請求により、損害賠償に代えて、または損害賠償とともに、名誉を回復するのに適当な処分を命ずることができる（同法 723 条）。また、名誉を侵害された者は、人格権としての名誉権に基づき、現に行われている侵害行為を排除し、または将来生ずべき損害を予防するために、侵害行為の差止めを求めることができる（最大判昭 61.6.11）。

基本書 第1編 第3章 13 不法行為

問題 5 正解 2 無権代理 …… 難易度 B

1 **正しい。**判決文には、「本人が追認を拒絶すれば無権代理行為の効力が本人に及ばないことが確定し、追認拒絶の後は本人であっても追認によって無権代理行為を有効とすることができず」とあり、本肢の記述どおりである。

2 **誤り。**正解。判決文は、本人が追認拒絶した「後に」無権代理人が本人を相続した場合について述べているだけで、追認拒絶をする「前に」相続した場合については述べていない。追認を拒絶する前に無権代理人が本人を相続した場合は、本人が自ら法律行為をしたのと同様な法律上の地位を生じる（無権代理行為は当然に有効となる）とされており（最判昭 40.6.18）、本問の判決文とは異なる結論となっている。

3 **正しい。**民法 116 条によると、無権代理行為の「追認は、別段の意思表示がないときは、契約のときにさかのぼってその効力を生ずる。ただし、第三者の権利を害することはできない」とされており、本肢の記述どおりである。

4　**正しい。**本人が無権代理人を相続した場合は、無権代理行為は当然には有効とならない（最判平10.7.17）。無権代理を行った張本人である無権代理人が本人の地位を相続したからといって追認を拒絶するのは不当だが、本肢のように無権代理の被害者的立場にある本人が無権代理人の地位を相続した場合は、追認拒絶をしたとしても不当とはいえないからである。

基本書　第1編 第1章 4 代理

問題 6　正解 2　遺産分割……………………………………… **難易度 C**

1　**誤り。**被相続人は、遺言で、遺産の分割の方法を定め、もしくはこれを定めることを第三者に委託し、または相続開始の時から5年を超えない期間を定めて、遺産の分割を禁止することができる（民法908条1項）。なお、共同相続人は、被相続人が遺言で禁じた場合を除き、いつでも、その協議で、遺産の全部または一部の分割をすることができる（同法907条1項）。

2　**正しい。**正解。遺産分割協議が成立した後であっても、共同相続人全員が分割協議の結果を再考することを欲したのであれば、分割協議の全部または一部を全員の合意により解除した上、改めて分割協議を成立させることができるとされている（最判平2.9.27）。

3　**誤り。**共同相続された預貯金債権は、相続開始と同時に当然に相続分に応じて分割されることなく、遺産分割の対象となる（最大決平28.12.19）。ただし、各共同相続人は、遺産に属する預貯金債権のうち相続開始の時の債権額の3分の1に法定相続分を乗じた額（標準的な当面の必要生計費、平均的な葬式の費用の額その他の事情を勘案して預貯金債権の債務者ごとに法務省令で定める額を限度とする）については、単独でその権利を行使することができる（同法909条の2）。全額について行使することができるわけではない。

4　**誤り。**遺産の分割は、分割協議が成立した時からではなく、相続開始の時にさかのぼってその効力を生ずる（同法909条本文）。なお、第三者の権利を害することはできないとする点は正しい（同法909条ただし書）。

基本書　第1編 第4章 相続

問題 7　正解 1　弁済…………………………………　**難易度 D**

1　**誤り。**正解。受領権者以外の者であって取引上の社会通念に照らして受領権者としての外観を有するものに対してした弁済は、その弁済をした者が善意であり、かつ、過失がなかったときに限り、有効な弁済となる（民法 478 条）。したがって、過失があったBによる弁済は有効にならないのが原則である。しかし、弁済者に過失があったとしても、その弁済によって債権者が結果的に利益を得たのであれば、その利益を得た限度で弁済の効力を認めても問題はない（同法 479 条）。本肢の事例では、受領した代金をAに引き渡しており、債権者は結果的に弁済の利益を得ているので、弁済の効力を認めることができる。

2　**正しい。**債権者の代理人と称して債権を行使する者も、取引上の社会通念に照らして受領権者としての外観を有するものに当たるので（最判昭 37.8.21）、弁済者が善意無過失であれば、有効な弁済となる（同法 478 条）。

3　**正しい。**債権者の相続人と称する者も、取引上の社会通念に照らして受領権者としての外観を有するものに当たるので（大判大 10.5.30）、弁済者が善意無過失であれば、有効な弁済となる（同法 478 条）。

4　**正しい。**双務契約（売買契約のように当事者双方が債務を負う契約）の当事者の一方は、自己の債務の履行期が過ぎた場合であっても、相手方の債務の履行期が到来していれば、同時履行の抗弁権を主張して、相手方がその債務の履行を提供するまでは、自己の債務の履行を拒むことができる（同法 533 条）。

基本書　**第 1 編 第 3 章 9 弁済**

問題 8　正解 2　請負…………………………………　**難易度 C**

1　**正しい。**請負契約の目的物である建物に重大な瑕疵があるためにこれを建て替えざるを得ない場合には、注文者は、請負人に対し、建物の建替えに要する費用相当額の損害賠償を請求することができる（最判平 14.9.24）。

2　**誤り。**正解。請負契約の目的物が種類または品質に関して契約の内容に適合しない場合の請負人の担保責任の追及は、注文者がその不適合を知った時から 1 年以内にその旨を請負人に通知して行わなければならず（民法 637 条 1 項）、担保責任の存続期間を 20 年と定めることはできない。

3　**正しい。**債権者の責めに帰すべき事由によって債務を履行することができなくなったときは、債権者は、反対給付の履行を拒むことができない（同法536条2項）。この規定は、注文者の責めに帰すべき事由によって債務を履行することができなくなった場合であれば、請負人は未履行部分の仕事完成義務を免れる一方で、注文者は報酬支払債務の履行を拒むことができないことを意味している。

4　**正しい。**請負人が仕事を完成しない間は、注文者は、いつでも損害を賠償して契約の解除をすることができる（同法641条）。注文者にとって、請負の完成が必要でなくなった以上、無理に契約を続けさせても意味がないからである。なお、これは、あくまで注文者からの解除で、請負人から一方的に解除することはできないことに注意。

基本書　**第1編 第3章 12 請負・委任・寄託・贈与・使用貸借・消費貸借**

問題 9　正解 4　時効…………………………………………　難易度 B

1　**正しい。**裁判上の請求があった場合、確定判決または確定判決と同一の効力を有するものによって権利が確定したときは、時効が更新され、裁判上の手続が終了した時から新たにその進行を始める（民法147条1項1号・2項）。訴えが取り下げられた場合は確定判決等によって権利が確定しないので、時効の更新の効力は生じない。

2　**正しい。**訴えが却下された場合も、確定判決等によって権利が確定されることはないので、時効の更新の効力は生じない。

3　**正しい。**請求棄却の判決とは、請求に係る権利の存在を否定する判決であるから、権利を確定する判決には当たらない。したがって、請求棄却の判決が確定した場合も、時効の更新の効力は生じない。

4　**誤り。**正解。裁判上の和解は、確定判決と同一の効力を有している（民事訴訟法267条）。したがって、和解が成立した場合は、時効の更新の効力が生じる。

基本書　**第1編 第1章 5 時効**

問題 10　正解 1　抵当権…………………………………………　難易度 C

抵当権の順位の譲渡とは、後順位抵当権者のために抵当権の順位を譲渡することをいい、譲渡が行われると受益者と順位が入れ替わることになる。一番抵当権者Bが三番抵当権者Dに順位を譲渡した場合は、Dが一番抵当権者になりBが三番抵当権者になる。ただし、抵当権の順位の譲渡により、譲渡の当事者ではない二番抵当権者Cの権利を害することはできない。

それゆえ、Dは、二番抵当権者Cとの関係では、従来の一番抵当権者Bの債権額の範囲でしか優先弁済を受けることができない。したがって、売却代金6,000万円から、まずDが一番抵当権者として2,000万円の弁済を受け、次にCが二番抵当権者として2,400万円の弁済を受けることになる。残額は1,600万円であるが、Dは、Bとの関係では上位の順位を有しているから、Bに優先して1,000万円の弁済を受けることできる。

以上のようにDとCが弁済を受けると、売却代金の残額は600万円である。したがって、Bの受ける配当額は600万円ということになり、肢1が正解となる。

基本書　第1編 第2章 5 抵当権・根抵当権

問題 11　正解 3　賃貸借・借地借家法／借地権……………　難易度 B

1　**誤り。**建物を所有する目的で土地を賃貸する場合は借地借家法の適用があるが（借地借家法1条）、資材置場とする目的のように建物所有以外の目的の場合は民法の規定のみが適用される。民法上、賃貸借の存続期間は、50年を超えることができないが、契約でこれより長い期間を定めたときは、その期間は50年となる（民法604条1項）。したがって、ケース①は期間50年となる。50年以下の期間の定めは有効なので、ケース②の期間は15年となるとする点は正しい。

2　**誤り。**借地借家法上、借地権の存続期間は、30年とされているが、契約でこれより長い期間を定めたときは、その期間が存続期間となる（借地借家法3条）。これは、借地権の存続期間を長くさせようという趣旨であるから、民法上許されない50年を超える定めも有効となるが、30年に満たない期間の定めは無効となり（借地借家法9条）、30年の期間となる。したがって、ケース①の期間は60年となり、ケース②の期間は30年となる。

3　**正しい。**正解。ケース①のように、存続期間を50年以上として借地権を設定する場合においては、書面または電磁的記録で定めれば、契約の更新がない旨の特約を有効に定めることができる（一般定期借地権、同法22条）。専ら事業の用に供する建物の所有を目的とする場合は、公正証書で定めれば、存続期間10年以上50年未満として契約の更新がないことを有効に定めることができるが（事業用定期借地権、同法23条）、本肢のように居住の用に供する建物の所有を目的とする場合は、そのような定めをすることはできない。したがって、ケース②では、通常の借地権に関する規定が適用され、契約の更新がない旨の定めと期間15年の定めは無効となり、期間は30年となる。

4　**誤り**。肢3の解説で述べたとおり、工場など専ら事業の用に供する建物の所有を目的とする場合は、公正証書によれば、期間15年で契約の更新がないことを有効に定めることができる。したがって、ケース②では契約の更新がないことを公正証書で定めれば有効である。これに対し、ケース①は、期間が60年なので、事業用定期借地権として設定することはできないが、一般定期借地権として設定することは可能である。一般定期借地権は、公正証書以外の書面または電磁的記録でも定めることができるので、「公正証書で定めた場合に限り」とする本肢の記述は誤りである。

基本書　**第1編 第5章 1 借地借家法－①（借地関係）**

問題 12　正解 4　借地借家法／借家権……………………　難易度 B

1　**誤り**。契約の更新がない旨を定める建物賃貸借（定期建物賃貸借）は、公正証書による等書面によって契約することのほか、当該契約を締結する前にあらかじめ、建物の賃借人に対し、契約の更新がなく、期間の満了により当該建物の賃貸借が終了することについて、その旨を記載した書面を交付して説明することも必要である（借地借家法38条1項・3項）。なお、定期建物賃貸借契約を電磁的記録により締結したときは、その契約は書面によってされたものとみなされる（同法38条2項）。また、契約更新がないこと等の事前説明についても、賃借人の承諾を得れば、書面の交付に代えて、電磁的方法により提供して行うことも認められている（同法38条4項）。

2　**誤り**。定期建物賃貸借の対象となる建物の用途について、特に制限はない（同法38条1項）。居住の用に供する建物であっても、定期建物賃貸借として契約の更新がない旨を定めることができる。

3　**誤り。**建物の賃貸借について期間の定めがある場合において、従前の契約と同一の条件で契約を更新したものとみなされるのは、当事者が期間の満了の「1年前から6カ月前」までの間に相手方に対して更新しない旨の通知または条件を変更しなければ更新をしない旨の通知をしなかったときである（同法26条1項）。「3カ月前まで」とする点が誤りである。

4　**正しい。**正解。建物の転貸借がされている場合において、建物の賃貸借が期間の満了または解約の申入れによって終了するときは、建物の賃貸人は、建物の転借人にその旨の通知をしなければ、その終了を建物の転借人に対抗することができない（同法34条1項）。転借人は、自分が当事者でない賃貸人と賃借人（転貸人）の間の賃貸借関係がいつ終了するのかを正確に知ることは困難なので、賃貸人から通知をしないと賃貸借の終了を対抗できないことにしたのである。

基本書　**第1編 第5章 2 借地借家法－②（借家関係）**

問題 13　正解 3　区分所有法…………………………………… **難易度 A**

1　**誤り。**専有部分が数人の共有に属するときは、共有者は、議決権を行使すべき者1人を定めなければならない（区分所有法40条）。集会の決議等において区分所有者の数を問題にする場合には、専有部分が数人の共有に属するときでも、その共有者全員を一の区分所有者と数えるべきだからである。

2　**誤り。**区分所有者の承諾を得て専有部分を占有する者（専有部分の賃借人等）は、会議の目的たる事項について利害関係を有する場合には、集会に出席して意見を述べることはできるが、議決権を行使することはできない（同法44条1項）。

3　**正しい。**正解。集会の議長になるのは、規約に別段の定めがある場合および別段の決議をした場合を除いて、管理者または集会を招集した区分所有者の1人である（同法41条）。

4　**誤り。**集会の議事は、区分所有法または規約に別段の定めがない限り、区分所有者および議決権の「各過半数」で決する（同法39条1項）。

基本書　**第1編 第5章 3 建物の区分所有等に関する法律**

問題 14　正解 3　不動産登記法……………………………… 難易度 D

1　**正しい**。登記の事務は、不動産の所在地を管轄する登記所がつかさどることになっているので、登記の申請が、管轄登記所でない登記所にされた場合、その申請を受け付けるわけにはいかない。それゆえ、本肢のような場合、登記官は、理由を付した決定で、登記の申請を却下しなければならないものとされている（不動産登記法 25 条 1 号）。

2　**正しい**。表題部所有者または所有権の登記名義人が相互に異なる土地の合筆の登記は、することができない（同法 41 条 3 号）。一筆の土地の一部に別々の所有権の登記をする結果となり、権利関係が不明確な登記になってしまうからである。

3　**誤り**。正解。登記官は、一筆の土地の一部が別の地目となったときは、職権で、その土地の分筆の登記をしなければならない（同法 39 条 2 項）。登記は、一筆の土地は全体が同一の地目であることを前提に記録されている。したがって、これに反することになった場合は、それを解消する必要があるので、登記官の職権による分筆登記が義務づけられているのである。

4　**正しい**。民法の原則によれば、任意代理権は、本人の死亡によって消滅する（民法 111 条 1 項 1 号）。しかし、登記の申請をする者の委任による代理人の権限は、本人の死亡によっては消滅しないとする例外が不動産登記法に定められている（不動産登記法 17 条 1 号）。

基本書　第 1 編 第 5 章 4 不動産登記法

問題 15　正解 4　都市計画法／地域地区………………………… 難易度 A

1　**正しい**。高度地区は、用途地域内において市街地の環境を維持するため、都市計画によって建築物の高さの最高限度を定め（最高限度高度地区）、または土地利用の増進を図るために最低限度（最低限度高度地区）を定める地区とされている（都市計画法 9 条 18 項）。

2　**正しい**。特定街区では、市街地の整備改善を図るため、街区の整備または造成が行われる地区について、都市計画により、その街区内における建築物の容積率、高さの最高限度および壁面の位置の制限を定める街区とされている（同法 9 条 20 項）。

3　**正しい**。準住居地域は、道路の沿道としての地域の特性にふさわしい業務の利便の増進を図りつつ、これと調和した住居の環境を保護するため定める地域とされている（同法9条7項）。

4　**誤り。**正解。特別用途地区は、用途地域内の一定の地区における当該地区の特性にふさわしい土地利用の増進、環境の保護等の特別の目的の実現を図るため、当該用途地域の指定を補完して定める地区とされている（同法9条14項）。なお、本肢の記述は、特定用途制限地域（同法9条15項）のものである。

基本書　第3編 第1章 3 都市計画の内容

問題 16　正解 1　都市計画法／開発許可制度………………　難易度 B

1　**正しい。**正解。準都市計画区域において、3,000㎡未満の土地の区画形質の変更を行おうとする者は、都道府県知事の許可を受ける必要がない（都市計画法29条1項1号、施行令19条1項）。しかし、本肢における店舗の建築を目的とした4,000㎡の土地の区画形質の変更を行おうとする者は、あらかじめ、都道府県知事の許可を受けなければならない（同法29条1項1号）。

2　**誤り。**農業を営む者の居住の用に供する建築物の建築を目的とした土地の区画形質の変更を行おうとする者は、市街化区域以外の区域内では許可不要であるが、本肢のように市街化区域において、その規模が1,000㎡以上のものは、あらかじめ、都道府県知事の許可を受けなければならない（同法29条1項1号・2号、施行令19条1項）。

3　**誤り。**野球場の建設を目的とした1ha未満の土地の区画形質の変更は、開発行為に該当しない（同法4条11項・12項、施行令1条2項1号）。よって、市街化調整区域において、野球場の建設を目的とした8,000㎡の土地の区画形質の変更を行おうとする者は、都道府県知事の許可を受ける必要がない（同法29条1項）。

4　**誤り。**市街化調整区域において、医療法に規定する病院の建設を目的とした1,000㎡の土地の区画形質の変更を行おうとする者は、あらかじめ、都道府県知事の許可を受けなければならない（同法29条1項）。

基本書　第3編 第1章 6 開発許可制度

問題 17　正解 4　建築基準法総合……………………………　難易度 C

1　**正しい。**特定行政庁は、緊急の必要がある場合においては、建築基準法の規定に違反した建築物の所有者等に対して、仮に、その建築物の使用禁止または使用制限の命令をすることができる（建築基準法９条７項）。

2　**正しい。**地方公共団体は、条例で、津波、高潮、出水等による危険の著しい区域を災害危険区域として指定することができ（同法 39 条１項）、災害危険区域内における住居の用に供する建築物の建築の禁止その他建築物の建築に関する制限で災害防止上必要なものは、当該条例で定めることとされている（同法 39 条２項）。

3　**正しい。**防火地域内にある看板、広告塔、装飾塔その他これらに類する工作物で、建築物の屋上に設けるものまたは高さ３ｍを超えるものは、その主要な部分を不燃材料で造り、または覆わなければならない（同法 64 条）。

4　**誤り。**正解。ホテル、旅館等の不特定多数の者が利用する建築物等については、原則として、すべての居室とその避難経路に非常用の照明装置の設置が義務付けられているが、共同住宅の住戸は設置義務の対象外とされている（同法施行令 126 条の４第１号）。

基本書　第３編 第２章 ❷ 建築確認と完了検査、❸ 単体規定、❹ 集団規定

問題 18　正解 2　建築基準法／集団規定……………………　難易度 C

1　**誤り。**第一種低層住居専用地域内において、クリーニング取次店等のサービス業を営む店舗兼用住宅を建築する場合には、延べ面積の２分の１以上を居住の用に供し、かつ、店舗の部分の床面積が 50㎡以下の要件を満たせば、建築することができるとされている（建築基準法 48 条１項、別表第二(い)項２号、施行令 130 条の３第３号）。本肢は、居住用に 40㎡・店舗（クリーニング取次店）用に 20㎡であり、前記の要件を満たしているので、建築することができる。

2　**正しい。**正解。工業地域内において、幼稚園的機能と保育園的機能の両方をあわせて持つ単一の施設で、小学校就学前の子供の教育・保育・子育て支援を一体的に提供する「幼保連携型認定こども園」は建築することができる（同法 48 条 12 項、別表第二(を)項５号）。

3　**誤り。**都市計画において定められた建蔽率の限度が 10 分の８とされてい

る地域外で、かつ、防火地域内にある耐火建築物の建蔽率については、都市計画において定められた建蔽率の数値に10分の1を加えた数値が限度となる（同法53条3項1号イ）が、この規定は防火地域内にある準耐火建築物には適用されない。

4 **誤り。**地方公共団体は、その敷地が袋路状道路（その一端のみが他の道路に接続したものをいう）にのみ接する建築物で、延べ面積が150㎡を超えるものについて、その用途、規模または位置の特殊性により、一定の接道規制によっては避難または通行の安全の目的を十分に達成することが困難であると認めるときは、条例で、その敷地が接しなければならない道路の幅員、その敷地が道路に接する部分の長さその他その敷地または建築物と道路との関係に関して必要な制限を付加することができる（同法43条3項5号）とされているが、「一戸建ての住宅」については、その適用が除外されている。

基本書　第3編 第2章 4 集団規定

問題 19　正解 3　宅地造成及び特定盛土等規制法…………　難易度 B

1 **誤り。**宅地造成等工事規制区域外で宅地造成等に関する工事をする場合には、工事主は、宅地造成等に関する工事の届出をする必要はない（宅地造成及び特定盛土等規制法21条1項）。

2 **誤り。**宅地造成等工事規制区域内において宅地造成等に関する工事の許可を受けた者は、主務省令で定める軽微な変更を除き、当該許可に係る宅地造成等に関する工事の計画の変更をしようとするときは、都道府県知事の許可を受けなければならない（同法16条1項）。

3 **正しい。**正解。宅地造成等工事規制区域の指定の際に、当該宅地造成等工事規制区域内において宅地造成等工事を行っている者は、その指定があった日から21日以内に、当該工事について都道府県知事に届け出なければならない（同法21条1項）のであって、当該工事について都道府県知事の許可を受ける必要はない。

4 **誤り。**造成宅地防災区域に関しては、都道府県知事は、宅地造成等工事規制区域外の土地について、宅地造成または特定盛土等（宅地において行うものに限る）に伴う災害で相当数の居住者等に危害を生ずるものの発生のおそれが大きい一団の造成宅地の区域であって一定の基準に該当するものを、造成宅地防災区域として指定することができる（同法45条1項）。なお、本肢の記述は、宅地造成等工事規制区域のものである（同法10項1項）。

基本書　第3編 第3章 ❷ 規制区域内における宅地造成等に関する工事等の規制

問題 20　正解 1　土地区画整理法…………………………　難易度 C

1　**誤り。**正解。換地処分の公告があった日後、土地区画整理事業の施行による施行地区内の土地および建物の変動に係る登記がされるまでの間は、登記の申請人が確定日付のある書類によりその公告前に登記原因が生じたことを証明した場合を除き、施行地区内の土地および建物に関しては他の登記をすることができない（土地区画整理法107条2項・3項）。仮換地の指定があった日後ではない。

2　**正しい。**施行者が個人施行者、土地区画整理組合、区画整理会社、市町村または独立行政法人都市再生機構等であるときは、その換地計画について都道府県知事の認可を受けなければならない（同法86条1項）。

3　**正しい。**個人施行者以外の施行者は、換地計画を定めようとする場合においては、その換地計画を2週間公衆の縦覧に供しなければならない（同法88条2項）。

4　**正しい。**換地処分の公告があった場合においては、換地計画において定められた換地は、その公告があった日の翌日から従前の宅地とみなされるものとし、換地計画において換地を定めなかった従前の宅地について存する権利は、その公告があった日が終了した時において消滅するものとする（同法104条1項）。

基本書　第3編 第4章 ❶ 土地区画整理事業、❸ 換地処分

問題 21　正解 1　農地法…………………………　難易度 A

1　**正しい。**正解。農地を農地以外のものにする者は、都道府県知事等の許可を受けなければならない（農地法4条1項）が、耕作目的で原野を農地に転用しようとする場合、法第4条第1項の許可は不要である。

2　**誤り。**農地に抵当権を設定する場合、法第3条第1項で定める権利移動には該当しない。よって、法第3条第1項の許可は不要である。

3　**誤り。**市街化区域内にある農地を農地以外のものにする場合には、あらか

じめ、農業委員会に届出をすれば足り、法第４条第１項の許可は不要である（同法４条１項７号）。

4　**誤り**。砂利採取法による認可を受けた採取計画に従って砂利採取のために農地を一時的に貸し付ける場合でも、転用目的で農地を貸借する場合に該当し、法第５条第１項の許可は必要である（同法５条１項）。

基本書　**第3編 第5章 農地法**

問題 22　正解 3　国土利用計画法…………………………　難易度 A

1　**誤り**。国土利用計画法23条１項によると、土地売買等の契約を締結した場合には、原則として「権利取得者」は、２週間以内に、一定の事項を、都道府県知事に届け出なければならないとあるが、市街化区域内の規模2,000㎡未満の土地については、届出を要しない（同法23条２項１号イ）。よって、ＢもＣも1,000㎡の土地を取得しただけで2,000㎡未満に該当するため、事後届出を要しない。

2　**誤り**。相続は、土地取引の届出を要する「土地売買の契約」に該当しないため、Ｅは事後届出を要しない（同法23条１項）。

3　**正しい**。正解。市街化調整区域内の規模5,000㎡未満の土地について土地売買等の契約をした場合には、届出を要しない（同法23条２項１号ロ）。しかし、権利取得者が一定の計画に従って3,000㎡ずつに分割しても6,000㎡の一団の土地を購入する場合には、事後届出が必要となる。よって、Ｇは事後届出を必要とする。

4　**誤り**。当事者の一方または双方が国等（国、地方公共団体）である場合その他政令で定める場合には、届出を要しない（同法23条２項３号）。よって、Ｈは事後届出を要しない。

基本書　**第3編 第6章 ❷ 事後届出制**

問題 23　正解 2　譲渡所得…………………………　難易度 D

1　**正しい**。収用交換等の場合の譲渡所得等の5,000万円特別控除（租税特別措置法33条の４）と、居住用財産を譲渡した場合の軽減税率の特例（同法31条の３）は重複適用が可能である。

2　**誤り**。正解。居住用財産を譲渡した場合の軽減税率の特例は、前年または前々年に既にこの特例の適用を受けている場合を除外しており（同法31条の3第1項）、本肢のように前々年の令和4年に既に適用を受けている場合には、令和6年の譲渡には適用されない。

3　**正しい**。居住用財産を譲渡した場合の3,000万円特別控除は、譲渡先が譲渡者個人の配偶者および直系血族ならびに生計を一にする親族等の場合には適用除外とされている（同法35条2項1号、施行令23条2項、20条の3第1項）。本肢の孫は直系血族に当たるので適用されない。

4　**正しい**。収用等に伴い代替資産を取得した場合の課税の特例の適用を受ける場合の譲渡益については、軽減税率の特例を受けることができない（同法31条の3第1項、33条）。

基本書　**第4編 第1章 6 土地・建物の譲渡所得税**

問題24　正解4　固定資産税……………………………………　難易度 B

1　**誤り**。居住用超高層建築物（いわゆるタワーマンション）については、高層階の市場価値が相対的に高く、地上に近い階と同じ専有面積按分では実態に沿わないことから、各階層別床面積補正率により補正した床面積で按分して各区分所有者に課している（地方税法352条2項）。全ての専有部分の取引価格の合計額に対する割合により按分した額ではない。

2　**誤り**。小規模住宅用地に対して課する固定資産税の課税標準は、小規模住宅用地の面積が200㎡以下の部分は課税標準となるべき価格の6分の1の額とされている（同法349条の3の2）。なお、本肢のように課税標準の3分の1の額とされるのは200㎡を超える部分である。

3　**誤り**。固定資産税の納期は4月、7月、12月および2月中に、市町村の条例で定める。ただし、特別の事情のあるときは、これと異なる納期を定めることができる（同法362条1項）とされている。

4　**正しい**。正解。質権または100年を超える地上権が設定されている土地については、所有者ではなく、質権者または地上権者が固定資産税の納税義務者となる（同法343条1項）。

基本書　**第4編 第1章 3 固定資産税**

問題 25 正解 3 地価公示法 …… 難易度 B

1　**誤り。**都市およびその周辺の地域等において、土地の取引を行う者は、取引の対象土地に類似する利用価値を有すると認められる標準地について公示された価格を指標として取引を行うよう努めなければならない（地価公示法1条の2）のであって、必ずしも取引の対象土地から最も近傍の標準地について公示された価格を指標として取引を行うよう努めなければならないのではない。

2　**誤り。**標準地は、公示区域内から選定される（同法2条1項）ため、標準地は都市計画区域外から選定されることもある。公示区域とは、都市計画区域その他の土地取引が相当程度見込まれるものとして国土交通省令で定める区域のことである。

3　**正しい。**正解。正常な価格とは、土地について、自由な取引が行われる場合に通常成立すると認められる価格（当該土地に建物その他の定着物または地上権その他当該土地の使用・収益を制限する権利が存する場合には、「それらの定着物または権利が存しないもの」として通常成立すると認められる価格）をいう（同法2条2項）。

4　**誤り。**標準地は、土地鑑定委員会が、自然的および社会的条件からみて類似の利用価値を有すると認められる地域において、土地の利用状況、環境等が通常と認められる一団の土地について選定するものとする（同法3条）とされており、土地の利用状況、環境等が「特に良好と認められる一団の土地」について選定するのではない。

基本書　第4編 第2章 1 地価公示

問題 26 正解 4 免許 …… 難易度 A

1　**誤り。**宅建業者は、自己の名義をもって、他人に宅地建物取引業を営む旨の表示をさせることも、宅地建物取引業を営む目的で広告させることもできない（宅建業法13条2項）。

2　**誤り。**宅建業とは、宅地または建物の売買等をする行為で業として行うものをいい、建物の一部の売買の代理を業として行うものも含まれる（同法2条2号）。

3　**誤り。**宅建業の免許を受けていない者が営む宅地建物取引業の取引に、宅建業者が代理または媒介として関与していても無免許事業に該当する（同法12条1項）。

4　**正しい。**正解。宅建業者の従業者が、当該宅建業者とは別に自己のために免許なく宅建業を営むことは、無免許事業に該当する（同法12条1項）。

基本書　第2編 第1章 ❷ 宅建業の免許

問題 27　正解 1　業務上の規制……………………………　難易度 B

ア　**誤り。**宅建業者は、自己の所有に属しない宅地または建物について自ら売主となる売買契約を締結することも、当該売買契約の予約を行うこともできない（宅建業法33条の2第1号）。

イ　**誤り。**宅建業法上契約不適合責任の通知期間について「目的物の引渡しの日から2年以上となる特約」よりも短い期間の特約は買主に不利な特約として無効である（同法40条）。したがって、宅建業者は、自ら売主となる宅地または建物の売買契約において、その目的物の契約不適合責任に関し、たとえ取引の相手方が同意した場合でも、当該責任についての通知期間を当該宅地または建物の引渡しの日から1年とする特約をすることができない（同法40条2項）。

ウ　**誤り。**宅建業者は、正当な理由がある場合は、その業務上取り扱ったことについて知り得た秘密を他に漏らすことができる（同法45条）。いかなる理由ではない。

エ　**正しい。**宅建業者は、宅建業に係る契約の締結の勧誘をするに際し、宅建業者の相手方等に対し、利益を生ずることが確実であると誤解させるべき断定的判断を提供する行為をしてはならない（同法47条の2第1項）。

以上により、正しいものはエのみであり、正解は1。

基本書　第2編 第2章 ❶ 一般的規制、❷ 自ら売主規制（8種制限）

問題 28　正解 4　重要事項の説明……………………………　難易度 C

1　**誤り。**住宅性能評価を受けた新築住宅については、売買・交換に限って適用され、建物の貸借の媒介を行う場合はその旨を説明する必要はない（宅建業法35条1項14号、施行規則16条の4の3第6号）。

2　**誤り。**既存建物の貸借を行う場合、既存住宅に係る品確法に規定する建設住宅性能評価書の保存状況については説明する必要はない（宅建業法35条1項6号の2、施行規則16条の2の3第4号）。

3　**誤り。**宅建業者は、既存建物の貸借の媒介を行う場合、石綿使用の有無の調査結果の記録がないときは、その旨を説明すればよく、宅建業者自ら石綿使用の有無の調査をする必要はない（同法35条1項14号、施行規則16条の4の3第4号）。

4　**正しい。**正解。区分所有建物の貸借の媒介を行う場合、専有部分の用途その他の利用の制限に関する規約の定めがあるときは、その内容を説明しなければならない（同法35条1項6号、施行規則16条の2第3号）。

なお35条書面は相手方の承諾を得て電磁的方法による代用措置を講じることができる（同法35条8項・9項）。

基本書　第2編 第2章 1 一般的規制

問題 29　正解 3　監督処分……………………………　難易度 C

ア　**誤り。**業務停止処分をしようとするときに、あらかじめ、内閣総理大臣と協議しなければならないのは、国土交通大臣であって甲県知事ではない（宅建業法71条の2第1項）。

イ　**正しい。**指示処分等の監督処分については聴聞手続が必要であり、聴聞の期日における審理は、公開により行わなければならない（同法69条1項・2項）。

ウ　**正しい。**宅建業者が免許を受けてから1年以内に事業を開始せず、または引き続き1年以上休業した場合、免許権者は免許を取り消さなければならない（同法66条1項6号、必要的免許取消事由）。

エ　**正しい。**免許権者から業務について必要な報告を求められたが、これを怠った場合、50万円以下の罰金に処せられることがある（同法72条、83条1項5号）。

以上により、正しいものはイ、ウ、エの三つであり、正解は3。

基本書　第2編 第3章 1 監督処分等

問題 30　正解 4　広告……………………………　難易度 B

ア　**違反する。**建築工事着手前の賃貸住宅の貸主から当該住宅の貸借の媒介を依頼された宅建業者であっても、「建築確認を受ける前」に募集広告を行うことはできない（宅建業法33条）。

イ　**違反する。**一団の宅地について、数回に分けて広告する場合、広告をする都度、取引態様の別を明示しなければならない（同法34条1項）。

ウ　**違反する。**依頼者の特別の依頼による広告の料金については、事前の承諾があれば、報酬限度額とは別途に受領することができるが、依頼者の依頼によらない通常の広告の場合は、媒介報酬の報酬限度額のほかに、当該広告の料金に相当する額を受領することはできない（報酬額に関する告示第9①）。

エ　**違反する。**建築工事着手前の分譲住宅において、「建築確認を受ける前」に取引態様を売主と明示しても、当該住宅の広告を行うことはできない（同法33条）。

以上により、違反するものはア、イ、ウ、エすべてであり、正解は4。

基本書　第2編 第2章 1 一般的規制

問題31　正解1　媒介契約……………………………… 難易度C

ア　**誤り。**専任媒介契約を締結した場合、媒介契約締結の日から7日以内に指定流通機構に登録しなければならないが、その期間については、契約締結の日と休業日を含まない（宅建業法34条の2第5項、施行規則15条の10）。

イ　**誤り。**専任媒介契約の有効期間は3カ月以内とされ、これより長い期間のものは3カ月に短縮されるだけで、その媒介契約が無効となるわけではない（同法34条の2第3項）。

ウ　**誤り。**依頼者が宅建業者である場合でも、宅建業者は当該専任媒介契約に係る業務の処理状況を報告しなければならない（同法34条の2第9項、78条2項）。

エ　**正しい。**建物状況調査を実施する者のあっせんを行う場合、建物状況調査を実施する者は、建築士法第2条第1項に規定する建築士であって国土交通大臣が定める講習を修了した者でなければならない（宅建業法34条の2第1項4号、施行規則15条の8第1項）。

以上により、正しいものはエのみであり、正解は1。

なお媒介契約書面は依頼者の承諾を得て、電磁的方法により行うことができる（同法34条の2第11項・第12項）。

基本書　第2編 第2章 1 一般的規制

問題 32　正解 4　報酬…………………………………………　難易度 C

1　**正しい。**本肢は空家等の売買・交換の媒介または代理における特例が適用され、報酬の限度額に現地調査等の費用を合計して請求できる（報酬額に関する告示第8）。売買の代理の報酬は、200万円×5％×1.1（消費税）＝11万円、11万円×2（代理）＝22万円であり、現地調査等の費用に消費税を含むと、8万円×1.1＝8万8,000円となる。したがって、Aは報酬の限度額と現地調査等の費用の合計額（22万円＋8万8,000円＝30万8,000円）をBから受領することができる。

2　**正しい。**非居住用建物の貸借の場合には、依頼者の双方から合計で借賃の1カ月分の1.1倍（消費税）＝110万円を上限として報酬を受領することができる（同告示第4）。

3　**正しい。**本肢の場合、AはCから報酬とは別にあっせんに係る料金を受領することはできない（同告示第9①）。

4　**誤り。**正解。通常の売買の媒介と比較して現地調査等の費用を多く要しないため、空家等の売買・交換の媒介または代理における特例の適用はなく、AがDから受領できる報酬の限度額は、200万円×5％×1.1＝110,000円となる（同告示第2・第7）。

基本書　第2編 第2章 3 報酬・その他の規制

問題 33　正解 3　保証協会…………………………………　難易度 C

1　**誤り。**宅建業者は保証協会に「加入しようとする日」までに、弁済業務保証金分担金を保証協会に納付しなければならない（宅建業法64条の9第1項1号）。

2　**誤り。**保証協会の社員となった宅建業者が、保証協会に加入する前に供託していた営業保証金を取り戻すときは、公告を行う必要はない（同法64条の14）。

3　**正しい。**正解。保証協会の社員は新たに事務所を設置したにもかかわらずその日から2週間以内に弁済業務保証金分担金を納付しなかったときは、保証協会の社員の地位を失う（同法64条の9第2項・第3項）。

4　**誤り**。宅建業者は還付充当金を納付しなかった場合は、社員たる地位を失い、その地位を失った日から1週間以内に営業保証金を供託しなければならない（同法64条の10第3項、64条の15）。本肢のように保証協会の社員たる地位を失った宅建業者がその地位を失った日から2週間以内に弁済業務保証金を供託すれば、その地位を回復するという規定はない。

基本書　第2編 第1章 5 営業保証金と保証協会

問題 34　正解 2　**37条書面** …………………………… 難易度 B

1　**誤り**。損害賠償額の予定に関する定めがあるときは、37条書面に記載しなければならない（宅建業法37条1項8号）。

2　**正しい**。正解。既存住宅の売買の媒介を行う場合、建物の構造耐力上主要な部分等の状況について、当事者の双方が確認した事項を、37条書面に記載しなければならない（同法37条1項2号の2）。

3　**誤り**。媒介により売買契約を成立させた場合、宅地または建物に係る租税その他の公課の負担に関する定めがあるときは、37条書面に記載しなければならない（同法37条1項12号）。

4　**誤り**。37条書面の記名は、宅地建物取引士によるものであればよく、35条書面に記名した宅地建物取引士である必要はない（同法37条3項）。

なお37条書面は37条1項・3項に規定する者の承諾を得て電磁的方法による代用措置を講じることができる（同法37条4項・5項）。

基本書　第2編 第2章 1 一般的規制

問題 35　正解 4　**業務上の規制** …………………………… 難易度 B

1　**違反する**。宅建業者Aが宅地の所有者Bと取得契約を締結していてもその取得契約が停止条件付きである場合には、宅建業者は自己の所有に属しない宅地または建物について、自ら売主として宅建業者ではない買主Cと売買契約を締結することができない（宅建業法33条の2）。

2　**違反する**。専任の宅地建物取引士の補充措置は、不足した時から「2週間以内」にしなければならない（同法31条の3第3項）。

3　**違反する**。宅建業者は注文を受けた際でも、取引態様の別を明示しなければならない（同法34条2項）。宅建業者が相手でも同様である（同法78条

2項)。

4　**違反しない。**正解。契約締結等の時期の制限は、広告開始時期の制限と異なり、売買・交換の契約に限られ、貸借の代理・媒介には適用がない(同法36条)。したがって、宅地の貸借の媒介に際し、当該宅地が都市計画法第29条の許可の申請中であっても、賃貸借契約を成立させることができる。

基本書　第2編 第2章 1 一般的規制

問題 36　正解 2　37条書面……………………………………　難易度 C

ア　**正しい。**建物を特定するために必要な表示については、37条書面で交付する際、重要事項の説明において使用した図書で交付することができる(宅建業法の解釈・運用の考え方第37条1項2号関係)。

イ　**誤り。**自ら貸借する行為は、宅建業に該当しないから、37条の規制の対象とならない(宅建業法2条2号)。

ウ　**誤り。**金融機関から住宅ローンの承認を得られなかったときは、契約を無条件で解除できるという取決めは、契約の解除に関する定めをしたことになり、その内容を37条書面に記載しなければならない(同法37条1項7号)。

エ　**正しい。**契約の解除に関する定めがあるときは、売買、貸借のいずれにおいても、37条書面に記載しなければならない(同法37条1項7号・2項1号)。

以上により、正しいものはア、エの二つであり、正解は2。

基本書　第2編 第2章 1 一般的規制

問題 37　正解 3　手付金等の保全措置……………………………　難易度 B

1　**誤り。**建築工事完了前のマンション(未完成物件)の売買契約においては、代金額の5%を超える手付金を受領する場合は、手付金等の保全措置を講じなければならない(宅建業法41条1項)。本肢では、マンションの代金は3,000万円であるから、その5%は150万円であり、200万円の手付金は、代金の5%を超えることになるため、Aは手付金について保全措置を講ずる必要がある。なお、手付金等の保全については、買主の承諾を得て電磁的方法で講じることができる場合がある(同法41条5項、41条の2第6項)。

2　**誤り。**手付金は解約手付とみなされ、手付を受領した宅建業者は、相手方が契約の履行に着手する前であれば、正当な理由がなくても手付の倍額を現実に提供して契約を解除することができる（同法39条2項）。

3 **正しい。** 正解。建築工事完了前のマンション（未完成物件）の売買契約において、代金の額の5％を超える手付金等を受領する場合でも、その全額について、手付金等の保全措置を講じれば、中間金を受領することができる（同法41条1項）。

4 **誤り。** 手付金と中間金の合計額について手付金等の保全措置を講じれば、中間金を受領することができる（同法41条1項）。

基本書　第2編 第2章 2 自ら売主規制（8種制限）

問題 38　正解 2　クーリング・オフ……………………　難易度 B

ア **誤り。** クーリング・オフによる売買契約の解除は、買主に無条件解約を認めるものであり、クーリング・オフを行うと買主は違約金を支払わなければならないとする特約は、買主に不利な特約として無効となる（宅建業法37条の2第1項・第4項）。

イ **正しい。** クーリング・オフ期間は、宅建業者が書面で告知した日から8日間以内とされ、本肢の申込みをした日から起算して10日間とする旨の特約は、告知をした日から8日間より短い期間となり、買主に不利な特約として無効である（同法37条の2第1項1号・4項）。

ウ **誤り。** 売買の媒介を依頼した他の宅建業者の事務所で売買契約を締結する場合には、同法37条の2の規定は適用除外となり、クーリング・オフによる契約を解除することはできない（同法37条の2第1項、施行規則16条の5第1項ハ）。

以上により、誤っているものはア、ウの二つであり、正解は2。

基本書　第2編 第2章 2 自ら売主規制（8種制限）

問題 39　正解 3　重要事項の説明……………………　難易度 C

1 **誤り。** 建物の建築および維持保全の状況に関する書類の保存状況は、貸借の代理・媒介については重要事項の対象とならない（宅建業法35条1項6号の2、施行規則16条の2の3）。

2 **誤り。** 登記された権利である抵当権は、重要事項となり、たとえ引渡しまでに抹消される場合であっても説明しなければならない（同法35条1項1号）。

3　**正しい。**正解。借地契約においては契約終了時の建物の取壊しに関する事項は重要事項として説明しなければならない（同法35条1項14号、施行規則16条の4の3第13号）。

4　**誤り。**宅地または建物が津波災害警戒区域内にある旨は、売買・交換に限らず、貸借にも適用され、重要事項として説明しなければならない（同法35条1項14号、施行規則16条の4の3第3号）。

基本書　第2編 第2章 1 一般的規制

問題40　正解2　業務上の規制……………………………… 難易度 C

1　**正しい。**従業者は、取引の関係者の請求があったときは、従業者証明書を提示しなければならない（宅建業法48条2項）。また、宅地建物取引士は、重要事項の説明をするときは、相手方の請求がなくても宅地建物取引士証を提示しなければならない（同法35条4項）。

2　**誤り。**正解。帳簿の保存期間は「帳簿の閉鎖後」5年間または10年間とされ、「取引の終了後」ではない（同法49条、施行規則18条3項）。

3　**正しい。**宅建業者が案内所を設置しても、その案内所が一時的かつ移動が容易な施設であるときは、クーリング・オフ制度の対象となる。当該案内所には、クーリング・オフ制度の適用がある旨等所定の事項を表示した標識を掲げなければならない（同法37条の2第1項、50条1項、施行規則16条の5第1号ロ、19条2項）。

4　**正しい。**宅建業者が一団の宅地建物の分譲を案内所を設置して行う場合、その案内所が契約を締結し、または契約の申込みを受ける場所であるときは、当該案内所に専任の宅地建物取引士を置かなければならない（同法31条の3第1項、施行規則15条の5の2）。

基本書　第2編 第2章 2 自ら売主規制（8種制限）、3 報酬・その他の制限

問題41　正解1　重要事項の説明……………………………… 難易度 B

1　**正しい。**正解。建物管理が委託されているときは、区分所有建物であるか否かにかかわらず委託先である管理会社の商号およびその主たる事務所の所

在地について、重要事項として説明しなければならない（宅建業法35条1項6号・14号、施行規則16条の2第8号、16条の4の3第12号）。

2 **誤り**。宅建業者である売主は、たとえ他の宅建業者に媒介を依頼した場合でも、重要事項の説明義務がある（同法35条1項）。

3 **誤り**。建物の貸借契約においては、建蔽率および容積率等は、重要事項の説明事項ではない（同法35条1項2号、施行令3条3項）。建物の賃借人に適用されないからである。

4 **誤り**。代金、交換差金または借賃の額は重要事項ではないが、それ以外に授受される金銭の額については重要事項の対象となる（同法35条1項7号）。

基本書 第2編 第2章 **1** 一般的規制

問題 42 正解 1 宅地の定義 難易度 A

1 **誤り**。正解。用途地域内にある土地は、道路、公園、河川等の公共施設に供せられている土地以外のものが、宅地とされる（宅建業法2条1号）。したがって、道路、公園、河川等の公共施設に供せられている土地は、用途地域内であっても宅地ではない。

2 **正しい**。建物の敷地に供する目的で取引される土地は宅地であり、その土地の地目、現況の如何を問わない（同法2条1号）。

3 **正しい**。市街化調整区域は、原則として用途地域を定めない。用途地域外の土地で、建物の敷地に供せられる土地は宅地である（同法2条1号）。

4 **正しい**。準工業地域は、用途地域の一種であり、用途地域にある土地は、道路、公園、河川等の公共施設に供せられる以外のものが宅地とされる（同法2条1号）。

基本書 第2編 第1章 **1**「宅地建物取引業」とは

問題 43 正解 2 免許基準 難易度 B

1 **誤り**。免許を受けようとする法人の役員（非常勤役員を含む）が禁錮以上の刑に処せられ、その刑の執行が終わった日から5年を経過していなければ、免許の欠格事由に該当し、当該法人は免許を受けることができない（宅建業法5条5号・12号）。

2　**正しい。**正解。刑の執行猶予期間が満了した場合には刑に処されなかったことになり、政令で定める使用人は免許の欠格事由に該当しないから、当該法人は免許を受けることができる（同法５条５号・12 号、刑法 27 条）。

3　**誤り。**器物損壊罪により罰金の刑に処せられても、免許の欠格事由に該当しないから、当該法人は免許を受けることができる（宅建業法５条６号）。

4　**誤り。**拘留の刑に処せられても、免許の欠格事由に該当しないから、当該法人は免許を受けることができる（同法５条５号）。

基本書　**第２編 第１章 4 免許の基準と登録の基準**

問題 44　正解 3　登録……………………………………　**難易度 C**

1　**誤り。**法人が業務停止処分に違反して宅建業の免許の取消しを受けた場合でも、政令で定める使用人であった者は登録の欠格事由に該当しないから、登録を受けることができる（宅建業法 18 条１項３号）。

2　**誤り。**宅地建物取引士が勤務先を変更したときは、遅滞なく、変更の登録を申請しなければならないが、その申請は勤務先の所在地である乙県知事ではなく、登録をしている甲県知事にしなければならない（同法 20 条、18 条２項、施行規則 14 条の２第１項５号）。

3　**正しい。**正解。宅地建物取引士証の交付を受けていなくても、登録を受けている者は、住所を変更したときは、遅滞なく、登録を受けた都道府県知事に対して変更の登録を申請しなければならない（同法 20 条、18 条２項）。

4　**誤り。**宅地建物取引士資格試験に合格した日から１年以内であっても、宅地建物の取引に関し実務経験を有しない者が登録を受ける場合には、登録実務講習を受講しなければならない（同法 18 条１項）。

基本書　**第２編 第１章 3 宅地建物取引士、4 免許の基準と登録の基準**

問題 45　正解 1　住宅瑕疵担保履行法……………………………　**難易度 B**

1　**誤り。**正解。宅建業者に課せられる資力確保措置としての住宅販売瑕疵担保保証金の供託または住宅販売瑕疵担保責任保険契約の締結は、自ら売主として新築住宅を売買する場合に限られ、売買の媒介については適用されない（住宅瑕疵担保履行法２条７項、11 条１項）。

2　**正しい。**住宅販売瑕疵担保保証金の供託をしている宅建業者は、買主に対して、売買契約を締結するまでに供託所の所在地等を記載した書面を交付して説明しなければならない（同法15条1項）。なお、供託所の所在地等を記載した書面は、買主等の承諾があれば電磁的方法により提供することができる（同法15条2項）。

3　**正しい。**新築住宅を引き渡した宅建業者は、基準日ごとに基準日から3週間以内に資力確保措置の状況について、宅建業の免許を受けている国土交通大臣または都道府県知事に届け出なければならない（同法12条1項、施行規則16条1項）。なお、基準日届出については、基準日は年2回（3月31日と9月30日）であったが、基準日が年1回（3月31日）になった。

4　**正しい。**構造耐力上主要な部分または雨水の浸入を防止する部分の隠れた瑕疵がある場合には、保険金を請求することができる（同法2条7項、品確法94条1項、95条1項）。

基本書　**第2編 第4章 1 売主・請負人の担保責任、2 住宅販売瑕疵担保保証金の供託**

問題46　正解 1　住宅金融支援機構……………………………　難易度 C

1　**誤り。**正解。独立行政法人住宅金融支援機構（以下この問において「機構」という）による、証券化支援事業（買取型）において、買取りの対象となる貸付債権は、住宅（特に、新築や中古を問わない）の建設または購入に必要な資金（これに付随する一定の資金を含む）の貸付けに係る一定の金融機関の貸付債権である（機構法13条1項1号）。したがって、中古住宅を購入するための貸付債権も買取りの対象としている。

2　**正しい。**機構は、証券化支援事業（買取型）において、バリアフリー性、省エネルギー性、耐震性または耐久性・可変性に優れた住宅を取得する場合に、貸付金の利率を一定期間引き下げる制度（優良住宅取得支援制度）を実施している。

3　**正しい。**機構は、マンション管理組合や区分所有者に対するマンション共用部分の改良に必要な資金の貸付けを業務として行っている（同法13条1項7号）。

4　**正しい。**機構は、災害により住宅が滅失した場合において、それに代わるべき建築物の建設または購入に必要な資金の貸付けを業務として行っている（同法13条1項5号、2条2項）。

基本書　第4編 第3章 住宅金融支援機構

問題47　正解4　景表法……………………………………　難易度B

1　**誤り。** 建築条件付土地の取引については、当該取引の対象が土地である旨ならびに当該条件の内容および当該条件が成就しなかったときの措置の内容を明示して表示することとされている（不当景品類及び不当表示防止法5条、不動産の表示に関する公正競争規約（以下、「表示規約」という）13条、表示規約施行規則7条(1)）。したがって、建物建築の発注先を購入者が自由に選定できることとなっていても、当該取引は「建築条件付土地」の取引となるので、当該土地の広告に「建築条件付土地」と表示する必要がある。

2　**誤り。** 新築賃貸マンションまたは新築賃貸アパートの賃料については、パンフレット等の媒体を除き、1住戸当たりの最低賃料および最高賃料のみで表示することができる（同法5条、表示規約15条(11)、表示規約施行規則9条(40)）。

3　**誤り。** リフォーム済みの中古住宅については、必ずしもリフォーム済みである旨を表示する必要はない。なお、建物を増築、改築、改装または改修したことを表示する場合は、その内容および時期を明示することとされている（同法5条、表示規約15条(7)、表示規約施行規則9条(21)）。

4　**正しい。** 正解。「新築」とは建築工事完了後1年未満であって、居住の用に供されたことがないものをいう（同法5条、表示規約18条1項(1)）。分譲住宅について、住宅の購入者から買い取って再度販売する場合、当該住宅が建築工事完了後1年未満で居住の用に供されたことがないものであるときは、「新築」と表示できる要件を満たしているので、広告に「新築」と表示しても不当表示に問われることはない 。

基本書　第4編 第4章 ❶ 景表法（不当景品類及び不当表示防止法）、❸ 表示に関する公正競争規約

問題 48　正解 ―　統計……………………………… 難易度 ―

本問は古い統計情報のため掲載しておりません。
次の本試験の基準となる最新統計情報をもとに改題した本問の解説を、弊社 web サイトよりダウンロードしてご利用ください（2024 年 8 月末予定）。

※詳細は v ページ「パーフェクト宅建士シリーズ読者特典（＊特典 3 ＊）」をご参照ください。

問題 49　正解 3　土地……………………………… 難易度 B

1　**適当。** 台地、段丘は、棚田などの農地として利用され、また都市的な土地利用（商工業用地、住宅地、公園等）も多く、地盤も安定しているといえる。

2　**適当。** 台地を刻む谷や台地上の池沼を埋め立てた所では、地震の際に地盤の液状化（地震の震動で地盤が揺さぶられて、その一部が液体の状態に変化すること）が生じる可能性があるといえる。

3　**最も不適当。** 正解。台地、段丘は、一般的に、水はけが良く、地盤も安定しており、洪水や地震等の自然災害に対して安全度の高い所（安全度の低い所ではない）であり、宅地として積極的に利用することのできる地形といえる。

4　**適当。** 旧河道や低湿地、海浜の埋立地では、地震時における地盤の液状化への対策が必要であるといえる。

基本書　第 4 編 第 5 章 1 土地

問題 50　正解 4　建物……………………………… 難易度 B

1　**適当。** 地震に対する建物の安全確保のための方法として、「耐震」「制震」「免震」という考え方がある。

2　**適当。** 建物には固有の振動周期があるため、「制震（制振）」は、制振ダンパーなどの制振装置を設置し、地震等の周期に建物が共振することで起きる大きな揺れを制御する技術である。

3　**適当。**「免震」は、建物の下部構造（基礎または地下構造）と上部構造との間に免震ゴムなどの免震装置を設置し、上部構造の揺れを減らす技術である。

4　**最も不適当。**正解。「耐震」は、建物の柱、梁などの剛性を高め、耐力壁を多く設置し、その強度や粘り強さで地震に耐える技術で、新築の建物に限らず既存の建物、既存不適格建築物などの建物の耐震補強に一般に利用されている。

基本書　第4編 第5章 2 建物

平成30年度 正解と解説

＊正解番号一覧

問題	正解	問題	正解	問題	正解	問題	正解	問題	正解
1	4	11	2	21	3	31	3	41	3
2	4	12	3	22	1	32	1	42	4
3	3	13	1	23	2	33	4	43	1
4	2	14	4	24	3	34	2	44	2
5	3	15	1	25	1	35	3	45	3
6	1	16	4	26	2	36	3	46	1
7	2	17	4	27	4	37	2	47	2
8	1	18	3	28	1	38	1	48	—
9	3	19	2	29	2	39	4	49	4
10	4	20	4	30	4	40	2	50	3

難易度は A ～ D 。
A がやさしく、
D が最難関な問題です。

合格ライン⇨ 50問中37問以上の正解
（登録講習修了者は、45問中32問以上の正解）

問題 1 正解 4 意思表示…………………………………… 難易度 B

1 **正しい。** 1つの法律関係から対立する2つの債務が生じ、それを関連的に履行させることが公平と考えられる場合には、両債務は同時履行の関係になるのが原則である。よって、第三者の詐欺により買主が売買契約を取り消した場合のA（売主）・B（買主）双方の原状回復義務は、同時履行の関係になる（最判昭47.9.7）。

2 **正しい。** 錯誤による意思表示をした者（表意者）に重大な過失があるときは、原則として意思表示を取り消すことはできない（民法95条3項）。錯誤の取消しは表意者を保護するための制度であるから、本肢の場合、A自身が取消しを主張できない場合、Bも取消しを主張することはできない。

3 **正しい。** 相手方と通じてした虚偽の意思表示は無効であるが、この無効は、善意の第三者（虚偽表示であることを知らない第三者）には対抗することができない（同法94条）。

4　**誤り**。正解。第三者の詐欺によって意思表示をした場合、意思表示の相手方が詐欺の事実について善意無過失であったときは、その意思表示を取り消すことができない（同法96条2項）。相手方が善意無過失であった時点で取り消すことができないのだから、その後、相手方が目的物を悪意の第三者に譲渡したとしても、取り消すことはできない。

基本書　第1編 第1章 3 法律行為・意思表示

問題 2　正解 4　代理…………………………………………　難易度 A

1　**誤り**。代理人が自己または第三者の利益を図る目的で代理権の範囲内の行為をした場合、相手方が代理人の目的を知り、または知ることができたときは、その行為は無権代理行為とみなされるので、行為の効果は本人に帰属しない（民法107条）。

2　**誤り**。制限行為能力者が代理人としてした行為は、行為能力の制限によって取り消すことができない（同法102条）。これは、代理人が補助開始の審判を受けていた者（被補助人）であったとしても、有効に代理権を取得できることを前提にしている。

3　**誤り**。同一の法律行為について、当事者双方の代理人になること（双方代理）はできないのが原則であるが、債務の履行および本人があらかじめ許諾した行為については、双方代理も許される（同法108条1項）。したがって、あらかじめAの許諾がある場合は、本件契約は無効とならない。

4　**正しい**。正解。いったん有効に代理権が授与された後に、本人について死亡・破産手続開始の決定、任意代理人について死亡・破産手続開始の決定・後見開始の審判があったときは、代理権が自動的に消滅するものとされている（同法111条、653条）。したがって、代理人Bが後見開始の審判を受けた後に行われた契約締結は、無権代理行為となる。

基本書　第1編 第1章 4 代理

問題 3　正解 3　条件…………………………………………　難易度 B

1　**正しい**。条件とは、契約の効果の発生または消滅を、将来発生するかどうか不確実な事実の成否にかからせる契約上の取決めをいう。条件には停止条件と解除条件の２種類があり、条件成就によって契約の効力を発生させる（条件の成就まで効力が停止される）場合が停止条件である（民法127条１項）。本件約定は、試験合格という不確実な事実を条件とし、その条件が成就したときに贈与の効力を発生させるというものであるから、停止条件付贈与契約である。

2 **正しい。**条件付法律行為の各当事者は、条件の成否が未定である間は、条件が成就した場合にその法律行為から生ずべき相手方の利益を害することができない（同法128条）。本件のＡのように、故意に贈与の目的物を滅失させたときは、条件付権利の侵害として損害賠償責任を負う。

3 **誤り。**正解。停止条件付契約の効力が生じるのは、条件が成就した時からである（同法127条１項）。本件の場合、Ｂは、試験に合格した時から甲建物の所有権を取得することになる。

4 **正しい。**意思能力を有しない者が行った法律行為は、無効である（同法３条の２）。したがって、Ａに意思能力がない状態で締結された本件約定は無効であり、Ｂは、条件が成就しても本件約定に基づく権利を取得することはできない。

基本書　**第１編 第１章 6 条件・期限・期間**

問題 4　正解 2　時効……………………………………………… **難易度 C**

1 **正しい。**時効の利益を受けるかどうかは、当事者各自の判断に任せるべきだから、時効利益放棄の効果は相対的であり、放棄者以外の者に対しては影響を及ぼさない。主たる債務者が時効の利益を放棄しても、保証人にその効力は及ばないので（大判昭6.6.4）、保証人は時効を援用することができる。

2 **誤り。**正解。時効を援用することができるのは、時効により直接利益を受ける者である（大判明43.1.25）。後順位抵当権者は、先順位抵当権者の被担保債権の消滅時効を援用できない（最判平11.10.21）。先順位抵当権の消滅による順位の上昇は、被担保債権の消滅によって生じる事実上の利益にすぎないからである。

3 **正しい。**詐害行為の受益者は、詐害行為取消権者が有する被保全債権が消滅すれば、詐害行為取消権の行使を受けずに済む。この場合、詐害行為の受益者は時効により直接の利益を受ける者に当たるので、詐害行為取消権者が有する被保全債権の消滅時効を援用することができる（最判平 10.6.22）。

4　**正しい。**債務の消滅時効完成後に、債務者が債務の承認をした場合、時効完成の事実を知らなかったときでも、時効の援用はできなくなる（最大判昭 41.4.20）。本人はそのつもりがなくても、債務を承認したことは、客観的には時効を援用するつもりがない行動と見える。それにもかかわらず、時効を援用するような矛盾した行為は、認めるべきではないからである。

基本書　**第1編 第1章 5 時効**

問題 5　正解 3　事務管理……………………………… **難易度 D**

1　**正しい。**本問の事例のように、義務なくして他人のためにその事務（仕事）を管理（処理）することを「事務管理」という（民法 697 条 1 項）。事務管理をした者は、原則として報酬を請求できないと解されている。民法には報酬請求を認める規定がなく、報酬請求を認めると権利関係が複雑となるからである。

2　**正しい。**事務管理には、民法 645 条～ 647 条の規定が準用される（同法 701 条）。準用される民法 645 条には、「受任者は、委任者の請求があるときは、いつでも委任事務の処理の状況を報告し、委任が終了した後は、遅滞なくその経過及び結果を報告しなければならない」とあるので、本肢の記述は正しい。

3　**誤り。**正解。管理者は、善良な管理者の注意をもって管理をしなければならないのが原則であるが、本問の事例のように、本人の身体、名誉または財産に対する急迫の危害を免れさせるために事務管理をしたときは、悪意または重大な過失があるのでなければ、これによって生じた損害を賠償する責任を負わないとされており（同法 698 条）、注意義務が軽減されている。

4　**正しい。**管理者が本人の意思に反して事務管理をしたときは、本人が現に利益を受けている限度でしか有益な費用の償還を請求することができないが（同法 702 条 3 項）、本人の意思に反することなく事務管理をしたときは、有益費用全額の償還を請求することができる（同法 702 条 1 項）。

基本書　**該当なし**

問題 6　正解 1　抵当権…………………………………… 難易度 D

1 **誤り。**正解。土地に抵当権が設定された時、地上の建物はまだ前主の名義で、土地所有者への移転登記がされていなかった場合にも、法定地上権は成立する（最判昭 48.9.18）。

2 **正しい。**法定地上権は、①抵当権設定当時、土地の上に建物が存在すること、②抵当権設定当時、土地と建物の所有者が同一であること、③競売の結果、土地と建物の所有者が異なるに至ったこと、という３つの要件を満たす場合に認められる（民法 388 条）。本肢のように、抵当権設定当時、建物が存在しない更地の状態であった場合は、法定地上権は成立しない。

3 **正しい。**所有者が土地および地上建物に共同抵当権を設定した後、その建物が取り壊され、土地上に新たに建物が建築された場合には、特段の事情のない限り、新建物のために法定地上権は成立しない（最判平 9.2.14）。

4 **正しい。**土地と建物を所有する者が土地に抵当権を設定した後に、建物を第三者に売り渡した場合にも、法定地上権は成立する（大連判大 12.12.14）。

基本書　**第１編 第２章 5 抵当権・根抵当権**

問題 7　正解 2　債権譲渡…………………………………… 難易度 C

1 **正しい。**債権譲渡を禁止する特約の存在を知らずに債権を譲り受けた場合であっても、これにつき譲受人に重大な過失があるときは、悪意の譲受人と同様、債務者はその債務の履行を拒むことができる（民法 466 条３項）。

2 **誤り。**正解。譲渡禁止の特約の存在を知りながら債権を譲り受けた者からさらにその債権を譲り受けた転得者が、譲渡禁止の特約を知らないときは、債権者は転得者に対して、譲渡禁止特約の存在を対抗することができない（大判昭 13.5.14）。

3 **正しい。**当事者が譲渡禁止の特約をしたときであっても、債権の譲渡は、その効力を妨げられない（同法 466 条２項）。

4 **正しい。**債権の質入れは債権譲渡ではないが、債権譲渡に似た効力を有している。それゆえ、譲渡禁止の特約のある債権をもって質権の目的とした場合において、質権者が悪意であるときは、債務者は、質権者に対する履行を拒むことができると解されている。

基本書　**第１編 第３章 4 債権譲渡**

問題 8　正解 1　**賃貸借**…………………………………………　**難易度 B**

1　**誤り。**正解。建物の賃貸借においては、賃借人が社会通念上、通常の使用をした場合に生じる通常損耗に係る投下資本の減価の回収は、通常賃料の中に含ませてその支払を受けることにより行われている。それゆえ、賃借物件に発生する損耗減価の回収は賃貸人が全て賃料に含ませてその支払を受けることにより行っているという本肢の記述は誤り（民法601条、最判平17.12.16）。

2　**正しい。**通常損耗とは、賃借人が社会通念上通常の使用をした場合に生じる賃借物件の劣化または価値の減少を意味する（最判平17.12.16）。

3　**正しい。**通常の賃貸借では、通常損耗に係る投下資本の減価の回収は、通常賃料の中に含ませて行われている。したがって、賃貸人が負担する通常損耗の範囲が契約書に明記されておらず口頭での説明等もない場合に、賃借人に通常損耗についての原状回復義務を負わせるのは、賃借人に予期しない特別の負担を課すことになる（最判平17.12.16）。

4　**正しい。**賃借人が賃料とは別に通常損耗の補修費を支払う義務があるといえるためには、その旨の特約（「通常損耗補修特約」）が明確に合意されていることが必要である。それゆえ、賃貸借契約に賃借人が原状回復義務を負う旨が定められていても、それをもって、賃借人が賃料とは別に通常損耗の補修費を支払う義務があるとはいえない（最判平17.12.16）。

基本書　**第1編 第3章 11 賃貸借**

問題 9　正解 3　**相殺**…………………………………………　**難易度 B**

1　**誤り。**Bが相殺できるためには、①双方が同種の債権を有することのほか、②BのAに対する貸金債権である自働債権の弁済期が到来していることが必要である（民法505条1項）。BのAに対する貸金債権の支払期日は、令和6年12月31日であるため、同年12月1日では弁済期が到来しておらず、相殺できない。

2　**誤り。**AのBに対する売買代金債権については、Cが差し押さえた場合でも、その債権が差押え後に取得されたものでない限り、売買代金債権の弁済期の前後を問わず、両者が相殺適状に達しさえすれば、差押え後においても相殺を行い、これを差押債権者Cに対抗することができる（同法511条

1項、最大判昭45.6.24)。しかし、BがAに対して令和6年11月2日から12月1日までの間に取得した別の債権は、差押債権者CがAの売買代金債権を差し押さえた同年11月1日より遅れるため、Bは売買代金債務と取得した別の債権を相殺することはできない。

3　**正しい。**正解。悪意による不法行為に基づく損害賠償債務または人の生命・身体の侵害による損害賠償債務を受働債権とすることは、被害者に現実の弁済によって損害の填補を受けさせ、また、不法行為誘発の防止のために許されない(同法509条)。しかし、これら損害賠償債権を自働債権とすることは、被害者が相殺する場合だから許される(最判昭42.11.30)。したがって、Bは売買代金債務と不法行為に基づく損害賠償債権を対当額で相殺することができる。

4　**誤り。**BがAに対し令和6年9月30日に消滅時効の到来する貸金債権を有していた場合に、Aが当該消滅時効を援用すれば当該債権は時効により消滅する。そのため、Bが、BのAに対する売買代金債務との相殺を主張するときは、相殺適状にないため相殺することができない(同法508条)。

基本書　第1編 第3章 10 相殺

問題 10　正解 4　相続……………………………………　難易度 B

1　**正しい。**無権代理人が、本人に無断で本人の不動産を売却した後に単独で本人を相続した場合は、本人と代理人の資格が同一人に帰するに至ったことにより、本人自ら法律行為をしたのと同様な法律上の効果を生じる(最判昭40.6.18)。

2　**正しい。**共同相続人の1人が、相続財産について勝手に単独相続登記をし、これを譲渡した場合は、他の共同相続人は自己の持分について、登記がなくても当該相続人から移転登記を受けた第三取得者に対抗することができる(最判昭38.2.22)。単独の所有権移転登記をした共同相続人の登記は、他の共同相続人の持分に関する限り無権利の登記であり、また、第三取得者も他の共同相続人の持分に関する限りは、登記に公信力を認めない民法の下では権利を取得する理由がないからである。

3　**正しい。**連帯債務者の1人が死亡し、その相続人が数人ある場合には、相続人らは、被相続人の債務の分割されたものを継承し、各自その承継した範囲において本来の債務者とともに連帯債務者となる（最判昭34.6.19）。

4　**誤り。**正解。各共有者は、持分に応じた共有物の全部について使用をすることができる（民法249条1項）。他の共有者との協議に基づかずに、単独で共有物を占有する他の相続人であっても、その共有物を占有する権原を有しているため、他の共有者は当然にはその共有物の明渡しを請求することはできない（最判昭41.5.19）。

基本書　第1編 第4章 相続

問題 11　正解 2　借地借家法／借地権…………………………　難易度 A

1　**誤り。**本件契約を専ら事業の用に供する建物の所有を目的とする場合でも、事業用定期借地権ではなく、通常の借地権として契約するのであれば必ずしも公正証書による必要はない。また、定期借地権（借地借家法22条）の契約であれば、その特約は書面または電磁的記録で行えばよく、そして、建物譲渡特約付借地権（同法24条）の契約によれば、その特約は書面または電磁的記録で行う必要もない。したがって、公正証書によらなければ、本件契約が無効とまではいえない。

2　**正しい。**正解。借地権の存続期間は30年であり、契約でこれより長い期間を定めた場合は、その期間となる（同法3条）。また、借地権の存続期間が満了する場合に借地権者が更新を請求したときは、借地借家法4条による更新のほか、建物がある場合に限り従前の契約と同一の条件で契約を更新したものとみなされる（同法5条）。借地権の存続期間を20年とし、かつ契約の更新請求をしない旨の定めは、借地権者に不利な特約であるから無効である（同法9条）。

3　**誤り。**借地権の存続期間は、期間の定めがないときは30年となり、30年以上の期間を定めたときは、その期間となる（同法3条）。存続期間を60年と定めれば、その期間は60年となる。この場合、公正証書による必要はない。

4　**誤り。**借地権は、その登記がなくても、土地の上に借地権者が登記されている建物を所有するときは、これをもって第三者に対抗することができる（同法10条1項）。ただし、建物が借地人の家族名義で登記されている場合は、借地借家法10条による対抗力はない（最判昭41.4.27）。

基本書　第1編 第5章 ❶ 借地借家法－①（借地関係）

問題 12　正解 3　借地借家法／借家権…………………………　難易度 B

1　**誤り**。期間が1年以上の定期建物賃貸借の場合、賃貸人は、期間満了の1年前から6カ月前までの間に、賃借人に対して、期間満了により賃貸借が終了する旨を通知しなければ、期間満了による終了を賃借人に対抗できない（借地借家法38条6項）。

2　**誤り**。床面積が200㎡未満の居住用建物を目的とする定期建物賃貸借契約の賃借人は、転勤、療養、親族の介護その他やむを得ない事情により、賃借人が建物を自己の生活の本拠として使用することが困難となったときは、中途解約の申入れをすることができる（同法38条7項）。

3　**正しい**。正解。建物の賃貸借について期間の定めがある場合において、当事者が期間満了の1年前から6カ月前までの間に、相手方に対して更新をしない旨の通知または条件を変更しなければ更新しない旨の通知をしなかったときは、従前の契約と同一条件で契約を更新したものとみなされる。ただし、その期間は定めがないものとなる（同法26条1項）。

4　**誤り**。建物の賃貸人の同意を得て建物に付加した造作がある場合は、建物の賃借人は、建物の賃貸借が期間の満了または解約の申入れによって終了するとき、造作買取請求権を有する。そして、この規定は、建物の賃貸借が期間の満了または解約の申入れによって終了する場合には、建物の転借人と賃貸人との間にも準用されるから、転借人も賃貸人に対して買取請求権を有する（同法33条）。

基本書　第1編 第5章 ❷ 借地借家法－②（借家関係）

問題 13　正解 1　区分所有法……………………………………　難易度 A

1　**誤り**。正解。規約の設定、変更または廃止を行う場合は、区分所有者および議決権の各4分の3以上の多数による集会の決議によってしなければならない（区分所有法31条1項）。区分所有者の過半数による集会の決議では足りない。

2　**正しい**。規約を保管する者は、利害関係人の請求があったときは、正当な理由がある場合を除いて規約の閲覧を拒んではならない。閲覧を拒絶した場合は、20万円以下の過料に処される（同法33条2項、71条2号）。

3　**正しい。**規約の保管場所は、建物内の見やすい場所に掲示しなければならない（同法33条3項）。

4　**正しい。**占有者は、建物またはその敷地もしくは附属施設の使用方法につき、区分所有者が規約または集会の決議に基づいて負う義務と同一の義務を負う（同法46条2項）。

基本書　第1編 第5章 3 建物の区分所有等に関する法律

問題 14　正解 4　不動産登記法……………………………　難易度 B

1　**正しい。**登記は、法令に別段の定めがある場合を除き、当事者の申請または官庁もしくは公署の嘱託がなければ、することができない（不動産登記法16条1項）。

2　**正しい。**表示に関する登記は、登記申請の有無にかかわらず、登記官の職権によりすることができる（同法28条）。

3　**正しい。**所有権の登記名義人は、建物の床面積に変更があったときは、当該変更のあった日から1カ月以内に、建物の表題部の変更の登記を申請しなければならない（同法51条1項、44条1項3号）。

4　**誤り。**正解。所有権の登記名義人の住所について変更があったときは、住所変更の登記をすることができる（同法64条1項）。権利に関する登記は、私的な権利の公示、保護を目的とするので、登記するか否かは当事者の意思にゆだねられている。それゆえ、当該変更があった日から1カ月以内に変更登記の申請をしなければならないという規定は設けられていない。

基本書　第1編 第5章 4 不動産登記法

問題 15　正解 1　国土利用計画法……………………………　難易度 A

1　**正しい。**正解。都道府県知事は、土地利用審査会の意見を聴いて、事後届出をした者に対し、その届出に係る土地の利用目的について必要な変更をすべきことを勧告することができるが、その勧告を受けた者が従わないときは、その旨およびその勧告の内容を公表することができる（国土利用計画法26条）。

2　**誤り。**当事者の一方または双方が国・地方公共団体である場合、事後届出は適用されない。本肢では、売主が乙県なので、事後届出をする必要はない（同法23条2項3号）。

3　**誤り**。指定都市の内外を問わず土地売買等の契約を締結した日から起算して2週間以内に、当該土地が所在する市町村の長を経由して、都道府県知事に事後届出をしなければならない（同法23条1項）。

4　**誤り**。買主が宅建業者であってもなくても市街化区域内では2,000㎡以上の土地を売買等した場合に、事後届出が必要になる。したがって、買主が宅建業者の場合に事後届出が免じられるという規定はなく、Cは事後届出をしなければならない（同法23条1項）。

基本書　第3編 第6章 2 事後届出制

問題 16　正解 4　都市計画法総合……………………………　難易度 A

1　**正しい**。田園住居地域内の農地について、土地の形質の変更をしようとする者は、原則として、市町村長の許可を受けなければならない（都市計画法52条1項）。

2　**正しい**。風致地区内における建築物の建築、宅地の造成、木竹の伐採その他の行為については、政令で定める基準に従い、地方公共団体の条例で、都市の風致を維持するため必要な規制をすることができる（同法58条1項）。

3　**正しい**。市街化区域については、少なくとも用途地域を定め、市街化調整区域については、原則として用途地域を定めない（同法13条1項7号）。

4　**誤り**。正解。準都市計画区域内では、市街化区域や市街化調整区域の区分を定めることはできない（同法7条1項、8条2項）。

基本書　第3編 第1章 3 都市計画の内容

問題 17　正解 4　都市計画法／開発許可制度…………………　難易度 A

1　**正しい**。非常災害のため必要な応急措置として行う開発行為については、区域・規模を問わず、開発許可を受ける必要はない（都市計画法29条1項10号）。

2　**正しい**。用途地域等が定められていない土地のうち、開発許可を受けた開発区域内では、開発工事完了の公告があった後は、都道府県知事の許可を受けなければ、予定建築物等以外の建築物または特定工作物を新築し、または新設してはならない（同法42条1項）。

3　**正しい。**都市計画区域および準都市計画区域外の区域内において、開発規模が10,000㎡未満の開発行為については都道府県知事の許可を受ける必要はない（同法29条2項、施行令22条の2）。

4　**誤り。**正解。市街化区域以外の区域で、農林漁業用建築物・農林漁業者の住宅の用に供する目的で行う開発行為については、都道府県知事の許可を受ける必要はない（同法29条1項2号・2項1号）。

基本書　第3編 第1章 6 開発許可制度

問題18　正解3　建築基準法総合……………………………　難易度C

1　**誤り。**建築物の高さ31m以下の部分にある3階以上の階には、原則として、非常用の進入口（火災時の消火活動や救出活動の際に、外部からの進入を容易にするもの）を設けなければならない（建築基準法施行令126条の6）。

2　**誤り。**防火地域および準防火地域外の建築物の増築、改築、移転に係る部分の床面積の合計が10㎡以内ならば、建築確認の申請を要しないが、本肢の場合、防火地域内の建築物なので、この規定は適用されない。したがって、建築確認を申請し、完了検査を受けなければならない（同法6条2項、7条1項）。

3　**正しい。**正解。2階以上の階にあるバルコニーその他これに類するものの周囲には、安全上必要な高さが1.1m以上の手すり壁、さくまたは金網を設けなければならない（同法施行令126条1項）。

4　**誤り。**建築物には着工時の法令が適用される。改正法施行時に、すでに使用中の建築物や工事中のものについて、改正された規定は適用されない（既存不適格建築物）。ただし、増築、改築、大規模の修繕・模様替えをする場合には、原則として法令に適合させなければならない（同法3条2項・3項3号）。

基本書　第3編 第2章 2 建物確認と完了検査

問題19　正解2　建築基準法／集団規定……………………　難易度B

1　**正しい。**第一種低層住居専用地域、第二種低層住居専用地域または田園住居地域内においては、建築物の高さは、10 mまたは12 mのうち当該地域に関する都市計画において定められた建築物の高さの限度を超えてはならない（建築基準法55条1項）。

2 **誤り**。正解。大学は、第二種低層住居専用地域には、原則として建築できないが、第一種中高層住居専用地域では建築できる。敷地が二つの用途地域にわたる場合には、敷地の過半の属する用途地域の制限に従うことになる（同法91条）。本肢の場合、敷地の60%が第一種中高層住居専用地域にあるから、第一種中高層住居専用地域の制限に従うことになる。したがって、本肢の敷地には大学を建築することができる（同法48条2項・3項、別表第二）。

3 **正しい**。都市計画区域の変更等により集団規定が適用されるに至った際、現に建築物が立ち並んでいる幅員4 m未満の道で、特定行政庁の指定したものは、道路とみなされる（同法42条2項）。いわゆる2項道路である。

4 **正しい**。前面道路の境界線またはその反対側の境界線からそれぞれ後退して壁面線の指定がある場合において、特定行政庁が一定の基準に適合すると認めて許可した建築物については、当該前面道路の境界線またはその反対側の境界線は、それぞれ当該壁面線にあるものとみなして、容積率の規定を適用する（同法52条11項）。

基本書 第3編 第2章 4 集団規定

問題20 正解4 宅地造成及び特定盛土等規制法………… 難易度 A

1 **正しい**。宅地造成等工事規制区域内の土地の所有者は、宅地造成等に伴う災害が生じないよう、その土地を常時安全な状態に維持するように努めなければならない（宅地造成及び特定盛土等規制法22条1項）。工事主ではない土地の所有者も同様の保全義務を負う。

2 **正しい**。都道府県知事は、宅地造成等工事の許可に、工事の施行に伴う災害を防止するため必要な条件を付することができる（同法12条3項）。

3 **正しい**。宅地造成とは、宅地以外の土地を宅地にするために行う盛土その他の土地の形質の変更で政令で定めるものをいう（同法2条2号、施行令3条）。宅地を宅地以外の土地にするために行うものは、宅地造成には該当しない。

4　**誤り。**正解。切土した結果２mを超える崖を生じる場合は宅地造成に該当する。また、切土した結果２m以下の崖を生じた場合でも、その面積が500㎡を超える場合には宅地造成に該当する。本肢は、どれにも該当しないので宅地造成には該当せず、したがって、都道府県知事の許可は不要である（同法２条２号、施行令３条）。

基本書　第３編 第３章 ❷ 規制区域内における宅地造成等に関する工事等の規制

問題 21　正解 3　土地区画整理法……………………………　難易度 B

1　**誤り。**「土地区画整理事業」とは、都市計画区域内の土地について、公共施設の整備改善および宅地の利用の増進を図るため、土地区画整理法で定めるところに従って行われる土地の区画形質の変更および公共施設の新設または変更に関する事業をいう（土地区画整理法２条１項）。したがって、土地区画整理事業は、都市計画区域外では行わない。

2　**誤り。**土地区画整理組合の設立の認可の公告があった日後、換地処分の公告がある日までは、施行地区内において、土地区画整理事業の施行の障害となるおそれがある建築物その他の工作物の新築を行おうとする者は、都道府県知事（市の区域内において個人施行者、組合もしくは区画整理会社が施行し、または市が３条４項の規定により施行する土地区画整理事業にあっては、当該市の長）の許可を受けなければならない（同法76条１項）。都道府県知事および市町村長の許可ではない。

3　**正しい。**正解。施行者は、仮換地を指定した場合、公共施設の変更・廃止に関する工事を施行する場合等において、従前の宅地に存する建築物等を移転し、または除却することが必要となったときは、これらの建築物等を移転し、または除却することができる（同法77条１項）。

4　**誤り。**施行者は、仮換地を指定した場合において、その仮換地に使用または収益の障害となる物件が存するときその他特別の事情があるときは、その仮換地について使用または収益を開始することができる日を仮換地の指定の効力発生日と別に定めることができる（同法99条２項）。

基本書　第３編 第４章 ❶ 土地区画整理事業、❷ 仮換地、❹ 建築等の制限

問題 22　正解 1　**農地法**……………………………… **難易度 B**

1　**正しい。**正解。市街化区域内の農地を農地以外のものにする目的で権利移動する場合には、農地法５条の許可は不要であり、あらかじめ農業委員会に届出をすれば足りる（農地法５条１項７号）。

2　**誤り。**遺産分割によって農地を取得する場合には、農地法３条１項の許可は不要で、遅滞なく農業委員会への届出が必要である（同法３条１項12号、３条の３）。

3　**誤り。**農地所有適格法人以外の法人は、農地を取得することはできないが、耕作目的で借りることはできる（同法３条２項２号・３項）。

4　**誤り。**耕作に供されている土地であれば農地法上の農地となり、登記簿上の地目は考慮する必要がない（同法２条１項）。

基本書　**第３編 第５章 農地法**

問題 23　正解 2　**登録免許税**……………………………… **難易度 D**

1　**誤り。**個人の住宅で床面積50㎡以上であれば、住宅用家屋の所有権の移転登記にかかる税率軽減の特例は認められる（租税特別措置法73条、施行令42条１項）。個人の住宅が共有か否か、あるいはその際の持分割合まで問うものではない。このことは、登記を受ける者が２人以上あるときは、連帯して登録免許税を納付する義務がある（登録免許税法３条）ことからもうかがうことができる。

2　**正しい。**正解。住宅用家屋の所有権の移転登記に係る税率軽減の特例は、家屋の取得原因を売買または競落に限定しており（租税特別措置法73条、施行令42条３項）、交換や贈与は除かれる。

3　**誤り。**住宅用家屋が昭和57年１月１日以後に建築されたものであること、または一定の耐震基準に適合するものであることが税率軽減措置の適用要件とされている（同法73条、施行令42条１項２号）。したがって、昭和57年１月１日以後に建築されたものであっても、一定の耐震基準を満たさなければ適用できないとするのは誤り。

4　**誤り。**登記の申請書には、当該家屋の所在地の市町村または特別区の区長の証明書を添付しなければならない（同法施行令42条１項）とされ、税務署長の証明書とするのは誤り（同法施行規則25条の２第１項）。

基本書　第4編 第1章 5 登録免許税

問題 24　正解 3　不動産取得税……………………………… 難易度 A

1　**誤り**。不動産取得税の納付は、都道府県が納税通知書を納税者に交付し、それを用いて納税者が納付する方法（普通徴収）によって行われる（地方税法73条の17第1項、1条1項7号)。

2　**誤り**。家屋を改築したことにより、家屋の価格が増加した場合には、当該改築をもって家屋の取得とみなして不動産取得税が課税される（同法73条の2第3項)。

3　**正しい**。正解。相続や法人の合併のような形式的移転については、不動産取得税は非課税とされている（同法73条の7）。

4　**誤り**。不動産取得税の課税標準となるべき額（取得時の不動産の価格）が、土地の取得にあっては10万円に満たない場合には、不動産取得税は課税されない（同法73条の15の2)。つまり、免税点の基準は一定の不動産の価格であり（同法73条の13第1項)、面積でないので誤り。ちなみに家屋の取得の場合は建築（新築、増築、改築）によるものは23万円未満、建築以外（中古住宅購入等）によるものは12万円未満が免税点とされる。

基本書　第4編 第1章 2 不動産取得税

問題 25　正解 1　不動産鑑定評価……………………………… 難易度 C

1　**正しい**。正解。最有効使用の原則とは、不動産の価格は、その不動産の効用が最高度に発揮される可能性に最も富む使用（最有効使用）を前提として把握される価格を標準として形成されることをいう（不動産鑑定評価基準（以下「基準」という）総論第4章Ⅳ　最有効使用の原則)。

2　**誤り**。収益還元法は、賃貸用不動産または賃貸以外の事業の用に供する不動産の価格を求める場合に特に有効であり、自用の不動産といえども賃貸を想定することにより適用されるものである（基準総論第7章第1節Ⅳ1　意義)。

3　**誤り**。不動産の価格を求める鑑定評価の手法は、原価法、取引事例比較法、収益還元法に大別され、その適用に当たっては、鑑定評価の手法を当該案件に即して適用すべきである。この場合、地域分析および個別分析により把握した対象不動産に係る市場の特性等適切に反映した複数の鑑定評価の手法を適用すべきであり、いずれか1つを選択して適用すべきというものではない（基準総論第8章第7節　鑑定評価の手法の適用）。

4　**誤り**。本肢の記述は、特定価格の記述である（基準総論第5章第3節Ⅰ3　特定価格）。なお、限定価格とは、市場性を有する不動産について、不動産と取得する他の不動産との併合または不動産の一部を取得する際の分割等に基づき正常価格と同一の市場概念の下において形成されるであろう市場価値と乖離することにより、市場が相対的に限定される場合における取得部分の当該市場限定に基づく市場価値を適正に表示する価格をいう（基準総論第5章第3節Ⅰ2　限定価格）。

基本書　第4編 第2章 **2** 土地・建物の鑑定評価

問題 26　正解 2　広告…………………………………………………　難易度 A

1　**誤り**。宅地の売買に関する広告をインターネットで行った場合、当該宅地の売買契約成立後に継続して広告を掲載すると、当該広告の掲載を始めた時点で当該宅地に関する売買契約が成立していなかったときでも、誇大広告等の禁止に違反する（宅建業法32条）。

2　**正しい**。正解。販売する宅地または建物の広告に著しく事実に相違する表示（誇大広告）をした場合、監督処分の対象となるほか、6カ月以下の懲役および100万円以下の罰金を併科されることがある（同法32条、65条、66条、81条1号）。

3　**誤り**。建築基準法6条1項の確認申請中の建物については、当該建物の売買の媒介に関する広告も貸借の媒介に関する広告もすることができない（宅建業法33条）。

4　**誤り**。宅建業者がその業務に関し広告をするときは、実際のものより著しく優良または有利であると人を誤認させるような表示をしてはならず、宅地または建物に係る現在または将来の利用の制限の一部を表示しないことによりそのような誤認をさせる場合（デメリット不表示）も、誇大広告等の禁止に違反する（同法32条）。

基本書　第2編 第2章 **1** 一般的規制、第3章 **2** 罰則

問題 27　正解 4　建物状況調査に関する記載事項…………　難易度 C

1　**誤り。** Aは甲住宅の売却の依頼を受けた媒介業者として本件契約が成立するまでの間にDに対し、建物状況調査を実施する者のあっせんの有無について確認する必要はない。

2　**誤り。** AおよびCは、本件契約が成立するまでの間に、Dに対し、甲住宅について、設計図書、点検記録その他の建物の建築および維持保全の状況に関する書類で国土交通省令で定めるものの保存状況を重要事項として説明しなければならないが、それぞれの書類に記載されている内容について説明する必要はない（宅建業法 35 条 1 項 6 号の 2 ロ）。

3　**誤り。** 建物状況調査は、実施後 1 年以内のものについて建物状況調査を実施しているかどうかおよびこれを実施している場合におけるその結果の概要等を重要事項として説明しなければならない。したがって、2 年前の建物状況調査について説明する必要はない（同法 35 条 1 項 6 号の 2 イ、施行規則 16 条の 2 の 2）。

4　**正しい。** 正解。AおよびCは、Dが宅建業者であっても、37 条書面において、甲住宅の構造耐力上主要な部分等の状況について当事者の双方が確認した事項があるときは、その記載を省略することはできない（同法 37 条 1 項 2 号の 2）。

基本書　**第 2 編 第 2 章 1 一般的規制**

問題 28　正解 1　宅建業者間取引……………………………　難易度 C

ア　**誤り。** 宅建業者が、買主として、造成工事完了前の宅地の売買契約を締結しようとする場合、売主が当該造成工事に関し必要な都市計画法 29 条 1 項の許可申請中は、当該売買契約を締結することができない。つまり、開発許可を受けた後でなければ締結してはならない。また、この規制は宅建業者が売主となる場合に限らず、買主であった場合も同様である（宅建業法 36 条、78 条 2 項）。

イ　**誤り。** 宅建業者が、買主として、宅建業者との間で宅地の売買契約を締結した場合でも、37 条書面を交付しなければならない（同法 37 条 1 項、78 条 2 項）。

ウ　**誤り。** 営業保証金を供託している宅建業者が、売主として、宅建業者との間で宅地の売買契約を締結しようとする場合、営業保証金を供託した供託所およびその所在地について説明する必要はない（同法35条の2かっこ書）。

エ　**正しい。**宅建業者が、宅地の売買の依頼者と媒介契約を締結した場合、当該宅地の購入の申込みがあったときは、媒介の依頼者が宅建業者であっても、遅滞なく、その旨を当該依頼者に報告しなければならない（同法34条の2第8項、78条2項）。

以上により、正しいものはエのみであり、正解は1。

基本書　第2編 第2章 1 一般的規制

問題29　正解2　8種制限等……………………………　難易度A

1　**違反する。**AおよびBがともに宅建業者である場合でも、Aは契約の成立後、37条書面を作成し、宅地建物取引士に記名させ、これをBに交付しなければならない（宅建業法37条3項）。宅地建物取引士でない者は37条書面の記名をすることができない。

2　**違反しない。**正解。AおよびBがともに宅建業者である場合、当事者の債務の不履行を理由とする契約の解除があったときの損害賠償の額については、代金の10分の2を超える定めをすることができる（同法38条、78条2項）。

3　**違反する。**Aが宅建業者であり、Bが宅建業者でない場合、Aは本件契約の締結に際して代金の10分の2（2,000万円×0.2＝400万円）を超える手付を受領することができない（同法39条1項）。

4　**違反する。**Aが宅建業者であり、Bが宅建業者でない場合、目的物の契約不適合責任に関する通知期間について、その目的物の引渡しの日から2年以上とする特約を除き、民法566条に規定するものより買主に不利となる特約をしてはならない。したがって、目的物である建物の契約不適合責任に関し、契約の解除または損害賠償等の請求は目的物の引渡しの日から1年以内に通知しなければならないとする旨の特約を定めることができない（宅建業法40条1項・2項）。

基本書　第2編 第2章 2 自ら売主規制（8種制限）

問題 30　正解 4　報酬……………………………………　難易度 B

1　**誤り。**賃貸借の媒介の場合、依頼者の双方から受けることができる報酬額の合計は、借賃の1カ月分の1.1倍（消費税）以下である。Aは、BおよびCの承諾を得てもBおよびCの双方からそれぞれ11万円の報酬を受けることはできない。また、本肢の事例は店舗用の建物なので、権利金の150万円を売買代金とみなした場合でも、AがBおよびCからそれぞれ受領できる報酬額は、150万円×5％＝7万5,000円。7万5,000円×1.1（消費税）＝8万2,500円が限度となる（宅建業法46条1項、報酬額に関する告示第4・第6）。

2　**誤り。**建物が居住用である場合、権利金の額を売買に係る代金の額とみなして算出することはできない（同法46条1項、同告示第6）。

3　**誤り。**Aは、Bからの依頼に基づくことなく広告をした場合、その広告が賃貸借契約の成立に寄与したとしても、報酬とは別に、その広告料金に相当する額をBに請求することはできない（同法46条1項、同告示第9①）。

4　**正しい。**正解。定期建物賃貸借の再契約に関して宅建業者が受けることができる報酬についても、新規の契約と同様に宅建業法および告示の規定が適用される（宅建業法の解釈・運用の考え方46条1項関係）。

基本書　第2編 第2章 3 報酬・その他の制限

問題 31　正解 3　空家等の売買の媒介の場合の特例………　難易度 C

1　**誤り。**現地調査等の費用に関する空家等の売買または交換の媒介の報酬の特例が適用されるのは、代金等の額が400万円以下の物件に限られるので、代金額が500万円の本肢の場合、現地調査等の費用を報酬に含めて請求することはできない。したがって、土地付中古住宅500万円の売買について、AがBから受け取ることができる報酬の上限額は、500万円×3％＋6万円=21万円に消費税を加えた21万円×1.1=23万1,000円である（宅建業法46条、報酬額に関する告示第2・第7）。

2　**誤り。**空家等の売買または交換の媒介における特例により現地調査等の費用を請求できる相手方は、売主であり、買主ではない。したがって、土地付中古住宅300万円の売買について、AがCから受け取ることができる報酬の上限額は、300万円×4％＋2万円=14万円に消費税を加えた、14万円×

1.1=15万4,000円である（同法46条、同告示第2・第7）。

3　**正しい。**正解。土地350万円の売買について、AがDから受け取ることができる報酬の上限額は、空家等の売買または交換の媒介における特例が適用され、350万円×4％＋2万円=16万円。これに調査等の費用2万円を加え18万円となる。18万円に消費税を加え、18万円×1.1=19万8,000円である（同法46条、同告示第2・第7）。

4　**誤り。**空家等の特例により現地調査等の費用を報酬に含めることができる取引は、売買または交換であり、貸借の場合には適用されない。したがって、中古住宅1カ月分の賃料15万円の貸借について、Aが貸主Eから受け取ることができる報酬の上限額は、1カ月分の賃料15万円に消費税を加え、15万円×1.1=16万5,000円である（同法46条、同告示第4・第7）。

基本書　**第2編 第2章 3 報酬・その他の制限**

問題32　正解1　監督処分等　難易度B

1　**正しい。**正解。宅地建物取引士が都道府県知事から指示処分を受けた場合において、宅建業者（国土交通大臣免許）の責めに帰すべき理由があるときは、国土交通大臣は、当該宅建業者に対して指示処分をすることができる（宅建業法65条1項4号）。

2　**誤り。**宅地建物取引士が不正の手段により宅地建物取引士の登録を受けた場合、その登録をした都道府県知事は、登録の消除をしなければならない。試験の合格の決定を取り消さなければならないわけではない（同法68条の2第1項2号）。

3　**誤り。**国土交通大臣は、すべての宅建業者に対し指導、助言および勧告をすることができるが、宅地建物取引士に対して指導等をすることはできない（同法71条）。

4　**誤り。**甲県知事の登録を受けている宅地建物取引士が、乙県知事から事務の禁止の処分を受けた場合は、速やかに、宅地建物取引士証の交付を受けた甲県知事に提出しなければならない（同法22条の2第7項）。

基本書　**第2編 第3章 1 監督処分等**

問題 33　正解 4　媒介契約……………………………… **難易度 B**

1　**誤り。**既存建物であるときは、依頼者に対する建物状況調査を実施する者のあっせんに関する事項を必ず媒介契約書面に記載しなければならない（宅建業法 34 条の 2 第 1 項 4 号）。

2　**誤り。**専属専任媒介契約を締結した場合、当該媒介契約締結日から 5 日以内（休業日を含まない）に指定流通機構に甲住宅の所在等を登録しなければならない（同法 34 条の 2 第 5 項、施行規則 15 条の 10）。7 日以内ではない。

3　**誤り。**Aが評価額についての根拠を明らかにするため周辺の取引事例の調査をした場合、根拠の明示は、法律上の義務であるので、同調査に要した費用をBに請求することはできない（宅建業法の解釈・運用の考え方 34 条の 2 関係）。

4　**正しい。**正解。AとBの間で専任媒介契約を締結した場合、Aは、法 34 条の 2 第 1 項の規定に基づき交付すべき書面に、BがA以外の宅建業者の媒介または代理によって売買または交換の契約を成立させたときの措置について記載しなければならない（同法 34 条の 2 第 1 項、施行規則 15 条の 9 第 1 号）。

なお媒介契約書面は依頼者の承諾を得て、電磁的方法により行うことができる（同法 34 条の 2 第 11 項・第 12 項）。

基本書　**第 2 編 第 2 章 1 一般的規制**

問題 34　正解 2　37条書面……………………………… **難易度 A**

ア　**記載事項ではない。**契約不適合責任の内容は、売買・交換の場合における 37 条書面の任意的記載事項であるが（宅建業法 37 条 1 項 11 号）、貸借の場合の記載事項ではない。

イ　**記載事項である。**当事者の氏名（法人にあっては、その名称）および住所は、売買・交換の場合に限らず、貸借の場合でも必要的記載事項である（同法 37 条 1 項 1 号・2 項 1 号）。

ウ　**記載事項である。**建物の引渡し時期は、売買・交換の場合に限らず、貸借の場合でも必要的記載事項である（同法 37 条 1 項 4 号・2 項 1 号）。

エ　**記載事項ではない。**建物の構造耐力上主要な部分等の状況について当事者双方が確認した事項は、売買・交換の場合の必要的記載事項であるが（同法

37条1項2の2)、貸借の場合の記載事項ではない。

以上により、貸借の場合の37条書面の必要的記載事項(必ず記載しなければならない事項)の組合せはイ、ウであり、正解は2。

なお37条書面は、37条1項・3項に規定する者の承諾を得て、電磁的方法による代用措置を講じることができる(同法37条4項・5項)。

基本書　第2編 第2章 1 一般的規制

問題35　正解3　重要事項の説明……………………　難易度B

1　**誤り**。当該建物(昭和56年6月1日以降に新築工事に着手したものを除く)が耐震改修促進法に基づく耐震診断を受けたものであるときは、その内容を重要事項説明書に記載しなければならないが、耐震診断の実施自体を宅建業者に義務づけるものではない(宅建業法35条1項14号、施行規則16条の4の3第5号)。

2　**誤り**。相手方が宅建業者である場合は、重要事項説明書の交付のみで足り、宅地建物取引士による重要事項の説明を要しない(同法35条6項)。

3　**正しい**。正解。建物が種類または品質に関して契約の内容に適合しない場合の不適合を担保すべき責任の履行に関し、保証保険契約の締結などの措置を講ずるかどうか、また講ずる場合はその概要を重要事項説明書に記載しなければならない(同法35条1項13号)。

4　**誤り**。宅建業者が相手方から交換差金の一部として50万円未満のものを受領しても、保全措置について重要事項説明書に記載する必要はない(同法35条1項11号、施行規則16条の3第1号)。

なお35条書面は相手方の承諾を得て、電磁的方法による代用措置を講じることができる(同法35条8項・9項)。

基本書　第2編 第2章 1 一般的規制

問題36　正解3　免許……………………　難易度A

1　**誤り**。免許の更新の申請があった場合において、有効期間の満了後もその申請について処分がなされていないときは、従前の免許は、有効期間満了後もその処分がなされるまでの間は有効とされる(宅建業法3条4項)。

2　**誤り**。甲県知事免許業者Bが乙県で売買の媒介をするときは、都道府県知事免許でも全国で宅建業を営むことができるから、２つ以上の都道府県に事務所を設置しないのであれば、国土交通大臣免許に免許換えをする必要はない（同法３条１項、７条１項）。

3　**正しい。**正解。禁錮以上の刑に処せられ、その刑の執行を終わり、または刑の執行を受けることができなくなった日から５年を経過しない者（C）は、免許を受けることができない（同法５条１項５号）。

4　**誤り。**変更届の対象となる役員の常勤・非常勤を問わず、変更の届出をしなければならない（同法８条２項３号、９条）。

基本書　**第２編 第１章 ❷ 宅建業の免許、❹ 免許の基準と登録の基準**

問題 37　正解 2　クーリング・オフ……………………　難易度 C

ア　**正しい。**クーリング・オフ期間は、宅建業者が告知した日から８日以内に買主が書面を発信すればよく、売主に到達させなければ契約を解除できない旨の特約は、買主に不利なものとして、無効である（宅建業法 37 条の２第１項１号・第２項・第４項）。

イ　**正しい。**買受けの申込み場所と契約締結場所が異なる場合は、買受けの申込み場所でクーリング・オフの可否が判断される。宅建業者の事務所で買受けの申込みをした買主は、クーリング・オフによる契約の解除ができない（同法 37 条の２第１項）。

ウ　**誤り。**買主が申し出た自宅または勤務先の場合であれば売買契約を解除することができないが、宅建業者の提案により買主の自宅で買受けの申込みをした買主は、クーリング・オフによる契約の解除をすることができる（同法 37 条の２第１項、施行規則 16 条の５第２号）。また、書面による告知がないときは、クーリング・オフ期間の８日間は起算しないから、10 日後であってもクーリング・オフできる（同法 37 条の２第１項１号）。

エ　**誤り。**売主である宅建業者Ａの商号・住所・免許証番号は、クーリング・オフの告知書の記載事項となるが（施行規則 16 条の６第１号・第２号）、売買を媒介した宅建業者Ｂは含まれていない。

以上により、正しいものはア、イの二つであり、正解は２。

基本書　**第２編 第２章 ❷ 自ら売主規制（８種制限）**

問題 38　正解 1　手付金等の保全措置…………………………　難易度 B

1　**正しい。**正解。工事完了後に授受される金銭でもその授受が物件の引渡し前のものであれば、手付金と中間金を合わせて保全措置を講じなければならない（宅建業法41条の2第1項）。本肢の場合、中間金受領時における手付金等の額の合計は500万円であり、代金の10%を超えているので、保全措置が必要である。

2　**誤り。**建築工事の完了前の住宅（未完成物件）の場合、保全措置を講じなくてもよい手付金等の額は、代金の５%以下、かつ、1,000万円以下とされ、売買代金が2,500万円の場合は125万円以下である。したがって、保全措置を講じないで150万円を受領することはできない（同法41条1項、施行令3条の3）。

3　**誤り。**指定保管機関による保管は、完成物件に限られ、建築工事の完了前の住宅（未完成物件）について指定保管機関による保管で保全措置を講じることはできない（同法41条の2第1項1号）。

4　**誤り。**保証契約の保証期間は、契約の締結日以後、その宅地建物の引渡しまでの間とされ、建築工事の完了までの間ではない（同法41条2項2号）。

なお手付金等の保全措置は、電磁的方法による代用措置で行うことができる（同法41条5項、41条の2第6項）。

基本書　第2編 第2章 **2** 自ら売主規制（8種制限）

問題 39　正解 4　重要事項の説明…………………………　難易度 B

1　**正しい。**相手方が宅建業者である場合には、重要事項説明書の交付のみで足り、宅地建物取引士による重要事項の説明を要しない（宅建業法35条6項）。

2　**正しい。**当該建物が既存の建物である場合には、建物状況調査を実施しているかどうか、およびこれを実施している場合におけるその結果の概要を説明しなければならない（同法35条1項6号の2）。

3　**正しい。**建物の貸借の場合は、台所、浴室、便所等建物の設備の整備の状況について説明しなければならない（同法35条1項14号、施行規則16条の4の3第7号）。

4　**誤り。**正解。重要事項の説明を行うときは、相手方の承諾の有無にかかわらず宅地建物取引士証を提示しなければならない（同法35条4項）。ITを活用した場合も同様である。なお、ITによる重要事項の説明対象が令和3年3月30日より、売買取引にも拡大した。

基本書 第2編 第2章 1 一般的規制

問題 40 正解 2 業務に関する禁止事項…………………… 難易度 A

ア **違反する。**手付金の分割払を条件に契約の締結を誘引する行為は、手付貸与の禁止に該当する（宅建業法47条3号）。

イ **違反しない。**代金の値引きで契約の締結を勧誘する行為は、手付貸与の禁止に該当しない（同法47条3号）。

ウ **違反しない。**重要事項の説明は宅地建物取引士が行わなければならないが、それとは別に重要事項の説明の前に、宅地建物取引士以外の従業者が物件について説明することはできる（同法35条1項）。

エ **違反する。**相手方が契約を締結しない旨の意思を表示したにもかかわらず、勧誘するため、相手方の自宅を訪問することは、契約締結等の不当な勧誘等の禁止に該当する（同法47条の2第3項、施行規則16条の12第1号ニ、ホ）。

以上により、違反するものはア、エの二つであり、正解は2。

基本書 第2編 第2章 3 報酬・その他の制限

問題 41 正解 3 免許…………………………………………… 難易度 A

1 **含まれない。**A社が所有する土地を10区画に区画したうえで、それぞれの区画に戸建住宅を建築し、複数の者に貸し付けるのは、自ら貸借する行為であり、宅地建物取引業に該当しない（宅建業法2条2号）。

2 **含まれない。**B社が所有するテナントの出店募集をし、広告を掲載して案内することは、自ら貸借する行為であり、宅建業に該当しない（同法2条2号）。

3 **含まれる。**正解。管理業者であっても、貸主を代理して行う賃貸借契約の締結は、貸借の代理をする行為であり、宅地建物取引業に該当する（同法2条2号）。

4 **含まれない。**D社が行う建物の建設は、宅建業に該当しない（同法2条2

号)。

基本書　第2編 第1章 1「宅地建物取引業」とは

問題 42　正解 4　宅地建物取引士……………………………　難易度 A

1　**誤り。**宅地建物取引士の登録を受けている者が死亡した場合、その相続人は、死亡の事実を知った日から30日以内に、登録をしている都道府県知事に届け出なければならない（宅建業法21条1号)。「死亡した日から」ではなく、「死亡の事実を知った日から」である。

2　**誤り。**甲県知事の登録を受けている宅地建物取引士が、乙県に所在する宅建業者の事務所の業務に従事するときは、登録を乙県知事に移転することができる。登録の移転は「することができる（任意)」のであって、「しなければならない」のではない（同法19条の2)。

3　**誤り。**宅地建物取引士は、事務禁止処分を受けたときは、速やかに、宅地建物取引士証をその交付を受けた都道府県知事に提出しなければならず（同法22条の2第7項)、登録が消除されたときは、速やかに、宅地建物取引士証をその交付を受けた都道府県知事に返納しなければならない（同法22条の2第6項)。

4　**正しい。**正解。宅地建物取引士は、重要事項の説明以外の場合、取引の関係者から請求があったときは、専任の宅地建物取引士であるか否かを問わず、宅地建物取引士証を提示しなければならない（同法22条の4)。

基本書　第2編 第1章 3 宅地建物取引士

問題 43　正解 1　営業保証金……………………………　難易度 B

1　**正しい。**正解。国土交通大臣または都道府県知事は、免許をした日から3カ月以内に宅建業者が営業保証金を供託した旨の届出をしないときは、その届出をすべき旨の催告をしなければならず（宅建業法25条6項)、催告が到達した日から1カ月以内に宅建業者が営業保証金を供託した旨の届出をしないときは、その免許を取り消すことができる（同法25条7項)。

2　**誤り。**宅建業者と宅建業に関し取引をした者（宅建業者に該当する者を除く）は、その取引により生じた債権に関し、宅建業者が供託した営業保証金について、弁済を受ける権利を有するが、家賃収納代行業務により生じた債権を有する者は、宅建業に関し取引をした者には該当しないので、営業保証金から弁済を受けることはできない（同法27条1項）。

3　**誤り**。宅建業者は、営業保証金を供託したときは、その供託物受入れの記載のある供託書の写しを添附して、その旨を免許を受けた国土交通大臣または都道府県知事に届け出なければならず（同法25条4項）、届出をした後でなければ、その事業を開始してはならない（同法25条5項）。事業開始後1週間以内ではない。

4　**誤り**。新たに事務所を2カ所増設する場合には営業保証金を1,000万円供託しなければならない。国債証券は額面金額の100％で評価され、地方債証券は額面金額の90％で評価される（同法施行規則15条1項）。したがって、額面金額800万円の地方債証券は720万円とみなされるので、国債証券は額面金額280万円のものが必要となる。

基本書　第2編 第1章 5 営業保証金と保証協会

問題 44　正解 2　保証協会……………………………………　難易度 B

1　**誤り**。保証協会は、社員が社員の地位を失ったときは、当該社員であったAとの宅建業に関する取引により生じた債権に関し弁済を受ける権利を有する者に対し、6カ月を下らない一定期間内に還付に必要な認証を受けるため申し出るべき旨を公告しなければならない（宅建業法64条の11第4項）。この公告は保証協会がするのであって、Aが行うのではない。

2　**正しい**。正解。保証協会は、苦情の解決について必要があると認めるときは、当該社員に対し、文書もしくは口頭による説明を求め、または資料の提出を求めることができる（同法64条の5第2項）。

3　**誤り**。宅建業者は、保証協会の社員の地位を失ったときは、当該地位を失った日から1週間以内に、営業保証金を供託しなければならない（同法64条の15）。150万円（30万円×3＋60万円＝150万円）の分担金を納付している宅建業者は、主たる事務所と従たる事務所3つであるから、営業保証金は2,500万円（500万円×3＋1,000万円＝2,500万円）供託しなければならない。

4　**誤り**。保証協会は、社員が社員の地位を失ったときは、当該社員であった者に係る宅建業に関する取引により生じた債権に関し権利を有する者に対し、6カ月を下らない一定期間内に還付に必要な認証を受けるため申し出るべき旨を公告しなければならない（同法64条の11第4項）。しかし、事務所の一部を廃止した場合には、公告をしなければならないとの規定はなく、保証協会は公告なしで弁済業務保証金を取り戻すことができ、弁済業務保証金分担金という名目で返還することになる。

基本書 第2編 第1章 5 営業保証金と保証協会

問題 45　正解 3　住宅瑕疵担保履行法…………………………　難易度 B

1　**誤り**。新築住宅を販売する宅建業者には資力確保措置（住宅販売瑕疵担保保証金の供託または住宅販売瑕疵担保責任保険契約の締結）を講ずる義務はあるが、新築住宅の売買の媒介をする宅建業者には資力確保措置を講ずる義務はない（住宅瑕疵担保履行法2条、11条）。

2　**誤り**。新築住宅を引き渡した宅建業者は、年1回基準日ごとに、当該基準日に係る住宅販売瑕疵担保保証金の供託および住宅販売瑕疵担保責任保険契約の締結の状況について、免許を受けた国土交通大臣または都道府県知事に届け出なければならない（同法12条1項）。新築住宅を引き渡した日から3週間以内に届出をするのではない。

3　**正しい**。正解。新築住宅を引き渡した宅建業者は、基準日に係る資力確保措置の状況について届出をしなければ、当該基準日の翌日から起算して50日を経過した日以後においては、新たに自ら売主となる新築住宅の売買契約を締結してはならない（同法13条）。

4　**誤り**。構造耐力上主要な部分だけでなく、雨水の浸入を防止する部分として政令で定めるものについても保険の対象となる（品確法94条1項、95条1項）。

基本書 第2編 第4章 1 売主・請負人の担保責任

問題 46　正解 1　住宅金融支援機構…………………………　難易度 C

1　**誤り**。正解。独立行政法人住宅金融支援機構（以下、この問において「機構」という）は、住宅の建設または購入に必要な資金の貸付けに係る金融機関の貸付債権の譲受けを業務として行っており、当該住宅の建設または購入に付随する土地または借地権の取得に必要な資金の貸付けに係る金融機関の貸付債権についても、譲受けを業務として行っている（機構法13条1項1号、施行令5条1項）。

2 **正しい。**機構は、金融機関による住宅資金の供給を支援するため、金融機関が貸し付けた住宅ローンについて、住宅融資保険を引き受けている（同法13条1項3号）。

3 **正しい。**機構は、一般の金融機関から買い取った住宅ローン債権を信託銀行等に担保目的で信託する。そして、機構は、信託した住宅ローン債権を担保としてMBS（資産担保証券）を発行することにより、債券市場（投資家）から資金を調達している。

4 **正しい。**機構は、高齢者の家庭に適した良好な居住性能および居住環境を有することを主たる目的とする住宅の改良（高齢者が自ら居住する住宅について行うものに限る）に必要な資金の貸付けを業務として行っている（同法13条1項9号）。

基本書 **第4編 第3章 住宅金融支援機構**

問題 47 正解 2 景表法……………………………… 難易度 B

1 **誤り。**過去の販売価格を比較対照価格とする二重価格表示は、一定の要件を満たさなければ、不動産の表示に関する公正競争規約（以下、「表示規約」という）で禁止する不当な二重価格表示となる（不当景品類及び不当表示防止法5条、表示規約20条、表示規約施行規則12条）。その要件の一つとして、「過去の販売価格の公表日及び値下げした日を明示すること」がある（同施行規則12条(1)）。したがって、価格A（過去の販売価格）の公表日や値下げした日を表示する必要はないとする本肢は誤り。

2 **正しい。**正解。土地取引において、当該土地上に古家、廃屋等が存在するときは、その旨を明示する必要がある（同法5条、表示規約13条、表示規約施行規則7条(7)）。したがって、古家がある旨を明示してあれば、「住宅として使用することが可能な状態」であることを表示しなくても、不当表示に問われることはない。

3 **誤り。**宅地または建物のコンピュータグラフィックス、見取図、完成図または完成予想図は、その旨を明示して用い、当該物件の周囲の状況について表示するときは、現況に反する表示をしない（同法5条、表示規約15条(8)、表示規約施行規則９条(23))。したがって、敷地内にある電柱および電線を消去する加工を施すことは、現況に反する表示となり、不当表示となる。

4　**誤り。**取引態様は、「売主」「貸主」「代理」または「媒介（「仲介」）」の別をこれらの用語を用いて表示することとされる（同法５条、表示規約15条(1)、表示規約施行規則９条(1))。したがって、取引態様が混在する場合に、基本的に、物件ごとに明示する必要があり、広告の下部にまとめて表示することは、一般消費者が容易に理解できる表示とはいえず、不当表示となる。

基本書　第４編 第４章 ❶ 景表法（不当景品類及び不当表示防止法）、❸ 表示に関する公正競争規約

問題 48　正解 ―　統計……………………………………………　難易度 ―

本問は古い統計情報のため掲載しておりません。
次の本試験の基準となる最新統計情報をもとに改題した本問の解説を、弊社webサイトよりダウンロードしてご利用ください（2024年８月末予定）。

※詳細はｖページ「パーフェクト宅建士シリーズ読者特典（＊特典３＊）」をご参照ください。

問題 49　正解 4　土地……………………………………………　難易度 B

1　**適当。**山麓や火山麓の地形の中で、過去の土石流や土砂崩壊による堆積でできた地形や地すべりによってできた地形は注意が必要である。これらの地形は、一見なだらかで、水はけもよく、地下水も得やすいので住宅地として好適のように見えるが、地形の末端の急斜面部等は、斜面崩壊の危険度や地すべりの危険度が高い。

2　**適当。**台地上の浅い谷は、現地を一見しても気付かないことが多いが、豪雨時には一時的に浸水することもあり、注意を要する。また、その浅い谷に見られる小さな池沼を埋め立てた所では、地震の際に地盤の液状化が生じる可能性もある。

3　**適当。**わが国の大都市の大部分は低地に立地している。地形が平坦で、地

下水に恵まれていることなどが理由である。しかし、わが国の低地は、かつては湿地や旧河道であった地域が多く、軟弱な地盤がほとんどである。したがって、地震災害に対して脆弱で、また洪水、高潮等の危険度も高い。

4　**最も不適当。**正解。低地の中でも、災害の「危険度の低い」所は、扇状地の中の微高地、自然堤防、廃川敷となった旧天井川等であり、低地の中でも特に「危険度が高い」所は、沿岸部の標高の低いデルタ地域、旧河道、自然堤防に囲まれた排水の悪い低地（後背低地）などである。

基本書　第4編 第5章 1 土地

問題 50　正解 3　建物……………………………………… 難易度 C

1　**適当。**木材は、湿潤状態では、シロアリや腐朽菌の害を受けやすいので、強度や耐久性を維持するためには、できるだけ乾燥した木材を用いるのが好ましい。例えば、木材を生材の状態から12～15%にまで乾燥させると、木材の耐圧強度や曲げ強度は約2倍になる。

2　**適当。**集成木材は、ひき板等を接着剤で重ね合わせたものである。構造用集成木材は、所要の耐力に応じた断面の大きさと安定した性能が得やすく、かつ、湾曲材としても使用できるので、集成木材構造は、体育館等の大規模な建物にも使用されている。

3　**最も不適当。**正解。鉄骨造は不燃構造であるが、火熱に遭うと軟化し耐力が著しく減少する。一般に、400℃で約3分の2に強度が低下し、1,000℃を超えると強度が期待できなくなるとされている。したがって、耐火構造とするためにはモルタル等の耐火性のある材料で被覆する必要がある。

4　**適当。**鉄筋コンクリート構造は、圧縮に強いコンクリートと引っ張りに強い鉄筋を組み合わせ、それぞれの長所と短所を補完させた構造である。その耐久性は中性化（空気中の炭酸ガスにより、コンクリートのアルカリ性が失われ、中性化に近づく現象）や亀裂（鉄筋を直接的に錆びさせる要因）の防止により、高められる。

基本書　第4編 第5章 2 建物

平成29年度 正解解説

＊正解番号一覧　※ 問題の一部補正により、出題当時と正解が変わっている場合があります。

問題	正解	問題	正解	問題	正解	問題	正解	問題	正解
1	3	11	2	21	4	31	4	41	2
2	4	12	4	22	1	32	1	42	4
3	3	13	2	23	1	33	2	43	1
4	4	14	3	24	3	34	3	44	4
5	4	15	4	25	3	35	3	45	2
6	3	16	1	26	1	36	4	46	3
7	3	17	2	27	1	37	3	47	4
8	2	18	4	28	4	38	2	48	—
9	3	19	1	29	4	39	2	49	4
10	1	20	4	30	1	40	3	50	1

難易度は A ～ D 。
A がやさしく、
D が最難関な問題です。

合格ライン⇨ 50問中35問以上の正解
（登録講習修了者は、45問中30問以上の正解）

問題 1　正解 3　代理……………………………………　難易度 C

1　**正しい。**売買契約を締結する権限を与えられた代理人は、特段の事情がない限り、相手方からその売買契約を取り消す旨の意思表示を受領する権限を有する（民法99条2項、最判昭34.2.13）。

2　**正しい。**委任による代理人は、本人の許諾を得たとき、またはやむを得ない事由があるときでなければ、復代理人を選任することができない（同法104条）。したがって、本肢の記述は正しい。

3　**誤り。**正解。復代理人は、本人および第三者に対して、その権限の範囲内において、代理人と同一の権利を有し、義務を負う（同法106条2項）。そして、復代理人が委任事務を処理するに当たり受領した物を代理人に引き渡したときは、特段の事情がない限り、復代理人の本人に対する受領物引渡義

務は消滅する（最判昭51.4.9）。

4　**正しい。**夫婦の一方が行った日常の家事によって生じた債務について、他の一方は連帯してその責任を負う（同法761条）。この規定により、夫婦の一方は、個別に代理権の授与がなくとも、日常家事に関する事項について、他の一方を代理して法律行為をすることができるとされている。

基本書　**第1編 第1章 4 代理**

問題 2　正解 4　所有権の移転・取得…………………………　難易度 B

1　**誤り。**時効の効力は、その起算日にさかのぼる（民法144条）。したがって、甲土地をＢが時効取得した場合、Ｂが甲土地の所有権を取得するのは、Ｂが甲土地の占有を開始した時である（同法162条）。

2　**誤り。**取引行為によって、平穏に、かつ、公然と動産の占有を始めた者は、善意無過失のときは、即時にその動産について行使する権利を取得する（同法192条）。しかし、不動産には、この即時取得の規定が適用されないから、Ｂは、善意無過失であっても、ＡＢ間で売買契約が成立した時点で、乙建物の所有権を取得することはできない。

3　**誤り。**物権の設定および移転は、当事者の意思表示のみによって、その効力を生ずる（同法176条）。しかし、この点については、当事者間で特約をすることができる。そして、本肢では、代金の完済までは丙土地の所有権は移転しないとの特約が付されているから、代金を完済した時点で丙土地の所有権はＢに移転する。

4　**正しい。**正解。強迫による意思表示は、取り消すことができる（同法96条1項）。そして、取り消された行為は、初めから無効であったものとみなされる（同法121条）。したがって、ＡがＢの強迫を理由に丁土地の売買契約を取り消した場合、丁土地の所有権はＡに復帰し、初めからＢに移転しなかったことになる。

基本書　**第1編 第1章 3 法律行為・意思表示、5 時効、第2章 3 所有権・共有，地役権等**

問題 3　正解 3　共有…………………………………………　難易度 A

1　**正しい。**各共有者は、共有物をその持分に応じて使用できるにすぎない

（民法249条１項）。したがって、共有者は、他の共有者との協議に基づかないで当然に共有物を排他的に占有する権原を有するものではない。

2　**正しい**。ＣはＡと使用貸借契約を締結しているから、この点についてＡＢ間に協議がなくても、ＣはＡの持分に基づくものと認められる限度で建物を占有使用する権原を有している。したがって、Ｂは当然にはＣに対して建物の明渡しを請求することはできない（同法249条１項、252条１項、最判昭63.5.20）。

3　**誤り**。正解。ＦはＤと使用貸借契約を締結しているが、この点についてＤＥ間に協議がないから、ＦはＤの持分に基づくものと認められる限度で建物を占有使用する権原を有するにすぎない。したがって、Ｆは、Ｅに対して建物全体を排他的に占有する権原を主張することはできない（同法249条１項、252条１項、最判昭63.5.20）。

4　**正しい**。共有者の１人が、その持分を放棄したときは、その持分は、他の共有者に帰属する（同法255条）。

基本書　第１編 第２章 3 所有権・共有，地役権等

問題 4　正解 4　民法の規定……………………………………　難易度 B

ア　**民法の条文に規定されている**。民法には、「協議を行う旨の合意による時効の完成猶予」に関する規定が存在する（民法151条）。

イ　**民法の条文に規定されている**。他の土地に囲まれて公道に通じない土地の所有者は、公道に至るため、その土地を囲んでいる他の土地を通行することができる（同法210条１項）。

ウ　**民法の条文に規定されている**。民法には、「権利移転の対抗要件に係る売主の義務」に関する規定が存在する（同法560条）。

エ　**民法の条文に規定されている**。民法には、その旨（ただし、条文は「経年変化」となっている）の規定が存在する（同法621条）。

以上により、民法の条文に規定されているものはア、イ、ウ、エの四つであり、正解は4。

基本書　第１編 第１章 5 時効、第２章 3 所有権・共有，地役権等、第３章 8 売主の契約不適合責任、11 賃貸借

問題 5　正解 4　売買・契約不適合責任……………………　**難易度 A**

1　**誤り**。双務契約の当事者の一方は、相手方がその債務の履行を提供するまでは、自己の債務の履行を拒むことができる（同時履行の抗弁権、民法533条）。したがって、Cは、Aから自動車の引渡しを受ける前に、100万円をAに支払う必要はない。なお、Bが報酬を得て売買の媒介を行っている点は、この結論とは無関係である。

2　**誤り**。売買の目的物に種類・品質に関する契約不適合があったときは、買主は、売主に対して担保責任を追及することができる（同法562条～564条）。しかし、Bは売主ではないから、Cは、Bに対しては、担保責任を追及することができない。

3　**誤り**。買主が売主に手付を交付したときは、相手方が契約の履行に着手するまでは、買主はその手付を放棄し、売主はその倍額を償還（現実に提供）して、契約を解除することができる（同法557条1項）。したがって、Aは、Cが契約の履行に着手した後は、20万円を償還して売買契約を解除することができなくなる。

4　**正しい**。正解。他人の物を売買契約の目的物とした場合でも、その売買契約は有効である（同法561条）。

基本書　**第1編 第3章 7 売買，予約・手付他、8 売主の契約不適合責任**

問題 6　正解 3　相続…………………………………………　**難易度 C**

1　**誤り**。子および配偶者が相続人であるときは、子の相続分および配偶者の相続分は、各2分の1である（民法900条1号）。よって、①の場合は、Bの法定相続分は2分の1である。また、子が数人あるときは、各自の相続分は、均等である（同法900条4号）。したがって、②の場合も、Bの法定相続分は2分の1である。

2　**誤り**。共同相続人は、被相続人が遺言で禁じた場合または共同相続人間で5年以内の期間を定めて不分割契約をした場合を除き、いつでも、その協議で、遺産の分割をすることができる（同法907条1項、908条2項）。本肢の場合、Aの遺産分割についてはBとCが協議するが、その協議が成立する前にBが死亡しているので、Bの相続人であるDEと、Cとの3人で、Aの遺産分割について協議を行うことになる。なお、Aの死亡時に、Bは生存しているから、Bの子であるEは、Aの代襲相続人ではない（同法887条2項）。

3　**正しい。**正解。相続開始から遺産分割までの間に共同相続に係る不動産から生ずる賃料債権は、各共同相続人がその相続分に応じて分割単独債権として確定的に取得し、この賃料債権の帰属は、後に行われた遺産分割の影響を受けない（最判平17.9.8）。

4　**誤り。**相続人が数人あるときは、限定承認は、共同相続人の全員が共同してのみ行うことができる（同法923条）。したがって、共同相続人の1人が限定承認をする旨の申述をしても、他の共同相続人は、限定承認をする旨の申述をしたものとはみなされない。

基本書　第1編 第4章 相続

問題 7　正解 3　請負……………………………………　難易度 D

1　**正しい。**仕事が完成する前に契約関係が終了し、請負人が施工済みの部分に相当する報酬に限ってその支払を請求することができるときは、それが請負人の責めに帰すべき事由によるものであり、請負人が債務不履行責任を負う場合でも、注文者が請求できるのは、請負代金中未施工部分の報酬に相当する金額を超えるときに限る（民法415条、最判昭60.5.17）。

2　**正しい。**仕事が完成する前に債権者（注文者）の責めに帰すべき事由によって債務を履行することができなくなったときは、債務者（請負人）は、請負代金請求権を失わないが、自己の債務を免れたことによって利益を得たときは、これを債権者（注文者）に償還しなければならない（同法536条2項、最判昭52.2.22）。

3　**誤り。**正解。請負契約の目的物が契約内容に適合しない場合、注文者は、請負人からその契約不適合の修補に代わる損害の賠償を受けるまでは、信義則に反すると認められるときを除き、報酬全額の支払を拒むことができる（同法533条、最判平9.2.14）。

4　**正しい。**請負人は、担保責任を負わない旨の特約をしたときでも、知りながら告げなかった事実については、その責任を免れることができない（同法559条、572条）。

基本書　第1編 第3章 12 請負・委任・寄託・贈与・使用貸借・消費貸借

問題 8 正解 2 連帯債務…………………………… 難易度 B

1　**誤り**。連帯債務者の１人に対する履行の請求は、他の連帯債務者に対してその効力を生じない（民法 441 条）。

2　**正しい**。正解。連帯債務者の１人が債権者に対して債権を有する場合において、その連帯債務者が相殺を援用したときは、債権は、すべての連帯債務者の利益のために消滅する（同法 439 条１項）。

3　**誤り**。連帯債務者の１人のために時効が完成したとしても他の連帯債務者に対してその効力を生じない（同法 441 条）。

4　**誤り**。連帯債務者の１人が債務の一部を弁済した場合、その弁済額が自己の負担部分を超えないときであっても、他の債務者に対して、弁済額にその負担部分を乗じた額につき求償することができる（同法 442 条１項）。

基本書　**第１編 第３章 1 連帯債務**

問題 9 正解 3 相続…………………………………… 難易度 B

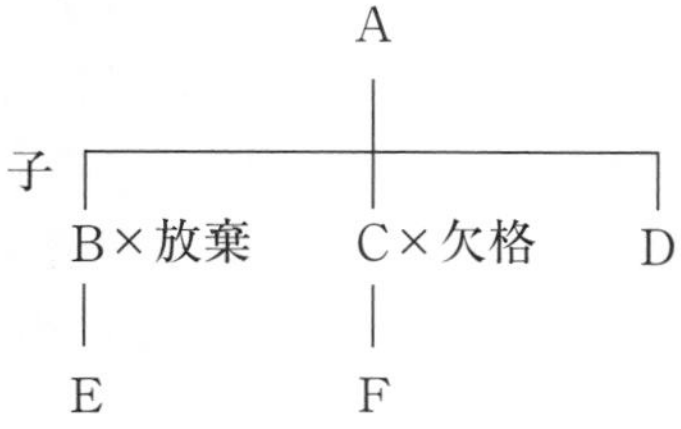

まず、相続人を確定する。Ａには、配偶者がいないので、原則として子であるＢ、Ｃ、Ｄが相続人の資格を有する。しかし、Ｂは、相続を放棄しており、相続人とはならない（民法 939 条）。したがって、Ｅも代襲相続しない（同法 887 条２項）。Ｃは、強迫により遺言書の作成を妨害しているので、相続欠格事由に該当し、相続できない（同法 891 条３号）。しかし、Ｃの子Ｆは、Ｃの分を代襲相続する（同法 887 条２項）。Ｄは、Ａの子として相続する。

以上により、相続人は、ＤとＦだけである。

次に相続分であるが、代襲相続人が相続するのは、その代襲されるべき者の受けるべき相続分である（同法 901 条１項）。したがって、Ｆは、Ｃの受けるべき相続分を相続することになる。そうすると、Ｄは、子として１億 2,000 万円の２分の１である 6,000 万円を、Ｆは、Ｃの受けるべきであった 6,000 万円を代襲相続することになる。
以上により、正解は3である。

基本書　第1編 第4章 相続

問題 10　正解 1　不動産質権・抵当権……………………　難易度 B

1　**誤り**。正解。不動産質権者①は、その債権の利息を請求することができない（民法358条）。これに対して、抵当権②では、抵当権者は、利息その他の定期金を請求する権利を有するときは、その満期となった最後の2年分についてのみ、その抵当権を行使することができる（同法375条1項）。本肢は、それが逆となっている。

2　**正しい**。不動産質権①は、存続期間は、10年を超えることができない。設定行為でこれより長い期間を定めたときであっても、その期間は、10年とする（同法360条1項）。これに対して、抵当権②の存続期間に関しては制限がない。

3　**正しい**。不動産質権①も質権なので、目的物の引渡しが必要である（同法344条）。これに対して、抵当権②は、当事者の合意のみで効力が発生する。

4　**正しい**。不動産質権①も抵当権②も不動産に関する物権であり、対抗要件は登記である（同法177条）。

基本書　第1編 第2章 4 担保物権（留置権・先取特権・質権）、5 抵当権・根抵当権

問題 11　正解 2　賃貸借・借地借家法／借地権……………　難易度 C

1　**誤り**。同じ土地の上に二重に設定された賃借権相互の優劣は、賃借の目的の内容によって決まるものではない。BとCの優劣は、先に対抗要件を備えたほうが優先するという関係になる（民法605条、177条）。

2　**正しい**。正解。建物所有目的の土地の賃借権は借地借家法が適用され、その借地権の存続期間は30年である。ただし、契約でこれより長い期間を定めたときは、その期間とする（借地借家法3条）。資材置場としての借地権については、民法（上限50年）が適用され、そのまま10年となる（民法604条1項）。

3　**誤り**。地代または土地の借賃（以下「地代等」という）が、土地に対する租税その他の公課の増減により、土地の価格の上昇もしくは低下その他の経

済事情の変動により、または近傍類似の土地の地代等に比較して不相当となったときは、契約の条件にかかわらず、当事者は、将来に向かって地代等の額の増減を請求することができる（借地借家法11条1項）。

4　**誤り**。定期建物賃貸借（同法38条）に関しては、事前の説明義務が課されるが、定期借地権（同法22条）に関しては、そのような説明義務はない。

基本書　**第1編 第3章 11 賃貸借、第5章 1 借地借家法－①（借地関係）**

問題 12　正解 4　借地借家法／借家権……………………… 難易度 A

1　**誤り**。本肢のように賃貸人から賃借人に対して更新をしない旨の通知または条件を変更しなければ、更新をしない旨の通知をしたとしても、その通知に正当事由がない場合は、従前の契約と同一の条件で契約が更新される（借地借家法26条1項、28条）。また、正当事由のある通知をした場合であっても、建物の賃貸借の期間が満了した後建物の賃借人が使用を継続する場合において、建物の賃貸人が遅滞なく異議を述べなかったときも、契約は更新される（同法26条2項）。

2　**誤り**。期間の定めのある建物賃貸借は、中途解約できないのが原則であるし（同法26条1項）、中途解約が認められる場合であったとしても、建物の賃貸借は、解約の申入れの日から6カ月を経過することによって終了する（同法27条1項）。この規定に反する特約で建物の賃借人に不利なものは、無効である（同法30条）。

3　**誤り**。建物の転貸借がされている場合において、賃貸借が期間の満了または解約の申入れによって終了するときは、賃貸人は、転借人にその旨の通知をしなければ、その終了を転借人に対抗することができない（同法34条1項）。したがって、本肢の場合、Aが通知をしなければ対抗することができない。

4　**正しい**。正解。定期建物賃貸借をしようとするときは、賃貸人は、あらかじめ、賃借人に対し、契約の更新がなく、期間の満了により当該建物の賃貸借は終了することについて、その旨を記載した書面を交付して説明しなければならない（同法38条3項）。建物の賃貸人がこの規定による説明をしなかったときは、契約の更新がないこととする旨の定めは、無効とする（同法38条5項）。なお、書面の交付に代えて、賃借人の承諾を得て、書面に記載すべき事項を電磁的方法により提供して説明することも認められている（同法38条4項）。

基本書　第1編 第5章 2 借地借家法－②（借家関係）

問題 13　正解 2　区分所有法…………　難易度 B

1　**正しい**。管理者は、少なくとも毎年1回集会を招集しなければならない（区分所有法34条2項）。

2　**誤り**。正解。区分所有者の5分の1以上で議決権の5分の1以上を有するものは、管理者に対し、会議の目的たる事項を示して集会の招集を請求することができる。ただし、この定数は規約で減ずることができる（同法34条3項）。

3　**正しい**。招集の通知は、区分所有者が管理者に対して通知を受けるべき場所を通知したときはその場所に、これを通知しなかったときは区分所有者の所有する専有部分が所在する場所にあてすれば足りる。この場合には、通知は、通常それが到達すべき時に到達したものとみなす（同法35条3項）。

4　**正しい**。集会は、区分所有者全員の同意があるときは、招集の手続を経ないで開くことができる（同法36条）。

基本書　第1編 第5章 3 建物の区分所有等に関する法律

問題 14　正解 3　不動産登記法…………　難易度 D

1　**正しい**。建物の名称があるときは、その名称が登記事項である（不動産登記法44条1項4号）。

2　**正しい**。地上権の存続期間があるときは、その期間が登記事項である（同法78条3号）。

3　**誤り**。正解。賃借権の設定登記をする場合、敷金があるときは、その旨が登記事項である（同法81条4号）。

4　**正しい**。事業用定期借地権として借地借家法23条1項の定めのある賃借権の設定登記をする場合、その定めが、登記事項とされる（不動産登記法81条8号）。

基本書　第1編 第5章 4 不動産登記法

問題 15 正解 4 **農地法**……………………………… 難易度 B

1 **誤り。** 農地法３条には市街化区域内の届出の特例はない。農地を耕作のために借り入れるなど農地に使用収益権の設定をするときは、当事者は農業委員会の許可を受けなければならない（農地法３条１項）。

2 **誤り。** 農地を転用するために所有権を移転するときは、農地の面積に関係なく、当事者は都道府県知事（農林水産大臣が指定する市町村（指定市町村）の区域内では指定市町村の長）の許可を受けなければならない（同法５条１項）。

3 **誤り。** 抵当権を設定するために、農地法３条、５条の許可を受ける必要はない。

4 **正しい。** 正解。相続により農地を取得した場合、農地法３条の許可は不要であるが、取得したときは、遅滞なく、その農地の存する市町村の農業委員会にその旨を届け出なければならない（同法３条の３）。

基本書 **第3編 第5章 農地法**

問題 16 正解 1 **都市計画法総合**……………………………… 難易度 C

ア **正しい。** 都市計画施設の区域または市街地開発事業の施行区域内で建築物の建築をしようとする者は、政令で定める軽易な行為など一定の場合を除き、都道府県知事等の許可を受けなければならない（都市計画法 53 条１項）。

イ **誤り。** 地区整備計画が定められている地区計画の区域内で、土地の区画形質の変更、建築物の建築その他政令で定める行為を行おうとする者は、着手する日の 30 日前までに、行為の種類、場所、設計または施行方法、着手予定日その他国土交通省令で定める事項を市町村長に届け出なければならない（同法 58 条の２第１項、施行令 38 条の４）。

ウ **正しい。** 都市計画事業の認可の告示があった後には、当該事業地内において、都市計画事業の施行の障害となるおそれがある土地の形質の変更を行おうとする者は、都道府県知事等の許可を受けなければならない（同法 65 条１項、施行令 40 条）。

エ **誤り。** 都市計画事業の認可の告示があったときは、施行者は、すみやかに、一定の事項を公告しなければならない（同法 66 条）。この公告の日の翌日から起算して10日を経過した後に事業地内の土地建物等を有償で譲り渡そうとする者は、一定の事項を書面で施行者に届け出なければならない（同法67条1項、施行規則55条1項）。許可を受けるのではない。

以上により、正しいものの組合せはア、ウであり、正解は1。

基本書　第3編 第1章 3 都市計画の内容、4 都市施設・市街地開発事業・予定区域と建築等の制限（都市計画制限・都市計画事業制限）

問題17　正解2　都市計画法／開発許可制度……………… 難易度 B

1　**誤り**。準都市計画区域内で開発許可が必要なのは、開発行為の規模が3,000㎡以上の場合である。1,000㎡では開発許可の必要な面積には達していない（都市計画法29条1項1号、施行令19条1項）。

2　**正しい**。正解。市街化区域内では開発行為の規模が1,000㎡以上であれば、農業を営む者の居住の用に供する建築物の建築の用に供する目的で行う開発行為についても、開発許可を受けなければならない（同法29条1項1号、施行令19条1項）。

3　**誤り**。変電所などの建築の用に供する目的で行う公益的建築物の開発行為については、区域・開発行為の規模に関係なく、開発許可は不要である（同法29条1項3号）。

4　**誤り**。区域区分の定めのない都市計画区域内では、開発行為の規模が3,000㎡以上になる場合は、開発許可を受けなければならない（同法29条1項1号、施行令19条1項）。しかし、本肢の場合、遊園地は3,000㎡で第二種特定工作物にはならず（遊園地が第二種特定工作物に該当するのは1ha以上）、そもそも開発行為に該当しないため、開発許可を受ける必要はない（同法4条11項・12項、施行令1条2項1号）。

基本書　第3編 第1章 6 開発許可制度

問題18　正解4　建築基準法総合……………………… 難易度 B

1　**正しい**。特殊建築物や大規模建築物（本肢は鉄筋コンクリート造で階数2なのでこれに該当する）の新築等の工事では、検査済証の交付を受けた後でなければ、当該新築に係る建築物を使用してはならないが、特定行政庁が、安全上、防火上および避難上支障がないと認めたときは、仮に使用することができる（建築基準法6条1項3号、7条の6第1項1号）。

2　**正しい。**長屋または共同住宅の各戸の界壁は、原則として小屋裏または天井裏に達するものとしなければならない（同法30条1項2号）。

3　**正しい。**下水道法に規定する処理区域内では、便所は、水洗便所（汚水管が公共下水道に連結されたものに限る）としなければならない（建築基準法31条1項）。

4　**誤り。**正解。特殊建築物の200㎡を超える用途の変更が政令で指定する類似の用途相互間の場合（ホテルを旅館にする等）は建築確認を要せず、建築主事への届出で足りるが、ホテルから共同住宅への用途変更は類似の用途相互間の変更とはいえないので、建築確認を受けなければならない（同法87条1項、施行令137条の18）。

基本書　第3編 第2章 2 建築確認と完了検査、3 単体規定

問題19　正解1　建築基準法／集団規定………………………　難易度C

1　**正しい。**正解。都市計画区域および準都市計画区域の用途地域の指定のない区域内の建築物の建蔽率は、10分の3、10分の4、10分の5、10分の6または10分の7のうち、特定行政庁が、土地利用の状況等を考慮し当該区域を区分して都道府県都市計画審議会の議を経て定める（建築基準法53条1項6号）。

2　**誤り。**第一種・二種低層住居専用地域、第一種・二種中高層住居専用地域、田園住居地域、工業地域、工業専用地域には、原則として、ホテル・旅館は建築できない（同法48条4項、別表第二(に)項4号）。

3　**誤り。**都市計画区域・準都市計画区域の指定等により、建築基準法第3章の規定が適用されるに至った際に、現に存在する幅員4m以上の道は、特定行政庁の指定がなくても、建築基準法上の道路である（同法42条1項3号）。

4　**誤り。**建築物の前面道路の幅員によって制限される容積率について、前面道路が2つ以上あるときは、前面道路の幅員の最大の数値を用いて行う（同法52条2項）。

基本書　第3編 第2章 4 集団規定

問題 20 正解 4 宅地造成及び特定盛土等規制法………… 難易度 D

1 **正しい。**都道府県知事は、宅地造成等工事規制区域内の土地で、宅地造成もしくは特定盛土等に伴う災害の防止のため必要な擁壁等が設置されておらず、これを放置するときは、宅地造成等に伴う災害の発生のおそれが大きいと認められるものがある場合においては、一定の限度のもとに、当該土地の所有者、管理者または占有者に対して、相当の猶予期限を付けて、擁壁等の設置のための工事を行うことを命ずることができる（宅地造成及び特定盛土等規制法 23 条 1 項）。

2 **正しい。**都道府県知事は、宅地造成等工事規制区域内における土地の所有者、管理者または占有者に対して、当該土地または当該土地において行われている工事の状況について報告を求めることができる（同法 25 条）。工事が宅地造成等に関するものか否かは問わない。

3 **正しい。**規制区域内において行われる宅地造成等に関する工事は、都道府県の規則で定める技術的基準に従わなければならず、都道府県知事は、宅地造成等に関する工事の技術的基準を規則で強化することができる（同法 13 条 1 項、施行令 20 条 2 項）。

4 **誤り。**正解。規制区域内で、地表水等を排除するための排水施設の除却工事を行おうとする場合は、都道府県知事への届出が必要である。なお、技術的基準を満たす必要のない地表水等を排除するための除却工事については、都道府県知事に届け出る必要はないという規定はない（同法 21 条 3 項、施行令 26 条 1 項）。

基本書 第 3 編 第 3 章 2 規制区域内における宅地造成等に関する工事等の規制

問題 21 正解 4 土地区画整理法………………………… 難易度 B

1 **正しい。**組合は、総会の議決、定款で定めた解散事由の発生、事業の完成またはその完成の不能により解散しようとする場合においては、その解散について都道府県知事の認可を受けなければならない（土地区画整理法 45 条 2 項・1 項 4 号）。

2 **正しい。**施行地区内の宅地について組合員の有する所有権または借地権の全部または一部を承継した者がある場合においては、その組合員がその所有権または借地権の全部または一部について組合に対して有する権利義務は、その承継した者に移転する（同法26条1項）。

3　**正しい。**組合を設立しようとする者は、事業計画の決定に先立って組合を設立する必要があると認める場合においては、7人以上共同して、定款および事業基本方針を定め、その組合の設立について都道府県知事の認可を受けることができる（同法14条2項）。

4　**誤り。**正解。組合が施行する土地区画整理事業に係る施行地区内の宅地について所有権または借地権を有する者は、すべてその組合の組合員とする（同法25条1項）。

基本書　第3編 第4章 1 土地区画整理事業

問題 22　正解 1　各種法令……………………………　難易度 C

1　**正しい。**正解。津波防護施設区域内の土地において、掘削をしようとする者は、津波防護施設管理者の許可を受けなければならない。ただし、津波防護施設の保全に支障を及ぼすおそれがないものとして政令で定める行為については、この限りでない（津波防災地域づくりに関する法律23条1項）。

2　**誤り。**市街化区域内の2,000㎡以上の土地の売買契約等を締結する場合には、その契約を締結した日から2週間以内に都道府県知事に届出をしなければならないが、贈与により取得する場合には、届出は不要である（国土利用計画法23条1項）。

3　**誤り。**景観計画区域内において、建築物の新築、増築、改築もしくは移転しようとする者は、あらかじめ、行為の種類、場所、設計または施行方法、着手予定日その他国土交通省令で定める事項を景観行政団体の長に届け出なければならない（景観法16条1項1号）。工事着手後30日以内に届出をするのではない。

4　**誤り。**道路の区域が決定された後、道路の供用が開始されるまでの間は、道路管理者が当該区域についての土地に関する権原を取得する前においても、道路管理者の許可を受けなければ、当該区域内において工作物を新築等してはならない（道路法91条1項）。

基本書　第3編 第7章 1 原則、2 例外

問題 23　正解 1　譲渡所得……………………　難易度 D

1　**正しい。**正解。個人が、災害または盗難もしくは横領により、生活に通常必要でない資産として政令で定めるもの（別荘を含む。所得税法施行令178条1項2号）について受けた損失の金額は、その損失を受けた日の属する年分またはその翌年分の譲渡所得の計算上控除される（所得税法62条1項）。

2　**誤り。**不動産所得とは、不動産の貸付けによる所得とされ（同法26条1項）、一方で譲渡所得とは、資産の譲渡による所得とされる（同法33条1項）。ただし、所得税法施行令79条1項では、賃借権の設定の対価の額が、土地の価額の2分の1を超えるときは、譲渡とみなされることから、本肢のように対価が土地価額の10分の5に相当する金額を超える場合は不動産所得として課税されるというのは誤り。

3　**誤り。**不動産業者にとって営利のため継続的反復的に譲渡される土地の譲渡による所得は事業所得であり、譲渡所得に含まれない（同法33条2項1号）。したがって、本肢の場合の所得を譲渡所得とするのは誤り。

4　**誤り。**譲渡所得は、譲渡による総収入金額から、資産の取得費（同法38条1項）および譲渡に要した費用を差し引いた譲渡益に対して課税される（同法33条3項）。そして、相続による取得があっても取得者が引き続き所有していたものとみなされ資産の取得費には原則として変更はない（同法60条1項。なお例外は限定承認）。したがって、相続人がその資産を相続の時における価額に相当する金額により取得したものとして計算されるとするのは誤り。

基本書　第4編 第1章 6 土地・建物の譲渡所得税

問題 24　正解 3　固定資産税……………………　難易度 C

1　**誤り。**固定資産税は、固定資産の所有者（質権または100年を超える存続期間の定めのある地上権の目的である土地については、その質権者または地上権者とする）に課するとされる（地方税法343条1項）。したがって、賃借人に対して課税されるとするのは誤り。

2　**誤り。**家屋価格等縦覧帳簿の縦覧期間は、原則として毎年4月1日から4月20日または当該年度の最初の納期限の日のいずれか遅い日以後の日までの間に制限されており（同法416条1項）、納税者がいつでも縦覧できるとするのは誤り。

3　**正しい。**正解。固定資産税の納税者は、その納付すべき当該年度の固定資産税に係る固定資産について、固定資産課税台帳に登録された価格について不服がある場合には、納税通知書の交付を受けてから3カ月を経過する日まで等一定期間内に、文書をもって、固定資産評価審査委員会に審査の申出をすることができる（同法432条1項）とされている。

4　**誤り。**固定資産税の賦課期日は、当該年度の初日の属する年の1月1日とする（同法359条）とされており例外はない。したがって、1月1日において更地である土地については、当該年度の住宅用地（居住用家屋の敷地の用に供されていなければならない）に対する課税標準の特例（同法349条の3の2第1項）が適用されるとするのは誤り。

基本書　**第4編 第1章 3 固定資産税**

問題25　正解3　地価公示法…………………………………　難易度 B

1　**誤り。**土地鑑定委員会は、標準地の単位面積当たりの正常な価格を判定したときは、すみやかに、一定の事項を官報により公示しなければならないとされているが、当該事項には、当該標準地の前回の公示価格からの変化率は含まれていない（地価公示法6条、施行規則5条）。

2　**誤り。**土地鑑定委員会は、公示区域内の標準地について、毎年1回（2回ではない）、2人以上の不動産鑑定士の鑑定評価を求め、その結果を審査し、必要な調整を行って、一定の基準日における当該標準地の単位面積当たりの正常な価格を判定し、これを公示するものとされている（同法2条1項）。

3　**正しい。**正解。標準地は、土地鑑定委員会が、国土交通省令で定めるところにより、自然的および社会的条件からみて類似の利用価値を有すると認められる地域において、土地の利用状況、環境等が通常と認められる一団の土地について選定するものとされている（同法3条）。

4　**誤り。**都市およびその周辺の地域等において、土地の取引を行う者は、取引の対象土地に類似する利用価値を有すると認められる標準地について公示された価格を指標として取引を行うよう努めなければならない（同法1条の2）のであって、取引の対象となる土地が標準地である場合でも、当該標準地について公示された価格により取引を行う義務を有しない。

基本書　第4編 第2章 1 地価公示

問題 26　正解 1　報酬……………………………………… 難易度 B

1　**正しい。**正解。賃貸借（居住用建物の賃貸借を除く）の代理・媒介の場合に権利金（その名義のいかんを問わない）の授受があるときは、その権利金を売買の代金とみなして計算することができる。したがって、200万円×5％=10万円。10万円×1.1（消費税）=11万円となり、AおよびCが受領できる報酬の限度額の合計は22万円である（宅建業法46条1項、報酬額に関する告示第6）。

2　**誤り。**AおよびCが報酬の限度額を受領した場合でも、AはBの依頼によって行った広告の料金に相当する額を別途受領することができる（同法46条、同告示第9①）。

3　**誤り。**Cは、Dから報酬をその限度額まで受領できるほかに、法35条の規定に基づく重要事項の説明を行った対価として報酬を受領することはできない（同法46条、同告示第9①）。

4　**誤り。**居住用建物の貸借の場合、権利金を売買の代金とみなして計算することはできない。AおよびCが受領できる報酬の限度額の合計は9万円×1.1（消費税）＝9万9,000円である。なお、本肢の保証金は退去時に全額返還されるとあるので権利金に当たらない（同法46条、同告示第4・第6）。

基本書　第2編 第2章 3 報酬・その他の制限

問題 27　正解 1　契約不適合責任……………………… 難易度 A

ア　**誤り。**宅建業者は、自ら売主となる宅地または建物の売買契約における契約不適合責任の通知期間について、その目的物の引渡しの日から2年以上となる特約をする場合を除き、民法566条に規定するものより買主に不利となる特約をしてはならない。したがって、契約不適合責任の通知期間を引渡しの日から2年間とする特約を定めた場合、その特約は有効となる（宅建業法40条1項・2項）。

イ　**正しい。**契約不適合責任の通知期間を「引渡しの日から2年未満（本肢では「1年間」）とする」とする旨の特約は、買主に不利な特約として無効である。

ウ　**誤り**。契約不適合責任の通知期間内においては、損害賠償の請求をすることができるが、契約を解除することができないとする特約を定めた場合、その特約は民法566条の規定よりも買主に不利なものであり無効である（同法40条1項・2項）。

以上により、正しいものはイのみであり、正解は1。

基本書　**第2編 第2章 2 自ら売主規制（8種制限）**

問題 28　正解 4　業務上の規制……………………………　難易度 B

ア　**違反する**。宅建業者は、帳簿を各事業年度の末日をもって閉鎖し、閉鎖後5年間（自ら売主となる新築住宅に係るものは10年間）保存しなければならない（宅建業法49条、施行規則18条3項）。

イ　**違反する**。媒介契約に関する規制は代理契約にも準用されるので、宅建業者は、専任代理契約を締結した場合、指定流通機構に登録しなければならない（同法34条の3、34条の2第5項）。

ウ　**違反する**。宅建業者の従業者は、契約締結の勧誘をはじめる前に宅建業者の商号または名称、自己の氏名、勧誘目的を告げなくてはならない（同法47条の2第3項、施行規則16条の12第1号ハ）。

エ　**違反する**。宅建業者は、相手方が契約の履行に着手する前に、契約を一方的に解除するためには、手付の倍額を現実に提供しなければならない（同法39条2項）。

以上により、ア、イ、ウ、エのすべてが違反し、違反しないものはないので、正解は4。

基本書　**第2編 第2章 1 一般的規制、2 自ら売主規制（8種制限）、3 報酬・その他の制限**

問題 29　正解 4　監督処分・罰則……………………………　難易度 C

1　**誤り**。宅建業者は、「その業務に関し」他の法令に違反し、宅建業者として不適当と認められるときは、指示処分を受けることがあるが、本肢はマンション管理業に関し、国土交通大臣から業務の停止を命じられた場合であり、宅地建物取引業とは関係がないので指示処分を受けることはない（宅建業法65条1項3号）。

2　**誤り。**免許の取消処分は免許権者（本肢の場合は乙県知事）しか行うことができないので、国土交通大臣は、宅建業者Ｂ（乙県知事免許）の免許を取り消すことはできない（同法66条）。

3　**誤り。**国土交通大臣は、宅建業者Ｃ（国土交通大臣免許）に対し、法35条の規定に基づく重要事項の説明を行わなかったことを理由に業務停止処分を命じようとするときは、あらかじめ、内閣総理大臣と協議しなければならない。業務停止処分を命じた後に通知するわけではない（同法71条の2第1項）。

4　**正しい。**正解。宅建業者（知事免許）が、法72条1項に基づく県職員による事務所への立入検査を拒んだ場合、50万円以下の罰金に処せられることがある（同法83条1項6号）。

基本書　**第2編 第3章 ❶ 監督処分等、❷ 罰則**

問題 30　正解 1　登録……………………………………………　難易度 A

1　**誤り。**正解。宅地建物取引士の登録の移転は、登録を受けている者（事務禁止期間中の者を除く）が、登録をしている都道府県知事の管轄する都道府県以外の都道府県に所在する宅建業者の事務所の業務に従事し、または従事しようとするときに申請することができる。単に住所を他県に変更しただけでは、登録の移転を申請することはできない（宅建業法19条の2）。

2　**正しい。**宅建業者が、一団の建物を分譲するため、案内所を設置し契約の申込みを受けるときは、その業務を開始する10日前までに、免許権者およびその案内所を管轄する都道府県知事に、法50条2項の規定に基づく届出をしなければならない（同法50条2項、施行規則15条の5の2第2号、19条3項）。

3　**正しい。**宅地建物取引士証の交付を受けようとする者は、登録をしている都道府県知事が指定する講習（「法定講習」）で、交付の申請前6カ月以内に行われるものを受講しなければならない。ただし、試験に合格した日から1年以内に宅地建物取引士証の交付を受けようとする者と、登録の移転とともに交付申請をしようとする者は、この講習を受ける必要はない（同法22条の2第2項）。

4　**正しい。**宅建業者（法人）が、合併により消滅した場合、その日から30

日以内に、当該法人の代表する役員であった者が、届け出なければならない（同法11条1項2号）。

基本書　第2編 第1章 **3** 宅地建物取引士

問題 31　正解 4　8種制限……………………………… 難易度 B

ア　**誤り。**買主が自ら指定した自宅においてマンションの買受けの申込みをした場合、法37条の2の規定（クーリング・オフ）に基づき、買受けの申込みの撤回を行うことはできない（宅建業法37条の2第1項、施行規則16条の5第2号）。

イ　**誤り。**法37条の2の規定に基づき、書面により買受けの申込みの撤回を行った場合、その効力は当該書面を発した時に生じる（同法37条の2第2項　発信主義）。

ウ　**誤り。**宅建業者が自ら売主となる宅地または建物の売買契約において、当事者の債務不履行を理由とする解除に伴う損害賠償の額を予定し、または違約金を定めるときは、これらを合算した額が代金の額の10分の2を超える定めをしてはならない（同法38条1項）。

以上により、正しいものはなく、正解は4。

基本書　第2編 第2章 **2** 自ら売主規制（8種制限）

問題 32　正解 1　営業保証金……………………………… 難易度 A

1　**誤り。**正解。宅建業者は、主たる事務所を移転したことにより、その最寄りの供託所が変更となった場合において、金銭のみをもって営業保証金を供託しているときは、遅滞なく、費用を予納して営業保証金を供託している供託所に対し、移転後の最寄りの供託所への営業保証金の「保管替えの請求」をしなければならない（宅建業法29条1項）。

2　**正しい。**宅建業者は、事業の開始後、新たに事務所を設置するため営業保証金を供託したときは、供託物受入れの記載のある供託書の写しを添付して、その旨を免許権者に届け出なければならない（同法26条1項・2項、25条4項）。

3　**正しい。**宅建業者は、一部の事務所を廃止し営業保証金を取り戻そうとする場合には、供託した営業保証金につき還付を請求する権利を有する者（還付請求権者）に対し、6カ月以上の期間を定めて申し出るべき旨の公告をしなければならない（同法30条2項）。

4 **正しい**。宅建業者は、営業保証金の還付があったために営業保証金に不足が生じたときは、免許権者から不足額を供託すべき旨の通知書の送付を受けた日から2週間以内に、不足額を供託しなければならない（同法28条1項、宅地建物取引業者営業保証金規則5条）。

基本書 **第2編 第1章 5 営業保証金と保証協会**

問題 33 正解 2 重要事項の説明…………………………… 難易度 B

1 **誤り**。宅地の売買の媒介を行う場合、買主に対して、書面を交付して説明しなければならないが、売主に説明する必要はない（宅建業法35条1項）。

2 **正しい**。正解。宅地の売買の媒介を行う場合、代金に関する金銭の貸借のあっせんの内容および当該あっせんに係る金銭の貸借が成立しないときの措置について、説明しなければならない（同法35条1項12号）。

3 **誤り**。建物の貸借の媒介を行う場合、私道に関する負担については、説明する必要はない（同法35条1項3号）。

4 **誤り**。建物の売買の媒介を行う場合、天災その他不可抗力による損害の負担に関する定めがあるときでも、その内容を説明する必要はない（同法35条1項）。天災その他不可抗力による損害の負担に関する定めは、同法37条の任意的記載事項である（同法37条1項10号）。

なお35条書面は相手方の承諾を得て、電磁的方法による代用措置を講じることができる（同法35条8項・9項）。

基本書 **第2編 第2章 1 一般的規制**

問題 34 正解 3 業務に関する禁止事項……………………… 難易度 B

1 **正しい**。手付金を減額することにより、売買契約の締結を誘引する行為は、手付貸与の禁止に該当しないから、法に違反しない（宅建業法47条3号）。

2 **正しい**。売買契約の締結について、勧誘をする目的である旨を告げずに勧誘をすることは、契約締結の不当な勧誘等の禁止に違反し、法に違反する（同法47条の2第3項、施行規則16条の12第1号ハ）。

3 **誤り**。正解。手付金の分割受領ではなく、媒介報酬の分割受領は、手付貸与の禁止に該当しないから、法に違反しない（同法47条3号）。

4　**正しい**。手付貸与の禁止に違反した場合、監督処分の対象（指示処分・業務停止・情状が特に重いときは免許取消し）となるほか、罰則の適用（6カ月以下の懲役もしくは100万円以下の罰金または併科）を受ける（同法47条3号、65条2項2号、81条2号）。

基本書　第2編 第2章 3 報酬・その他の制限

問題 35　正解 3　業務上の規制……………………………　難易度 B

1　**誤り**。自ら貸主として賃貸借契約を締結する行為は、宅建業に該当しない（宅建業法2条2号）から、宅建業法上の制約を生じないので、業務に関する帳簿に一定事項を記載する必要はない。

2　**誤り**。宅建業者は、「その事務所ごとに」、つまり業務に関する帳簿を、主たる事務所のほかに従たる事務所にも備えなければならない（同法49条）。

3　**正しい**。正解。報酬の額は、帳簿の記載事項であり（同法49条、施行規則18条1項7号）、これに違反すると指示処分の対象となる（同法65条1項）。

4　**誤り**。従業者名簿の「従業者」には、一時的に事務の補助のために雇用した者も含まれるから、従業者名簿に記載しなければならない（同法48条3項、施行規則17条の2、宅建業法の解釈・運用の考え方48条1項関係）。

基本書　第2編 第2章 3 報酬・その他の制限

問題 36　正解 4　宅建業者と免許……………………………　難易度 C

1　**誤り**。免許の更新の処分がなされるまでの間は、従前の免許は有効期間満了後も有効とされるから、当該処分がなされるまで、宅建業を営むことができる（宅建業法3条4項）。

2　**誤り**。宅建業の免許を受ける前に宅建業を営む旨の表示をしたり、広告をしたりしてはならない（同法12条2項）。

3　**誤り**。兼業の種類（本肢では不動産管理業）は、宅建業者名簿の登載事項であるが、変更届の対象ではないから、届け出る必要はない（同法9条）。

4　**正しい**。正解。法人の吸収合併後の一般承継人は、宅建業者が締結した契約に基づく取引を結了する目的の範囲内においては、なお宅建業者とみなされる（同法 76 条）。

基本書　第 2 編 第 1 章 2 宅建業の免許

問題 37　正解 3　宅地建物取引士……………………　難易度 A

1　**誤り。** 重要事項の説明をする際には、取引の関係者の請求の有無にかかわらず、必ず宅地建物取引士証を提示しなければならない（宅建業法 35 条 4 項）。

2　**誤り。** 登録の移転の申請は、強制（しなければならない）ではなく、任意（できる）であるから、登録を移転しなければならないわけではない（同法 19 条の 2）。

3　**正しい。** 正解。宅地建物取引士の登録については、宅地建物取引士資格試験に合格した者で、宅地・建物の取引に関し、2 年以上の実務経験を有する者または同等以上の能力を有すると認められた者であれば、試験を行った都道府県知事の登録を受けることができる（同法 18 条 1 項本文）。

4　**誤り。** 従業者証明書と宅地建物取引士証とは別個のものであり、従業者が宅地建物取引士であるときでも、宅地建物取引士証の提示をもって、従業者証明書の提示に代えることはできない（同法 22 条の 4、35 条 4 項、48 条 2 項）。

基本書　第 2 編 第 1 章 3 宅地建物取引士

問題 38　正解 2　37条書面 ……………………　難易度 B

1　**違反する。** 売主を代理して売買契約を締結した場合は、その相手方である買主だけでなく、代理を依頼した売主にも、37 条書面を交付しなければならない（宅建業法 37 条 1 項本文）。

2　**違反しない。** 正解。手付金等の保全措置の内容は、重要事項説明書面（35 条書面）の記載事項であり、37 条書面の記載事項ではない（同法 35 条 1 項 10 号）。

3　**違反する。** 契約の解除に関する特約は 37 条書面の任意的記載事項であり、定めがあるときはその内容を記載しなければならない（同法 37 条 1 項 7 号）。

4　**違反する。** 宅建業者間取引においても売主の宅建業者 A は 37 条書面を買主に交付しなければならない（同法78条2項）。契約不適合責任に関する特約は37条書面の任意的記載事項であり、特約を定めたときはその内容を記載しなければならない（同法37条1項11号）。

なお37条書面は37条1項・3項に規定する者に承諾を得て電磁的方法による代用措置を講じることができる（同法37条4項・5項）。

基本書　第2編 第2章 1 一般的規制

問題 39　正解 2　営業保証金・保証協会……………………　難易度 B

ア　**誤り。**営業保証金は、従たる事務所を設置したときでも「主たる事務所」の最寄りの供託所に供託しなければならない（宅建業法25条1項）。

イ　**誤り。**弁済業務保証金から弁済を受けることができる者には、その社員が社員となる前に宅建業に関して取引をした者も含まれるが、宅建業者に該当する者は除かれる（同法64条の8第1項かっこ書）。したがって、宅建業者は、弁済業務保証金から弁済を受けることはできない。

ウ　**正しい。**宅建業者が保証協会の社員たる地位を失ったときは、地位を失った日から1週間以内に主たる事務所の最寄りの供託所に営業保証金を供託しなければならない（同法64条の15）。

エ　**正しい。**還付充当金の納付の通知を受けた社員は、通知を受けた日から2週間以内に、還付充当金を保証協会に納付しなければならない（同法64条の10第2項）。

以上により、正しいものはウ、エの二つであり、正解は2。

基本書　第2編 第1章 5 営業保証金と保証協会

問題 40　正解 3　37条書面 ……………………………　難易度 A

1　**違反する。**代金・交換差金の額、その支払の時期および引渡しの時期は、37条書面の必要的記載事項であり、必ず記載しなければならない（宅建業法37条1項3号・4号）。

2　**違反する。**宅建業者Cの媒介によって売買契約を締結した場合でも、売主である宅建業者Bは、37条書面にBの宅地建物取引士の記名をさせなければならない（同法37条3項）。

3　**違反しない。**正解。宅建業者は、宅地建物取引士が記名した37条書面を交付すればよく、重要事項の説明とは異なり、37条書面の交付の際は、宅地建物取引士に宅地建物取引士証を提示させる必要はない（同法37条3項）。

4　**違反する。**宅建業者が、売買の当事者として契約したときは、その相手方である売主に対しても37条書面を交付しなければならない（同法37条1項本文）。

基本書　第2編 第2章 1 一般的規制

問題 41　正解 2　重要事項の説明…………………………　難易度 B

1　**正しい。**区分所有建物の売買の場合、管理の委託先の氏名・住所は、重要事項の説明の対象となる（宅建業法35条1項6号、施行規則16条の2第8号）。

2　**誤り。**正解。移転登記の申請の時期は、37条書面の記載事項であるが（同法37条1項5号）、重要事項の説明の対象ではない。したがって、移転登記の申請の時期の定めがあるときでも、その内容を説明する必要はない。

3　**正しい。**飲用水・電気・ガスの供給ならびに排水のための施設の整備状況は、重要事項の説明の対象である（同法35条1項4号）。

4　**正しい。**区分所有建物の売買の場合、計画的修繕積立金等に関する規約があるときは、その内容および既に積み立てられている額は、重要事項の説明の対象である（同法35条1項6号、施行規則16条の2第6号）。

基本書　第2編 第2章 1 一般的規制

問題 42　正解 4　広告…………………………………　難易度 B

ア　**正しい。**宅建業者は、その業務に関して広告をするときは、当該広告に係る宅地の将来の環境について、著しく事実に相違する表示をし、または実際のものよりも著しく優良であり、もしくは有利であると人を誤認させるような表示をしてはならない（宅建業法32条）。

イ　**正しい。**現在または将来の利用の制限は、公法上の制限だけでなく、私法上の制限も含まれる（同法32条、宅建業法の解釈・運用の考え方32条関係）。

ウ　**正しい。**取引意思のない物件を広告し、広告を見た取引相手に別の物件ばかり販売するための広告を「おとり広告」といい、誇大広告等の禁止に違反する。取引の相手方が誇大広告であることを知っていても、また、取引が不成立で実害が発生しなくても違反し、監督処分の対象となる（同法32条、65条、同解釈・運用の考え方32条関係）。

エ　**正しい。**取引態様の明示は、広告をするときだけでなく注文を受けるときにもしなければならない（同法34条１項・２項）。

以上により、正しいものはア、イ、ウ、エの四つであり、正解は４。

基本書　第２編 第２章 1 一般的規制

問題 43　正解 1　専任媒介契約……………………………… 難易度 C

ア　**正しい。**専任媒介契約を締結した宅建業者は、当該専任媒介契約に係る業務の処理状況を２週間に１回以上報告しなければならない（宅建業法34条の２第９項）。なお、媒介契約を締結した宅建業者は、当該媒介契約の目的物である建物の売買の申込みがあったときは、遅滞なく、その旨を依頼者に報告しなければならない（同条８項）。

イ　**誤り。**専任媒介契約の有効期間は、３カ月を超えることができない。また、自動更新する旨の特約はすることができず、たとえ宅建業者間の取引であっても、ＡとＢの合意により自動更新特約は締結できない（同法34条の２第３項・第４項）。

ウ　**誤り。**宅建業者は、専任媒介契約を締結した日から７日（休業日は含まない）以内に指定流通機構に登録しなければならず、登録をした宅建業者は、登録を証する書面を遅滞なく依頼者に引き渡さなければならない。提示ではなく、引渡しが必要である（同法34条の２第５項・第６項、施行規則15条の10）。なお登録を証する書面は、依頼者の承諾を得て電磁的方法により行うことができる（同法34条の２第12項）。

エ　**誤り。**特別に依頼した広告費用は、成約したか否かにかかわらず、Ｂに請求できるが、指定流通機構への情報登録の費用はＢに請求できない（同法46条１項、報酬額に関する告示第９①）。

以上により、正しいものはアのみであり、正解は１。

基本書　第２編 第２章 1 一般的規制

問題 44　正解 4　免許……………………………………　難易度 B

1　**誤り。**宅地建物取引業の免許は、合併によって承継することはできない。

2　**誤り。**個人業者が、株式会社を設立して代表取締役として宅建業に関する売買契約等をすれば、その法律上の効果は株式会社に帰属する。したがって、法人免許を取得しなければならない。個人業者が、法人を設立して代表者になっても、免許は法人には引き継がれない。

3　**誤り。**個人業者が死亡した場合には、その相続人が、死亡の事実を知った日から30日以内に、免許権者に届出をしなければならないが、届出の時に免許が失効するのではなく、死亡の時に失効する（宅建業法11条1項1号）。

4　**正しい。**正解。法人が合併および破産手続開始の決定以外の理由により解散した場合には、その清算人が、30日以内に免許権者に届出をしなければならない（同法11条1項4号）。

基本書　第2編 第1章 ❶「宅地建物取引業」とは

問題 45　正解 2　住宅瑕疵担保履行法……………………　難易度 C

1　**誤り。**宅建業者Aは、自ら売主となる新築住宅の買主に対し、当該新築住宅の売買契約を締結するまでに、その住宅販売瑕疵担保保証金の供託をしている供託所の所在地その他の事項を記載した書面を交付して説明しなければならない。「引き渡すまでに」ではなく「売買契約を締結するまでに」である（住宅瑕疵担保履行法15条1項）。なお、供託所の所在地等を記載した書面は、買主等の承諾があれば電磁的方法により提供できる（同法10条2項）。

2　**正しい。**正解。新築住宅の合計戸数の算定に当たっては、新築住宅のうち、その床面積の合計が55㎡以下のものは、その2戸をもって1戸とする（同法11条3項、施行令5条）。

3　**誤り。**新築住宅を引き渡した宅建業者は、住宅販売瑕疵担保保証金の供託および住宅販売瑕疵担保責任保険契約の締結の状況についての届出をしなければ、当該基準日の翌日から起算して50日を経過した日以後においては、新たに自ら売主となる新築住宅の売買契約を締結してはならない（同法13条）。「当該基準日から1月を経過した日以後」ではない。

4　**誤り。**住宅販売瑕疵担保責任保険契約の保険の対象となる特定住宅瑕疵担保責任には、給水設備やガス設備の瑕疵による損害は含まれない（同法２条７項２号、品確法95条１項）。

基本書　第２編 第４章 **2** 住宅販売瑕疵担保保証金の供託

問題 46　正解 3　住宅金融支援機構……………………… 難易度 C

1　**正しい。**独立行政法人住宅金融支援機構（以下この問において「機構」という）は、団体信用生命保険業務として、貸付けを受けた者が死亡した場合（重度障害の状態となった場合を含む）に支払われる生命保険の保険金を当該貸付けに係る債務の弁済に充当することができる（機構法13条１項11号）。

2　**正しい。**機構は、直接融資業務において、高齢者の死亡時に一括償還する方法（死亡時一括償還制度）により貸付金の償還を受けるときは、当該貸付金の貸付けのために設定された抵当権の効力の及ぶ範囲を超えて、弁済の請求をしないことができる（機構業務方法書24条５項）。

3　**誤り。**正解。証券化支援業務（買取型）に係る貸付金の利率は、機構の直接融資業務に該当しないので、取扱金融機関の独自の判断で決定される。したがって、どの取扱金融機関においても同一の利率が適用されるとは限らない（同方法書22条）。

4　**正しい。**証券化支援業務（買取型）において、機構による譲受けの対象となる住宅の購入に必要な資金の貸付けに係る金融機関の貸付債権には、当該住宅の購入に付随する改良に必要な資金も含まれる（機構法13条１項１号、施行令５条１項２号）。

基本書　第４編 第３章 住宅金融支援機構

問題 47　正解 4　景表法……………………………………… 難易度 B

1　**誤り。**不当景品類及び不当表示防止法、不動産の表示に関する公正競争規約（以下、「表示規約」という）によれば、宅建業者Ｂが宅建業者Ａから入手した当該物件に関する情報を、そのままインターネット不動産情報サイトに表示し広告を行っているとしても、当該物件に関する間違っている情報を表示し広告を行った場合には、宅建業者Ｂは不当表示に問われる。

2　**誤り**。取引する建物が建築工事の完了前である等その建物の写真または動画を用いることができない事情がある場合においては、取引する建物を施工する者が過去に施工した建物であり、かつ、当該写真または動画が他の建物である旨及び建物の外観は、取引する建物と構造、階数、仕様が同一であって、規模、形状、色等が類似する場合には、取引する建物と異なる部位を、写真の場合は写真に接する位置に、動画の場合は動画中に明示することとされている（同法５条、表示規約15条⑻、表示規約施行規則９条㉒ア）。よって、この広告表示は、不当表示に問われる。

3　**誤り**。取引しようとする物件から最寄り駅までの徒歩による所要時間は、道路距離80 mにつき１分間を要するものとして算出した数値を表示し、この場合において、１分未満の端数が生じたときは、１分として算出することとされている（同法５条、表示規約15条⑷、表示規約施行規則９条⑼）。よって、この広告表示は、不当表示に問われる。

4　**正しい**。正解。新築マンションについて、インターネット広告には当該マンションの全戸数の専有面積のうち、最小面積および最大面積を表示すれば、不当表示に問われることはない（同法５条、表示規約８条、表示規約施行規則４条１項、施行規則別表６<事項17>）。

基本書　**第４編 第４章 ❶ 景表法（不当景品類及び不当表示防止法）、❸ 表示に関する公正競争規約**

問題 48　正解 ー　統計……………………………………………　難易度 ー

本問は古い統計情報のため掲載しておりません。
次の本試験の基準となる最新統計情報をもとに改題した本問の解説を、弊社webサイトよりダウンロードしてご利用ください（2024年８月末予定）。

※詳細はｖページ「パーフェクト宅建士シリーズ読者特典（＊特典３＊）」をご参照ください。

問題 49　正解 4　土地……………………………………………　難易度 C

1　**適当。**扇状地は、山地末端部から平野部への河川の出口等に扇状に広がる地形で、河川により運ばれてきた砂礫（されき）等が堆積して形成された地盤である。

2　**適当。**三角州は、河川の河口付近に形成される土地で、河川により運ばれてきた細かい砂や泥等が堆積した軟弱な地盤である。

3　**適当。**台地は、一般的に水はけもよく、地盤も安定しており、低地に比べ、洪水や地震等の自然災害に対して安全度が高い所である。

4　**最も不適当。**正解。干拓地は、一般に海面以下の場合が多いが、埋立地は一般に海面に対して数メートルの比高を持ち、干拓地に比べ、水害に対して安全である。

基本書　**第4編 第5章 1 土地**

問題 50　正解 1　建物……………………………………………　難易度 C

1　**最も不適当。**正解。木材の強度は含水率（木材に含まれる水分の量を、木材そのものの重さ（全乾燥重量）をもとにして百分率で表した比率）に影響を受け、気乾状態（乾燥した状態のことで、含水率13%～18%、標準は15%程度）のものが、強度が大きい。したがって、木材の強度は含水率が大きい状態のほうが低くなる。

2　**適当。**鉄筋は、一般に炭素含有量の増加とともに引張強度が大きくなる傾向がある。

3　**適当。**鉄筋と普通コンクリートは、常温、常圧において、熱膨張率（常温、常圧において、温度上昇に伴う体積の膨張の程度）がほぼ等しい。鉄筋とコンクリートが鉄筋コンクリート構造として使用される最大の理由は、鉄筋とコンクリートの熱膨張率が非常に近いからといえる。

4　**適当。**鉄筋コンクリート構造は、耐火性、耐久性が大で、耐震性、耐風性にも優れた構造であるが、自重が大きい、施工期間が長いなどの短所がある。

基本書　**第4編 第5章 2 建物**

平成28年度 正解と解説

＊正解番号一覧

問題	正解	問題	正解	問題	正解	問題	正解	問題	正解
1	4	11	1	21	4	31	4	41	3
2	4	12	2	22	3	32	1	42	4
3	3	13	2	23	2	33	3	43	2
4	2	14	1	24	3	34	2	44	2
5	3	15	3	25	2	35	4	45	3
6	3	16	1	26	1	36	4	46	2
7	3	17	4	27	3	37	2	47	4
8	1	18	1	28	4	38	1	48	—
9	2	19	4	29	3	39	2	49	3
10	4	20	1	30	4	40	1	50	1

難易度は A ～ D 。
A がやさしく、
D が最難関な問題です。

合格ライン⇨ 50問中35問以上の正解
（登録講習修了者は、45問中30問以上の正解）

問題 1　正解 4　民法の規定……………………………………　難易度 C

ア　**民法の条文に規定されている。**民法には、「利息を生ずべき債権について別段の意思表示がないときは、その利率は、その利息が生じた最初の時点における法定利率による」「法定利率は、年３％とする」旨が規定されている（民法404条１項・２項）。

イ　**民法の条文に規定されている。**敷金とは、賃借人の賃料不払などの債務不履行に備えて、その担保とするために、賃借人が賃貸人に交付する金銭をいう。そうした債務不履行等があった場合、賃貸人は敷金を充当してその債務の弁済に充てることができる（同法622条の２第２項）。

ウ　**民法の条文に規定されている。**債務引受とは、債務をその同一性を保持したまま引受人に移転する契約であり、免責的債務引受とは、債務引受により、従来の債務者が債務を免れる契約である。そして、免責的債務引受は、債務者の同意がなくても、債権者と引受人との契約によってすることができる（同法472条２項、大判大10.5.9）。

エ　**民法の条文に規定されている。**契約により当事者の一方が第三者に対してある給付をすることを約したときは、その第三者は、債務者に対して直接にその給付を請求する権利を有する。いわゆる「第三者のためにする契約」である（同法537条１項）。たとえば、ＡがＢに債務を負っている場合、ＡがＣに物を売ったときに、ＡＣ間の契約で、ＣがＡに対して支払うべき代金を、Ｂに支払うことを約することが、これに該当する。

以上により、民法の条文に規定されているものはア、イ、ウ、エの四つであり、正解は４。

基本書　**第１編 第３章 5 債務引受、6 債務不履行、損害賠償、解除、11 賃貸借**

問題 2　正解 4　制限行為能力者……………………………　**難易度 B**

1　**誤り。**未成年者は、許可された営業に関しては、成年者と同一の行為能力を有する。しかし、本肢の建物の売買契約は、許可された営業の範囲外の行為であるから、当該売買契約の締結については、法定代理人の同意が必要であり、同意を得ていないときは、法定代理人は当該売買契約を取り消すことができる（民法５条１項・２項、６条１項、120条１項）。

2　**誤り。**被保佐人が、不動産を売却する場合には、保佐人の同意が必要である（同法13条１項３号）。また、被保佐人が、贈与の申し出を拒絶する場合にも、保佐人の同意が必要である（同項７号）。

3　**誤り。**成年後見人が、成年被後見人に代わって、成年被後見人が居住している建物を売却する場合には、必ず、家庭裁判所の許可を得なければならない（同法859条の３）。なお、成年後見人が、成年被後見人に代わって、不動産の売買契約を締結する場合、後見監督人がいるときは、その同意を得なければならない（同法864条、13条１項３号）。

4　**正しい。**正解。制限行為能力者が行為能力者であることを信じさせるため詐術を用いたときは、その行為を取り消すことができない（同法21条）。また、被補助人が、補助人の同意が必要な行為について、その同意を得ていないのに、詐術を用いて相手方に補助人の同意を得たと信じさせたときも、被補助人は、当該行為を取り消すことができない（大判大12.8.2）。

基本書　**第1編 第1章 2 制限行為能力者制度**

問題 3　正解 3　**意思表示・物権変動**……………………　**難易度 A**

1　**誤り。**不動産に関する物権の得喪および変更は、その登記をしなければ、第三者に対抗することができない（民法177条）。したがって、Cは、所有権移転登記を備えなければ、Bに対して甲土地の所有権を主張（対抗）することができない。

2　**誤り。**詐欺による意思表示の取消しは、善意無過失の第三者に対抗することができない（同法96条3項）。したがって、DがBの詐欺の事実を知っていれば（Dが悪意であれば）、Aは、詐欺による意思表示の取消しをDに対抗することができるから、Dに対して甲土地の所有権を主張することができる。

3　**正しい。**正解。いわゆる背信的悪意者であるEは、所有権移転登記を備えても、Bに対して甲土地の所有権を主張（対抗）することができない（同法177条、最判昭43.8.2）。

4　**誤り。**錯誤による意思表示は、取り消すことができる（同法95条）。しかし、錯誤に基づく意思表示をしたBは、取り消すことができるが、相手方であるAは、取り消すことができない（同法120条2項）。

基本書　**第1編 第1章 3 法律行為・意思表示、第2章 2 不動産物権変動**

問題 4　正解 2　**抵当権**……………………　**難易度 D**

1　**正しい。**甲土地に抵当権を設定した当時、甲土地と甲土地上の建物の所有者が同じである場合には、その後、当該建物が譲渡された後に抵当権が実行されたときでも、法定地上権が成立する（民法388条、大判大12.12.14）。したがって、DはCに対して、甲土地の明渡しを求めることはできない。

2　**誤り。**正解。土地と建物は別個の不動産であるから、甲土地に設定されている抵当権の効力は、甲土地上の建物には及ばない（同法370条）。したがって、甲土地の抵当権に基づき、甲土地上の建物の火災保険契約に基づく損害保険金を請求することはできない。なお、甲土地上の建物に抵当権が設定されている場合には、当該抵当権に基づき、当該建物の火災保険契約に基づく損害保険金を請求することができる（物上代位、同法372条、304条、大判明40.3.12）。

3　**正しい。**抵当権の順位は、各抵当権者の合意によって変更することができる。ただし、利害関係を有する者があるときは、その承諾を得なければならない（同法374条1項）。なお、債務者および抵当権設定者の同意を得る必要はない。

4　**正しい。**抵当不動産の第三取得者は、登記をした各債権者に対し、民法383条所定の書面を送付して、抵当権消滅請求をすることができる（同法379条、383条）。

基本書　第1編 第2章 5 抵当権・根抵当権

問題 5　正解 3　債権譲渡　難易度 C

1　**誤り。**譲渡禁止の特約の存在を知らずに債権を譲り受けた場合でも、譲受人に重大な過失があるときは、悪意の譲受人と同様に、債務者は、その債務の履行を拒むことができる（民法466条3項、最判昭48.7.19）。しかし、債権の譲渡禁止の特約について、譲受人Cが悪意であっても、Cからさらに債権の譲渡を受けた転得者Dがその特約の存在を知らなかったことにつき重大な過失がない場合（善意無重過失の場合）には、BはDに対して当該特約の存在を対抗することができない（大判昭13.5.14）。

2　**誤り。**債務者Bが承諾をすれば、それだけで、債務者Bは、債権の譲受人であるCに対して、債務の弁済を拒否することができなくなる（同法467条1項）。

3　**正しい。**正解。将来の取引に関する債権であっても、その取引の種類、金額、期間などにより当該債権が特定されていれば、特段の事情がない限り、有効に譲渡することができる（同法466条の6、最判平11.1.29）。

4　**誤り。**債務者は、債権譲渡の通知を受けるまでに（対抗要件具備時より前に）取得した譲渡人に対する債権による相殺をもって譲受人に対抗することができる（同法469条1項）。したがって、Aから債権譲渡の通知を受ける前にAに対して貸金債権を有していたBは、相殺の意思表示を譲受人Cに対抗することができる（最判昭50.12.8）。

基本書　第1編 第3章 4 債権譲渡

問題 6　正解 3　売主の契約不適合責任…………………………　難易度 A

ア　**誤り**。他人の物を売買の目的とした場合、売主がその物を取得して買主に移転することができないときは、買主は、悪意であっても、売主の債務不履行責任の追及として、損害賠償請求をすることができる（民法415条）。したがって、ＢはＡに対して、損害賠償を請求することができる。

イ　**正しい**。他人の物を売買の目的とした場合、売主がその物を取得して買主に移転することができないときは、悪意の買主も、売買契約を解除することができる（同法541条、542条）。したがって、Ｂは、本件契約を解除することができる。

ウ　**誤り**。売買の目的物に設定されていた抵当権の実行により買主が当該目的物の所有権を失い、損害を受けたときは、買主は、悪意であっても、売主の債務不履行責任の追及として、損害賠償請求をすることができる（同法415条）。したがって、ＢはＡに対して、損害賠償を請求することができる。

エ　**正しい**。売買の目的物に設定されていた抵当権の実行により買主が当該目的物の所有権を失ったときは、買主は、悪意であっても、売主の債務不履行責任の追及として、売買契約を解除することができる（同法542条）。したがって、Ｂは、本件契約を解除することができる。

以上により、誤っているものはア、ウの二つであり、正解は3。

基本書　**第1編 第3章 8 売主の契約不適合責任**

問題 7　正解 3　賃貸借・不法行為…………………………　難易度 C

ア　**正しい**。賃借物の一部が滅失その他の事由により使用・収益できなくなった場合において、それが賃借人の責めに帰することのできない事由によるものであるときは、その使用・収益をすることができなくなった部分の割合に応じて、賃料が減額される（民法611条1項）。

イ　**正しい**。賃借物の一部が滅失その他の事由により使用・収益できなくなった場合に、残存する部分のみでは賃借人が賃借をした目的を達することができないときは、賃借人は、契約を解除することができる（同法611条2項）。したがって、Ａは、甲建物の残りの部分だけでは賃借した目的を達することができない場合、Ｂとの賃貸借契約を解除することができる。

ウ　**正しい**。使用者責任に基づき使用者が被害者に対して損害の賠償をしたときは、使用者は、被用者に対して求償することができるが、その範囲は、損害の公平な分担という見地から、信義則上相当と認められる限度に制限される（同法715条3項、最判昭51.7.8）。したがって、Cは、Bに対して損害を賠償した場合、Dに対して求償することができるが、その範囲が信義則上相当と認められる限度に制限される場合がある。

以上により、正しいものはア、イ、ウの三つであり、正解は3。

基本書　第1編 第3章 11 賃貸借、13 不法行為

問題 8　正解 1　賃貸借……………………………… 難易度 B

1　**誤り。**正解。適法な転貸借がある場合、賃貸人が賃料延滞を理由として賃貸借契約を解除するには、賃貸人は賃借人に対して催告すれば足り、転借人に対してその延滞賃料の支払の機会を与えなければならないものではない（最判昭37.3.29）。

2　**正しい。**賃借人が適法に賃借物を転貸したときは、転借人は、賃貸人と賃借人との間の賃借権に基づく賃借人の債務の範囲を限度として、賃貸人に対して転貸借に基づく債務を直接履行する義務を負う（民法613条1項）。したがって、AはCに対して、賃料10万円の限度で支払を請求することができる。

3　**正しい。**賃貸借の終了によって転貸借は当然にその効力を失うものではないが、賃借人の債務不履行により賃貸借が解除された場合には、転貸人としての義務に履行不能を生ずるから転貸借は賃貸借の終了と同時に終了する（最判昭36.12.21）。したがって、AはCに対して、甲建物の明渡しを求めることができる。

4　**正しい。**賃貸人と賃借人が賃貸借契約を合意解除しても、賃貸人は解除をもって転借人に対抗することができない（同法613条3項、大判昭9.3.7）。したがって、AはCに対して、当然には甲建物の明渡しを求めることはできない。

基本書　第1編 第3章 11 賃貸借

問題 9　正解 2　不法行為……………………………… 難易度 B

1　**正しい。**本問の判決文における損害賠償請求権は、不法行為に基づく請求権であることがわかる。このような不法行為による損害賠償の請求権は、被

害者またはその法定代理人が損害および加害者を知った時から３年間行使しないときは、時効によって消滅する。不法行為の時から20年を経過したときも、同様とする（民法724条）。よって、本肢は正しい。

2　**誤り。**正解。不法行為による損害賠償請求権の消滅時効は、不法行為の時から20年を経過したときである。

3　**正しい。**①悪意による不法行為に基づく損害賠償債務、および②人の生命または身体の侵害による損害賠償債務の債務者は、相殺をもって債権者に対抗することができない（同法509条）。しかし、これ以外の損害賠償債務であれば、相殺に供することができる。

4　**正しい。**「当該契約上の債務の不履行による賠償責任を負うことはない」のであり、正しい。

基本書　**第１編 第３章 ⑬ 不法行為**

問題 10　正解 4　相続…………………………………………　難易度 B

1　**正しい。**Ｂの行為は、保存行為と考えられ、法定単純承認には該当しない（民法921条1号ただし書）。

2　**正しい。**相続人が相続財産の全部または一部を処分したときは、単純承認したものとみなされる（法定単純承認、同法921条１号）。未払賃料の支払を求め、これを収受領得する行為は、処分行為に該当し、単純承認をしたものとみなされる。

3　**正しい。**相続人が数人あるときは、限定承認は、共同相続人の全員が共同してのみこれをすることができる（同法923条）。

4　**誤り。**正解。相続人が民法915条１項の期間（自己のために相続の開始があったことを知った時から３月）内に限定承認または相続の放棄をしなかったときは、法定単純承認となる（同法921条２号）。知らない場合には、３カ月の起算が始まらず、単純承認とはならない。

基本書　**第１編 第４章 相続**

問題 11　正解 1　借地借家法／借地権……………………　難易度 A

1　**正しい。**正解。借地権は、その登記がなくても、土地の上に借地権者が自己名義で登記されている建物を所有するときは、第三者に自己の借地権を対抗することができる（借地借家法10条1項）。ただし、建物が借地人の家族名義で登記されている場合は、借地借家法10条による対抗力はない（最判昭41.4.27）。

2　**誤り**。賃借権の設定された土地の上の建物についてなされた登記が、錯誤または遺漏により、当該地番が実際の表示と多少相違していても、その登記の表示全体において、当該建物の同一性を認識できる程度の軽微な相違であるような場合には、借地借家法10条の、登記されている建物を所有する場合に当たるものと解すべきである（最判昭40.3.17）。よって、AはEに対して借地権を対抗することができる。

3　**誤り**。定期借地権と認められるには、存続期間50年以上でなければならない（同法22条1項）。なお、専ら事業の用に供する建物を所有する目的であれば、公正証書により本肢のとおりの契約をすることができるが（同法23条）、居住用の建物を所有する目的で期間50年未満の定期借地契約を締結することはできない。

4　**誤り**。借地権の存続期間が満了した場合において、契約の更新がないときは、借地権者は、借地権設定者に対し、建物その他借地権者が権原により土地に附属させた物を時価で買い取るべきことを請求することができる（同法13条1項）。ただし、賃借人の債務不履行により契約が解除された場合には、建物買取請求権は成立しない（最判昭35.2.9）。

基本書　第1編 第5章 1 借地借家法－①（借地関係）

問題 12　正解 2　借地借家法／借家権……………………　難易度 B

1　**正しい**。建物の賃貸借について期間の定めがある場合、当事者が期間の満了の1年前から6カ月前までの間に相手方に対して更新をしない旨の通知をしなかったときは、従前の契約と同一の条件で契約を更新したものとみなされる。ただし、その期間は、定めがないものとなる（借地借家法26条1項）。

2　**誤り**。正解。建物の賃貸人による解約の申入れは、正当事由が必要である。それには、建物の賃貸人および賃借人（転借人を含む）が建物の使用を必要とする事情、建物賃貸借に関する従前の経過、建物の利用状況、明渡料の給付の申出という要素が必要である（同法28条）。単に立退料の支払の申出だけで、正当事由が認められるわけではない。

3 **正しい**。造作買取請求権は、適法な転借人にも認められる（同法33条2項）。

4 **正しい**。定期建物賃貸借において、期間が1年以上である場合には、建物の賃貸人は、期間の満了の1年前から6カ月前までの間に建物の賃借人に対し期間の満了により建物の賃貸借が終了する旨の通知をしなければ、その終了を建物の賃借人に対抗することができない（同法38条6項）。

基本書 第1編 第5章 **2** 借地借家法－②（借家関係）

問題 13 正解 2 区分所有法…………………………… 難易度 B

1 **誤り**。管理者は、集会において、毎年1回一定の時期に、その事務に関する報告をしなければならない（区分所有法43条）。

2 **正しい**。正解。管理者は、規約に特別の定めがあるときは、共用部分を所有することができる（同法27条1項）。

3 **誤り**。管理者の資格に関する規制は区分所有法にはなく、自然人でも法人でも区分所有者以外でもよい。

4 **誤り**。各共有者の共用部分の持分は、規約で別段の定めのない限り、その有する専有部分の床面積の割合による（同法14条1項）。

基本書 第1編 第5章 **3** 建物の区分所有等に関する法律

問題 14 正解 1 不動産登記法…………………………… 難易度 A

1 **誤り**。正解。新築した建物または区分建物以外の表題登記がない建物の所有権を取得した者は、その所有権の取得の日から1カ月以内に、表題登記を申請しなければならない（不動産登記法47条1項）。「所有権保存登記」ではなく、「表題登記」である。

2 **正しい**。登記できる権利は、①所有権、②地上権、③永小作権、④地役権、⑤先取特権、⑥質権、⑦抵当権、⑧賃借権、⑨配偶者居住権、⑩採石権である（同法3条）。

3 **正しい**。建物が滅失したときは、表題部所有者または所有権の登記名義人（共用部分である旨の登記または団地共用部分である旨の登記がある建物の場合にあっては、所有者）は、その滅失の日から1カ月以内に、当該建物の滅失の登記を申請しなければならない（同法57条）。

4　**正しい。**区分建物にあっては、表題部所有者から所有権を取得した者も、建物の所有権の保存登記を申請することができる（同法74条2項）。

基本書　第1編 第5章 4 不動産登記法

問題 15　正解 3　国土利用計画法……………………………　難易度 B

1　**誤り。**土地売買等の契約に係る市街化区域内の土地の面積が2,000㎡以上のときは、権利取得者は、契約締結日から起算して2週間以内に、事後届出をしなければならない（国土利用計画法23条1項・2項1号イ）。

2　**誤り。**監視区域内の土地について土地売買等の契約を締結する場合に、都道府県知事等が都道府県等の規則で定めた届出対象面積に達するときは、当事者は、契約を締結する前に、都道府県知事等に事前届出をしなければならない（同法27条の7第1項）。この場合、事後届出は不要である（同法23条2項2号）。

3　**正しい。**正解。都市計画区域外では、土地売買等の契約に係る土地の面積が10,000㎡以上のときは、権利取得者は、事後届出をしなければならない。個々の契約では10,000㎡未満であっても、合計して10,000㎡以上のときは、権利取得者は、一団の土地としてそれぞれ事後届出をしなければならない（同法23条1項・2項1号かっこ書・ハ）。

4　**誤り。**一団の土地の場合、権利取得者は、土地売買等の契約を締結するごとに、それぞれ別個に事後届出をしなければならない。本肢の場合、甲土地の事後届出と乙土地の事後届出を併せて行うことはできず、それぞれ別個に届け出なければならない（同法23条1項・2項1号かっこ書・イ）。

基本書　第3編 第6章 2 事後届出制

問題 16　正解 1　都市計画法総合……………………………　難易度 C

1　**正しい。**正解。市街地開発事業等予定区域に係る市街地開発事業または都市施設に関する都市計画には、施行予定者を定めなければならない。なお、その施行予定者は、市街地開発事業等予定区域に関する都市計画に定められた施行予定者でなければならない（都市計画法12条の3第1項・2項）。

2　**誤り。**準都市計画区域については、都市計画に防火地域・準防火地域を定めることはできない。準都市計画区域について、都市計画を定めることができる地域地区は、用途地域、特別用途地区、特定用途制限地域、高度地区、景観地区、風致地区、緑地保全地域、伝統的建造物群保存地区の８つのみである（同法８条２項）。

3　**誤り**。本肢の記述は高度地区に関するものである（同法９条18項）。高度利用地区とは、用途地域内において、市街地の土地の合理的かつ健全な高度利用と都市機能の更新とを図るため、都市計画により、容積率の最高限度および最低限度、建蔽率の最高限度、建築物の建築面積の最低限度および壁面の位置の制限（一定の敷地内の道路に面する部分に限る）を定める地区である（同法９条19項）。

4　**誤り**。地区計画等については、都市計画に、地区計画等の種類、名称、位置、区域を定めるとともに、区域の面積を定めるよう努めるものとされている。また、地区整備計画※を定めなければならない（同法12条の４第２項、12条の５第２項１号）。建蔽率・容積率の最高限度については、地区整備計画で定めることができるとされているだけであり、地区計画に関する都市計画で必ず定めなければならないものではない。

※地区整備計画は、特別な事情があるときは、地区計画等に関する都市計画に定めることを要しないことに注意（同法12条の５第８項）。

基本書　第３編 第１章 3 都市計画の内容

問題 17　正解 4　　都市計画法／開発許可制度………………　難易度 B

1　**誤り**。開発行為に関する工事を廃止するときは、開発許可を受けた者は、遅滞なく、その旨を都道府県知事（指定都市、中核市および施行時特例市ではそれぞれの長。以下同じ）に届け出なければならない。届出だけで、許可を受ける必要はない（都市計画法38条）。

2　**誤り**。二以上の都府県にわたる開発行為であっても、開発行為の許可権者は都道府県知事である。国土交通大臣は許可権者ではない（同法29条１項）。

3　**誤り**。開発許可に基づく地位の承継には、一般承継と特定承継がある。一般承継の場合、許可を受けた者の相続人その他の一般承継人は、都道府県知事の承認を受けることなく、その地位を承継する（同法44条）。また、特定承継の場合、開発許可を受けた者から当該開発区域内の土地の所有権その他当該開発行為に関する工事を施行する権原を取得した者は、都道府県知事の承認を受けなければ、当該開発許可に基づく地位を承継することはできない(同法45条)。

4　**正しい。**正解。都道府県知事は、用途地域の定められていない土地の区域における開発行為について開発許可をする場合において必要があると認めるときは、当該開発区域内の土地について、建築物の建蔽率、建築物の高さ、壁面の位置その他建築物の敷地、構造および設備に関する制限を定めることができる（同法41条1項)。

基本書　第3編 第1章 6 開発許可制度

問題 18　正解 1　建築基準法総合…………………………　難易度 B

1　**正しい。**正解。防火地域または準防火地域内にある建築物で、外壁が耐火構造のものについては、その外壁を隣地境界線に接して設けることができる(建築基準法63条)。

2　**誤り。**非常用の昇降機を設けなければならないのは、高さ31ｍを超える建築物（政令で定めるものを除く）である（同法34条2項)。

3　**誤り。**準防火地域内では、地階を除く階数が4以上である建築物または延べ面積が1,500㎡を超える建築物は、耐火建築物等としなければならない(同法61条、施行令136条の2)。

4　**誤り。**延べ面積が1,000㎡を超える建築物は、原則として、防火上有効な構造の防火壁または防火床によって、有効に区画し、かつ、各区画の床面積の合計をそれぞれ1,000㎡以内としなければならない（同法26条1号）が、そもそも耐火建築物や準耐火建築物ではこの規定は適用されないので、本肢は誤りである。

基本書　第3編 第2章 3 単体規定、4 集団規定

問題 19　正解 4　建築基準法／集団規定……………………　難易度 B

1　**正しい。**第一種低層住居専用地域内には、飲食店は建築できない（建築基準法48条1項、別表第二(い)項)。ただし、特定行政庁の許可があれば建築できる（同法48条1項ただし書)。

2　**正しい**。前面道路の幅員による容積率制限は、前面道路の幅員が12ｍ未満の場合に適用される（同法52条２項）。

3　**正しい**。公園、広場、道路、川その他これらに類するものの内にある建築物で特定行政庁が安全上、防火上および衛生上支障がないと認めて許可したものは、建蔽率の制限は適用されない（同法53条６項３号）。

4　**誤り**。正解。第一種低層住居専用地域、第二種低層住居専用地域または田園住居地域内においては、外壁後退距離（１ｍまたは1.5ｍ）を定めることができるが、第一種住居地域内には定めることができない（同法54条）。

基本書　**第３編 第２章 4 集団規定**

問題 20　正解 1　**宅地造成及び特定盛土等規制法**…………　難易度 C

1　**誤り**。正解。都道府県知事は、宅地造成等工事規制区域外で、宅地造成または特定盛土等（宅地において行うものに限る）に伴う災害で相当数の居住者等に危害を生ずるものの発生のおそれが大きい一団の造成宅地の区域であって、一定の基準に該当するものを、造成宅地防災区域として指定することができる（宅地造成及び特定盛土等規制法45条１項）。盛土の高さが５ｍ未満でも指定できることがある（同法施行令35条）。

2　**正しい**。切土または盛土をする土地の面積が1,500㎡を超える土地における排水施設の設置工事は、政令で定める資格を有する者の設計によらなければならない（同法13条２項、施行令21条２号）。したがって、600㎡である場合には、一定の資格者でなくてもよい。

3　**正しい**。宅地造成等工事規制区域内の宅地において、高さが２ｍを超える擁壁または地表水等を排除するための排水施設等の全部または一部の除却の工事を行おうとする者は、その工事に着手する日の14日前までに、その旨を都道府県知事に届け出なければならない（同法21条３項、施行令26条１項）。

4　**正しい**。宅地造成等工事規制区域内において、公共施設用地を宅地に転用した者（法12条１項の許可を受けた者等を除く）は、その転用した日から14日以内に、その旨を都道府県知事に届け出なければならない（同法21条４項）。

基本書　**第３編 第３章 2 規制区域内における宅地造成等に関する工事等の規制**

問題 21　正解 4　**土地区画整理法**……………………………　**難易度 B**

1　**正しい。**施行者は、換地処分を行う前において、①土地の区画形質の変更、公共施設の新設・変更に係る工事のため必要がある場合、②換地計画に基づき換地処分を行うため必要がある場合においては、仮換地を指定することができる（土地区画整理法 98 条 1 項）。

2　**正しい。**仮換地が指定された場合においては、従前の宅地について権原に基づき使用し、または収益することができる者は、仮換地の指定の効力発生の日から換地処分の公告がある日まで、①仮換地について仮に使用し、もしくは収益することができ、②従前の宅地については、使用し、または収益することができないものとする（同法 99 条 1 項）。

3　**正しい。**施行者は、仮換地を指定した場合において、その仮換地に使用または収益の障害となる物件が存する等の事情があるときには、仮換地の指定の効力発生日の代わりに、その仮換地について使用・収益を開始することができる日を別に定めることができる（同法 99 条 2 項）。

4　**誤り。**正解。土地区画整理組合の設立の認可の公告があった日後、換地処分の公告がある日までは、施行地区内において、土地区画整理事業の施行の障害となるおそれがある土地の形質の変更を行おうとする者は、都道府県知事等の許可を受けなければならない（同法 76 条 1 項）。施行者である土地区画整理組合の許可を受けるのではない。

基本書　第 3 編 第 4 章 2 仮換地

問題 22　正解 3　**農地法**……………………………………　**難易度 B**

1　**誤り。**相続人に対する特定遺贈により農地の権利が取得される場合には、農地法 3 条 1 項の許可は不要であるが、相続人に該当しない者への特定遺贈の場合には、許可が必要である（農地法 3 条 1 項 16 号、施行規則 15 条 5 号）。

2　**誤り。**農地所有適格法人以外の法人が農地を取得することはできない（同法 3 条 2 項 2 号）。しかし、耕作目的で借りることはできる（同法 3 条 3 項）。

3　**正しい。**正解。農地法 3 条 1 項の許可または農地法 5 条 1 項の許可が必要な農地の売買なのに、許可を受けていないときは、その所有権の移転は効力を生じない（同法３条６項、５条３項）。

4　**誤り。**市街化調整区域内の農地の所有者は、当該農地が遊休化していても、農地の転用を行う場合には、農地法４条１項の許可を受けなければならない。なお、市街化区域内の農地の転用の場合には、農業委員会への届出をすれば足り、農地法４条１項の許可は不要である（同法４条１項７号）。

基本書　**第 3 編 第 5 章 農地法**

問題 23　正解 2　印紙税…………………………………　難易度 A

1　**誤り。**印紙税の課税文書を作成したが、印紙税を納付しなかった場合は、納付しなかった印紙税額とその２倍に相当する金額の合計額が過怠税として徴収される（印紙税法 20 条１項）。なお、納付しなかった額とその額の10％の合計額が過怠税として徴収されるのは、調査による決定を予知してなされたものでないとき（自主的に納付した場合）に限られる（同法 20 条２項）。

2　**正しい。**正解。不動産の交換契約書は印紙税の課税文書となる。そしてその記載金額は、交換対象物双方の価額が記載されているときには、いずれか高いほうの金額とされる（同法基本通達 23 条⑴ロ）。したがって、本肢では3,500 万円のほうが 3,000 万円より高く、こちらが記載金額となり正しい。

3　**誤り。**贈与契約書は、価額の記載があっても、譲渡対価がなく契約金額の記載のない契約書として、一律 200 円の印紙税が課される（同法別表第１・１号文書、同法基本通達 23 条⑴ホ）。したがって、本肢で 3,000 万円を記載金額としているのは誤り。

4　**誤り。**売上代金に係る受取書（領収書）は、記載された受取金額が５万円未満の場合、印紙税は課税されない（同法別表第１・17 号文書　非課税物件１）。したがって、本肢の 49,500 円を受取金額とする領収書には、印紙税は課税されないので、課税されるとする本肢は誤り。

基本書　**第 4 編 第 1 章 4 印紙税**

問題 24　正解 3　不動産取得税…………………………　難易度 B

1　**誤り。**新築住宅の売れ残りについては、家屋が新築された日から６カ月を経過して、なお当該家屋について最初の使用または譲渡が行われない場合においては、6カ月を経過した日において家屋の所有者により最初の取得がなされたものとみなして、これに不動産取得税を課する（地方税法73条の2第2項）。これにより納税者が決まらないままに置かれることに対処している。なお、宅建業者等が販売する場合は、特例で6カ月が1年に延長されている（同法附則10条の3第1項）。

2　**誤り**。不動産取得税は、不動産の取得に対して課される税であるが、法人の合併や相続といった形式的な所有権の移転等については、非課税とされている（同法73条の7第2号）。したがって、本肢で法人の合併による取得にも課税されるとするのは誤り。

3　**正しい**。正解。新築住宅に係る不動産取得税の課税標準の算定については、床面積50㎡以上（賃貸用は40㎡以上）240㎡以下の住宅であれば、当該新築住宅の価格から1,200万円を控除する特例が設けられている（同法73条の14、施行令37条の16、37条の17）。

4　**誤り**。不動産取得税の標準税率は4％であるが（同法73条の15）、住宅または土地の取得については、特例で3％とされている（同法附則11条の2）。したがって、本肢で住宅用以外の家屋の土地について、税率4％とするのは誤り。

基本書　**第4編 第1章 2 不動産取得税**

問題25　正解2　不動産鑑定評価……………………　難易度 D

1　**誤り**。不動産の鑑定評価によって求める価格は、基本的には正常価格であるが、市場性を有しない不動産について、鑑定評価の依頼目的および条件に応じて不動産の鑑定評価によって求める価格は、特殊価格である。なお、限定価格は、市場性を有するが、市場が限定される場合の価格であり、特定価格は、市場性を有する不動産について、正常価格の前提となる諸条件を満たさない場合の価格である（不動産鑑定評価基準（以下「基準」という）総論第5章第3節Ⅰ　価格）。

2　**正しい**。正解。同一需給圏は、不動産の種類、性格および規模に応じた需要者の選好性によって、その地域的範囲を異にするものであるから、その種類、性格および規模に応じて需要者の選好性を的確に把握した上で適切に判定する必要がある。たとえば、住宅地は地縁的選好性により地域的範囲は狭められる傾向があるが、工業地の地域的範囲は全国的な規模になる傾向がある（基準総論第６章第１節Ⅱ１　⑵同一需給圏）。

3　**誤り**。鑑定評価の各手法の適用に当たって必要とされる取引事例等については、取引事情が正常なものと認められるものであることまたは売り急ぎ、買い進み等の特殊な事情が存在していても、正常なものに補正できるものは用いることができるとされている（基準総論第７章第１節Ⅲ２　⑴事例の収集および選択①）。

4　**誤り**。収益還元法は、市場における不動産の取引価格の上昇が著しいときは、その価格と収益価格との乖離が増大するものであるので、先走りがちな取引価格に対する有力な験証手段として、この手法が活用されるべきである（基準総論第７章第１節Ⅳ１　意義）。

基本書　第４編 第２章 2 土地・建物の鑑定評価

問題 26　正解 1　監督処分……………………………………　難易度 A

1　**正しい**。正解。宅建業者Ａ（甲県知事免許）が、自ら売主となった分譲マンションの売買において重要事項の説明を行わなかった場合、Ａは甲県知事から業務停止を命じられることがある（宅建業法 35 条、65 条２項２号）。

2　**誤り**。宅建業者Ａ（甲県知事免許）が、乙県内で宅地建物取引業に関する業務において、著しく不当な行為を行った場合、乙県知事は、Ａに対し、業務停止を命ずることができる（同法 65 条４項５号）。

3　**誤り**。業務停止処分は、１年以内の期間を定めて業務の全部または一部について行われる（同法 65 条２項）。

4　**誤り**。自ら貸借する行為は宅建業に該当しない。したがって、重要事項の説明を行わなかった場合でも、Ａは、甲県知事から業務停止を命じられることはない（同法２条２号）。

基本書　第２編 第３章 1 監督処分等

問題 27　正解 3　専任・一般媒介契約……………………　難易度 A

1　**誤り**。一般媒介契約、専任媒介契約を問わず、媒介契約を締結した場合は、当該媒介契約が国土交通大臣が定める標準媒介契約約款に基づくものであるか否かの別を法34条の2第1項に規定する書面（以下「媒介契約書面」という）に記載しなければならない（宅建業法34条の2第1項8号、施行規則15条の9第4号）。

2　**誤り。**専任媒介契約を締結した宅建業者は、指定流通機構に物件を登録しなければならず、当該登録に係る契約が成立したときは、遅滞なく、その旨（登録番号、取引価格、成立年月日）を指定流通機構に通知しなければならない（同法34条の2第7項、施行規則15条の13）。

3　**正しい。**正解。一般媒介契約、専任媒介契約を問わず、媒介契約書面には、宅建業者が記名押印をしなければならない（同法34条の2第1項）。宅地建物取引士が記名する必要はない。なお、媒介契約書面の交付に代えて、依頼者の承諾を得て電磁的方法で、記名押印に代わる措置を講ずるものとして提供できるようになった（同法34条の2第11項）。

4　**誤り。**一般媒介契約、専任媒介契約を問わず、媒介契約書面には売買すべき価額を記載しなければならない（同法34条の2第1項2号）。

基本書　第2編 第2章 1 一般的規制

問題28　正解4　8種制限……　難易度B

ア　**違反する。**Aは、Bから手付金200万円（代金4,000万円の5％）を受領し、さらに建築工事中に200万円を中間金として受領する前に、法41条に定める保全措置を講じなければならない（宅建業法41条1項）。

イ　**違反しない。**完成物件の場合、代金の額の10%以下で、かつ、1,000万円以下であるときは、保全措置を講じることなく手付金等を受領してもよい（同法41条の2第1項ただし書、施行令3条の3）。

ウ　**違反する。**AはBが履行に着手する前であれば、手付の倍額を現実に提供して契約を解除することはできるが、Bから受領した手付金を償還して契約を一方的に解除することはできない（同法39条2項）。

エ　**違反する。**当事者の債務不履行を理由とする契約の解除に伴う損害賠償の予定額を代金の10分の2（本肢の場合は800万円）を超えて定めることはできない（同法38条1項）。

以上により、違反するものの組合せはア、ウ、エであり、正解は4。

基本書　第2編 第2章 2 自ら売主規制（8種制限）

問題 29　正解 3　業務上の規制…………………………　難易度 B

ア　**違反する。**マンションを分譲するに際して案内所を設置した場合、当該案内所で売買契約の締結をせず、かつ、契約の申込みの受付も行わないものであっても、当該案内所に法 50 条 1 項に規定する標識を掲示しなければならない（宅建業法 50 条 1 項、施行規則 19 条 1 項 3 号）。

イ　**違反する。**宅建業者が建物の売買の媒介に際し、買主に対して手付の貸付けを行う旨を告げて契約の締結を勧誘することは、手付貸与の禁止に該当する。売買が成立したか否かは関係がない（同法 47 条 3 号）。

ウ　**違反しない。**宅建業者は、取引の関係者から請求があれば従業者名簿を閲覧させなければならないが、帳簿についてはその必要はない（同法 49 条）。

エ　**違反する。**割賦販売の契約について賦払金の支払の義務が履行されない場合は、30 日以上の相当期間を定めてその支払を書面で催告し、その期間内にその義務が履行されないときでなければ、賦払金の支払の遅滞を理由として、契約を解除し、または支払時期の到来していない賦払金の支払を請求することができない（同法 42 条 1 項）。

以上により、違反するものの組合せはア、イ、エであり、正解は 3。

基本書　第 2 編 第 2 章 3 報酬・その他の制限

問題 30　正解 4　重要事項の説明・37条書面 ……………　難易度 A

1　**誤り。**宅建業者は、建物の貸借の媒介における重要事項の説明において借賃の額ならびにその支払の時期および方法を説明する必要はない。これらは 37 条書面の必要的記載事項である（宅建業法 37 条 2 項 2 号）。

2　**誤り。**宅地建物取引士は、重要事項の説明をする際は、相手方から求められなくても、宅地建物取引士証を提示しなければならない（同法 35 条 4 項）。

3　**誤り。**宅建業者は、37 条書面を交付する際に、相手方の同意があった場合は、書面に代えて、電磁的記録で交付することはできる（同法 37 条 1 項・4 項・5 項）。

4　**正しい。**正解。宅建業者は、37条書面を作成したときは、宅地建物取引士に記名させなければならないが、当該書面の交付は宅地建物取引士でない従業者に行わせることができる（同法 37 条 3 項）。

基本書　第２編 第２章 1 一般的規制

問題 31　正解 4　保証協会…………………………………　難易度 A

1　**誤り。**保証協会に加入することは宅建業者の任意であるが、１つの保証協会の社員となった後に、重ねて他の保証協会の社員となることはできない（宅建業法 64 条の４第１項）。

2　**誤り。**保証協会に加入している宅建業者が、新たに支店を設置した場合、その設置した日から２週間以内に、当該保証協会に追加の弁済業務保証金分担金を納付しないときは、社員の地位を失う（同法 64 条の９第２項・第３項）。

3　**誤り。**保証協会から還付充当金の納付の通知を受けた社員は、その通知を受けた日から２週間以内に、その通知された額の還付充当金を保証協会に納付しなければならない（同法 64 条の 10 第２項）。

4　**正しい。**正解。弁済業務保証金を供託している場合、還付を受けられる額は、その営業保証金に相当する額である（同法 64 条の８第１項）。本肢の場合、150 万円から本店分 60 万円を差し引くと 90 万円となる。90 万円を１支店分の弁済業務保証金分担金の額 30 万円で割ると、３（支店は３つ）となる。したがって、本店と３支店となり、これを営業保証金に換算すると 1,000 万円＋（500 万円×３）＝ 2,500 万円である（同法 64 条の８第１項、施行令７条、２条の４）。

基本書　第２編 第１章 5 営業保証金と保証協会

問題 32　正解 1　広告…………………………………………　難易度 A

1　**違反しない。**正解。宅地の造成に当たり、工事に必要とされる許可等の処分があった後の宅地については、工事完了前（未完成物件）でも、当該宅地の販売に関する広告を行うことができる（宅建業法 33 条）。

2　**違反する。**広告は建築確認を受けた後でなければ行うことはできない。したがって、「建築確認申請済」と明示して広告を行うことはできない（同法 33 条）。

3　**違反する。**取引態様の別を明示せずに自社ホームページに広告を掲載すると、取引態様の明示義務に違反する（同法 34 条１項）。たとえ広告を見た者から問い合わせがなく、契約成立には至らなかった場合も同様である。

4　**違反する。**業務停止処分の期間中は未完成の土地付建物の販売に関する広告も売買契約の締結も行ってはならない（同法65条2項）。

基本書　第2編 第2章 1 一般的規制

問題 33　正解 3　報酬……………………………………………………… 難易度 B

ア　**誤り。**宅建業者が媒介する物件の売買について、売主があらかじめ受取額を定め、実際の売却額との差額を当該宅建業者が受け取る場合にも、媒介に係る報酬の限度額の適用を受ける（宅建業法46条1項）。

イ　**誤り。**宅建業者は、媒介に係る報酬の限度額のほかに、依頼者の依頼による通常の広告料金に相当する額を、報酬に合算して受け取ることができる。依頼者の依頼によらない場合は合算することはできない（同法46条1項、報酬額に関する告示第9①）。

ウ　**誤り。**権利金の額を売買に係る代金の額とみなして算定することができるのは、居住用建物の賃貸借以外の場合である（同法46条1項、同告示第6）。

以上により、誤っているものはア、イ、ウの三つであり、正解は3。

基本書　第2編 第2章 3 報酬・その他の制限

問題 34　正解 2　業務に関する禁止事項…………………………… 難易度 A

1　**正しい。**取引関係者の資力もしくは信用に関する事項について、故意に事実を告げないことは、重要な事実の不告知等の禁止に違反する（宅建業法47条1号ニ）。

2　**誤り。**正解。過失によって将来の交通等について誤解させるべき断定的判断の提供をした場合でも、契約締結等の不当な勧誘等の禁止に違反する（同法47条の2第3項、施行規則16条の12第1号イ）。

3　**正しい。**売主が所有権移転登記を行い、引渡しを済ませた場合には、契約の「履行に着手」したことになり、売主はそのことを理由に契約の解除を拒むことができる（同法39条2項）。

4　**正しい。**手付金の分割払いをもちかけることは、手付貸与の禁止に違反する（同法47条3号）。

基本書　第２編 第２章 **3** 報酬・その他の制限

問題 35　正解 4　免許…………………………………………　難易度 C

1　**誤り。**宅建業者は、免許の有効期間が満了しても免許を返還する必要はない（宅建業法施行規則４条の４）。なお、宅地建物取引士証の有効期間が満了したことにより、失効したときは、宅地建物取引士証を返納する必要があることに注意（宅建業法 22 条の２第６項）。

2　**誤り。**業務の停止期間中は業務を営むことができないが、業務の停止期間中であっても免許の更新の申請をすることができ、免許の更新を受けることができる。

3　**誤り。**法人である宅建業者が破産手続の開始決定を受けた場合には、「破産管財人」が届け出なければならない（同法 11 条１項３号）。

4　**正しい。**正解。宅建業者の一般承継人は、宅建業者が締結した契約に基づく取引を結了する目的の範囲内においては、なお宅建業者とみなされる（同法 76 条）。

基本書　第２編 第１章 **2** 宅建業の免許

問題 36　正解 4　重要事項の説明……………………………　難易度 D

ア　**正しい。**宅地または建物の上に存する登記された権利に関しては、その種類および内容等を重要事項として説明しなければならない（宅建業法 35 条１項１号）。また、区分所有建物の場合、登記されたものであるか否かにかかわらず、当該建物を所有するための１棟の建物の敷地に関する権利の種類および内容を説明しなければならない（同法 35 条１項６号、施行規則 16 条の２第１号）。

イ　**正しい。**宅地の貸借の媒介では、流通業務市街地の整備に関する法律５条１項の規定による制限の概要は、重要事項の説明の対象となる（宅建業法 35 条１項２号、施行令３条１項 11 号・２項）。

ウ　**正しい。**売買代金の額ならびにその支払の時期および方法は、重要事項の説明の対象ではないが、代金以外に授受される金銭の額および授受の目的は重要事項の説明の対象となる（同法 35 条１項７号）。

エ　**正しい。**工事完了前の建物（未完成物件）については、当該建築工事の完了時における形状および構造等（当該建物の主要構造部、内装・外装の構造または仕上げ、設備の設置および構造）は、重要事項の説明の対象となる（同法35条1項5号、施行規則16条）。この場合、図面を必要とするときは、図面を交付して説明すべきものとされている（同法35条1項かっこ書）。

以上により、正しいものはア、イ、ウ、エの四つであり、正解は4。

なお35条書面は相手方の承諾を得て、電磁的方法による代用措置を講じることができる（同法35条8項・9項）。

基本書　第2編 第2章 1 一般的規制

問題 37　正解 2　免許…………………………………　難易度 C

ア　**誤り。**免許換えの手続を怠った場合には、業務停止事由ではなく、必要的免許取消事由となる（宅建業法66条1項5号）。

イ　**正しい。**宅建業者であった者は、その宅建業者が締結した契約に基づく取引を結了する目的の範囲内においては、なお宅建業者とみなされ、当該取引に係る業務を行うことができる（同法76条）。

ウ　**正しい。**免許の申請前5年以内に宅建業に関し不正または著しく不当な行為をした者は、刑に処せられていたか否かを問わず、免許を受けることができない（同法5条1項8号）。

エ　**誤り。**免許換えの申請があった場合、新たな免許の処分がなされるまでの間は、従前の免許はなお効力を有する（同法7条2項）から、本肢のDは、甲県知事免許業者として重要事項説明書および37条書面を交付することができる。

以上により、正しいものはイ、ウの二つであり、正解は2。

基本書　第2編 第1章 2 宅建業の免許

問題 38　正解 1　登録…………………………………　難易度 B

ア　**誤り。**登録の移転をした場合は、従前の宅地建物取引士証の「残存期間」を有効期間とする新しい宅地建物取引士証の交付を受ける（宅建業法22条の2第5項、施行規則14条の14）。

イ　**誤り。**宅地建物取引士であっても宅地建物取引士証とは別に従業者証明書を携帯する必要があり、取引の関係者から請求があったときは、従業者証明書を提示しなければならない（同法22条の4、48条1項・2項）。なお、宅建業法48条1項でいう従業者とは、単なる従業者のほか代表役員等を含む（宅建業法の解釈・運用の考え方48条1項関係）。

ウ　**誤り。**心身の故障により宅地建物取引士の事務を適正に行うことができない者として国土交通省令で定めるものとなった場合には、その旨を本人またはその法定代理人もしくは同居の親族はその日から「30日以内」に届け出なければならない（同法21条3号）。

エ　**正しい。**宅地建物取引士資格登録簿は、一般の閲覧に供されないが、専任の宅地建物取引士の氏名は宅地建物取引業者名簿の登載事項であり（同法8条2項6号）、一般の閲覧に供される（同法10条）。

以上により、正しいものはエのみであり、正解は1。

基本書　第2編 第1章 3 宅地建物取引士

問題39　正解2　**重要事項の説明・37条書面** ……………　難易度 B

1　**誤り。**区分所有建物の貸借において、専有部分の用途制限等に関する規約の内容は、重要事項説明書の記載事項である（宅建業法35条1項6号、施行規則16条の2第3号）が、37条書面の記載事項ではない。

2　**正しい。**正解。契約の解除に関する事項は、重要事項説明書の記載事項であり（同法35条1項8号）、また、37条書面の任意的記載事項でもある（同法37条1項7号・2項1号）。

3　**誤り。**借賃の額、支払時期および支払方法は、37条書面の必要的記載事項であり（同法37条2項2号）、貸主および借主の承諾の有無にかかわらず、記載しなければならない。

4　**誤り。**天災その他不可抗力による損害の負担は、任意的記載事項であり（同法37条1項10号、2項1号）、定めがないときは記載する必要がない。

なお37条書面は37条1項・3項に規定する者の承諾を得て、電磁的方法による代用措置を講じることができる（同法37条4項・5項）。

基本書　第2編 第2章 1 一般的規制

問題 40　正解 1　**営業保証金**……………………………… **難易度 A**

1　**正しい。**正解。金銭のみの供託以外の場合においては、保管替えができず、遅滞なく、移転後の本店の最寄りの供託所に営業保証金を新たに供託しなければならない（宅建業法 29 条 1 項）。

2　**誤り。**営業保証金の補充供託は、補充供託の通知を受けた日から 2 週間以内にしなければならず、補充供託した日から 2 週間以内に、その旨を免許権者に届け出なければならない（同法 28 条 1 項・2 項）。

3　**誤り。**営業保証金の還付の範囲は、宅建業者が供託した営業保証金の額（本問においては、本店と支店分の合計額 1,500 万円）が限度となる（同法 27 条 1 項、施行令 2 条の 4）。

4　**誤り。**主たる事務所の移転に伴い、新たに営業保証金を供託したときは、公告なしに営業保証金を取り戻すことができる（同法 30 条 2 項かっこ書）。

基本書　**第 2 編 第 1 章 5 営業保証金と保証協会**

問題 41　正解 3　**業務上の規制**……………………………… **難易度 A**

1　**誤り。**宅地・建物の売買・交換の代理契約についても、媒介契約の規定が準用され、宅建業者は依頼者に書面を交付しなければならない（宅建業法 34 条の 2 第 1 項、34 条の 3）。

2　**誤り。**宅建業者は 37 条書面を作成し、交付しなければならない。宅地建物取引士は 37 条書面について記名しなければならないが、その内容を説明する必要はない（同法 37 条 1 項・3 項）。

3　**正しい。**正解。宅建業者間取引においては、自己の所有に属さない宅地・建物の売買契約の制限規定（同法 33 条の 2）は適用除外となる（同法 78 条 2 項）。

4　**誤り。**専属専任媒介契約においては、契約締結の日から 5 日以内（「休業日」を含まない）に指定流通機構へ登録しなければならない（同法 34 条の 2 第 5 項、施行規則 15 条の 10 第 1 項・第 2 項）。

基本書　**第 2 編 第 2 章 1 一般的規制**

問題 42　正解 4　**37条書面**……………………………… **難易度 B**

1　**誤り。**37 条書面には、引渡しの時期を記載しなければならない（宅建業法37条1項4号）。

2　**誤り。**37条書面には、代金額を記載しなければならず（同法37条1項3号）、消費税相当額についても記載が必要である。

3　**誤り。**Aも宅建業者である売主であるから、宅地建物取引士に記名させなければならない（同法37条3項）。

4　**正しい。**正解。貸借の代理をした宅建業者は、貸借の代理の依頼者と相手方に37条書面を交付する義務がある（同法37条2項）。

基本書　第2編 第2章 1 一般的規制

問題43　正解2　手付金等の保全措置……………………　難易度 B

ア　**正しい。**建築工事完了前のマンション（未完成物件）の売買の場合、買主が代金額の5％（本問の場合は150万円）を超える手付金600万円を支払う場合には、売主は、手付金等保全措置を講じなければならない。売主が、手付金等保全措置を講じない場合には、買主は支払を拒絶できる（宅建業法41条4項）。

イ　**誤り。**手付金等保全措置は、宅建業者である売主が講じなければならないものであって、媒介業者は、講じる必要はない（同法41条1項）。

ウ　**正しい。**中間金を受け取ると手付金等が5％を超えることになるので、中間金を受け取る前に、500万円分について手付金等保全措置を講じなければならない（同法41条1項）。

エ　**誤り。**マンションが完成した後に受け取る中間金であっても、本問では、未完成のときに売買契約を締結しているので、中間金を受領すると5％を超える手付金等となる。したがって、保全措置を講じないと、中間金を受け取ることができない（同法41条1項）。

以上により、正しいものはア、ウの二つであり、正解は2。

なお手付金等の保全措置は電磁的方法による措置で行うことができる（同法41条5項、41条の2第6項）。

基本書　第2編 第2章 2 自ら売主規制（8種制限）

問題44　正解2　クーリング・オフ……………………　難易度 B

1　**正しい。**クーリング・オフによる売買契約の解除を行うことができる旨およびその方法について告げる書面（以下「書面」という）には、売主である宅建業者の商号または名称および住所ならびに免許証番号が記載され、買主の氏名（法人にあっては、その商号または名称）および住所が記載されていなければならない（宅建業法37条の2第1項1号、施行規則16条の6第1号・2号）。

2 **誤り。**正解。「書面」には、クーリング・オフを告げられた日から起算して8日を経過する日までの間は、宅地の引渡しを受け、かつ、その代金の全部を支払った場合を除き、書面によりクーリング・オフによる売買契約の解除を行うことができることが記載されていなければならない（同法37条の2第1項1号、施行規則16条の6第3号）。

3 **正しい。**「書面」には、クーリング・オフによる売買契約の解除は、売買契約の解除を行う旨を記載した書面を発した時に、その効力を生ずることが記載されていなければならない（同法37条の2第1項1号、施行規則16条の6第5号）。

4 **正しい。**「書面」には、クーリング・オフによる売買契約の解除があった場合において、それに伴う損害賠償または違約金の支払を買主に請求できないこと、また、売買契約の締結に際し手付金その他の金銭が支払われているときは、宅建業者は、遅滞なく、その全額を返還することが記載されていなければならない（同法37条の2第1項1号、施行規則16条の6第4号・第6号）。

基本書 **第2編 第2章 2 自ら売主規制（8種制限）**

問題45 正解3 住宅瑕疵担保履行法…………………… 難易度 C

1 **誤り。**販売新築住宅の合計戸数の算定に当たっては、販売新築住宅のうち、その床面積の合計が55㎡以下のものは、その2戸をもって1戸とする（住宅瑕疵担保履行法11条3項、施行令5条）。

2 **誤り。**宅建業者であるAは、宅建業者でない買主Bに新築住宅を引き渡した場合、「年1回基準日より3週間以内」に住宅販売瑕疵担保保証金の供託および住宅販売瑕疵担保責任保険契約の締結（資力確保措置）の状況について、その免許を受けた免許権者（国土交通大臣または都道府県知事）に届け出なければならない（同法12条1項、施行規則16条1項）。

3　**正しい。**正解。宅建業者である売主Aは、宅建業者でない買主Bに対し、当該新築住宅の売買契約を締結するまでに、その住宅販売瑕疵担保保証金の供託をしている供託所の所在地等について、これらの事項を記載した書面を交付して説明しなければならない（同法15条1項）。

4　**誤り。**住宅販売瑕疵担保責任保険契約の保険期間は、新築住宅の買主Bが当該新築住宅の売主である宅建業者Aからその引渡しを受けた時から10年以上でなければならない。したがって、買主Bが引渡しから10年以内に転売した場合でも、売主Aは当該保険契約を解除することはできない（同法2条7項4号）。

基本書　第2編 第4章 **2** 住宅販売瑕疵担保保証金の供託

問題 46　正解 2　住宅金融支援機構……………………………　難易度 C

1　**正しい。**独立行政法人住宅金融支援機構（以下この問において「機構」という）は、子どもを育成する家庭もしくは高齢者の家庭に適した良好な居住性能および居住環境を有する賃貸住宅もしくは賃貸の用に供する住宅部分が大部分を占める建築物の建設または当該賃貸住宅の改良に必要な資金の貸付けを業務として行っている（機構法13条1項8号）。

2　**誤り。**正解。証券化支援事業（買取型）において、機構による譲受けの対象となる貸付債権には、賃貸住宅の建設または購入に係る金融機関の貸付債権は含まれていない（機構業務方法書3条1号）。

3　**正しい。**機構は、証券化支援事業（買取型）において、バリアフリー性、省エネルギー性、耐震性、耐久性・可変性に優れた住宅を取得する場合に、貸付金の利率を一定期間引き下げる制度（優良住宅取得支援制度）を実施している。

4　**正しい。**機構は、マンション管理組合や区分所有者に対するマンション共用部分の改良に必要な資金の貸付けを業務として行っている（機構法13条1項7号）。

基本書　第2編 第4章 住宅金融支援機構

問題 47　正解 4　景表法……………………………　難易度 B

1　**誤り。**インターネット上に掲載した賃貸物件の広告について、掲載直前に契約済みとなった場合には、実際には取引することができない物件に関する表示となり、おとり広告に該当し、不当表示に該当するおそれがある（不当景品類および不当表示防止法5条、不動産の表示に関する公正競争規約（以下、「表示規約」という）21条(1)）。

2　**誤り。**都市計画法7条に規定する市街化調整区域に所在する土地については、「市街化調整区域。宅地の造成および建物の建築はできません」と明示することとされている（新聞折込チラシ等およびパンフレット等の場合には16ポイント以上の大きさの文字を用いること。）（同法5条、表示規約13条、表示規約施行規則7条(6)）。

3　**誤り。**中古住宅の販売広告において、小学校および市役所などの生活関連施設を表示する場合には、ア）現に利用できるものを表示すること、イ）物件からの道路距離または徒歩所要時間を明示すること、ウ）その施設の名称を表示すること等とされている（同法5条、表示規約15条(10)、表示規約施行規則9条(29)）。

4　**正しい。**正解。新設予定の駅等またはバスの停留所は、当該路線の運行主体が公表したものに限り、その新設予定時期を明示して表示することができる（同法5条、表示規約15条(3)、表示規約施行規則9条(6)）。

基本書　第4編 第4章 ❶ 景表法（不当景品類及び不当表示防止法）、❸ 表示に関する公正競争規約

問題 48　正解 ―　統計……………………………………　難易度 ―

本問は古い統計情報のため掲載しておりません。
次の本試験の基準となる最新統計情報をもとに改題した本問の解説を、弊社webサイトよりダウンロードしてご利用ください（2024年8月末予定）。

※詳細はvページ「パーフェクト宅建士シリーズ読者特典（＊特典3＊）」をご参照ください。

問題 49　正解 3　土地……………………………………………　**難易度 C**

1　**適当。**豪雨による深層崩壊は、山体岩盤の深い所に亀裂が生じ、巨大な岩塊が一挙に滑落し、山間の集落などに甚大な被害を及ぼすといえる。

2　**適当。**花崗岩が風化してできたまさ土地帯においては、近年発生した土石流災害によりその危険性について改めて認識されたといえる。

3　**最も不適当。**正解。山麓や火山麓の地形の中で、過去の土石流や土砂崩壊による堆積でできた地形は、特にこれらの地形の末端の急傾斜部等においては、かなり斜面崩壊や地滑り等の危険性が高いので、住宅地として好適とはいえない。

4　**適当。**丘陵地や台地の縁辺部の崖崩れについては、山腹で傾斜角が 25 度を超えると急激に崩壊地が増加するといえる。なお、40 ～ 45 度付近が最も崩壊が多く、特に谷筋に当たる部分が危険であるといえる。

基本書　**第 4 編 第 5 章 1 土地**

問題 50　正解 1　建物……………………………………………　**難易度 B**

1　**最も不適当。**正解。鉄骨造の特徴は、自重が軽く、靱性が大きいことから、大空間の建築の骨組や高層建築の骨組に適する。

2　**適当。**鉄筋コンクリート造においては、骨組の形式は、柱、梁を剛に接合するラーメン式の構造が一般的に使用される。

3　**適当。**鉄骨鉄筋コンクリート造は、鉄筋コンクリート造の優れた点にさらに強度と靱性の大きい点が追加され、高層建物・公共建物の構造に用いられている。

4　**適当。**ブロック造を耐震的な構造にするためには、鉄筋コンクリートの布基礎および臥梁（がりょう）により壁体の底部と頂部を固めることが必要である。

基本書　**第 4 編 第 5 章 2 建物**

平成27年度 正解と解説

＊正解番号一覧　※　問題の一部補正により、出題当時と正解が変わっている場合があります。

問題	正解	問題	正解	問題	正解	問題	正解	問題	正解
1	4	11	4	21	1	31	2	41	1
2	2	12	1	22	4	32	2	42	3
3	3	13	1	23	3	33	3	43	2
4	3	14	4	24	4	34	3	44	2
5	3	15	4	25	1	35	4	45	4
6	2	16	1	26	1	36	1	46	3
7	2	17	3	27	4	37	3	47	3
8	1	18	2	28	4	38	2	48	―
9	1	19	2	29	2	39	3	49	3
10	4	20	4	30	3	40	4	50	1

難易度は A ～ D 。
A がやさしく、
D が最難関な問題です。

合格ライン⇨ 50問中31問以上の正解
（登録講習修了者は、45問中26問以上の正解）

問題 1　正解 4　民法の規定……………………………… 難易度 C

ア　**民法の条文に規定されている。**債権は、①債権者が権利を行使することができることを知った時から5年間行使しないとき、または②権利を行使することができる時から10年間行使しないときに、時効によって消滅するのが原則である（民法166条1項）。しかし、上記②のうち、人の生命または身体の侵害による損害賠償請求権の消滅時効については、被害者保護の観点から、20年となっている（同法167条）。

イ　**民法の条文に規定されている。**「事業のために負担した貸金債務を主たる債務とする保証契約」においては、保証人の責任が重くなりがちである。そこで、このような保証契約については、本肢のとおりの内容が民法の条文に規定されている（同法465条の6第1項）。

ウ　**民法の条文に規定されている。**債務引受とは、債務をその同一性を保持したまま引受人に移転する契約である。そして、併存的債務引受とは、引受人が従来の債務者と連帯して同一内容の債務を負担するものであり、債権者と引受人となる者との契約によってすることができる旨が民法に定められている（同法470条1項・2項）。

エ　**民法の条文に規定されている。**債務の不履行またはこれによる損害の発生、もしくは拡大に関して債権者に過失があったときは、裁判所は、これを考慮して、損害賠償の責任およびその額を定める旨（過失相殺、同法418条）が民法の条文に規定されている。

以上により、条文に規定されていないものはなく、正解は4。

基本書　第1編 第1章 5 時効、第3章 5 債務引受、6 債務不履行、損賠賠償、解除

問題 2　正解 2　虚偽表示…………………………………　難易度 C

1　**正しい。**相手方と通じてした虚偽の意思表示は無効である（民法94条1項）が、この無効は、善意の第三者に対抗することができない（同条2項）。そして、この第三者は、善意であれば、登記を備えなくても保護される（最判昭44.5.27）。したがって、Cが登記を備えていなくても、Aは、AB間の売買契約の無効を善意のCに主張することができない。

2　**誤り。**正解。虚偽表示による無効は、善意の第三者に対抗することができないが、ここでいう「第三者」とは、虚偽表示の当事者およびその一般承継人以外の者であって、虚偽表示の外形について、新たに法律上の利害関係を有するに至った者をいう（同法94条2項、最判昭42.6.29）。そして、甲土地の仮装売買が行われた場合に、買主Bが甲土地上に建てた乙建物を賃借しているCは、仮装売買された甲土地については法律上の利害関係を有しないから、ここでいう「第三者」には該当しない（最判昭57.6.8）。したがって、Aは、AB間の売買契約の無効をCに主張することができる。

3　**正しい。**虚偽表示による無効は、善意の第三者に対抗することができないが、ここでいう「第三者」には、虚偽表示の目的物を差し押さえた債権者も含まれる（同法94条2項、最判昭48.6.28）。したがって、Aは、AB間の売買契約の無効をCに主張することができない。

4　**正しい。**虚偽表示による無効は、善意の第三者に対抗することができない

が、ここでいう「第三者」には、仮装売買の買主から目的物を直接取得した者から、さらにその目的物を取得した転得者も含まれる（同法94条２項、最判昭48.6.28）。したがって、Ａは、ＡＢ間の売買契約の無効を善意のＤに主張することができない。

基本書　第１編 第１章 ❸ 法律行為・意思表示

問題 3　正解 3　賃貸借・使用貸借……………………………　難易度 C

1　**正しい。**賃借権は相続の対象となる（民法896条、601条）。したがって、賃借人が死亡しても、賃貸借契約は終了しない。これに対し、使用貸借契約は、借主の死亡によって終了する（同法597条３項）。以上により、Ｂが死亡した場合、⑴では契約は終了しないが、⑵では契約が終了する。

2　**正しい。**賃貸借契約においては、賃借人は、賃借物について賃貸人の負担に属する必要費を支出したときは、賃貸人に対し、直ちにその償還を請求することができる（同法608条１項）。これに対し、使用貸借契約においては、借主は、借用物の通常の必要費を負担する（同法595条１項）。以上により、本肢の記述は正しい。

3　**誤り。**正解。賃貸借契約は、当事者の合意のみで成立する諾成契約である（同法601条）。使用貸借契約も、当事者の合意のみで成立する諾成契約である（同法593条）。以上により、本肢の記述は誤りである。

4　**正しい。**賃貸借契約においては、賃貸の目的物の種類・品質に関する契約不適合があったときは、賃貸人は賃借人に対して担保責任を負う（同法559条、562条〜564条）。これに対し、使用貸借契約においては、貸主は、使用貸借の目的物の種類・品質に関する契約不適合について、その責任を負わない。

基本書　第１編 第３章 ⓫ 賃貸借、⓬ 請負・委任・寄託・贈与・使用貸借・消費貸借

問題 4　正解 3　取得時効……………………………　難易度 B

1　**誤り。**20年間、「所有の意思」をもって、平穏に、かつ、公然と他人の物を占有した者は、時効により、その所有権を取得する（民法162条１項）。しかし、Ｂは、「所有の意思」を有しないから、時効によって甲土地の所有権を取得することはできない。

2　**誤り**。占有者の承継人は、自己の占有に前の占有者の占有を併せて主張することができる（同法187条1項）。そして、この規定は、相続による承継の場合にも適用される（最判昭37.5.18）。したがって、Bは、自己の占有に父の占有を併せて主張することにより、時効によって甲土地の所有権を取得することができる（同法162条1項）。

3　**正しい**。正解。時効により不動産の所有権を取得した者は、時効の進行中に原所有者から所有権を取得して登記を備えた者に対しては、登記を備えなくても、時効による所有権の取得を対抗することができる（同法177条、最判昭41.11.22）。したがって、Bは、Cに対し、登記がなくても甲土地の所有者であることを主張することができる。

4　**誤り**。農地の賃貸借契約を締結しても、農地法の許可がなければ、その効力を生じない（農地法3条1項・6項）。しかし、土地の継続的な用益という外形的事実が存在し、かつ、それが賃借の意思に基づくことが客観的に表現されているときは、土地賃借権を時効取得することができる（民法163条、最判昭43.10.8）。そして、この点は、農地の賃借権の時効取得の場合も同様である。また、農地法の許可がなくても、農地の賃借権の時効取得は認められる（最判平16.7.13）。以上により、本肢の記述は誤りである。

基本書　**第1編 第1章 5 時効**

問題 5　正解 3　占有権　……………………　**難易度 D**

1　**誤り**。占有権は、自己のためにする意思をもって物を所持することによって取得する（民法180条）。そして、家屋の所有者が、その家屋の隣家に居住し、常に出入口を監視して容易に他人の侵入を制止できる状況にあるときは、その家屋に錠をかけてその鍵を所持していなくても、所有者はその家屋を所持するものといえる（最判昭27.2.19）。したがって、Aが甲建物を占有しているといえる。

2　**誤り**。占有者が占有物について行使する権利は、適法に有するものと推定する（同法188条）。しかし、土地の所有者から明渡請求を受けた占有者が、自己に占有権原があると主張する場合には、自らこれを立証すべきであり、この推定規定を援用するだけで、明渡しを拒否することはできない（最判昭35.3.1）。したがって、本肢の記述は誤りである。

3　**正しい。**正解。占有権は、代理人によって取得することができる（同法181条）。この代理人を占有代理人という。また、占有者がその占有を妨害されたときは、占有保持の訴えにより、その妨害の停止および損害の賠償を請求することができる（同法198条）。そして、占有保持の訴えは、占有代理人も提起することができる（同法197条後段、198条）。したがって、Dも、占有保持の訴えを提起することができる。

4　**誤り。**占有者がその占有を奪われたときは、占有回収の訴えにより、その物の返還および損害の賠償を請求することができる（同法200条1項）。そして、占有回収の訴えは、占有を侵奪した者の特定承継人に対して提起することはできない。ただし、その承継人が侵奪の事実を知っていたときは、その承継人に対しても占有回収の訴えを提起することができる（同法200条2項）。したがって、占有回収の訴えは、特定承継人に対して、当然に提起することができるという記述は、誤りである。

基本書　**第1編 第2章 3 所有権・共有、地役権等**

問題 6　正解 2　抵当権……………………………　難易度 B

1　**正しい。**賃借地上の建物が抵当権の目的となっているときは、特段の事情がない限り、敷地の賃借権にも抵当権の効力が及ぶ。なぜなら、建物を所有するために必要な敷地の賃借権は、当該建物所有権に付随し、これと一体となって一つの財産的価値を形成しているからである（民法370条、87条2項、最判昭40.5.4）。

2　**誤り。**正解。主たる債務者、保証人およびこれらの者の承継人は、抵当権消滅請求をすることができない（同法380条）。したがって、連帯保証人も、抵当権消滅請求をすることができない。

3　**正しい。**抵当不動産について所有権を買い受けた第三者が、抵当権者の請求に応じてその代価を弁済したときは、抵当権は、その第三者のために消滅する（代価弁済、同法378条）。

4　**正しい。**土地に抵当権が設定された後にその抵当地に建物が築造されたときは、抵当権者は、土地とともにその建物を競売することができる。ただし、その優先権は、土地の代価についてのみ行使することができる（同法389条1項）。なお、この規定は、建物の所有者が抵当地を占有するについて抵当権者に対抗することができる権利を有するときは、適用されない（同条２項）。

基本書 第１編 第２章 5 抵当権・根抵当権

問題 7 正解 2 抵当権………………………………… 難易度 D

1　**正しい。**ＢがＥの利益のため、抵当権を譲渡した場合には、Ｅは、一番抵当権者として、本来のＢの配当額の範囲内で、自己の債権について配当を受ける。したがって、Ｅは、本来Ｂが受け取るはずだった2,000万円の配当を受け、Ｂは無担保債権者となる。そして、二番抵当権者Ｃは2,400万円、三番抵当権者Ｄが1,000万円の配当を受けるので、Ｂの受ける配当は０円である（民法376条１項後段）。

2　**誤り。**正解。ＢがＤの利益のため、抵当権の順位を譲渡した場合には、本来のＢの配当額（2,000万円）と本来のＤの配当額（1,000万円）の合計額（3,000万円）から、まずＤが自己の債権について配当を受けて、その残額から、Ｂが自己の債権について配当を受けることになる。したがって、Ｄの配当額は3,000万円であり、Ｂの配当額は０円である（同法376条１項後段）。

3　**正しい。**ＢがＥの利益のため、抵当権を放棄した場合には、本来のＢの配当額（2,000万円）を、ＢとＥが各自の債権額に比例して分配する。そして、ＢとＥの債権額の比率は、１：１であるから、Ｂの受ける配当は1,000万円、Ｅの受ける配当も1,000万円となる（同法376条１項後段）。

4　**正しい。**ＢがＤの利益のため、抵当権の順位を放棄した場合には、本来のＢの配当額（2,000万円）と本来のＤの配当額（1,000万円）の合計額（3,000万円）を、ＢとＤが各自の債権額に比例して分配する。そして、ＢとＤの債権額の比率は、１：２であるから、Ｂの受ける配当は1,000万円、Ｄの受ける配当は2,000万円となる（同法376条１項後段）。

基本書 第１編 第２章 5 抵当権・根抵当権

問題 8 正解 1 同時履行の抗弁権……………………… 難易度 B

ア　**誤り。**家屋の賃貸借契約終了に伴う賃借人の家屋明渡債務と賃貸人の敷金返還債務とは、特別の約定のない限り、賃借人の家屋明渡債務が先履行であり、同時履行の関係に立たない（民法622条の２第１項１号、最判昭

49.9.2）。

イ　**誤り**。契約解除に伴う原状回復義務には、同時履行の抗弁権が準用されている（同法546条）。したがって、売主の代金返還債務と、買主の目的物返還債務は、同時履行の関係に立つ。

ウ　**正しい**。不動産売買契約に基づく売主の所有権移転登記協力債務と買主の代金支払債務は、同時履行の関係に立つ（大判大7.8.14）。

以上により、正しいものはウのみであり、正解は1。

基本書　**第1編 第3章 7 売買、予約・手付他**

問題 9　正解 1　賃貸借……………………………………　難易度 C

1　**誤り**。正解。判決文は、「土地の賃借人が無断転貸した場合において、転貸について賃貸人に対する背信行為と認めるに足りない特段の事情があるため賃貸人が民法612条2項により賃貸借を解除することができない場合において、賃貸借契約を合意解除しても、賃貸人は、転借人に対して右合意解除の効果を対抗することはできず、したがって、転借人に対して賃貸土地の明渡を請求することはできない」としている。本肢は、この判決文の趣旨に明らかに反している（民法612条、最判昭28.9.25）。

2　**正しい**。転貸借について承諾をしていても、賃貸借契約を合意解除することは可能である（同法612条）。それを転借人に対抗できるかどうかは別問題である。

3　**正しい**。いわゆる「信頼関係不破壊の法理」の適用により、無断譲渡転貸の場合にも賃貸借契約を解除できる場合とできない場合がある。また、賃借人の債務不履行を理由に賃貸借契約を解除する場合にも、同様に「信頼関係不破壊の法理」の考え方が適用されている（最判昭39.7.28）。

4　**正しい**。転借人に債務不履行等のない場合には、賃貸土地の明渡請求を拒絶することができることがある（民法613条3項、大判昭9.3.7）。

基本書　**第1編 第3章 11 賃貸借**

問題 10　正解 4　遺言および遺留分…………………………　難易度 D

ア　**誤り**。自筆証書（自筆でない財産目録を添付する場合は、その目録を含む）中の加除その他の変更は、遺言者が、その場所を指示し、これを変更した旨を付記して特にこれに署名し、かつ、その変更の場所に印を押さなければ、その効力を生じない（民法968条3項）。

イ　**誤り**。遺言者が、遺言書の本文の自署名下には押印をしなかったとしても、遺言書であることを意識して、これを入れた封筒の封じ目に押印したものであるなどの事実関係がある場合は、その押印により、自筆証書遺言の押印の要件を満たし、有効であるとされている（最判平6.6.24）。

ウ　**誤り**。遺言執行者がある場合に、相続人が相続財産についてした処分行為は絶対無効である（大判昭5.6.16）。つまり、第三者に対する関係でも無効となる。

エ　**誤り**。民法では、遺留分侵害額請求をしたとしても、遺留分を侵害する贈与または遺贈が失効するわけではなく、受贈者または受遺者は、遺留分侵害額に相当する金銭の支払義務を負うだけであるとされている（同法1046条）。したがって、本肢の記述は、遺留分侵害額請求により贈与が「全部失効した」とする前提の部分がそもそも誤りである。

以上により、誤っているものはア、イ、ウ、エの四つであり、正解は4。

基本書　**第1編 第4章 相続**

問題 11　正解 4　**借地借家法／借家権**……………………　難易度 B

1　**誤り**。建物の賃貸借について期間の定めがある場合に、当事者が期間満了の1年前から6カ月前までの間に相手方に対して更新をしない旨の通知をしなかったときは、従前の契約と同一の条件で契約を更新したものとみなす。ただし、その期間は、定めがないものとなる（借地借家法26条1項）。

2　**誤り**。建物の賃貸人が賃貸借の解約の申入れをした場合においては、建物の賃貸借は、解約の申入れの日から6カ月を経過することによって終了する（同法27条1項）。

3　**誤り**。建物の賃貸借は、その登記がなくても、建物の引渡しがあったときは、その後その建物について物権を取得した者に対し、その効力を生ずる（同法31条）。引渡しがなければ、第三者に対抗することはできない。

4　**正しい**。正解。造作買取請求権は、賃借人の債務不履行ないしその背信行為のため賃貸借が解除されたような場合には、適用されないものと解されている（最判昭31.4.6）。

基本書　第1編 第5章 2 借地借家法－②（借家関係）

問題 12　正解 1　借地借家法／借家権……………………　難易度 B

1　**正しい。**正解。建物の賃貸借は、その登記がなくても、建物の引渡しがあったときは、その後その建物について物権を取得した者に対抗することができる（借地借家法31条）。この規定に反する特約で、建物の賃借人または転借人に不利なものは無効である（同法37条）。本肢における特約は、賃借人に不利なものとして無効となる。定期借家契約と普通借家契約とを問わない。

2　**誤り。**一定期間借賃を増額しない旨の特約は、定期借家契約でも普通借家契約でも有効である（同法32条1項ただし書、38条9項）。

3　**誤り。**造作買取請求権の排除特約は、普通借家契約でも定期借家契約でも有効である（同法37条、33条）。

4　**誤り。**契約期間中の中途解約をすることができない旨の規定は、原則として、定期借家契約でも普通借家契約でも有効である。ただし、定期借家契約については、床面積200㎡未満の居住用建物の場合、賃借人は、やむを得ない事情により自己の生活の本拠として使用することが困難になったときは、中途解約できる旨の規定が定められており（同法38条7項）、これに反する特約で賃借人に不利なものは無効となる（同法38条8項）。

基本書　第1編 第5章 2 借地借家法－②（借家関係）

問題 13　正解 1　区分所有法……………………　難易度 C

1　**正しい。**正解。集会においては、規約に別段の定めがある場合および別段の決議をした場合を除いて、管理者または集会を招集した区分所有者の1人が議長となる（区分所有法41条）。管理者が選任されていないのであるから、集会を招集した区分所有者の1人が議長となる。

2　**誤り。**集会の招集の通知は、会日より少なくとも1週間前に、会議の目的たる事項を示して、各区分所有者に発しなければならない。ただし、この期間は、規約で伸縮することができる（同法35条1項）。

3　**誤り。**議事録が書面で作成されているときは、議長および集会に出席した区分所有者の2人（1人では足りない）がこれに署名しなければならないが

（同法42条3項）、押印は必要ない。

4　**誤り**。区分所有者は、規約に別段の定めがない限り集会の決議によって、管理者を選任し、または解任することができる（同法25条1項）。しかし、任期に関する規定はない。

基本書　第1編 第5章 3 建物の区分所有等に関する法律

問題 14　正解 4　不動産登記法……………………………　難易度 D

1　**正しい**。誰でも、登記官に対し、手数料を納付して、登記記録に記録されている事項の全部または一部を証明した書面（以下「登記事項証明書」という）の交付を請求することができる（不動産登記法119条1項）。利害関係を有することを明らかにする必要はない。

2　**正しい**。誰でも、登記官に対し、手数料を納付して、登記簿の附属書類（電磁的記録にあっては、記録された情報の内容を法務省令で定める方法により表示したもの）の閲覧を請求することができる。ただし、土地所在図、地積測量図、地役権図面、建物図面および各階平面図（不動産登記令21条1項）以外のもの（申請書等）については、請求人に正当な理由がある場合に限る（不動産登記法121条3項）。

3　**正しい**。登記事項証明書の交付の請求は、法務大臣の定めるところにより、請求情報を電子情報処理組織を使用して登記所に提供する方法によりすることができる（不動産登記規則194条3項）。

4　**誤り**。正解。誰でも、登記官に対し、手数料を納付して、筆界特定手続記録のうち筆界特定書または政令で定める図面の全部または一部の写しの交付を請求することができる（不動産登記法149条1項）。利害関係を有する部分に限らない。

基本書　第1編 第5章 4 不動産登記法

問題 15　正解 4　都市計画法／開発許可制度………………　難易度 B

1　**誤り**。開発許可を受けた者が、開発区域（開発区域を工区に分けたときは、開発区域および工区）の位置、区域および規模について変更しようとする場合は、都道府県知事の許可を受けなければならない（都市計画法35条の2第1項、30条1項1号）。ただし、開発区域の規模を都市計画法で定める開発許可の必要な規模未満（市街化区域内では1,000㎡未満）にしようとするときは、許可を受ける必要はない（同法35条の2第1項ただし書、29条1項1号、施行令19条1項）。

2　**誤り**。開発許可を受けた開発区域内で、工事完了の公告があった後は、原則として、当該開発許可に係る予定建築物等以外の建築物または特定工作物の新築・新設、改築をしてはならない。しかし、本肢のような予定建築物の建築についての規定はない（同法42条1項）。

3　**誤り**。開発許可を受けた開発区域内の土地で、工事完了の公告があるまでの間は、建築物の建築または特定工作物の建設をしてはならないが、その開発行為に同意をしていない者が、その権利の行使として建築物を建築し、または特定工作物を建設するときは、この規定は適用されない（同法37条2号、33条1項14号）。

4　**正しい**。正解。市街化調整区域のうち開発許可を受けた開発区域以外の区域内では、都道府県知事の許可を受けなければ、原則として、建築物の新築・改築・用途変更、第一種特定工作物の新設をすることはできないが、仮設建築物の新築については適用が除外されている（同法43条1項3号）。

基本書　第3編 第1章 6 開発許可制度

問題 16　正解 1　都市計画法総合……………………………　難易度 D

1　**正しい**。正解。第二種住居地域、準住居地域、工業地域または用途地域が定められていない土地の区域（市街化調整区域を除く）の一定の条件に該当する土地における地区計画については、「特定大規模建築物」（劇場、店舗、飲食店その他これらに類する用途に供する大規模な建築物）の整備による商業その他の業務の利便の増進を図るため、開発整備促進区を都市計画に定めることができる（都市計画法12条の5第4項4号）。

2　**誤り**。準都市計画区域について区域区分を定める規定はない。区域区分の定めがあるのは都市計画区域である（同法7条1項）。

3　**誤り**。工業専用地域は、工業の利便を増進するため定める地域であるが、風致地区に隣接してはならないという規定はない（同法9条13項）。

4　**誤り**。市町村が定めた都市計画が、都道府県が定めた都市計画と抵触するときは、その限りにおいて、都道府県が定めた都市計画が優先する（同法

15条4項)。

基本書　第3編 第1章 3 都市計画の内容、5 都市計画の決定

問題 17　正解 3　**建築基準法／建築確認**…………………… 難易度 A

1　**正しい。**防火地域および準防火地域外で、建築物を増築、改築、または移転しようとする場合に、その増築・改築・移転に係る部分の床面積の合計が10㎡以内であるときは、建築確認の規定は適用されないので、建築確認を受ける必要はない（建築基準法6条2項)。

2　**正しい。**区域を問わず、木造の建築物で、階数が3以上、延べ面積が500㎡超、高さが13m超、または軒高が9m超のものを建築しようとする場合は、建築確認を受けなければならない（同法6条1項2号)。

3　**誤り。**正解。一般の建築物（本肢では事務所の用途に供する建築物）の用途を変更して、床面積200㎡超の特殊建築物（本肢ではホテル）にしようとする場合は、建築確認を受けなければならない（同法87条1項、6条1項1号、別表第一(い)欄(2))。

4　**正しい。**床面積200㎡超の特殊建築物（本肢では映画館）の改築をしようとする場合は、建築確認を受けなければならない（同法6条1項1号、別表第一(い)欄(1))。

基本書　第3編 第2章 2 建築確認と完了検査

問題 18　正解 2　**建築基準法総合**…………………………… 難易度 B

1　**正しい。**容積率の算定の基礎となる延べ面積には、政令で定める昇降機（エレベーター）の昇降路の部分または共同住宅もしくは老人ホーム等の共用の廊下、階段の用に供する部分の床面積は、算入しない（建築基準法52条6項、施行令135条の16)。

2　**誤り。**正解。建築物の敷地が2以上の異なる建蔽率に関する制限を受ける地域・地区にわたる場合は、それぞれの地域・地区に属する敷地の部分の面積比を基準として計算した加重平均が建蔽率の限度となる（同法53条2項・1項)。

3　**正しい。**建築物または敷地を造成するための擁壁は、道路内に、または道路に突き出して建築し、または築造してはならないが、地盤面下に設ける建

築物については、その例外として建築することができる（同法44条1項1号）。

4　**正しい。**建築協定の目的となっている建築物に関する基準が建築物の借主の権限に係る場合、その建築協定については、当該建築物の借主は、土地の所有者等とみなす（同法77条）。

基本書　第3編 第2章 4 集団規定、5 建築協定

問題 19　正解 2　宅地造成及び特定盛土等規制法…………　難易度 A

1　**正しい。**都道府県知事は、宅地造成等工事規制区域内の土地について、宅地造成等に伴う災害の防止のため必要があると認める場合においては、その土地の所有者、管理者、占有者、工事主または工事施行者に対し、擁壁等の設置または改造その他宅地造成等に伴う災害の防止のため必要な措置をとることを勧告することができる（宅地造成及び特定盛土等規制法22条2項）。

2　**誤り。**正解。宅地造成等工事規制区域の指定の際、当該宅地造成等工事規制区域内において行われている宅地造成等に関する工事の工事主は、その指定があった日から21日以内に、当該工事について都道府県知事に届け出なければならない（同法21条1項）が、許可を受ける必要はない。

3　**正しい。**工事主、設計者または工事施行者の変更は、軽微な変更に該当する。軽微な変更の場合は、遅滞なく、その旨を都道府県知事に届け出ればよく、再度許可を受ける必要はない（同法16条1項ただし書・2項、施行規則38条1項1号）。

4　**正しい。**宅地を造成するために切土をしたことにより2mを超える崖を生じる場合には「宅地造成」であるが、2m以下なので、「宅地造成」には該当しない。切土した結果、2m以下の崖が生じた場合であっても、切土をする土地の面積が500㎡を超えていれば「宅地造成」に当たるが、超えていないので「宅地造成」には該当しない。したがって、都道府県知事の許可は不要である（同法2条2号、12条1項、施行令3条2号・5号）。

基本書　第3編 第3章 1 定義、2 規制区域内における宅地造成等に関する工事等の規制

問題 20　正解 4　土地区画整理法………………………………　難易度 A

1　**正しい。**仮換地の指定は、その仮換地となるべき土地の所有者および従前

の宅地の所有者に対し、仮換地の位置および地積ならびに仮換地の指定の効力発生の日を通知して行う（土地区画整理法98条5項）。

2　**正しい。**施行地区内の宅地について存する地役権は、換地処分の公告があった日の翌日以後においても、なお従前の宅地の上に存する。ただし、土地区画整理事業の施行により行使する利益がなくなった地役権は、換地処分の公告があった日が終了した時において消滅する（同法104条4項・5項）。

3　**正しい。**保留地は、換地処分の公告があった日の翌日において、施行者が取得する（同法104条11項）。

4　**誤り。**正解。土地区画整理事業の施行により生じた公共施設の用に供する土地は、換地処分の公告があった日の翌日において、その公共施設を管理すべき者に帰属するものとする（同法105条3項）。管理すべき者とは、原則として、その公共施設の所在する市町村であるが、管理すべき者について、他の法律または規準、規約、定款もしくは施行規程に別段の定めがある場合においては、この限りでない（同法106条1項）。したがって、すべて市町村に帰属するのではない。

基本書　第3編 第4章 2 仮換地、3 換地処分

問題 21　正解 1　国土利用計画法……………………………　難易度 A

1　**正しい。**正解。届出を必要とする「土地売買等の契約」とは、所有権、地上権または賃借権に関する契約・予約で対価の授受を伴うものでなければならない。相続による取得は、契約・予約による取得ではないし、対価の授受もないので「土地売買等の契約」に該当しない（国土利用計画法23条1項、14条1項、施行令5条）。

2　**誤り。**市街化区域における届出必要面積は、2,000㎡以上の土地である。届出は、権利取得者であるBがしなければならず、AおよびBの両当事者が届出をするのではない（同法23条1項・2項1号イ）。

3　**誤り。**市街化調整区域では、5,000㎡以上の土地が届出必要面積である。ただし、農地法3条の許可を受けた場合には、国土利用計画法23条の届出は不要である（国土利用計画法施行令17条1号、6条7号）。なお、農地法5条の許可を受けた場合は、国土利用計画法23条の届出は必要なので注意が必要。

4　**誤り**。市街化区域における届出必要面積は2,000㎡以上である。対価の授受のない乙土地の賃借権設定契約は、届出を必要とする「土地売買等の契約」には該当しない。売買契約で取得する甲土地の面積は1,500㎡であるから、Aの届出は不要となる（国土利用計画法23条、14条）。

基本書　第3編 第6章 ❶ 土地取引の規制、❷ 事後届出制

問題 22　正解 4　農地法……………………………………　難易度 B

1　**誤り**。市街化区域内の農地を耕作目的で取得する場合であっても、農地法3条1項の許可を受けなければならず、農業委員会への届出で足りるという制度はない。しかし、市街化区域内の農地の転用や、転用目的の権利移動の場合には、農地法4条1項、5条1項の許可は不要であり、農業委員会への届出で足りる。これと混同してはならない。

2　**誤り**。市街化区域外の農地の所有者が、農地を転用する場合には、農地法4条1項の許可を受けなければならない。

3　**誤り**。市街化区域外の農地の所有者が、農地を転用する場合には、自己居住用の住宅を建設するためであっても、農地法4条1項の許可を受けなければならない。

4　**正しい**。正解。農地に抵当権を設定する場合には、抵当権者が農地を使用収益するわけではなく、農地の所有者が使用収益するので、農地法上の許可を受ける必要はない。しかし、抵当権が実行されて、耕作目的で競売される場合には農地法3条1項の許可が必要であり、転用目的で競売される場合には、農地法5条1項の許可が必要である。

基本書　第3編 第5章 農地法

問題 23　正解 3　贈与税……………………………………　難易度 B

1　**誤り**。直系尊属から住宅取得等資金の贈与を受けた場合の贈与税の非課税の特例（租税特別措置法70条の2）における「住宅取得等資金」とは、住宅の新築、取得または増改築等の対価に充てるための金銭をいう（同法70条の2第2項5号）。住宅用の家屋そのものは含まれない。したがって、この特例は受けられず、誤り。

2　**誤り**。この特例における「住宅用の家屋」とは、受贈者の居住の用に供す

る相続税法の施行地内にあるもの（同法70条の2第2項2号、施行令40条の4の2第2項）とされ、さらに、相続税法の施行地は、本州、北海道、四国、九州およびその附属の島（相続税法施行令附則2項）とされている。したがって、日本国外の住宅用家屋についての適用は受けられず、誤り。

3　**正しい。**正解。この特例では、直系尊属である贈与者については年齢制限なく適用を受けることができる（租税特別措置法70条の2）。なお、一般的な相続時精算課税制度については贈与者が60歳以上であること、との要件が付されている（相続税法21条の9）。

4　**誤り。**この特例の適用を受けるには、住宅取得等資金の贈与を受けた年の受贈者の合計所得金額が、2,000万円以下（なお住宅の床面積が50㎡未満なら1,000万円以下・租税特別措置法施行令40条の4の2第1項）でなければならず（同法70条の2第2項1号）、それを超えても特例の適用を受けることができるとするのは、誤り。

基本書　**第4編 第1章 7 贈与税**

問題24　正解4　固定資産税……………………………… **難易度 C**

1　**誤り。**固定資産税の賦課期日は、当該年度の初日の属する年の1月1日とされる（地方税法359条）。したがって、令和6年度分については令和6年1月1日が賦課期日とされるので、本肢の物件はいまだ新築に至っておらず、そもそも課税はない。

2　**誤り。**固定資産税の標準税率は1.4％である。そして、1.7％を超える税率で条例を制定しようとするときは、議会において納税義務者の意見を聴かなければならないとされているが、超えることができないとは定めておらず（同法350条1項・2項）、誤り。ちなみに、都市計画税は0.3％を超えることができない（制限税率）とされている（同法702条の4）。

3　**誤り。**一般に共有物については納税者が連帯して納付する義務を負うとされる（同法10条の2）が、区分所有に係る家屋の敷地については特別に、各区分所有者が当該共用土地に係る持分の割合（補正はありうる）によってあん分した額を、当該共用土地に係る固定資産税として納付すれば足りるとされる（同法352条の2第1項）。連帯して納税義務を負うのではない。

4　**正しい。**正解。市町村は同一の者について当該市町村の区域内におけるその者の所有する土地に係る固定資産税の課税標準額が30万円未満の場合には、財政上特別の必要があって条例で定める場合を除き、その土地に固定資産税を課税できないとされている（同法351条）。

基本書　第4編 第1章 3 固定資産税

問題 25　正解 1　地価公示法…………………………　難易度 B

1　**誤り。** 正解。「公示区域」は、都市計画区域その他の土地取引が相当程度見込まれるものとして国土交通省令で定める区域（国土利用計画法12条1項の規定により指定された規制区域を除く）のことである（地価公示法２条１項）。したがって、都市計画区域外の区域を公示区域とすることができる。

2　**正しい。**「正常な価格」とは、土地について、自由な取引が行われるとした場合に通常成立すると認められる取引価格をいう。この「取引」には農地、採草放牧地または森林の取引は除かれているが、住宅地とするための森林の取引は含まれる（同法２条２項）。

3　**正しい。** 土地鑑定委員会は、２人以上の不動産鑑定士の鑑定評価を求め、その結果を審査し、必要な調整を行って、一定の基準日における標準地の正常な価格を判定し、公示する（同法２条１項）。

4　**正しい。** 土地鑑定委員会は、標準地の単位面積当たりの正常な価格を判定したときは、すみやかに、標準地の地積および「形状」を官報で公示しなければならない（同法６条３号）。

基本書　第4編 第2章 1 地価公示

問題 26　正解 1　用語の定義…………………………　難易度 B

ア　**正しい。** 工業専用地域は用途地域の１つであり、用途地域内の土地は現に道路、公園、河川、広場、水路の用に供されている土地以外は宅地に該当する。したがって、建築資材置き場の用に供されているものは、宅地に該当する（宅建業法２条１号、施行令１条）。

イ　**誤り。** 社会福祉法人は公益法人であるが、公益法人は免許が不要であるという規定はない。したがって、社会福祉法人が、高齢者の居住の安定確保に関する法律に規定するサービス付き高齢者向け住宅の貸借の媒介を反復継続して営む場合は、免許を必要とする（同法２条２号）。

ウ　**誤り。**用途地域外の土地であっても、倉庫の用に供されている土地は建物の敷地に供せられる土地である以上、宅地に該当する（同法２条１号）。

エ　**誤り。**賃貸住宅の管理業者が、貸主から管理業務とあわせて入居者募集の依頼を受けて、貸借の媒介を反復継続して営む場合は、宅建業の免許を必要とする（同法２条２号）。

以上により、正しいものはアのみであり、正解は１。

基本書　**第２編 第１章 ❶「宅地建物取引業」とは**

問題 27　正解 4　免許…………………………………　難易度 B

1　**正しい。**不正の手段により免許を取得したことによる免許の取消処分の聴聞の期日および場所が公示日から当該処分がなされるまでの間に、相当の理由がなく合併により消滅した場合、当該公示の日の前 60 日以内に役員であった者（Ａ社の取締役を退任したＢ）は、当該合併による消滅の日から５年を経過しなければ、免許を受けることができない（宅建業法５条１項４号）。

2　**正しい。**法人が免許を申請しても、当該法人の役員または政令で定める使用人に欠格要件に該当する者がいる場合は、免許を受けることができない。したがって、Ｄが懲役１年、執行猶予２年の刑に処せられ、執行猶予期間が満了していない場合は、Ｅ社は免許の欠格要件に該当する（同法５条１項12 号・５号）。

3　**正しい。**宅建業に係る営業に関し成年者と同一の行為能力を有しない未成年者の法定代理人が、免許の欠格要件に該当する場合、Ｆは免許を受けることができない（同法５条１項 11 号）。

4　**誤り。**正解。①不正の手段により宅建業の免許を受けたとき、②業務停止事由に該当し情状が特に重いとき、③業務停止処分に違反して宅建業を行ったときの３つのいずれかに該当し免許が取り消されると、当該取消しの日から５年を経過しなければ免許を受けることができないが、それ以外の免許取消しの場合は５年を経過しなくても免許を受けることができる（同法５条１項２号）。また、Ｈ社は、役員または政令で定める使用人に免許欠格要件に該当する者がいなければ、免許を受けることができる。

基本書　第2編 第1章 ❷ 宅建業の免許、❹ 免許の基準と登録の基準

問題 28　正解 4　媒介契約……………………………　難易度 C

ア　**誤り**。宅建業者は、宅地または建物の売買または交換の媒介契約を締結したときは、遅滞なく、一定事項を記載した書面を作成して記名押印し、依頼者にこれを交付しなければならない。しかし、その内容を宅地建物取引士に説明させる必要はない（宅建業法34条の2第1項）。

イ　**誤り**。建物の売却に係る媒介の依頼を受け、専任媒介契約を締結した場合に、指定流通機構に登録しなければならない事項の中に依頼者の氏名は含まれていない（同法34条の2第5項、施行規則15条の11）。

ウ　**誤り**。媒介契約の規制は、宅地または建物の売買または交換の媒介の場合に適用されるのであり、貸借の媒介には適用されない。したがって、Aは、Dに書面を交付する必要はない（同法34条の2第1項）。

以上により、ア、イ、ウすべてが誤りで、正しいものはなく、正解は4。

なお媒介契約書面は依頼者の承諾を得て、電磁的方法により行うことができる（同法34条の2第11項・第12項）。

基本書　第2編 第2章 ❶ 一般的規制

問題 29　正解 2　重要事項の説明…………………………　難易度 A

1　**誤り**。重要事項を説明しなければならない相手方は、物件を取得しまたは借りようとする者である。売主に対して説明する必要はない（宅建業法35条1項）。

2　**正しい**。正解。重要事項の説明および書面の交付を行う場所については、特に制限はない。取引の相手方の自宅または勤務する場所で行ってもかまわない（同法35条1項）。

3　**誤り**。宅建業者が代理人として売買契約を締結し、建物の購入を行う場合も、代理を依頼した者に対して重要事項を説明する必要がある（同法35条1項）。

4　**誤り**。重要事項を説明する者も、書面に記名する者も宅地建物取引士であればよく、専任の宅地建物取引士である必要はない（同法35条1項・5項）。

なお重要事項説明書面の作成・交付については相手方の承諾を得て電磁的記録により行うことができる（同法35条8項・9項）。

基本書　第2編 第2章 **1** 一般的規制

問題 30　正解 3　専任媒介契約……………………………… **難易度 B**

ア　**違反する。**依頼者が宅建業者であっても、媒介契約書面を作成しなければならない（宅建業法34条の2第1項、78条2項）。

イ　**違反する。**専任媒介契約を締結した場合は、一定事項を指定流通機構に登録しなければならない（同法34条の2第5項）。たとえ、依頼者の要望があっても、指定流通機構に登録しない旨の特約をすることはできない。

ウ　**違反する。**専任媒介契約を締結した場合は、国土交通省令で定める期間内（媒介契約締結の日から7日以内）に指定流通機構に登録しなければならない（同法34条の2第5項、施行規則15条の10第1項）。

エ　**違反しない。**専任媒介契約を締結した場合は、業務処理状況を2週間に1回以上報告しなければならない（同法34条の2第9項）。その報告日を毎週金曜日とする旨の特約は依頼者に有利で、宅建業法の規定に違反しない。

以上により、違反するものはア、イ、ウの三つであり、正解は3。

なお媒介契約書面と登録を証する書面は、依頼者の承諾を得て電磁的方法により行うことができる（同法34条の2第11項・第12項）。

基本書　第2編 第2章 **1** 一般的規制

問題 31　正解 2　重要事項の説明……………………………… **難易度 D**

ア　**違反する。**宅地の貸借の媒介の場合、当該宅地に建築基準法の道路斜線制限があるときは、その概要を説明しなければならない（宅建業法35条1項2号、施行令3条2項・1項2号）。

イ　**違反する。**建物の貸借の媒介の場合、当該建物が新住宅市街地開発事業により造成された宅地上にあり、新住宅市街地開発事業法32条1項に基づく建物の使用および収益を目的とする権利の設定または移転について都道府県知事の承認を要する旨の制限があるときは、その概要を説明しなければならない（宅建業法35条1項2号、施行令3条3項）。

ウ　**違反しない。**建物の貸借の媒介の場合、準防火地域内の建物の構造に係る制限の概要を説明する必要はない（同法35条1項2号、施行令3条3項）。

以上により、違反するものはア、イの二つであり、正解は2。

なお35条書面は相手方の承諾を得て電磁的方法による代用措置を講じることができる（同法35条8項・9項）。

基本書　第2編 第2章 1 一般的規制

問題32　正解2　重要事項の説明………………………… 難易度C

1　**誤り**。建物の売買の媒介に関し、受領しようとする預り金について保全措置を講ずる場合において、預り金の額が50万円未満であるときは、その措置の概要を説明する必要はない（宅建業法35条1項11号、施行規則16条の3第1号）。したがって、預り金の額が売買代金の額の100分の10以下であっても、50万円以上であるときは、説明が必要となる。

2　**正しい**。正解。宅地の貸借の媒介を行う場合、当該宅地について借地借家法22条に規定する定期借地権を設定しようとするときは、その概要を説明しなければならない（宅建業法35条1項14号、施行規則16条の4の3第9号）。

3　**誤り**。建物の貸借の媒介を行う場合、消費生活用製品安全法に規定する特定保守製品の保守点検に関する事項を説明する必要はない（宅建業法35条1項14号、施行規則16条の4の3）。

4　**誤り**。建物の貸借の媒介を行う場合、契約の期間および契約の更新について説明しなければならない（同法35条1項14号、施行規則16条の4の3第8号）。

基本書　第2編 第2章 1 一般的規制

問題33　正解3　報酬………………………………………… 難易度B

ア　**違反する**。Aが売主の代理として報酬の限度額である（3,000万円×3％＋6万円）×1.1（消費税）×2＝211万2,000円を受領した場合、Bは買主から報酬を受領することができない（宅建業法46条、報酬額に関する告示第3）。

イ　**違反しない**。賃貸借（居住用建物の賃貸借を除く）の代理、媒介の場合に権利金の授受があれば、その権利金を売買の代金とみなして計算することができる。したがって、(500万円×3％＋6万円)×1.1（消費税）＝23万1,000円が媒介の依頼者の一方から受領できる報酬の限度額となる（同法46条、同告示第6）。

ウ　**違反する。**Aが媒介の依頼を受けるに当たって、報酬が借賃の0.55カ月分を超えることについて貸主から承諾を得ていた場合であっても、A、Bが受領する報酬の合計は借賃1カ月分に消費税を加えた額を超えてはならない。10万円×1.1（消費税）＝11万円が報酬の限度額となる（同法46条、同告示第4）。

以上により、違反するものの組合せはア、ウであり、正解は3。

基本書　第2編 第2章 3 報酬・その他の制限

問題34　正解3　8種制限…………………………………　難易度B

1　**誤り。**宅建業者は、自己の所有に属しない宅地・建物について、原則として自ら売主として売買契約を締結することはできないが、所有者との間に取得契約（予約を含む）があれば売買契約を締結することができる。ただし、この取得契約の効力の発生に一定の条件が付されているときは、売買契約を締結することができない（宅建業法33条の2第1号）。

2　**誤り。**契約不適合の通知期間について有効とされる特約は、「目的物の引渡しの日から2年以上となる」場合であり、「建物の引渡しの日から1年間とする」旨の特約は、買主に不利な特約として無効となり（同法40条）、民法566条の規定により「買主が契約不適合を知った時から1年以内」にその旨を売主に通知しなければならない（ただし、売主が引渡しの時にその不適合を知り、または重大な過失によって知らなかったときはこの限りではない）。

3　**正しい。**正解。買主が宅地・建物の引渡しを受けて代金の全部を支払った場合は、履行関係が終了したことになり、クーリング・オフによる契約の解除はできない（宅建業法37条の2第1項2号）。しかし、買主が建物の引渡しを受けて代金の一部を支払っていても、履行関係は終了していないから、買主は契約を解除することができ、売主は、契約の解除を拒むことができない。

4　**誤り。**クーリング・オフによる契約の解除は、無条件解約であり、売主は買主に対して、申込みの撤回等に伴う損害賠償等の支払を請求することはできない（同法37条の2第1項）。

基本書　第2編 第2章 **2** 自ら売主規制（8種制限）

問題 35　正解 4　宅地建物取引士等の業務処理の原則……　難易度 C

1　**誤り。**「宅地建物取引業者は、取引の関係者に対し、信義を旨とし、誠実にその業務を行わなければならない」とする規定も（宅建業法31条1項）、「宅地建物取引士は、公正かつ誠実に宅地建物取引業法に定める事務を行うとともに、宅地建物取引業に関連する業務に従事する者との連携に努めなければならない」とする規定もある（同法15条）。

2　**誤り。**「宅地建物取引士は、宅地建物取引士の信用又は品位を害するような行為をしてはならない」とする信用失墜行為の禁止は、宅建業の業務に従事するときに限定されない（同法15条の2）。

3　**誤り。**「宅地建物取引士は、宅地建物取引業を営む事務所において、専ら宅地建物取引業に従事し、これに専念しなければならない」との規定はない。

4　**正しい。**正解。「宅地建物取引業者は、その従業者に対し、その業務を適正に実施させるため、必要な教育を行うよう努めなければならない」とする規定（同法31条の2）も、「宅地建物取引士は、宅地または建物の取引に係る事務に必要な知識及び能力の維持向上に努めなければならない」とする規定（同法15条の3）もある。

基本書　該当なし

問題 36　正解 1　8種制限……………………………………　難易度 B

ア　**誤り。**宅建業者自ら売主となる場合の損害賠償額の予定においては、代金の10分の2を超える特約は、10分の2を超える部分が無効となり、特約全体が無効となるわけではない（宅建業法38条）。

イ　**誤り。**宅建業者自ら売主となる場合の手付の額については、買主の承諾の有無にかかわらず、代金の10分の2を超える額の手付を受領することができない（同法39条1項）。

ウ　**正しい。**未完成物件について宅建業者自ら売主となる売買契約においては、手付金の額が代金の額の100分の5以下（本肢の120万円は5％）、かつ、1,000万円以下であるときは、手付金等の保全措置を必要としない（同法41条1項、施行令3条の3）。

以上により、正しいものはウのみであり、正解は1。

基本書　第2編 第2章 **2** 自ら売主規制（8種制限）

問題 37　正解 3　未完成物件に関する広告・契約…………　難易度 A

本問は、工事完了前の宅地・建物（未完成物件）に関する問題である。

1　**誤り。**契約締結等の時期の制限は、売買・交換の契約（代理・媒介を含む）に限られ、貸借の代理・媒介は、契約締結等の時期の制限の対象とならない（宅建業法36条）。

2　**誤り。**建築工事完了前においては、建築確認の申請中であることを表示しても、建築確認後でなければ広告をすることができない（同法33条）。

3　**正しい。**正解。建築工事完了前においては、建築確認を受けた後でなければ、建物の貸借の代理を行う旨の広告をしてはならない（同法33条）。

4　**誤り。**建築工事完了前においては、建築確認を受けることを停止条件とする特約を付けても、自ら売主として売買契約を締結することができない（同法36条）。

基本書　第2編 第2章 **1** 一般的規制

問題 38　正解 2　37条書面 ………………………………　難易度 C

ア　**正しい。**宅地・建物が種類または品質に関して契約の内容に適合しない場合において、その不適合を担保すべき責任の履行に関して講ずべき保証保険契約の締結その他の措置についての定めがあるときは、その内容を37条書面に記載しなければならず、当該書面を、売主および買主に交付しなければならない（宅建業法37条1項11号）。

イ　**誤り。**引渡しの時期および移転登記の申請の時期は、いずれも必要的記載事項であり、相手方が宅建業者であっても、双方を記載した書面を交付しなければならない（同法37条1項4号・5号、78条2項）。

ウ　**誤り。**自ら貸主として宅地の定期賃貸借契約を締結した場合には、そもそも宅地建物取引業法の適用がない（同法2条2号）ので、37条書面に記載し、宅建業者に交付する必要はない。

エ　**正しい。**宅地等に係る租税その他の公課の負担に関する定めがあるときは、買主であるAは、その内容を37条書面に記載して、売主が宅建業者であっても、当該書面を交付しなければならない（同法37条1項12号、78条2項）。

以上により、正しいものはア、エの二つであり、正解は2。

なお37条書面は37条1項・3項に規定する者の承諾を得て、電磁的方法による代用措置を講じることができる（同法37条4項・5項）。

基本書　第2編 第2章 1 一般的規制

問題 39　正解 3　8種制限……………………………………　難易度 B

1　**誤り。**クーリング・オフの効力については、発信主義が採用されており、買主は、宅建業者から書面で告げられた日から8日間以内に書面を発すれば、8日間経過後の到達であっても、当然にクーリング・オフによる契約の解除がなされたことになる（宅建業法37条の2第1項1号・第2項）。

2　**誤り。**宅建業者自ら売主となる売買契約においては、「一切契約不適合責任を負わない」旨の特約は、買主に不利な特約として無効である（同法40条1項・2項）。

3　**正しい。**正解。宅建業者間取引においては、損害賠償額の予定の制限規定（同法38条）は、適用除外とされ（同法78条2項）、債務の不履行を理由とする契約解除に伴う損害賠償の予定額を代金の額の30%と定めることができる。

4　**誤り。**宅建業者自ら売主となる売買契約においては、契約不適合責任の通知期間を目的物の引渡しの日から2年以上とする旨の特約をすることができる（同法40条1項）。本肢では引渡日が締結日の1カ月後となるため、「売買契約を締結した日から2年間とする」旨の特約は、引渡しの日から2年未満となり、買主に不利な特約として無効であり（同法40条2項）、買主が契約の不適合を発見してから「1年以内に通知」をすればよいとされる（民法566条）。

基本書　第2編 第2章 2 自ら売主規制（8種制限）

問題 40　正解 4　**手付金等の保全措置**…………………………　難易度 C

ア　**誤り。**宅建業者自ら売主となる売買契約においては、手付金は解約手付とみなされるから、Bは手付金10万円を放棄すれば契約を解除することができる。したがって、「買主は売買代金の1割を支払うことで契約の解除ができる」旨の特約は、買主に不利な特約として無効である（宅建業法39条2項・3項）。

イ　**誤り。**建築工事完了前の建物（未完成物件）に係る売買契約においては、手付金等について保険会社による保証保険契約を締結し、保険証券を買主に交付した後でなければ、手付金等の保全措置を講じたことにならない（同法41条1項2号）。したがって、保険証券を買主に交付した後でなければ、手付金300万円を受領することができない。

ウ　**誤り。**建築工事完了前のマンション（未完成物件）に係る売買契約においては、買主が引渡しまたは登記を受けるまでの間に宅建業者が受領する手付金および中間金の合計額が代金の額の5％または1,000万円を超えるときは保全措置を講じなければならない（同法41条1項、施行令3条の3）。本肢では、手付金150万円と中間金150万円の合計額は300万円となり、代金額の10%に達しており、保全措置を講じなければならない。

以上により、ア、イ、ウのすべてが誤りで、正しいものはなく、正解は4。

なお手付金等の措置は電磁的方法による措置で行うことができる（同法41条5項、41条の2第6項）。

基本書　**第2編 第2章 2 自ら売主規制（8種制限）**

問題 41　正解 1　**業務に関する禁止事項**…………………………　難易度 C

ア　**違反する。**「将来の環境または交通その他の利便について誤解させるべき断定的判断の提供」に該当し（宅建業法47条の2第3項、施行規則16条の12第1号イ）、契約締結等の不当な勧誘等の禁止に違反する。

イ　**違反する。**宅建業者の相手方に対し、「利益を生ずることが確実であると誤解させるべき断定的判断の提供」に該当し（同法47条の2第1項）、契約締結等の不当な勧誘等の禁止に違反する。

ウ　**違反しない。**手付金に関し、銀行との間の金銭の貸借のあっせん行為は、手付貸与の禁止に違反しない（同法47条3号）。

エ　**違反する**。契約の申込みの撤回を行うに際し、既に受領した預り金を返還することを拒むことに該当し（同法47条の2第3項、施行規則16条の12第2号）、契約締結等の不当な勧誘等の禁止に違反する。

以上により、違反しないものはウのみであり、正解は1。

基本書　**第2編 第2章 3 報酬・その他の制限**

問題 42　正解 3　営業保証金・弁済業務保証金……………　難易度 A

1　**誤り**。営業保証金は、①金銭、②金銭と有価証券または③有価証券の3つの方法により供託することができる（宅建業法25条1項・3項）。しかし、弁済業務保証金分担金は、金銭で納付しなければならず、有価証券で納付することはできない（同法64条の9第1項）。

2　**誤り**。一部の事務所を廃止した場合で、宅建業者Aが営業保証金を取り戻すには、最低限6カ月の公告をするか、公告をしないのであれば、事由が発生した時から10年経過するまで待たなければならない（同法30条2項）が、保証協会の社員である宅建業者Bの場合は、保証協会は公告をすることなく、廃止した分の弁済業務保証金を取り戻すことができる（同法64条の11第1項）。

3　**正しい**。正解。宅建業者Aは、主たる事務所分1,000万円＋従たる事務所分500万円×3で合計2,500万円を供託しなければならない（同法25条2項、施行令2条の4）。宅建業者Bは、主たる事務所分60万円＋従たる事務所分30万円×3で合計150万円の弁済業務保証金分担金を納付しなければならない（同法64条の9第1項、施行令7条）。

4　**誤り**。宅建業者Aの債権者（宅建業者を除く）は、Aが供託した営業保証金を上限として弁済を受ける権利を有するが（同法27条1項）、宅建業者Bの債権者（宅建業者を除く）は、Bが社員でないと仮定した場合の供託すべき営業保証金の額を上限として弁済を受けることができる（同法64条の8第1項）。

基本書　**第2編 第1章 5 営業保証金と保証協会**

問題 43　正解 2　**監督処分等**…………………………　**難易度 B**

1　**正しい。**甲県知事免許の宅建業者Aが、乙県内で宅地建物取引業法違反をすれば、甲県知事または乙県知事が指示処分をすることができる（宅建業法40条、65条1項・3項）。

2　**誤り。**正解。業務停止処分をすることができるのは、免許権者である国土交通大臣または違反場所の乙県知事である。甲県知事は業務停止処分をすることはできない（同法39条、65条2項・4項）。

3　**正しい。**業務停止処分事由に該当し情状が特に重いときは、免許を取り消さなければならない。免許取消処分をすることができるのは、免許権者である甲県知事のみである（同法47条の2第2項、66条1項9号）。

4　**正しい。**都道府県知事は当該都道府県の区域内で宅建業を営む宅建業者に対して、宅建業の適正な運営を確保するため必要があると認めるときは、その業務について必要な報告を求め、指導、助言および勧告をすることができる（同法49条、71条、72条1項）。

基本書　第2編 第3章 1 監督処分等

問題 44　正解 2　**標識の掲示等**…………………………　**難易度 B**

1　**誤り。**宅建業者Bが一団の建物の分譲案内所を設置したのであるから、その案内所にはBの標識の掲示が必要である（宅建業法50条1項、施行規則19条1項4号）。

2　**正しい。**正解。契約の締結または契約の申込みの受付を行うか否かにかかわらず、一団の建物の分譲案内所には、標識の掲示が必要である（同法50条1項、施行規則19条1項3号）。

3　**誤り。**契約締結業務を行う一団の建物の分譲案内所には、当該案内所を設置する宅建業者であるCが専任の宅地建物取引士を置かなければならない。当該案内所の業務開始10日前までの届出も、Cがしなければならない（同法31条の3第1項、50条2項、施行規則15条の5の2第3号、19条3項）。

4　**誤り。**契約締結業務を行う一団の建物の分譲案内所を設置する場合には、免許権者（本問では甲県知事）と当該案内所設置場所の都道府県の知事（本問では甲県知事）に届出をしなければならない（同法50条2項）。したがって、甲県知事にのみ届出をすれば足り、乙県知事には届出は不要である。

基本書　第2編 第2章 3 報酬・その他の制限

問題 45　正解 4　住宅瑕疵担保履行法……………………　難易度 B

1　**誤り**。住宅販売瑕疵担保保証金の供託または住宅販売瑕疵担保責任保険契約の締結（資力確保措置）をする義務を負うのは、売主が宅建業者で、買主が宅建業者でない場合である。宅建業者間で売買契約を締結しようとするときは、資力確保措置を講ずる必要はない（住宅瑕疵担保履行法2条7項2号ロかっこ書）。

2　**誤り**。供託所の所在地等に関する説明の時期は、「引渡しまでに」ではなく、「売買契約を締結するまでに」である（同法15条1項）。すなわち、契約を締結する前に説明しなければならない。なお供託所の所在地等の説明は、電磁的方法により提供することができる（同法10条2項）。

3　**誤り**。新築住宅を引き渡した宅建業者は、届出をしなかった場合、基準日の翌日から起算して50日を経過した日以後においては、新たに自ら売主となる新築住宅の売買契約を締結してはならない（同法13条）。

4　**正しい**。正解。特定住宅販売瑕疵担保責任（品確法95条1項による担保責任）に係る新築住宅に、構造耐力上主要な部分および雨水の浸入を防止する部分に隠れた瑕疵がある場合は、住宅販売瑕疵担保責任保険契約を締結した宅建業者は特定住宅瑕疵担保責任の履行によって生じた損害について保険金を請求することができる（住宅瑕疵担保履行法2条7項2号イ）。

基本書　第2編 第4章 1 売主・請負人の担保責任、2 住宅販売瑕疵担保保証金の供託

問題 46　正解 3　住宅金融支援機構……………………　難易度 C

1　**正しい**。独立行政法人住宅金融支援機構（以下この問において「機構」という）は、高齢者が自ら居住する住宅に対して行うバリアフリー工事または耐震改修工事に係る貸付けについて、貸付金の償還を高齢者の死亡時に一括して行うという制度（死亡時一括償還制度）を設けている（機構業務方法書24条4項）。

2　**正しい**。証券化支援事業（買取型）において、機構による譲受けの対象となる貸付債権の償還方法は、原則として、毎月払いの元金均等または元利均

等の方法により償還されるものとされている（同業務方法書3条6号）。

3　**誤り。**正解。証券化支援事業（買取型）において、機構は、一定の金融機関に対して、譲り受けた貸付債権に係る元金および利息の回収その他回収に関する業務を委託することができる（機構法13条1項1号、16条1項、同業務方法書32条1項）。

4　**正しい。**機構は、災害により住宅が滅失した場合におけるその住宅に代わるべき住宅の建設または購入に係る貸付金について、機構が主務大臣と協議して定めるところにより元金返済の据置期間を設けることができる（同業務方法書24条2項）。

基本書　第4編 第3章 住宅金融支援機構

問題 47　正解 3　景表法…………………………………　難易度 B

1　**誤り。**新築分譲マンションを数期に分けて販売する場合、第1期の販売分に売れ残りがあるにもかかわらず、第2期販売の広告に「第1期完売御礼！いよいよ第2期販売開始！」と表示することは、物件について、完売していないのに完売したと誤認されるおそれのある表示となり、不当表示に該当する（不当景品類及び不当表示防止法5条、不動産の表示に関する公正競争規約（以下、「表示規約」という）23条1項(70)）。

2　**誤り。**宅建業者が行う広告に住宅ローンについての記載をする場合は、ア金融機関の名称もしくは商号または都市銀行、地方銀行、信用金庫等の種類、イ借入金の利率および利息を徴する方式または返済例を表示しなければならない（同法5条、表示規約15条(12)、表示規約施行規則9条(44)）。

3　**正しい。**正解。道路法18条1項の規定により道路区域が決定され、または都市計画法20条1項の告示が行われた都市計画施設の区域に係る土地については、その旨を明示することとされている（不当景品類及び不当表示防止法5条、表示規約13条、表示規約施行規則7条(3)）。都市計画施設の工事が未着手であっても、広告においてその旨を明示することとされている。

4　**誤り。**「新発売」とは、新たに造成された宅地、新築の住宅または一棟リノベーションマンションについて、一般消費者に対し、初めて購入の申込みの勧誘を行うことをいい（同法5条、表示規約18条1項(2)）、築15年のマンションを大規模にリフォームしても新築の住宅または一棟リノベーションマンションではないので、新発売には該当しない。したがって、新発売でない物件について、新発売であると誤認されるおそれのある表示をしてはならない（同法5条、表示規約23条(69)）ので、「新発売」と表示して広告を出すことはできない。

基本書　第4編 第4章 ❶ 景表法（不当景品類及び不当表示防止法）、❸ 表示に関する公正競争規約

問題 48　正解 —　統計……………………………………　難易度 —

本問は古い統計情報のため掲載しておりません。
次の本試験の基準となる最新統計情報をもとに改題した本問の解説を、弊社 web サイトよりダウンロードしてご利用ください（2024年8月末予定）。

※詳細はｖページ「パーフェクト宅建士シリーズ読者特典（＊特典３＊）」をご参照ください。

問題 49　正解 3　土地……………………………………　難易度 C

1　**適当**。我が国の低地は、この数千年の間に形成され、かつては湿地や旧河道であった若い軟弱な地盤の地域がほとんどで、地震災害に対して脆弱であるといえる。

2　**適当**。臨海部の低地は、水利や海陸の交通には恵まれている反面、洪水、高潮、地震、津波、地盤の液状化等による災害の多い所であり、住宅地としての利用には、十分な防災対策と注意が必要である。

3　**最も不適当**。正解。台地やなだらかな丘陵は、一般的には、水はけもよく、地盤も安定しており、洪水や地震等の自然災害に対し安全度の高い所である。しかし、台地・段丘上の池沼を埋め立てた地盤は、地震の際に液状化が生じる可能性があり、過去の地形にも十分配慮すべきであるといえる。

4　**適当**。近年、平坦な土地の少ない都市の周辺では、都市周辺の丘陵や山麓まで住宅地が進出し、土砂災害等の災害を引き起こすことが見受けられる。したがって、都市周辺の丘陵や山麓に広がった住宅地は、集中豪雨に伴う土

砂災害（崩壊、土石流が発生する）が起こることもあり、注意をする必要がある。

基本書　第4編 第5章 1 土地

問題 50　正解 1　建物……………………………………………… 難易度 C

1　**最も不適当。** 正解。木造のように腐りやすく湿気に弱い（「強い」ではない）構造の基礎は、地盤からの湿気によって腐りやすいので、地盤面からの基礎の立ち上がり（木造では 20cｍ以上）を十分とる必要がある。

2　**適当。** 基礎の種類には、直接基礎（基礎の底面が直接支持地盤に接するもの）と杭基礎（建物を支持する地盤が深い場合に使用するもの）等がある。

3　**適当。** 杭基礎の種類には、木杭、既製コンクリート杭、鋼杭、場所打ちコンクリート杭等がある。

4　**適当。** 建物は、大別して「基礎構造」と「上部構造」からなり、基礎構造は、地業と基礎盤から構成され、上部構造を安全に支持する役目を負うものである。

基本書　第4編 第5章 2 建物

平成26年度 **正解と解説**

＊正解番号一覧

問題	正解	問題	正解	問題	正解	問題	正解	問題	正解
1	2	11	3	21	3	31	3	41	1
2	2	12	3	22	4	32	3	42	1
3	3	13	1	23	4	33	3	43	2
4	4	14	1	24	2	34	4	44	1
5	—	15	3	25	1	35	3	45	4
6	2	16	1	26	1	36	3	46	2
7	2	17	1	27	2	37	4	47	4
8	1	18	2	28	3	38	4	48	—
9	4	19	4	29	2	39	3	49	4
10	3	20	4	30	2	40	3	50	2

難易度は A ～ D 。A がやさしく、D が最難関な問題です。

合格ライン⇨ 50問中32問以上の正解
（登録講習修了者は、45問中27問以上の正解）

問題 1　正解 2　債務不履行……………………………　難易度 C

1　**民法の条文に規定されていない。**本肢の内容は、民法の条文に規定されていない。なお、判例は、「賃借人が賃貸人の承諾を得ないで第三者に賃借物を使用・収益させた場合でも、その行為が賃貸人に対する背信的行為と認めるに足りない特段の事情があるときは、賃貸人は賃借人の無断転貸を理由に賃貸借契約を解除することができない」としている（最判昭28.9.25）。

2　**民法の条文に規定されている。**正解。当事者は、債務の不履行について損害賠償の額を予定することができる（民法420条1項）。したがって、本肢の記述は、民法の条文に規定されている。

3　**民法の条文に規定されていない。**本肢の内容は、民法の条文に規定されていない。なお、判例は、「民法415条にいう債務者の責めに帰すべき事由とは、債務者自身の故意または過失だけでなく、債務の履行のために債務者が使用する者（履行補助者）の故意または過失をも含む」としている（同法415条、大判昭4.3.30）。

4　**民法の条文に規定されていない。**本肢の内容は、民法の条文に規定されていない。民法で規定されているのは、「特別の事情によって生じた損害であっても、当事者がその事情を予見すべきであったときは、債権者は、その賠償を請求することができる」である（同法416条2項）。なお、判例は、「民法416条2項の特別の事情は、債務者が債務の履行期までに予見し得た事情である」としている（大判大7.8.27）。すなわち、「債務者が」「債務不履行時に」という点は、条文には定められておらず、判例によって認められているのである。

基本書　第1編 第3章 6 債務不履行、損害賠償、解除

問題 2　正解 2　代理……………………………………………… 難易度 C

ア　**誤り。**代理権を有しない者（無権代理人）が締結した契約を本人が追認する場合、その契約の効力は、別段の意思表示がない限り、契約の時にさかのぼって生ずる（民法116条）。

イ　**正しい。**代理人がその権限外の行為をした場合に、相手方において代理人の権限があると信ずべき正当な理由があるときは、本人は相手方に対して責任を負う（権限外の行為の表見代理、同法110条）。そして、代理人が直接本人の名において権限外の行為をした場合に、相手方において本人自身の行為であると信じたことについて正当な理由があるときは、この表見代理の規定（同法110条）を類推適用することができる（最判昭44.12.19）。

ウ　**正しい。**制限行為能力者が代理人としてした行為は、行為能力の制限によっては取り消すことができない（同法102条）。つまり、本人は、成年被後見人を代理人として選任してもよいのである。しかし、本人が代理人を選任した後、その代理人が後見開始の審判を受けたときは、代理権は消滅する（同法111条1項2号）。

エ　**誤り。**代理人の意思表示の効力が意思の不存在、詐欺、強迫またはある事情を知っていたこともしくは知らなかったことにつき過失があったことによって影響を受けるべき場合には、その事実の有無は、代理人について決す

るものとする（同法101条1項）。

以上により、誤っているものはア、エの二つであり、正解は2。

基本書　第1編 第1章 4 代理

問題 3　正解 3　時効……………………………………………… 難易度 B

1　**誤り**。取引行為によって、平穏に、かつ、公然と動産の占有を始めた者は、善意であり、かつ、過失がないときは、即時にその動産について行使する権利を取得する（即時取得、民法192条）。しかし、不動産については、この即時取得の規定は適用されない。したがって、本肢の記述は誤りである。

2　**誤り**。債権または所有権以外の財産権は、権利を行使することができる時から20年間行使しないときは、時効により消滅する（同法166条2項）。つまり、所有権は、時効によって消滅しないのである。したがって、本肢の記述は誤りである。

3　**正しい**。正解。損害賠償請求権は債権であり、債権は、債権者が権利を行使できることを知った時から5年間、または権利を行使できる時から10年間行使しないときは、時効により消滅する（同法166条1項）。そこで、売主の担保責任（契約不適合責任）に基づく買主の損害賠償請求権（同法564条）にも、この消滅時効の規定（同法166条1項）の適用があるかどうかが問題となる。この点について、判例は、「売主の瑕疵担保責任に基づく買主の損害賠償請求権には消滅時効の規定の適用があり、この消滅時効は、買主が売買の目的物の引渡しを受けた時から進行すると解するのが相当である」としている（最判平13.11.27）。目的物に契約不適合があった以上、客観的には引渡しの時から権利行使は可能であったと解されるからである。

4　**誤り**。20年間、所有の意思をもって、平穏に、かつ、公然と他人の物を占有した者は、時効により、その所有権を取得する（同法162条1項）。したがって、占有者に所有の意思がなければ、所有権の取得時効は成立しない。たとえば、占有取得の原因たる事実が賃貸借契約の締結であるときは、占有者（賃借人）に所有の意思がないため、所有権の取得時効は成立しないのである。したがって、本肢の記述は誤りである。

基本書　第1編 第1章 5 時効

問題 4　正解 4　**抵当権**……………………………………　**難易度 D**

1　**誤り。**抵当権を設定する場合には、被担保債権（抵当権によって担保される債権）を特定しなければならない（民法 369 条 1 項）。したがって、前半の記述は正しい。しかし、根抵当権の被担保債権は、「一定の範囲に属する」不特定の債権でなければならず、ＢＣ間の「あらゆる範囲の」不特定の債権を、根抵当権の被担保債権とすることはできない（同法 398 条の 2）。したがって、後半の記述は誤りである。

2　**誤り。**抵当権を設定した旨を第三者に対抗するためには、登記が必要である（同法 177 条）。したがって、前半の記述は正しい。また、根抵当権を設定した旨を第三者に対抗するためにも、登記を備えれば足り、債務者の異議を留めない承諾は不要である（同法 177 条）。したがって、後半の記述は誤りである。

3　**誤り。**抵当権、根抵当権ともに、物上保証人（自己所有の不動産を他人の債務の担保に供した者）は、保証人と異なり、催告の抗弁権（同法 452 条）を有しない。したがって、後半の記述は正しいが、前半の記述は誤りである。

4　**正しい。**正解。抵当権の場合には、抵当権者は、同一の債務者に対する他の債権者の利益のために、抵当権の順位を譲渡することができる（同法 376 条 1 項）。しかし、元本の確定前の根抵当権の場合には、根抵当権者は、根抵当権の順位を譲渡することができない（同法 398 条の 11 第 1 項）。したがって、本肢の記述は正しい。

基本書　**第 1 編 第 2 章 5 抵当権・根抵当権**

問題 5　正解 ―　**法改正により削除**

問題 6　正解 2　**契約不適合責任・不法行為**………………　**難易度 B**

1　**誤り。**目的物の契約不適合についての買主の善意や無過失は、損害賠償や解除の要件ではないが、買主が目的物の瑕疵を知っていたか否かといった事情は、どのような品質の目的物を引き渡すことを内容とする契約であったのかを確定する際の判断要素となる。そのため、瑕疵の存在を前提にして契約を定めていた場合は、瑕疵があったとしても契約内容に適合していることになり、売主の債務不履行を理由として担保責任を問うことができなくなることがある。したがって、常に担保責任を追及できるわけではない。

2　**正しい**。正解。建物の建築に携わる施工者等は、建物の建築に当たり、契約関係にない居住者等に対する関係でも、当該建物に建物としての基本的な安全性が欠けることがないように配慮すべき注意義務を負う。これを怠ったために建築された建物に安全性を損なう瑕疵があり、それにより居住者等の生命、身体または財産が侵害された場合には、施工者等は、被害者がこの瑕疵の存在を知りながらこれを前提として買い受けていたなど特段の事情がない限り、これによって生じた損害について不法行為による賠償責任を負う（民法709条、最判平19.7.6）。したがって、本肢の場合には、Ｃは、特段の事情がない限り、Ｂに対して不法行為責任に基づく損害賠償を請求することができる。

3　**誤り**。不法行為による損害賠償請求権は、被害者が損害および加害者を知った時から３年間（人の生命または身体を害する場合は５年間）行使しないときは、時効によって消滅する（同法724条）。したがって、ＣがＢに対して本件建物の瑕疵に関して不法行為責任に基づく損害賠償を請求することができる期間は、Ｃが損害（瑕疵）および加害者（Ｂ）を知った時から３年以内である。

4　**誤り**。目的物が建物であっても、目的物が契約の内容に適合しない場合は、請負人の債務不履行を理由として契約を解除することができる（同法559条、564条）。

基本書　**第1編 第3章 8 売主の契約不適合責任、13 不法行為**

問題 7　正解 2　**賃貸借**……………………………………　難易度 C

1　**誤り**。土地の賃借人が借地上に築造した建物を第三者に賃貸しても、土地の賃借人は建物所有のために自ら土地を使用しているものであるから、借地を第三者に転貸したとはいえない（民法612条、大判昭8.12.11）。したがって、ＢがＡに無断で乙建物をＣに賃貸しても、Ａは、借地の無断転貸を理由に、甲土地の賃貸借契約を解除することはできない。

2　**正しい**。正解。Ｃが甲土地を不法占拠してＢの土地利用を妨害している場合、Ｂは、Ａの有する甲土地の所有権に基づく妨害排除請求権を代位行使してＣの妨害の排除を求めることができる。また、Ｂは、借地上に自己名義で保存登記をした建物を所有しているので、Ｃが甲土地を不法占拠してＢの土地利用を妨害している場合、Ｂは、自己の有する甲土地の賃借権に基づいてＣの妨害の排除を求めることができる。

3　**誤り**。賃貸人が、賃借人の債務不履行を理由に賃貸借契約を解除した場合には、転貸借は履行不能により終了し、賃貸人は、転借人に対してこの解除を対抗することができる（同法613条3項ただし書、最判昭36.12.21）。したがって、Ａが、Ｂの債務不履行を理由にＡＢ間の賃貸借契約を解除した場合には、Ａは、Ｃに対してこの解除を対抗することができる。

4　**誤り**。賃料は、動産、建物および宅地については、特約がない限り、毎月末に当月分を支払えばよい（同法614条）。したがって、ＡＢ間で賃料の支払時期について特約がない場合には、Ｂは、当月末日までに、当月分の賃料を支払えばよい。

基本書　**第1編 第3章 11 賃貸借**

問題 8　正解 1　不法行為……………………………… 難易度 D

1　**正しい**。正解。民法724条は、不法行為による損害賠償の請求権は、被害者またはその法定代理人が損害および加害者を知った時から３年間行使しないとき、または不法行為の時から20年間行使しないときは、時効によって消滅すると規定している。ここでいう「被害者が損害を知った時」とは、「被害者が損害の発生を現実に認識した時」（最判平14.1.29）である。

2　**誤り**。不法行為に基づく損害賠償債務は何らの催告を要することなく、損害の発生と同時に遅滞に陥ると解されているので（大判明43.10.20）、遅延損害金債権も不法行為の時から発生していることになる。それゆえ、遅延損害金債権も、不法行為の時から「20年間」行使しないときに、時効によって消滅する（同法724条２号）。

3　**誤り**。不法占拠のような継続的不法行為の場合には、日々発生する損害につき被害者がその各々を知った時から別個に消滅時効が進行する（大連判昭15.12.14）。

4　**誤り**。加害者が海外に在住していたとしても、必ずしも権利行使ができないわけではないので、海外在住を理由として時効の完成が猶予されることはない。

基本書　第1編 第3章 13 不法行為

問題 9　正解 4　後見人制度…………………………………………　難易度 C

1　**誤り。**成年被後見人の法律行為は、取り消すことができる。ただし、日用品の購入その他日常生活に関する行為については、この限りでない（民法9条）。成年被後見人の行った法律行為は、たとえ自己の利益になるだけであっても取り消すことができる。

2　**誤り。**成年後見人は、成年被後見人に代わって、その居住の用に供する建物またはその敷地について、売却、賃貸、賃貸借の解除または抵当権の設定その他これらに準ずる処分をするには、家庭裁判所の許可を得なければならない（同法859条の3）。

3　**誤り。**精神上の障害により事理を弁識する能力を欠く常況（じょうきょう）にある者については、家庭裁判所は、本人、配偶者、4親等内の親族、未成年後見人、未成年後見監督人、保佐人、保佐監督人、補助人、補助監督人または検察官の請求により、後見開始の審判をすることができる（同法7条）。未成年後見人も、後見開始の審判を請求できる。

4　**正しい。**正解。家庭裁判所は、後見開始の審判をするときは、職権で、成年後見人を選任する（同法843条1項）。しかし、未成年者に対して最後に親権を行う者は、遺言で、未成年後見人を指定することができる（同法839条1項）。したがって、未成年後見人の選任は、家庭裁判所以外の者もすることができる。

基本書　第1編 第1章 2 制限行為能力者制度

問題 10　正解 3　相続…………………………………………　難易度 C

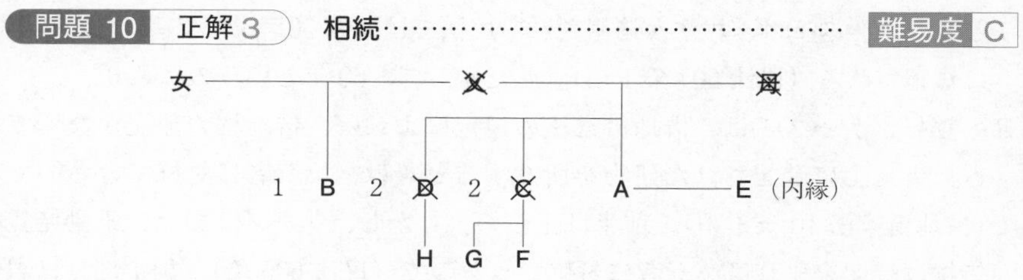

このような問題は、まず第1に相続人を確定し、第2に相続分を確定する。

Aが死亡した場合、配偶者は、常に相続人となる（民法890条）が、Eは内縁であり、相続権はない。それ以外の相続人については順位があり、第1順位の相続人は、子である（同法887条）。しかし、Aには子はないので、第1順位の相続人はいない。第2順位の相続人は、直系尊属である（同法889条1項1号）が、Aにはこれらの者もいない。そこで、第3順位である兄弟姉妹が相続人となる（同法889条1項2号）。兄Bと弟C、Dが相続人である。ただし、C、Dは、Aより先に死亡しているので、C、Dの受けるべき相続分は、Cの子FとG、Dの子Hが代襲相続する（同法889条2項）。したがって、相続人は、B、F、G、Hの4人である。

次に相続分を確定する。まず、兄弟姉妹が数人あるときは、各自の相続分は、相等しいものとする。ただし、父母の一方のみを同じくする兄弟姉妹の相続分は、父母の双方を同じくする兄弟姉妹の相続分の2分の1とする（同法900条4号）。CとDは、Aと父母の双方が同じであるが、Bとは、父親だけが同じで母親は異なる。したがって、Bは、C、Dの2分の1の相続分ということになる。そして、Cの受けるべき相続分をFとGが等しく分ける。Dの相続分は、Hがそのまま代襲する。そうなると、Bの法定相続分は5分の1、Fは、Cの相続分5分の2の半分で5分の1、Gも同じく5分の1、Hは、Dの相続分5分の2をそのまま代襲する。

以上により、正解は3。

基本書 第1編 第4章 相続

問題 11 正解 3 賃貸借・借地借家法／借地権………… **難易度 C**

1　**誤り**。存続期間の問題で、ケース(1)には、借地借家法が適用される。借地権に関しては、30年以上の契約は有効である（借地借家法3条）。これに対して、ケース(2)は、民法が適用され、民法では期間50年以上の場合は50年に短縮される（民法604条1項）。したがって、60年というのは誤り。

2　**誤り**。ケース(1)は、借地借家法の規定によれば、借地権の登記がなくても、借地上に登記された建物を所有するときは、第三者に対抗できるので（借地借家法10条1項）、前半は正しい。しかし、ケース(2)では、不動産賃借権は登記をすれば第三者に対抗できるので（民法605条）、後半部分は誤り。

3　**正しい**。正解。期間の定めのない借地権は、借地借家法上期間30年の借地権となる。したがって、賃貸人からの一方的な解約の申入れはできない。これに対して民法上の賃貸借契約の場合、「当事者が賃貸借の期間を定めなかったときは、各当事者は、いつでも解約の申入れをすることができる。この場合においては、土地の賃貸借は、解約の申入れの日から１年を経過することによって終了する」（民法617条１項１号）。よって、１年の期間が経過することで終了する。

4　**誤り**。借地借家法が適用される場合、解約留保条項のない限り期間内の解約はできない。また、民法上の賃貸借も期間の定めがある場合は、原則として中途解約はできない（同法618条参照）。

基本書　**第１編 第３章 11 賃貸借、第５章 1 借地借家法－①（借地関係）**

問題 12　正解 3　借地借家法／借家権…………………………　難易度 B

1　**正しい**。期間の定めがある建物の賃貸借をする場合においては、公正証書による等書面によって契約をするときに限り、定期建物賃貸借契約を締結することができる（借地借家法38条１項）。なお、電磁的記録によって契約したときも、書面によって契約されたものとみなされる（同法38条２項）。

2　**正しい**。定期建物賃貸借には、「期間を１年未満とする建物の賃貸借は、期間の定めがない建物の賃貸借とみなす」（同法29条１項）との規定が適用されない（同法38条１項）。したがって、期間１年未満の賃貸借契約もそのまま有効である。

3　**誤り**。正解。定期建物賃貸借をしようとするときは、建物の賃貸人は、あらかじめ、建物の賃借人に対し、賃貸借は契約の更新がなく、期間の満了により当該建物の賃貸借は終了することについて、その旨を記載した書面（契約書とは別）を交付して説明しなければならない（同法38条３項、最判平24.9.13）。なお、書面の交付に代えて、賃借人の承諾を得て、書面に記載すべき事項を電磁的方法により提供して説明することも認められている（同法38条４項）。

4　**正しい**。建物の賃貸人が肢３の説明をしなかったときは、契約の更新がないこととする旨の定めは、無効となる（同法38条５項）。

基本書　**第1編 第5章 2 借地借家法－②（借家関係）**

問題 13　正解 1　区分所有法……………………………… **難易度 B**

1　**誤り。**正解。管理組合は、区分所有者および議決権の各４分の３以上の多数による集会の決議で法人となる旨を決議できる（区分所有法 47 条１項）が、区分所有者の数が 30 人以上という人数制限はない。

2　**正しい。**専有部分が数人の共有に属するときは、集会の招集の通知は、法 40 条の規定により定められた議決権を行使すべき者（その者がないときは、共有者のいずれか１人）にすれば足りる（同法 35 条２項）。

3　**正しい。**建物の価格の２分の１以下に相当する部分が滅失したときは、各区分所有者は、滅失した共用部分および自己の専有部分を復旧することができる。ただし、共用部分については、復旧の工事に着手するまでに区分所有法 61 条３項（集会において、滅失した共用部分を復旧する旨の決議をすることができる）、62 条１項（建替え）または 70 条１項（一括建替え）の決議があったときは、この限りでない（同法 61 条１項・３項）。

4　**正しい。**規約、議事録等の保管をしなかった場合には、その行為をした管理者、理事、規約を保管する者、議長または清算人は、20 万円以下の過料に処する（同法 71 条１号）。正当な理由がないのに、規約等の閲覧を拒んだときも同様である（同法 71 条２号）。

基本書　**第1編 第5章 3 建物の区分所有等に関する法律**

問題 14　正解 1　不動産登記法……………………………… **難易度 C**

1　**誤り。**正解。権利に関する登記を申請する場合には、申請人は、法令に別段の定めがある場合を除き、その申請情報と併せて登記原因を証する情報を提供しなければならない（不動産登記法 61 条）。しかし、表示に関する登記には、このような規定はない。

2　**正しい。**新たに生じた土地または表題登記がない土地の所有権を取得した者は、その所有権の取得の日から１カ月以内に、表題登記を申請しなければならない（同法 36 条）。

3　**正しい。**信託の登記の申請は、当該信託に係る権利の保存、設定、移転または変更の登記の申請と同時にしなければならない（同法 98 条１項）。

4　**正しい**。仮登記は、仮登記の登記義務者の承諾があるときおよび仮登記を命ずる処分があるときは、不動産登記法60条の規定にかかわらず、当該仮登記の登記権利者が単独で申請することができる（同法107条1項）。

基本書　第1編 第5章 4 不動産登記法

問題 15　正解 3　都市計画法総合……………………　難易度 B

1　**正しい**。地区計画は、都市計画区域内で、「用途地域が定められている土地の区域」および「用途地域が定められていない土地の区域のうち一定の要件に該当する区域」について定める（都市計画法12条の5第1項）。

2　**正しい**。高度利用地区は、用途地域内の市街地における土地の合理的かつ健全な高度利用と都市機能の更新とを図るために、用途地域内の適正な配置および規模の公共施設を備えた土地の区域について定められる（同法9条19項）。

3　**誤り**。正解。準都市計画区域内については市街地開発事業を定めることはできない（同法12条1項）。準都市計画区域内で定めることができる地域地区は、用途地域、特別用途地区、特定用途制限地域、高度地区、景観地区、風致地区、緑地保全地域、伝統的建造物群保存地区の8つである（同法8条2項）。

4　**正しい**。高層住居誘導地区は、住居と住居以外の用途とを適正に配分し、利便性の高い高層住宅の建設を誘導するため、都市計画により、容積率の最高限度のほか、必要な場合は、建蔽率の最高限度、敷地面積の最低限度を定める地区をいい、第1種住居地域・第2種住居地域、準住居地域、近隣商業地域または準工業地域で、容積率が40/10または50/10と指定されている地域において定める（同法9条17項）。

基本書　第3編 第1章 3 都市計画の内容

問題 16　正解 1　都市計画法／開発許可制度………………　難易度 C

ア　**協議する必要がある**。市街化調整区域内で、病院の建築目的で行われる開発行為は開発面積に関係なく、開発許可を受けなければならない。ただし、国が行う開発行為については、当該国の機関と都道府県知事との協議が成立することによって開発許可があったものとされるので、本肢では、開発許可を受けるに当たっては協議をする必要がある（都市計画法29条1項、34条の2第1項）。

イ　**開発許可を受ける必要がある。**市街化区域内では、農林漁業を営む者の居住の用に供する建築物の建築目的の開発行為であっても、開発面積が1,000㎡以上であれば、開発許可を受けなければならない（同法29条1項1号、施行令19条1項）。

ウ　**開発許可を受ける必要はない。**公民館の用に供する建築物の建築目的の開発行為では、区域を問わず、開発面積に関係なく、開発許可を受ける必要はない。公民館は、適正かつ合理的な土地利用および環境の保全を図る上で支障がない公益上必要な建築物とされており、その建築目的の開発行為については開発許可は不要とされているからである（同法29条1項3号、施行令21条18号）。

以上により、開発許可または協議が必要なものの組合せはア、イであり、正解は1。

基本書　**第3編 第1章 6 開発許可制度**

問題17　正解1　**建築基準法総合**……………………　難易度 B

1　**正しい。**正解。住宅の地上階の居住のための居室には、採光のための窓その他の開口部を設け、その採光に有効な部分の面積は、その居室の床面積に対して、7分の1以上としなければならない（建築基準法28条1項本文、施行令19条3項（三））。

2　**誤り。**建築確認の対象となるのは、建築物の建築（新築、増築、改築、移転）、床面積の合計が200㎡を超える特殊建築物、一定規模の大規模建築物の大規模の修繕、大規模の模様替である。建築物の移転もその対象である（同法6条1項1～4号、2条13号、別表第一(い)欄）。

3　**誤り。**高さ20mを超える建築物には、周囲の状況によって安全上支障がない場合を除いて、有効に避雷設備を設けなければならない（同法33条）。

4　**誤り。**準防火地域にはこのような規定はない。防火地域内にある看板、広告塔、装飾塔その他これらに類する工作物で、建築物の屋上に設けるもの、または高さ3mを超えるものは、その主要な部分を不燃材料で造り、または覆わなければならない（同法64条）。

基本書　第3編 第2章 2 建築確認と完了検査、3 単体規定、4 集団規定

問題 18　正解 2　建築基準法総合……………………………　難易度 C

1　**正しい。**店舗の用途に供する建築物でその用途に供する部分の床面積の合計が10,000㎡を超えるものは、近隣商業地域、商業地域、準工業地域以外の用途地域および用途地域の指定のない区域（市街化調整区域を除く）では、原則として建築できない（建築基準法48条6項・9項〜11項・14項、別表第二(へ)(り)(ぬ)(る)(か)）。

2　**誤り。**正解。都市計画区域内で、建築基準法48条の規定に適合するとともに、都市計画でその敷地の位置が決定していなければ、原則として、新築または増築することができないのは、卸売市場等の用途に供する特殊建築物である（同法48条、51条）。しかし、学校の新築については用途地域の制限はあるが、敷地の位置の指定についての規定はない。

3　**正しい。**特別用途地区内では、地方公共団体は、その地区指定の目的のために必要と認める場合には、国土交通大臣の承認を得て、条例で、用途制限の規定を緩和することができる（同法49条2項）。

4　**正しい。**建蔽率の限度が10分の8とされている地域を除く防火地域内にある耐火建築物等については、都市計画で定められた建蔽率の数値に10分の1を加えた数値が限度となる（同法53条3項1号）。なお、建蔽率の限度が10分の8とされている区域内では、防火地域内にある耐火建築物等については建蔽率の制限の規定が適用されない（同法53条6項1号）。

基本書　第3編 第2章 4 集団規定

問題 19　正解 4　宅地造成及び特定盛土等規制法…………　難易度 B

1　**正しい。**宅地造成等工事規制区域内において、宅地造成等を行うには、都道府県知事の許可を受けなければならない（宅地造成及び特定盛土等規制法12条1項）。しかし、宅地を宅地以外の土地にするために行う切土は、宅地造成には該当しないので、都道府県知事の許可は不要である（同法2条2号）。

2　**正しい。**都道府県知事は、宅地造成等工事の許可に付した条件に違反した者に対して、その許可を取り消すことができる（同法20条1項）。

3　**正しい。**都道府県知事またはその命じた者もしくは委任した者は、基礎調査のため、他人の占有する土地に立ち入って測量または調査を行う必要がある場合においては、その必要の限度において、他人の占有する土地に立ち入ることができる（同法５条１項）。土地の占有者は、正当な理由がない限り、この立入りを拒み、または妨げてはならない（同法５条５項）。

4　**誤り。**正解。宅地造成等工事の許可を受けた者は、当該許可に係る宅地造成等に関する工事の計画の変更をしようとするときは、都道府県知事の許可を受けなければならない。ただし、主務省令で定める軽微な変更をしようとするときは、許可を受ける必要はなく、遅滞なくその旨を届け出ればよい（同法 16 条１項・２項）。

基本書　第 3 編 第 3 章 2 規制区域内における宅地造成等に関する工事等の規制

問題 20　正解 4　土地区画整理法……………………………　難易度 B

1　**誤り。**施行者は、宅地の所有者の申出または同意があった場合、換地計画において、その宅地の全部または一部について換地を定めないことができる。この場合、換地を定めない宅地に、地上権や賃借権等の宅地を使用し、または収益することができる権利を有する者があるときは、換地を定めないことの同意を得なければならない（土地区画整理法 90 条）。補償をすれば、同意がなくてもよいということにはならない。

2　**誤り。**施行者は、施行地区内の宅地について換地処分を行うため、換地計画を定めなければならない。この場合において、施行者が土地区画整理組合であるときは、その換地計画について都道府県知事の認可を受けなければならない（同法 86 条１項）。

3　**誤り。**施行者は、換地処分があった旨の公告があった場合において、施行地区内の土地および建物について土地区画整理事業の施行により変動があったときは、遅滞なく、その変動に係る登記を申請し、または嘱託しなければならない（同法 107 条２項）。この施行者による登記がされるまでは、関係権利者が各自で登記することはできない（同条３項）。

4　**正しい。**正解。土地区画整理事業の施行により公共施設が設置された場合においては、その公共施設は、換地処分があった旨の公告があった日の翌日において、原則として、その公共施設の所在する市町村の管理に属する（同法106条1項)。

基本書　第3編 第4章 **1** 土地区画整理事業、**3** 換地処分

問題21　正解3　**農地法**…………………………………………　難易度B

1　**誤り**。農地法3条1項の許可を得ることを停止条件とする農地の売買契約を締結し、所有権移転登記の仮登記を申請する場合、農業委員会に届出をする義務はない。農地法3条1項の許可（農業委員会）を得て、本登記をすることになる。

2　**誤り**。市街化区域内の農地を耕作目的で権利移動（競売を含む）する場合には、農地法3条1項の許可が必要である。

3　**正しい**。正解。農地に抵当権を設定する場合には、農地法3条1項の許可は不要である。抵当権者には使用収益権限はなく、農地を使用しないからである。

4　**誤り**。登記簿上の地目が山林であっても、現に耕作されている土地は、農地法の保護の対象となる農地である（農地法2条1項)。

基本書　第3編 第5章 農地法

問題22　正解4　**各種法令**…………………………………………　難易度C

1　**正しい**。国土利用計画法23条1項によれば、土地に関する権利の移転または設定の対価の額を都道府県知事に届け出なければならない（国土利用計画法23条1項6号)。

2　**正しい**。保安林においては、一定の場合を除き、政令で定めるところにより、都道府県知事の許可を受けなければ、立木を伐採してはならない（森林法34条1項)。

3　**正しい**。海岸保全区域内において、土地の掘削、盛土、切土その他政令で定める行為をしようとする者は、海岸管理者の許可を受けなければならない（海岸法8条1項3号)。なお、政令で定める行為については、この限りではない。

4　**誤り**。正解。特別緑地保全地区内において、建築物の新築、改築または増築を行おうとする者は、公園管理者ではなく、都道府県知事等の許可を受けなければならない（都市緑地法14条1項1号)。なお、非常災害のため必要

な応急措置として行う行為等については、この限りではない。

基本書　第3編 第6章 **2** 事後届出制、第7章 **1** 原則、**2** 例外

問題 23　正解 4　登録免許税……………………………… 難易度 C

1　**誤り。**住宅用家屋の所有権の移転登記に係る登録免許税の税率の軽減措置（租税特別措置法73条）は、その敷地にまで及ぶものではない。したがって、敷地に供されている土地には及ばない。

2　**誤り。**この住宅用家屋の所有権移転登記に係る登録免許税の税率軽減措置は、個人が取得し、当該個人の居住の用に供することが要件とされる（同法73条）。したがって、個人が取得しても、会社の従業員の社宅の用に供されるものには適用されない。

3　**誤り。**この税率軽減措置には、既適用者に対する適用制限は設けられていない（同法73条）。したがって、以前に適用を受けた者が、新たに取得した場合にも適用される。

4　**正しい。**正解。この税率軽減措置は、住宅の床面積が50㎡以上で昭和57年1月1日以後に建築されたものであることまたは新耐震基準に適合していることを要件としている（同法73条、施行令41条、42条1項）。したがって、昭和57年1月1日以後に建築された建築物でも、床面積が50㎡未満の場合には適用されない。

基本書　第4編 第1章 **5** 登録免許税

問題 24　正解 2　不動産取得税……………………………… 難易度 C

1　**誤り。**不動産取得税は、不動産の取得に対し当該不動産所在の道府県において、不動産の取得者に課する税であり、市町村において課するとの部分は誤り（地方税法73条の2第1項）。なお、普通徴収の方法によらなければならないとの部分はその通り（同法73条の17）。

2　**正しい。**正解。共有物の分割による不動産の取得については、分割前の共有持分の割合を超える部分の取得を除き、不動産取得税は非課税とされている（同法73条の7第2の3号）。したがって、分割前の共有持分の割合を超えなければ、不動産取得税は課税されない。

3　**誤り。**地方税法73条の3によると、独立行政法人のうち非課税独立行政

法人や地方独立行政法人等には、不動産取得税を課税することはできないとされている。よって、非課税でない独立行政法人については、一般に不動産取得税は課税される。したがって、本肢において独立行政法人について不動産取得税が課税されないとする部分は、誤り。

4 **誤り**。相続による不動産の取得については、形式的移転として不動産取得税は課税されない（同法73条の7第1号）。したがって、相続による不動産の取得について課税されるとする本肢は、誤り。

基本書 第4編 第1章 2 不動産取得税

問題 25 正解 1 地価公示法…………………… 難易度 D

1 **正しい**。正解。土地鑑定委員会は、標準地の単位面積当たりの正常な価格を判定したときは、すみやかに、標準地の単位面積当たりの価格（価格の総額ではない）を官報で公示しなければならない（地価公示法6条2号）。

2 **誤り**。標準地の選定は、土地の用途が同質と認められるまとまりのある地域において、土地の利用状況、環境、地積、形状等が通常であると認められる一団の土地について行うものとする（同法3条、施行規則3条）。したがって、土地の使用・収益を制限する権利が存する土地を標準地に選定することもできる。

3 **誤り**。土地鑑定委員会の求めに応じて標準地の鑑定評価を行った不動産鑑定士は、土地鑑定委員会に対し、鑑定評価額その他の一定の事項を記載した鑑定評価書を提出しなければならない（同法5条）。

4 **誤り**。不動産鑑定士は、土地鑑定委員会の求めに応じて標準地の鑑定評価を行うに当たっては、①近傍類地の取引価格から算定される推定の価格、②近傍類地の地代等から算定される推定の価格および③同等の効用を有する土地の造成に要する推定の費用の額を勘案してこれを行わなければならない（同法4条）。必要に応じてではない。

基本書 第4編 第2章 1 地価公示

問題 26 正解 1 宅地建物取引業…………………… 難易度 B

ア **正しい**。自ら行う貸借は、宅地建物取引業に該当せず、AとBは免許を受ける必要はない。転貸の場合も同様である（宅建業法2条2号）。

イ　**誤り**。CがDを代理して、Dの所有するマンション（30戸）を不特定多数の者に反復継続して分譲する場合、Dが本人として分譲することになるので、Dは免許を必要とする（同法2条2号）。

ウ　**誤り**。売主が国その他宅地建物取引業法の適用がない者に限られているときでも、Eが転売目的で反復継続して宅地を購入する場合、それが不特定多数の者から購入することになれば、Eは免許を受ける必要がある（同法2条2号）。

エ　**誤り**。Fが借金の返済に充てるためであっても、自己所有の宅地を10区画に区画割りして、不特定多数の者に反復継続して売却する場合、Fは免許を必要とする（同法2条2号）。

以上により、正しいものはアのみであり、正解は1。

基本書　**第2編 第1章 1「宅地建物取引業」とは**

問題27　正解2　免許…………　難易度C

1　**誤り**。契約締結権限を有する者を置き、継続的に業務を行う場所であれば、商業登記簿に登載されていない事務所も宅建業法3条1項に規定する事務所に該当する（宅建業法3条1項）。

2　**正しい**。正解。国土交通大臣または都道府県知事は、免許に条件を付すことができ、また、免許の更新に当たっても条件を付すことができる（同法3条の2第1項）。

3　**誤り**。法人である宅建業者が、株主総会の決議により解散することとなった場合は、その清算人が、その旨を当該解散の日から30日以内に、免許を受けた国土交通大臣または都道府県知事に届け出なければならない（同法11条1項4号）。

4　**誤り**。免許申請中である者が、宅地建物取引業を営む目的をもって宅地の売買に関する新聞広告を行った場合、たとえ、当該宅地の売買契約の締結を免許を受けた後に行うのであっても、無免許事業等の禁止に該当する（同法12条2項）。

基本書　**第2編 第1章 2 宅建業の免許**

問題 28　正解 3　案内所……………………………………　難易度 A

1　**正しい。**Aからの媒介の依頼を受け案内所を設置したBおよびCは、それぞれ免許権者と案内所の所在地を管轄する都道府県知事に、業務を開始する日の10日前までに、宅地建物取引業法50条2項に定める届出をしなければならない（宅建業法50条1項、施行規則19条3項）。

2　**正しい。**Aは、案内所について届け出る必要はないが、マンションの所在する場所に標識を掲示しなければならない（同法50条、施行規則19条1項2号）。

3　**誤り。**正解。Bは、その設置した案内所の業務に従事する者の数に関係なく、少なくとも1人以上の専任の宅地建物取引士を置かなければならない（同法31条の3第1項、施行規則15条の5の3）。

4　**正しい。**案内所においては、少なくとも1人以上の専任の宅地建物取引士を置けばよく、AがCの設置した案内所においてCと共同して契約を締結する業務を行うこととなった場合、Aが当該案内所に専任の宅地建物取引士を設置すれば、Cは専任の宅地建物取引士を設置する必要はない（同法31条の3第1項、施行規則15条の5の3、宅建業法の解釈・運用の考え方31条の3第1項関係(5)①）。

基本書　第2編 第1章 3 宅地建物取引士

問題 29　正解 2　営業保証金……………………………　難易度 B

1　**誤り。**新たに宅建業を営もうとする者は、国土交通大臣または都道府県知事の免許を受けた後に、営業保証金を金銭または国土交通省令で定める有価証券により、主たる事務所の最寄りの供託所に供託しなければならない（宅建業法25条1項・3項）。

2　**正しい。**正解。宅建業者は、営業保証金の変換のため新たに供託したときは、遅滞なく、その旨を免許を受けた国土交通大臣または都道府県知事に届け出なければならない（同法施行規則15条の4の2）。

3　**誤り。**宅建業者は、事業の開始後新たに従たる事務所を設置したときは、主たる事務所の最寄りの供託所に政令で定める額を供託し、その旨を免許を受けた国土交通大臣または都道府県知事に届け出なければならない（同法26条1項・2項、25条1項・4項）。

4　**誤り。**営業保証金の保管替えは、営業保証金を金銭のみで供託している場合である（同法29条1項）。

基本書　**第2編 第1章 5 営業保証金と保証協会**

問題 30　正解 2　広告……………………………………………… **難易度 A**

1　**誤り。**新築分譲マンションを建築工事の完了前に販売しようとする場合、建築基準法6条1項の確認を受ける前においては、当該マンションの売買契約の締結をすることも、当該販売に関する広告をすることもできない（宅建業法33条、36条）。

2　**正しい。**正解。宅地の売買に関する広告をするに当たり、当該宅地の形質について実際のものよりも著しく優良であると人を誤認させる表示をした場合、誇大広告等の禁止の規定に抵触し、当該宅地に関する注文がなく、売買が成立しなかったときであっても、監督処分および罰則の対象となる（同法32条、65条2項、66条、81条1号）。

3　**誤り。**宅地または建物の売買に関する広告をする際に取引態様の別を明示した場合でも、当該広告を見た者から売買に関する注文を受けたときは、改めて取引態様の別を明示しなければならない（同法34条）。

4　**誤り。**一団の宅地の販売について、数回に分けて広告をするときは、そのたびごとに取引態様の別を明示しなければならない（同法34条1項）。

基本書　**第2編 第2章 1 一般的規制**

問題 31　正解 3　8種制限……………………………………………… **難易度 B**

ア　**誤り。**宅建業者は、自ら売主となる宅地または建物の売買契約において、契約不適合責任の通知期間について、その目的物の引渡しの日から2年以上となる特約をする場合を除き、民法566条に規定するものより買主に不利となる特約をしてはならない（宅建業法40条1項）。したがって、Aが契約不適合責任の通知期間を売買契約に係る宅地の引渡しの日から3年間とする特約は有効である。

イ　**誤り。**売却予定の宅地の一部に甲市所有の旧道路敷が含まれている場合、自己の所有に属しない宅地の売買に該当し、甲市に払下げの申請中は、たとえ重要事項説明書に払下申請書の写しを添付し、その旨を説明しても、売買契約を締結することはできない（同法33条の2）。

ウ　**誤り。**「手付放棄による契約の解除は、契約締結後30日以内に限る」旨の特約は無効であり、契約締結後30日を経過しても、Aが契約の履行に着手していなければ、Bは、手付を放棄して契約を解除することができる（同法39条2項・3項）。

以上により、誤っているものはア、イ、ウの三つであり、正解は3。

基本書　第2編 第2章 1 一般的規制、2 自ら売主規制（8種制限）

問題 32　正解 3　媒介契約…………………………………… 難易度 B

ア　**誤り。**専任媒介契約を締結した場合、たとえ、依頼者から「売却を秘密にしておきたいので指定流通機構への登録をしないでほしい」旨の申出があっても、指定流通機構に登録しなければ宅建業法に違反する（宅建業法34条の2第5項）。

イ　**誤り。**媒介契約の規制は、業者間取引にも適用され、依頼者が宅建業者であるときでも媒介契約書面の交付を省略することができない（同法34条の2第1項、78条2項）。

ウ　**誤り。**専任媒介契約の有効期間は、依頼者の申出により更新することができるのであり、自動的に更新されることはない（同法34条の2第4項）。

エ　**正しい。**一般媒介契約（明示型）を締結した場合、宅建業者は、依頼者が明示していない他の宅建業者の媒介または代理によって売買契約を成立させたときの措置を媒介契約書面に記載しなければならない（同法34条の2第1項8号、施行規則15条の9第3号）。

以上により、誤っているものはア、イ、ウの三つであり、正解は3。

なお媒介契約書面と登録を証する書面は依頼者の承諾を得て、電磁的な方法により行うことができる（同法34条の2第11項・第12項）。

基本書　第2編 第2章 1 一般的規制

問題 33　正解 3　手付金等の保全措置………………………… 難易度 A

1　**違反しない。**手付金等の保全措置に関する規定は、業者間取引には適用されない（宅建業法41条、78条2項）。

2　**違反しない。**工事完了前の建物（未完成物件）の場合、代金額の5％または1,000万円を超える手付金等を受領するときは保全措置を講じなければならない。その保全措置を講じた上でCから1,000万円の手付金を受領した場合、違反しない（同法41条1項、施行令3条の3）。

3 **違反する。**正解。本肢の場合、手付金100万円と中間金500万円の合計額600万円について、保全措置を講じなければならない（同法41条1項）。

4 **違反しない。**宅地・建物について、買主への所有権移転登記を完了したときは、保全措置を講じる必要はない（同法41条1項ただし書）。

基本書 **第2編 第2章 2 自ら売主規制（8種制限）**

問題34 正解4 重要事項の説明…………………………… 難易度 B

1 **誤り。**耐震診断の内容については、耐震診断自体を宅建業者に義務づけるものではない（宅建業法35条1項14号、施行規則16条の4の3第5号、宅建業法の解釈・運用の考え方35条1項14号関係5）。

2 **誤り。**津波災害警戒区域内にある旨は、建物の売買・交換の契約に限らず、建物の貸借の媒介を行う場合でも、説明する必要がある（同法35条1項14号、施行規則16条の4の3第3号）。津波防護施設区域に位置している旨は建物の貸借の媒介を行う場合は説明する必要はない（同法35条1項2号、施行令3条1項20号の2）。

3 **誤り。**建物の種類または品質に関して契約の内容に適合しない場合におけるその不適合を担保すべき責任の履行に関し保証保険契約の締結を行うときは、その措置の概要を説明する必要がある（同法35条1項13号）。

4 **正しい。**正解。区分所有建物の貸借の契約にあっては、区分所有建物の売買・交換の契約と異なり、専有部分の用途等の制限に関する規約と管理の委託先のみ説明すればよい。したがって、専有部分の用途その他の利用制限に関する規約の内容は説明する必要があるが、専用使用権に関する規約の内容を説明する必要はない（同法35条1項6号、施行規則16条の2第3号・第4号）。

基本書 **第2編 第2章 1 一般的規制**

問題35 正解3 重要事項の説明…………………………… 難易度 A

1 **正しい。**重要事項の説明場所については、事務所という限定がなく、買主の自宅で説明することができる（宅建業法35条1項）。

2　**正しい。**登記された抵当権は、たとえ抹消される予定のものであっても、契約が成立するまでの間にその内容を説明しなければならない（同法35条1項1号）。

3　**誤り。**正解。宅地建物取引士証の有効期間が満了すれば、宅地建物取引士ではなくなり、35条書面に記名することも、重要事項の説明をすることもできない（同法35条1項・5項）。

4　**正しい。**割賦販売の契約の場合は、現金販売価格、割賦販売価格および宅地建物の引渡しまでに支払う金銭の額・賦払金の額・その支払の時期および方法を説明しなければならない（同法35条2項）。

基本書　**第2編 第2章 1 一般的規制**

問題36　正解3　重要事項の説明……………………　難易度A

1　**違反する。**重要事項の説明は、宅地建物取引士が行うべきものであって、たとえ代表取締役であっても宅地建物取引士以外の者は行うことができない（宅建業法35条1項）。

2　**違反する。**重要事項は、内容がチラシと重複する場合でも省略することができず、宅地建物取引士の記名のある重要事項説明書を交付して説明しなければならない（同法35条1項）。

3　**違反しない。**正解。重要事項の説明は、物件の担当である宅地建物取引士以外の宅地建物取引士でも行うことができる（同法35条1項・4項・5項）。

4　**違反する。**重要事項は、原則として宅地建物取引士が、契約が成立するまでに重要事項説明書を交付して説明しなければならない。重要事項説明書の送付とその返送だけでは重要事項を説明したことにならない（同法35条1項）。

なお35条書面は相手方の承諾を得て電磁的方法による代用措置を講じることができる（同法35条8項・9項）。

基本書　**第2編 第2章 1 一般的規制**

問題 37　正解 4　報酬…………………………………… 難易度 A

ア　**誤り。**報酬以外の広告の費用については、依頼者の特別の依頼に基づかないときは請求することができない（宅建業法 46 条、報酬額に関する告示第 9①）。

イ　**誤り。**1つの取引に数人の宅建業者が介在する場合でも、1つの取引に係る報酬の限度額は同じである。代理の場合は、媒介の一方から受領できる額の2倍以内であり、これが報酬の限度額とされる。これを基準に速算式で計算すると、4,000 万円（代金）× 3 % + 6 万円 = 126 万円、126 万円× 2（代理）= 252 万円。252 万円× 1.1（消費税）= 277 万 2,000 円が報酬の限度額であり、これを超える報酬は受領することができない（同法 46 条、同告示第2・第3）。A（代理業者）が 277 万 2,000 円を受領すると同時にB（媒介業者）が 138 万 6,000 円を受領することは、上記の報酬の限度額を超えることになる。

ウ　**誤り。**居住用建物の貸借の媒介の場合は、依頼者の承諾がない限りは、それぞれ借賃の1カ月分の 0.55 倍が報酬の限度額となる。貸主および借主の承諾があったとしても、依頼者双方から受ける報酬の限度額の合計額は、借賃の1カ月分の 1.1 倍である（同法 46 条、同告示第4）。

以上により、正しいものはなく、正解は4。

基本書　**第2編 第2章 3 報酬・その他の制限**

問題 38　正解 4　クーリング・オフ………………………… 難易度 B

1　**誤り。**買主Bは、物件の引渡しを受け、かつ、その代金の全部を支払ったとき（「履行関係が終了したとき」）は、クーリング・オフができないから、宅建業者Aは契約の解除を拒むことができる（宅建業法 37 条の2第1項2号）。

2　**誤り。**買主Bが指定した自宅・勤務先以外の場所は、クーリング・オフの対象となり、宅建業者Aは契約の解除を拒むことができない（同法施行規則 16 条の5第2号）。

3　**誤り。**買主Bが、仮設テント張りのような土地に定着しない案内所で買受けの申込みをしたときは、たとえ事務所で契約を締結していても、クーリング・オフの対象となり、買主Bは契約の解除をすることができる（同法 37

条の2第1項)。

4　**正しい。**正解。クーリング・オフ期間を8日間以上とする旨の特約は、買主に有利な特約として有効であり、買主Bは契約の締結の日から10日後であっても契約の解除をすることができる(同法37条の2第4項)。

基本書　第2編 第2章 2 自ら売主規制(8種制限)

問題 39　正解 3　保証協会……………………………… 難易度 A

1　**誤り。**還付充当金の未納により、社員たる地位を失った宅建業者は、その地位を失った日から「1週間以内」に「営業保証金」を供託しなければならない(宅建業法64条の15)。

2　**誤り。**保証協会は、弁済業務保証金分担金の納付を受けたときは、その日から「1週間以内」にその納付を受けた額に相当する額の弁済業務保証金を供託しなければならない(同法64条の7第1項)。

3　**正しい。**正解。保証協会は、弁済業務保証金の還付があったときは、その還付に係る社員に対して、当該還付額に相当する額の還付充当金を保証協会に納付すべきことを通知しなければならない(同法64条の10第1項)。

4　**誤り。**還付が受けられる債権は、社員となる前に宅建業に関し取引したことから生じた債権も含まれる(同法64条の8第1項かっこ書)。

基本書　第2編 第1章 5 営業保証金と保証協会

問題 40　正解 3　37条書面 ……………………………… 難易度 B

ア　**正しい。**契約不適合責任の履行に関して講ずべき保証保険契約の締結その他の措置は、37条書面の任意的記載事項であり、定めがあるときは、その内容を37条書面にしなければならない(宅建業法37条1項11号)。

イ　**誤り。**37条書面の交付義務は、宅建業者にある。37条書面の交付に当たり、宅地建物取引士に説明させる義務はない(同法37条1項)。

ウ　**正しい。**宅地・建物の引渡しの時期は、37条書面の必要的記載事項であり、宅建業者相互間取引であっても、必ず記載しなければならない(同法37条1項4号、78条2項)。

エ　**正しい。**宅地・建物に係る租税その他の公課の負担に関する事項は、37条書面の任意的記載事項であり、定めがあるときは、その内容を37条書面に記載しなければならない（同法37条1項12号）。

以上により、正しいものはア、ウ、エの三つであり、正解は3。

なお37条書面の交付については依頼者の承諾を得て、電磁的方法により行うことができる（同法37条4項・5項）。

基本書　第2編 第2章 1 一般的規制

問題 41　正解 1　業務上の規制……………………………… 難易度 C

1　**正しい。** 正解。クーリング・オフ制度の適用の有無は、原則として、その場所が専任の宅地建物取引士を置かなければならない場所か否かで区別される。専任の宅地建物取引士を置くべき案内所に該当しない場合は、クーリング・オフ制度の適用がある旨を表示した標識を掲げなければならない（宅建業法37条の2、施行規則16条の5第1号、宅建業法の解釈・運用の考え方37条の2第1項関係1）。

2　**誤り。** 宅建業者の相手方が明確に契約を締結しない旨の意思を表示したにもかかわらず、当該勧誘を継続することは、契約締結等の不当勧誘の禁止に該当し、宅建業法に反する（同法47条の2第3項、施行規則16条の12第1号ニ）。

3　**誤り。** 不当な履行遅延の禁止に該当する行為は、宅地・建物の登記、引渡し、対価の支払の場合に限られ、この3つ以外の報酬については、不当な履行遅延に該当しない（同法44条）。

4　**誤り。** 従業者名簿には、当該事務所の従業者となった年月日のほか、従業者でなくなったときは、その年月日も記載しなければならない（同法48条3項、施行規則17条の2第1項4号・5号）。

基本書　第2編 第2章 2 自ら売主規制（8種制限）、3 報酬・その他の制限

問題 42　正解 1　37条書面 ……………………………… 難易度 C

ア　**誤り。** 宅建業者は、宅地または建物の売買に関し、自ら当事者（売主）として契約を締結したときは、その相手方（買主）に37条書面を交付しなければならない（宅建業法37条1項）。したがって、Bだけでなく、Aも37条書面に宅地建物取引士をして記名させなければならない。

イ　**誤り。** 宅建業者Aの媒介によって事業用定期借地権が公正証書で契約され

たとしても、37 条書面の作成交付が免除されるわけではない。したがって、Aは、37 条書面を作成し、宅地建物取引士に記名させなければならない（同法 37 条 3 項）。

ウ　**正しい。**契約の解除に関する定めがあるときは、その内容を、37 条書面に記載しなければならない（同法 37 条 1 項 7 号）。

以上により、誤っているものの組合せはア、イであり、正解は 1。

基本書　第 2 編 第 2 章 1 一般的規制

問題 43　正解 2　契約に付随する行為制限……………………　難易度 B

1　**違反する。**手付について貸付けその他信用の供与をすることにより契約の締結を誘引してはならない（宅建業法 47 条 3 号）。これを手付貸与等の禁止という。したがって、残りの手付金を複数回に分けてBから受領して契約を誘引する行為は、手付貸与等の禁止に該当する。

2　**違反しない。**正解。勧誘に先立って宅建業者の商号、当該勧誘を行う者の氏名および当該契約の締結について勧誘をする目的である旨を告げずに、勧誘をしてはならない（同法施行規則 16 条の 12 第 1 号ハ）が、本肢ではこれらを全部告げているので、違反ではない。なお、事前連絡なしに自宅訪問することを禁止する規定は存在しない。

3　**違反する。**宅建業者の相手方等が当該契約を締結しない旨の意思（当該勧誘を引き続き受けることを希望しない旨の意思を含む）を表示した場合には、当該勧誘を継続してはならない（同法施行規則 16 条の 12 第 1 号ニ）。

4　**違反する。**宅建業者は、相手方に対し、利益を生ずることが確実であると誤解させるべき断定的判断を提供して、契約の締結の勧誘をしてはならない（同法 47 条の 2 第 1 項）。

基本書　第 2 編 第 2 章 3 報酬・その他の制限

問題 44　正解 1　監督処分……………………………　難易度 C

ア　**正しい。**甲県知事免許の宅建業者Aが、乙県内において誇大広告をした場合には、甲県知事も乙県知事も業務停止処分をすることができる（宅建業法 65 条 4 項）。

イ　**正しい。**宅建業法違反に対しては、指示処分をすることができる（同法

65条1項)。甲県知事免許の宅建業者Aが、乙県内において宅地建物取引業法違反をした場合には、甲県知事も乙県知事も指示処分をすることができる(同法65条3項)。

ウ　**正しい。**都道府県知事は、その免許を受けた宅建業者の事務所の所在地を確知できないときは、官報または当該都道府県の公報でその事実を公告し、その公告の日から30日を経過しても当該宅建業者から申出がないときは、当該宅建業者の免許を取り消すことができる(同法67条1項)。

エ　**誤り。**業務停止処分違反は、免許の取消しの対象となる(同法66条1項9号)。免許権者が国土交通大臣であるから、国土交通大臣が取り消すことになる。

以上により、誤っているものはエのみであり、正解は1。

基本書　第2編 第3章 1 監督処分等

問題 45　正解 4　住宅瑕疵担保履行法……………………　難易度 C

1　**誤り。**新築住宅を引き渡した宅建業者は、資力確保措置の状況についての届出をしなければ、当該基準日の翌日から起算して50日を経過した日以後においては、新たに自ら売主となる新築住宅の売買契約を締結してはならない(住宅瑕疵担保履行法13条)。「基準日から起算して50日」ではない。

2　**誤り。**資力確保措置を講じなければならないのは、新築住宅を販売する宅建業者であって、媒介業者は、講じる必要はない(同法11条)。

3　**誤り。**住宅販売瑕疵担保責任保険契約は、売主である宅建業者が保険料を支払うことを約するものでなければならない(同法2条7項1号)。

4　**正しい。**正解。住宅販売瑕疵担保保証金を供託する宅建業者は、自ら売主となる新築住宅の買主に対し、当該新築住宅の売買契約を締結するまでに、その住宅販売瑕疵担保保証金の供託をしている供託所の所在地、供託所の表示等について、これらの事項を記載した書面を交付して説明しなければならない(同法15条1項、施行規則21条)。なお、供託所等の所在地を記載した書面を電磁的方法により買主等に提供できる(同法15条2項)。

基本書　第2編 第4章 2 住宅販売瑕疵担保保証金の供託

問題 46　正解 2　住宅金融支援機構…………………………　難易度 C

1　**正しい。** 独立行政法人住宅金融支援機構（以下、この問において「機構」という）は、地震に対する安全性の向上を主たる目的とする耐震性強化のための住宅改良に必要な資金の貸付けを業務として行っている（機構法13条1項6号、14条2項、施行令6条3号）。

2　**誤り。** 正解。機構は、証券化支援事業（買取型）において、譲受けの対象としている貸付債権は、自ら居住する住宅または自ら居住する住宅以外の親族の居住の用に供する住宅を建設し、または購入する者に対する貸付けに係るものであることとされている（機構業務方法書3条1号）。住宅の改良に必要な資金の貸付けに係る貸付債権については譲受けの対象とはしていない。

3　**正しい。** 機構は、高齢者の家庭に適した良好な居住性能および居住環境を有する住宅とすることを主たる目的とする住宅の改良（高齢者が自ら居住する住宅について行うものに限る）に必要な資金の貸付業務を行っている（機構法13条1項9号）。

4　**正しい。** 機構は、市街地の土地の合理的な利用に寄与する一定の建築物の建設に必要な資金の貸付業務を行っている（同法13条1項7号、2条7項）。

基本書　第4編 第3章 住宅金融支援機構

問題 47　正解 4　景表法…………………………………　難易度 C

1　**誤り。** 採光および換気のための窓その他の開口部の面積の当該室の床面積に対する割合が建築基準法第28条の規定に適合していないため、同法において居室と認められない納戸その他の部分については、その旨を「納戸」等と表示しなければならない（不当景品類及び不当表示防止法5条、不動産の表示に関する公正競争規約（以下、「表示規約」という）15条(7)、表示規約施行規則9条(17)）。したがって、広告において居室として表示することはできない。

2　**誤り。** 修繕積立金については、1戸当たりの月額（予定額であるときは、その旨）を表示することとされている。ただし、住戸により修繕積立金の額が異なる場合において、その全ての住宅の修繕積立金を示すことが困難であるときは、最低額および最高額のみで表示することができる（同法５条、表示規約 15 条⑾、表示規約施行規則９条㊸）。平均額ではない。

3　**誤り。**敷地面積（土地の正味面積）のほかに私道負担があるときには、敷地面積を表示するほか、私道負担面積がある旨およびその面積を表示しなければならない（同法５条、表示規約８条⑵、15 条⑹、表示規約施行規則４条１項、９条⒁、表示規約施行規則別表４＜事項 13 ＞、別表５＜事項９＞）。たとえば、「敷地面積 /100㎡（他に 10㎡私道あり）」と表示する。

4　**正しい。**正解。建築工事に着手した後に、同工事を相当の期間にわたり中断していた新築住宅または新築分譲マンションについては、建築工事に着手した時期および中断していた期間を明示しなければならない（同法５条、表示規約 13 条、表示規約施行規則７条⒁）。

基本書　**第４編 第４章 ❶ 景表法（不当景品類及び不当表示防止法）、❸ 表示に関する公正競争規約**

問題 48　正解 —　統計…………　難易度 —

本問は古い統計情報のため掲載しておりません。
次の本試験の基準となる最新統計情報をもとに改題した本問の解説を、弊社 web サイトよりダウンロードしてご利用ください（2024 年８月末予定）。

※詳細は v ページ「パーフェクト宅建士シリーズ読者特典（＊特典３＊）」をご参照ください。

問題 49　正解 4　土地…………　難易度 B

1　**適当。**旧河道とは、過去における河川流路（りゅうろ）の跡で、周囲の低地よりもさらに低い土地である。浸水しやすく軟弱地盤なので、地震や洪水などによる災害を受ける危険度が高い所である。

2　**適当。**地盤の液状化は、海岸や埋立地などの緩い砂地盤で生じることが多く、マグニチュードの大きな地震で揺れる時間が長い場合に発生する可能性が高いので、地盤の条件と地震の揺れ方により、発生することがあるといえる。

3　**適当**。沿岸地域（海などに沿った陸地の部分）は、津波や高潮などの被害を受けやすく、宅地利用には適さないが、やむを得ず宅地として利用する場合には、宅地の標高、避難の経路、周囲における堅牢構造物の有無等をあらかじめ把握しておくことが必要である。

4　**最も不適当**。正解。台地やなだらかな丘陵は、一般的には、水はけもよく、地盤も安定しており、洪水や地震等の自然災害に対し安全度の高い所である。しかし、台地や丘陵の縁辺部（崖下等）は集中豪雨等のとき崖崩れを起こす危険が多いといえる。

基本書　第4編 第5章 1 土地

問題 50　正解 2　建物……………………………………………… 難易度 D

1　**適当**。鉄筋コンクリート構造におけるコンクリートのひび割れは、コンクリートに許容される以上の変形や応力が作用して生じるコンクリートの部分的な破壊現象で、ひび割れ部分から雨水が浸入し、鉄筋を直接的に錆びさせる要因となることから、鉄筋の腐食と関係が深いといえる。

2　**最も不適当**。正解。モルタルは、一般に水、セメントおよび砂（砂利ではない）を練り混ぜたものである。

3　**適当**。骨材を分類する方法の一つに、粒径でもって細骨材と粗骨材に分ける方法がある。その場合、砂を細骨材、砂利を粗骨材と呼んでいる。

4　**適当**。コンクリートは、セメントと水を練ったセメントペーストによって、砂、砂利等の骨材を練り固めたものである。

基本書　第4編 第5章 2 建物

平成25年度 **正解と解説**

＊正解番号一覧

問題	正解	問題	正解	問題	正解	問題	正解	問題	正解
1	2	11	4	21	4	31	2	41	2
2	4	12	3	22	2	32	2	42	2
3	4	13	1	23	3	33	2	43	4
4	4	14	3	24	4	34	3	44	1
5	2	15	2	25	3	35	2	45	4
6	4	16	3	26	1	36	3	46	1
7	3	17	4	27	1	37	1	47	3
8	4	18	3	28	2	38	2	48	－
9	1	19	1	29	2	39	1	49	4
10	2	20	1	30	4	40	3	50	4

難易度は A ～ D 。
A がやさしく、
D が最難関な問題です。

合格ライン⇨ 50問中33問以上の正解
（登録講習修了者は、45問中28問以上の正解）

問題 1　正解 2　民法の規定…………………………　難易度 A

1　**民法の条文に規定されている。**意思表示は、①意思表示に対応する意思を欠く錯誤、または②表意者が法律行為の基礎とした事情についてのその認識が真実に反する錯誤であって、その錯誤が法律行為の目的および取引上の社会通念に照らして重要なものであるときは、取り消すことができるとされている（民法95条1項）。

2　**民法の条文に規定されていない。**正解。贈与者は、贈与の目的として特定した時の状態で贈与の目的物を引き渡すことを合意していたものと推定される（同法551条1項）ので、贈与の目的物に瑕疵等があっても原則として責任を負わない。

3　**民法の条文に規定されている。**目的物が種類、品質または数量に関して契約の内容に適合しないものであるときは、買主は、その不適合の程度に応じて代金の減額を請求することができる旨が民法の条文に定められている（同法563条）。

4　**民法の条文に規定されている。**定型約款とは、定型取引（ある特定の者が不特定多数の者を相手方として行う取引であって、その内容の全部または一部が画一的であることがその双方にとって合理的もの）において、契約の内容とすることを目的としてその特定の者により準備された条項の総体をいう旨が民法の条文に定められている（同法548条の2第1項）。

基本書　**第1編 第1章～第3章**

問題 2　正解 4　未成年者……………………………… **難易度 C**

1　**誤り。**私権の享有は、出生に始まる（民法3条1項）。つまり、乳児も権利能力（権利義務の主体となりうる資格）を有する。したがって、乳児も、不動産を所有することができる。

2　**誤り。**営業を許可された未成年者は、その営業に関しては、成年者と同一の行為能力を有する（同法6条1項）。したがって、営業を許可された未成年者が、その営業のための商品を仕入れる売買契約を有効に締結するには、法定代理人の同意（父母の同意）は不要である。なお、未成年者の父母は、親権者として（同法818条1項）、法定代理人となる（同法824条）。

3　**誤り。**男女とも18歳にならなければ、婚姻をすることができない（同法731条）。そして、18歳になれば、父母の同意なく婚姻をすることができる。

4　**正しい。**正解。親権を行う者が数人の子に対して親権を行う場合において、その1人と他の子との利益が相反する行為については、親権を行う者は、その一方のために特別代理人を選任することを家庭裁判所に請求しなければならない（同法826条2項）。そして、親権者が共同相続人である数人の子を代理して遺産分割の協議をすることは、仮に親権者において数人の子のいずれに対しても衡平を欠く意図がなく、親権者の代理行為の結果、数人の子の間に利害の対立が現実化されていなかったとしても、民法826条2項所定の利益相反行為に当たる。したがって、親権者が共同相続人である数人の子を代理して行った遺産分割協議は、有効な追認のない限り無効である（最判昭48.4.24）。

基本書　第1編 第1章 **1** 民法の基本原則、**2** 制限行為能力者制度

問題 3　正解 4　相隣関係……………………………………　**難易度 B**

1　**正しい**。他の土地に囲まれて公道に通じない土地の所有者は、公道に至るため、その土地を囲んでいる他の土地を通行することができる（民法210条1項）。この場合の通行の場所および方法は、通行権を有する者のために必要であり、かつ、他の土地のために損害が最も少ないものを選ばなければならない（同法211条1項）。

2　**正しい**。分割によって公道に通じない土地が生じたときは、その土地の所有者は、公道に至るため、他の分割者の所有地のみを通行することができる。この場合には、償金を支払う必要がない（同法213条1項）。

3　**正しい**。土地の賃貸借契約が締結された場合、賃借人は、当該土地の使用および収益をすることができる（同法601条）。したがって、甲土地が公道に通じているか否かにかかわらず、Aは、賃貸借契約に基づき、当該土地を通行することができる。

4　**誤り**。正解。地役権は、継続的に行使され、かつ、外形上認識することができるものに限り、時効によって取得することができる（同法283条）。そして、この「継続」の要件を満たすには、承役地たるべき他人所有の土地の上に通路の開設があっただけでは足りず、その開設が要役地所有者によってなされることが必要である（最判昭33.2.14）。したがって、通路の開設がAによってなされなければ、Aは、時効によって通行地役権を取得することができない。

基本書　第1編 第2章 **3** 所有権・共有、地役権等

問題 4　正解 4　留置権……………………………………　**難易度 C**

1　**誤り**。他人の物の占有者は、その物に関して生じた債権を有するときは、その債権の弁済を受けるまで、その物を留置することができる（民法295条1項）。しかし、造作買取代金債権は、造作に関して生じた債権であり、建物に関して生じた債権ではないから、賃借人は、造作買取代金債権に基づいて建物を留置することはできない（最判昭29.1.14）。

2　**誤り**。不動産が二重に売買され、第2の買主が所有権移転登記を経由した

場合に、第１の買主が売主に対して取得する損害賠償請求権は、売主の債務不履行によって生じた債権であって、「物に関して生じた」債権ではないから、第１の買主は、当該損害賠償請求権に基づいて当該不動産を留置することはできない（同法295条１項、最判昭43.11.21）。

3　**誤り。**他人の物の占有者は、その占有が不法行為によって始まった場合には、その物に関して生じた債権を有するときでも、その物を留置することができない（同法295条２項）。そして、建物の賃貸借契約が賃借人の債務不履行により解除された後で、賃借人が権原のないことを知りながら不法に建物を占有する間に有益費を支出しても、民法295条２項の類推適用により、賃借人は、有益費償還請求権に基づいて建物を留置することができない（最判昭46.7.16）。

4　**正しい。**正解。借地上の家屋に関する必要費償還請求権は、その家屋の敷地自体に関して生じた債権でもなければ、その敷地の所有者に対して取得した債権でもないから、当該必要費償還請求権を有する者であっても、その家屋の敷地を留置する権利を有しない（同法295条１項、最判昭44.11.6）。

基本書　**第１編 第２章 4 担保物権（留置権・先取特権・質権）**

問題 5　正解 2　抵当権……………………………………　難易度 B

1　**誤り。**債権者が抵当権の実行として担保不動産の競売手続をする場合と同様に、債権者が賃料債権に対して物上代位をしようとする場合にも、被担保債権の弁済期が到来している必要がある。なぜなら、被担保債権の弁済期の到来前に、競売手続や物上代位を許すと、債務者の期限の利益（民法136条１項）を奪うことになる（期限前の弁済を債務者に強制することになる）からである。

2　**正しい。**正解。借地上の建物に抵当権を設定した場合には、当該建物が取壊しを前提とする価格で競落された等特段の事情がない限り、抵当権の効力は、借地権についても及ぶ。なぜなら、建物を所有するために必要な借地権は、当該建物所有権に付随し、これと一体となって一つの財産的価値を形成しているからである（同法370条、87条２項、最判昭40.5.4）。

3　**誤り。**抵当不動産を第三者が不法に占有している場合、その占有により抵当不動産の交換価値の実現が妨げられて抵当権者の優先弁済請求権の行使が困難となるような状態があるときは、抵当権者は、当該占有者に対して妨害排除請求をすることができる（同法369条1項、最判平17.3.10）。

4　**誤り**。同一の不動産について数個の抵当権が設定されたときは、その抵当権の順位は、登記の前後による（同法373条）。そして、抵当権の順位は、各抵当権者の合意によって変更することができる（同法374条1項）。したがって、抵当権について登記がされた後に、抵当権の順位を変更することができる。

基本書　**第1編 第2章 5 抵当権・根抵当権**

問題 6　正解 4　弁済による代位……………………　難易度 D

1　**誤り**。保証人と物上保証人との間においては、その数に応じて、債権者に代位する。ただし、物上保証人が数人あるときは、保証人の負担部分を除いた残額について、各財産の価格に応じて、債権者に代位する（民法501条3項4号）。したがって、債権全額（1,500万円）について保証債務を履行したCは、DおよびEの各不動産に対する抵当権を実行して、1,000万円（保証人Cの負担部分500万円を除いた残額）について、各不動産の価額に応じて、回収することができる。

2　**誤り**。保証人と物上保証人との間においては、その数に応じて、債権者に代位する（同法501条3項4号）。したがって、A銀行がDの不動産の抵当権を実行して債権全額（1,500万円）を回収した場合、DはCに対して、500万円を限度として求償することができる。なお、債権者が担保権の実行によって満足を得た場合にも、債権者が弁済を受けた場合と同様に、「弁済による代位」の規定の適用が認められる。

3　**誤り**。物上保証人から担保の目的となっている財産を譲り受けた者は、「物上保証人」とみなされる（同法501条3項5号）。したがって、本肢の第三者とCは物上保証人と保証人との関係になるので、肢2の解説で述べたとおり、その数に応じて、債権者に代位することができる。

4　**正しい**。正解。肢3の解説で述べたとおり、物上保証人から担保の目的物を譲り受けた者は、「第三取得者」に該当しないので、物上保証人からの譲受人と保証人との間の代位については、物上保証人と保証人との間の代位（同法501条3項4号）と同様に処理すべきである。したがって、物上保証人Eの担保不動産を買い受けた第三者は、A銀行に対して債権全額（1,500万円）を弁済した場合には、保証人Cに対して、弁済した額の一部（500万円）を求償することができる。

基本書　第1編 第3章 9 弁済

問題 7　正解 3　保証債務……………………………………　難易度 A

1　**正しい。**期間の定めのある建物の賃貸借において、賃借人のために保証人が賃貸人との間で保証契約を締結した場合には、特段の事情がない限り、更新後の賃借人の債務について保証する旨を合意したものと解される。なぜなら、賃貸人は、自ら建物を使用する必要があるなどの正当事由を具備しなければ、更新を拒絶することができず、賃借人が望む限り、更新により賃貸借関係を継続するのが通常であって、賃借人のために保証人となろうとする者にとっても、このような賃貸借関係の継続は当然予測できるからである（民法446条1項、最判平9.11.13）。

2　**正しい。**保証人が更新後の賃借人の債務についても保証の責任を負う趣旨で合意した場合には、未払賃料が1年分に及んだとしても、賃貸人が保証債務の履行を請求することが信義則に反すると認められる事情がなければ、保証人は、合意に基づき当該未払額の支払義務を負う（同法446条1項、最判平9.11.13）。

3　**誤り。**正解。更新後に賃借人が賃借している建物を故意または過失によって損傷させた場合の損害賠償債務も、「更新後の賃貸借から生ずる賃借人の債務」に該当するから、保証人が更新後の賃借人の債務についても保証の責任を負う場合には、当該損害賠償債務にも保証人の責任が及ぶ（同法447条1項、最判平9.11.13）。

4　**正しい。**保証人が更新後の賃借人の債務についても保証の責任を負う旨の合意をしたものと解される場合でも、賃貸人が保証債務の履行を請求することが信義則に反すると認められるときは、保証人は更新後の賃借人の債務について保証の責任を負わない。たとえば、賃借人が継続的に賃料の支払を怠っているにもかかわらず、賃貸人が、保証人にその旨を連絡するようなこともなく、いたずらに契約を更新させている場合には、賃貸人が保証債務の履行を請求することが信義則に反すると認められる（同法446条1項、最判平 9.11.13)。

基本書　第1編 第3章 2 保証債務

問題 8　正解 4　賃貸借等…………………………………… 難易度 C

1　**誤り。** Bの行為は、緊急事務管理と考えられる（民法 698 条）。この場合、管理者は、本人のために有益な費用を支出したときは、本人に対し、その償還を請求することができる（同法 702 条1項）。

2　**誤り。** 借主は、契約またはその目的物の性質により定まった用法に従い、その物の使用および収益をしなければならない（同法 594 条1項、616 条）。本肢の行為は、契約またはその目的物の性質により定まった用法に反するとは限らない。したがって、賃貸人の承諾がなくても可能である。

3　**誤り。** 判例は、建物賃貸人が修繕義務を履行しない場合は、その程度に応じて賃料の支払は拒めるが、全部の支払は拒めないとする（同法 606 条1項、大判大 5.5.22)。

4　**正しい。** 正解。賃貸人が賃貸物の保存に必要な行為をしようとするときは、賃借人は、これを拒むことができない（同法 606 条2項)。

基本書　第1編 第3章 11 賃貸借

問題 9　正解 1　不法行為…………………………………… 難易度 A

1　**正しい。** 正解。使用者Aは、被用者Bと第三者Dとの共同過失によって引き起こされた交通事故による顧客Cの損害を賠償したときは、Dに対し、求償権を行使することができる。この場合におけるDの負担部分は、共同不法行為者であるBとDとの過失の割合に従って定められるべきである（民法 715 条1項、719 条、最判昭 41.11.18)。

2　**誤り。** Aは、Bに対して信義則上相当と認められる限度において求償することができる（同法 715 条3項、最判昭 51.7.8)。

3　**誤り。** Dに対しても共同不法行為者として、損害賠償を請求することができる（同法 719 条1項)。

4　**誤り。** Dは、Bに対しても、不法行為に基づく損害賠償を請求することができる（同法 709 条)。

基本書　第１編 第３章 13 不法行為

問題 10　正解 2　相続…………………………………………　難易度 C

1　**誤り**。Aが死亡した場合の法定相続分は、Bが２分の１、Cが６分の１、Eが６分の１、Fが６分の１である（民法 900 条１号・４号）。

2　**正しい**。正解。特定の遺産を特定の相続人に「相続させる」趣旨の遺言は、特段の事情のない限り、当該遺産を単独で相続させる遺産分割の方法が指定されたものと解すべきである（同法 908 条１項、最判平 3.4.19）。

3　**誤り**。遺産を特定の推定相続人に単独で相続させる旨の遺言は、その特定の推定相続人に遺産を取得させる意思にとどまると解されるので、当該推定相続人の代襲者その他の者に遺産を相続させる旨の意思を有していたとみるべき特段の事情のない限り、その特定の推定相続人が遺言者の死亡以前に死亡した場合には、遺言が無効になる（最判平 23.2.22）。したがって、Eは、特段の事情のない限り、全財産を代襲相続することはない。

4　**誤り**。相続人に対する遺贈も有効である。

基本書　第１編 第４章 相続

問題 11　正解 4　賃貸借・借地借家法／借地権……………　難易度 D

1　**誤り**。賃借人が賃貸人の承諾なく第三者に賃借物の使用または収益をさせた場合でも、賃借人の当該行為を賃貸人に対する背信的行為と認めるに足らない特段の事情があるときは、賃貸人は民法 612 条２項により契約を解除することはできない（最判昭 28.9.25）。

2　**誤り**。賃借人の債務不履行により賃貸借が解除された場合には、その結果転貸人としての義務に履行不能を生じ、転貸借は右賃貸借の終了と同時に終了する（民法 613 条３項ただし書、最判昭 36.12.21）。

3　**誤り**。ＡＢ間の定期建物賃貸借契約は、期間の満了により終了する。そして、ＢＣ間の転貸借契約も、前提たる賃貸借契約の終了により終了することになる。ＢのＣに対する解約申入れについて正当事由がなければならないわけではない。

4　**正しい**。正解。借賃増減請求権に関する規定（借地借家法 32 条）は、定期建物賃貸借において、借賃の改定に係る特約がある場合には適用されない

（同法38条9項）。

基本書　第1編 第3章 11 賃貸借、第5章 1 借地借家法－①（借地関係）

問題 12　正解 3　借地借家法／借家権……………………　難易度 B

1　**誤り**。借地借家法は、建物の所有を目的とする地上権および土地の賃借権について適用されるものであり、それ以外の利用目的の場合は適用されない（借地借家法1条）。したがって、ゴルフ場内の建物には適用されても、ゴルフコースなどには適用されない。

2　**誤り**。借地権の存続期間が満了する場合において、借地権者が契約の更新を請求したときは、建物がある場合に限り、従前の契約と同一の条件で契約を更新したものとみなす。ただし、借地権設定者が遅滞なく異議を述べたときは、この限りでない（同法5条1項）。この異議を述べるためには、「正当事由」が必要であり、単に異議を述べれば、借地契約が当然に終了するわけではない（同法6条）。

3　**正しい**。正解。二筆以上の土地の借地権者が、そのうちの一筆の土地上にのみ登記のある建物を所有しているにすぎない場合は、登記のある建物がない土地には、借地借家法10条1項の対抗力は及ばない（最判昭40.6.29）。

4　**誤り**。借地権の存続期間が満了する前に建物の滅失があった場合において、借地権者が残存期間を超えて存続すべき建物を築造したときは、その建物を築造するにつき借地権設定者の承諾がある場合に限り、借地権は、承諾があった日または建物が築造された日のいずれか早い日から20年間存続する（同法7条1項）。異議を述べないときではなく「承諾」が必要である。なお、異議を述べないときに承諾とみなされるには、それ以前に通知をしておくことが必要である。

基本書　第1編 第5章 2 借地借家法－②（借家関係）

問題 13　正解 1　区分所有法……………………………　難易度 A

1　**誤り**。正解。区分所有者の承諾を得て専有部分を占有する者は、会議の目的たる事項につき利害関係を有する場合には、集会に出席して意見を述べることができる（区分所有法44条1項）。しかし、議決権は行使できない。

2　**正しい**。集会においては、規約に別段の定めがある場合および別段の決議をした場合を除いて、管理者または集会を招集した区分所有者の１人が議長となる（同法41条）。つまり、区分所有者の請求により管理者が集会を招集した場合は管理者が議長となり、区分所有者自身が集会を招集した場合は区分所有者の１人が議長となる。

3　**正しい。**管理者は、集会において、毎年１回一定の時期に、その事務に関する報告をしなければならない（同法43条）。

4　**正しい。**共用部分は、区分所有者全員の共有に属する。ただし、一部共用部分は、これを共用すべき区分所有者の共有に属する（同法11条１項）。

基本書　**第１編 第５章 3 建物の区分所有等に関する法律**

問題 14　正解 3　不動産登記法……………………………　難易度 C

1　**正しい。**表題部所有者または所有権の登記名義人が表示に関する登記の申請人となることができる場合において、当該表題部所有者または登記名義人について相続その他の一般承継があったときは、相続人その他の一般承継人は、当該表示に関する登記を申請することができる（不動産登記法30条）。

2　**正しい。**共有物分割禁止の定めに係る権利の変更の登記の申請は、当該権利の共有者である全ての登記名義人が共同してしなければならない（同法65条）。

3　**誤り。**正解。区分建物にあっては、表題部所有者から所有権を取得した者も、所有権保存の登記を申請することができる。この場合において、当該建物が敷地権付き区分建物であるときは、当該敷地権の登記名義人の承諾を得なければならない（同法74条２項）。

4　**正しい。**所有権に関する仮登記に基づく本登記は、登記上の利害関係を有する第三者がある場合には、当該第三者の承諾があるときに限り、申請することができる（同法109条１項）。

基本書　**第１編 第５章 4 不動産登記法**

問題 15　正解 2　都市計画法総合……………………………　難易度 B

1　**正しい。**都市計画施設の区域または市街地開発事業の施行区域内で建築物の建築をしようとする者は、原則として、都道府県知事（市の区域内では当該市の長）の許可を受けなければならないが、都市計画事業の施行として行う行為については適用が除外されており、許可を受ける必要はない（都市計画法53条1項3号）。

2　**誤り。**正解。特定用途制限地域は、用途地域の一つではない。特定用途制限地域は、用途地域が定められていない土地の区域（市街化調整区域を除く）内で、その良好な環境の形成または保持のため当該地域の特性に応じて合理的な土地利用が行われるよう、制限すべき特定の建築物等の用途の概要を定める地域である（同法9条15項）。

3　**正しい。**都市計画事業の認可の告示があった後は、当該事業地内において、都市計画事業の施行の障害となるおそれがある土地の形質の変更、建築物の建築その他工作物の建設を行い、または政令で定める移動の容易でない物件の設置・堆積を行おうとする者は、都道府県知事等の許可を受けなければならない（同法65条1項）。

4　**正しい。**一定の条件を満たす土地の区域における地区計画には、劇場、店舗、飲食店その他これらに類する用途に供する大規模な建築物（特定大規模建築物）の整備による商業その他の業務の利便の増進を図るため、一体的かつ総合的な市街地の開発整備を実施すべき区域として開発整備促進区を都市計画に定めることができる（同法12条の5第4項）。

基本書　**第3編 第1章 3 都市計画の内容、4 都市施設・市街地開発事業・予定区域と建築等の制限（都市計画制限・都市計画事業制限）**

問題 16　正解 3　都市計画法／開発許可制度……………… 難易度 B

1　**誤り。**「開発行為」とは、主として建築物の建築または特定工作物の建設の用に供する目的で行う土地の区画形質の変更をいう（都市計画法4条12項）。

2　**誤り。**市街化調整区域内での開発行為は、面積に関係なく、原則として都道府県知事等の許可を受けなければならない（同法29条1項本文）。市街化調整区域内では、開発規模によって開発許可が免じられるという規定はない。

3　**正しい。**正解。市街化区域内では、開発規模が1,000㎡以上の場合、原則として、開発許可を受けなければならない（同法29条1項1号、施行令19条1項）。診療所の建築の用に供する目的の開発行為であっても、このことに変わりはない。なお、市町村のうち、指定都市、中核市、事務処理市町村の行う開発行為については、都道府県知事との協議が成立することをもって、開発許可があったものとみなされる（同法34条の2第1項）。

4　**誤り。**非常災害のため必要な応急措置として行われる開発行為については、区域に関係なく、開発許可の適用は除外されている（同法29条1項10号・2項2号）。したがって、市街化調整区域内での開発行為であっても、本肢の場合、開発許可を受ける必要はない。

基本書　第3編 第1章 6 開発許可制度

問題 17　正解 4　建築基準法／単体規定……………………　難易度 D

ア　**誤り。**居室の天井の高さは、原則として2.1m以上でなければならない（建築基準法施行令21条1項）が、一室で天井の高さの異なる部分がある場合には、その平均の高さによる（同条2項）。

イ　**誤り。**各階のバルコニーのすべてに義務付けられているのではない。屋上広場または2階以上の階にあるバルコニーその他これに類するものの周囲には、安全上必要な高さが1.1m以上の手すり壁、さく、または金網を設けなければならない（同法施行令126条1項）が、1階のバルコニーには義務付けられていない。

ウ　**誤り。**石綿等以外の物質で居室内において衛生上の支障を生ずるおそれがあるものとして政令で定める物質は、クロルピリホス、ホルムアルデヒドの二つがある（同法28条の2第3号、施行令20条の5）。

エ　**誤り。**高さ31mを超える建築物（政令で定めるものを除く）には、非常用の昇降機を設けなければならない（同法34条2項）。

以上により、ア、イ、ウ、エの四つすべてが誤りであり、正解は4。

基本書　第3編 第2章 3 単体規定

問題 18　正解 3　建築基準法／集団規定……………………　難易度 B

1　**正しい。**地方公共団体は、一定の建築物（延べ面積が1,000㎡を超える建築物もその一つである）の敷地が接しなければならない道路の幅員などについて、建築物の用途または規模の特殊性により、2mの接道のみでは避難または通行の安全の目的を十分に達しがたいと認める場合、条例で、必要な制限を付加することができる（建築基準法43条3項）。

2　**正しい**。建蔽率の限度が10分の8とされている防火地域内にある耐火建築物等については、建蔽率の制限は適用されない（同法53条6項1号）。

3　**誤り**。正解。北側斜線制限は第一種・第二種低層住居専用地域もしくは田園住居地域、第一種・第二種中高層住居専用地域（条例で日影制限が定められている場合を除く）内の建築物に適用され、建築物の用途地域が異なる場合は建築物の部分ごとに北側斜線の制限を受ける。敷地の過半の用途地域の制限が適用されるのではない（同法56条1項3号・5項）。

4　**正しい**。建築物の敷地が2以上の異なる用途地域にわたる場合、その敷地の全部について敷地の過半の属する用途地域の規定が適用される。本肢の場合、敷地の過半を占める準住居地域の規定が適用されるので、作業場の床面積の合計が150㎡以内の自動車修理工場は、特定行政庁の許可なく建築できる（同法91条、48条7項、別表第二(と)2号かっこ書）。

基本書　**第3編 第2章 4 集団規定**

問題19　正解1　宅地造成及び特定盛土等規制法…………　難易度B

1　**誤り**。正解。宅地造成等工事規制区域内において行われる宅地造成等に関する工事では、高さが5mを超える擁壁の設置をするときは、政令で定める資格を有する者の設計によらなければならない（宅地造成及び特定盛土等規制法13条2項、施行令21条1号）。

2　**正しい**。宅地造成等工事規制区域内において、切土をした結果、2m以下の崖を生じる場合であっても、切土の面積が500㎡を超えていれば宅地造成に該当し、都道府県知事の許可が必要である（同法12条1項、2条2号、施行令3条2号・5号）。

3　**正しい**。宅地造成等工事規制区域内において、盛土をした結果、1mを超える崖を生じる場合は、宅地造成に該当し、都道府県知事の許可が必要である（同法12条1項、2条2号、施行令3条1号）。

4　**正しい**。都道府県知事は、宅地造成等工事規制区域内の土地について、宅地造成等に伴う災害の防止のため必要があると認める場合においては、その土地の所有者、管理者、占有者、工事主または工事施行者に対し、擁壁等の設置または改造その他宅地造成等に伴う災害の防止のため必要な措置をとることを勧告することができる（同法22条2項)。

基本書 第3編 第3章 2 規制区域内における宅地造成等に関する工事等の規制

問題 20 正解 1 土地区画整理法…………………………… 難易度 C

1 **正しい。**正解。原則として、換地計画に係る区域の全部について土地区画整理事業の工事が完了した後は、遅滞なく、換地処分をしなければならないが、規準、規約、定款または施行規程に別段の定めがある場合においては、換地計画に係る区域の全部について工事が完了する以前でも換地処分をすることができる（土地区画整理法103条2項)。

2 **誤り。**換地処分は、関係権利者に換地計画において定められた関係事項を通知して行う（同法103条1項)。公告によって行うのではない。

3 **誤り。**施行者が、個人である場合、保留地を定めるときは、土地区画整理審議会の同意は不要である（同法96条3項)。そもそも、施行者が、個人、土地区画整理組合または区画整理会社である場合には、土地区画整理審議会を設置しない。

4 **誤り。**仮換地を指定しようとする場合においては、あらかじめ、その指定について、個人施行者は、従前の宅地の所有者および仮換地となるべき宅地の所有者の同意を得なければならない（同法98条3項)。

基本書 第3編 第4章 1 土地区画整理事業、2 仮換地、3 換地処分

問題 21 正解 4 農地法…………………………………… 難易度 B

1 **誤り。**農地の賃貸借は、その登記がなくても、農地の引渡しがあったときは、これをもってその後その農地について所有権を取得した第三者に対抗することができる（農地法16条)。

2 **誤り。**登記簿上の地目が何であろうと、現に畑として耕作されている土地は、農地法上の農地に該当する（同法2条1項)。

3 **誤り。**国または都道府県等が、農地を転用目的で取得する場合には、農地法5条1項の許可を受けなければならない。ただし、国または都道府県等と都道府県知事との協議（指定市町村の区域内にあっては、指定市町村の長との協議）が成立することをもって農地法5条1項の許可があったものとみなされる（同法5条4項)。

4　**正しい。**正解。農地を相続によって取得する場合には、農地法３条１項の許可は不要であるが、相続によって取得した農地を転用する場合には、農地法４条１項の許可が必要となる（同法４条１項）。なお、市街化区域内の農地を転用する場合には、農業委員会に届出をすれば足り、農地法４条１項の許可は不要であるが、本肢の農地は、市街化調整区域内の農地であるから許可を受けなければならない。

基本書　**第3編 第5章 農地法**

問題 22　正解 2　各種法令……………………………………　難易度 B

1　**誤り。**地すべり防止区域内において、地表水を放流し、または停滞させる行為その他地表水のしん透を助長する行為（政令で定める軽微な行為を除く）をしようとする者は、都道府県知事の許可を受けなければならない（地すべり等防止法18条１項２号）。市町村長の許可ではない。

2　**正しい。**正解。当事者の一方または双方が国、地方公共団体（都道府県、市町村）等である場合、そもそも国土利用計画法23条の事後届出は不要である（国土利用計画法23条２項３号）。

3　**誤り。**形質変更時要届出区域内において土地の形質の変更をしようとする者は、一定の事項を都道府県知事に届け出なければならないが、非常災害のために必要な応急措置として行う行為は、届出不要である（土壌汚染対策法12条１項４号）。

4　**誤り。**河川区域内の土地において工作物を新築し、改築し、または除却しようとする者は、河川管理者の許可を受けなければならない（河川法26条１項）。河川管理者との協議ではない。

基本書　**第3編 第6章 2 事後届出制、第7章 1 原則、2 例外**

問題 23　正解 3　印紙税……………………………………　難易度 C

1　**誤り。**印紙の消印は課税文書の作成者が課税文書と印紙の彩紋とにかけて行う（印紙税法８条２項）。この場合の作成者は、自己またはその代理人（法人の代表者を含む）、使用人その他の従業者の印章または署名で消さなければならない（同法施行令５条）とされる。したがって、契約当事者の従業者の印章または署名で消印すれば、消印したことになる。

2　**誤り。**契約当事者のみならず、仲介人等の契約参加者に対して交付する文書も課税文書に該当すること（同法基本通達20条）から、ＡＢ間の取引を媒介した宅地建物取引業者Ｃが保存する契約書にも印紙税は課税される。

3　**正しい。**正解。一の契約書に、第一号文書（不動産譲渡契約書）と第二号文書（請負契約書）が併記されているときは、その契約書は原則として全体が第一号文書であるが、第一号文書と第二号文書に区分でき（各々に契約金額の記載があり）、第二号文書の金額に第一号文書の金額が満たないときは第二号文書の金額のみを記載金額とするとされている。本肢は文書が区分されている場合であり、記載金額は第二号文書の5,000万円である（同法別表第１　課税物件表の適用に関する通則３ロ）。

4　**誤り。**取引に当たって、課されるべき消費税額等が明らかである場合には、消費税額等は、印紙税法上の記載金額に含めないものとするとされている（同法個別通達　消費税法の改正等に伴う印紙税の取扱いについて）。本肢では、消費税額および地方消費税額が200万円との記載があり、消費税等の金額が明らかであるから、印紙税法上の記載金額は、消費税額・地方消費税額を除いた2,000万円となる。

基本書　**第4編 第1章 4 印紙税**

問題24　正解4　固定資産税……………………………　難易度 D

1　**誤り。**固定資産評価員は、国会議員および地方団体の議会の議員を兼ねることができないとされている（地方税法406条１項１号）。

2　**誤り。**登記所は、土地または建物の表示に関する登記をしたときは、10日以内に、その旨を所在地の市町村長に通知しなければならない（同法382条１項）。30日以内ではない。

3　**誤り。**住宅用地に対する固定資産税の課税標準の特例は、面積が200㎡以下の場合には、課税標準となるべき価格（以下、土地価格という）の６分の１、200㎡超の場合は、超える部分について土地価格の３分の１を課税標準とするものである（同法349条の３の２）。小規模住宅用地に対する固定資産税の課税標準を一律土地価格の３分の１とするのではない。

4　**正しい。**正解。固定資産税の滞納者が督促を受け、督促状を発した日から10日を経過した日までに徴収金を完納しないときは、市町村の徴税吏員は滞納者の財産を差し押さえなければならない（同法373条1項1号）。

基本書　第4編 第1章 3 固定資産税

問題 25　正解 3　地価公示法…………………………………　難易度 B

1　**誤り。**地価公示法の目的は、都市およびその周辺の地域等において、標準地を選定し、その標準地自体の正常な価格を公示することにより、適正な地価の形成に寄与することである（地価公示法1条）。

2　**誤り。**標準地は、土地鑑定委員会が、自然的および社会的条件からみて類似の利用価値を有すると認められる地域において、土地の利用状況、環境等が通常と認められる一団の土地について選定するものとされている（同法3条）。当該土地の使用・収益を制限する権利が存する一団の土地も選定の対象となる（同法2条2項）。

3　**正しい。**正解。公示価格を規準とするとは、対象土地の価格を求めるに際して、当該対象土地とこれに類似する利用価値を有すると認められる1または2以上の標準地との位置、地積、環境等の土地の客観的価値に作用する諸要因についての比較を行い、その結果に基づき、当該標準地の公示価格と当該対象土地の価格との間に均衡を保たせることをいう（同法11条）。

4　**誤り。**不動産鑑定士は、土地鑑定委員会の求めに応じて標準地の鑑定評価を行うに当たっては、近傍類地の取引価格から算定される推定の価格、近傍類地の地代等から算定される推定の価格および同等の効用を有する土地の造成に要する推定の費用の額を勘案してこれを行わなければならないのであって、いずれかを勘案してこれを行わなければならないのではない（同法4条）。

基本書　第4編 第2章 1 地価公示

問題 26　正解 1　免許基準・免許取消し…………………………　難易度 A

1　**正しい。**正解。道路交通法違反による罰金は、免許の欠格要件に該当せず、A社の免許が取り消されることはない（宅建業法66条1項3号、5条1項6号）。

2　**誤り。**B社の使用人であって、B社の支店の代表者は、政令で定める使用人に該当し、その者が刑法222条（脅迫）の罪により罰金の刑に処せられると、B社の免許は取り消される（宅建業法66条1項3号、5条1項6号・12号）。

3　**誤り。**C社の非常勤役員も役員に該当し、その者が刑法208条の2（凶器準備集合および結集）の罪により罰金の刑に処せられると、C社の免許は取り消される（宅建業法66条1項3号、5条1項6号・12号）。

4　**誤り。**D社の代表取締役が、懲役の刑に処せられ、執行猶予が付された場合、D社の免許は取り消される。執行猶予が付されても、執行猶予期間が満了しない限り懲役の刑の言渡しを受けたことには変わりはない（同法66条1項3号、5条1項5号・12号）。

基本書　第2編 第3章 1 監督処分等

問題27　正解1　営業保証金…………………………　難易度A

1　**正しい。**正解。宅建業者は、免許を取り消された場合、その理由を問わず営業保証金を取り戻すことができる（宅建業法30条1項）。

2　**誤り。**信託業法3条の免許を受けた信託会社で宅建業を営む者には、免許に関する規定は適用されない（宅建業法77条1項）。そもそも宅建業法の免許を受けていないので、国土交通大臣から免許を取り消されることはない。

3　**誤り。**本店を移転したため宅建業者の最寄りの供託所が変更した場合に、営業保証金の保管替えを請求しなければならないのは、金銭のみで営業保証金を供託している場合である（同法29条1項）。

4　**誤り。**宅建業者は、免許権者から営業保証金の額が政令で定める額に不足することとなった旨の通知を受けたときは、その通知を受けた日から2週間以内に、その不足額を供託しなければならない（同法28条1項、宅地建物取引業者営業保証金規則5条）。「不足を生じた日」からではない。

基本書　第2編 第1章 5 営業保証金と保証協会

問題28　正解2　媒介契約…………………………　難易度B

ア　**誤り。**売買契約が成立したときに指定流通機構に通知しなければならない事項は、登録番号、取引価格、売買契約の成立年月日であり、売主および買主の氏名は通知する必要はない（宅建業法34条の2第7項、施行規則15条の13）。

イ　**正しい。**宅建業者が、売買すべき価額または評価額について意見を述べるときは、その根拠を明らかにしなければならない（同法34条の2第2項）。

ウ　**正しい。**専任媒介契約の有効期間は、依頼者からの申出により更新することができるが、更新の時から3カ月を超えることができない（同法34条の2第4項）。

以上により、正しいものはイ、ウの二つであり、正解は2。

基本書　第2編 第2章 1 一般的規制

問題29　正解2　重要事項の説明…………………………　難易度B

1　**誤り。**重要事項の説明をしなければならない相手方は、物件を取得し、または借りようとする者である。買主である宅建業者は、売主に重要事項の説明をする必要はない（宅建業法35条1項）。

2　**正しい。**正解。賃貸借契約の目的物の管理が管理会社に委託されているときは、管理会社の商号または名称およびその主たる事務所の所在地を、当該物件が区分所有建物であるか否かにかかわらず、借主に説明しなければならない（同法35条1項6号・14号、施行規則16条の2第8号、16条の4の3第12号）。

3　**誤り。**区分所有建物の売買において、売主が宅建業者である場合には、売主は宅建業者でない買主に対し、当該一棟の建物に係る計画的な維持修繕のための修繕積立金積立総額および売買の対象となる専有部分に係る修繕積立金額の説明をするとともに、滞納があれば、その旨も説明しなければならない（同法35条1項6号、施行規則16条の2第6号、宅建業法の解釈・運用の考え方35条1項6号関係6）。なお、買主が宅建業者であるときは、説明する必要はなく、書面の交付で足りる。

4　**誤り。**区分所有建物の売買において、売主および買主が宅建業者である場合には、当該売主は当該買主に対し、供託所等の説明をする必要はない（同法35条の2）。

なお35条書面は相手方の承諾を得て、電磁的方法による代用措置を講じることができる（同法35条8項・9項）。

基本書　第2編 第2章 1 一般的規制

問題 30　正解 4　重要事項の説明 ………………………… 難易度 B

1　**誤り。** 買主が宅建業者であれば、重要事項の説明は省略でき、35 条書面の交付だけでよい（宅建業法 35 条 1 項・6 項）。

2　**誤り。** 重要事項を説明する場合、取引の相手方から請求がなくても、宅地建物取引士証を提示しなければならず、提示しなかったときは、10 万円以下の過料に処せられることがあるが、罰金に処せられることはない（同法 35 条 4 項、86 条）。

3　**誤り。** 耐震診断を受けたものであっても、その内容を重要事項として説明しなくてもよいのは、昭和 56 年 6 月 1 日以降に新築工事に着手したものである（同法 35 条 1 項 14 号、施行規則 16 条の 4 の 3 第 5 号）。貸借の場合も同様である。

4　**正しい。** 正解。取引の対象となる宅地または建物が、津波防災地域づくりに関する法律の規定により指定された津波災害警戒区域内にあるときは、その旨を重要事項として説明しなければならない（宅建業法 35 条 1 項 14 号、施行規則 16 条 4 の 3 第 3 号）。

基本書　第 2 編 第 2 章 **1** 一般的規制

問題 31　正解 2　37条書面 ………………………… 難易度 A

ア　**誤り。** 自ら貸主としての契約は、宅地建物取引業の「取引」に該当しないので、相手方に 37 条書面を交付する必要はない（宅建業法 2 条 2 号、37 条）。

イ　**正しい。** 媒介により契約が成立した場合、その契約の各当事者に 37 条書面を交付しなければならない（同法 37 条 1 項）。

ウ　**正しい。** 天災その他不可抗力による損害の負担に関する定めがあるときは、その内容を記載した 37 条書面を交付しなければならない（同法 37 条 1 項 10 号）。

エ　**誤り。** 建物の売買に関し、自ら売主として契約を締結した場合、相手方が宅建業者であっても、37 条書面を交付しなければならない（同法 37 条 1 項、78 条 2 項）。

以上により、正しいものの組合せはイ、ウであり、正解は 2。

なお 37 条書面は 37 条 1 項・3 項に規定する者の承諾を得て、電磁的方法による代用措置を講じることができる（同法37条4項・5項）。

基本書　第2編 第2章 1 一般的規制

問題 32　正解 2　広告……………………………………………… 難易度 A

ア　**違反する。** 建築確認の済んでいない建築工事完了前の住宅の貸借の媒介を依頼され、取引態様を媒介と明示して募集広告を行った場合、広告開始時期の制限に違反する（宅建業法33条）。

イ　**違反しない。** 貸借の代理・媒介は、契約締結等の時期の制限の対象となっていないので、代理人として借主との間で賃貸借契約を締結しても、宅建業法の規定に違反しない（同法36条）。

ウ　**違反しない。** 建築確認が済めば、建築工事完了前においても、当該住宅の売却の専任媒介契約を締結し、媒介業務を行うことができるので、宅建業法の規定に違反しない（同法36条）。

エ　**違反する。** 建築確認の済んでいない建築工事完了前に住宅の売却の媒介を依頼され、取引態様を媒介と明示して販売広告を行った場合、広告開始時期の制限に違反する（同法33条）。

以上により、違反しないものの組合せはイ、ウであり、正解は2。

基本書　第2編 第2章 1 一般的規制

問題 33　正解 2　重要事項の説明……………………………… 難易度 B

1　**誤り。** 管理組合の総会の議決権に関する事項については、重要事項として説明する必要はない（宅建業法35条1項6号、施行規則16条の2）。

2　**正しい。** 正解。共用部分に関する規約の定めが案の段階であっても、その案の内容を重要事項として説明しなければならない（同法35条1項6号、施行規則16条の2第2号）。

3　**誤り。** マンションの1戸の貸借の媒介を行う場合、建築基準法に規定する容積率および建蔽率に関する制限について、重要事項として説明する必要はない（宅建業法35条1項2号、施行令3条3項）。

4　**誤り。** 借賃以外に授受される金銭の定めがあるときは、その金銭の額、授受の目的について重要事項として説明しなければならないが、保管方法についてはその必要はない（同法35条1項7号）。

基本書　第2編 第2章 **1** 一般的規制

問題 34　正解 3　クーリング・オフ ……………………… 難易度 C

1　**誤り。** 喫茶店は、事務所等以外の場所に該当し、自ら指定した喫茶店で買受けの申込みをした買主Bは、申込みの翌日に売買契約を解除することができる。この場合、A社は、既に支払われている手付金および中間金の全額を返還しなければならない（宅建業法37条の2第1項・第3項、施行規則16条の5第2号）。

2　**誤り。** クーリング・オフ期間は、売主である宅建業者から書面でクーリング・オフできる旨を告げられた日（当日を算入する）から8日間以内とされる。本肢の翌週の火曜日は、8日間経過後であるから、Bは契約の解除をすることができない（同法37条の2第1項1号）。

3　**正しい。** 正解。他の宅建業者の代理・媒介を受けていないハウスメーカーの事務所は、事務所等以外の場所に該当する。したがって、当該事務所において買受けの申込みをしたBは、契約を解除することができる（同法施行規則16条の5第1号ハ）。

4　**誤り。** Bは、代金全額を支払ったとしても宅地の引渡しを受ける前であれば、履行関係は終了していないから、契約を解除することができる。したがって、A社は代金全額が支払われていることを理由に契約の解除を拒むことができない（同法37条の2第1項2号）。

基本書　第2編 第2章 **2** 自ら売主規制（8種制限）

問題 35　正解 2　37条書面 ……………………… 難易度 B

ア　保証人の氏名および住所は、37条書面の記載事項ではない。

イ　建物の引渡しの時期は、37条書面の必要的記載事項である（宅建業法37条1項4号・2項1号）。

ウ　借賃の額ならびにその支払の時期および方法は、37条書面の必要的記載事項である（同法37条2項2号）。

エ　媒介に関する報酬の額は、37条書面の記載事項ではない。

オ　借賃以外の金銭の授受の方法は、37条書面の記載事項ではない。なお、借賃以外の金銭の額、授受の時期、目的は37条書面の任意的記載事項となっていることに注意（同法37条2項3号）。

以上により、37条書面の必要的記載事項となるのはイ、ウの二つであり、正解は2。

基本書　第2編 第2章 1 一般的規制

問題 36　正解 3　37条書面 ……………………………… 難易度 A

1　**違反する。**宅地の売買契約においては、「私道に関する負担」は重要事項に該当する。したがって、A社は契約が成立するまでの間に宅建業者ではない買主に対し、宅地建物取引士が私道の負担に関する追加の説明を行わなければならない（宅建業法35条1項3号）。

2　**違反する。**A社は、宅地の売買契約が成立するまでの間に、宅建業者ではない買主に対し、営業保証金を供託した主たる事務所の最寄りの供託所およびその所在地を説明しなければならない（同法35条の2第1号）。

3　**違反しない。**正解。37条書面の交付義務は、宅建業者に課せられており、宅地建物取引士が行う必要はない（同法37条1項・3項）。

4　**違反する。**契約不適合責任に関する特約は、37条書面の任意的記載事項であり、宅建業者間取引であっても、特約があるときは、その記載を省略することができない（同法37条1項11号、78条2項）。

基本書　第2編 第2章 1 一般的規制

問題 37　正解 1　報酬 ……………………………… 難易度 B

報酬の限度額となる取引代金の額は、本体価格（税抜価額）が基礎となる。本問における消費税込みの土地付建物の代金は、5,400万円とあるから、建物の本体価格は3,000万円（消費税込みの建物代金は、3,300万円）となり、結局、土地付建物の消費税抜きの本体価格は、3,000万円+2,100万円＝5,100万円となる。したがって、売買の媒介の場合、依頼者の一方から受領できる報酬の限度額は、速算式で求めると、5,100万円×0.03（3％）＋6万円＝159万円となり、消費税課税事業者はこれに10％を加えた額、つまり、159万円×1.1＝174万9,000円となる。売買の代理の報酬は上記の2倍以内であり、349万8,000円となる。また1つの取引に2以上の宅建業者が介在する場合でも、1つの取引に係る報酬の限度額は同じである。

ア　**違反する。**代理業者Ａ社、媒介業者Ｃ社ともこの限度額を超えている。また、１つの取引に係る報酬の限度額（本肢では349万8,000円）も超えている。

イ　**違反する。**Ａ社はこの限度額を超えている。また、Ａ社、Ｃ社の両社合わせて受領できる報酬の限度額は、本肢では349万8,000円を超えている。

ウ　**違反しない。**Ａ社およびＣ社の受領できる報酬の限度額の範囲内であり、さらに特別の依頼に基づく特別の費用５万円については、報酬とは別に請求することができる（宅建業法46条１項、報酬額に関する告示第２・第３・第９①）。

以上により、違反しないものはウのみであり、正解は１。

基本書　第２編 第２章 ❸ 報酬・その他の制限

問題 38　正解 2　8種制限……………………………… 難易度 B

ア　**誤り。**契約不適合責任に関する通知期間を「引渡しの日から２年以内」と特約で定めることができるが、責任の対象を建物の構造耐力上主要な部分の瑕疵にのみ限定することは、民法566条の規定より買主に不利な特約となり、無効である（宅建業法40条）。品確法との違いに注意。

イ　**正しい。**宅建業者が自ら売主となる売買契約においては、損害賠償額を予定したときでも違約金の定めをすることができるが、この場合は、合算して代金の10分の２以内であれば、特約は有効とされる（宅建業法38条１項）。

ウ　**誤り。**宅建業者が自ら売主となる売買契約においては、当事者の一方が契約の履行に着手するまでは、買主はその手付を放棄して、売主である宅建業者は、その倍額を現実に提供して、契約の解除をすることができる（同法39条２項）。つまり、買主は、手付を放棄するだけで契約を解除することができ、中間金も含めなくては契約を解除することができないとする特約は、買主に不利な特約として無効である（同法39条３項）。

以上により、誤っているものはア、ウの二つであり、正解は２。

基本書　第２編 第２章 ❷ 自ら売主規制（８種制限）

問題 39　正解 1　**保証協会**……………………………………　**難易度 B**

1　**正しい。**正解。保証協会は、必須業務として、苦情の解決業務を行い、苦情の申出および解決の結果について社員に周知させなければならない（宅建業法 64 条の 5 第 1 項・第 4 項）。

2　**誤り。**免許権者に対する保証協会に加入した宅建業者の報告は、宅建業者自身が行うのではなく、「保証協会」がしなければならない（同法 64 条の 4 第 2 項）。

3　**誤り。**弁済業務保証金の還付があったときは、保証協会は、還付充当金を「保証協会」に納付するように通知しなければならない（同法 64 条の 10 第 1 項）。納付先は、主たる事務所の最寄りの供託所ではない。

4　**誤り。**保証協会に加入しようとする者は、「その加入しようとする日までに」弁済業務保証金分担金を納付しなければならない（同法 64 条の 9 第 1 項 1 号）。

基本書　**第 2 編 第 1 章 5 営業保証金と保証協会**

問題 40　正解 3　**手付金等の保全措置**…………………………　**難易度 A**

1　**誤り。**工事完了前の宅地・建物（いわゆる未完成物件）についての保全措置は、銀行等による連帯保証および保険事業者による保証保険によって行う。指定保管機関による保管により保全措置を講じることができるのは、工事完了後の宅地・建物（いわゆる完成物件）についてのみである（宅建業法 41 条 1 項、41 条の 2 第 1 項 1 号）。

2　**誤り。**手付金等の保全措置義務を負うのは、自ら売主として売買契約を締結した宅建業者Aであり、販売代理をする宅建業者Cが行ったとしても、手付金等の保全措置を講じたことにはならない（同法 41 条 1 項）。

3　**正しい。**正解。宅建業者間取引においては、手付額の制限規定および手付金等の保全措置の規定は適用されない（同法 78 条 2 項）から、Aは、保全措置を講じずに代金の 5 %を超える手付金を受領することができる。

4　**誤り。**建築工事完了前のマンション（未完成物件）を代金 4,000 万円で売買契約を締結した場合、100 万円の手付金を受領し、さらに 200 万円の中間金を受領すれば、手付金および中間金の合計額が代金の 5 %を超えることになり、保全措置を講じなければならない（同法 41 条 1 項）。

なお手付金等の保全措置は、電磁的方法による措置で行うことができる（同法41条5項、41条の2第6項）。

基本書　第2編 第2章 2 自ら売主規制（8種制限）

問題41　正解2　業務上の規制……　難易度A

1 **誤り。**業務に関する帳簿がパソコンのハードディスクに記録され、必要に応じ当該事務所においてパソコンやプリンターなどを用いて明確に紙面に表示されるときは、帳簿の記載に代えることができる（宅建業法49条、施行規則18条2項）。

2 **正しい。**正解。宅建業者は、免許証を掲示する義務はないが、標識は掲示しなければならない（同法50条1項）。

3 **誤り。**業務に関する帳簿の記載は、取引のあった月の翌月1日までにではなく、「取引のあったつど」記載しなければならない（同法49条）。

4 **誤り。**宅地建物取引士であっても、従業者証明書の携帯義務があり、宅地建物取引士証で代用することはできない（同法48条1項）。

基本書　第2編 第2章 3 報酬・その他の制限

問題42　正解2　監督処分……　難易度A

1 **誤り。**宅地建物取引士は、他人に自己の名義の使用を許し、当該他人がその名義を使用して宅地建物取引士である旨の表示をしたとき（名義貸し）は、指示処分事由および事務禁止処分事由に該当する（宅建業法68条1項2号・2項）。指示処分または事務禁止処分は、登録知事または違反場所の都道府県知事がすることができる（同法68条3項・4項）。

2 **正しい。**正解。都道府県知事は、その登録を受けている宅地建物取引士が、不正の手段により宅地建物取引士証の交付を受けた場合は、当該登録を消除しなければならない（同法68条の2第1項3号）。登録の消除は、登録知事（甲県知事）のみができる。

3 **誤り。**事務禁止処分に違反したときは、登録を消除しなければならない。登録の消除は、登録知事（甲県知事）のみができる（同法68条の2第1項4号）。

4 **誤り。**国土交通大臣は、すべての宅地建物取引士に対して、都道府県知事は、その登録を受けている宅地建物取引士および当該都道府県の区域内でその事務を行う宅地建物取引士に対して、宅地建物取引士の事務の適正な遂行を確保するため必要があると認めるときは、その事務について必要な報告を求めることができる（同法72条3項）。また、乙県内において、宅地建物取引士が不正な行為等を行えば、乙県知事は、必要な指示をすることができる（同法68条3項）。

基本書　第2編 第3章 1 監督処分等

問題 43　正解 4　免許…………………………………………　難易度 A

1　**誤り**。甲県知事免許の宅建業者が、乙県内に事務所を設置して宅建業を行う場合には、国土交通大臣免許に免許換えの申請が必要であるが（宅建業法7条1項3号）、乙県内に事務所を設置しないのであれば、国土交通大臣への免許換えの申請は不要であり、甲県知事免許のままで、乙県内で宅建業を行うことができる。

2　**誤り**。乙県知事が宅建業者に指示処分をしたときは、遅滞なく、指示処分をした旨を、当該宅建業者の免許権者である都道府県知事に通知しなければならない（同法70条3項）。指示処分を受けた宅建業者が、免許権者に届出をするのではなく、指示処分をした乙県知事が甲県知事に通知しなければならない。

3　**誤り**。法人でその役員または政令で定める使用人のうちに免許欠格者がいる場合には、当該法人は、免許を受けることができない（同法5条1項12号）。禁錮以上の刑に処せられ、その刑の執行を終わり、または執行を受けることがなくなった日から5年を経過しない者は、免許欠格者である（同法5条1項5号）。

4　**正しい**。正解。宅地建物取引業に関し不正または不誠実な行為をするおそれが明らかな者は、免許を受けることができない（同法5条1項9号）。

基本書　第2編 第1章 2 宅建業の免許、4 免許の基準と登録の基準

問題 44　正解 1　宅地建物取引士…………………………　難易度 B

ア　**誤り**。登録を受けている者は、登録を受けている事項に変更があったときは、遅滞なく、変更の登録を申請しなければならない（宅建業法20条）。ま

た、登録を受けている者が破産手続開始の決定を受けた場合は、その旨を「30日以内」に、当該登録をしている都道府県知事に届け出なければならない（同法21条2号）。

イ　**誤り。**宅地建物取引士証の交付を受けようとする者は、登録をしている都道府県知事が指定する講習で、交付の申請前6カ月以内に行われるものを受講しなければならない（同法22条の2第2項）。なお、試験に合格した日から1年以内に宅地建物取引士証の交付を受けようとする者または登録を移転し移転先の都道府県知事から宅地建物取引士証の交付を受けようとする者については、この限りでない。

ウ　**誤り。**重要事項説明書にも37条書面にも宅地建物取引士の記名が必要であるが（同法35条5項、37条3項）、この記名は、専任の宅地建物取引士のものである必要はない。なお、35条書面および37条書面の交付については、相手方または依頼者の承諾を得て電磁的方法で行うことができる（同法35条8項・9項、37条4項・5項）。

エ　**正しい。**宅地建物取引士は、事務禁止処分を受けたときは、速やかに、宅地建物取引士証をその交付を受けた都道府県知事に提出しなければならない（同法22条の2第7項）。速やかに提出しなかった場合は、10万円以下の過料に処せられる（同法86条）。

以上により、正しいものはエのみであり、正解は1。

基本書　第2編 第1章 3 宅地建物取引士、第3章 2 罰則

問題45　正解4　住宅瑕疵担保履行法………………………　難易度C

1　**誤り。**売主が宅建業者で、買主が宅建業者でない場合に、新築住宅を販売する宅建業者は、資力確保措置（住宅販売瑕疵担保保証金の供託または住宅販売瑕疵担保責任保険契約の締結）を講じなければならない（住宅瑕疵担保履行法2条7項2号ロ）。買主が建設業者であっても、宅建業者でないのであれば、資力確保措置を講じなければならない。

2　**誤り。**新築住宅を引き渡した宅建業者は、住宅販売瑕疵担保保証金の供託または住宅販売瑕疵担保責任保険契約の締結の状況について届出をしなければ、当該基準日の翌日から起算して50日を経過した日以後においては、新たに自ら売主となる新築住宅の売買契約を締結してはならない（同法13条）。

3　**誤り。**住宅販売瑕疵担保保証金の供託をしている宅建業者は、自ら売主となる新築住宅の買主に対し、当該新築住宅の売買契約を締結するまでに、その保証金の供託をしている供託所の所在地について、これらの事項を記載した書面を交付して説明しなければならない（同法15条）。「引き渡すまでに」ではなく「売買契約を締結するまでに」である。なお、供託所等の所在地を記載した書面の交付に代えて、電磁的方法により提供できる（同法15条2項）。

4　**正しい。**正解。合計戸数の算定に当たって2戸をもって1戸とする販売新築住宅の床面積の合計面積は、55㎡以下である（同法11条3項、施行令5条）。

基本書　第2編 第4章 ❷ 住宅販売瑕疵担保保証金の供託

問題 46　正解 1　住宅金融支援機構…………………………　難易度 B

1　**誤り。**正解。独立行政法人住宅金融支援機構（以下、この問において「機構」という）は、住宅の建設または購入に必要な資金の貸付けに係る金融機関の貸付債権の譲受けを業務として行っており、また、当該住宅の建設または購入に付随する土地または借地権の取得に必要な資金の貸付けに係る金融機関の貸付債権についても、譲受けを業務として行っている（機構法13条1項1号、施行令5条1項）。

2　**正しい。**機構は、災害復興建築物の建設もしくは購入または被災建築物の補修に必要な資金の貸付けを業務として行っている（同法13条1項5号、2条2項・3項）。

3　**正しい。**機構は、貸付けを受けた者とあらかじめ契約（団信弁済充当契約）を締結して、その者が死亡した場合に支払われる生命保険の保険金を当該貸付けに係る債務の弁済に充当する団体信用生命保険に関する業務を行っている（同法13条1項11号）。

4　**正しい。**機構が証券化支援事業（買取型）により譲り受ける貸付債権は、自ら居住する住宅または自ら居住する住宅以外の親族の居住の用に供する住宅を建設し、または購入する者に対する貸付けに係るものでなければならないとされている（同法13条1項1号、機構業務方法書3条1号）。

基本書　第4編 第3章 住宅金融支援機構

問題 47　正解 3　景表法……………………………… 難易度 B

1　**誤り。**宅地または建物のコンピュータグラフィックス、見取図、完成図または完成予想図は、その旨を明示して用い、当該物件の周囲の状況について表示するときは、現況に反する表示はできない（不当景品類及び不当表示防止法5条、不動産の表示に関する公正競争規約（以下、「表示規約」という）15条(8)、表示規約施行規則9条(23)）。イメージであり実際と異なる旨の表示をしても許されない。

2　**誤り。**地目は、登記簿に記載されているものを表示すること。この場合において、現況の地目と異なるときは、現況の地目を併記しなければならない（同法5条、表示規約15条(7)、表示規約施行規則9条(19)）。

3　**正しい。**正解。管理費については、1戸当たりの月額を表示すること。ただし、住戸により管理費が異なる場合において、その全ての管理費を示すことが困難であるときは、最低額および最高額のみで表示することができる（同法5条、表示規約15条(11)、表示規約施行規則9条(41)）。

4　**誤り。**新築という用語は、建築工事完了後1年未満であって、居住の用に供されたことがないという意味で使用しなければならない（同法5条、表示規約18条1項(1)）。

基本書　**第4編 第4章 1 景表法（不当景品類及び不当表示防止法）、3 表示に関する公正競争規約**

問題 48　正解 ―　統計……………………………… 難易度 ―

本問は古い統計情報のため掲載しておりません。
次の本試験の基準となる最新統計情報をもとに改題した本問の解説を、弊社 web サイトよりダウンロードしてご利用ください（2024年8月末予定）。

※詳細は v ページ「パーフェクト宅建士シリーズ読者特典（＊特典3＊）」をご参照ください。

問題 49　正解 4　土地……………………………………………… 難易度 C

1　**適当。**山地（山地、火山、山麓、火山麓、丘陵）は、国土面積の約 75%（約 28 万 4,500㎢）で、平地（台地・段丘、低地）は約 25%（約 9 万 3,400㎢）である。

2　**適当。**火山地は、国土面積の約 7 %（約 2 万 5,600㎢）で、山地に比べて地形はややなだらかであるが、土質が悪く、水利に乏しい。粗放な山林や原野として放置されている所が多い。

3　**適当。**台地・段丘は、国土面積の約 12%（約 4 万 4,900㎢）で、地盤は安定し、洪水や地震等の災害も少ない。農地や都市的な土地利用（商工業用地、住宅地、公園等）が多い。

4　**最も不適当。**正解。低地は、国土面積の約 13%（約 4 万 8,500㎢）である。我が国の低地は、かつては湿地や旧河道だった若い軟弱地盤の地域がほとんどで、地震に対して脆弱で、また、洪水や地盤の液状化等の災害の危険度も高い。

基本書　第 4 編 第 5 章 1 土地

問題 50　正解 4　建物……………………………………………… 難易度 B

1　**適当。**耐震構造は、建物の柱、はり等の剛性を高め、耐力壁を多く設置し、筋交いなどを設けることで、建物の各部分が破壊しないだけの強度を確保する。構造体の力で地震に耐える構造である。

2　**適当。**免震構造は、建物の下部構造（基礎または地下構造）と上部構造との間に免震ゴムなどの免震装置を設置し、地盤との絶縁により上部構造の揺れを大幅に減らす構造である。コスト高で、また、高い技術力が要求されるのが難点である。

3　**適当。**制震構造は、建物に固有な振動周期が地震周期に共振することで起こる大きな揺れのエネルギーを、建物自体に組み込んだ機構により吸収する構造である。構造自体の損傷が軽減されるため、繰り返しの地震に有効である。免震構造に比べて、コストは安い。

4　**最も不適当。**正解。既存不適格建築物については、耐震構造化が一般的である。しかし、産学協同の研究プロジェクトなどにより免震装置の多様化、改良が進み、免震構造の採用例が増えている。また、制震構造は、費用が安く効果も検証され、既存不適格建築物への採用が増加している。

基本書　第4編 第5章 2 建物

平成24年度 正解と解説

＊正解番号一覧　※ 問題の一部補正により、出題当時と正解が変わっている場合があります。

問題	正解	問題	正解	問題	正解	問題	正解	問題	正解
1	3	11	4	21	2	31	4	41	3
2	1	12	3	22	4	32	4	42	3
3	2	13	2	23	2	33	1	43	3
4	2	14	2	24	1	34	2	44	4
5	―	15	1	25	4	35	1	45	2
6	4	16	1	26	1	36	4	46	3
7	1	17	3	27	1	37	2	47	2
8	4	18	2	28	1	38	3	48	―
9	1	19	3	29	2	39	4	49	3
10	4	20	4	30	2	40	3	50	1

難易度は A ～ D 。
A がやさしく、
D が最難関な問題です。

合格ライン⇒ 50 問中 33 問以上の正解
（登録講習修了者は、45 問中 28 問以上の正解）

問題 1　正解 3　意思表示……………………………………………… 難易度 C

1　**第三者に該当する。**甲土地がAからBに仮装譲渡され、所有権移転登記がなされた後に、B名義となった甲土地を差し押さえたC（差押債権者）は、民法 94 条２項の「第三者」に該当する（大判昭 12.2.9）。

2　**第三者に該当する。**原抵当権が虚偽仮装のものであることにつき善意で転抵当権の設定を受け、その旨の付記登記を経由した者は、すでに有効な転抵当権設定契約に基づき一定の法律上の地位を取得した者として、民法 94 条２項の「第三者」に該当する（最判昭 55.9.11）。

3　**第三者に該当しない。**正解。甲土地がAからBに仮装譲渡され、所有権移転登記がなされた後に、金銭を貸し付けただけの一般債権者Cは、甲土地について法律上の利害関係を有するに至った者ではなく、「第三者」に該当しない（大判大 9.7.23）。

4　**第三者に該当する。** AとBが、金銭消費貸借契約を仮装した場合に、当該仮装債権を譲り受けたCは、民法 94 条 2 項の「第三者」に該当する（大判昭 13.12.17）。

基本書　第 1 編 第 1 章 3 法律行為・意思表示

問題 2　正解 1　代理……………………………………………………　難易度 A

1　**誤り。** 正解。制限行為能力者が代理としてした行為は、行為能力の制限によっては取り消すことができない（民法 102 条）。したがって、未成年者が代理人となって締結した契約の効果は、当該行為を行うにつき当該未成年者の法定代理人による同意がなくても、有効に本人に帰属する。

2　**正しい。** 取引行為によって、平穏に、かつ、公然と動産の占有を始めた者は、善意であり、かつ、過失がないときは、即時にその動産について行使する権利を取得する（即時取得、同法 192 条）。そして、法人について即時取得の成否が問題となる場合、善意・無過失の有無は、代表機関を基準に判断すべきであるが、代表機関が代理人により取引をしたときは、善意・無過失の有無は、当該代理人を基準にして判断すべきである（最判昭 47.11.21）。

3　**正しい。** 同一人物が同一の法律行為について当事者双方の代理人となった場合、本人（当事者双方）があらかじめ許諾しているときは、その効果が本人（当事者双方）に有効に帰属する（同法 108 条 1 項）。

4　**正しい。** 法定代理人は、自己の責任で復代理人を選任することができる（同法 105 条）。したがって、法定代理人は、やむを得ない事由がなくとも、復代理人を選任することができる。

基本書　第 1 編 第 1 章 4 代理

問題 3　正解 2　民法の規定……………………………………………　難易度 B

ア　**規定されている。** 意思能力とは、行為の結果を弁識する能力であり、意思能力を欠く状態でなされた意思表示が無効となることは、近代法の大原則である。この旨は、民法の条文に規定されている（民法 3 条の 2）。

イ　**規定されていない。** 権利の行使および義務の履行は、信義に従い誠実に行わなければならない（信義誠実の原則、同法 1 条 2 項）。そして、本肢は、事情変更の原則についての記述であり、事情変更の原則は、信義誠実の原則から導かれる原則である。しかし、事情変更の原則は、直接には、民法の条文に規定されていない。

ウ　**規定されている。**「保証契約は、書面でしなければその効力を生じない」旨が、民法446条2項に規定されている。なお、保証契約がその内容を記録した電磁的記録によってされたときは、その保証契約は、書面によってされたものとみなされる（同法446条3項）。

エ　**規定されていない。**物の瑕疵とは、目的物が通常備えるべき性質、品質を備えていないこと、または当事者が表示した性質、品質を備えていないことである。しかし、この旨は、民法の条文に規定されていない。

以上により、民法の条文に規定されているものはアとウの二つであり、正解は2。

基本書　第1編 第1章 1 民法の基本原則、第3章 2 保証債務

問題 4　正解 2　無権代理……………………………………… 難易度 B

1　**正しい。**本人が無権代理行為を追認した場合には、その効果が本人に帰属する（民法116条）。したがって、Bの無権代理行為をAが追認した場合には、AC間の売買契約は有効となる。

2　**誤り。**正解。無権代理人が本人を相続した場合には、本人が自ら法律行為をしたのと同一の法律効果を生じ、無権代理人は、追認を拒絶することができない（最判昭40.6.18）。したがって、Bは、自らの無権代理行為の追認を拒絶することができない。

3　**正しい。**本人が無権代理人を相続した場合には、本人が無権代理行為の追認を拒絶しても何ら信義則に反しないから、被相続人の無権代理行為は、一般に本人の相続により当然に有効となるものではない（最判昭37.4.20）。したがって、AがBの無権代理行為の追認を拒絶しても信義則には反せず、AC間の売買契約が当然に有効となるわけではない。

4　**正しい。**無権代理人が本人を他の相続人と共に共同相続した場合には、共同相続人全員が共同して追認しない限り、無権代理人の相続分に相当する部分についても、無権代理行為が当然に有効になるわけではない（最判平5.1.21）。したがって、DがBの無権代理行為を追認しない限り、Bの相続分

に相当する部分においても、ＡＣ間の売買契約が当然に有効になるわけではない。

基本書　第１編 第１章 **4** 代理

問題 5　正解 ー　法改正により削除

問題 6　正解 4　不動産物権変動……………………　難易度 B

1　**誤り。**時効により土地の所有権を取得した者は、時効の進行中に（時効完成前に）原所有者から当該土地を購入して登記を備えた者に対しては、登記なくして、時効による所有権の取得を主張することができる（民法 177 条、最判昭 41.11.22）。したがって、Ｂは、Ｃに対して、時効による所有権の取得を主張することができる。

2　**誤り。**土地の賃貸人から当該土地を購入した者は、その所有権取得につき登記を経由しない限り、賃借人に対して、自らが賃貸人であることを主張することができない（同法 177 条、605 条の２第３項）。したがって、Ｅは、所有権移転登記を備えなければ、Ｄに対して、自らが賃貸人であることを主張することができない。

3　**誤り。**土地が二重に譲渡された場合、譲受人の優劣は、契約締結時期の先後ではなく、登記の先後によって、決せられる（同法 177 条）。したがって、Ｇは、Ｆに対して自らが所有者であることを主張することができない。

4　**正しい。**正解。背信的悪意者から土地を譲り受け、登記を備えた者は、自らが背信的悪意者と評価されない限り、当該土地の所有権の取得を第三者に対抗することができる（同法 177 条、最判平 8.10.29）。したがって、Ｈは、登記を備えた善意のＪに対し、自らが所有者であることを主張することができない。

基本書　第１編 第２章 **2** 不動産物権変動

問題 7　正解 1　抵当権……………………………　難易度 D

1　**誤り。**正解。抵当権による物上代位は、目的不動産の賃料債権にも認められる（民法 372 条、304 条１項、最判平元.10.27）。そして、債権について一般債権者の差押えと抵当権者の物上代位権に基づく差押えが競合した場合、両者の優劣は、「一般債権者の申立てによる差押命令の第三債務者への送達」と「抵当権設定登記」の先後によって決する（最判平10.3.26）。したがって、Aは、当該賃料債権に物上代位することができる。

2 **正しい。** 抵当権者は、抵当権を実行しても、当該抵当権が消滅するまでは、当該抵当権の目的物である建物の賃料債権に物上代位することができる（同法372条、304条1項、最判平元.10.27）。

3 **正しい。** 建物に抵当権を設定した場合、抵当権者は、当該建物に掛けられた火災保険契約に基づく損害保険金請求権に物上代位することができる（同法372条、304条1項、大判明40.3.12）。

4 **正しい。** 抵当権者は、抵当不動産の賃借人が有する転貸賃料債権に物上代位権を行使することは、原則として、できない。ただし、抵当不動産の賃借人を所有者と同視することを相当とする場合には、転貸賃料債権に物上代位権を行使することができる（同法372条、304条1項、最決平12.4.14）。

基本書 第1編 第2章 5 抵当権・根抵当権

問題 8 正解 4 債務不履行……………………………… 難易度 D

1 **正しい。** 契約の一方当事者が、契約の締結に先立ち、信義則上の説明義務に違反して、当該契約を締結するか否かに関する判断に影響を及ぼすべき情報を相手方に提供しなかった場合には、その一方当事者は、相手方が当該契約を締結したことにより被った損害につき、不法行為による賠償責任を負うことはあるが、債務の不履行による賠償責任を負うことはない（最判平23.4.22）。

2 **正しい。** 利率について定めがなかった場合でも、債務不履行に陥ったときは、法定利率（年３%）による遅延損害金を支払わなければならない（民法419条1項、404条2項）。

3 **正しい。** 不動産が二重に譲渡され、第2の譲受人Cに登記がなされた場合、第1の譲受人Aに対する移転登記は履行不能となる（最判昭35.4.21）。この場合、Aは、Bに対し債務不履行に基づく損害賠償請求ができる。

4 **誤り。** 正解。金銭債務の不履行については、不可抗力をもって抗弁できない（同法419条3項）。したがって、BはAに対して遅延損害金の支払義務を負う。

基本書　第１編 第３章 6 債務不履行、損害賠償、解除

問題 9　正解 1　不法行為……………………………………　難易度 C

1　**正しい。**正解。Bは不法行為に基づく損害賠償債務（民法709条）、Aは使用者責任としての損害賠償債務（同法715条１項）を負う。両債務は不真正連帯債務とされ（大判昭12.6.30）、弁済またはこれに準じる事由を除いて連帯債務に関する絶対効が排除される。したがって、Bの債務が時効消滅してもAの債務は消滅しない。

2　**誤り。**被害者が即死の場合であっても、精神的な損害は発生し、それを相続人が相続して損害賠償請求をすることができる（最判昭42.11.1）。

3　**誤り。**使用者が、その事業の執行につきなされた被用者の加害行為により、使用者としての損害賠償責任を負担したことに基づき損害を被った場合には、使用者は、損害の公平な分担という見地から信義則上相当と認められる限度において、被用者に対し求償の請求をすることができる（同法715条３項、最判昭51.7.8）。したがって、必ずしも全額の求償はできない。

4　**誤り。**損害の公平な分担の見地から過失相殺における被害者は責任能力者である必要はない（同法722条２項）。そして、過失相殺は、広く被害者側（被害者の父母等）に過失がある場合に考慮される（最判昭51.3.25）。

基本書　第１編 第３章 13 不法行為

問題 10　正解 4　相続……………………………………　難易度 B

1　**誤り。**Bが死亡した場合は、Aが２分の１、FがDの相続分２分の１を代襲相続し、Eには相続分はない（民法900条１号、901条１項）。

2　**誤り。**共同相続人は、共有者として各自使用権がある。したがって、共同相続人は、１人で共有物を単独で占有する相続人に対して、当然にはその明渡しを請求することができない（同法898条１項、最判昭41.5.19）。

3　**誤り。**Aが死亡した場合は直系尊属であるBがすべてを相続し、Fは相続しない（同法889条１項）。

4　**正しい。**正解。Fは、Aの兄であるDを代襲して相続するが、Aの財産については兄弟姉妹には遺留分はなく、FはGに対して遺留分を主張することはできない（同法1042条１項）。

基本書 第1編 第4章 相続

問題 11 正解 4 借地借家法／借地権…………………………… 難易度 B

1 **正しい**。借地権は、その登記がなくても、土地の上に借地権者が登記されている建物を所有するときは、これをもって第三者に対抗することができる（借地借家法10条1項）。この登記は、借地人が自己を所有者とする表示の登記で足りる（最判昭50.2.13）。

2 **正しい**。建物の登記がある場合において、建物の滅失があっても、借地権者が、その建物を特定するために必要な事項、その滅失があった日および建物を新たに築造する旨を土地の上の見やすい場所に掲示するときは、借地権は、なお対抗力を有する（同法10条2項本文）。

3 **正しい**。土地賃借人の有する借地権が対抗要件を具備しており、かつ、転貸借が適法に成立している以上、転借人は、賃借人（転貸人）がその借地権を対抗できる第三者に対し、賃借人の賃借権を援用して自己の転借権を主張することができる（同法10条1項、最判昭39.11.20）。

4 **誤り**。正解。一時使用目的の借地権者は、建物買取請求権を行使できない（同法25条、13条）。

基本書 第1編 第5章 1 借地借家法－①（借地関係）

問題 12 正解 3 借地借家法／借家権…………………………… 難易度 B

1 **正しい**。造作買取請求権の排除特約は、普通建物賃貸借でも、定期建物賃貸借でも有効である（借地借家法37条、33条）。

2 **正しい**。賃料増減請求権は、普通建物賃貸借でも、定期建物賃貸借でも、賃料改定の特約のない場合は適用される（同法38条9項、32条）。

3 **誤り**。正解。普通建物賃貸借では、更新がない旨の特約は書面でしても無効となる（同法30条）。これに対し、定期建物賃貸借では、更新がないことについて書面を交付して説明すれば有効である（同法38条3項）。単に書面を交付しただけでは、有効な特約とはならない（同条5項）。なお、この事前説明の書面の交付は、賃借人の承諾があれば、電磁的方法により提供することもできる（同条4項）。

4 **正しい**。定期建物賃貸借では、居住の用に供する建物の賃貸借（床面積が

200㎡未満の建物に係るものに限る）において、転勤、療養、親族の介護その他のやむを得ない事情により、建物の賃借人が建物を自己の生活の本拠として使用することが困難となったときは、建物の賃借人は、建物の賃貸借の解約の申入れをすることができる（同法38条7項）。これに対して、普通建物賃貸借ではそのようなことはできない。

基本書　第1編 第5章 2 借地借家法－②（借家関係）

問題13　正解2　区分所有法……………………………　難易度A

1　**正しい。**共用部分の保存行為は、規約に別段の定めがない限り、各共有者が単独ですることができる（区分所有法18条1項・2項）。

2　**誤り。**正解。共用部分の変更（その形状または効用の著しい変更を伴わないものを除く）は、区分所有者および議決権の各4分の3以上の多数による集会の決議で決する。ただし、この区分所有者の定数は、規約でその過半数まで減ずることができる（同法17条1項）。規約で過半数まで減ずることができるのは区分所有者の定数のみであり、議決権については減ずることはできない（同法17条1項ただし書）。

3　**正しい。**管理者は、その職務に関し、区分所有者を代理する（同法26条2項）。そして、管理者がその職務の範囲内において第三者との間にした行為について、区分所有者は規約に別段の定めがない限り、共用部分の持分の割合に応じて負担する（同法29条1項、14条）。

4　**正しい。**各共有者は、規約に別段の定めがない限り、その持分に応じて、共用部分の負担に任じ、共用部分から生ずる利益を収取する（同法19条）。

基本書　第1編 第5章 3 建物の区分所有等に関する法律

問題14　正解2　不動産登記法……………………………　難易度C

1　**正しい。**登記の申請をする者の委任による代理権は、本人の死亡などによっては消滅しない（不動産登記法17条1号）。

2　**誤り。**正解。要役地に所有権の登記がないときは、承役地に地役権の設定の登記はできない（同法80条3項）。

3　**正しい。**区分建物である建物を新築した場合において、その所有者について相続その他の一般承継があったときは、相続人その他の一般承継人も、被承継人を表題部所有者とする当該建物についての表題登記を申請することができる（同法47条2項）。

4 **正しい。**不動産の収用による所有権の移転の登記は、起業者が単独で申請できる（同法118条1項）。

基本書 第1編 第5章 4 不動産登記法

問題15 正解1 国土利用計画法…………………………… 難易度C

1 **正しい。**正解。届出事項には、権利の移転または設定の対価の額も含まれるが、対価が金銭以外のものであるときは、当該対価を時価を基準として金銭に見積った額を届出書に記載しなければならない（国土利用計画法23条1項6号）。

2 **誤り。**一つ一つの土地が届出対象面積に達しなくても、一定の計画に従い、複数の土地について分割して土地の権利を取得したときに、最終的に権利取得者が権利を取得する土地全体の面積ではその区域の届出対象に達する場合は、買いの一団として事後届出をしなければならない。しかし、本肢では合計しても4,000㎡なので、市街化調整区域で届出が必要な面積5,000㎡には達しないため、事後届出は不要である（同法23条1項・2項1号ロ）。

3 **誤り。**C・Dがそれぞれ権利を取得する土地の面積は12,000㎡に相当し、都市計画区域外の届出対象面積10,000㎡以上に該当するが、当事者の一方または双方が国等である場合は、権利を取得した土地の面積が届出対象面積に達していても、事後届出をする必要はない（同法23条2項3号）。

4 **誤り。**停止条件付きの売買契約であっても、権利を取得する土地が市街化区域内で届出対象となる2,000㎡以上の場合は、契約締結日から起算して2週間以内に、一定の事項を都道府県知事に届け出なければならない（同法23条1項）。

基本書 第3編 第6章 2 事後届出制

問題16 正解1 都市計画法総合…………………………… 難易度A

1 **正しい。**正解。市街地開発事業等予定区域に関する都市計画において定められた区域内において、土地の形質の変更や建築物の建築その他工作物の建設を行おうとする者は、都道府県知事等の許可を受けなければならないが、非常災害のため必要な応急措置として行う行為については、都道府県知事等の許可を受ける必要はない（都市計画法52条の2第1項2号）。

2　**誤り。** 提案に係る都市計画の素案の対象となる土地について所有権や借地権を有していなくても、国土交通省令で定める団体またはこれらに準ずるものとして地方公共団体の条例で定める団体であれば、都道府県または市町村に対し、都市計画の決定または変更をすることを提案することができる（同法21条の2第2項）。

3　**誤り。** 市町村が、都市計画を決定する際、一定の場合、あらかじめ、都道府県知事と協議しなければならない。しかし、都道府県知事の同意を得る必要はない（同法19条3項）。

4　**誤り。** 地区計画の区域のうち地区整備計画が定められている区域内では、土地の区画形質の変更、建築物の建築その他政令で定める行為を行おうとする者は、当該行為に着手する日の30日前までに、行為の種類、場所、設計または施行方法、着手予定日その他国土交通省令で定める事項を、原則として、市町村長に届け出なければならない（同法58条の2第1項本文）。

基本書　第3編 第1章 4 都市施設・市街地開発事業・予定区域と建築等の制限（都市計画制限・都市計画事業制限）、5 都市計画の決定

問題17　正解3　都市計画法／開発許可制度……………… 難易度 B

ア　**開発許可を受ける必要はない。** 図書館等の公益上必要な政令で定める一定の建築物の建築の用に供する目的で行われる開発行為は、開発許可は不要である（都市計画法29条1項3号）。

イ　**開発許可を受ける必要がある。** 病院※の建築の用に供する目的で行われる開発行為でも、準都市計画区域内の場合、開発規模が3,000㎡以上ならば、開発許可を受けなければならない（同法29条1項、施行令19条1項）。

※　病院は、公益上必要な政令で定める一定の建築物には該当しない。

ウ　**開発許可を受ける必要がある。** 市街化区域以外の区域ならば、農業を営む者の居住用建築物の建築の用に供する目的で行われる開発行為は、面積に関係なく開発許可は不要だが、市街化区域内では開発規模が1,000㎡以上ならば、開発許可を受けなければならない（同法29条1項2号）。

以上により、開発許可を受ける必要のある開発行為の組合せはイ、ウであ

り、正解は3。

基本書 第3編 第1章 6 開発許可制度

問題 18 正解 2 建築基準法総合…………………………… 難易度 A

1 **誤り**。建築時には適法に建てられたが、その後の建築基準法等の法令の改正や都市計画変更等によって不適格な部分が生じた建築物を既存不適格建築物という。しかし、それだけでは違反建築物とはいえず、速やかに適合させなくてよい。ただし、原則として、増築、改築、大規模の修繕、大規模の模様替えを行う際には、法令に適合するようにしなければならない（建築基準法3条2項、86条の7～86条の9、施行令137条～137条の17）。

2 **正しい**。正解。事務所を飲食店に用途変更するときに、その床面積が200㎡を超える場合は、建築主事または指定確認検査機関の確認を受けなければならない（同法87条1項、6条1項1号、6条の2第1項、施行令137条の18）。

3 **誤り**。居室には換気のための窓その他の開口部を設け、その換気に有効な部分の面積は、政令で定める技術的基準に従って換気設備を設けた場合を除いて、その居室の床面積に対して、20分の1以上としなければならない（同法28条2項、施行令20条の2）。

4 **誤り**。建築主事または指定確認検査機関は、建築確認の申請を受けた場合、その計画が建築基準関係規定に適合するかどうかを審査する。つまり、建築基準法令の規定だけでなく、その他建築物の敷地、構造または建築設備に関する法律やそれに基づく命令、条例の規定で政令で定めるものについても適合するかを審査する。したがって、建築主事または指定確認検査機関は、都市計画法等の建築基準法以外の法律についても適合するかを審査しなければならない（同法6条1項、6条の2第1項、施行令9条12号等）。

基本書 第3編 第2章 2 建築確認と完了検査、3 単体規定

問題 19 正解 3 建築基準法総合…………………………… 難易度 A

1 **誤り**。街区の角にある敷地またはこれに準ずる敷地で特定行政庁が指定するものの内にある建築物については、角地指定として、指定建蔽率に1/10が加算される（建築基準法53条3項2号）。「特定行政庁の指定がなくとも」

ではない。

2　**誤り。**第一種低層住居専用地域または第二種低層住居専用地域または田園住居地域内においては、建築物の高さは、10ｍまたは12ｍのうち当該地域に関する都市計画において定められた建築物の高さの限度を超えてはならない（同法55条1項）。

3　**正しい。**正解。建築物の敷地面積は、用途地域に関する都市計画において建築物の敷地面積の最低限度が定められたときは、当該最低限度以上でなければならない（同法53条の2第1項）が、その最低限度は、200㎡を超えてはならない（同条2項）。

4　**誤り。**建築協定の廃止をしようとする場合は、過半数の合意で足りるが、変更の場合には、全員の合意が必要である（同法74条、76条1項）。

基本書　第3編 第2章 4 集団規定、5 建築協定

問題20　正解4　**宅地造成及び特定盛土等規制法**…………　難易度 C

1　**正しい。**工事主は、当該許可に係る工事を完了した場合においては、その工事が技術的基準に適合しているかどうかについて、都道府県知事の検査を申請しなければならない（宅地造成及び特定盛土等規制法17条1項）。

2　**正しい。**都道府県知事は、宅地造成等工事の許可に、工事の施行に伴う災害を防止するため必要な条件を付することができる（同法12条3項）。

3　**正しい。**都道府県知事は、宅地造成等工事規制区域内の土地の所有者、管理者または占有者に対して、当該土地または当該土地において行われている工事の状況について報告を求めることができる（同法25条）。

4　**誤り。**正解。造成宅地防災区域は、宅地造成等工事規制区域内には指定することができない（同法45条1項）。

基本書　第3編 第3章 2 規制区域内における宅地等造成等に関する工事等の規制

問題21　正解2　**土地区画整理法**……………………………　難易度 C

1　**正しい。**組合は、総会の議決により解散しようとする場合においては、その解散について都道府県知事の認可を受けなければならない（土地区画整理法45条2項・1項2号）。

2　**誤り。**正解。土地区画整理事業には、都市計画事業であるものと、都市計

画事業でないものとがある。「施行区域」とは、都市計画に定められた施行区域をいい、都市計画事業であるが、施行者が、個人、土地区画整理組合および区画整理会社である場合には、施行区域外でも施行できる（同法２条８項）。

3　**正しい。**土地区画整理事業の換地計画においては、土地区画整理事業の施行の費用に充てるため、一定の土地を換地として定めないで、その土地を保留地として定めることができる（同法96条１項）。

4　**正しい。**組合が施行する土地区画整理事業に係る施行地区内の宅地について所有権または借地権を有する者は、すべてその組合の組合員とする（同法25条１項）。

基本書　第３編 第４章 **1** 土地区画整理事業

問題22　正解４　農地法……………………………　難易度C

1　**正しい。**地目が山林であっても、現に耕作されている場合は、農地とされる（農地法２条１項）。

2　**正しい。**農地法３条または５条の許可を受けない売買契約は無効である（同法３条６項、５条３項）。

3　**正しい。**市街化区域内にある農地を、あらかじめ農業委員会に届け出て、農地以外のものにする場合には、農地法４条の許可は不要である（同法４条１項７号）。

4　**誤り。**正解。たとえ一時的であっても、農地を農地以外にするために貸す場合には、農地法５条の許可が必要である（同法５条１項）。

基本書　第３編 第５章 農地法

問題23　正解２　譲渡所得……………………………　難易度C

1　**誤り。**居住用財産の譲渡所得の3,000万円特別控除の適用のために、所有期間は要件とされていない（租税特別措置法35条１項）。

2　**正しい。**正解。収用などの5,000万円特別控除と居住用財産の軽減税率の特例は、重複適用できる（同法31条の３第１項、33条の４）。ちなみに、収用などの5,000万円特別控除と優良宅地造成等の軽減税率の特例は重複適用できないので注意を要する（同法31条の２第４項）。

3　**誤り。**居住用財産とは、「個人の居住の用に供されなくなった日から同日以後３年を経過する日の属する年の 12 月 31 日までの間に譲渡されるもの」も含み、譲渡した時に自己の居住の用に供していなければ、居住用財産を譲渡した場合の長期譲渡所得の軽減税率の特例を適用できないわけではない（同法 31 条の 3 第 2 項）。

4　**誤り。**配偶者および直系血族への譲渡は、居住用財産の譲渡所得の特別控除の特例の適用はない（同法 35 条 2 項 1 号、施行令 23 条 2 項、20 条の 3 第 1 項 1 号）。孫は直系血族に当たるから適用することができない。

基本書　第４編 第１章 6 土地・建物の譲渡所得税

問題 24　正解 1　不動産取得税……………………………　難易度 B

1　**正しい。**正解。不動産取得税の免税点は、土地の取得にあっては 10 万円未満、家屋の取得のうち建築に係るものは 23 万円未満、その他のものは 12 万円未満である（地方税法 73 条の 15 の 2 第 1 項）。

2　**誤り。**新築住宅に係る不動産取得税の課税標準の特例の適用要件は、住宅の床面積 50㎡以上 240㎡以下とされており、250㎡である新築住宅には適用されない（同法 73 条の 14、施行令 37 条の 17）。なお、新築住宅が認定長期優良住宅の場合は 1,200 万円ではなく、1,300 万円が控除される（同法附則 11 条 8 項）。

3　**誤り。**宅地の取得に係る不動産取得税の課税標準の特例は、当該宅地の価格の 4 分の 1 ではなく、2 分の 1 の額とする（同法附則 11 条の 5）。

4　**誤り。**家屋が新築されてから、6 カ月を経過して、なお、使用などがないときは、6 カ月を経過した日に家屋の取得がなされたものとみなして、不動産取得税は課税される（同法 73 条の 2 第 2 項）。2 年を経過した日ではない。なお、家屋を新築して譲渡することを業とする者については、1 年を経過した日に取得されたとみなす特例がある点に注意を要する（同法附則 10 条の 3 第 1 項）。

基本書　第４編 第１章 2 不動産所得税

問題 25　正解 4　不動産鑑定評価……………………………　難易度 C

1　**正しい。**不動産の鑑定評価を行うに当たっては、不動産の効用および相対的稀少性ならびに不動産に対する有効需要の三者に影響を与える価格形成要因を明確に把握し、かつ、その推移および動向ならびに諸要因間の相互関係を十分に分析する等が必要である（不動産鑑定評価基準（以下「基準」という）総論第３章）。

2　**正しい。**不動産の鑑定評価に当たって必要とされる事例は、鑑定評価の各手法に即応し、適切にして合理的な計画に基づき、豊富に秩序正しく収集し、選択すべきであり、投機的取引であると認められる事例等適正さを欠くものであってはならない（基準総論第７章第１節Ⅰ２. 事例の収集および選択）。

3　**正しい。**取引事例比較法においては、時点修正が可能である等の要件をすべて満たした取引事例について、必要やむを得ない場合には、近隣地域の周辺の地域に存する不動産に係るもののうちから選択するものとする（基準総論第７章第１節Ⅲ２.⑴事例の収集および選択）。

4　**誤り。**正解。原価法における減価修正の方法としては、耐用年数に基づく方法と、観察減価法の二つがあり、これらを併用するものとする（基準総論第７章第１節Ⅱ３.⑵減価修正の方法）。

基本書　**第４編 第２章 ❷ 土地・建物の鑑定評価**

問題 26　正解 1　免許基準……………………………………　難易度 A

1　**正しい。**正解。刑の執行猶予期間が満了すると、刑の言渡しが効力を失い、刑に処せられなかったことになるので、その満了の日から５年を経過していなくてもＡ社は免許を受けることができる。（宅建業法５条１項６号・12号、刑法27条）。

2　**誤り。**Ｂ社に刑法206条（現場助勢）の罪により罰金の刑に処せられた者が非常勤役員として在籍している場合、その刑の執行が終わって５年を経過しなければ、免許を受けることができない（宅建業法５条１項６号・12号）。

3　**誤り。**刑法208条（暴行）の罪により拘留の刑に処せられても、免許の欠格要件に該当しない。したがって、拘留の刑に処せられ、その刑の執行が終わって５年を経過しない役員が在籍していても、Ｃ社は免許を受けることができる（宅建業法５条１項６号・12号）。

4　**誤り。**刑法209条（過失傷害）の罪により科料の刑に処せられても、免許の欠格要件に該当しない。したがって、科料の刑の執行が終わって５年を経過しない非常勤役員が在籍していても、Ｄ社は免許を受けることができる。なお、過失傷害により、罰金の刑に処せられても、免許の欠格要件に該当しないことに注意（宅建業法５条１項６号・12号）。

基本書　**第2編 第1章 2 宅建業の免許、4 免許の基準と登録の基準**

問題 27　正解 1　免許……………………………………………… **難易度 A**

1　**正しい。**正解。免許を受けた個人Ａが死亡した場合、その相続人Ｂは死亡を知った日から30日以内にその旨を免許権者に届け出なければならない（宅建業法11条１項１号）。

2　**誤り。**自ら行う貸借は宅地建物取引業の取引に該当しない。したがって、Ｃは免許を受ける必要はない（同法２条２号）。

3　**誤り。**自ら行う貸借は宅建業の取引に該当しない。転貸する場合も同様である。したがって、Ｅが所有するビルを賃借しているＦが不特定多数の者に反復継続して転貸する場合、Ｅ、Ｆともに免許を受ける必要はない（同法２条２号）。

4　**誤り。**Ｇ社（甲県知事免許）がＨ社（国土交通大臣免許）に吸収合併され消滅した場合、Ｈ社の役員ではなく、「消滅したＧ社を代表する役員であった者」が当該合併の日から30日以内にその旨を甲県知事に届け出なければならない（同法11条１項２号）。

基本書　**第2編 第1章 1「宅地建物取引業」とは、2 宅建業の免許**

問題 28　正解 1　広告……………………………………………… **難易度 B**

ア　**誤り。**自ら行う貸借（転貸も含む）は、宅建業の取引に該当しない。したがって、広告する際にその旨を明示しなくても取引態様の明示義務に違反しない（宅建業法２条２号、34条１項）。

イ　**正しい。**広告開始時期の制限は宅地・建物の売買の代理や媒介に限らず、貸借の代理や媒介をする場合にも適用される（同法33条）。

ウ　**誤り。**宅地の売買に関する広告をインターネットで行った場合、当該宅地の売買契約成立後に継続して広告を掲載すると、最初の広告掲載時点で当該宅地に関する売買契約が成立していなくても、誇大広告等の禁止に違反することがある（同法32条）。

エ　**誤り。**建築確認申請中の物件については、建築確認申請中である旨を表示しても、建築確認を受けなければ広告をすることができない（同法33条）。

以上により、正しいものはイのみであり、正解は1。

基本書　第2編 第2章 1 一般的規制

問題 29　正解 2　媒介契約……………………………… 難易度 A

1　**正しい。**専任媒介契約を締結し、売買契約が成立したときは、遅滞なく登録番号、取引価格および売買契約の成立した年月日を指定流通機構に通知しなければならない（宅建業法34条の2第7項、施行規則15条の13）。

2　**誤り。**正解。専属専任媒介契約を締結した場合、媒介業務の処理状況の報告を、文書または電子メールで行うことは差し支えない（同法34条の2第9項、標準媒介契約約款－(1)1成約に向けての義務）。

3　**正しい。**一般媒介契約を締結した場合でも、宅地建物取引業法34条の2の規定に基づく書面を交付しなければならない（同法34条の2第1項）。

4　**正しい。**一般媒介契約を締結した場合でも、宅地・建物の価額または評価額について意見を述べるときは、その根拠を明らかにしなければならない（同法34条の2第2項）。

基本書　第2編 第2章 1 一般的規制

問題 30　正解 2　重要事項の説明………………………… 難易度 B

1　**誤り。**品確法に規定する住宅性能評価を受けた新築住宅であるときに、その旨を説明しなければならないのは、売買、交換の場合であり、建物の貸借の媒介の場合はその必要はない（宅建業法35条1項14号、施行規則16条の4の3第6号）。

2　**正しい。**正解。建物の売買の媒介を行う場合、飲用水・電気およびガスの供給ならびに排水のための施設が整備されていないときは、その整備の見通しおよびその整備についての特別の負担に関する事項を説明しなければならない（同法35条1項4号）。

3　**誤り。**石綿の使用の有無の調査の結果が記録されているときは、記録の内容を説明しなければならない（同法35条1項14号、施行規則16条の4の3第4号）。

4　**誤り**。宅地業者は建物の耐震診断の結果について説明義務があるが、耐震診断を実施する義務はない（宅建業法の解釈・運用の考え方－建物診断の結果について「規則第16条の4の3第5号関係」）。

基本書　第2編 第2章 **1** 一般的規制

問題 31　正解 4　37条書面 …………………………… 難易度 B

1　**違反しない**。買主に加えて買主の代理人の業者に37条書面を交付しても何ら差し支えない（宅建業法37条1項）。

2　**違反しない**。手付金等の保全措置の内容は35条書面の記載事項であり、37条書面の記載事項ではない（同法35条1項10号）。

3　**違反しない**。建築工事完了前の建物の売買を媒介し、契約を成立させた場合、37条書面に記載する当該建物を特定するために必要な表示については、重要事項の説明において使用した図書の交付により行っても差し支えない（同法37条1項2号、宅建業法の解釈・運用の考え方37条1項2号関係）。

4　**違反する**。正解。当該建物の引渡しの時期に関する定めは、売買、交換、貸借の場合の必要的記載事項である（同法37条1項4号・2項1号）。

なお35条書面と37条書面については電磁的方法による代用措置が認められている（同法35条8項・9項、37条4項・5項）。

基本書　第2編 第2章 **1** 一般的規制

問題 32　正解 4　業務上の規制 …………………………… 難易度 B

1　**違反する**。受領済みの申込証拠金について、解約手数料に充当するとして返還しないとすることはできない（宅建業法47条の2第3項、施行規則16条の12第2号）。

2　**違反する**。37条書面は、契約の締結後に交付すべきものである。重要事項の説明に先立って契約を締結し、37条書面を交付することはできない（同法35条、37条）。

3　**違反する**。35条書面には、代金、交換差金に関する金銭の貸借（ローン）のあっせんの内容、当該ローン不成立のときの措置を記載しなければならない。なお、あっせんの内容については37条書面の記載事項ではないことに注意（同法35条1項12号、37条）。

4 **違反しない。** 正解。契約の目的物である宅地・建物の将来の環境、または交通その他の利便について誤解させるべき断定的判断を提供することは禁じられている（同法47条の2第3項、施行規則16条の12第1号イ）。しかし、将来の交通整備について「確定はしていないが」と断った上で、新聞記事を示してその内容を説明することは「誤解させるべき断定的判断」を提供したことにはならない。

基本書 **第2編 第2章 1 一般的規制**

問題33 正解1 営業保証金…… 難易度A

1 **正しい。** 正解。地方債証券・政府保証債証券の価額は、額面金額の100分の90に評価される（宅建業法25条3項、施行規則15条1項2号）。

2 **誤り。** 営業保証金は、すべて宅地建物取引業者の主たる事務所の最寄りの供託所に供託しなければならない（同法25条1項）。

3 **誤り。** 本店のほか5つの支店を設置して宅建業を営もうとする場合、供託すべき営業保証金の合計額は1,000万円＋500万円×5＝3,500万円である（同法25条2項、施行令2条の4）。本肢の額210万円は、保証協会に加入した場合の弁済業務保証金分担金の納付額である。

4 **誤り。** 営業保証金を供託した主たる事務所の最寄りの供託所、その所在地については説明するようにしなければならないが、供託額についてはその必要はない（同法35条の2）。

基本書 **第2編 第1章 5 営業保証金と保証協会**

問題34 正解2 手付金等の保全措置…… 難易度B

ア **違反する。** 完成物件の場合、手付金等の保全措置を講じなければならない額は、代金の10％または1,000万円を超える手付金等である。解約手付金200万円と中間金100万円を合計すると、300万円となり、代金の10％を超える額となる。したがって、中間金100万円を受領する前に宅建業法41条の2に定める保全措置を講じなければならない（宅建業法41条の2第1項、施行令3条の3）。

イ　**違反しない。**申込証拠金を代金の一部とした上で、保全措置を講じた後に、手付金を受領することができる。

ウ　**違反する。**A社の手付金の一部について、Bに貸付けを行い、売買契約の締結を誘引する行為は、手付貸与の禁止に該当する（同法47条3号）。

以上により、違反するものはア、ウの二つであり、正解は2。

なお、手付金等の保全措置は、電磁的方法による措置で行うこともできる（同法41条5項、41条の2第6項）。

基本書　第2編 第2章 2 自ら売主規制（8種制限）

問題35　正解1　報酬……………………………………………　難易度 B

ア　**正しい。**一つの取引について複数の業者が介在した場合でも依頼者が支払う報酬の限度額は同一であり、A社がBから代理の報酬を全額受領するなどがあった場合、C社はDから報酬を受領することができない場合がある。

イ　**正しい。**A社の代理の報酬の限度額は、速算式によって計算すれば、次のようになる。

300万円（建物の消費税額および地方消費税額を除いた土地および建物の本体価額）×4%＋2万円＝14万円、14万円×1.1（消費税）＝15万4,000円

代理であるから、15万4,000円×2＝30万8,000円となる。したがって、上記範囲内でA社がBから受領することは認められている（宅建業法46条2項、報酬額に関する告示第3）。なお、C社がDから上限額である15万4,000円を受領していたとしても、A社がBから15万4,000円を受領することはなんら問題はない。

ウ　**誤り。**C社が依頼者から受けられる媒介の報酬の限度額は、（300万円×4%＋2万円）×1.1（消費税）＝15万4,000円とされる（同法46条2項、同告示第2）。したがって、C社はDから20万8,000円を受領することは認められない。

エ　**誤り。**A社の広告の料金については、依頼者の特別の依頼によるものでなければ受領することができない（同告示第9①）。

以上により、正しいものの組合せはア、イであり、正解は1。

基本書　第2編 第2章 3 報酬・その他の制限

問題 36 正解 4 専任の宅地建物取引士…………………… **難易度 A**

1　**誤り。**専任の宅地建物取引士の補充措置は、不足した日から「２週間以内」に行う必要がある（宅建業法31条の３第３項）。30日以内ではない。

2　**誤り。**10戸以上の一団の建物の分譲の代理を行う案内所には、「少なくとも１名以上」専任の宅地建物取引士を設置しなければならない（同法31条の３第１項、施行規則15条の５の３）。従事者が６名であっても、２名の専任の宅地建物取引士を設置する必要はない。

3　**誤り。**専任の宅地建物取引士Ｄが死亡した場合、事務所ごとに置かれる専任の宅地建物取引士の氏名が変更されたことになり、宅建業者は変更の届出をしなければならない（同法８条２項６号、９条）。

4　**正しい。**正解。登録している都道府県知事のみならず、宅地建物取引士が事務を行っている所轄内の都道府県知事も事務禁止処分を行うことができる（同法68条４項）。

基本書　第２編 第１章 3 宅地建物取引士

問題 37 正解 2 クーリング・オフ………………………… **難易度 B**

1　**誤り。**モデルルームは、「事務所等」に該当し、買主Ｂは建物の売買契約を解除することができない（宅建業法37条の２第１項、施行規則16条の５第１号ホ）。また、事務所等以外の場合で買受けの申込みをした場合でも、買主が建物の引渡しを受け、かつ、代金の全部を支払えば、履行関係は終了し、クーリング・オフについて何も告げられていなくても買主は契約を解除することはできない（同法37条の２第１項２号）。

2　**正しい。**正解。クーリング・オフ期間は、「業者からクーリング・オフを書面で告げられた日（当日算入）から８日間」であり、本肢の場合、クーリング・オフについて書面で告げられたのは契約締結の３日後なので、契約締結日から起算して10日目の時点では、まだ８日間を経過していない。したがって、Ｂは、契約の解除をすることができる（同法37条の２第１項１号、施行規則16条の６第３号）。

3　**誤り。**クーリング・オフによる契約の解除をしない旨の合意は、買主に不利な特約として無効となり、買主は売買契約を解除することができる。したがって、A社はBの契約の解除を拒むことはできない（同法37条の2第4項）。

4　**誤り。**宅建業者の事務所等はクーリング・オフ制度の適用除外となり、宅建業者の事務所において買受けの申込みをした買主は、クーリング・オフによる契約の解除をすることができない（同法37条の2第1項、施行規則16条の5）。

基本書　第2編 第2章 2 自ら売主規制（8種制限）

問題 38　正解 3　8種制限……………………………　難易度 B

ア　**誤り。**宅建業者間取引においては、損害賠償額の予定等の制限（宅建業法38条）は、適用除外となり（同法78条2項）、代金の10分の2を超える特約を定めることができる。

イ　**誤り。**損害賠償額の予定と違約金を定めた場合、合算して10分の2を超えることができない。代金の10分の2を超える特約はすべて無効となるのではなく「10分の2を超える部分」が無効となる（同法38条2項）。

ウ　**誤り。**完成物件について、手付金等の保全措置が必要な額は、代金の10%または1,000万円を超える場合である。本肢の300万円は10%以下であり、かつ、1,000万円以下であるから、手付金等の保全措置を講じる必要はない（同法41条の2第1項、施行令3条の3）。

以上により、ア、イ、ウの三つすべてが誤りであり、正解は3。

基本書　第2編 第2章 2 自ら売主規制（8種制限）

問題 39　正解 4　契約不適合責任……………………………　難易度 A

1　**違反しない。**A社の当該住宅の契約不適合責任を負うべき通知期間についての特約は定めないことができる。特約を定めない場合の契約不適合責任の通知期間は民法の規定（民法566条）により、その不適合を発見した日から1年以内とされる（なお、売主が契約の不適合につき悪意または重過失で知らない場合を除く）。

2　**違反しない。**宅建業者間取引においては、契約不適合責任の特約の制限の規定（宅建業法40条）は適用除外となり（同法78条2項）、契約不適合責任を負わない旨の特約を定めることができる。

3　**違反しない。**宅建業者である売主は、宅建業者ではない買主の間で契約不適合責任を負うべき通知期間について、物件引渡しの日から2年以上とする特約を定めることができる（同法40条1項）。

4　**違反する。**正解。契約不適合責任の内容は、履行の追完請求、代金の減額請求、契約の解除または損害賠償の請求であり、「損害賠償の請求をすることはできるが、契約の解除をすることはできない」旨の特約は、買主に不利な特約として無効であり、宅建業法違反となる（同法40条2項）。

基本書　第2編 第2章 2 自ら売主規制（8種制限）

問題40　正解3　業務上の規制…………………………　難易度C

ア　**正しい。**不当な履行遅延の禁止（宅建業法44条）の対象となるものは、「登記」「引渡し」「対価の支払」の三つに限られている。

イ　**誤り。**宅建業者は、個人情報取扱事業者に該当しない場合でも業務上取り扱った個人情報について、正当な理由なくして他に漏らしてはならない（同法45条）。

ウ　**正しい。**宅建業者は、事務所ごとに、従業者名簿を備えなければならない（同法48条3項）。また、従業者名簿の保存期間は、最終の記載をした日から10年間とされる（同法施行規則17条の2第4項）。

エ　**正しい。**宅建業者は、事務所ごとに、業務に関する帳簿を備えなければならない（同法49条）。帳簿の保存期間は、帳簿の閉鎖後5年間（宅建業者自ら売主となる新築住宅に係るものにあっては、10年間）となる（同法施行規則18条3項）。

以上により、正しいものはア、ウ、エの三つであり、正解は3。

基本書　第2編 第2章 3 報酬・その他の制限

問題41　正解3　不当勧誘行為…………………………　難易度C

ア　**違反する。**宅建業者は、契約の締結の勧誘をするに際し、当該勧誘に先立って、宅建業者の商号または名称および当該勧誘を行う者の氏名ならびに当該契約の締結について勧誘をする目的を告げずに、勧誘を行ってはならない（宅建業法47条の2第3項、施行規則16条の12第1号ハ）。

イ　**違反する。**不当勧誘行為については、故意・過失を問わない。過失によって断定的判断を提供してしまった場合でも免責されることはない（同法47条の2第3項、施行規則16条の12第1号イ）。

ウ　**違反しない。**売買代金を引き下げ、契約の締結を勧誘することは、手付貸与の禁止には違反しない（同法47条3号）。

エ　**違反する。**相手方が事前に「午後3時に訪問されるのは迷惑である」と話しているにもかかわらず、あえて午後3時に訪問することは、買主に対する迷惑行為となり、不当勧誘の禁止に該当する（同法47条の2第3項、施行規則16条の12第1号ホ）。

以上により、違反するものはア、イ、エの三つであり、正解は3。

基本書　第2編 第2章 3 報酬・その他の制限

問題 42　正解 3　案内所……　難易度 B

ア　**誤り。**マンションの所在地には、売主であるB社の標識の掲示が必要である（宅建業法50条1項、施行規則19条1項2号）。

イ　**誤り。**代理業者の分譲案内所の届出は、分譲案内所を設置したA社がしなければならない（同法50条2項、施行規則15条の5の2第3号）。

ウ　**正しい。**契約行為を予定する代理業者の分譲案内所には、成年者の専任の宅地建物取引士を置かなければならないが、専任の宅地建物取引士の設置義務を負うのは、当該案内所を設置したA社であり、B社に設置義務はない（同法31条の3第1項、施行規則15条の5の2第3号）。

エ　**正しい。**代理業者の分譲案内所に掲示する標識は、分譲業者B社の商号または名称および免許証番号も記載しなければならない（同法50条1項、施行規則19条2項5号）。

以上により、正しいものの組合せはウ、エであり、正解は3。

基本書　第2編 第2章 3 報酬・その他の制限

問題 43　正解 3　保証協会……　難易度 A

1　**正しい。**宅地建物取引業保証協会は、弁済業務保証金分担金の納付を受けたときは、その日から1週間以内に、その納付を受けた額に相当する額の弁済業務保証金を供託しなければならない（宅建業法64条の7第1項）。

2　**正しい。**宅地建物取引業保証協会は、弁済業務保証金の還付があった場合においては、還付された弁済業務保証金の額に相当する額の弁済業務保証金を供託しなければならない（同法64条の8第3項）。

3　**誤り**。正解。宅地建物取引業保証協会の社員と宅建業に関し取引をした者（その社員が社員となる前に宅建業に関して取引した者を含むが、宅建業者に該当する者を除く）は、その取引により生じた債権に関し、当該社員が社員でないとしたならば、その者が供託すべき営業保証金の額に相当する額の範囲内において、当該宅地建物取引業保証協会が供託した弁済業務保証金について、弁済を受ける権利を有する（同法64条の8第1項）。

4　**正しい**。弁済業務保証金の還付を受けようとするときは、弁済を受けることができる額について当該宅地建物取引業保証協会の認証を受けなければならない（同法64条の8第2項）。

基本書　**第2編 第1章 5 営業保証金と保証協会**

問題44　正解4　監督処分…………　難易度D

1　**誤り**。指示処分をする前に、弁明の機会の付与ではなく、より厳格な手続である聴聞をしなければならない（宅建業法69条1項）。

2　**誤り**。指示処分をした場合、業務停止処分や、免許の取消処分と異なり、公告は行われない（同法70条1項）。

3　**誤り**。B社は、丙県知事免許の宅建業者であるから、B社の業者名簿は、丙県に備えられる。「乙県に備える」ではない（同法8条1項）。

4　**正しい**。正解。国土交通大臣は、37条書面の交付をしなかったことに対する業務停止処分をする場合には、あらかじめ、内閣総理大臣に協議しなければならない（同法71条の2第1項）。

基本書　**第2編 第3章 1 監督処分等**

問題45　正解2　住宅瑕疵担保履行法…………　難易度B

1　**誤り**。資力確保措置の状況については、年1回基準日（3月31日）ごとに免許権者に届出をしなければならず、この届出は基準日から3週間以内に行う必要がある（住宅瑕疵担保履行法12条1項、施行規則16条1項）。引き渡した日から3週間以内ではない。

2　**正しい**。正解。資力確保措置の状況の届出をしなかった場合には、基準日の翌日から起算して50日を経過した日以後は、新たな売買契約をすることはできない（同法13条）。

3　**誤り。**住宅販売瑕疵担保責任保険契約は、新築住宅の買主が当該新築住宅の売主である宅建業者から当該新築住宅の引渡しを受けた時から10年以上の期間にわたって有効であることが必要である（同法2条7項4号）。

4　**誤り。**住宅販売瑕疵担保保証金を供託した供託所の所在地等の説明は、書面を交付して、契約成立前にしなければならない（同法15条）。

なお保険証券等の書面と供託所の所在地の説明書は、電磁的方法で行うことができる（同法10条2項、15条2項）。

基本書　第2編 第4章 2 住宅販売瑕疵担保保証金の供託

問題46　正解3　住宅金融支援機構……………………　難易度D

1　**正しい。**独立行政法人住宅金融支援機構（以下、この問において「機構」という）は、証券化支援事業（買取型）において、民間金融機関から買い取った住宅ローン債権を担保としてＭＢＳ（資産担保証券）を発行することにより、債券市場（投資家）から資金を調達している。

2　**正しい。**証券化支援事業（買取型）における民間金融機関の住宅ローン金利は、機構が直接融資を行う場合以外は取扱い金融機関の独自の判断で決定されるので、金融機関によって異なる場合がある（機構業務方法書22条参照）。

3　**誤り。**正解。高齢者向け返済特例制度は、いわゆる機構の「証券化支援事業」における民間金融機関の住宅ローンの対象ではなく、機構が行う直接融資制度のうち、高齢者が自ら居住する住宅とするために行う合理的土地利用建築物の住宅部分の建設または購入、高齢者が自ら居住する住宅について行う改良等に係る貸付金の償還に対して設けられている制度である（機構業務方法書24条4項）。

4　**正しい。**機構は、証券化支援事業（買取型）において、買取りの対象となる貸付債権は、一般の金融機関が行う住宅（新築や中古を問わない）の建設または購入に必要な資金（これに付随する一定の資金を含む）である（機構法13条1項1号、施行令5条1項）。したがって、住宅の建設や新築住宅の購入に係る貸付債権のほか、中古住宅を購入するための貸付債権も買取りの対象にしている。

基本書 第4編 第3章 住宅金融支援機構

問題 47 正解 2 景表法…………………………………… 難易度 C

1 **誤り**。宅建業者が行う広告には、取引態様を表示しなければならないとされており、取引態様は「売主」「貸主」「代理」または「媒介（「仲介」）」の別を、これらの文言を用いて表示することとされている（不当景品類及び不当表示防止法5条、不動産の表示に関する公正競争規約（以下、表示規約という）15条(1)、表示規約施行規則9条(1)）。

2 **正しい**。正解。宅建業者が行う広告には、建物を増築、改築、改装または改修したことを表示する場合は、その内容および時期を明示することとされている（同法5条、表示規約15条(7)、表示規約施行規則9条(21)）。

3 **誤り**。宅建業者が行う広告には、デパート、スーパーマーケット、コンビニエンスストア、商店等の商業施設は、現に利用できるものを表示することとされているが、工事中である等その施設が将来確実に利用できると認められるものにあっては、その整備予定時期を明示して表示することができる（同法5条、表示規約15条(10)、表示規約施行規則9条(31)）。

4 **誤り**。宅建業者が行う広告には、土地の有効な利用が阻害される著しい不整形画地については、その旨を明示することとされている（同法5条、表示規約13条、表示規約施行規則7条(10)）。

基本書 第4編 第4章 ❶ 景表法（不当景品類及び不当表示防止法）、❸ 表示に関する公正競争規約

問題 48　正解 ―　統計……………………………………………　**難易度 ―**

本問は古い統計情報のため掲載しておりません。
次の本試験の基準となる最新統計情報をもとに改題した本問の解説を、弊社 web サイトよりダウンロードしてご利用ください（2024 年 8 月末予定）。

※詳細は v ページ「パーフェクト宅建士シリーズ読者特典（＊特典 3 ＊）」をご参照ください。

問題 49　正解 3　土地……………………………………………　**難易度 B**

1　**適当**。台地は、一般的に水はけもよく、地盤も安定しており、低地に比べ洪水や地震などの自然災害に対して安全度は高いといえる。

2　**適当**。台地の上の浅い谷などは、豪雨時には、一時的に浸水することもあるが、特に、台地や段丘上の浅い谷に見られる小さな池沼を埋め立てた所では、地震の際に地盤の液状化が生じる可能性があるといえる。

3　**最も不適当**。正解。一般的に液状化が生じやすい地盤は、海岸や川のそばの比較的地盤が締め固められていない、地下水位の高い砂地盤といわれている。丘陵地帯で地下水位が深く、砂質土で形成された地盤では、一般的には水はけもよく、地盤も安定しているので、地震の際に液状化する可能性は低いといえる。

4　**適当**。崖崩れの多くは、降雨や豪雨などにより地中にしみ込んだ水分が土の抵抗力を弱めることなどが原因で発生するので、崖に近い住宅では梅雨や台風の時期には、特に注意が必要であるといえる。

基本書　第 4 編 第 5 章 ❶ 土地

問題 50　正解 1　建物……………………………………………　**難易度 C**

1　**最も不適当**。正解。コンクリートの中性化が進むと鉄筋が腐食しやすくなり、構造耐力の低下につながるおそれがあるので、鉄筋コンクリート構造の中性化は、構造体の耐久性や寿命に影響がある。

2　**適当**。木造建物に使用する木材は、湿潤状態にあると白蟻等の虫害や腐朽菌の害を受けやすいので、木造建物の寿命は、木材の乾燥状態、防虫・防腐対策等により大きく影響される。

3　**適当。**鉄筋コンクリート構造のかぶり厚さとは、鉄筋の表面からこれを覆うコンクリートの表面までの最短寸法のことをいい、かぶり厚さは鉄筋を酸化から守る役割を果たしている。したがって、建築物の鉄筋コンクリートは建築基準法施行令79条により、必要なかぶり厚さの数値が柱、はり、床スラブなどの部位ごとに定められている。

4　**適当。**鉄骨構造は、不燃構造であるが、火熱に遭うと耐力が減少する（被覆のない鋼材は500℃以上の火熱を受けると、その強度の半分を失い容易に変形する）ので、耐火構造とするためには、ラスモルタル等の耐火材料で被覆する必要がある。

基本書　第4編 第5章 2 建物

●宅建試験の事務手続

試験事務は、(一財) 不動産適正取引推進機構が都道府県の委任を受けて実施しています。

①試験の内容

宅地建物取引業に関し必要な知識について行われ、特に宅地建物取引業に関する実務的な知識を有するかどうかを判定することに基準が置かれています。

②受験資格

年齢・性別・学歴等の制約はいっさいありません。

③実施公告

実施公告は、6月の第1週金曜日（予定）に行われます。

④試験案内の配布

インターネット申込みの試験案内は、(一財) 不動産適正取引推進機構のホームページに掲載されます。

郵送申込の試験案内（受験申込書を含む。）は、7月上旬（予定）から受験申込締切日までの間、各宅建試験協力機関の指定する場所で配布します。

⑤受験手数料

受験手数料は、8,200円（予定）

⑥受験申込受付

郵　　　　送　令和6年7月1日（月）～7月16日（火）（予定）

インターネット　令和6年7月1日（月）～7月31日（水）（予定）

⑦受験票の交付

10月上旬（予定）に、試験実施機関から直接本人に郵送されます。

⑧試験日

毎年1回、10月の第3日曜日　午後1時～3時（予定）

（登録講習修了者は午後1時10分～3時（予定））

⑨合格発表

原則として、11月下旬

試験実施機関

(一財) 不動産適正取引推進機構　試験部

〒105-0001　東京都港区虎ノ門3-8-21　第33森ビル3階

URL　https://www.retio.or.jp/

詳しくは、受験される住所地にある「宅建試験協力機関」にお問い合わせください。

●宅建試験の実施機関

（一財）不動産適正取引推進機構 試験部　〒105-0001 東京都港区虎ノ門3-8-21 第33森ビル3階

〈宅建試験協力機関一覧表〉

（2022年11月現在）

名称	電話番号	所在地
（公社）北海道宅地建物取引業協会	011-642-4422	060-0001 札幌市中央区北1条西17丁目 北海道不動産会館
（公社）青森県宅地建物取引業協会	017-722-4086	030-0861 青森市長島3-11-12 青森県不動産会館
（一財）岩手県建築住宅センター	019-652-7744	020-0045 盛岡市盛岡駅西通1-7-1 アイーナ2Ｆ
（公社）宮城県宅地建物取引業協会	022-398-9397	980-0803 仙台市青葉区国分町3-4-18
（公社）秋田県宅地建物取引業協会	018-865-1671	010-0942 秋田市川尻大川町1-33 秋田県不動産会館
（公社）山形県宅地建物取引業協会	023-623-7502	990-0023 山形市松波1-10-1 山形県宅建会館
（公社）福島県宅地建物取引業協会	024-531-3487	960-8055 福島市野田町6-3-3 福島県不動産会館
（公社）茨城県宅地建物取引業協会	029-225-5300	310-0066 水戸市金町3-1-3
（公社）栃木県宅地建物取引業協会	028-634-5611	320-0046 宇都宮市西一の沢町6-27
（一社）群馬県宅地建物取引業協会	027-243-3388	379-2154 前橋市天川大島町1-4-37 群馬県不動産会館
（公社）新潟県宅地建物取引業協会	025-247-1177	950-0084 新潟市中央区明石1-3-10
（公社）山梨県宅地建物取引業協会	055-243-4300	400-0853 甲府市下小河原町237-5 山梨県不動産会館内
（公社）長野県宅地建物取引業協会	026-226-5454	380-0836 長野市南県町999-10 長野県不動産会館3Ｆ
（公社）埼玉県弘済会	048-822-7926	330-0063 さいたま市浦和区高砂3-14-21 職員会館4Ｆ
（一社）千葉県宅地建物取引業協会	043-441-6262	260-0024 千葉市中央区中央港1-17-3 千葉県宅建会館
（公財）東京都防災・建築まちづくりセンター	03-5989-1734	160-8353 新宿区西新宿7-7-30 小田急西新宿O-PLACE 3Ｆ
（公社）神奈川県宅地建物取引業協会	045-681-5010	231-0013 横浜市中区住吉町6-76-3
（公社）富山県宅地建物取引業協会	076-425-5514	930-0033 富山市元町2-3-11 富山県不動産会館1Ｆ
（公社）石川県宅地建物取引業協会	076-291-2255	921-8047 金沢市大豆田本町ロ46-8 石川県不動産会館
（公社）福井県宅地建物取引業協会	0776-24-0680	910-0004 福井市宝永4-4-3
（公社）岐阜県宅地建物取引業協会	058-275-1171	500-8358 岐阜市六条南2-5-3 岐阜県不動産会館
（公社）静岡県宅地建物取引業協会	054-246-7150	420-0839 静岡市葵区鷹匠3-18-16 静岡県不動産会館3Ｆ
（公社）愛知県宅地建物取引業協会	052-953-8040	451-0031 名古屋市西区城西5-1-14 愛知県不動産会館
（公社）三重県宅地建物取引業協会	059-227-5018	514-0008 津市上浜町1-6-1
（公社）滋賀県宅地建物取引業協会	077-524-5456	520-0044 大津市京町3-1-3 逢坂ビル4Ｆ・5Ｆ
（公社）京都府宅地建物取引業協会	075-415-2140	602-0915 京都市上京区中立売通新町西入三丁町453-3 京都府宅建会館
（一財）大阪府宅地建物取引士センター	06-6940-0104	540-0039 大阪市中央区東高麗橋1-12 北浜センタービル8F
（一社）兵庫県宅地建物取引業協会	078-367-7227	650-0012 神戸市中央区北長狭通5-5-26 兵庫県宅建会館
（公社）奈良県宅地建物取引業協会	0742-61-4528	630-8133 奈良市大安寺6-20-3 奈良県宅建会館
（公社）和歌山県宅地建物取引業協会	073-471-6000	640-8323 和歌山市太田143-3 和歌山県宅建会館
（公社）鳥取県宅地建物取引業協会	0857-23-3569	680-0036 鳥取市川端２丁目125番地 鳥取県不動産会館
（公社）島根県宅地建物取引業協会	0852-23-6728	690-0063 松江市寺町210-1 島根県不動産会館
（一社）岡山県不動産サポートセンター	086-224-2004	700-0023 岡山市北区駅前町2-5-28 岡山県宅建会館2Ｆ
（公社）広島県宅地建物取引業協会	082-243-0011	730-0046 広島市中区昭和町11-5 広島県不動産会館
（公社）山口県宅地建物取引業協会	083-973-7111	754-0021 山口市小郡黄金町5-16 山口県不動産会館
（公社）徳島県宅地建物取引業協会	088-625-0318	770-0941 徳島市万代町5-1-5 徳島県不動産会館
（公社）香川県宅地建物取引業協会	087-823-2300	760-0067 高松市松福町1-10-5
（公社）愛媛県宅地建物取引業協会	089-943-2184	790-0807 松山市平和通6-5-1 愛媛不動産会館2Ｆ
（公社）高知県宅地建物取引業協会	088-823-2001	780-0901 高知市上町1-9-1
（一財）福岡県建築住宅センター	092-737-8013	810-0001 福岡市中央区天神1-1-1 アクロス福岡3Ｆ
（公社）佐賀県宅地建物取引業協会	0952-32-7120	840-0804 佐賀市神野東4-1-10 佐賀県不動産会館
（公社）長崎県宅地建物取引業協会	095-848-3888	852-8105 長崎市目覚町3-19 長崎県不動産会館3Ｆ
（公社）熊本県宅地建物取引業協会	096-213-1355	862-0950 熊本市中央区水前寺6-1-31 熊本県不動産会館
（一社）大分県宅地建物取引業協会	097-536-3758	870-0025 大分市顕徳町2-4-15 大分県不動産会館1F
（一社）宮崎県宅地建物取引業協会	0985-26-4522	880-0862 宮崎市潮見町20-1 宮崎県不動産会館2Ｆ
（公社）鹿児島県宅地建物取引業協会	099-252-7111	890-0052 鹿児島市上之園町24-4
（公社）沖縄県宅地建物取引業協会	098-861-3402	900-0021 那覇市泉崎1-12-7

注）受験の申込み等については、受験者が居住する都道府県の、上記協力機関に確認してください。

〈本書へのお問い合わせ〉

本書の記述に関するご質問等は，**文書**にて下記あて先にお寄せください。お寄せいただきましたご質問等への回答は，若干お時間をいただく場合もございますので，あらかじめご了承ください。また，**電話でのお問い合わせはお受けいたしかねます**。

なお，当編集部におきましては記述内容をこえるご質問への回答および受験指導等は行っておりません。なにとぞご了承の程お願いいたします。

郵送先　〒171-0014
東京都豊島区池袋2－38－1
㈱住宅新報出版
FAX　(03) 5992－5253

法改正等による修正の情報に関しては，
下記ウェブサイトでご確認いただけます。
情報の公開は2025年版発行までとさせていただきます。ご了承ください。

https://www.jssbook.com/

2024年版　パーフェクト宅建士過去問12年間

1991年12月12日　初版発行（旧書名 パーフェクト宅建 過去問10年間）
2018年12月21日　2019年版（改題版）発行（旧書名 パーフェクト宅建の過去問12年間）
2020年12月28日　2021年版（改題版）発行
2023年12月19日　2024年版発行

編　者　住宅新報出版
発行者　馬場栄一
発行所　㈱住宅新報出版
〒171-0014 東京都豊島区池袋2－38－1
電話 (03) 6388－0052
https://www.jssbook.com/

印刷・製本／㈱ワコー
落丁本・乱丁本はお取り替えいたします。
Printed in Japan
ISBN978－4－910499－79－6　C2032

２分冊の取り外し方法

各冊子と白い紙は、のりで接着されています。
取り外す際は、白い紙を残したまま、各冊子を１冊ずつつまみ、手前にゆっくり引っ張るようにして、取り外してください。

※　取り外しの際に生じた損傷につきましては、お取り替えいたしかねます。あらかじめご了承ください。

2024年版

パーフェクト

宅建士

過去問12年間

第2分冊

試験問題

住宅新報出版

Contents

第2分冊

試験問題

令和５年度

試験問題

（注）※の問題は、本書発行時点の法令に照らし一部補正してあります。

解　答　欄

問題番号	解	答	番	号
第 1 問	①	②	③	④
第 2 問	①	②	③	④
第 3 問	①	②	③	④
第 4 問	①	②	③	④
第 5 問	①	②	③	④
第 6 問	①	②	③	④
第 7 問	①	②	③	④
第 8 問	①	②	③	④
第 9 問	①	②	③	④
第10問	①	②	③	④
第11問	①	②	③	④
第12問	①	②	③	④
第13問	①	②	③	④
第14問	①	②	③	④
第15問	①	②	③	④
第16問	①	②	③	④
第17問	①	②	③	④
第18問	①	②	③	④
第19問	①	②	③	④
第20問	①	②	③	④
第21問	①	②	③	④
第22問	①	②	③	④
第23問	①	②	③	④
第24問	①	②	③	④
第25問	①	②	③	④

問題番号	解	答	番	号
第26問	①	②	③	④
第27問	①	②	③	④
第28問	①	②	③	④
第29問	①	②	③	④
第30問	①	②	③	④
第31問	①	②	③	④
第32問	①	②	③	④
第33問	①	②	③	④
第34問	①	②	③	④
第35問	①	②	③	④
第36問	①	②	③	④
第37問	①	②	③	④
第38問	①	②	③	④
第39問	①	②	③	④
第40問	①	②	③	④
第41問	①	②	③	④
第42問	①	②	③	④
第43問	①	②	③	④
第44問	①	②	③	④
第45問	①	②	③	④
第46問	①	②	③	④
第47問	①	②	③	④
第48問	①	②	③	④
第49問	①	②	③	④
第50問	①	②	③	④

※「解答用紙」（マークシート）はダウンロードできます。詳細は vi ページをご覧ください。

令和5年度 試験問題

問題 1　次の１から４までの記述のうち、民法の規定、判例及び下記判決文によれば、誤っているものはどれか。

（判決文）

遺産は、相続人が数人あるときは、相続開始から遺産分割までの間、共同相続人の共有に属するものであるから、この間に遺産である賃貸不動産を使用管理した結果生ずる金銭債権たる賃料債権は、遺産とは別個の財産というべきであって、各共同相続人がその相続分に応じて分割単独債権として確定的に取得するものと解するのが相当である。

1　遺産である不動産から、相続開始から遺産分割までの間に生じた賃料債権は、遺産である不動産が遺産分割によって複数の相続人のうちの一人に帰属することとなった場合、当該不動産が帰属することになった相続人が相続開始時にさかのぼって取得する。

2　相続人が数人あるときは、相続財産は、その共有に属し、各共同相続人は、その相続分に応じて被相続人の権利義務を承継する。

3　遺産分割の効力は、相続開始の時にさかのぼって生ずる。ただし、第三者の権利を害することはできない。

4　遺産である不動産が遺産分割によって複数の相続人のうちの一人に帰属することとなった場合、当該不動産から遺産分割後に生じた賃料債権は、遺産分割によって当該不動産が帰属した相続人が取得する。

問題 2　相隣関係に関する次の記述のうち、民法の規定によれば、正しいものはどれか。

1　土地の所有者は、境界標の調査又は境界に関する測量等の一定の目的のために必要な範囲内で隣地を使用することができる場合であっても、住家については、その家の居住者の承諾がなければ、当該住家に立ち入ることはできない。

2　土地の所有者は、隣地の竹木の枝が境界線を越える場合、その竹木の所有者にその枝を切除させることができるが、その枝を切除するよう催告したにもかかわらず相当の期間内に切除しなかったときであっても、自らその枝を切り取ることはできない。

3　相隣者の一人は、相隣者間で共有する障壁の高さを増すときは、他方の相隣者の承諾を得なければならない。

4　他の土地に囲まれて公道に通じない土地の所有者は、公道に出るためにその土地を囲んでいる他の土地を自由に選んで通行することができる。

問題 3　Ａを注文者、Ｂを請負人として、Ａ所有の建物に対して独立性を有さずその構成部分となる増築部分の工事請負契約を締結し、Ｂは３か月間で増築工事を終了させた。この場合に関する次の記述のうち、民法の規定及び判例によれば、誤っているものはどれか。なお、この問において「契約不適合」とは品質に関して契約の内容に適合しないことをいい、当該請負契約には契約不適合責任に関する特約は定められていなかったものとする。

1　ＡがＢに請負代金を支払っていなくても、Ａは増築部分の所有権を取得する。

2　Ｂが材料を提供して増築した部分に契約不適合がある場合、Ａは工事が終了した日から１年以内にその旨をＢに通知しなければ、契約不適合を理由とした修補をＢに対して請求することはできない。

3　Ｂが材料を提供して増築した部分に契約不適合があり、Ｂは不適合があることを知りながらそのことをＡに告げずに工事を終了し、Ａが工事終了日から３年後に契約不適合を知った場合、ＡはＢに対して、消滅時効が完成するまでは契約不適合を理由とした修補を請求することができる。

4　増築した部分にＡが提供した材料の性質によって契約不適合が生じ、

Bが材料が不適当であることを知らずに工事を終了した場合、AはBに対して、Aが提供した材料によって生じた契約不適合を理由とした修補を請求することはできない。

問題 4 AがBに対して貸金債権である甲債権を、BがAに対して貸金債権である乙債権をそれぞれ有している場合において、民法の規定及び判例によれば、次のアからエまでの記述のうち、Aが一方的な意思表示により甲債権と乙債権とを対当額にて相殺できないものを全て掲げたものは、次の1から4のうちどれか。なお、いずれの債権も相殺を禁止し又は制限する旨の意思表示はされていないものとする。

ア 弁済期の定めのない甲債権と、弁済期到来前に、AがBに対して期限の利益を放棄する旨の意思表示をした乙債権
イ 弁済期が到来している甲債権と、弁済期の定めのない乙債権
ウ 弁済期の定めのない甲債権と、弁済期が到来している乙債権
エ 弁済期が到来していない甲債権と、弁済期が到来している乙債権

1 ア、イ、ウ
2 イ、ウ
3 ウ、エ
4 エ

問題 5 従来の住所又は居所を去った者（以下この問において「不在者」という。）の財産の管理に関する次の記述のうち、民法の規定及び判例によれば、正しいものはどれか。なお、この問において「管理人」とは、不在者の財産の管理人をいうものとする。

1 不在者が管理人を置かなかったときは、当該不在者の生死が7年間明らかでない場合に限り、家庭裁判所は、利害関係人又は検察官の請求により、その財産の管理について必要な処分を命ずることができる。
2 不在者が管理人を置いた場合において、その不在者の生死が明らかで

ないときは、家庭裁判所は、利害関係人又は検察官から請求があったとしても管理人を改任することはできない。

3　家庭裁判所により選任された管理人は、不在者を被告とする建物収去土地明渡請求を認容した第一審判決に対して控訴を提起するには、家庭裁判所の許可が必要である。

4　家庭裁判所により選任された管理人は、保存行為として不在者の自宅を修理することができるほか、家庭裁判所の許可を得てこれを売却することができる。

問題 6　A所有の甲土地について、Bが所有の意思をもって平穏にかつ公然と時効取得に必要な期間占有を継続した場合に関する次の記述のうち、民法の規定及び判例によれば、正しいものはいくつあるか。

ア　AがCに対して甲土地を売却し、Cが所有権移転登記を備えた後にBの取得時効が完成した場合には、Bは登記を備えていなくても、甲土地の所有権の時効取得をCに対抗することができる。

イ　Bの取得時効が完成した後に、AがDに対して甲土地を売却しDが所有権移転登記を備え、Bが、Dの登記の日から所有の意思をもって平穏にかつ公然と時効取得に必要な期間占有を継続した場合、所有権移転登記を備えていなくても、甲土地の所有権の時効取得をDに対抗することができる。

ウ　Bの取得時効完成後、Bへの所有権移転登記がなされないままEがAを債務者として甲土地にAから抵当権の設定を受けて抵当権設定登記をした場合において、Bがその後引き続き所有の意思をもって平穏にかつ公然と時効取得に必要な期間占有を継続した場合、特段の事情がない限り、再度の時効取得により、Bは甲土地の所有権を取得し、Eの抵当権は消滅する。

1　一つ
2　二つ
3　三つ

4 なし

問題 7 甲建物を所有するAが死亡し、Aの配偶者Bが甲建物の配偶者居住権を、Aの子Cが甲建物の所有権をそれぞれ取得する旨の遺産分割協議が成立した場合に関する次の記述のうち、民法の規定によれば、正しいものはどれか。

1 遺産分割協議において、Bの配偶者居住権の存続期間が定められなかった場合、配偶者居住権の存続期間は20年となる。
2 Bが高齢となり、バリアフリーのマンションに転居するための資金が必要になった場合、Bは、Cの承諾を得ずに甲建物を第三者Dに賃貸することができる。
3 Cには、Bに対し、配偶者居住権の設定の登記を備えさせる義務がある。
4 Cは、甲建物の通常の必要費を負担しなければならない。

問題 8 未成年者Aが、法定代理人Bの同意を得ずに、Cから甲建物を買い受ける契約（以下この問において「本件売買契約」という。）を締結した場合における次の記述のうち、民法の規定によれば、正しいものはどれか。なお、Aに処分を許された財産はなく、Aは、営業を許されてはいないものとする。

1 AがBの同意を得ずに制限行為能力を理由として本件売買契約を取り消した場合、Bは、自己が本件売買契約の取消しに同意していないことを理由に、Aの当該取消しの意思表示を取り消すことができる。
2 本件売買契約締結時にAが未成年者であることにつきCが善意無過失であった場合、Bは、Aの制限行為能力を理由として、本件売買契約を取り消すことはできない。
3 本件売買契約につき、取消しがなされないままAが成年に達した場合、本件売買契約についてBが反対していたとしても、自らが取消権を有すると知ったAは、本件売買契約を追認することができ、追認後は本件売買契約を取り消すことはできなくなる。

4　本件売買契約につき、Bが追認しないまま、Aが成年に達する前にBの同意を得ずに甲建物をDに売却した場合、BがDへの売却について追認していないときでも、Aは制限行為能力を理由として、本件売買契約を取り消すことはできなくなる。

問題 9　Aを貸主、Bを借主として甲建物の賃貸借契約が令和5年7月1日に締結された場合の甲建物の修繕に関する次の記述のうち、民法の規定によれば、誤っているものはどれか。

1　甲建物の修繕が必要であることを、Aが知ったにもかかわらず、Aが相当の期間内に必要な修繕をしないときは、Bは甲建物の修繕をすることができる。

2　甲建物の修繕が必要である場合において、BがAに修繕が必要である旨を通知したにもかかわらず、Aが必要な修繕を直ちにしないときは、Bは甲建物の修繕をすることができる。

3　Bの責めに帰すべき事由によって甲建物の修繕が必要となった場合は、Aは甲建物を修繕する義務を負わない。

4　甲建物の修繕が必要である場合において、急迫の事情があるときは、Bは甲建物の修繕をすることができる。

問題 10　債務者Aが所有する甲土地には、債権者Bが一番抵当権（債権額1,000万円）、債権者Cが二番抵当権（債権額1,200万円）、債権者Dが三番抵当権（債権額2,000万円）をそれぞれ有しているが、BがDの利益のため、Aの承諾を得て抵当権の順位を放棄した。甲土地の競売に基づく売却代金が2,400万円であった場合、Bの受ける配当額として、民法の規定によれば、正しいものはどれか。

1　0円

2　200万円

3　400万円

4　800万円

問題 11　AがBとの間で、A所有の甲土地につき建物所有目的で期間を50年とする賃貸借契約（以下この問において「本件契約」という。）を締結する場合に関する次の記述のうち、借地借家法の規定及び判例によれば、正しいものはどれか。

1　本件契約に、当初の10年間は地代を減額しない旨の特約を定めた場合、その期間内は、BはAに対して地代の減額請求をすることはできない。
2　本件契約が甲土地上で専ら賃貸アパート事業用の建物を所有する目的である場合、契約の更新や建物の築造による存続期間の延長がない旨を定めるためには、公正証書で合意しなければならない。
3　本件契約に建物買取請求権を排除する旨の特約が定められていない場合、本件契約が終了したときは、その終了事由のいかんにかかわらず、BはAに対してBが甲土地上に所有している建物を時価で買い取るべきことを請求することができる。
4　本件契約がBの居住のための建物を所有する目的であり契約の更新がない旨を定めていない契約であって、期間満了する場合において甲土地上に建物があり、Bが契約の更新を請求したとしても、Aが遅滞なく異議を述べ、その異議に更新を拒絶する正当な事由があると認められる場合は、本件契約は更新されない。

問題 12　令和５年７月１日に締結された建物の賃貸借契約（定期建物賃貸借契約及び一時使用目的の建物の賃貸借契約を除く。）に関する次の記述のうち、民法及び借地借家法の規定並びに判例によれば、正しいものはどれか。

1　期間を１年未満とする建物の賃貸借契約は、期間を１年とするものとみなされる。
2　当事者間において、一定の期間は建物の賃料を減額しない旨の特約がある場合、現行賃料が不相当になったなどの事情が生じたとしても、この特約は有効である。

3　賃借人が建物の引渡しを受けている場合において、当該建物の賃貸人が当該建物を譲渡するに当たり、当該建物の譲渡人及び譲受人が、賃貸人たる地位を譲渡人に留保する旨及び当該建物の譲受人が譲渡人に賃貸する旨の合意をしたときは、賃貸人たる地位は譲受人に移転しない。

4　現行賃料が定められた時から一定の期間が経過していなければ、賃料増額請求は、認められない。

問題 13　建物の区分所有等に関する法律（以下この問において「法」という。）に関する次の記述のうち、誤っているものはどれか。

1　集会においては、法で集会の決議につき特別の定数が定められている事項を除き、規約で別段の定めをすれば、あらかじめ通知した事項以外についても決議することができる。

2　集会は、区分所有者の４分の３以上の同意があるときは、招集の手続を経ないで開くことができる。

3　共用部分の保存行為は、規約に別段の定めがある場合を除いて、各共有者がすることができるため集会の決議を必要としない。

4　一部共用部分に関する事項で区分所有者全員の利害に関係しないものについての区分所有者全員の規約は、当該一部共用部分を共用すべき区分所有者が８人である場合、３人が反対したときは変更することができない。

問題 14　不動産の登記に関する次の記述のうち、不動産登記法の規定によれば、誤っているものはどれか。

1　建物が滅失したときは、表題部所有者又は所有権の登記名義人は、その滅失の日から１か月以内に、当該建物の滅失の登記を申請しなければならない。

2　何人も、理由の有無にかかわらず、登記官に対し、手数料を納付して、登記簿の附属書類である申請書を閲覧することができる。

3　共有物分割禁止の定めに係る権利の変更の登記の申請は、当該権利の共有者である全ての登記名義人が共同してしなければならない。

4　区分建物の所有権の保存の登記は、表題部所有者から所有権を取得した者も、申請することができる。

問題 15　都市計画法に関する次の記述のうち、正しいものはどれか。

1　市街化調整区域は、土地利用を整序し、又は環境を保全するための措置を講ずることなく放置すれば、将来における一体の都市としての整備に支障が生じるおそれがある区域とされている。

2　高度利用地区は、土地の合理的かつ健全な高度利用と都市機能の更新とを図るため、都市計画に、建築物の高さの最低限度を定める地区とされている。

3　特定用途制限地域は、用途地域が定められている土地の区域内において、都市計画に、制限すべき特定の建築物等の用途の概要を定める地域とされている。

4　地区計画は、用途地域が定められている土地の区域のほか、一定の場合には、用途地域が定められていない土地の区域にも定めることができる。

問題 16　都市計画法に関する次の記述のうち、正しいものはどれか。ただし、この問において条例による特別の定めはないものとし、「都道府県知事」とは、地方自治法に基づく指定都市、中核市及び施行時特例市にあってはその長をいうものとする。

1　開発許可を申請しようとする者は、あらかじめ、開発行為に関係がある公共施設の管理者と協議し、その同意を得なければならない。

2　開発許可を受けた者は、当該許可を受ける際に申請書に記載した事項を変更しようとする場合においては、都道府県知事に届け出なければならないが、当該変更が国土交通省令で定める軽微な変更に当たるときは、届け出なくてよい。

3　開発許可を受けた者は、当該開発行為に関する工事が完了し、都道府県知事から検査済証を交付されたときは、遅滞なく、当該工事が完了した旨を公告しなければならない。

4　市街化調整区域のうち開発許可を受けた開発区域以外の区域内において、自己の居住用の住宅を新築しようとする全ての者は、当該建築が開発行為を伴わない場合であれば、都道府県知事の許可を受けなくてよい。

問題 17　建築基準法に関する次の記述のうち、誤っているものはどれか。

1　地方公共団体は、条例で、津波、高潮、出水等による危険の著しい区域を災害危険区域として指定し、当該区域内における住居の用に供する建築物の建築を禁止することができる。

2　３階建て以上の建築物の避難階以外の階を、床面積の合計が1,500㎡を超える物品販売業の店舗の売場とする場合には、当該階から避難階又は地上に通ずる２以上の直通階段を設けなければならない。

3　建築物が防火地域及び準防火地域にわたる場合、その全部について準防火地域内の建築物に関する規定を適用する。

4　石綿等をあらかじめ添加した建築材料は、石綿等を飛散又は発散させるおそれがないものとして国土交通大臣が定めたもの又は国土交通大臣の認定を受けたものを除き、使用してはならない。

問題 18　次の記述のうち、建築基準法（以下この問において「法」という。）の規定によれば、正しいものはどれか。

1　法第53条第１項及び第２項の建蔽率制限に係る規定の適用については、準防火地域内にある準耐火建築物であり、かつ、街区の角にある敷地又はこれに準ずる敷地で特定行政庁が指定するものの内にある建築物にあっては同条第１項各号に定める数値に10分の２を加えたものをもって当該各号に定める数値とする。

2　建築物又は敷地を造成するための擁壁は、道路内に、又は道路に突き出して建築し、又は築造してはならず、地盤面下に設ける建築物においても同様である。

3　地方公共団体は、その敷地が袋路状道路にのみ接する建築物であって、延べ面積が150㎡を超えるものについては、一戸建ての住宅であっても、条例で、その敷地が接しなければならない道路の幅員、その敷地が道路に接する部分の長さその他その敷地又は建築物と道路との関係に関して必要な制限を付加することができる。

4　冬至日において、法第56条の2第1項の規定による日影規制の対象区域内の土地に日影を生じさせるものであっても、対象区域外にある建築物であれば一律に、同項の規定は適用されない。

問題 19 ※　宅地造成及び特定盛土等規制法に関する次の記述のうち、誤っているものはどれか。なお、この問において「都道府県知事」とは、地方自治法に基づく指定都市、中核市及び施行時特例市にあってはその長をいうものとする。

1　都道府県知事は、関係市町村長の意見を聴いて、宅地造成等工事規制区域内で、宅地造成に伴う災害で相当数の居住者その他の者に危害を生ずるものの発生のおそれが大きい一団の造成宅地の区域であって、一定の基準に該当するものを、造成宅地防災区域として指定することができる。

2　都道府県知事は、その地方の気候、風土又は地勢の特殊性により、宅地造成及び特定盛土等規制法の規定のみによっては宅地造成等に伴うがけ崩れ又は土砂の流出の防止の目的を達し難いと認める場合は、都道府県（地方自治法に基づく指定都市、中核市又は施行時特例市の区域にあっては、それぞれ指定都市、中核市又は施行時特例市）の規則で、宅地造成等工事規制区域内において行われる宅地造成等に関する工事の技術的基準を強化し、又は付加することができる。

3　都道府県知事は、宅地造成等工事規制区域内の宅地について、宅地造成等に伴う災害を防止するために必要があると認める場合には、その土地の所有者に対して、擁壁等の設置等の措置をとることを勧告することができる。

4　宅地造成等工事規制区域内の土地において、雨水その他の地表水又は地下水を排除するための排水施設の除却工事を行おうとする場合は、一定の場合を除き、都道府県知事への届出が必要となる。

問題 20　土地区画整理法に関する次の記述のうち、誤っているものはどれか。

1　換地計画において定められた清算金は、換地処分の公告があった日の翌日において確定する。

2　現に施行されている土地区画整理事業の施行地区となっている区域については、その施行者の同意を得なければ、その施行者以外の者は、土地区画整理事業を施行することができない。

3　施行者は、換地処分の公告があった場合において、施行地区内の土地及び建物について土地区画整理事業の施行により変動があったときは、遅滞なく、その変動に係る登記を申請し、又は嘱託しなければならない。

4　土地区画整理組合は、仮換地を指定しようとする場合においては、あらかじめ、その指定について、土地区画整理審議会の同意を得なければならない。

問題 21　農地に関する次の記述のうち、農地法（以下この問において「法」という。）の規定によれば、誤っているものはどれか。

1　相続により農地を取得する場合は、法第３条第１項の許可を要しないが、相続人に該当しない者が特定遺贈により農地を取得する場合は、同項の許可を受ける必要がある。

2　自己の所有する面積４アールの農地を農作物の育成又は養畜の事業のための農業用施設に転用する場合は、法第４条第１項の許可を受ける必要はない。

3　法第3条第1項又は法第5条第1項の許可が必要な農地の売買について、これらの許可を受けずに売買契約を締結しても、その所有権の移転の効力は生じない。

4　社会福祉事業を行うことを目的として設立された法人（社会福祉法人）が、農地をその目的に係る業務の運営に必要な施設の用に供すると認められる場合、農地所有適格法人でなくても、農業委員会の許可を得て、農地の所有権を取得することができる。

問題 22　土地を取得する場合における届出に関する次の記述のうち、正しいものはどれか。なお、この問において「事後届出」とは、国土利用計画法第23条の届出をいい、「重要土地等調査法」とは、重要施設周辺及び国境離島等における土地等の利用状況の調査及び利用の規制等に関する法律をいうものとする。

1　都市計画区域外において、国から一団の土地である6,000㎡と5,000㎡の土地を購入した者は、事後届出を行う必要はない。

2　市街化区域を除く都市計画区域内において、Aが所有する7,000㎡の土地をBが相続により取得した場合、Bは事後届出を行う必要がある。

3　市街化区域において、Cが所有する3,000㎡の土地をDが購入する契約を締結した場合、C及びDは事後届出を行わなければならない。

4　重要土地等調査法の規定による特別注視区域内にある100㎡の規模の土地に関する所有権又はその取得を目的とする権利の移転をする契約を締結する場合には、当事者は、一定の事項を、あらかじめ、内閣総理大臣に届け出なければならない。

問題 23　印紙税に関する次の記述のうち、正しいものはどれか。なお、以下の契約書はいずれも書面により作成されたものとする。

1　売主Aと買主Bが土地の譲渡契約書を3通作成し、A、B及び仲介人Cがそれぞれ1通ずつ保存する場合、当該契約書3通には印紙税が課される。

2　一の契約書に土地の譲渡契約（譲渡金額5,000万円）と建物の建築請負契約（請負金額6,000万円）をそれぞれ区分して記載した場合、印紙税の課税標準となる当該契約書の記載金額は１億1,000万円である。

3「Ｄの所有する甲土地（時価2,000万円）をＥに贈与する」旨を記載した贈与契約書を作成した場合、印紙税の課税標準となる当該契約書の記載金額は、2,000万円である。

4　当初作成の「土地を１億円で譲渡する」旨を記載した土地譲渡契約書の契約金額を変更するために作成する契約書で、「当初の契約書の契約金額を1,000万円減額し、9,000万円とする」旨を記載した変更契約書について、印紙税の課税標準となる当該変更契約書の記載金額は、1,000万円である。

問題 24　不動産取得税に関する次の記述のうち、正しいものはどれか。

1　不動産取得税の徴収については、特別徴収の方法によることができる。

2　不動産取得税は、目的税である。

3　不動産取得税は、不動産の取得に対し、当該不動産所在の市町村及び特別区において、当該不動産の取得者に課する。

4　不動産取得税は、市町村及び特別区に対して、課することができない。

問題 25　不動産の鑑定評価に関する次の記述のうち、不動産鑑定評価基準によれば、正しいものはどれか。

1　原価法は、価格時点における対象不動産の収益価格を求め、この収益価格について減価修正を行って対象不動産の比準価格を求める手法である。

2　原価法は、対象不動産が建物又は建物及びその敷地である場合には適用することができるが、対象不動産が土地のみである場合においては、いかなる場合も適用することができない。

3　取引事例比較法における取引事例が、特殊事情のある事例である場合、その具体的な状況が判明し、事情補正できるものであっても採用することは許されない。

4　取引事例比較法は、近隣地域若しくは同一需給圏内の類似地域等において対象不動産と類似の不動産の取引が行われている場合又は同一需給圏内の代替競争不動産の取引が行われている場合に有効である。

問題 26　宅地建物取引業法第37条の規定により交付すべき書面に記載すべき事項を電磁的方法により提供すること（以下この問において「37条書面の電磁的方法による提供」という。）に関する次の記述のうち、正しいものはいくつあるか。

ア　宅地建物取引業者が自ら売主として締結する売買契約において、当該契約の相手方から宅地建物取引業法施行令第3条の4第1項に規定する承諾を得なければ、37条書面の電磁的方法による提供をすることができない。

イ　宅地建物取引業者が媒介業者として関与する売買契約について、宅地建物取引業法施行令第3条の4第1項に規定する承諾を取得するための通知の中に宅地建物取引士を明示しておけば、37条書面の電磁的方法による提供において提供に係る宅地建物取引士を明示する必要はない。

ウ　宅地建物取引業者が自ら売主として締結する売買契約において、37条書面の電磁的方法による提供を行う場合、当該提供されたファイルへの記録を取引の相手方が出力することにより書面を作成できるものでなければならない。

エ　宅地建物取引業者が媒介業者として関与する建物賃貸借契約について、37条書面の電磁的方法による提供を行う場合、当該提供するファイルに記録された記載事項について、改変が行われていないかどうかを確認することができる措置を講じなければならない。

1　一つ

2　二つ
3　三つ
4　四つ

問題 27　宅地建物取引業法第 34 条の２第１項第４号に規定する建物状況調査（以下この問において「建物状況調査」という。）に関する次の記述のうち、誤っているものはどれか。

1　建物状況調査とは、建物の構造耐力上主要な部分又は雨水の浸入を防止する部分として国土交通省令で定めるものの状況の調査であって、経年変化その他の建物に生じる事象に関する知識及び能力を有する者として国土交通省令で定める者が実施するものをいう。
2　宅地建物取引業者が建物状況調査を実施する者のあっせんを行う場合、建物状況調査を実施する者は建築士法第２条第１項に規定する建築士であって国土交通大臣が定める講習を修了した者でなければならない。
3　既存住宅の売買の媒介を行う宅地建物取引業者が売主に対して建物状況調査を実施する者のあっせんを行った場合、宅地建物取引業者は売主から報酬とは別にあっせんに係る料金を受領することはできない。
4　既存住宅の貸借の媒介を行う宅地建物取引業者は、宅地建物取引業法第 37 条の規定により交付すべき書面に建物の構造耐力上主要な部分等の状況について当事者の双方が確認した事項を記載しなければならない。

問題 28　宅地建物取引業者Ａの業務に関する次の記述のうち、宅地建物取引業法（以下この問において「法」という。）の規定に違反するものはいくつあるか。

ア　Ａの従業員Ｂが、Ｃが所有する戸建住宅の買取りを目的とした訪問勧誘をＣに対して行ったところ、Ｃから「契約の意思がないので今後勧誘に来ないでほしい」と言われたことから、後日、Ａは、別の従業員Ｄに同じ目的で訪問勧誘を行わせて、当該勧誘を継続した。

イ　Aの従業員Eは、Fが所有する戸建住宅の買取りを目的とした電話勧誘をFに対して行った際に、不実のことと認識しながら「今後5年以内にこの一帯は再開発されるので、急いで売却した方がよい。」と説明した。

ウ　Aの従業員Gは、Hが所有する戸建住宅の買取りを目的とした電話勧誘をHに対して行おうと考え、23時頃にHの自宅に電話をかけ、勧誘を行い、Hの私生活の平穏を害し、Hを困惑させた。

エ　Aは、Jとの間でJが所有する戸建住宅を買い取る売買契約を締結し、法第37条の規定に基づく書面をJに交付したが、Aの宅地建物取引士に、当該書面に記名のみさせ、押印させることを省略した。

1　一つ
2　二つ
3　三つ
4　四つ

問題 29　宅地建物取引業の免許（以下この問において「免許」という。）に関する次の記述のうち、宅地建物取引業法の規定によれば、正しいものはどれか。

1　宅地建物取引業者A社の使用人であって、A社の宅地建物取引業を行う支店の代表者であるものが、道路交通法の規定に違反したことにより懲役の刑に処せられたとしても、A社の免許は取り消されることはない。

2　宅地建物取引業者B社の取締役が、所得税法の規定に違反したことにより罰金の刑に処せられたとしても、B社の免許は取り消されることはない。

3　宅地建物取引業者である個人Cが、宅地建物取引業法の規定に違反したことにより罰金の刑に処せられたとしても、Cの免許は取り消されることはない。

4　宅地建物取引業者D社の非常勤の取締役が、刑法第222条（脅迫）の罪を犯したことにより罰金の刑に処せられたとしても、D社の免許は取り消されることはない。

問題 30 宅地建物取引業者A（甲県知事免許）の営業保証金に関する次の記述のうち、宅地建物取引業法の規定によれば、正しいものはいくつあるか。なお、Aは宅地建物取引業保証協会の社員ではないものとする。

ア　Aが免許を受けた日から６か月以内に甲県知事に営業保証金を供託した旨の届出を行わないとき、甲県知事はその届出をすべき旨の催告をしなければならず、当該催告が到達した日から１か月以内にAが届出を行わないときは、その免許を取り消すことができる。
イ　Aは、営業保証金を供託したときは、その供託物受入れの記載のある供託書の写しを添付して、その旨を甲県知事に届け出なければならず、当該届出をした後でなければ、その事業を開始することができない。
ウ　Aは、営業保証金が還付され、甲県知事から営業保証金が政令で定める額に不足が生じた旨の通知を受け、その不足額を供託したときは、30日以内に甲県知事にその旨を届け出なければならない。
エ　Aが免許失効に伴い営業保証金を取り戻す際、供託した営業保証金につき還付を受ける権利を有する者に対し、３か月を下らない一定期間内に申し出るべき旨を公告し、期間内にその申出がなかった場合でなければ、取り戻すことができない。

1　一つ
2　二つ
3　三つ
4　四つ

問題 31 宅地建物取引業者がその業務に関して行う広告に関する次の記述のうち、宅地建物取引業法（以下この問において「法」という。）の規定によれば、正しいものはどれか。なお、この問において「建築確認」とは、建築基準法第6条第1項の確認をいうものとする。

1　宅地又は建物の売買に関する注文を受けたときは、遅滞なくその注文をした者に対して取引態様の別を明らかにしなければならないが、当該注文者が事前に取引態様の別を明示した広告を見てから注文してきた場合においては、取引態様の別を遅滞なく明らかにする必要はない。
2　既存の住宅に関する広告を行うときは、法第34条の2第1項第4号に規定する建物状況調査を実施しているかどうかを明示しなければならない。
3　これから建築工事を行う予定である建築確認申請中の建物については、当該建物の売買の媒介に関する広告をしてはならないが、貸借の媒介に関する広告はすることができる。
4　販売する宅地又は建物の広告に関し、著しく事実に相違する表示をした場合、監督処分の対象となるだけでなく、懲役若しくは罰金に処せられ、又はこれを併科されることもある。

問題 32　宅地建物取引業者が行う届出に関する次の記述のうち、宅地建物取引業法の規定によれば、誤っているものはどれか。

1　宅地建物取引業者A（甲県知事免許）が、新たに宅地建物取引業を営む支店を甲県内に設置した場合、Aはその日から30日以内にその旨を甲県知事に届け出なければならない。
2　宅地建物取引業者B（乙県知事免許）が、宅地建物取引業者ではないCとの合併により消滅した場合、Bを代表する役員であった者は、その日から30日以内にその旨を乙県知事に届け出なければならない。
3　宅地建物取引業者D（丙県知事免許）が、本店における専任の宅地建物取引士Eの退職に伴い、新たに専任の宅地建物取引士Fを本店に置いた場合、Dはその日から30日以内にその旨を丙県知事に届け出なければならない。
4　宅地建物取引業者G（丁県知事免許）が、その業務に関し展示会を丁県内で実施する場合、展示会を実施する場所において売買契約の締結

（予約を含む。）又は売買契約の申込みの受付を行うときは、Ｇは展示会での業務を開始する日の５日前までに展示会を実施する場所について丁県知事に届け出なければならない。

問題 33 宅地建物取引業法第35条に規定する重要事項の説明に関する次の記述のうち、正しいものはどれか。

1　甲宅地を所有する宅地建物取引業者Ａが、乙宅地を所有する宅地建物取引業者ではない個人Ｂと、甲宅地と乙宅地の交換契約を締結するに当たって、Ｂに対して、甲宅地に関する重要事項の説明を行う義務はあるが、乙宅地に関する重要事項の説明を行う義務はない。
2　宅地の売買における当該宅地の引渡しの時期について、重要事項説明において説明しなければならない。
3　宅地建物取引業者が売主となる宅地の売買に関し、売主が買主から受領しようとする金銭のうち、買主への所有権移転の登記以後に受領するものに対して、宅地建物取引業法施行規則第16条の４に定める保全措置を講ずるかどうかについて、重要事項説明書に記載する必要がある。
4　重要事項説明書の電磁的方法による提供については、重要事項説明を受ける者から電磁的方法でよいと口頭で依頼があった場合、改めて電磁的方法で提供することについて承諾を得る必要はない。

問題 34 宅地建物取引業者Ａ（消費税課税事業者）は貸主Ｂから建物の貸借の媒介の依頼を受け、宅地建物取引業者Ｃ（消費税課税事業者）は借主Ｄから建物の貸借の媒介の依頼を受け、ＢとＤとの間で、１か月分の借賃を12万円（消費税等相当額を含まない。）とする賃貸借契約（以下この間において「本件契約」という。）を成立させた場合における次の記述のうち、宅地建物取引業法の規定に違反するものはいくつあるか。

ア　本件契約が建物を住居として貸借する契約である場合に、Ｃは、媒介の依頼を受けるに当たってＤから承諾を得ないまま、132,000円の報酬を受領した。

イ　ＡはＢから事前に特別な広告の依頼があったので、依頼に基づく大手新聞掲載広告料金に相当する額をＢに請求し、受領した。

ウ　ＣはＤに対し、賃貸借契約書の作成費を、Ｄから限度額まで受領した媒介報酬の他に請求して受領した。

エ　本件契約が建物を事務所として貸借する契約である場合に、報酬として、ＡはＢから132,000円を、ＣはＤから132,000円をそれぞれ受領した。

1　一つ
2　二つ
3　三つ
4　四つ

問題 35　宅地建物取引業者Ａが、自ら売主として、宅地建物取引業者ではない買主Ｂから宅地の買受けの申込みを受けた場合における宅地建物取引業法第37条の２の規定に基づくいわゆるクーリング・オフに関する次の記述のうち、正しいものはどれか。

1　Ａは、仮設テント張りの案内所でＢから買受けの申込みを受けた際、以後の取引について、その取引に係る書類に関してＢから電磁的方法で提供をすることについての承諾を得た場合、クーリング・オフについて電磁的方法で告げることができる。

2　Ａが、仮設テント張りの案内所でＢから買受けの申込みを受けた場合、Ｂは、クーリング・オフについて告げられた日から８日以内に電磁的方法により当該申込みの撤回を申し出れば、申込みの撤回を行うことができる。

3　Ａが、Ａの事務所でＢから買受けの申込みを受けた場合、Ｂは、申込みの日から８日以内に電磁的方法により当該申込みの撤回を申し出れば、申込みの撤回を行うことができる。

4　Ａが、売却の媒介を依頼している宅地建物取引業者Ｃの事務所でＢから買受けの申込みを受けた場合、Ｂは、申込みの日から８日以内に書面により当該申込みの撤回を申し出ても、申込みの撤回を行うことができない。

問題 36 次の記述のうち、宅地建物取引業者Aが行う業務に関して宅地建物取引業法の規定に違反するものはいくつあるか。

ア 建物の貸借の媒介に際して、賃借の申込みをした者がその撤回を申し出たので、Aはかかった諸費用を差し引いて預り金を返還した。

イ Aは、売主としてマンションの売買契約を締結するに際して、買主が手付として必要な額を今すぐには用意できないと申し出たので、手付金の分割払いを買主に提案した。

ウ Aは取引のあったつど、その年月日やその取引に係る宅地又は建物の所在及び面積その他必要な記載事項を帳簿に漏らさず記載し、必要に応じて紙面にその内容を表示できる状態で、電子媒体により帳簿の保存を行っている。

エ Aはアンケート調査を装ってその目的がマンションの売買の勧誘であることを告げずに個人宅を訪問し、マンションの売買の勧誘をした。

1 一つ
2 二つ
3 三つ
4 四つ

問題 37 次の記述のうち、宅地建物取引業法の規定によれば、正しいものはどれか。

1 宅地建物取引業者は、非常勤役員には従業者であることを証する証明書を携帯させる必要はない。

2 宅地建物取引業者は、その事務所ごとに従業者名簿を備えなければならないが、取引の関係者から閲覧の請求があった場合であっても、宅地建物取引業法第45条に規定する秘密を守る義務を理由に、閲覧を拒むことができる。

3　宅地建物取引業者の従業者は、宅地の買受けの申込みをした者から請求があった場合には、その者が宅地建物取引業者であっても、その者に従業者であることを証する証明書を提示する必要がある。

4　宅地建物取引業者は、従業者名簿を最終の記載をした日から５年間保存しなければならない。

問題 38　次の記述のうち、宅地建物取引業法の規定によれば、正しいものはいくつあるか。

ア　宅地建物取引業者Ａが、自ら所有する複数の建物について、複数人に対し、反復継続して賃貸する行為は、宅地建物取引業に該当しない。

イ　宅地建物取引士とは、宅地建物取引士資格試験に合格し、都道府県知事の登録を受けた者をいう。

ウ　建設業者Ｂが、建築請負工事の受注を目的として、業として宅地の売買の媒介を行う行為は、宅地建物取引業に該当しない。

エ　宅地建物取引士は、宅地又は建物の取引に係る事務に必要な知識及び能力の維持向上に努めなければならない。

1　一つ
2　二つ
3　三つ
4　四つ

問題 39　宅地建物取引業者Ａが、自ら売主として、宅地建物取引業者ではない個人Ｂとの間で宅地の売買契約を締結する場合における手付金の保全措置に関する次の記述のうち、宅地建物取引業法の規定によれば、正しいものはどれか。なお、当該契約に係る手付金は保全措置が必要なものとする。

1　Ａは、Ｂから手付金を受領した後に、速やかに手付金の保全措置を講じなければならない。

2　Aは、手付金の保全措置を保証保険契約を締結することにより講ずる場合、保険期間は保証保険契約が成立した時から宅地建物取引業者が受領した手付金に係る宅地の引渡しまでの期間とすればよい。

3　Aは、手付金の保全措置を保証保険契約を締結することにより講ずる場合、保険事業者との間において保証保険契約を締結すればよく、保険証券をBに交付する必要はない。

4　Aは、手付金の保全措置を保証委託契約を締結することにより講ずるときは、保証委託契約に基づいて銀行等が手付金の返還債務を連帯して保証することを約する書面のBへの交付に代えて、Bの承諾を得ることなく電磁的方法により講ずることができる。

問題 40　宅地建物取引業者Aが、BからB所有の中古住宅の売却の依頼を受け、専任媒介契約（専属専任媒介契約ではないものとする。）を締結した場合に関する次の記述のうち、宅地建物取引業法（以下この問において「法」という。）の規定によれば、正しいものはどれか。

1　Aは、当該中古住宅について購入の申込みがあったときは、遅滞なく、その旨をBに報告しなければならないが、Bの希望条件を満たさない申込みだとAが判断した場合については報告する必要はない。

2　Aは、法第 34 条の 2 第 1 項の規定に基づく書面の交付後、速やかに、Bに対し、法第 34 条の 2 第 1 項第 4 号に規定する建物状況調査を実施する者のあっせんの有無について確認しなければならない。

3　Aは、当該中古住宅について法で規定されている事項を、契約締結の日から休業日数を含め 7 日以内に指定流通機構へ登録する義務がある。

4　Aは、Bが他の宅地建物取引業者の媒介又は代理によって売買の契約を成立させたときの措置を法第 34 条の 2 第 1 項の規定に基づく書面に記載しなければならない。

問題 41　次の記述のうち、宅地建物取引業法の規定によれば、正しいものはどれか。

1　甲県知事は、宅地建物取引士に対して必要な報告を求めることができるが、その対象は、甲県知事登録の宅地建物取引士であって、適正な事務の遂行を確保するために必要な場合に限られる。
2　宅地建物取引業者Ａ（甲県知事免許）で専任の宅地建物取引士として従事しているＢ（甲県知事登録）が、勤務実態のない宅地建物取引業者Ｃ（乙県知事免許）において、自らが専任の宅地建物取引士である旨の表示がされていることを許した場合には、乙県知事は、Ｂに対し、必要な指示をすることができる。
3　宅地建物取引士が不正の手段により宅地建物取引士証の交付を受けた場合においては、その登録をしている都道府県知事は、情状が特に重いときは、当該宅地建物取引士の登録を消除することができる。
4　都道府県知事は、宅地建物取引士に対して登録消除処分を行ったときは、適切な方法で公告しなければならない。

問題 42　宅地建物取引業法第35条に規定する重要事項の説明に関する次の記述のうち、誤っているものはいくつあるか。

ア　宅地建物取引士は、重要事項説明をする場合、取引の相手方から請求されなければ、宅地建物取引士証を相手方に提示する必要はない。
イ　売主及び買主が宅地建物取引業者ではない場合、当該取引の媒介業者は、売主及び買主に重要事項説明書を交付し、説明を行わなければならない。
ウ　宅地の売買について売主となる宅地建物取引業者は、買主が宅地建物取引業者である場合、重要事項説明書を交付しなければならないが、説明を省略することはできる。
エ　宅地建物取引業者である売主は、宅地建物取引業者ではない買主に対して、重要事項として代金並びにその支払時期及び方法を説明しなければならない。

1　一つ
2　二つ

3　三つ
4　四つ

問題 43　宅地建物取引業者Aが媒介により宅地の売買契約を成立させた場合における宅地建物取引業法第37条の規定により交付すべき書面（以下この問において「37条書面」という。）に関する次の記述のうち、正しいものはどれか。

1　Aは、買主が宅地建物取引業者であるときは、37条書面に移転登記の申請時期を記載しなくてもよい。
2　Aは、37条書面を売買契約成立前に、各当事者に交付しなければならない。
3　Aは、37条書面を作成したときは、専任の宅地建物取引士をして37条書面に記名させる必要がある。
4　Aは、天災その他不可抗力による損害の負担に関する定めがあるときは、その内容を37条書面に記載しなければならない。

問題 44　宅地建物取引業保証協会（以下この問において「保証協会」という。）に関する次の記述のうち、宅地建物取引業法の規定によれば、正しいものはどれか。

1　保証協会の社員は、自らが取り扱った宅地建物取引業に係る取引の相手方から当該取引に関する苦情について解決の申出が保証協会にあり、保証協会から関係する資料の提出を求められたときは、正当な理由がある場合でなければ、これを拒んではならない。
2　保証協会は、社員がその一部の事務所を廃止したことに伴って弁済業務保証金分担金を当該社員に返還しようとするときは、弁済業務保証金の還付請求権者に対し、一定期間内に認証を受けるため申し出るべき旨の公告を行わなければならない。
3　保証協会は、宅地建物取引業者の相手方から、社員である宅地建物取引業者の取り扱った宅地建物取引業に係る取引に関する損害の還付請求を受けたときは、直ちに弁済業務保証金から返還しなければならない。

4 保証協会は、手付金等保管事業について国土交通大臣の承認を受けた場合、社員が自ら売主となって行う宅地又は建物の売買で、宅地の造成又は建築に関する工事の完了前における買主からの手付金等の受領について、当該事業の対象とすることができる。

問題 45 宅地建物取引業者Aが、自ら売主として、宅地建物取引業者ではない買主Bに新築住宅を販売する場合に関する次の記述のうち、特定住宅瑕疵担保責任の履行の確保等に関する法律の規定によれば、正しいものはどれか。

1 Aが信託会社又は金融機関の信託業務の兼営等に関する法律第１条第１項の認可を受けた金融機関であって、宅地建物取引業を営むものである場合、住宅販売瑕疵担保保証金の供託又は住宅販売瑕疵担保責任保険契約の締結を行う義務を負わない。

2 Aは、住宅販売瑕疵担保保証金の供託をする場合、当該住宅の売買契約を締結するまでに、Bに対し供託所の所在地等について、必ず書面を交付して説明しなければならず、買主の承諾を得ても書面の交付に代えて電磁的方法により提供することはできない。

3 Aは、住宅販売瑕疵担保保証金の供託をする場合、当該住宅の最寄りの供託所へ住宅販売瑕疵担保保証金の供託をしなければならない。

4 ＡＢ間の売買契約において、当該住宅の構造耐力上主要な部分に瑕疵があってもAが瑕疵担保責任を負わない旨の特約があった場合においても、Aは住宅販売瑕疵担保保証金の供託又は住宅販売瑕疵担保責任保険契約の締結を行う義務を負う。

問題 46 独立行政法人住宅金融支援機構（以下この問において「機構」という。）に関する次の記述のうち、誤っているものはどれか。

1 機構は、子どもを育成する家庭又は高齢者の家庭（単身の世帯を含む。）に適した良好な居住性能及び居住環境を有する賃貸住宅の建設に必要な資金の貸付けを業務として行っている。

2　機構は、証券化支援事業（買取型）において、新築住宅に対する貸付債権のみを買取りの対象としている。

3　機構は、証券化支援事業（買取型）において、ＺＥＨ（ネット・ゼロ・エネルギーハウス）及び省エネルギー性、耐震性、バリアフリー性、耐久性・可変性に優れた住宅を取得する場合に、貸付金の利率を一定期間引き下げる制度を実施している。

4　機構は、マンション管理組合や区分所有者に対するマンション共用部分の改良に必要な資金の貸付けを業務として行っている。

問題 47　宅地建物取引業者が行う広告に関する次の記述のうち、不当景品類及び不当表示防止法（不動産の表示に関する公正競争規約を含む。）の規定によれば、正しいものはどれか。

1　実際には取引する意思がない物件であっても実在するものであれば、当該物件を広告に掲載しても不当表示に問われることはない。

2　直線距離で50ｍ以内に街道が存在する場合、物件名に当該街道の名称を用いることができる。

3　物件の近隣に所在するスーパーマーケットを表示する場合は、物件からの自転車による所要時間を明示しておくことで、徒歩による所要時間を明示する必要がなくなる。

4　一棟リノベーションマンションについては、一般消費者に対し、初めて購入の申込みの勧誘を行う場合であっても、「新発売」との表示を行うことはできない。

問題 48 次の記述のうち、誤っているものはどれか。

本問は参考問題です。
次の本試験の基準となる最新統計情報をもとに改題した本問を、弊社webサイトよりダウンロードしてご利用ください（2024年8月末予定)。

※詳細はｖページ「パーフェクト宅建士シリーズ読者特典（＊特典３＊)」をご参照ください。

1　令和３年度宅地建物取引業法の施行状況調査（令和４年９月公表）によれば、令和４年３月末における宅地建物取引業者の全事業者数は14万業者を超え、８年連続で増加した。
2　令和５年地価公示（令和５年３月公表）によれば、令和４年１月以降の１年間の地価について、地方圏平均では、全用途平均、住宅地、商業地のいずれも２年連続で上昇し、工業地は６年連続で上昇した。
3　建築着工統計調査報告（令和４年計。令和５年１月公表）によれば、令和４年の民間非居住建築物の着工床面積は、前年と比較すると、工場及び倉庫は増加したが、事務所及び店舗が減少したため、全体で減少となった。
4　年次別法人企業統計調査（令和３年度。令和４年９月公表）によれば、令和３年度における不動産業の売上高営業利益率は11.1％と２年連続で前年度と比べ上昇し、売上高経常利益率も12.5％と２年連続で前年度と比べ上昇した。

問題 49 土地に関する次の記述のうち、最も不適当なものはどれか。

1　自然堤防の後背湿地側の縁は、砂が緩く堆積していて、地下水位も浅いため、地震時に液状化被害が生じやすい地盤である。
2　谷底低地に軟弱層が厚く堆積している所では、地震動が凝縮されて、震動が小さくなる。

3　1923年の関東地震の際には、東京の谷底低地で多くの水道管や建物が被害を受けた。

4　大都市の近郊の丘陵地では、丘を削り谷部に盛土し造成宅地が造られたが、盛土造成に際しては、地下水位を下げるため排水施設を設け、締め固める等の必要がある。

問題 50　建物の構造と材料に関する次の記述のうち、最も不適当なものはどれか。

1　鉄筋コンクリート構造は、地震や風の力を受けても、躯（く）体の変形は比較的小さく、耐火性にも富んでいる。
2　鉄筋コンクリート構造は、躯（く）体の断面が大きく、材料の質量が大きいので、建物の自重が大きくなる。
3　鉄筋コンクリート構造では、鉄筋とコンクリートを一体化するには、断面が円形の棒鋼である丸鋼の方が表面に突起をつけた棒鋼である異形棒鋼より、優れている。
4　鉄筋コンクリート構造は、コンクリートが固まって所定の強度が得られるまでに日数がかかり、現場での施工も多いので、工事期間が長くなる。

令和４年度

試験問題

（注）※の問題は、本書発行時点の法令に照らし一部補正してあります。

解　答　欄

問題番号	解　答　番　号				問題番号	解　答　番　号			
第 1 問	1	2	3	4	第26問	1	2	3	4
第 2 問	1	2	3	4	第27問	1	2	3	4
第 3 問	1	2	3	4	第28問	1	2	3	4
第 4 問	1	2	3	4	第29問	1	2	3	4
第 5 問	1	2	3	4	第30問	1	2	3	4
第 6 問	1	2	3	4	第31問	1	2	3	4
第 7 問	1	2	3	4	第32問	1	2	3	4
第 8 問	1	2	3	4	第33問	1	2	3	4
第 9 問	1	2	3	4	第34問	1	2	3	4
第10問	1	2	3	4	第35問	1	2	3	4
第11問	1	2	3	4	第36問	1	2	3	4
第12問	1	2	3	4	第37問	1	2	3	4
第13問	1	2	3	4	第38問	1	2	3	4
第14問	1	2	3	4	第39問	1	2	3	4
第15問	1	2	3	4	第40問	1	2	3	4
第16問	1	2	3	4	第41問	1	2	3	4
第17問	1	2	3	4	第42問	1	2	3	4
第18問	1	2	3	4	第43問	1	2	3	4
第19問	1	2	3	4	第44問	1	2	3	4
第20問	1	2	3	4	第45問	1	2	3	4
第21問	1	2	3	4	第46問	1	2	3	4
第22問	1	2	3	4	第47問	1	2	3	4
第23問	1	2	3	4	第48問	1	2	3	4
第24問	1	2	3	4	第49問	1	2	3	4
第25問	1	2	3	4	第50問	1	2	3	4

※「解答用紙」（マークシート）はダウンロードできます。詳細は vi ページをご覧ください。

令和4年度 試験問題

問題 1 次の１から４までの記述のうち、民法の規定、判例及び下記判決文によれば、正しいものはどれか。

(判決文)

所有者甲から乙が不動産を買い受け、その登記が未了の間に、丙が当該不動産を甲から二重に買い受け、更に丙から転得者丁が買い受けて登記を完了した場合に、たとい丙が背信的悪意者に当たるとしても、丁は、乙に対する関係で丁自身が背信的悪意者と評価されるのでない限り、当該不動産の所有権取得をもって乙に対抗することができるものと解するのが相当である。

1　所有者ＡからＢが不動産を買い受け、その登記が未了の間に、Ｃが当該不動産をＡから二重に買い受けて登記を完了した場合、Ｃは、自らが背信的悪意者に該当するときであっても、当該不動産の所有権取得をもってＢに対抗することができる。

2　所有者ＡからＢが不動産を買い受け、その登記が未了の間に、背信的悪意者ではないＣが当該不動産をＡから二重に買い受けた場合、先に買い受けたＢは登記が未了であっても当該不動産の所有権取得をもってＣに対抗することができる。

3　所有者ＡからＢが不動産を買い受け、その登記が未了の間に、背信的悪意者であるＣが当該不動産をＡから二重に買い受け、更にＣから転得者Ｄが買い受けて登記を完了した場合、ＤもＢに対する関係で背信的悪意者に該当するときには、Ｄは当該不動産の所有権取得をもってＢに対抗することができない。

4　所有者ＡからＢが不動産を買い受け、その登記が未了の間に、Ｃが当該不動産をＡから二重に買い受け登記を完了した場合、Ｃが背信的悪意者に該当しなくてもＢが登記未了であることにつき悪意であるときには、Ｃは当該不動産の所有権取得をもってＢに対抗することができない。

問題 2 相続に関する次の記述のうち、民法の規定によれば、誤っているものはどれか。

1　被相続人の生前においては、相続人は、家庭裁判所の許可を受けることにより、遺留分を放棄することができる。
2　家庭裁判所への相続放棄の申述は、被相続人の生前には行うことができない。
3　相続人が遺留分の放棄について家庭裁判所の許可を受けると、当該相続人は、被相続人の遺産を相続する権利を失う。
4　相続人が被相続人の兄弟姉妹である場合、当該相続人には遺留分がない。

問題 3 制限行為能力者に関する次の記述のうち、民法の規定及び判例によれば、正しいものはどれか。

1　成年後見人は、後見監督人がいる場合には、後見監督人の同意を得なければ、成年被後見人の法律行為を取り消すことができない。
2　相続の放棄は相手方のない単独行為であるから、成年後見人が成年被後見人に代わってこれを行っても、利益相反行為となることはない。
3　成年後見人は成年被後見人の法定代理人である一方、保佐人は被保佐人の行為に対する同意権と取消権を有するが、代理権が付与されることはない。
4　令和４年４月１日からは、成年年齢が18歳となったため、18歳の者は、年齢を理由とする後見人の欠格事由に該当しない。

問題 4 Ａ所有の甲土地にＢのＣに対する債務を担保するためにＣの抵当権（以下この問において「本件抵当権」という。）が設定され、その旨の登記がなされた場合に関する次の記述のうち、民法の規定によれば、正しいものはどれか。

1　Aから甲土地を買い受けたDが、Cの請求に応じてその代価を弁済したときは、本件抵当権はDのために消滅する。
2　Cに対抗することができない賃貸借により甲土地を競売手続の開始前から使用するEは、甲土地の競売における買受人Fの買受けの時から6か月を経過するまでは、甲土地をFに引き渡すことを要しない。
3　本件抵当権設定登記後に、甲土地上に乙建物が築造された場合、Cが本件抵当権の実行として競売を申し立てるときには、甲土地とともに乙建物の競売も申し立てなければならない。
4　BがAから甲土地を買い受けた場合、Bは抵当不動産の第三取得者として、本件抵当権について、Cに対して抵当権消滅請求をすることができる。

問題 5 ※　期間の計算に関する次の記述のうち、民法の規定によれば、正しいものはどれか。なお、明記された日付は、日曜日、国民の祝日に関する法律に規定する休日その他の休日には当たらないものとする。

1　令和5年10月17日午前10時に、引渡日を契約締結日から1年後とする不動産の売買契約を締結した場合、令和6年10月16日が引渡日である。
2　令和6年8月31日午前10時に、弁済期限を契約締結日から1か月後とする金銭消費貸借契約を締結した場合、令和6年9月30日の終了をもって弁済期限となる。
3　期間の末日が日曜日、国民の祝日に関する法律に規定する休日その他の休日に当たるときは、その日に取引をしない慣習がある場合に限り、期間はその前日に満了する。
4　令和6年5月30日午前10時に、代金の支払期限を契約締結日から1か月後とする動産の売買契約を締結した場合、令和6年7月1日の終了をもって支払期限となる。

問題 6　Aを貸主、Bを借主として、A所有の甲土地につき、資材置場とする目的で期間を２年として、ＡＢ間で、①賃貸借契約を締結した場合と、②使用貸借契約を締結した場合に関する次の記述のうち、民法の規定によれば、正しいものはどれか。

1　Aは、甲土地をBに引き渡す前であれば、①では口頭での契約の場合に限り自由に解除できるのに対し、②では書面で契約を締結している場合も自由に解除できる。

2　Bは、①ではAの承諾がなければ甲土地を適法に転貸することはできないが、②ではAの承諾がなくても甲土地を適法に転貸することができる。

3　Bは、①では期間内に解約する権利を留保しているときには期間内に解約の申入れをし解約することができ、②では期間内に解除する権利を留保していなくてもいつでも解除することができる。

4　甲土地について契約の本旨に反するBの使用によって生じた損害がある場合に、Aが損害賠償を請求するときは、①では甲土地の返還を受けた時から５年以内に請求しなければならないのに対し、②では甲土地の返還を受けた時から１年以内に請求しなければならない。

問題 7　不在者Aが、家庭裁判所から失踪宣告を受けた。Aを単独相続したBは相続財産である甲土地をCに売却（以下この問において「本件売買契約」という。）して登記も移転したが、その後、生存していたAの請求によって当該失踪宣告が取り消された。本件売買契約当時に、Aの生存について、（ア）Bが善意でCが善意、（イ）Bが悪意でCが善意、（ウ）Bが善意でCが悪意、（エ）Bが悪意でCが悪意、の４つの場合があり得るが、これらのうち、民法の規定及び判例によれば、Cが本件売買契約に基づき取得した甲土地の所有権をAに対抗できる場合を全て掲げたものとして正しいものはどれか。

1　（ア）、（イ）、（ウ）

2　（ア）、（イ）

3　(ア)、(ウ)
4　(ア)

問題 8　AがB所有の甲土地を建物所有目的でなく利用するための権原が、①地上権である場合と②賃借権である場合に関する次の記述のうち、民法の規定及び判例によれば、正しいものはどれか。なお、AもBも対抗要件を備えているものとする。

1　①でも②でも、特約がなくても、BはAに対して、甲土地の使用及び収益に必要な修繕をする義務を負う。
2　CがBに無断でAから当該権原を譲り受け、甲土地を使用しているときは、①でも②でも、BはCに対して、甲土地の明渡しを請求することができる。
3　①では、Aは当該権原を目的とする抵当権を設定することができるが、②では、Aは当該権原を目的とする抵当権を設定することはできない。
4　Dが甲土地を不法占拠してAの土地利用を妨害している場合、①では、Aは当該権原に基づく妨害排除請求権を行使してDの妨害の排除を求めることができるが、②では、AはDの妨害の排除を求めることはできない。

問題 9　辞任に関する次の記述のうち、民法の規定によれば、正しいものはいくつあるか。

ア　委任によって代理権を授与された者は、報酬を受ける約束をしている場合であっても、いつでも委任契約を解除して代理権を消滅させて、代理人を辞することができる。
イ　親権者は、やむを得ない事由があるときは、法務局に届出を行うことによって、親権を辞することができる。
ウ　後見人は、正当な事由があるときは、後見監督人の許可を得て、その任務を辞することができる。

エ　遺言執行者は、正当な事由があるときは、相続人の許可を得て、その任務を辞することができる。

1　一つ
2　二つ
3　三つ
4　四つ

問題 10　ＡはＢに対し、自己所有の甲土地を売却し、代金と引換えにＢに甲土地を引き渡したが、その後にＣに対しても甲土地を売却し、代金と引換えにＣに甲土地の所有権登記を移転した。この場合におけるＢによる甲土地の所有権の時効取得に関する次の記述のうち、民法の規定及び判例によれば、正しいものはどれか。

1　Ｂが甲土地をＤに賃貸し、引き渡したときは、Ｂは甲土地の占有を失うので、甲土地の所有権を時効取得することはできない。
2　Ｂが、時効の完成前に甲土地の占有をＥに奪われたとしても、Ｅに対して占有回収の訴えを提起して占有を回復した場合には、Ｅに占有を奪われていた期間も時効期間に算入される。
3　Ｂが、甲土地の引渡しを受けた時点で所有の意思を有していたとしても、ＡＣ間の売買及びＣに対する登記の移転を知ったときは、その時点で所有の意思が認められなくなるので、Ｂは甲土地を時効により取得することはできない。
4　Ｂが甲土地の所有権を時効取得した場合、Ｂは登記を備えなければ、その所有権を時効完成時において所有者であったＣに対抗することはできない。

問題 11　建物の所有を目的とする土地の賃貸借契約（定期借地権及び一時使用目的の借地権となる契約を除く。）に関する次の記述のうち、借地借家法の規定及び判例によれば、正しいものはどれか。

1　借地権の存続期間が満了する前に建物の滅失があった場合において、借地権者が借地権の残存期間を超えて存続すべき建物を築造したときは、その建物を築造することにつき借地権設定者の承諾がない場合でも、借地権の期間の延長の効果が生ずる。

2　転借地権が設定されている場合において、転借地上の建物が滅失したときは、転借地権は消滅し、転借地権者（転借人）は建物を再築することができない。

3　借地上の建物が滅失し、借地権設定者の承諾を得て借地権者が新たに建物を築造するに当たり、借地権設定者が存続期間満了の際における借地の返還確保の目的で、残存期間を超えて存続する建物を築造しない旨の特約を借地権者と結んだとしても、この特約は無効である。

4　借地上の建物所有者が借地権設定者に建物買取請求権を適法に行使した場合、買取代金の支払があるまでは建物の引渡しを拒み得るとともに、これに基づく敷地の占有についても、賃料相当額を支払う必要はない。

問題 12　Aは、B所有の甲建物（床面積100㎡）につき、居住を目的として、期間2年、賃料月額10万円と定めた賃貸借契約（以下この問において「本件契約」という。）をBと締結してその日に引渡しを受けた。この場合における次の記述のうち、民法及び借地借家法の規定並びに判例によれば、誤っているものはどれか。

1　BはAに対して、本件契約締結前に、契約の更新がなく、期間の満了により賃貸借が終了する旨を記載した賃貸借契約書を交付して説明すれば、本件契約を借地借家法第38条に規定する定期建物賃貸借契約として締結することができる。

2　本件契約が借地借家法第38条に規定する定期建物賃貸借契約であるか否かにかかわらず、Aは、甲建物の引渡しを受けてから1年後に甲建物をBから購入したCに対して、賃借人であることを主張できる。

3　本件契約が借地借家法第38条に規定する定期建物賃貸借契約である場合、Aの中途解約を禁止する特約があっても、やむを得ない事情によって甲建物を自己の生活の本拠として使用することが困難になったときは、Aは本件契約の解約の申入れをすることができる。

4　AがBに対して敷金を差し入れている場合、本件契約が期間満了で終了するに当たり、Bは甲建物の返還を受けるまでは、Aに対して敷金を返還する必要はない。

問題 13　建物の区分所有等に関する法律（以下この問において「法」という。）に関する次の記述のうち、誤っているものはどれか。

1　管理者は、規約により、その職務に関し、区分所有者のために、原告又は被告となったときは、その旨を各区分所有者に通知しなくてよい。

2　管理者がないときは、区分所有者の５分の１以上で議決権の５分の１以上を有するものは、集会を招集することができる。ただし、この定数は、規約で減ずることができる。

3　集会において、管理者の選任を行う場合、規約に別段の定めがない限り、区分所有者及び議決権の各過半数で決する。

4　管理組合（法第３条に規定する区分所有者の団体をいう。）は、区分所有者及び議決権の各４分の３以上の多数による集会の決議で法人となる旨並びにその名称及び事務所を定め、かつ、その主たる事務所の所在地において登記をすることによって法人となる。

問題 14　不動産の登記に関する次の記述のうち、誤っているものはどれか。

1　所有権の移転の登記の申請をする場合には、申請人は、法令に別段の定めがある場合を除き、その申請情報と併せて登記原因を証する情報を提供しなければならない。

2　所有権の移転の登記の申請をする場合において、当該申請を登記の申請の代理を業とすることができる代理人によってするときは、登記識別情報を提供することができないことにつき正当な理由があるとみなされるため、登記義務者の登記識別情報を提供することを要しない。

3　所有権の移転の登記の申請をする場合において、登記権利者が登記識別情報の通知を希望しない旨の申出をしたときは、当該登記に係る登記識別情報は通知されない。

4　所有権の移転の登記の申請をする場合において、その登記が完了した際に交付される登記完了証を送付の方法により交付することを求めるときは、その旨及び送付先の住所を申請情報の内容としなければならない。

問題 15　都市計画法に関する次の記述のうち、誤っているものはどれか。

1　市街化区域については、都市計画に、少なくとも用途地域を定めるものとされている。

2　準都市計画区域については、都市計画に、特別用途地区を定めることができる。

3　高度地区については、都市計画に、建築物の容積率の最高限度又は最低限度を定めるものとされている。

4　工業地域は、主として工業の利便を増進するため定める地域とされている。

問題 16　都市計画法に関する次の記述のうち、正しいものはどれか。ただし、この問において条例による特別の定めはないものとし、「都道府県知事」とは、地方自治法に基づく指定都市、中核市及び施行時特例市にあってはその長をいうものとする。

1　市街化区域内において、市街地再開発事業の施行として行う 1 ha の開発行為を行おうとする者は、あらかじめ、都道府県知事の許可を受けなければならない。

2　区域区分が定められていない都市計画区域内において、博物館法に規定する博物館の建築を目的とした8,000㎡の開発行為を行おうとする者は、都道府県知事の許可を受けなくてよい。

3　自己の業務の用に供する施設の建築の用に供する目的で行う開発行為にあっては、開発区域内に土砂災害警戒区域等における土砂災害防止対策の推進に関する法律に規定する土砂災害警戒区域内の土地を含んではならない。

4　市街化調整区域内における開発行為について、当該開発行為が開発区域の周辺における市街化を促進するおそれがあるかどうかにかかわらず、都道府県知事は、開発審査会の議を経て開発許可をすることができる。

問題 17　建築基準法（以下この問において「法」という。）に関する次の記述のうち、正しいものはどれか。

1　法の改正により、現に存する建築物が改正後の法の規定に適合しなくなった場合には、当該建築物は違反建築物となり、速やかに改正後の法の規定に適合させなければならない。

2　延べ面積が500㎡を超える建築物について、大規模な修繕をしようとする場合、都市計画区域外であれば建築確認を受ける必要はない。

3　地方公共団体は、条例で、建築物の敷地、構造又は建築設備に関して安全上、防火上又は衛生上必要な制限を附加することができる。

4　地方公共団体が、条例で、津波、高潮、出水等による危険の著しい区域を災害危険区域として指定した場合には、災害危険区域内における住居の用に供する建築物の建築は一律に禁止されることとなる。

問題 18　次の記述のうち、建築基準法（以下この問において「法」という。）の規定によれば、正しいものはどれか。

1　第一種低層住居専用地域内においては、神社、寺院、教会を建築することはできない。

2　その敷地内に一定の空地を有し、かつ、その敷地面積が一定規模以上である建築物で、特定行政庁が交通上、安全上、防火上及び衛生上支障がなく、かつ、その建蔽率、容積率及び各部分の高さについて総合的な配慮がなされていることにより市街地の環境の整備改善に資すると認めて許可したものの建蔽率、容積率又は各部分の高さは、その許可の範囲内において、関係規定による限度を超えるものとすることができる。

3　法第3章の規定が適用されるに至った際、現に建築物が立ち並んでいる幅員1.8 m未満の道で、あらかじめ、建築審査会の同意を得て特定行政庁が指定したものは、同章の規定における道路とみなされる。

4　第一種住居地域内においては、建築物の高さは、10 m又は12 mのうち当該地域に関する都市計画において定められた建築物の高さの限度を超えてはならない。

問題 19 ※　宅地造成及び特定盛土等規制法に関する次の記述のうち、誤っているものはどれか。なお、この問において「都道府県知事」とは、地方自治法に基づく指定都市、中核市及び施行時特例市にあってはその長をいうものとする。

1　宅地造成等工事規制区域内において、雨水その他の地表水又は地下水を排除するための排水施設の除却工事を行おうとする場合は、一定の場合を除き、都道府県知事への届出が必要となる。

2　宅地造成等工事規制区域内において、森林を宅地にするために行う切土であって、高さ3 mの崖を生ずることとなるものに関する工事については、工事主は、宅地造成等に伴う災害の発生のおそれがないと認められるものとして一定の工事を除き、工事に着手する前に、都道府県知事の許可を受けなければならない。

3　宅地造成等工事規制区域内で過去に宅地造成等に関する工事が行われ、現在は工事主とは異なる者がその工事が行われた土地を所有している場合において、当該土地の所有者は宅地造成等に伴う災害が生じないよう、その土地を常時安全な状態に維持するよう努めなければならない。

4　宅地造成等工事規制区域外に盛土によって造成された一団の造成宅地の区域において、造成された盛土の高さが5 m未満の場合は、都道府県知事は、当該区域を造成宅地防災区域として指定することができない。

問題 20 次の記述のうち、土地区画整理法の規定及び判例によれば、誤っているものはどれか。

1　土地区画整理組合の設立の認可の公告があった日以後、換地処分の公告がある日までは、施行地区内において、土地区画整理事業の施行の障害となるおそれがある建築物の新築を行おうとする者は、土地区画整理組合の許可を受けなければならない。

2　土地区画整理組合は、定款に別段の定めがある場合においては、換地計画に係る区域の全部について工事が完了する以前においても換地処分をすることができる。

3　仮換地を指定したことにより、使用し、又は収益することができる者のなくなった従前の宅地については、当該宅地を使用し、又は収益することができる者のなくなった時から換地処分の公告がある日までは、施行者が当該宅地を管理する。

4　清算金の徴収又は交付に関する権利義務は、換地処分の公告によって換地についての所有権が確定することと併せて、施行者と換地処分時点の換地所有者との間に確定的に発生するものであり、換地処分後に行われた当該換地の所有権の移転に伴い当然に移転する性質を有するものではない。

問題 21 農地に関する次の記述のうち、農地法（以下この問において「法」という。）の規定によれば、正しいものはどれか。

1　農地の賃貸借及び使用貸借は、その登記がなくても農地の引渡しがあったときは、これをもってその後にその農地について所有権を取得した第三者に対抗することができる。

2　法第２条第３項の農地所有適格法人の要件を満たしていない株式会社は、耕作目的で農地を借り入れることはできない。

3　法第４条第１項、第５条第１項の違反について原状回復等の措置に係る命令の対象となる者（違反転用者等）には、当該規定に違反した者又はその一般承継人は含まれるが、当該違反に係る土地について工事を請け負った者は含まれない。

4　法の適用については、土地の面積は、登記簿の地積によることとしているが、登記簿の地積が著しく事実と相違する場合及び登記簿の地積がない場合には、実測に基づき農業委員会が認定したところによる。

問題 22　国土利用計画法第23条の届出（以下この問において「事後届出」という。）に関する次の記述のうち、正しいものはどれか。なお、この問において「都道府県知事」とは、地方自治法に基づく指定都市にあってはその長をいうものとする。

1　都市計画区域外において、A市が所有する面積15,000㎡の土地を宅地建物取引業者Bが購入した場合、Bは事後届出を行わなければならない。

2　事後届出において、土地売買等の契約に係る土地の土地に関する権利の移転又は設定の対価の額については届出事項ではない。

3　市街化区域を除く都市計画区域内において、一団の土地である甲土地（C所有、面積3,500㎡）と乙土地（D所有、面積2,500㎡）を宅地建物取引業者Eが購入した場合、Eは事後届出を行わなければならない。

4　都道府県知事は、土地利用審査会の意見を聴いて、事後届出をした者に対し、当該事後届出に係る土地の利用目的について必要な変更をすべきことを勧告することができ、勧告を受けた者がその勧告に従わない場合、その勧告に反する土地売買等の契約を取り消すことができる。

問題 23　印紙税に関する次の記述のうち、正しいものはどれか。なお、以下の覚書又は契約書はいずれも書面により作成されたものとする。

1　土地を8,000万円で譲渡することを証した覚書を売主Aと買主Bが作成した場合、本契約書を後日作成することを文書上で明らかにしていれば、当該覚書には印紙税が課されない。

2　一の契約書に甲土地の譲渡契約（譲渡金額6,000万円）と、乙建物の譲渡契約（譲渡金額3,000万円）をそれぞれ区分して記載した場合、印紙税の課税標準となる当該契約書の記載金額は、6,000万円である。

3　当初作成した土地の賃貸借契約書において「契約期間は５年とする」旨の記載がされていた契約期間を変更するために、「契約期間は10年とする」旨を記載した覚書を貸主Ｃと借主Ｄが作成した場合、当該覚書には印紙税が課される。

4　駐車場経営者Ｅと車両所有者Ｆが、Ｆの所有する車両を駐車場としての設備のある土地の特定の区画に駐車させる旨の賃貸借契約書を作成した場合、土地の賃借権の設定に関する契約書として印紙税が課される。

問題 24　固定資産税に関する次の記述のうち、正しいものはどれか。

1　固定資産税の徴収については、特別徴収の方法によらなければならない。

2　土地価格等縦覧帳簿及び家屋価格等縦覧帳簿の縦覧期間は、毎年４月１日から、４月20日又は当該年度の最初の納期限の日のいずれか遅い日以後の日までの間である。

3　固定資産税の賦課期日は、市町村の条例で定めることとされている。

4　固定資産税は、固定資産の所有者に課するのが原則であるが、固定資産が賃借されている場合は、当該固定資産の賃借権者に対して課される。

問題 25　地価公示法に関する次の記述のうち、誤っているものはどれか。

1　土地鑑定委員会は、標準地の正常な価格を判定したときは、標準地の単位面積当たりの価格のほか、当該標準地の地積及び形状についても官報で公示しなければならない。

2　正常な価格とは、土地について、自由な取引が行われるとした場合におけるその取引（一定の場合を除く。）において通常成立すると認められる価格をいい、当該土地に建物がある場合には、当該建物が存するものとして通常成立すると認められる価格をいう。

3　公示区域内の土地について鑑定評価を行う場合において、当該土地の正常な価格を求めるときは、公示価格を規準とする必要があり、その際には、当該土地とこれに類似する利用価値を有すると認められる１又は２以上の標準地との位置、地積、環境等の土地の客観的価値に作用する諸要因についての比較を行い、その結果に基づき、当該標準地の公示価格と当該土地の価格との間に均衡を保たせる必要がある。

4　公示区域とは、都市計画法第４条第２項に規定する都市計画区域その他の土地取引が相当程度見込まれるものとして国土交通省令で定める区域のうち、国土利用計画法第12条第１項の規定により指定された規制区域を除いた区域をいう。

問題 26　宅地建物取引業法第３条第１項に規定する事務所（以下この問において「事務所」という。）に関する次の記述のうち、正しいものはどれか。

1　事務所とは、契約締結権限を有する者を置き、継続的に業務を行うことができる施設を有する場所を指すものであるが、商業登記簿に登載されていない営業所又は支店は事務所には該当しない。

2　宅地建物取引業を営まず他の兼業業務のみを営んでいる支店は、事務所には該当しない。

3　宅地建物取引業者は、主たる事務所については、免許証、標識及び国土交通大臣が定めた報酬の額を掲げ、従業者名簿及び帳簿を備え付ける義務を負う。

4　宅地建物取引業者は、その事務所ごとに一定の数の成年者である専任の宅地建物取引士を置かなければならないが、既存の事務所がこれを満たさなくなった場合は、30日以内に必要な措置を執らなければならない。

問題 27　宅地建物取引業者Ａ（消費税課税事業者）が受け取ることができる報酬についての次の記述のうち、宅地建物取引業法の規定によれば、正しいものはどれか。

1　Aが、Bから売買の媒介を依頼され、Bからの特別の依頼に基づき、遠隔地への現地調査を実施した。その際、当該調査に要する特別の費用について、Bが負担することを事前に承諾していたので、Aは媒介報酬とは別に、当該調査に要した特別の費用相当額を受領することができる。

2　Aが、居住用建物について、貸主Bから貸借の媒介を依頼され、この媒介が使用貸借に係るものである場合は、当該建物の通常の借賃をもとに報酬の限度額が定まるが、その算定に当たっては、不動産鑑定業者の鑑定評価を求めなければならない。

3　Aが居住用建物の貸主B及び借主Cの双方から媒介の依頼を受けるに当たって、依頼者の一方から受けることのできる報酬の額は、借賃の1か月分の0.55倍に相当する金額以内である。ただし、媒介の依頼を受けるに当たって、依頼者から承諾を得ている場合はこの限りではなく、双方から受けることのできる報酬の合計額は借賃の1か月分の1.1倍に相当する金額を超えてもよい。

4　Aは、土地付建物について、売主Bから媒介を依頼され、代金300万円（消費税等相当額を含み、土地代金は80万円である。）で契約を成立させた。現地調査等の費用については、通常の売買の媒介に比べ5万円（消費税等相当額を含まない。）多く要する旨、Bに対して説明し、合意の上、媒介契約を締結した。この場合、AがBから受領できる報酬の限度額は20万200円である。

問題 28　宅地建物取引業者が行う宅地建物取引業法第35条に規定する重要事項の説明に関する次の記述のうち、正しいものはどれか。

1　宅地建物取引業者が、宅地建物取引業者ではない個人から媒介業者の仲介なしに土地付建物を購入する場合、買主である宅地建物取引業者は重要事項説明書を作成しなくても宅地建物取引業法違反とはならない。

2　宅地建物取引業者が、重要事項説明書を作成する際、調査不足のため、重要事項説明書に記載された内容が事実と異なるものとなったが、意図的に事実と異なる内容を記載したものではないため、宅地建物取引業法違反とはならない。

3　宅地建物取引業者は、土地売買の媒介を行う場合、宅地建物取引業者ではない売主に対して契約が成立する前までの間に、宅地建物取引士をして重要事項説明書を交付して説明をさせなければならない。

4　宅地又は建物の取引は権利関係や法令上の制限など取引条件に関する事項が複雑で多岐にわたるため、重要事項説明書は、宅地又は建物の取引の専門的知識を有する宅地建物取引士が作成しなければならない。

問題 29　宅地建物取引士に関する次の記述のうち、宅地建物取引業法の規定によれば、誤っているものはどれか。

1　宅地建物取引士は、禁錮以上の刑に処せられた場合、刑に処せられた日から30日以内に、その旨を宅地建物取引士の登録を受けた都道府県知事に届け出なければならない。

2　宅地建物取引士は、業務に関して事務禁止の処分を受けた場合、速やかに、宅地建物取引士証をその交付を受けた都道府県知事に提出しなければならず、これを怠った場合には罰則の適用を受けることがある。

3　宅地建物取引士は、有効期間の満了日が到来する宅地建物取引士証を更新する場合、国土交通大臣が指定する講習を受講しなければならず、また、当該宅地建物取引士証の有効期間は５年である。

4　宅地建物取引士は、宅地建物取引士の信用を害するような行為をしてはならず、信用を害するような行為には、宅地建物取引士の職務に必ずしも直接関係しない行為や私的な行為も含まれる。

問題 30　次の記述のうち、宅地建物取引業法（以下この問において「法」という。）及び犯罪による収益の移転防止に関する法律の規定によれば、正しいものはいくつあるか。

ア　法第35条第２項の規定による割賦販売とは、代金の全部又は一部について、目的物の引渡し後6か月以上の期間にわたり、かつ、2回以上に分割して受領することを条件として販売することをいう。

イ　犯罪による収益の移転防止に関する法律において、宅地建物取引業のうち、宅地若しくは建物の売買契約の締結又はその代理若しくは媒介が特定取引として規定されている。

ウ　宅地建物取引業者は、その従業者に対し、その業務を適正に実施させるため、必要な教育を行うよう努めなければならないと法に定められている。

エ　宅地建物取引業者の使用人その他の従業者は、正当な理由がある場合でなければ、宅地建物取引業の業務を補助したことについて知り得た秘密を他に漏らしてはならないと法に定められている。

1　一つ
2　二つ
3　三つ
4　なし

問題 31　宅地建物取引業者Aが、BからB所有の土地付建物の売却について媒介の依頼を受けた場合における次の記述のうち、宅地建物取引業法（以下この問において「法」という。）の規定によれば、正しいものはどれか。

1　Aが、Bと一般媒介契約を締結した場合、AがBに対し当該土地付建物の価額について意見を述べるために行った価額の査定に要した費用をBに請求することはできない。

2　Aは、Bとの間で締結した媒介契約が一般媒介契約である場合には、専任媒介契約の場合とは異なり、法第34条の2第1項の規定に基づく書面に、売買すべき価額を記載する必要はない。

3　Aが、Bとの間で締結した専任媒介契約については、Bからの申出により更新することができ、その後の有効期間については、更新の時から3か月を超える内容に定めることができる。

4　Aが、当該土地付建物の購入の媒介をCから依頼され、Cとの間で一般媒介契約を締結した場合、Aは、買主であるCに対しては、必ずしも法第34条の2第1項の規定に基づく書面を交付しなくともよい。

問題 32 ※　宅地建物取引業法第37条の規定により交付すべき書面（以下この問において「37条書面」という。）に関する次の記述のうち、誤っているものはどれか。

1　宅地建物取引業者である売主Aは、宅地建物取引業者であるBの媒介により、宅地建物取引業者ではないCと宅地の売買契約を令和5年4月1日に締結した。AとBが共同で作成した37条書面にBの宅地建物取引士の記名がなされていれば、Aは37条書面にAの宅地建物取引士をして記名をさせる必要はない。

2　宅地建物取引士は、37条書面を交付する際、買主から請求があったときは、宅地建物取引士証を提示しなければならない。

3　宅地建物取引業者である売主Dと宅地建物取引業者ではないEとの建物の売買契約において、手付金の保全措置を講ずる場合、Dはその保全措置の概要を、重要事項説明書に記載し説明する必要があるが、37条書面には記載する必要はない。

4　宅地建物取引業者である売主と宅地建物取引業者ではない個人との建物の売買において、建物の品質に関して契約の内容に適合しない場合におけるその不適合を担保すべき責任について特約を定めたときは、37条書面にその内容を記載しなければならない。

問題 33　宅地建物取引士に関する次の記述のうち、宅地建物取引業法の規定によれば、正しいものはいくつあるか。

ア　宅地建物取引士資格試験は未成年者でも受験することができるが、宅地建物取引士の登録は成年に達するまでいかなる場合にも受けることができない。

イ　甲県知事登録の宅地建物取引士が、宅地建物取引業者（乙県知事免許）

の専任の宅地建物取引士に就任するためには、宅地建物取引士の登録を乙県に移転しなければならない。

ウ　丙県知事登録の宅地建物取引士が、事務の禁止の処分を受けた場合、丁県に所在する宅地建物取引業者の事務所の業務に従事しようとするときでも、その禁止の期間が満了するまで、宅地建物取引士の登録の移転を丁県知事に申請することができない。

エ　戊県知事登録の宅地建物取引士が、己県へ登録の移転の申請とともに宅地建物取引士証の交付を申請した場合、己県知事が宅地建物取引士証を交付するときは、戊県で交付された宅地建物取引士証の有効期間が経過するまでの期間を有効期間とする宅地建物取引士証を交付しなければならない。

1　一つ
2　二つ
3　三つ
4　四つ

問題 34　宅地建物取引業者が建物の売買の媒介の際に行う宅地建物取引業法第35条に規定する重要事項の説明に関する次の記述のうち、誤っているものはどれか。なお、説明の相手方は宅地建物取引業者ではないものとする。

1　当該建物が既存の建物であるときは、宅地建物取引業法第34条の2第1項第4号に規定する建物状況調査を過去1年以内に実施しているかどうか、及びこれを実施している場合におけるその結果の概要を説明しなければならない。

2　当該建物が宅地造成等規制法の規定により指定された造成宅地防災区域内にあるときは、その旨を説明しなければならない。

3　当該建物について、石綿の使用の有無の調査の結果が記録されているときは、その内容を説明しなければならない。

4　当該建物（昭和56年5月31日以前に新築の工事に着手したもの）が

指定確認検査機関、建築士、登録住宅性能評価機関又は地方公共団体による耐震診断を受けたものであるときは、その旨を説明しなければならない。

問題 35 次の記述のうち、宅地建物取引業法（以下この問において「法」という。）の規定によれば、正しいものはどれか。

1　宅地建物取引業者の従業者である宅地建物取引士は、取引の関係者から事務所で従業者証明書の提示を求められたときは、この証明書に代えて従業者名簿又は宅地建物取引士証を提示することで足りる。
2　宅地建物取引業者Ａが所有する甲建物を法人Ｂに売却するに当たり、Ｂが宅地建物取引業者であるか否かにかかわらず、ＡはＢに対し、宅地建物取引士をして、法第35条の規定に基づく書面を交付し説明をさせなければならない。
3　法人Ｃが所有する乙建物の個人Ｄへの賃貸を宅地建物取引業者Ｅが媒介し、当該賃貸借契約が成立したときは、ＥはＤに対し、宅地建物取引士をして、法第35条の規定に基づく書面を交付し説明をさせなければならない。
4　宅地建物取引業者Ｆが所有する丙宅地を法人Ｇに売却する契約を締結したとき、Ｇが宅地建物取引業者であるか否かにかかわらず、ＦはＧに対し、法第37条の規定に基づく書面を交付しなければならない。

問題 36 宅地建物取引業者が行う宅地建物取引業法第35条に規定する重要事項の説明に関する次の記述のうち、正しいものはどれか。なお、説明の相手方は宅地建物取引業者ではないものとする。

1　建物の売買の媒介を行う場合、当該建物が既存の住宅であるときは当該建物の検査済証（宅地建物取引業法施行規則第16条の2の3第2号に定めるもの）の保存の状況について説明しなければならず、当該検査済証が存在しない場合はその旨を説明しなければならない。
2　宅地の売買の媒介を行う場合、売買代金の額並びにその支払の時期及び方法について説明しなければならない。

3　建物の貸借の媒介を行う場合、当該建物が、水防法施行規則第11条第1号の規定により市町村（特別区を含む。）の長が提供する図面にその位置が表示されている場合には、当該図面が存在していることを説明すれば足りる。

4　自ら売主となって建物の売買契約を締結する場合、当該建物の引渡しの時期について説明しなければならない。

問題 37　宅地建物取引業者Aがその業務に関して行う広告に関する次の記述のうち、宅地建物取引業法（以下この問において「法」という。）の規定によれば、正しいものはいくつあるか。

ア　Aが未完成の建売住宅を販売する場合、建築基準法第6条第1項に基づく確認を受けた後、同項の変更の確認の申請書を提出している期間においては、変更の確認を受ける予定であることを表示し、かつ、当初の確認内容を合わせて表示すれば、変更の確認の内容を広告することができる。

イ　Aが新築住宅の売買に関する広告をインターネットで行った場合、実際のものより著しく優良又は有利であると人を誤認させるような表示を行ったが、当該広告について問合せや申込みがなかったときは、法第32条に定める誇大広告等の禁止の規定に違反しない。

ウ　Aが一団の宅地の販売について、数回に分けて広告をするときは、そのたびごとに広告へ取引態様の別を明示しなければならず、当該広告を見た者から売買に関する注文を受けたときも、改めて取引態様の別を明示しなければならない。

1　一つ
2　二つ
3　三つ
4　なし

問題 38 宅地建物取引業者が自ら売主となる宅地の売買契約について、買受けの申込みを喫茶店で行った場合における宅地建物取引業法第37条の2の規定に基づくいわゆるクーリング・オフに関する次の記述のうち、正しいものはどれか。

1 買受けの申込みをした者が、売買契約締結後、当該宅地の引渡しを受けた場合、クーリング・オフによる当該売買契約の解除を行うことができない。
2 買受けの申込みをした者が宅地建物取引業者であった場合、クーリング・オフについて告げられていなくても、申込みを行った日から起算して8日を経過するまでは、書面により買受けの申込みの撤回をすることができる。
3 売主業者の申出により、買受けの申込みをした者の勤務先で売買契約を行った場合、クーリング・オフによる当該売買契約の解除を行うことはできない。
4 クーリング・オフによる売買契約の解除がなされた場合において、宅地建物取引業者は、買受けの申込みをした者に対し、速やかに、当該売買契約の締結に際し受領した手付金その他の金銭を返還しなければならない。

問題 39 宅地建物取引業保証協会（以下この問において「保証協会」という。）に関する次の記述のうち、宅地建物取引業法の規定によれば、正しいものはどれか。

1 保証協会は、弁済業務保証金について弁済を受ける権利を有する者から認証申出書の提出があり、認証に係る事務を処理する場合には、各月ごとに、認証申出書に記載された取引が成立した時期の順序に従ってしなければならない。
2 保証協会は、当該保証協会の社員から弁済業務保証金分担金の納付を受けたときは、その納付を受けた額に相当する額の弁済業務保証金を当該社員の主たる事務所の最寄りの供託所に供託しなければならない。

3　保証協会の社員が弁済業務保証金分担金を納付した後に、新たに事務所を設置したときは、その日から２週間以内に保証協会に納付すべき弁済業務保証金分担金について、国債証券をもって充てることができる。

4　宅地建物取引業者と宅地の売買契約を締結した買主（宅地建物取引業者ではない。）は、当該宅地建物取引業者が保証協会の社員となる前にその取引により生じた債権に関し、当該保証協会が供託した弁済業務保証金について弁済を受ける権利を有する。

問題 40 ※　建物の貸借の媒介を行う宅地建物取引業者が、その取引の相手方（宅地建物取引業者を除く。）に対して、次のアからエの発言に続けて宅地建物取引業法第35条の規定に基づく重要事項の説明を行った場合のうち、宅地建物取引業法の規定に違反しないものはいくつあるか。

ア　本日は重要事項の説明を行うためにお電話しました。お客様はＩＴ環境をお持ちでなく映像を見ることができないとのことですので、宅地建物取引士である私が記名した重要事項説明書は現在お住まいの住所に郵送いたしました。このお電話にて重要事項の説明をさせていただきますので、お手元でご覧いただきながらお聞き願います。

イ　建物の貸主が宅地建物取引業者で、代表者が宅地建物取引士であり建物の事情に詳しいことから、その代表者が作成し、記名した重要事項説明書がこちらになります。当社の宅地建物取引士は同席しますが、説明は貸主の代表者が担当します。

ウ　この物件の担当である弊社の宅地建物取引士が本日急用のため対応できなくなりましたが、せっかくお越しいただきましたので、重要事項説明書にある宅地建物取引士欄を訂正の上、宅地建物取引士である私が記名をし、代わりに説明をいたします。私の宅地建物取引士証をお見せします。

エ　本日はお客様のご希望ですので、テレビ会議を用いて重要事項の説明を行います。当社の側の音声は聞こえていますでしょうか。十分に聞き取れたとのお返事、こちらにも聞こえました。では、説明を担当する私の宅地建物取引士証をお示ししますので、画面上でご確認をいただき、私の名前を読み上げていただけますでしょうか。そうです、読み方も間違いありません。それでは、双方音声・映像ともやりとりできる状況ですので、説明を始めます。事前にお送りした私が記名した重要事項説明書をお手元にご用意ください。

1　一つ
2　二つ
3　三つ
4　四つ

問題 41　営業保証金及び宅地建物取引業保証協会（以下この問において「保証協会」という。）に関する次の記述のうち、宅地建物取引業法の規定によれば、誤っているものはいくつあるか。

ア　宅地建物取引業者の代表者が、その業務に関し刑法第222条（脅迫）の罪により懲役の刑に処せられたことを理由に宅地建物取引業の免許を取り消された場合、当該宅地建物取引業者であった者は、当該刑の執行を終わった日から５年間は供託した営業保証金を取り戻すことができない。

イ　営業保証金の還付により、営業保証金が政令で定める額に不足することとなったため、国土交通大臣又は都道府県知事から不足額を供託すべき旨の通知書の送付を受けた宅地建物取引業者は、その送付を受けた日から２週間以内にその不足額を供託しなければならない。

ウ　保証協会の社員は、自らが取り扱った宅地建物取引業に係る取引の相手方から当該取引に関する苦情について解決の申出が保証協会にあり、保証協会から関係する資料の提出を求められたときは、正当な理由がある場合でなければ、これを拒んではならない。

エ　保証協会の社員と宅地建物取引業に関し取引をした者は、その取引により生じた債権に関し、当該社員が納付した弁済業務保証金の額に相当する額の範囲内において弁済を受ける権利を有する。

1　一つ
2　二つ
3　三つ
4　四つ

問題 42　宅地建物取引業者Ａが、ＢからＢ所有の宅地の売却を依頼され、Ｂと専属専任媒介契約（以下この問において「本件媒介契約」という。）を締結した場合に関する次の記述のうち、宅地建物取引業法の規定によれば、正しいものはどれか。

1　ＡはＢに対して、契約の相手方を探索するために行った措置など本件媒介契約に係る業務の処理状況を２週間に１回以上報告しなければならない。
2　ＡがＢに対し当該宅地の価額又は評価額について意見を述べるときは、その根拠を明らかにしなければならないが、根拠の明示は口頭でも書面を用いてもどちらでもよい。
3　本件媒介契約の有効期間について、あらかじめＢからの書面による申出があるときは、３か月を超える期間を定めることができる。
4　Ａは所定の事項を指定流通機構に登録した場合、Ｂから引渡しの依頼がなければ、その登録を証する書面をＢに引き渡さなくてもよい。

問題 43　宅地建物取引業者Ａが、自ら売主として行う売買契約に関する次の記述のうち、宅地建物取引業法の規定によれば、誤っているものはどれか。なお、買主は宅地建物取引業者ではないものとする。

1　Ａが、宅地又は建物の売買契約に際して手付を受領した場合、その手付がいかなる性質のものであっても、Ａが契約の履行に着手するまでの間、買主はその手付を放棄して契約の解除をすることができる。
2　Ａが、土地付建物の売買契約を締結する場合において、買主との間で、「売主は、売買物件の引渡しの日から１年間に限り当該物件の種類又は品質に関して契約の内容に適合しない場合におけるその不適合を担保する責任を負う」とする旨の特約を設けることができる。

3　販売代金2,500万円の宅地について、Aが売買契約の締結を行い、損害賠償の額の予定及び違約金の定めをする場合、その合計額を500万円と設定することができる。

4　Aが建物の割賦販売を行った場合、当該建物を買主に引き渡し、かつ、代金の額の10分の3を超える額の支払を受けた後は、担保の目的で当該建物を譲り受けてはならない。

問題 44　宅地建物取引業法（以下この問において「法」という。）第37条の規定により交付すべき書面（以下この問において「37条書面」という。）に関する次の記述のうち、宅地建物取引業者Aが法の規定に違反するものはどれか。

1　Aは、自ら売主として宅地建物取引業者ではないBとの間で宅地の売買契約を締結した。この際、当該買主の代理として宅地建物取引業者Cが関与していたことから、37条書面をBに加え、Cにも交付した。

2　Aは、その媒介により建物の貸借の契約を成立させ、37条書面を借主に交付するに当たり、37条書面に記名した宅地建物取引士が不在であったことから、宅地建物取引士ではないAの従業員に書面を交付させた。

3　Aは、その媒介により借主Dと建物の貸借の契約を成立させた。この際、借賃以外の金銭の授受に関する定めがあるので、その額や当該金銭の授受の時期だけでなく、当該金銭の授受の目的についても37条書面に記載し、Dに交付した。

4　Aは、自ら売主として宅地建物取引業者Eの媒介により、宅地建物取引業者Fと宅地の売買契約を締結した。37条書面については、A、E、Fの三者で内容を確認した上で各自作成し、交付せずにそれぞれ自ら作成した書類を保管した。

問題 45　特定住宅瑕疵担保責任の履行の確保等に関する法律に基づく住宅販売瑕疵（かし）担保保証金の供託又は住宅販売瑕疵（かし）担保責任保険契約の締

結に関する次の記述のうち、正しいものはどれか。

1　宅地建物取引業者は、自ら売主として宅地建物取引業者である買主との間で新築住宅の売買契約を締結し、その住宅を引き渡す場合、住宅販売瑕疵担保保証金の供託又は住宅販売瑕疵担保責任保険契約の締結を行う義務を負う。

2　住宅販売瑕疵担保責任保険契約は、新築住宅の引渡し時から10年以上有効でなければならないが、当該新築住宅の買主の承諾があれば、当該保険契約に係る保険期間を５年間に短縮することができる。

3　自ら売主として新築住宅を販売する宅地建物取引業者は、基準日から３週間を経過する日までの間において、当該基準日前10年間に自ら売主となる売買契約に基づき宅地建物取引業者ではない買主に引き渡した新築住宅（住宅販売瑕疵担保責任保険契約に係る新築住宅を除く。）について、住宅販売瑕疵担保保証金の供託をしていなければならない。

4　宅地建物取引業者が住宅販売瑕疵担保保証金の供託をし、その額が、基準日において、販売新築住宅の合計戸数を基礎として算定する基準額を超えることとなった場合、宅地建物取引業法の免許を受けた国土交通大臣又は都道府県知事の承認がなくても、その超過額を取り戻すことができる。

問題 46　独立行政法人住宅金融支援機構（以下この問において「機構」という。）に関する次の記述のうち、誤っているものはどれか。

1　機構は、住宅の建設又は購入に必要な資金の貸付けに係る金融機関の貸付債権の譲受けを業務として行っているが、当該住宅の建設又は購入に付随する土地又は借地権の取得に必要な資金については、譲受けの対象としていない。

2　機構は、団体信用生命保険業務において、貸付けを受けた者が死亡した場合のみならず、重度障害となった場合においても、支払われる生命保険の保険金を当該貸付けに係る債務の弁済に充当することができる。

3　証券化支援事業（買取型）において、機構による譲受けの対象となる貸付債権の償還方法には、元利均等の方法であるものに加え、元金均等の方法であるものもある。

4　機構は、証券化支援事業（買取型）において、ＭＢＳ（資産担保証券）を発行することにより、債券市場（投資家）から資金を調達している。

問題 47　宅地建物取引業者が行う広告に関する次の記述のうち、不当景品類及び不当表示防止法（不動産の表示に関する公正競争規約を含む。）の規定によれば、正しいものはどれか。

1　物件からスーパーマーケット等の商業施設までの徒歩所要時間は、道路距離 80 m につき１分間を要するものとして算出し、１分未満の端数が生じたときは、端数を切り捨てて表示しなければならない。

2　インターネット上に掲載した賃貸物件の広告について、掲載直前に契約済みとなっていたとしても、消費者からの問合せに対して既に契約済みであり取引できない旨を説明すれば、不当表示に問われることはない。

3　マンションの管理費について、住戸により管理費の額が異なる場合において、その全ての住宅の管理費を示すことが困難であるときは、最高額のみを表示すればよい。

4　建築条件付土地の取引の広告においては、当該条件の内容、当該条件が成就しなかったときの措置の内容だけでなく、そもそも当該取引の対象が土地であることも明らかにして表示しなければならない。

問題 48 次の記述のうち、正しいものはどれか。

> 本問は参考問題です。
> 次の本試験の基準となる最新統計情報をもとに改題した本問を、弊社webサイトよりダウンロードしてご利用ください（2024年8月末予定）。
>
> ※詳細はvページ「パーフェクト宅建士シリーズ読者特典（＊特典3＊）」をご参照ください。

1　建築着工統計調査報告（令和3年計。令和4年1月公表）によれば、令和3年の新設住宅の着工戸数のうち、持家は前年比で増加したが、貸家及び分譲住宅は前年比で減少した。

2　令和4年地価公示（令和4年3月公表）によれば、令和3年1月以降の1年間の住宅地の地価は、三大都市圏平均では下落したものの、それ以外の地方圏平均では上昇した。

3　令和4年版土地白書（令和4年6月公表）によれば、令和3年の全国の土地取引件数は約133万件となり、土地取引件数の対前年比は令和元年以降減少が続いている。

4　国土交通省の公表する不動産価格指数のうち、全国の商業用不動産総合の季節調整値は、2021年（令和3年）においては第1四半期から第4四半期まで連続で対前期比増となった。

問題 49 土地に関する次の記述のうち、最も不適当なものはどれか。

1　台地の上の浅い谷は、豪雨時には一時的に浸水することがあり、注意を要する。

2　低地は、一般に洪水や地震などに対して強く、防災的見地から住宅地として好ましい。

3　埋立地は、平均海面に対し4～5mの比高があり護岸が強固であれば、住宅地としても利用が可能である。

4　国土交通省が運営するハザードマップポータルサイトでは、洪水、土砂災害、高潮、津波のリスク情報などを地図や写真に重ねて表示できる。

問題 50　建築物の構造に関する次の記述のうち、最も不適当なものはどれか。

1　木構造は、主要構造を木質系材料で構成するものであり、在来軸組構法での主要構造は、一般に軸組、小屋組、床組からなる。
2　在来軸組構法の軸組は、通常、水平材である土台、桁、胴差と、垂直材の柱及び耐力壁からなる。
3　小屋組は、屋根の骨組であり、小屋梁（ばり）、小屋束（づか）、母屋（もや）、垂木（たるき）等の部材を組み合わせた和小屋と、陸梁（ろくばり）、束（づか）、方杖（づえ）等の部材で形成するトラス構造の洋小屋がある。
4　軸組に仕上げを施した壁には、真壁と大壁があり、真壁のみで構成する洋風構造と、大壁のみで構成する和風構造があるが、これらを併用する場合はない。

令和３年度（12月）

試験問題

（注）※の問題は、本書発行時点の法令に照らし一部補正してあります。

解　答　欄

問題番号	解	答	番	号
第 1 問	①	②	③	④
第 2 問	①	②	③	④
第 3 問	①	②	③	④
第 4 問	①	②	③	④
第 5 問	①	②	③	④
第 6 問	①	②	③	④
第 7 問	①	②	③	④
第 8 問	①	②	③	④
第 9 問	①	②	③	④
第10問	①	②	③	④
第11問	①	②	③	④
第12問	①	②	③	④
第13問	①	②	③	④
第14問	①	②	③	④
第15問	①	②	③	④
第16問	①	②	③	④
第17問	①	②	③	④
第18問	①	②	③	④
第19問	①	②	③	④
第20問	①	②	③	④
第21問	①	②	③	④
第22問	①	②	③	④
第23問	①	②	③	④
第24問	①	②	③	④
第25問	①	②	③	④

問題番号	解	答	番	号
第26問	①	②	③	④
第27問	①	②	③	④
第28問	①	②	③	④
第29問	①	②	③	④
第30問	①	②	③	④
第31問	①	②	③	④
第32問	①	②	③	④
第33問	①	②	③	④
第34問	①	②	③	④
第35問	①	②	③	④
第36問	①	②	③	④
第37問	①	②	③	④
第38問	①	②	③	④
第39問	①	②	③	④
第40問	①	②	③	④
第41問	①	②	③	④
第42問	①	②	③	④
第43問	①	②	③	④
第44問	①	②	③	④
第45問	①	②	③	④
第46問	①	②	③	④
第47問	①	②	③	④
第48問	①	②	③	④
第49問	①	②	③	④
第50問	①	②	③	④

※「解答用紙」（マークシート）はダウンロードできます。詳細は vi ページをご覧ください。

令和(12月)3年度 試験問題

問題 1 次の1から4までの記述のうち、民法の規定、判例及び下記判決文によれば、正しいものはどれか。

(判決文)

私力の行使は、原則として法の禁止するところであるが、法律に定める手続によつたのでは、権利に対する違法な侵害に対抗して現状を維持することが不可能又は著しく困難であると認められる緊急やむを得ない特別の事情が存する場合においてのみ、その必要の限度を超えない範囲内で、例外的に許されるものと解することを妨げない。

1 権利に対する違法な侵害に対抗して法律に定める手続によらずに自力救済することは、その必要の限度を超えない範囲内であれば、事情のいかんにかかわらず許される。

2 建物賃貸借契約終了後に当該建物内に家財などの残置物がある場合には、賃貸人の権利に対する違法な侵害であり、賃貸人は賃借人の同意の有無にかかわらず、原則として裁判を行わずに当該残置物を建物内から撤去することができる。

3 建物賃貸借契約の賃借人が賃料を1年分以上滞納した場合には、賃貸人の権利を著しく侵害するため、原則として裁判を行わずに、賃貸人は賃借人の同意なく当該建物の鍵とシリンダーを交換して建物内に入れないようにすることができる。

4 裁判を行っていては権利に対する違法な侵害に対抗して現状を維持することが不可能又は著しく困難であると認められる緊急やむを得ない特別の事情が存する場合には、その必要の限度を超えない範囲内で例外的に私力の行使が許される。

問題 2 相隣関係に関する次の記述のうち、民法の規定によれば、誤っているものはどれか。

1　土地の所有者は、隣地の所有者と共同の費用で、境界標を設けることができる。

2　隣接する土地の境界線上に設けた障壁は、相隣者の共有に属するものと推定される。

3　高地の所有者は、その高地が浸水した場合にこれを乾かすためであっても、公の水流又は下水道に至るまで、低地に水を通過させることはできない。

4　土地の所有者が直接に雨水を隣地に注ぐ構造の屋根を設けた場合、隣地所有者は、その所有権に基づいて妨害排除又は予防の請求をすることができる。

問題 3 成年後見人が、成年被後見人を代理して行う次に掲げる法律行為のうち、民法の規定によれば、家庭裁判所の許可を得なければ代理して行うことができないものはどれか。

1　成年被後見人が所有する乗用車の第三者への売却

2　成年被後見人が所有する成年被後見人の居住の用に供する建物への第三者の抵当権の設定

3　成年被後見人が所有するオフィスビルへの第三者の抵当権の設定

4　成年被後見人が所有する倉庫についての第三者との賃貸借契約の解除

問題 4 いずれも宅地建物取引業者ではない売主Ａと買主Ｂとの間で締結した売買契約に関する次の記述のうち、民法の規定によれば、正しいものはどれか。

1　ＢがＡに対して手付を交付した場合、Ａは、目的物を引き渡すまではいつでも、手付の倍額を現実に提供して売買契約を解除することができる。

2　売買契約の締結と同時に、Ａが目的物を買い戻すことができる旨の特約をする場合、買戻しについての期間の合意をしなければ、買戻しの特約自体が無効となる。

3　Ｂが購入した目的物が第三者Ｃの所有物であり、Ａが売買契約締結時点でそのことを知らなかった場合には、Ａは損害を賠償せずに売買契約を解除することができる。

4　目的物の引渡しの時点で目的物が品質に関して契約の内容に適合しないことをＡが知っていた場合には、当該不適合に関する請求権が消滅時効にかかっていない限り、ＢはＡの担保責任を追及することができる。

問題 5　ＡがＢの代理人として行った行為に関する次の記述のうち、民法の規定及び判例によれば、正しいものはどれか。なお、いずれの行為もＢの追認はないものとする。

1　ＡがＢの代理人として第三者の利益を図る目的で代理権の範囲内の行為をした場合、相手方Ｃがその目的を知っていたとしても、ＡＣ間の法律行為の効果はＢに帰属する。

2　ＢがＡに代理権を与えていないにもかかわらず代理権を与えた旨をＣに表示し、Ａが当該代理権の範囲内の行為をした場合、ＣがＡに代理権がないことを知っていたとしても、Ｂはその責任を負わなければならない。

3　ＡがＢから何ら代理権を与えられていないにもかかわらずＢの代理人と詐称してＣとの間で法律行為をし、ＣがＡにＢの代理権があると信じた場合であっても、原則としてその法律行為の効果はＢに帰属しない。

4　ＢがＡに与えた代理権が消滅した後にＡが行った代理権の範囲内の行為について、相手方Ｃが過失によって代理権消滅の事実を知らなかった場合でも、Ｂはその責任を負わなければならない。

問題 6　不動産に関する物権変動の対抗要件に関する次の記述のうち、民法の規定及び判例によれば、誤っているものはどれか。

1　不動産の所有権がＡからＢ、ＢからＣ、ＣからＤと転々譲渡された場合、Aは、Dと対抗関係にある第三者に該当する。

2　土地の賃借人として当該土地上に登記ある建物を所有する者は、当該土地の所有権を新たに取得した者と対抗関係にある第三者に該当する。

3　第三者のなした登記後に時効が完成して不動産の所有権を取得した者は、当該第三者に対して、登記を備えなくても、時効取得をもって対抗することができる。

4　共同相続財産につき、相続人の一人から相続財産に属する不動産につき所有権の全部の譲渡を受けて移転登記を備えた第三者に対して、他の共同相続人は、自己の持分を登記なくして対抗することができる。

問題7　遺言に関する次の記述のうち、民法の規定によれば、誤っているものはどれか。

1　自筆証書によって遺言をする場合、遺言者は、その全文、日付及び氏名を自書して押印しなければならないが、これに添付する相続財産の目録については、遺言者が毎葉に署名押印すれば、自書でないものも認められる。

2　公正証書遺言の作成には、証人2人以上の立会いが必要であるが、推定相続人は、未成年者でなくとも、証人となることができない。

3　船舶が遭難した場合、当該船舶中にいて死亡の危急に迫った者は、証人2人以上の立会いがあれば、口頭で遺言をすることができる。

4　遺贈義務者が、遺贈の義務を履行するため、受遺者に対し、相当の期間を定めて遺贈の承認をすべき旨の催告をした場合、受遺者がその期間内に意思表示をしないときは、遺贈を放棄したものとみなされる。

問題8　AはBに対して、Aが所有する甲土地を1,000万円で売却したい旨の申込みを郵便で発信した（以下この問において「本件申込み」という。）が、本件申込みがBに到達する前にAが死亡した場合における次の記述のうち、民法の規定によれば、正しいものはどれか。

1　Bが承諾の通知を発する前に、BがAの死亡を知ったとしても、本件申込みは効力を失わない。

2　Aが、本件申込みにおいて、自己が死亡した場合には申込みの効力を失う旨の意思表示をしていたときには、BがAの死亡を知らないとしても本件申込みは効力を失う。

3　本件申込みが効力を失わない場合、本件申込みに承諾をなすべき期間及び撤回をする権利についての記載がなかったときは、Aの相続人は、本件申込みをいつでも撤回することができる。

4　本件申込みが効力を失わない場合、Bが承諾の意思表示を発信した時点で甲土地の売買契約が成立する。

問題 9　AがBに対してA所有の甲建物を①売却した場合と②賃貸した場合についての次の記述のうち、民法の規定及び判例によれば、誤っているものはどれか。

1　①と②の契約が解除された場合、①ではBは甲建物を使用収益した利益をAに償還する必要があるのに対し、②では将来に向かって解除の効力が生じるのでAは解除までの期間の賃料をBに返還する必要はない。

2　①ではBはAの承諾を得ずにCに甲建物を賃貸することができ、②ではBはAの承諾を得なければ甲建物をCに転貸することはできない。

3　甲建物をDが不法占拠している場合、①ではBは甲建物の所有権移転登記を備えていなければ所有権をDに対抗できず、②ではBは甲建物につき賃借権の登記を備えていれば賃借権をDに対抗することができる。

4　①と②の契約締結後、甲建物の引渡し前に、甲建物がEの放火で全焼した場合、①ではBはAに対する売買代金の支払を拒むことができ、②ではBとAとの間の賃貸借契約は終了する。

問題 10　Aは、Bからの借入金の担保として、A所有の甲建物に第一順位の抵当権（以下この問において「本件抵当権」という。）を設定し、その登記を行った。AC間にCを賃借人とする甲建物の一時使用目的ではない賃貸借契約がある場合に関する次の記述のうち、民法及び借地借家法の規定並びに判例によれば、正しいものはどれか。

1　本件抵当権設定登記後にＡＣ間の賃貸借契約が締結され、ＡのＢに対する借入金の返済が債務不履行となった場合、Ｂは抵当権に基づき、ＡがＣに対して有している賃料債権を差し押さえることができる。

2　Ｃが本件抵当権設定登記より前に賃貸借契約に基づき甲建物の引渡しを受けていたとしても、ＡＣ間の賃貸借契約の期間を定めていない場合には、Ｃの賃借権は甲建物の競売による買受人に対抗することができない。

3　本件抵当権設定登記後にＡＣ間で賃貸借契約を締結し、その後抵当権に基づく競売手続による買受けがなされた場合、買受けから賃貸借契約の期間満了までの期間が１年であったときは、Ｃは甲建物の競売における買受人に対し、期間満了までは甲建物を引き渡す必要はない。

4　Ｃが本件抵当権設定登記より前に賃貸借契約に基づき甲建物の引渡しを受けていたとしても、Ｃは、甲建物の競売による買受人に対し、買受人の買受けの時から１年を経過した時点で甲建物を買受人に引き渡さなければならない。

問題 11　次の記述のうち、借地借家法の規定及び判例によれば、正しいものはどれか。

1　借地権の存続期間を契約で 30 年と定めた場合には、当事者が借地契約を更新する際、その期間を更新の日から 30 年以下に定めることはできない。

2　借地権の存続期間が満了する場合、借地権者が契約の更新を請求したとき、その土地上に建物が存在する限り、借地権設定者は異議を述べることができない。

3　借地権者が借地上の建物にのみ登記をしている場合、当該借地権を第三者に対抗することができるのは、当該建物の敷地の表示として記載されている土地のみである。

4　借地権設定者は、弁済期の到来した最後の３年分の地代等について、借地権者がその土地において所有する建物の上に先取特権を有する。

問題 12 賃貸人Ａと賃借人Ｂとの間で締結した一時使用目的ではない建物賃貸借契約（以下この問において「本件契約」という。）の終了に関する次の記述のうち、民法及び借地借家法の規定並びに判例によれば、正しいものはどれか。

1 本件契約に期間を２年とする旨の定めがあり、ＡもＢも更新拒絶の通知をしなかったために本件契約が借地借家法に基づき更新される場合、更新後の期間について特段の合意がなければ、更新後の契約期間は２年となる。

2 本件契約において期間の定めがない場合、借地借家法第 28 条に定める正当事由を備えてＡが解約の申入れをしたときには、解約の申入れをした日から６月を経過した日に、本件契約は終了する。

3 建物の転貸借がされている場合において、本件契約がＢ（転貸人）の債務不履行によって解除されて終了するときは、Ａが転借人に本件契約の終了を通知した日から６月を経過することによって、転貸借契約は終了する。

4 ＢがＡの同意を得て建物に付加した造作がある場合であっても、本件契約終了時にＡに対して借地借家法第 33 条の規定に基づく造作買取請求権を行使することはできない、という特約は無効である。

問題 13 建物の区分所有等に関する法律に関する次の記述のうち、誤っているものはどれか。

1 区分所有者以外の者であって区分所有者の承諾を得て専有部分を占有する者は、会議の目的たる事項につき利害関係を有する場合には、集会に出席して議決権を行使することはできないが、意見を述べることはできる。

2 最初に建物の専有部分の全部を所有する者は、公正証書により、共用部分（数個の専有部分に通ずる廊下又は階段室その他構造上区分所有者の全員又はその一部の共用に供されるべき建物の部分）の規約を設定することができる。

3　共用部分は、区分所有者全員の共有に属するが、規約に特別の定めがあるときは、管理者を共用部分の所有者と定めることもできる。
4　管理組合法人を設立する場合は、理事を置かなければならず、理事が数人ある場合において、規約に別段の定めがないときは、管理組合法人の事務は、理事の過半数で決する。

問題 14　不動産の登記に関する次の記述のうち、不動産登記法の規定によれば、誤っているものはどれか。

1　表題登記がない土地の所有権を取得した者は、その所有権の取得の日から１月以内に、表題登記を申請しなければならない。
2　共用部分である旨の登記がある建物について、合併の登記をすることができる。
3　登記官は、表示に関する登記について申請があった場合において、必要があると認めるときは、当該不動産の表示に関する事項を調査することができる。
4　区分建物である建物を新築した場合において、その所有者について相続その他の一般承継があったときは、相続人その他の一般承継人も、被承継人を表題部所有者とする当該建物についての表題登記を申請することができる。

問題 15　都市計画法に関する次の記述のうち、正しいものはどれか。

1　近隣商業地域は、主として商業その他の業務の利便の増進を図りつつ、これと調和した住居の環境を保護するため定める地域とする。
2　準工業地域は、主として環境の悪化をもたらすおそれのない工業の利便の増進を図りつつ、これと調和した住居の環境を保護するため定める地域とする。
3　第一種低層住居専用地域については、都市計画に特定用途制限地域を定めることができる場合がある。
4　第一種住居地域については、都市計画に高層住居誘導地区を定めることができる場合がある。

問題 16 都市計画法に関する次の記述のうち、誤っているものはどれか。ただし、この問において「都道府県知事」とは、地方自治法に基づく指定都市、中核市及び施行時特例市にあってはその長をいうものとする。

1 開発許可を受けようとする者は、開発行為に関する工事の請負人又は請負契約によらないで自らその工事を施行する者を記載した申請書を都道府県知事に提出しなければならない。

2 開発許可を受けた者は、開発行為に関する国土交通省令で定める軽微な変更をしたときは、遅滞なく、その旨を都道府県知事に届け出なければならない。

3 開発許可を受けた者は、開発行為に関する工事の廃止をしようとするときは、都道府県知事の許可を受けなければならない。

4 開発行為に同意していない土地の所有者は、当該開発行為に関する工事完了の公告前に、当該開発許可を受けた開発区域内において、その権利の行使として自己の土地に建築物を建築することができる。

問題 17 建築基準法に関する次の記述のうち、誤っているものはどれか。

1 ４階建ての建築物の避難階以外の階を劇場の用途に供し、当該階に客席を有する場合には、当該階から避難階又は地上に通ずる２以上の直通階段を設けなければならない。

2 床面積の合計が500㎡の映画館の用途に供する建築物を演芸場に用途変更する場合、建築主事又は指定確認検査機関の確認を受ける必要はない。

3 換気設備を設けていない居室には、換気のための窓その他の開口部を設け、その換気に有効な部分の面積は、その居室の床面積に対して10分の１以上としなければならない。

4 延べ面積が800㎡の百貨店の階段の部分には、排煙設備を設けなくてもよい。

問題 18 次の記述のうち、建築基準法（以下この問において「法」という。）の規定によれば、正しいものはどれか。

1　法第68条の9第1項の規定に基づく条例の制定の際、現に建築物が立ち並んでいる道は、法上の道路とみなされる。
2　都市計画により、容積率の限度が10分の50とされている準工業地域内において、建築物の高さは、前面道路の反対側の境界線からの水平距離が35m以下の範囲内においては、当該部分から前面道路の反対側の境界線までの水平距離に、1.5を乗じて得た値以下でなければならない。
3　第一種住居地域においては、畜舎で、その用途に供する部分の床面積が4,000㎡のものを建築することができる。
4　建築物の敷地が、法第53条第1項の規定に基づく建築物の建蔽率に関する制限を受ける地域又は区域の二以上にわたる場合においては、当該建築物の敷地の過半の属する地域又は区域における建蔽率に関する制限が、当該建築物に対して適用される。

問題 19 ※　宅地造成及び特定盛土等規制法に関する次の記述のうち、誤っているものはどれか。なお、この問において「都道府県知事」とは、地方自治法に基づく指定都市、中核市及び施行時特例市にあってはその長をいうものとする。

1　宅地造成等工事規制区域外において行われる宅地造成等に関する工事について、工事主は、工事に着手する前に都道府県知事に届け出なければならない。
2　都道府県知事は、宅地造成等工事規制区域内における土地の所有者、管理者又は占有者に対して、当該土地又は当該土地において行われている工事の状況について報告を求めることができる。
3　宅地造成等工事規制区域内において宅地造成等に関する工事を行う場合、宅地造成等に伴う災害を防止するために行う高さ5mを超える擁壁に係る工事については、政令で定める資格を有する者の設計によらなければならない。

4 都道府県知事は、偽りその他不正な手段によって宅地造成等工事規制区域内において行われる宅地造成等に関する工事の許可を受けた者に対して、その許可を取り消すことができる。

問題 20 土地区画整理法（以下この問において「法」という。）に関する次の記述のうち、誤っているものはどれか。

1 土地区画整理組合が施行する土地区画整理事業に係る施行地区内の宅地について借地権のみを有する者は、その土地区画整理組合の組合員とはならない。
2 法において、「公共施設」とは、道路、公園、広場、河川その他政令で定める公共の用に供する施設をいう。
3 施行者は、換地処分の公告があった場合においては、直ちに、その旨を換地計画に係る区域を管轄する登記所に通知しなければならない。
4 市町村が施行する土地区画整理事業では、事業ごとに、市町村に土地区画整理審議会が設置され、換地計画、仮換地の指定及び減価補償金の交付に関する事項について法に定める権限を行使する。

問題 21 農地に関する次の記述のうち、農地法（以下この問において「法」という。）の規定によれば、正しいものはどれか。

1 自己所有の農地に住宅を建設する資金を借り入れるため、当該農地に抵当権の設定をする場合には、法第３条第１項の許可を受ける必要がある。
2 農地の賃貸借の解除については、農地の所有者が、賃借人に対して一方的に解約の申入れを行う場合には、法第18条第１項の許可を受ける必要がない。
3 登記簿の地目が宅地となっている場合には、現況が農地であっても法の規制の対象とはならない。

4　市街化区域内の自己所有の農地を駐車場に転用するため、あらかじめ農業委員会に届け出た場合には、法第４条第１項の許可を受ける必要がない。

問題 22　国土利用計画法（以下この問において「法」という。）第23条の届出（以下この問において「事後届出」という。）及び法第29条の届出に関する次の記述のうち、正しいものはどれか。なお、この問において「都道府県知事」とは、地方自治法に基づく指定都市にあってはその長をいうものとする。

1　個人Ａが所有する都市計画区域外の12,000㎡の土地に、個人Ｂが地上権の設定を受ける契約を締結した場合、Ｂは一定の場合を除き事後届出を行う必要がある。
2　法第28条に基づく遊休土地に係る通知を受けた者は、その通知があった日から起算して１月以内に、その通知に係る遊休土地の利用又は処分に関する計画を、都道府県知事に届け出なければならない。
3　市街化調整区域において、宅地建物取引業者Ｃが所有する面積5,000㎡の土地について、宅地建物取引業者Ｄが一定の計画に従って、2,000㎡と3,000㎡に分割して順次購入した場合、Ｄは事後届出を行う必要はない。
4　都道府県知事は、事後届出があった場合において、土地の利用目的に係る必要な勧告を行うことができ、その勧告を受けた者がその勧告に従わないときは、その旨及びその内容を公表しなければならない。

問題 23　住宅用家屋の所有権の移転登記に係る登録免許税の税率の軽減措置に関する次の記述のうち、正しいものはどれか。

1　この税率の軽減措置の適用対象となる住宅用家屋は、床面積が100㎡以上で、その住宅用家屋を取得した個人の居住の用に供されるものに限られる。
2　この税率の軽減措置の適用対象となる住宅用家屋は、売買又は競落により取得したものに限られる。

3　この税率の軽減措置は、一定の要件を満たせばその住宅用家屋の敷地の用に供されている土地の所有権の移転登記についても適用される。

4　この税率の軽減措置の適用を受けるためには、登記の申請書に、一定の要件を満たす住宅用家屋であることの都道府県知事の証明書を添付しなければならない。

問題 24　固定資産税に関する次の記述のうち、正しいものはどれか。

1　市町村長は、固定資産課税台帳に登録された価格等に重大な錯誤があることを発見した場合においては、直ちに決定された価格等を修正して、これを固定資産課税台帳に登録しなければならない。

2　固定資産税の納税義務者は、その納付すべき当該年度の固定資産課税に係る固定資産について、固定資産課税台帳に登録された価格について不服があるときは、公示の日から納税通知書の交付を受けた日後１月を経過するまでの間において、文書をもって、固定資産評価審査委員会に審査の申出をすることができる。

3　年度の途中において家屋の売買が行われた場合、売主と買主は、当該年度の固定資産税を、固定資産課税台帳に所有者として登録されている日数で按分して納付しなければならない。

4　住宅用地のうち小規模住宅用地に対して課する固定資産税の課税標準は、当該小規模住宅用地に係る固定資産税の課税標準となるべき価格の３分の１の額である。

問題 25　地価公示法に関する次の記述のうち、誤っているものはどれか。

1　地価公示法の目的は、都市及びその周辺の地域等において、標準地を選定し、その正常な価格を公示することにより、一般の土地の取引価格に対して指標を与え、及び公共の利益となる事業の用に供する土地に対する適正な補償金の額の算定等に資し、もって適正な地価の形成に寄与することである。

2　不動産鑑定士は、公示区域内の土地について鑑定評価を行う場合において、当該土地の正常な価格を求めるときは、公示価格と実際の取引価格を規準としなければならない。

3　不動産鑑定士は、土地鑑定委員会の求めに応じて標準地の鑑定評価を行うに当たっては、近傍類地の取引価格から算定される推定の価格、近傍類地の地代等から算定される推定の価格及び同等の効用を有する土地の造成に要する推定の費用の額を勘案しなければならない。

4　関係市町村の長は、土地鑑定委員会が公示した事項のうち、当該市町村が属する都道府県に存する標準地に係る部分を記載した書面等を、当該市町村の事務所において一般の閲覧に供しなければならない。

問題 26 ※　宅地建物取引業者が宅地建物取引業法第 37 条の規定により交付すべき書面（以下この問において「37 条書面」という。）に関する次の記述のうち、正しいものはどれか。

1　宅地建物取引業者は、その媒介により建物の売買の契約を成立させた場合において、当該建物の引渡しの時期又は移転登記の申請の時期のいずれかを 37 条書面に記載し、当該契約の各当事者に交付しなければならない。

2　宅地建物取引業者は、その媒介により建物の貸借の契約を成立させた場合において、当該建物が既存の建物であるときは、建物の構造耐力上主要な部分等の状況について当事者の双方が確認した事項を 37 条書面に記載し、当該契約の各当事者に交付しなければならない。

3　宅地建物取引業者は、その媒介により建物の貸借の契約を成立させた場合において、借賃以外の金銭の授受に関する定めがあるときは、その額や当該金銭の授受の時期だけでなく、当該金銭の授受の目的についても 37 条書面に記載し、当該契約の各当事者に交付しなければならない。

4　宅地建物取引業者は、37 条書面を交付するに当たり、宅地建物取引士をして、その書面に記名の上、その内容を説明させなければならない。

問題 27 宅地建物取引業者Ａが、自ら売主として、宅地建物取引業者ではないＢとの間で建物の売買契約を締結する場合における次の記述のうち、宅地建物取引業法の規定によれば、正しいものはどれか。

1　ＡＢ間で建物の売買契約を締結する場合において、当事者の債務の不履行を理由とする契約の解除に伴う損害賠償の額についての特約を、代金の額の10分の２を超えて定めた場合、当該特約は全体として無効となる。
2　ＡＢ間で建築工事完了前の建物の売買契約を締結する場合において、ＡがＢから保全措置が必要となる額の手付金を受領する場合、Ａは、事前に、国土交通大臣が指定する指定保管機関と手付金等寄託契約を締結し、かつ、当該契約を証する書面を買主に交付した後でなければ、Ｂからその手付金を受領することができない。
3　ＡＢ間で建物の売買契約を締結する場合において、Ａは、あらかじめＢの承諾を書面で得た場合に限り、売買代金の額の10分の２を超える額の手付を受領することができる。
4　ＡＢ間で建築工事完了前の建物の売買契約を締結する場合において、売買代金の10分の２の額を手付金として定めた場合、Ａが手付金の保全措置を講じていないときは、Ｂは手付金の支払を拒否することができる。

問題 28 宅地建物取引業者Ａ（甲県知事免許）に関する監督処分及び罰則に関する次の記述のうち、宅地建物取引業法（以下この問において「法」という。）の規定によれば、正しいものはいくつあるか。

ア　Ａが、不正の手段により甲県知事から免許を受けたとき、甲県知事はＡに対して当該免許を取り消さなければならない。
イ　Ａが、法第３条の２第１項の規定により付された条件に違反したときは、甲県知事はＡの免許を取り消さなければならない。
ウ　Ａが、事務所の公衆の見やすい場所に国土交通大臣が定めた報酬の額を掲示しなかった場合、Ａは甲県知事から指示処分を受けることはあるが、罰則の適用を受けることはない。

エ　Aの従業者名簿の作成に当たり、法第48条第3項の規定により記載しなければならない事項についてAの従業者Bが虚偽の記載をした場合、Bは罰則の適用を受けることはあるが、Aは罰則の適用を受けることはない。

1　一つ
2　二つ
3　三つ
4　四つ

問題 29　次の記述のうち、宅地建物取引業法の規定によれば、誤っているものはどれか。

1　宅地建物取引業の免許の有効期間は5年であり、免許の更新の申請は、有効期間満了の日の90日前から30日前までの間に行わなければならない。

2　宅地建物取引業者から免許の更新の申請があった場合において、有効期間の満了の日までにその申請について処分がなされないときは、従前の免許は、有効期間の満了後もその処分がなされるまでの間は、なお効力を有する。

3　個人である宅地建物取引業者A（甲県知事免許）が死亡した場合、Aの相続人は、Aの死亡の日から30日以内に、その旨を甲県知事に届け出なければならない。

4　法人である宅地建物取引業者B（乙県知事免許）が合併により消滅した場合、Bを代表する役員であった者は、その日から30日以内に、その旨を乙県知事に届け出なければならない。

問題 30　宅地建物取引業者Aがその業務に関して行う広告に関する次の記述のうち、宅地建物取引業法（以下この問において「法」という。）の規定によれば、正しいものはどれか。

1　Aは、中古の建物の売買において、当該建物の所有者から媒介の依頼を受け、取引態様の別を明示せずに広告を掲載したものの、広告を見た者からの問合せはなく、契約成立には至らなかった場合には、当該広告は法第34条の規定に違反するものではない。

2　Aは、自ら売主として、建築基準法第6条第1項の確認の申請中である新築の分譲マンションについて「建築確認申請済」と明示した上で広告を行った。当該広告は、建築確認を終えたものと誤認させるものではないため、法第33条の規定に違反するものではない。

3　Aは、顧客を集めるために売る意思のない条件の良い物件を広告し、実際は他の物件を販売しようとしたが注文がなく、売買が成立しなかった場合であっても、監督処分の対象となる。

4　Aは、免許を受けた都道府県知事から宅地建物取引業の免許の取消しを受けたものの、当該免許の取消し前に建物の売買の広告をしていた場合、当該建物の売買契約を締結する目的の範囲内においては、なお宅地建物取引業者とみなされる。

問題 31　宅地建物取引業者A（消費税課税事業者）が貸主Bから建物の貸借の代理の依頼を受け、宅地建物取引業者C（消費税課税事業者）が借主Dから媒介の依頼を受け、BとDとの間で賃貸借契約を成立させた場合における次の記述のうち、宅地建物取引業法の規定によれば、誤っているものはいくつあるか。なお、1か月分の借賃は8万円とし、借賃及び権利金（権利設定の対価として支払われる金銭であって返還されないものをいう。）には、消費税等相当額を含まないものとする。

ア　建物を住居として貸借する場合、Cは、媒介の依頼を受けるに当たってDから承諾を得ているときを除き、44,000円を超える報酬をDから受領することはできない。

イ　建物を店舗として貸借する場合、AがBから受領する報酬とCがDから受領する報酬の合計額は88,000円を超えてはならない。

ウ　建物を店舗として貸借する場合、200万円の権利金の授受があるときは、A及びCが受領できる報酬の額の合計は、110,000円を超えてはならない。

エ　Aは、Bから媒介報酬の限度額まで受領する他に、Bの依頼によらない通常の広告の料金に相当する額を別途受領することができる。

1　一つ
2　二つ
3　三つ
4　四つ

問題 32　宅地建物取引業法第35条の2に規定する供託所等に関する説明についての次の記述のうち、正しいものはどれか。なお、特に断りのない限り、宅地建物取引業者の相手方は宅地建物取引業者ではないものとする。

1　宅地建物取引業者は、宅地建物取引業者の相手方に対して供託所等の説明を行う際に書面を交付することは要求されていないが、重要事項説明書に記載して説明することが望ましい。
2　宅地建物取引業者は、宅地建物取引業者が取引の相手方の場合においても、供託所等に係る説明をしなければならない。
3　宅地建物取引業者は、売買、交換又は貸借の契約に際し、契約成立後、速やかに供託所等に係る説明をしなければならない。
4　宅地建物取引業者は、自らが宅地建物取引業保証協会の社員である場合、営業保証金を供託した主たる事務所の最寄りの供託所及び所在地の説明をしなければならない。

問題 33　宅地建物取引業者Aは、BからB所有の宅地の売却について媒介の依頼を受けた。この場合における次の記述のうち、宅地建物取引業法の規定によれば、正しいものはいくつあるか。なお、この問において「専任媒介契約」とは、専属専任媒介契約ではない専任媒介契約をいう。

ア　AがBとの間で専任媒介契約を締結した場合、AはBに対して、当該専任媒介契約に係る業務の処理状況を１週間に１回以上報告しなければならない。

イ　AがBとの間で専任媒介契約を締結した場合、Bの要望により当該宅地を指定流通機構に登録しない旨の特約をしているときを除き、Aは、当該専任媒介契約締結日から７日以内（休業日数を含まない。）に、指定流通機構に当該宅地の所在等を登録しなければならない。

ウ　AがBとの間で一般媒介契約を締結した場合、AはBに対して、遅滞なく、宅地建物取引業法第34条の２第１項の規定に基づく書面を交付しなければならない。

エ　AがBとの間で一般媒介契約を締結した場合、AがBに対し当該宅地の価額又は評価額について意見を述べるときは、その根拠を明らかにしなければならないが、根拠の明示は口頭でも書面を用いてもよい。

1　一つ
2　二つ
3　三つ
4　四つ

問題 34　宅地、建物に関する次の記述のうち、宅地建物取引業法の規定によれば、正しいものはどれか。

1　宅地とは、建物の敷地に供せられる土地をいい、道路、公園、河川、広場及び水路に供せられているものは宅地には当たらない。

2　建物の一部の売買の代理を業として行う行為は、宅地建物取引業に当たらない。

3　建物とは、土地に定着する工作物のうち、屋根及び柱若しくは壁を有するものをいうが、学校、病院、官公庁施設等の公共的な施設は建物には当たらない。

4　宅地とは、現に建物の敷地に供せられている土地をいい、その地目、現況によって宅地に当たるか否かを判断する。

問題 35 ※　宅地建物取引業者が宅地及び建物の売買の媒介を行う場合における宅地建物取引業法第35条に規定する重要事項の説明及び重要事項説明書の交付に関する次の記述のうち、正しいものはどれか。

1　宅地建物取引士は、テレビ会議等のＩＴを活用して重要事項の説明を行うときは、相手方の承諾があれば宅地建物取引士証の提示を省略することができる。

2　宅地建物取引業者は、その媒介により売買契約が成立したときは、当該契約の各当事者に、遅滞なく、重要事項説明書を交付しなければならない。

3　宅地建物取引業者は、重要事項説明書の交付に当たり、専任の宅地建物取引士をして当該書面に記名させるとともに、売買契約の各当事者にも当該書面に記名させなければならない。

4　宅地建物取引業者は、買主が宅地建物取引業者であっても、重要事項説明書を交付しなければならない。

問題 36　宅地建物取引業の免許（以下この問において「免許」という。）に関する次の記述のうち、宅地建物取引業法の規定によれば、正しいものはどれか。

1　法人である宅地建物取引業者Ａ（甲県知事免許）について破産手続開始の決定があった場合、その日から30日以内に、Ａを代表する役員Ｂは、その旨を、甲県知事に届け出なければならない。

2　宅地建物取引業者Ｃ（乙県知事免許）が国土交通大臣に免許換えの申請を行っているときは、Ｃは、取引の相手方に対し、重要事項説明書及び宅地建物取引業法第37条の規定により交付すべき書面を交付することができない。

3　宅地建物取引業者Ｄ（丙県知事免許）が、免許の更新の申請を怠り、その有効期間が満了した場合、Ｄは、遅滞なく、丙県知事に免許証を返納しなければならない。

4　宅地建物取引業者Ｅ（丁県知事免許）が引き続いて１年以上事業を休

止したときは、丁県知事は免許を取り消さなければならない。

問題 37 宅地建物取引士に関する次の記述のうち、宅地建物取引業法の規定によれば、正しいものはどれか。なお、この問において「登録」とは、宅地建物取引士の登録をいうものとする。

1　甲県知事の登録を受けている宅地建物取引士は、乙県に主たる事務所を置く宅地建物取引業者の専任の宅地建物取引士となる場合、乙県知事に登録の移転を申請しなければならない。
2　宅地建物取引士の氏名等が登載されている宅地建物取引士資格登録簿は一般の閲覧に供されることとはされていないが、専任の宅地建物取引士は、その氏名が宅地建物取引業者名簿に登載され、当該名簿が一般の閲覧に供される。
3　宅地建物取引士が、刑法第204条（傷害）の罪により罰金の刑に処せられ、登録が消除された場合、当該登録が消除された日から５年を経過するまでは、新たな登録を受けることができない。
4　未成年者は、宅地建物取引業に係る営業に関し成年者と同一の行為能力を有していたとしても、成年に達するまでは登録を受けることができない。

問題 38 次の記述のうち、宅地建物取引業法の規定に違反しないものの組合せとして、正しいものはどれか。なお、この問において「建築確認」とは、建築基準法第６条第１項の確認をいうものとする。

ア　宅地建物取引業者Ａは、建築確認の済んでいない建築工事完了前の賃貸住宅の貸主Ｂから当該住宅の貸借の媒介を依頼され、取引態様を媒介と明示して募集広告を行った。
イ　宅地建物取引業者Ｃは、建築確認の済んでいない建築工事完了前の賃貸住宅の貸主Ｄから当該住宅の貸借の代理を依頼され、代理人として借主Ｅとの間で当該住宅の賃貸借契約を締結した。
ウ　宅地建物取引業者Ｆは、自己の所有に属しない宅地について、自ら売主として、宅地建物取引業者Gと売買契約の予約を締結した。

エ　宅地建物取引業者Hは、農地の所有者Iと建物の敷地に供するため農地法第5条の許可を条件とする売買契約を締結したので、自ら売主として宅地建物取引業者ではない個人JとI所有の農地の売買契約を締結した。

1　ア、イ
2　ア、エ
3　イ、ウ
4　ウ、エ

問題 39　宅地建物取引業保証協会（以下この問において「保証協会」という。）に関する次の記述のうち、宅地建物取引業法の規定によれば、誤っているものはどれか。

1　保証協会は、その名称、住所又は事務所の所在地を変更しようとするときは、あらかじめ、その旨を国土交通大臣に届け出なければならない。
2　保証協会は、新たに社員が加入したときは、直ちに、その旨を当該社員である宅地建物取引業者が免許を受けた国土交通大臣又は都道府県知事に報告しなければならない。
3　宅地建物取引業者で保証協会に加入しようとする者は、その加入した日から1週間以内に、政令で定める額の弁済業務保証金分担金を当該保証協会に納付しなければならない。
4　保証協会の社員は、自らが取り扱った宅地建物取引業に係る取引の相手方から当該取引に関する苦情について解決の申出が保証協会にあり、保証協会から説明を求められたときは、正当な理由がある場合でなければ、これを拒んではならない。

問題 40※　宅地建物取引業法第37条の規定により交付すべき書面（以下この問において「37条書面」という。）についての宅地建物取引業者Aの義務に関する次の記述のうち、正しいものはどれか。

1　Aは、自ら売主として、宅地建物取引業者Bの媒介により、Cと宅地の売買契約を締結した。Bが宅地建物取引士をして37条書面に記名させている場合、Aは宅地建物取引士をして当該書面に記名させる必要はない。

2　Aは、Dを売主としEを買主とする宅地の売買契約を媒介した。当該売買契約に、当該宅地が種類又は品質に関して契約の内容に適合しない場合においてその不適合を担保すべき責任に関する特約があるときは、Aは、当該特約について記載した37条書面をD及びEに交付しなければならない。

3　Aは、自ら買主として、Fと宅地の売買契約を締結した。この場合、Fに対して37条書面を交付する必要はない。

4　Aは、自ら貸主として、Gと事業用建物の定期賃貸借契約を締結した。この場合において、借賃の支払方法についての定めがあるときは、Aはその内容を37条書面に記載しなければならず、Gに対して当該書面を交付しなければならない。

問題41 ※　宅地建物取引士に関する次の記述のうち、宅地建物取引業法の規定によれば、誤っているものはどれか。

1　宅地建物取引業者Aは、一団の宅地建物の分譲をするため設置した案内所には、契約を締結することなく、かつ、契約の申込みを受けることがないときでも、1名以上の専任の宅地建物取引士を置かなければならない。

2　宅地建物取引業者Bは、その主たる事務所に従事する唯一の専任の宅地建物取引士が退職したときは、2週間以内に、宅地建物取引業法第31条の3第1項の規定に適合させるため必要な措置を執らなければならない。

3　宅地建物取引業者Cが、20戸の一団の分譲建物の売買契約の申込みのみを受ける案内所甲を設置した場合、売買契約の締結は事務所乙で行うとしても、甲にも専任の宅地建物取引士を置かなければならない。

4　法人である宅地建物取引業者D社の従業者であり、宅地建物取引業に係る営業に関し成年者と同一の行為能力を有する18歳未満の宅地建物取引士Eは、D社の役員であるときを除き、D社の専任の宅地建物取引士となることができない。

問題 42　宅地建物取引業者が媒介により既存建物の貸借の契約を成立させた場合に関する次の記述のうち、宅地建物取引業法第37条の規定により当該貸借の契約当事者に対して交付すべき書面に記載しなければならない事項はいくつあるか。

ア　借賃以外の金銭の授受に関する定めがあるときは、その額並びに当該金銭の授受の時期及び目的

イ　設計図書、点検記録その他の建物の建築及び維持保全の状況に関する書面で、国土交通省令で定めるものの保存の状況

ウ　契約の解除に関する定めがあるときは、その内容

エ　天災その他不可抗力による損害の負担に関する定めがあるときは、その内容

1　一つ

2　二つ

3　三つ

4　四つ

問題 43　宅地建物取引業者Aが、自ら売主として、宅地建物取引業者ではない法人B又は宅地建物取引業者ではない個人Cをそれぞれ買主とする土地付建物の売買契約を締結する場合において、宅地建物取引業法第37条の2の規定に基づくいわゆるクーリング・オフに関する次の記述のうち、誤っているものはどれか。なお、この問において、買主は本件売買契約に係る代金の全部を支払ってはおらず、かつ、土地付建物の引渡しを受けていないものとする。

1　Bは、Aの仮設テント張りの案内所で買受けの申込みをし、その8日後にAの事務所で契約を締結したが、その際クーリング・オフについて書面の交付を受けずに告げられた。この場合、クーリング・オフについて告げられた日から8日後には、Bはクーリング・オフによる契約の解除をすることができない。

2　Bは、Aの仮設テント張りの案内所で買受けの申込みをし、その3日後にAの事務所でクーリング・オフについて書面の交付を受け、告げられた上で契約を締結した。この書面の中で、クーリング・オフによる契約の解除ができる期間を14日間としていた場合、Bは、その書面を交付された日から12日後であっても契約の解除をすることができる。

3　Cは、Aの仮設テント張りの案内所で買受けの申込みをし、その3日後にAの事務所でクーリング・オフについて書面の交付を受け、告げられた上で契約を締結した。Cは、その書面を受け取った日から起算して8日目に、Aに対しクーリング・オフによる契約の解除を行う旨の文書を送付し、その2日後にAに到達した。この場合、Aは契約の解除を拒むことができない。

4　Cは、Aの事務所で買受けの申込みをし、その翌日、喫茶店で契約を締結したが、Aはクーリング・オフについて告げる書面をCに交付しなかった。この場合、Cはクーリング・オフによる契約の解除をすることができない。

問題 44※　宅地建物取引業者が行う宅地建物取引業法第35条に規定する重要事項の説明についての次の記述のうち、正しいものはいくつあるか。なお、説明の相手方は宅地建物取引業者ではないものとする。

ア　賃貸借契約において、取引対象となる宅地又は建物が、水防法施行規則第11条第1号の規定により市町村（特別区を含む。）の長が提供する図面に当該宅地又は建物の位置が表示されている場合には、当該図面における当該宅地又は建物の所在地を説明しなければならない。

イ　賃貸借契約において、対象となる建物が既存の住宅であるときは、法第34条の2第1項第4号に規定する建物状況調査を実施しているかどうか、及びこれを実施している場合におけるその結果の概要を説明しなければならない。

ウ　建物の売買において、その建物の種類又は品質に関して契約の内容に適合しない場合におけるその不適合を担保すべき責任の履行に関し保証保険契約の締結などの措置を講ずるかどうか、また、講ずる場合はその措置の概要を説明しなければならない。

1　一つ
2　二つ
3　三つ
4　なし

問題 45　宅地建物取引業者Aが、自ら売主として宅地建物取引業者ではない買主Bに新築住宅を販売する場合における次の記述のうち、特定住宅瑕疵担保責任の履行の確保等に関する法律の規定によれば、正しいものはどれか。

1　Aは、Bの承諾を得た場合には、Bに引き渡した新築住宅について、住宅販売瑕疵担保保証金の供託又は住宅販売瑕疵担保責任保険契約の締結を行わなくてもよい。

2　Aは、基準日に係る住宅販売瑕疵担保保証金の供託及び住宅販売瑕疵担保責任保険契約の締結の状況について届出をしなければ、当該基準日の翌日から起算して1月を経過した日以後においては、新たに自ら売主となる新築住宅の売買契約を締結することができない。

3　Aが住宅販売瑕疵担保責任保険契約を締結する場合、保険金額は2,000万円以上でなければならないが、Bの承諾を得た場合には、保険金額を500万円以上の任意の額とすることができる。

4　Aが住宅販売瑕疵担保責任保険契約を締結した場合、住宅の構造耐力上主要な部分又は雨水の浸入を防止する部分の瑕疵があり、Aが相当の期間を経過してもなお特定住宅販売瑕疵担保責任を履行しないときは、Bは住宅販売瑕疵担保責任保険契約の有効期間内であれば、その瑕疵によって生じた損害について保険金を請求することができる。

問題 46 独立行政法人住宅金融支援機構（以下この問において「機構」という。）に関する次の記述のうち、誤っているものはどれか。

1 機構は、子どもを育成する家庭又は高齢者の家庭に適した良好な居住性能及び居住環境を有する賃貸住宅の建設に必要な資金の貸付けを業務として行っていない。

2 機構は、災害により住宅が滅失した場合において、それに代わるべき建築物の建設又は購入に必要な資金の貸付けを業務として行っている。

3 機構が証券化支援事業（買取型）により譲り受ける貸付債権は、自ら居住する住宅又は自ら居住する住宅以外の親族の居住の用に供する住宅を建設し、又は購入する者に対する貸付けに係るものでなければならない。

4 機構は、マンション管理組合や区分所有者に対するマンション共用部分の改良に必要な資金の貸付けを業務として行っている。

問題 47 宅地建物取引業者が行う広告に関する次の記述のうち、不当景品類及び不当表示防止法（不動産の表示に関する公正競争規約を含む。）の規定によれば、正しいものはどれか。

1 新築分譲マンションの販売広告において、近隣のデパート、スーパーマーケット、商店等の商業施設は、将来確実に利用できる施設であっても、現に利用できるものでなければ表示することができない。

2 有名な旧跡から直線距離で1,100 mの地点に所在する新築分譲マンションの名称に当該旧跡の名称を用いることができる。

3 土地の販売価格については、１区画当たりの価格並びに１㎡当たりの価格及び１区画当たりの土地面積のいずれも表示しなければならない。

4 新築分譲マンションの修繕積立金が住戸により異なる場合、広告スペースの関係で全ての住戸の修繕積立金を示すことが困難であっても、修繕積立金について全住戸の平均額で表示することはできない。

問題 48 次の記述のうち、正しいものはどれか。

> 本問は参考問題です。
> 次の本試験の基準となる最新統計情報をもとに改題した本問を、弊社webサイトよりダウンロードしてご利用ください（2024年8月末予定)。
>
> ※詳細はｖページ「パーフェクト宅建士シリーズ読者特典（＊特典３＊)」をご参照ください。

1　令和３年版国土交通白書（令和３年６月公表）によれば、宅地建物取引業者数は、令和元年度末において10万業者を下回っている。

2　令和３年地価公示（令和３年３月公表）によれば、令和２年１月以降の１年間の地価の変動を見ると、全国平均の用途別では、住宅地、商業地及び工業地のいずれの用途も下落に転じた。

3　令和３年版土地白書（令和３年６月公表）によれば、令和元年における我が国の国土面積は約3,780万haであり、このうち住宅地、工業用地等の宅地は約197万haとなっており、宅地及び農地の合計面積は、森林の面積を超えている。

4　建築着工統計（令和３年１月公表）によれば、令和２年１月から令和２年12月までのマンション着工戸数は、「三大都市圏計」及び「その他の地域」のいずれにおいても前年を下回っている。

問題 49 土地に関する次の記述のうち、最も不適当なものはどれか。

1　沿岸地域における地震時の津波を免れるためには、巨大な防波堤が必要であるが、それには限度があり、完全に津波の襲来を防ぐことはできない。

2　一般に凝灰岩、頁(けつ)岩、花崗(こう)岩（風化してマサ土化したもの）は、崩壊しにくい。

3　低地は、大部分が水田や宅地として利用され、大都市の大部分もここに立地している。

4　平地に乏しい都市の周辺では、住宅地が丘陵や山麓に広がり、土砂崩壊等の災害を引き起こす例も多い。

問題 50　建物の構造に関する次の記述のうち、最も不適当なものはどれか。

1　組積式構造は、耐震性は劣るものの、熱、音などを遮断する性能が優れている。

2　組積式構造を耐震的な構造にするためには、大きな開口部を造ることを避け、壁厚を大きくする必要がある。

3　補強コンクリートブロック造は、壁式構造の一種であり、コンクリートブロック造を鉄筋コンクリートで耐震的に補強改良したものである。

4　補強コンクリートブロック造は、壁量を多く必要とはせず、住宅等の小規模の建物には使用されていない。

令和３年度（10月）

試験問題

（注）※の問題は、本書発行時点の法令に照らし一部補正してあります。

解　答　欄

問題番号	解	答	番	号
第 1 問	①	②	③	④
第 2 問	①	②	③	④
第 3 問	①	②	③	④
第 4 問	①	②	③	④
第 5 問	①	②	③	④
第 6 問	①	②	③	④
第 7 問	①	②	③	④
第 8 問	①	②	③	④
第 9 問	①	②	③	④
第10問	①	②	③	④
第11問	①	②	③	④
第12問	①	②	③	④
第13問	①	②	③	④
第14問	①	②	③	④
第15問	①	②	③	④
第16問	①	②	③	④
第17問	①	②	③	④
第18問	①	②	③	④
第19問	①	②	③	④
第20問	①	②	③	④
第21問	①	②	③	④
第22問	①	②	③	④
第23問	①	②	③	④
第24問	①	②	③	④
第25問	①	②	③	④

問題番号	解	答	番	号
第26問	①	②	③	④
第27問	①	②	③	④
第28問	①	②	③	④
第29問	①	②	③	④
第30問	①	②	③	④
第31問	①	②	③	④
第32問	①	②	③	④
第33問	①	②	③	④
第34問	①	②	③	④
第35問	①	②	③	④
第36問	①	②	③	④
第37問	①	②	③	④
第38問	①	②	③	④
第39問	①	②	③	④
第40問	①	②	③	④
第41問	①	②	③	④
第42問	①	②	③	④
第43問	①	②	③	④
第44問	①	②	③	④
第45問	①	②	③	④
第46問	①	②	③	④
第47問	①	②	③	④
第48問	①	②	③	④
第49問	①	②	③	④
第50問	①	②	③	④

※「解答用紙」（マークシート）はダウンロードできます。詳細は vi ページをご覧ください。

令和(10月)3年度 試験問題

問題 1 次の1から4までの記述のうち、民法の規定、判例及び下記判決文によれば、正しいものはどれか。

(判決文)

賃貸人は、特別の約定のないかぎり、賃借人から家屋明渡を受けた後に前記の敷金残額を返還すれば足りるものと解すべく、したがつて、家屋明渡債務と敷金返還債務とは同時履行の関係にたつものではないと解するのが相当であり、このことは、賃貸借の終了原因が解除(解約)による場合であつても異なるところはないと解すべきである。

1　賃借人の家屋明渡債務が賃貸人の敷金返還債務に対し先履行の関係に立つと解すべき場合、賃借人は賃貸人に対し敷金返還請求権をもって家屋につき留置権を取得する余地はない。

2　賃貸借の終了に伴う賃借人の家屋明渡債務と賃貸人の敷金返還債務とは、1個の双務契約によって生じた対価的債務の関係にあるものといえる。

3　賃貸借における敷金は、賃貸借の終了時点までに生じた債権を担保するものであって、賃貸人は、賃貸借終了後賃借人の家屋の明渡しまでに生じた債権を敷金から控除することはできない。

4　賃貸借の終了に伴う賃借人の家屋明渡債務と賃貸人の敷金返還債務の間に同時履行の関係を肯定することは、家屋の明渡しまでに賃貸人が取得する一切の債権を担保することを目的とする敷金の性質にも適合する。

問題 2 債務者A、B、Cの3名が、内部的な負担部分の割合は等しいものとして合意した上で、債権者Dに対して300万円の連帯債務を負った場合に関する次の記述のうち、民法の規定によれば、誤っているものはどれか。

1　DがAに対して裁判上の請求を行ったとしても、特段の合意がなければ、BとCがDに対して負う債務の消滅時効の完成には影響しない。

2　BがDに対して300万円の債権を有している場合、Bが相殺を援用しない間に300万円の支払の請求を受けたCは、BのDに対する債権で相殺する旨の意思表示をすることができる。

3　DがCに対して債務を免除した場合でも、特段の合意がなければ、DはAに対してもBに対しても、弁済期が到来した300万円全額の支払を請求することができる。

4　AとDとの間に更改があったときは、300万円の債権は、全ての連帯債務者の利益のために消滅する。

問題 3　個人として事業を営むAが死亡した場合に関する次の記述のうち、民法の規定によれば、誤っているものはいくつあるか。

ア　AがBとの間でB所有建物の清掃に関する準委任契約を締結していた場合、Aの相続人は、Bとの間で特段の合意をしなくても、当該準委任契約に基づく清掃業務を行う義務を負う。

イ　AがA所有の建物について賃借人Cとの間で賃貸借契約を締結している期間中にAが死亡した場合、Aの相続人は、Cに賃貸借契約を継続するか否かを相当の期間を定めて催告し、期間内に返答がなければ賃貸借契約をAの死亡を理由に解除することができる。

ウ　AがA所有の土地について買主Dとの間で売買契約を締結し、当該土地の引渡しと残代金決済の前にAが死亡した場合、当該売買契約は原始的に履行が不能となって無効となる。

エ　AがE所有の建物について貸主Eとの間で使用貸借契約を締結していた場合、Aの相続人は、Eとの間で特段の合意をしなくても、当該使用貸借契約の借主の地位を相続して当該建物を使用することができる。

1　一つ

2　二つ

3　三つ
4　四つ

問題 4　被相続人Aの配偶者Bが、A所有の建物に相続開始の時に居住していたため、遺産分割協議によって配偶者居住権を取得した場合に関する次の記述のうち、民法の規定によれば、正しいものはどれか。

1　遺産分割協議でBの配偶者居住権の存続期間を20年と定めた場合、存続期間が満了した時点で配偶者居住権は消滅し、配偶者居住権の延長や更新はできない。
2　Bは、配偶者居住権の存続期間内であれば、居住している建物の所有者の承諾を得ることなく、第三者に当該建物を賃貸することができる。
3　配偶者居住権の存続期間中にBが死亡した場合、Bの相続人CはBの有していた配偶者居住権を相続する。
4　Bが配偶者居住権に基づいて居住している建物が第三者Dに売却された場合、Bは、配偶者居住権の登記がなくてもDに対抗することができる。

問題 5　次の記述のうち、民法の規定及び判例によれば、正しいものはどれか。

1　令和3年4月1日において18歳の者は成年であるので、その時点で、携帯電話サービスの契約や不動産の賃貸借契約を1人で締結することができる。
2　養育費は、子供が未成熟であって経済的に自立することを期待することができない期間を対象として支払われるものであるから、子供が成年に達したときは、当然に養育費の支払義務が終了する。
3　営業を許された未成年者が、その営業に関するか否かにかかわらず、第三者から法定代理人の同意なく負担付贈与を受けた場合には、法定代理人は当該行為を取り消すことができない。
4　意思能力を有しないときに行った不動産の売買契約は、後見開始の審判を受けているか否かにかかわらず効力を有しない。

問題 6 売買代金債権（以下この問において「債権」という。）の譲渡に関する次の記述のうち、民法の規定によれば、誤っているものはどれか。

1　譲渡制限の意思表示がされた債権が譲渡された場合、当該債権譲渡の効力は妨げられないが、債務者は、その債権の全額に相当する金銭を供託することができる。
2　債権が譲渡された場合、その意思表示の時に債権が現に発生していないときは、譲受人は、その後に発生した債権を取得できない。
3　譲渡制限の意思表示がされた債権の譲受人が、その意思表示がされていたことを知っていたときは、債務者は、その債務の履行を拒むことができ、かつ、譲渡人に対する弁済その他の債務を消滅させる事由をもって譲受人に対抗することができる。
4　債権の譲渡は、譲渡人が債務者に通知し、又は債務者が承諾をしなければ、債務者その他の第三者に対抗することができず、その譲渡の通知又は承諾は、確定日付のある証書によってしなければ、債務者以外の第三者に対抗することができない。

問題 7 Aを売主、Bを買主として、A所有の甲自動車を50万円で売却する契約（以下この問において「本件契約」という。）が締結された場合に関する次の記述のうち、民法の規定によれば、誤っているものはどれか。

1　Bが甲自動車の引渡しを受けたが、甲自動車のエンジンに契約の内容に適合しない欠陥があることが判明した場合、BはAに対して、甲自動車の修理を請求することができる。
2　Bが甲自動車の引渡しを受けたが、甲自動車に契約の内容に適合しない修理不能な損傷があることが判明した場合、BはAに対して、売買代金の減額を請求することができる。

3　Ｂが引渡しを受けた甲自動車が故障を起こしたときは、修理が可能か否かにかかわらず、ＢはＡに対して、修理を請求することなく、本件契約の解除をすることができる。

4　甲自動車について、第三者ＣがＡ所有ではなくＣ所有の自動車であると主張しており、Ｂが所有権を取得できないおそれがある場合、Ａが相当の担保を供したときを除き、ＢはＡに対して、売買代金の支払を拒絶することができる。

問題 8　Ａが１人で居住する甲建物の保存に瑕疵(かし)があったため、甲建物の壁が崩れて通行人Ｂがケガをした場合（以下この問において「本件事故」という。）における次の記述のうち、民法の規定によれば、誤っているものはどれか。

1　Ａが甲建物をＣから賃借している場合、Ａは甲建物の保存の瑕疵(かし)による損害の発生の防止に必要な注意をしなかったとしても、Ｂに対して不法行為責任を負わない。

2　Ａが甲建物を所有している場合、Ａは甲建物の保存の瑕疵(かし)による損害の発生の防止に必要な注意をしたとしても、Ｂに対して不法行為責任を負う。

3　本件事故について、ＡのＢに対する不法行為責任が成立する場合、ＢのＡに対する損害賠償請求権は、Ｂ又はＢの法定代理人が損害又は加害者を知らないときでも、本件事故の時から20年間行使しないときには時効により消滅する。

4　本件事故について、ＡのＢに対する不法行為責任が成立する場合、ＢのＡに対する損害賠償請求権は、Ｂ又はＢの法定代理人が損害及び加害者を知った時から５年間行使しないときには時効により消滅する。

問題 9　Ａには死亡した夫Ｂとの間に子Ｃがおり、Ｄには離婚した前妻Ｅとの間に子Ｆ及び子Ｇがいる。Ｆの親権はＥが有し、Ｇの親権はＤが有している。ＡとＤが婚姻した後にＤが死亡した場合における法定相続分として、民法の規定によれば、正しいものはどれか。

1　Aが２分の１、Fが４分の１、Gが４分の１
2　Aが２分の１、Cが６分の１、Fが６分の１、Gが６分の１
3　Aが２分の１、Gが２分の１
4　Aが２分の１、Cが４分の１、Gが４分の１

問題 10　AとBとの間で、Aを売主、Bを買主とする、等価値の美術品甲又は乙のいずれか選択によって定められる美術品の売買契約（以下この問において「本件契約」という。）が締結された場合に関する次の記述のうち、民法の規定によれば、正しいものはどれか。

1　本件契約において、給付の目的を甲にするか乙にするかについて、第三者Cを選択権者とする合意がなされた場合、Cが選択をすることができないときは、選択権はBに移転する。
2　本件契約において、給付の目的を甲にするか乙にするかについて、Aを選択権者とする合意がなされた後に、Aの失火により甲が全焼したときは、給付の目的物は乙となる。
3　本件契約において、給付の目的を甲にするか乙にするかについての選択権に関する特段の合意がない場合、Bが選択権者となる。
4　本件契約において、給付の目的を甲にするか乙にするかについて、第三者Dを選択権者とする合意がなされた場合、Dが選択権を行使するときは、AとBの両者に対して意思表示をしなければならない。

問題 11　Aは、所有している甲土地につき、Bとの間で建物所有を目的とする賃貸借契約（以下この問において「借地契約」という。）を締結する予定であるが、期間が満了した時点で、確実に借地契約が終了するようにしたい。この場合に関する次の記述のうち、借地借家法の規定によれば、誤っているものはどれか。

1　事業の用に供する建物を所有する目的とし、期間を60年と定める場合には、契約の更新や建物の築造による存続期間の延長がない旨を書面で合意すれば、公正証書で合意しなくても、その旨を借地契約に定めることができる。

2　居住の用に供する建物を所有することを目的とする場合には、公正証書によって借地契約を締結するときであっても、期間を20年とし契約の更新や建物の築造による存続期間の延長がない旨を借地契約に定めることはできない。

3　居住の用に供する建物を所有することを目的とする場合には、借地契約を書面で行えば、借地権を消滅させるため、借地権の設定から20年が経過した日に甲土地上の建物の所有権を相当の対価でＢからＡに移転する旨の特約を有効に定めることができる。

4　借地契約がＢの臨時設備の設置その他一時使用のためになされることが明らかである場合には、期間を５年と定め、契約の更新や建物の築造による存続期間の延長がない旨を借地契約に定めることができる。

問題 12　Ａを賃貸人、Ｂを賃借人とする甲建物の賃貸借契約（以下この問において「本件契約」という。）が締結された場合に関する次の記述のうち、民法及び借地借家法の規定並びに判例によれば、正しいものはどれか。

1　本件契約について期間の定めをしなかった場合、ＡはＢに対して、いつでも解約の申入れをすることができ、本件契約は、解約の申入れの日から３月を経過することによって終了する。

2　甲建物がＢに引き渡された後、甲建物の所有権がＡからＣに移転した場合、本件契約の敷金は、他に特段の合意がない限り、ＢのＡに対する未払賃料債務に充当され、残額がＣに承継される。

3　甲建物が適法にＢからＤに転貸されている場合、ＡがＤに対して本件契約が期間満了によって終了する旨の通知をしたときは、建物の転貸借は、その通知がされた日から３月を経過することによって終了する。

4　本件契約が借地借家法第38条の定期建物賃貸借契約で、期間を５年、契約の更新がない旨を定めた場合、Ａは、期間満了の１年前から６月前までの間に、Ｂに対し賃貸借が終了する旨の通知をしなければ、従前の契約と同一条件で契約を更新したものとみなされる。

問題 13 建物の区分所有等に関する法律（以下この問において「法」という。）に関する次の記述のうち、誤っているものはどれか。

1　法又は規約により集会において決議をすべき場合において、区分所有者が１人でも反対するときは、集会を開催せずに書面によって決議をすることはできない。
2　形状又は効用の著しい変更を伴う共用部分の変更については、区分所有者及び議決権の各４分の３以上の多数による集会の決議で決するものであるが、規約でこの区分所有者の定数を過半数まで減ずることができる。
3　敷地利用権が数人で有する所有権その他の権利である場合には、規約に別段の定めがあるときを除いて、区分所有者は、その有する専有部分とその専有部分に係る敷地利用権とを分離して処分することができない。
4　各共有者の共用部分の持分は、規約に別段の定めがある場合を除いて、その有する専有部分の床面積の割合によるが、この床面積は壁その他の区画の中心線で囲まれた部分の水平投影面積である。

問題 14 不動産の登記に関する次の記述のうち、不動産登記法の規定によれば、正しいものはどれか。

1　所有権の登記の抹消は、所有権の移転の登記がある場合においても、所有権の登記名義人が単独で申請することができる。
2　登記の申請をする者の委任による代理人の権限は、本人の死亡によって消滅する。
3　法人の合併による権利の移転の登記は、登記権利者が単独で申請することができる。
4　信託の登記は、受託者が単独で申請することができない。

問題 15 都市計画法に関する次の記述のうち、誤っているものはどれか。

1　地区計画については、都市計画に、当該地区計画の目標を定めるよう努めるものとされている。
2　地区計画については、都市計画に、区域の面積を定めるよう努めるものとされている。
3　地区整備計画においては、市街化区域と市街化調整区域との区分の決定の有無を定めることができる。
4　地区整備計画においては、建築物の建蔽率の最高限度を定めることができる。

問題 16　都市計画法に関する次の記述のうち、正しいものはどれか。ただし、許可を要する開発行為の面積については、条例による定めはないものとし、この問において「都道府県知事」とは、地方自治法に基づく指定都市、中核市及び施行時特例市にあってはその長をいうものとする。

1　市街化区域において、都市公園法に規定する公園施設である建築物の建築を目的とした5,000㎡の土地の区画形質の変更を行おうとする者は、あらかじめ、都道府県知事の許可を受けなければならない。
2　首都圏整備法に規定する既成市街地内にある市街化区域において、住宅の建築を目的とした800㎡の土地の区画形質の変更を行おうとする者は、あらかじめ、都道府県知事の許可を受けなければならない。
3　準都市計画区域において、商業施設の建築を目的とした2,000㎡の土地の区画形質の変更を行おうとする者は、あらかじめ、都道府県知事の許可を受けなければならない。
4　区域区分が定められていない都市計画区域において、土地区画整理事業の施行として行う8,000㎡の土地の区画形質の変更を行おうとする者は、あらかじめ、都道府県知事の許可を受けなければならない。

問題 17　建築基準法に関する次の記述のうち、正しいものはどれか。

1　居室の内装の仕上げには、ホルムアルデヒドを発散させる建築材料を使用することが認められていない。

2　４階建ての共同住宅の敷地内には、避難階に設けた屋外への出口から道又は公園、広場その他の空地に通ずる幅員が２m以上の通路を設けなければならない。

3　防火地域又は準防火地域内にある建築物で、外壁が防火構造であるものについては、その外壁を隣地境界線に接して設けることができる。

4　建築主は、３階建ての木造の共同住宅を新築する場合において、特定行政庁が、安全上、防火上及び避難上支障がないと認めたときは、検査済証の交付を受ける前においても、仮に、当該共同住宅を使用することができる。

問題 18　次の記述のうち、建築基準法の規定によれば、誤っているものはどれか。

1　都市計画により建蔽率の限度が10分の６と定められている近隣商業地域において、準防火地域内にある耐火建築物で、街区の角にある敷地又はこれに準ずる敷地で特定行政庁が指定するものの内にある建築物については、建蔽率の限度が10分の８となる。

2　市町村は、集落地区計画の区域において、用途地域における用途の制限を補完し、当該区域の特性にふさわしい土地利用の増進等の目的を達成するため必要と認める場合においては、国土交通大臣の承認を得て、当該区域における用途制限を緩和することができる。

3　居住環境向上用途誘導地区内においては、公益上必要な一定の建築物を除き、建築物の建蔽率は、居住環境向上用途誘導地区に関する都市計画において建築物の建蔽率の最高限度が定められたときは、当該最高限度以下でなければならない。

4　都市計画区域内のごみ焼却場の用途に供する建築物について、特定行政庁が建築基準法第51条に規定する都市計画審議会の議を経てその敷地の位置が都市計画上支障がないと認めて許可した場合においては、都市計画においてその敷地の位置が決定しているものでなくても、新築することができる。

問題 19 ※　宅地造成及び特定盛土等規制法（以下この問において「法」という。）に関する次の記述のうち、誤っているものはどれか。なお、この問において「都道府県知事」とは、地方自治法に基づく指定都市、中核市及び施行時特例市にあってはその長をいうものとする。

1　宅地造成等工事規制区域内において、宅地を造成するために切土をする土地の面積が500㎡であって盛土を生じない場合、切土をした部分に生じる崖の高さが1.5 mであれば、都道府県知事の法第12条第1項本文の工事の許可は不要である。
2　都道府県知事は、法第12条第1項本文の工事の許可の申請があった場合においては、遅滞なく、許可又は不許可の処分をしなければならず、許可の処分をしたときは、許可証を交付し、不許可の処分をしたときは、文書をもってその旨を通知しなければならない。
3　都道府県知事は、一定の場合には都道府県（地方自治法に基づく指定都市、中核市又は施行時特例市の区域にあっては、それぞれ指定都市、中核市又は施行時特例市）の規則で、宅地造成等工事規制区域内において行われる宅地造成等に関する工事の技術的基準を強化し、又は付加することができる。
4　都道府県知事は、関係市町村長の意見を聴いて、宅地造成等工事規制区域内で、宅地造成等に伴う災害で相当数の居住者その他の者に危害を生ずるものの発生のおそれが大きい一団の造成宅地の区域であって一定の基準に該当するものを、造成宅地防災区域として指定することができる。

問題 20　土地区画整理法に関する次の記述のうち、誤っているものはどれか。

1　換地計画において参加組合員に対して与えるべきものとして定められた宅地は、換地処分の公告があった日の翌日において、当該宅地の所有者となるべきものとして換地計画において定められた参加組合員が取得する。

2　換地計画において換地を定める場合においては、換地及び従前の宅地の位置、地積、土質、水利、利用状況、環境等が照応するように定めなければならない。

3　土地区画整理組合の設立の認可の公告があった日後、換地処分の公告がある日までは、施行地区内において、土地区画整理事業の施行の障害となるおそれがある土地の形質の変更を行おうとする者は、当該土地区画整理組合の許可を受けなければならない。

4　土地区画整理組合の組合員は、組合員の３分の１以上の連署をもって、その代表者から理由を記載した書面を土地区画整理組合に提出して、理事又は監事の解任を請求することができる。

問題 21　農地に関する次の記述のうち、農地法（以下この問において「法」という。）の規定によれば、誤っているものはどれか。

1　遺産分割によって農地を取得する場合には、法第３条第１項の許可は不要であるが、農業委員会への届出が必要である。

2　法第３条第１項の許可を受けなければならない場合の売買については、その許可を受けずに農地の売買契約を締結しても、所有権移転の効力は生じない。

3　砂利採取法第 16 条の認可を受けて市街化調整区域内の農地を砂利採取のために一時的に借り受ける場合には、法第５条第１項の許可は不要である。

4　都道府県が市街化調整区域内の農地を取得して病院を建設する場合には、都道府県知事（法第４条第１項に規定する指定市町村の区域内にあってはその長）との協議が成立すれば、法第５条第１項の許可があったものとみなされる。

問題 22　国土利用計画法第 23 条の届出（以下この問において「事後届出」という。）に関する次の記述のうち、正しいものはどれか。なお、この問において「都道府県知事」とは、地方自治法に基づく指定都市にあってはその長をいうものとする。

1　土地売買等の契約を締結した場合には、当事者のうち当該契約による権利取得者は、その契約を締結した日の翌日から起算して３週間以内に、事後届出を行わなければならない。

2　都道府県知事は、事後届出をした者に対し、その届出に係る土地に関する権利の移転若しくは設定後における土地の利用目的又は土地に関する権利の移転若しくは設定の対価の額について、当該土地を含む周辺の地域の適正かつ合理的な土地利用を図るために必要な助言をすることができる。

3　事後届出が必要な土地売買等の契約を締結したにもかかわらず、所定の期間内に当該届出をしなかった者は、都道府県知事からの勧告を受けるが、罰則の適用はない。

4　宅地建物取引業者Ａが所有する準都市計画区域内の20,000㎡の土地について、10,000㎡をＢ市に、10,000㎡を宅地建物取引業者Ｃに売却する契約を締結した場合、Ｂ市は事後届出を行う必要はないが、Ｃは一定の場合を除き事後届出を行う必要がある。

問題 23　所得税法に関する次の記述のうち、正しいものはどれか。

1　譲渡所得の特別控除額（50万円）は、譲渡益のうち、まず、資産の取得の日以後５年以内にされた譲渡による所得で政令で定めるものに該当しないものに係る部分の金額から控除し、なお控除しきれない特別控除額がある場合には、それ以外の譲渡による所得に係る部分の金額から控除する。

2　譲渡所得の金額の計算上、資産の譲渡に係る総収入金額から控除する資産の取得費には、その資産の取得時に支出した購入代金や購入手数料の金額は含まれるが、その資産の取得後に支出した設備費及び改良費の額は含まれない。

3　建物の全部の所有を目的とする土地の賃借権の設定の対価として支払を受ける権利金の金額が、その土地の価額の10分の５に相当する金額を超えるときは、不動産所得として課税される。

4　居住者がその取得の日以後５年以内に固定資産を譲渡した場合には、

譲渡益から譲渡所得の特別控除額（50万円）を控除した後の譲渡所得の金額の２分の１に相当する金額が課税標準とされる。

問題 24 不動産取得税に関する次の記述のうち、正しいものはどれか。

1　平成28年に新築された耐震基準適合既存住宅（床面積210㎡）を個人が自己の居住のために取得した場合、当該取得に係る不動産取得税の課税標準の算定については、当該住宅の価格から1,200万円が控除される。
2　家屋が新築された日から３年を経過して、なお、当該家屋について最初の使用又は譲渡が行われない場合においては、当該家屋が新築された日から３年を経過した日において家屋の取得がなされたものとみなし、当該家屋の所有者を取得者とみなして、これに対して不動産取得税を課する。
3　不動産取得税は、不動産の取得があった日の翌日から起算して２か月以内に当該不動産の所在する都道府県に申告納付しなければならない。
4　不動産取得税は、不動産を取得するという比較的担税力のある機会に相当の税負担を求める観点から創設されたものであるが、不動産取得税の税率は４％を超えることができない。

問題 25 不動産の鑑定評価に関する次の記述のうち、不動産鑑定評価基準によれば、誤っているものはどれか。

1　不動産鑑定士の通常の調査の範囲では、対象不動産の価格への影響の程度を判断するための事実の確認が困難な特定の価格形成要因がある場合、鑑定評価書の利用者の利益を害するおそれがないと判断されるときに限り、当該価格形成要因について調査の範囲に係る条件を設定することができる。
2　対象不動産を価格時点において再調達することを想定した場合において必要とされる適正な原価の総額を再調達原価というが、建設資材、工法等の変遷により、対象不動産の再調達原価を求めることが困難な場合には、対象不動産と同等の有用性を持つものに置き換えて求めた原価を再調達原価とみなすものとする。

3　取引事例等に係る取引が特殊な事情を含み、これが当該取引事例等に係る価格等に影響を及ぼしている場合に、適切に補正することを時点修正という。

4　不動産の鑑定評価によって求める賃料は、一般的には正常賃料又は継続賃料であるが、鑑定評価の依頼目的に対応した条件により限定賃料を求めることができる場合がある。

問題 26　宅地建物取引業者Aが、自ら売主として宅地建物取引業者ではない買主Bに対し建物の売却を行う場合における宅地建物取引業法第35条に規定する重要事項の説明に関する次の記述のうち、正しいものはどれか。

1　Aは、Bに対し、専任の宅地建物取引士をして説明をさせなければならない。

2　Aは、Bに対し、代金以外に授受される金銭の額だけでなく、当該金銭の授受の目的についても説明しなければならない。

3　Aは、Bに対し、建物の上に存する登記された権利の種類及び内容だけでなく、移転登記の申請の時期についても説明しなければならない。

4　Aは、Bに対し、売買の対象となる建物の引渡しの時期について説明しなければならない。

問題 27　宅地建物取引業の免許（以下この問において「免許」という。）に関する次の記述のうち、宅地建物取引業法の規定によれば、正しいものはどれか。

1　個人Aが不正の手段により免許を受けた後、免許を取り消され、その取消しの日から５年を経過した場合、その間に免許を受けることができない事由に該当することがなかったとしても、Aは再び免許を受けることはできない。

2　免許を受けようとする個人Ｂが破産手続開始の決定を受けた後に復権を得た場合においても、Ｂは免許を受けることができない。

3　免許を受けようとするＣ社の役員Ｄが刑法第211条（業務上過失致死傷等）の罪により地方裁判所で懲役１年の判決を言い渡された場合、当該判決に対してＤが高等裁判所に控訴し裁判が係属中であっても、Ｃ社は免許を受けることができない。

4　免許を受けようとするＥ社の役員に、宅地建物取引業法の規定に違反したことにより罰金の刑に処せられた者がいる場合、その刑の執行が終わって５年を経過しなければ、Ｅ社は免許を受けることができない。

問題 28　宅地建物取引士の登録（以下この問において「登録」という。）に関する次の記述のうち、宅地建物取引業法の規定によれば、正しいものはどれか。

1　宅地建物取引士Ａ（甲県知事登録）が、乙県に所在する宅地建物取引業者の事務所の業務に従事することとなったときは、Ａは甲県知事を経由せずに、直接乙県知事に対して登録の移転を申請しなければならない。

2　甲県知事の登録を受けているが宅地建物取引士証の交付を受けていないＢが、宅地建物取引士としてすべき事務を行った場合、情状のいかんを問わず、甲県知事はＢの登録を消除しなければならない。

3　宅地建物取引士Ｃ（甲県知事登録）は、宅地建物取引業者Ｄ社を退職し、宅地建物取引業者Ｅ社に再就職したが、ＣはＤ社及びＥ社のいずれにおいても専任の宅地建物取引士ではないので、勤務先の変更の登録を申請しなくてもよい。

4　甲県で宅地建物取引士資格試験を受け、合格したＦは、乙県に転勤することとなったとしても、登録は甲県知事に申請しなければならない。

問題 29　次の記述のうち、宅地建物取引業法の規定によれば、正しいものはどれか。

1　宅地建物取引業者は、その事務所ごとに従業者の氏名、従業者証明書番号その他国土交通省令で定める事項を記載した従業者名簿を備えなければならず、当該名簿を最終の記載をした日から５年間保存しなければならない。

2　宅地建物取引業者は、一団の宅地の分譲を行う案内所において宅地の売買の契約の締結を行わない場合、その案内所には国土交通省令で定める標識を掲示しなくてもよい。

3　宅地建物取引業者が、一団の宅地の分譲を行う案内所において宅地の売買の契約の締結を行う場合、その案内所には国土交通大臣が定めた報酬の額を掲示しなければならない。

4　宅地建物取引業者は、事務所以外の継続的に業務を行うことができる施設を有する場所であっても、契約（予約を含む。）を締結せず、かつ、その申込みを受けない場合、当該場所に専任の宅地建物取引士を置く必要はない。

問題 30　宅地建物取引業者がその業務に関して行う広告に関する次の記述のうち、宅地建物取引業法の規定によれば、正しいものはいくつあるか。

ア　宅地の販売広告において、宅地に対する将来の利用の制限について、著しく事実に相違する表示をしてはならない。

イ　建物の貸借の媒介において広告を行った場合には、依頼者の依頼の有無にかかわらず、報酬の限度額を超えて、当該広告の料金に相当する額を受領することができる。

ウ　複数の区画がある宅地の売買について、数回に分けて広告するときは、最初に行う広告に取引態様の別を明示すれば足り、それ以降は明示する必要はない。

エ　賃貸マンションの貸借に係る媒介の依頼を受け、媒介契約を締結した場合であっても、当該賃貸マンションが建築確認申請中であるときは広告をすることができない。

1　一つ
2　二つ
3　三つ
4　四つ

問題 31　宅地建物取引業保証協会（以下この問において「保証協会」という。）に関する次の記述のうち、宅地建物取引業法の規定によれば、誤っているものはどれか。

1　保証協会は、当該保証協会の社員である宅地建物取引業者が社員となる前に当該宅地建物取引業者と宅地建物取引業に関し取引をした者の有するその取引により生じた債権に関し弁済業務保証金の還付が行われることにより弁済業務の円滑な運営に支障を生ずるおそれがあると認めるときは、当該社員に対し、担保の提供を求めることができる。
2　保証協会の社員である宅地建物取引業者は、取引の相手方から宅地建物取引業に係る取引に関する苦情について解決の申出が当該保証協会になされ、その解決のために当該保証協会から資料の提出の求めがあったときは、正当な理由がある場合でなければ、これを拒んではならない。
3　保証協会の社員である宅地建物取引業者は、当該宅地建物取引業者と宅地建物取引業に関し取引をした者の有するその取引により生じた債権に関し弁済業務保証金の還付がなされたときは、その日から２週間以内に還付充当金を保証協会に納付しなければならない。
4　還付充当金の未納により保証協会の社員がその地位を失ったときは、保証協会は、直ちにその旨を当該社員であった宅地建物取引業者が免許を受けた国土交通大臣又は都道府県知事に報告しなければならない。

問題 32　宅地建物取引業の免許（以下この問において「免許」という。）に関する次の記述のうち、宅地建物取引業法の規定によれば、正しいものはどれか。なお、いずれの場合も、その行為を業として営むものとする。

1　A社が、都市計画法に規定する用途地域外の土地であって、ソーラーパネルを設置するための土地の売買を媒介しようとする場合、免許は必要ない。

2　B社が、土地区画整理事業の換地処分により取得した換地を住宅用地として分譲しようとする場合、免許は必要ない。

3　農業協同組合Cが、組合員が所有する宅地の売却の代理をする場合、免許は必要ない。

4　D社が、地方公共団体が定住促進策としてその所有する土地について住宅を建築しようとする個人に売却する取引の媒介をしようとする場合、免許は必要ない。

問題 33　宅地建物取引業法第35条に規定する重要事項の説明における水防法施行規則第11条第1号の規定により市町村（特別区を含む。以下この問において同じ。）の長が提供する図面（以下この問において「水害ハザードマップ」という。）に関する次の記述のうち、正しいものはどれか。なお、説明の相手方は宅地建物取引業者ではないものとする。

1　宅地建物取引業者は、市町村が、取引の対象となる宅地又は建物の位置を含む水害ハザードマップを作成せず、又は印刷物の配布若しくはホームページ等への掲載等をしていないことを確認できた場合は、重要事項説明書にその旨記載し、重要事項説明の際に提示すべき水害ハザードマップが存在しない旨を説明すればよい。

2　宅地建物取引業者は、市町村が取引の対象となる宅地又は建物の位置を含む「洪水」、「雨水出水（内水）」、「高潮」の水害ハザードマップを作成している場合、重要事項説明の際にいずれか1種類の水害ハザードマップを提示すればよい。

3　宅地建物取引業者は、市町村が取引の対象となる宅地又は建物の位置を含む水害ハザードマップを作成している場合、売買又は交換の媒介のときは重要事項説明の際に水害ハザードマップを提示しなければならないが、貸借の媒介のときはその必要はない。

4　宅地建物取引業者は、市町村が取引の対象となる宅地又は建物の位置を含む水害ハザードマップを作成している場合、重要事項説明書に水害ハザードマップを添付すれば足りる。

問題 34　宅地建物取引業法の規定に基づく営業保証金に関する次の記述のうち、正しいものはどれか。

1　国土交通大臣から免許を受けた宅地建物取引業者が、営業保証金を主たる事務所のもよりの供託所に供託した場合、当該供託所から国土交通大臣にその旨が通知されるため、当該宅地建物取引業者は国土交通大臣にその旨を届け出る必要はない。
2　宅地建物取引業者と宅地建物取引業に関し取引をした者は、その取引により生じた債権に関し、当該宅地建物取引業者が供託した営業保証金について、その債権の弁済を受ける権利を有するが、取引をした者が宅地建物取引業者に該当する場合は、その権利を有しない。
3　営業保証金は、金銭による供託のほか、有価証券をもって供託することができるが、金銭と有価証券とを併用して供託することはできない。
4　有価証券を営業保証金に充てる場合における当該有価証券の価額は、国債証券の場合はその額面金額の100分の90、地方債証券の場合はその額面金額の100分の80である。

問題 35　宅地建物取引士の登録（以下この問において「登録」という。）及び宅地建物取引士証に関する次の記述のうち、正しいものはいくつあるか。

ア　宅地建物取引士（甲県知事登録）が事務禁止処分を受けた場合、宅地建物取引士証を甲県知事に速やかに提出しなければならず、速やかに提出しなかったときは10万円以下の過料に処せられることがある。
イ　宅地建物取引士（甲県知事登録）が宅地建物取引士としての事務禁止処分を受け、その禁止の期間中に本人の申請により登録が消除された場合は、その者が乙県で宅地建物取引士資格試験に合格したとしても、当該期間が満了していないときは、乙県知事の登録を受けることができない。

ウ　宅地建物取引士（甲県知事登録）が甲県から乙県に住所を変更したときは、乙県知事に対し、登録の移転の申請をすることができる。

エ　宅地建物取引士（甲県知事登録）が本籍を変更した場合、遅滞なく、甲県知事に変更の登録を申請しなければならない。

1　一つ
2　二つ
3　三つ
4　四つ

問題 36　宅地建物取引業者が行う宅地建物取引業法第35条に規定する重要事項の説明に関する次の記述のうち、同法の規定に少なくとも説明しなければならない事項として掲げられていないものはどれか。

1　建物の貸借の媒介を行う場合における、「都市計画法第29条第1項の規定に基づく制限」

2　建物の貸借の媒介を行う場合における、「当該建物について、石綿の使用の有無の調査の結果が記録されているときは、その内容」

3　建物の貸借の媒介を行う場合における、「台所、浴室、便所その他の当該建物の設備の整備の状況」

4　宅地の貸借の媒介を行う場合における、「敷金その他いかなる名義をもって授受されるかを問わず、契約終了時において精算することとされている金銭の精算に関する事項」

問題 37　宅地建物取引業法第35条の規定に基づく重要事項の説明及び同法第37条の規定により交付すべき書面（以下この問において「37条書面」という。）に関する次の記述のうち、正しいものはどれか。

1　宅地建物取引業者は、媒介により区分所有建物の賃貸借契約を成立させた場合、専有部分の用途その他の利用の制限に関する規約においてペットの飼育が禁止されているときは、その旨を重要事項説明書に記載して説明し、37 条書面にも記載しなければならない。

2　宅地建物取引業者は、自ら売主となる土地付建物の売買契約において、宅地建物取引業者ではない買主から保全措置を講ずる必要のない金額の手付金を受領する場合、手付金の保全措置を講じないことを、重要事項説明書に記載して説明し、37 条書面にも記載しなければならない。

3　宅地建物取引業者は、媒介により建物の敷地に供せられる土地の売買契約を成立させた場合において、当該売買代金以外の金銭の授受に関する定めがあるときは、その額並びに当該金銭の授受の時期及び目的を37 条書面に記載しなければならない。

4　宅地建物取引業者は、自ら売主となる土地付建物の売買契約及び自ら貸主となる土地付建物の賃貸借契約のいずれにおいても、37 条書面を作成し、その取引の相手方に交付しなければならない。

問題 38　宅地建物取引業者Ａが、宅地建物取引業者ＢからＢ所有の建物の売却を依頼され、Ｂと一般媒介契約（以下この問において「本件契約」という。）を締結した場合に関する次の記述のうち、宅地建物取引業法の規定に違反しないものはいくつあるか。

ア　本件契約を締結する際に、Ｂから有効期間を６か月としたい旨の申出があったが、ＡとＢが協議して、有効期間を３か月とした。

イ　当該物件に係る買受けの申込みはなかったが、ＡはＢに対し本件契約に係る業務の処理状況の報告を口頭により 14 日に１回以上の頻度で行った。

ウ　Ａは本件契約を締結した後、所定の事項を遅滞なく指定流通機構に登録したが、その登録を証する書面を、登録してから 14 日後にＢに交付した。

エ　本件契約締結後、１年を経過しても当該物件を売却できなかったため、Ｂは売却をあきらめ、当該物件を賃貸することにした。そこでＢはＡと当該物件の貸借に係る一般媒介契約を締結したが、当該契約の有効期間を定めなかった。

1　一つ
2　二つ
3　三つ
4　四つ

問題 39　宅地建物取引業者Ａが、自ら売主として、宅地建物取引業者Ｂの媒介により、宅地建物取引業者ではないＣを買主とするマンションの売買契約を締結した場合における宅地建物取引業法第37条の２の規定に基づくいわゆるクーリング・オフについて告げるときに交付すべき書面（以下この問において「告知書面」という。）に関する次の記述のうち、正しいものはどれか。

1　告知書面には、クーリング・オフによる買受けの申込みの撤回又は売買契約の解除があったときは、Ａは、その買受けの申込みの撤回又は売買契約の解除に伴う損害賠償又は違約金の支払を請求することができないことを記載しなければならない。
2　告知書面には、クーリング・オフについて告げられた日から起算して８日を経過するまでの間は、Ｃが当該マンションの引渡しを受け又は代金の全部を支払った場合を除き、書面によりクーリング・オフによる買受けの申込みの撤回又は売買契約の解除を行うことができることを記載しなければならない。
3　告知書面には、Ｃがクーリング・オフによる売買契約の解除をするときは、その旨を記載した書面がＡに到達した時点で、その効力が発生することを記載しなければならない。
4　告知書面には、Ａ及びＢの商号又は名称及び住所並びに免許証番号を記載しなければならない。

問題 40　次の記述のうち、宅地建物取引業法の規定によれば、正しいものはどれか。

1　宅地建物取引業者は、その業務に関する帳簿を備え、取引のあったつど、その年月日、その取引に係る宅地又は建物の所在及び面積その他国土交通省令で定める事項を記載しなければならないが、支店及び案内所には備え付ける必要はない。

2　成年である宅地建物取引業者は、宅地建物取引業の業務に関し行った行為について、行為能力の制限を理由に取り消すことができる。

3　宅地建物取引業者は、一団の宅地建物の分譲をする場合における当該宅地又は建物の所在する場所に国土交通省令で定める標識を掲示しなければならない。

4　宅地建物取引業者は、業務上取り扱ったことについて知り得た秘密に関し、税務署の職員から質問検査権の規定に基づき質問を受けたときであっても、回答してはならない。

問題 41 ※　宅地建物取引業者Aが行う業務に関する次の記述のうち、宅地建物取引業法の規定によれば、正しいものはいくつあるか。なお、この問において「37 条書面」とは、同法第 37 条の規定により交付すべき書面をいうものとする。

ア　Aが自ら売主として建物を売却する場合、宅地建物取引業者Bに当該売却の媒介を依頼したときは、Bは宅地建物取引士をして 37 条書面に記名させなければならず、Aも宅地建物取引士をして 37 条書面に記名させなければならない。

イ　Aが自ら売主として建物を売却する場合、当該売買契約に際し、買主から支払われる手付金の額が売買代金の５％未満であるときは、当該手付金の額の記載があれば、授受の時期については 37 条書面に記載しなくてもよい。

ウ　Aが売主を代理して建物を売却する場合、買主が宅地建物取引業者であるときは、37 条書面を交付しなくてもよい。

エ　Aが売主を代理して抵当権が設定されている建物を売却する場合、当該抵当権の内容について 37 条書面に記載しなければならない。

1　一つ
2　二つ
3　三つ
4　四つ

問題 42　宅地建物取引業者Aが、自ら売主として宅地建物取引業者ではないBを買主とする土地付建物の売買契約（代金3,200万円）を締結する場合に関する次の記述のうち、民法及び宅地建物取引業法の規定によれば、正しいものはどれか。

1　割賦販売の契約を締結し、当該土地付建物を引き渡した場合、Aは、Bから800万円の賦払金の支払を受けるまでに、当該土地付建物に係る所有権の移転登記をしなければならない。
2　当該土地付建物の工事の完了前に契約を締結した場合、Aは、宅地建物取引業法第41条に定める手付金等の保全措置を講じなくても手付金100万円、中間金60万円を受領することができる。
3　当事者の債務の不履行を理由とする契約の解除に伴う損害賠償の予定額を400万円とし、かつ、違約金の額を240万円とする特約を定めた場合、当該特約は無効となる。
4　当事者の債務の不履行を理由とする契約の解除に伴う損害賠償の予定額を定めていない場合、債務の不履行による損害賠償の請求額は売買代金の額の10分の2を超えてはならない。

問題 43　宅地建物取引業者の業務に関する次の記述のうち、宅地建物取引業法の規定に違反するものはいくつあるか。

ア　マンションの販売に際して、買主が手付として必要な額を持ち合わせていなかったため、手付を分割受領することにより、契約の締結を誘引した。
イ　宅地の売買に際して、相手方が「契約の締結をするかどうか明日まで考えさせてほしい」と申し出たのに対し、事実を歪(ゆが)めて「明日では契約締結できなくなるので、今日しか待てない」と告げた。

ウ　マンション販売の勧誘を電話で行った際に、勧誘に先立って電話口で宅地建物取引業者の商号又は名称を名乗らずに勧誘を行った。

エ　建物の貸借の媒介に際して、賃貸借契約の申込みをした者がその撤回を申し出たが、物件案内等に経費がかかったため、預り金を返還しなかった。

1　一つ
2　二つ
3　三つ
4　四つ

問題 44　宅地建物取引業者Ａ（消費税課税事業者）が受け取ることができる報酬額についての次の記述のうち、宅地建物取引業法の規定によれば、正しいものはどれか。

1　居住の用に供する建物（１か月の借賃 20 万円。消費税等相当額を含まない。）の貸借であって 100 万円の権利金の授受があるものの媒介をする場合、依頼者双方から受領する報酬の合計額は 11 万円を超えてはならない。

2　宅地（代金 1,000 万円。消費税等相当額を含まない。）の売買について、売主から代理の依頼を受け、買主から媒介の依頼を受け、売買契約を成立させて買主から 303,000 円の報酬を受領する場合、売主からは 489,000 円を上限として報酬を受領することができる。

3　宅地（代金 300 万円。消費税等相当額を含まない。）の売買の媒介について、通常の媒介と比較して現地調査等の費用が６万円（消費税等相当額を含まない。）多く要した場合、依頼者双方から合計で 44 万円を上限として報酬を受領することができる。

4　店舗兼住宅（１か月の借賃 20 万円。消費税等相当額を含まない。）の貸借の媒介をする場合、依頼者の一方から受領する報酬は 11 万円を超えてはならない。

問題 45　宅地建物取引業者Aが、自ら売主として宅地建物取引業者ではない買主Bに新築住宅を販売する場合における次の記述のうち、特定住宅瑕疵担保責任の履行の確保等に関する法律の規定によれば、正しいものはどれか。

1　Bが建設業者である場合、Aは、Bに引き渡した新築住宅について、住宅販売瑕疵担保保証金の供託又は住宅販売瑕疵担保責任保険契約の締結を行う義務を負わない。

2　Aが住宅販売瑕疵担保責任保険契約を締結する場合、当該契約は、BがAから当該新築住宅の引渡しを受けた時から２年以上の期間にわたって有効なものでなければならない。

3　Aが住宅販売瑕疵担保責任保険契約を締結した場合、A及びBは、指定住宅紛争処理機関に特別住宅紛争処理の申請をすることにより、当該新築住宅の瑕疵に関するAとBとの間の紛争について、あっせん、調停又は仲裁を受けることができる。

4　AB間の新築住宅の売買契約において、当該新築住宅の構造耐力上主要な部分に瑕疵があってもAが瑕疵担保責任を負わない旨の特約があった場合、住宅販売瑕疵担保保証金の供託又は住宅販売瑕疵担保責任保険契約の締結を行う義務はない。

問題 46　独立行政法人住宅金融支援機構（以下この問において「機構」という。）に関する次の記述のうち、誤っているものはどれか。

1　機構は、証券化支援事業（買取型）において、賃貸住宅の購入に必要な資金の貸付けに係る金融機関の貸付債権を譲受けの対象としている。

2　機構は、市街地の土地の合理的な利用に寄与する一定の建築物の建設に必要な資金の貸付けを業務として行っている。

3　機構は、証券化支援事業（買取型）において、省エネルギー性に優れた住宅を取得する場合について、貸付金の利率を一定期間引き下げる制度を設けている。

4　機構は、経済事情の変動に伴い、貸付けを受けた者の住宅ローンの元利金の支払が著しく困難になった場合に、償還期間の延長等の貸付条件の変更を行っている。

問題 47 ※　宅地建物取引業者が行う広告に関する次の記述のうち、不当景品類及び不当表示防止法（不動産の表示に関する公正競争規約を含む。）の規定によれば、正しいものはどれか。

1　住宅の居室の広さを畳数で表示する場合には、畳1枚当たりの広さにかかわらず、実際に当該居室に敷かれている畳の数を表示しなければならない。

2　団地（一団の宅地又は建物をいう。）と駅との間の道路距離は、駅から最も近い区画（マンション及びアパートにあっては、その施設から最も近い建物の出入口）を起点として算出した数値とともに、その施設から最も遠い区画（マンション及びアパートにあっては、その施設から最も遠い建物の出入口）を起点として算出した数値を表示しなければならない。

3　新築分譲マンションを完成予想図により表示する場合、完成予想図である旨を表示すれば、緑豊かな環境であることを訴求するために周囲に存在しない公園等を表示することができる。

4　新築分譲住宅の販売に当たって行う二重価格表示は、実際に過去において販売価格として公表していた価格を比較対照価格として用いて行うのであれば、値下げの時期から1年以内の期間は表示することができる。

問題 48 次の記述のうち、正しいものはどれか。

本問は参考問題です。
次の本試験の基準となる最新統計情報をもとに改題した本問を、弊社webサイトよりダウンロードしてご利用ください（2024年8月末予定）。

※詳細はｖページ「パーフェクト宅建士シリーズ読者特典（＊特典３＊）」をご参照ください。

1　建築着工統計（令和３年１月公表）によれば、令和２年１月から令和２年12月までの新設住宅着工戸数は約81.5万戸となり、４年ぶりに増加に転じた。

2　令和３年版土地白書（令和３年６月公表）によれば、土地取引について、売買による所有権移転登記の件数でその動向を見ると、令和２年の全国の土地取引件数は約128万件となり、５年連続の増加となっている。

3　令和３年地価公示（令和３年３月公表）によれば、令和２年１月以降の１年間の地価の変動を見ると、全国平均の用途別では、住宅地及び商業地は下落に転じたが、工業地は５年連続の上昇となっている。

4　年次別法人企業統計調査（令和元年度。令和２年10月公表）によれば、令和元年度における不動産業の営業利益は約５兆円を超え、前年度を上回った。

問題 49 土地に関する次の記述のうち、最も不適当なものはどれか。

1　森林は、木材資源としても重要で、水源涵（かん）養、洪水防止等の大きな役割を担っている。

2　活動度の高い火山の火山麓では、火山活動に伴う災害にも留意する必要がある。

3　林相は良好でも、破砕帯や崖錐（すい）等の上の杉の植林地は、豪雨に際して崩壊することがある。

4　崖錐（すい）や小河川の出口で堆積物の多い所等は、土石流の危険が少ない。

問題 50　建物の構造に関する次の記述のうち、最も不適当なものはどれか。

1　鉄骨構造は、主要構造の構造形式にトラス、ラーメン、アーチ等が用いられ、高層建築の骨組に適している。

2　鉄骨構造の床は既製気泡コンクリート板、プレキャストコンクリート板等でつくられる。

3　鉄骨構造は、耐火被覆や鋼材の加工性の問題があり、現在は住宅、店舗等の建物には用いられていない。

4　鉄骨構造は、工場、体育館、倉庫等の単層で大空間の建物に利用されている。

令和２年度（12月）

試験問題

（注）※の問題は、本書発行時点の法令に照らし一部補正してあります。

解答欄

問題番号	解	答	番	号
第 1 問	①	②	③	④
第 2 問	①	②	③	④
第 3 問	①	②	③	④
第 4 問	①	②	③	④
第 5 問	①	②	③	④
第 6 問	①	②	③	④
第 7 問	①	②	③	④
第 8 問	①	②	③	④
第 9 問	①	②	③	④
第10問	①	②	③	④
第11問	①	②	③	④
第12問	①	②	③	④
第13問	①	②	③	④
第14問	①	②	③	④
第15問	①	②	③	④
第16問	①	②	③	④
第17問	①	②	③	④
第18問	①	②	③	④
第19問	①	②	③	④
第20問	①	②	③	④
第21問	①	②	③	④
第22問	①	②	③	④
第23問	①	②	③	④
第24問	①	②	③	④
第25問	①	②	③	④

問題番号	解	答	番	号
第26問	①	②	③	④
第27問	①	②	③	④
第28問	①	②	③	④
第29問	①	②	③	④
第30問	①	②	③	④
第31問	①	②	③	④
第32問	①	②	③	④
第33問	①	②	③	④
第34問	①	②	③	④
第35問	①	②	③	④
第36問	①	②	③	④
第37問	①	②	③	④
第38問	①	②	③	④
第39問	①	②	③	④
第40問	①	②	③	④
第41問	①	②	③	④
第42問	①	②	③	④
第43問	①	②	③	④
第44問	①	②	③	④
第45問	①	②	③	④
第46問	①	②	③	④
第47問	①	②	③	④
第48問	①	②	③	④
第49問	①	②	③	④
第50問	①	②	③	④

※「解答用紙」（マークシート）はダウンロードできます。詳細は vi ページをご覧ください。

令和 12月 2年度 試験問題

問題 1　不法行為に関する次の記述のうち、民法の規定及び判例によれば、誤っているものはどれか。

1　建物の建築に携わる設計者や施工者は、建物としての基本的な安全性が欠ける建物を設計し又は建築した場合、設計契約や建築請負契約の当事者に対しても、また、契約関係にない当該建物の居住者に対しても損害賠償責任を負うことがある。

2　被用者が使用者の事業の執行について第三者に損害を与え、第三者に対してその損害を賠償した場合には、被用者は、損害の公平な分担という見地から相当と認められる額について、使用者に対して求償することができる。

3　責任能力がない認知症患者が線路内に立ち入り、列車に衝突して旅客鉄道事業者に損害を与えた場合、当該責任無能力者と同居する配偶者は、法定の監督義務者として損害賠償責任を負う。

4　人の生命又は身体を害する不法行為による損害賠償請求権は、被害者又はその法定代理人が損害及び加害者を知った時から５年間行使しない場合、時効によって消滅する。

問題 2　ＡがＢに対して、Ａ所有の甲土地を売却する代理権を授与した場合に関する次の記述のうち、民法の規定及び判例によれば、正しいものはどれか。

1　Ｂが自己又は第三者の利益を図る目的で、Ａの代理人として甲土地をＤに売却した場合、Ｄがその目的を知り、又は知ることができたときは、Ｂの代理行為は無権代理とみなされる。

2　ＢがＣの代理人も引き受け、ＡＣ双方の代理人として甲土地に係るＡＣ間の売買契約を締結した場合、Ａに損害が発生しなければ、Ｂの代理行為は無権代理とはみなされない。

3　ＡがＢに授与した代理権が消滅した後、ＢがＡの代理人と称して、甲土地をＥに売却した場合、ＡがＥに対して甲土地を引き渡す責任を負うことはない。

4　Ｂが、Ａから代理権を授与されていないＡ所有の乙土地の売却につき、Ａの代理人としてＦと売買契約を締結した場合、ＡがＦに対して追認の意思表示をすれば、Ｂの代理行為は追認の時からＡに対して効力を生ずる。

問題 3　親族に関する次の記述のうち、民法の規定及び判例によれば、正しいものはどれか。

1　姻族関係は、離婚した場合及び夫婦の一方が死亡した場合、当然に終了する。

2　離婚に当たり、相手方に有責不法の行為がなければ、他の一方は、相手方に対して財産の分与を請求することができない。

3　未成年者に対して親権を行う者がないときは、家庭裁判所は、検察官の請求によって、親族の中から未成年後見人を選任する。

4　夫婦間で婚姻の届出前に別段の契約をしなかった場合、夫婦のいずれに属するか明らかでない財産は、その共有に属するものと推定される。

問題 4　債務不履行に関する次の記述のうち、民法の規定及び判例によれば、誤っているものはどれか。

1　債務の履行について不確定期限があるときは、債務者は、その期限が到来したことを知らなくても、期限到来後に履行の請求を受けた時から遅滞の責任を負う。

2　債務の目的が特定物の引渡しである場合、債権者が目的物の引渡しを受けることを理由なく拒否したため、その後の履行の費用が増加したときは、その増加額について、債権者と債務者はそれぞれ半額ずつ負担しなければならない。

3　債務者がその債務について遅滞の責任を負っている間に、当事者双方の責めに帰することができない事由によってその債務の履行が不能となったときは、その履行不能は債務者の責めに帰すべき事由によるものとみなされる。

4　契約に基づく債務の履行が契約の成立時に不能であったとしても、その不能が債務者の責めに帰することができない事由によるものでない限り、債権者は、履行不能によって生じた損害について、債務不履行による損害の賠償を請求することができる。

問題 5　時効に関する次の記述のうち、民法の規定及び判例によれば、誤っているものはどれか。

1　消滅時効の援用権者である「当事者」とは、権利の消滅について正当な利益を有する者であり、債務者のほか、保証人、物上保証人、第三取得者も含まれる。

2　裁判上の請求をした場合、裁判が終了するまでの間は時効が完成しないが、当該請求を途中で取り下げて権利が確定することなく当該請求が終了した場合には、その終了した時から新たに時効の進行が始まる。

3　権利の承認があったときは、その時から新たに時効の進行が始まるが、権利の承認をするには、相手方の権利についての処分につき行為能力の制限を受けていないことを要しない。

4　夫婦の一方が他方に対して有する権利については、婚姻の解消の時から6箇月を経過するまでの間は、時効が完成しない。

問題 6　ＡはＢにＡ所有の甲建物を賃貸し、ＢはＡの承諾を得てＣに適法に甲建物を転貸し、Ｃが甲建物に居住している場合における次の記述のうち、民法の規定及び判例によれば、誤っているものはどれか。

1　Ａは、Ｂとの間の賃貸借契約を合意解除した場合、解除の当時Ｂの債務不履行による解除権を有していたとしても、合意解除したことをもってＣに対抗することはできない。

2　Ｃの用法違反によって甲建物に損害が生じた場合、ＡはＢに対して、甲建物の返還を受けた時から１年以内に損害賠償を請求しなければならない。

3　ＡがＤに甲建物を売却した場合、ＡＤ間で特段の合意をしない限り、賃貸人の地位はＤに移転する。

4　ＢがＡに約定の賃料を支払わない場合、Ｃは、Ｂの債務の範囲を限度として、Ａに対して転貸借に基づく債務を直接履行する義務を負い、Ｂに賃料を前払いしたことをもってＡに対抗することはできない。

問題 7　Ａを売主、Ｂを買主として、甲土地の売買契約（以下この問において「本件契約」という。）が締結された場合における次の記述のうち、民法の規定によれば、正しいものはどれか。

1　甲土地の実際の面積が本件契約の売買代金の基礎とした面積より少なかった場合、Ｂはそのことを知った時から２年以内にその旨をＡに通知しなければ、代金の減額を請求することができない。

2　ＡがＢに甲土地の引渡しをすることができなかった場合、その不履行がＡの責めに帰することができない事由によるものであるときを除き、ＢはＡに対して、損害賠償の請求をすることができる。

3　Ｂが売買契約で定めた売買代金の支払期日までに代金を支払わなかった場合、売買契約に特段の定めがない限り、ＡはＢに対して、年５％の割合による遅延損害金を請求することができる。

4　本件契約が、Ａの重大な過失による錯誤に基づくものであり、その錯誤が重要なものであるときは、Ａは本件契約の無効を主張することができる。

問題 8　1億2,000万円の財産を有するＡが死亡した場合の法定相続分についての次の記述のうち、民法の規定によれば、正しいものの組み合わせはどれか。

ア　Ａの長男の子Ｂ及びＣ、Ａの次男の子Ｄのみが相続人になる場合の法定相続分は、それぞれ4,000万円である。

イ　Aの長男の子B及びC、Aの次男の子Dのみが相続人になる場合の法定相続分は、B及びCがそれぞれ3,000万円、Dが6,000万円である。

ウ　Aの父方の祖父母E及びF、Aの母方の祖母Gのみが相続人になる場合の法定相続分は、それぞれ4,000万円である。

エ　Aの父方の祖父母E及びF、Aの母方の祖母Gのみが相続人になる場合の法定相続分は、E及びFがそれぞれ3,000万円、Gが6,000万円である。

1　ア、ウ
2　ア、エ
3　イ、ウ
4　イ、エ

問題 9　地役権に関する次の記述のうち、民法の規定及び判例によれば、誤っているものはどれか。

1　地役権は、継続的に行使されるもの、又は外形上認識することができるものに限り、時効取得することができる。

2　地役権者は、設定行為で定めた目的に従い、承役地を要役地の便益に供する権利を有する。

3　設定行為又は設定後の契約により、承役地の所有者が自己の費用で地役権の行使のために工作物を設け、又はその修繕をする義務を負担したときは、承役地の所有者の特定承継人もその義務を負担する。

4　要役地の所有権とともに地役権を取得した者が、所有権の取得を承役地の所有者に対抗し得るときは、地役権の取得についても承役地の所有者に対抗することができる。

問題 10※　不動産の共有に関する次の記述のうち、民法の規定によれば、誤っているものはどれか。

1　共有物の各共有者の持分が不明な場合、持分は平等と推定される。

2　各共有者は、他の共有者の同意を得なければ、共有物に変更（その形状又は効用の著しい変更を伴わないものを除く。）を加えることができない。

3　共有物の保存行為については、各共有者が単独ですることができる。

4　共有者の一人が死亡して相続人がないときは、その持分は国庫に帰属する。

問題 11　次の記述のうち、借地借家法の規定及び判例によれば、正しいものはどれか。

1　借地権者が借地権の登記をしておらず、当該土地上に所有権の登記がされている建物を所有しているときは、これをもって借地権を第三者に対抗することができるが、建物の表示の登記によっては対抗することができない。

2　借地権者が登記ある建物を火災で滅失したとしても、建物が滅失した日から２年以内に新たな建物を築造すれば、２年を経過した後においても、これをもって借地権を第三者に対抗することができる。

3　土地の賃借人が登記ある建物を所有している場合であっても、その賃借人から当該土地建物を賃借した転借人が対抗力を備えていなければ、当該転借人は転借権を第三者に対抗することができない。

4　借地権者が所有する数棟の建物が一筆の土地上にある場合は、そのうちの一棟について登記があれば、借地権の対抗力が当該土地全部に及ぶ。

問題 12　賃貸人Ａと賃借人Ｂとの間で締結した居住用建物の賃貸借契約に関する次の記述のうち、民法及び借地借家法の規定並びに判例によれば、誤っているものはどれか。

1　当該建物の修繕が必要である場合において、ＢがＡに修繕が必要である旨を通知したにもかかわらずＡが相当の期間内に必要な修繕をしないときは、Ｂは自ら修繕をすることができる。

2　BがAに無断でCに当該建物を転貸した場合であっても、Aに対する背信行為と認めるに足りない特段の事情があるときは、Aは賃貸借契約を解除することができない。

3　賃貸借契約に期間を定め、賃貸借契約を書面によって行った場合には、AがBに対しあらかじめ契約の更新がない旨を説明していれば、賃貸借契約は期間満了により終了する。

4　Bが相続人なしに死亡した場合、Bと婚姻の届出をしていないが事実上夫婦と同様の関係にあった同居者Dは、Bが相続人なしに死亡したことを知った後1月以内にAに反対の意思表示をしない限り、賃借人としてのBの権利義務を承継する。

問題 13　建物の区分所有等に関する法律に関する次の記述のうち、誤っているものはどれか。

1　規約の保管場所は、建物内の見やすい場所に掲示しなければならない。

2　管理者は、規約に特別の定めがあるときは、共用部分を所有することができる。

3　規約及び集会の決議は、区分所有者の特定承継人に対しては、その効力を生じない。

4　区分所有者は、規約に別段の定めがない限り集会の決議によって、管理者を解任することができる。

問題 14※　不動産の登記に関する次の記述のうち、不動産登記法の規定によれば、誤っているものはどれか。

1　表題部所有者が表示に関する登記の申請人となることができる場合において、当該表題部所有者について相続があったときは、その相続人は、当該表示に関する登記を申請することができる。

2　所有権の登記以外の権利に関する登記がある土地については、分筆の登記をすることができない。

3　区分建物が属する一棟の建物が新築された場合における当該区分建物についての表題登記の申請は、当該新築された一棟の建物についての表題登記の申請と併せてしなければならない。

4　登記の申請書の閲覧は、請求人に正当な理由がある場合に限り、することができる。

問題 15　都市計画法に関する次の記述のうち、正しいものはどれか。

1　市街化区域及び区域区分が定められていない都市計画区域については、少なくとも道路、病院及び下水道を定めるものとされている。

2　市街化調整区域内においては、都市計画に、市街地開発事業を定めることができないこととされている。

3　都市計画区域は、市町村が、市町村都市計画審議会の意見を聴くとともに、都道府県知事に協議し、その同意を得て指定する。

4　準都市計画区域については、都市計画に、高度地区を定めることができないこととされている。

問題 16　都市計画法に関する次の記述のうち、正しいものはどれか。ただし、許可を要する開発行為の面積については、条例による定めはないものとし、この問において「都道府県知事」とは、地方自治法に基づく指定都市、中核市及び施行時特例市にあってはその長をいうものとする。

1　市街化調整区域において、非常災害のため必要な応急措置として8,000㎡の土地の区画形質の変更を行おうとする者は、あらかじめ、都道府県知事の許可を受けなければならない。

2　市街化区域において、社会教育法に規定する公民館の建築の用に供する目的で行われる1,500㎡の土地の区画形質の変更を行おうとする者は、都道府県知事の許可を受けなくてよい。

3　区域区分が定められていない都市計画区域において、店舗の建築の用に供する目的で行われる2,000㎡の土地の区画形質の変更を行おうとする者は、あらかじめ、都道府県知事の許可を受けなければならない。

4　市街化調整区域において、自己の居住の用に供する住宅の建築の用に供する目的で行われる100㎡の土地の区画形質の変更を行おうとする者は、都道府県知事の許可を受けなくてよい。

問題 17　建築基準法に関する次の記述のうち、誤っているものはどれか。

1　建築物が防火地域及び準防火地域にわたる場合においては、その全部について、敷地の属する面積が大きい方の地域内の建築物に関する規定を適用する。

2　倉庫の用途に供する建築物で、その用途に供する3階以上の部分の床面積の合計が500㎡であるものは、耐火建築物としなければならない。

3　高さ25 mの建築物には、周囲の状況によって安全上支障がない場合を除き、有効に避雷設備を設けなければならない。

4　高さ1 m以下の階段の部分には、手すりを設けなくてもよい。

問題 18　次の記述のうち、建築基準法（以下この問において「法」という。）の規定によれば、誤っているものはどれか。

1　建築物の壁又はこれに代わる柱は、地盤面下の部分又は特定行政庁が建築審査会の同意を得て許可した歩廊の柱その他これに類するものを除き、壁面線を越えて建築してはならない。

2　特別用途地区内においては、地方公共団体は、その地区の指定の目的のために必要と認める場合は、国土交通大臣の承認を得て、条例で、法第48条第1項から第13項までの規定による用途制限を緩和することができる。

3　都市計画により建蔽率の限度が10分の8と定められている準工業地域においては、防火地域内にある耐火建築物については、法第53条第1項から第5項までの規定に基づく建蔽率に関する制限は適用されない。

4　田園住居地域内の建築物に対しては、法第56条第1項第3号の規定

（北側斜線制限）は適用されない。

問題 19 ※　宅地造成及び特定盛土等規制法に関する次の記述のうち、誤っているものはどれか。

1　宅地造成等工事規制区域は、宅地造成等に伴い災害が生ずるおそれが大きい市街地又は市街地になろうとする土地の区域であって、宅地造成等に関する工事につき規制を行う必要があるものについて、国土交通大臣が指定することができる。
2　宅地造成等工事規制区域内において宅地造成等に関する工事を行う場合、宅地造成等に伴う災害を防止するために行う高さが５ｍを超える擁壁の設置に係る工事については、政令で定める資格を有する者の設計によらなければならない。
3　都道府県（地方自治法に基づく指定都市、中核市又は施行時特例市の区域にあっては、それぞれ指定都市、中核市又は施行時特例市）は、基礎調査のために行う測量又は調査のため他人の占有する土地に立ち入ったことにより他人に損失を与えたときは、その損失を受けた者に対して、通常生ずべき損失を補償しなければならない。
4　宅地造成及び特定盛土等規制法第 12 条第１項本文の許可を受けた宅地造成等に関する工事が完了したときは、工事主は、都道府県知事（地方自治法に基づく指定都市、中核市及び施行時特例市にあってはその長）の検査を申請しなければならない。

問題 20　土地区画整理法に関する次の記述のうち、正しいものはどれか。

1　市町村が施行する土地区画整理事業の施行後の宅地の価額の総額が土地区画整理事業の施行前の宅地の価額の総額より減少した場合においては、その差額に相当する金額を、従前の宅地に存する建築物について賃借権を有する者に対して支払わなければならない。
2　施行者は、仮換地を指定した時に、清算金を徴収し、又は交付しなければならない。

3　換地計画において換地を定める場合においては、換地及び従前の宅地の位置、地積、土質、水利、利用状況、環境等が照応するように定めなければならない。

4　土地区画整理組合が施行する土地区画整理事業の換地計画においては、災害を防止し、及び衛生の向上を図るために宅地の地積の規模を適正にする特別な必要があると認められる場合は、その換地計画に係る区域内の地積が小である宅地について、過小宅地とならないように換地を定めることができる。

問題 21　農地に関する次の記述のうち、農地法（以下この問において「法」という。）の規定によれば、正しいものはどれか。

1　山林を開墾し、農地として耕作している土地であっても、土地登記簿上の地目が山林であれば、法の適用を受ける農地に該当しない。

2　親から子に対して、所有するすべての農地を一括して贈与する場合には、法第３条第１項の許可を受ける必要はない。

3　耕作を目的として農業者が競売により農地を取得する場合であっても、法第３条第１項の許可を受ける必要がある。

4　市街化区域以外の区域に存する４ha を超える農地を転用する場合には、農林水産大臣の許可を受ける必要がある。

問題 22　国土利用計画法第23条の届出（以下この問において「事後届出」という。）に関する次の記述のうち、正しいものはどれか。なお、この問において「都道府県知事」とは、地方自治法に基づく指定都市にあってはその長をいうものとする。

1　都道府県知事は、事後届出に係る土地の利用目的及び対価の額について、届出をした宅地建物取引業者に対し勧告することができ、都道府県知事から勧告を受けた当該業者が勧告に従わなかった場合、その旨及びその勧告の内容を公表することができる。

2　事後届出が必要な土地売買等の契約により権利取得者となった者が事後届出を行わなかった場合、都道府県知事から当該届出を行うよう勧告されるが、罰則の適用はない。

3　国が所有する市街化区域内の一団の土地である1,500㎡の土地と500㎡の土地を個人Aが購入する契約を締結した場合、Aは事後届出を行う必要がある。

4　個人Bが所有する都市計画区域外の11,000㎡の土地について、個人CがBとの間で対価を支払って地上権設定契約を締結した場合、Cは事後届出を行う必要がある。

問題 23　住宅用家屋の所有権の移転登記に係る登録免許税の税率の軽減措置に関する次の記述のうち、正しいものはどれか。

1　この税率の軽減措置の適用を受けるためには、やむを得ない事情がある場合を除き、その住宅用家屋の取得後1年以内に所有権の移転登記を受けなければならない。

2　この税率の軽減措置は、住宅用家屋を相続により取得した場合に受ける所有権の移転登記についても適用される。

3　この税率の軽減措置に係る登録免許税の課税標準となる不動産の価額は、売買契約書に記載されたその住宅用家屋の実際の取引価格である。

4　過去にこの税率の軽減措置の適用を受けたことがある者は、再度この措置の適用を受けることはできない。

問題 24　固定資産税に関する次の記述のうち、正しいものはどれか。

1　固定資産税を既に全納した者が、年度の途中において土地の譲渡を行った場合には、その譲渡後の月数に応じて税額の還付を受けることができる。

2　固定資産税の税率は、1.7％を超えることができない。

3　固定資産税の納期は、4月、7月、12月及び2月中において、当該市町村の条例で定めることとされているが、特別の事情がある場合においては、これと異なる納期を定めることができる。

4　200㎡以下の住宅用地に対して課する固定資産税の課税標準は、課税標準となるべき価格の２分の１の額とする特例措置が講じられている。

問題 25　地価公示法に関する次の記述のうち、正しいものはどれか。

1　土地鑑定委員会は、その土地に地上権が存する場合であっても、標準地として選定することができる。

2　土地鑑定委員会は、標準地について、２人以上の不動産鑑定士の鑑定評価を求めるものとし、当該２人以上の不動産鑑定士は、土地鑑定委員会に対し、鑑定評価書を連名で提出しなければならない。

3　土地鑑定委員会は、標準地の正常な価格を判定したときは、標準地の単位面積当たりの価格のほか、当該標準地の価格の総額についても官報で公示しなければならない。

4　土地収用法その他の法律によって土地を収用することができる事業を行う者は、標準地として選定されている土地を取得する場合において、当該土地の取得価格を定めるときは、公示価格と同額としなければならない。

問題 26　次の記述のうち、宅地建物取引業法の規定によれば、正しいものはどれか。

1　宅地建物取引業者は、建物の売買に際し、買主に対して売買代金の貸借のあっせんをすることにより、契約の締結を誘引してはならない。

2　宅地建物取引士は、自ら役員を務める宅地建物取引業者が宅地建物取引業に関し不正な行為をし、情状が特に重いことにより免許を取り消された場合、宅地建物取引士の登録を消除されることとなる。

3　宅地建物取引業者は、建築工事完了前の賃貸住宅について、借主として貸借の契約を締結してはならない。

4　宅地建物取引業者は、10区画以上の一団の宅地の分譲を行う案内所を設置し、当該案内所において売買の契約の締結をし、又は契約の申込みを受ける場合は、当該案内所にその業務に関する帳簿を備え付けなければならない。

問題 27 宅地建物取引業者がその業務に関して行う広告に関する次の記述のうち、宅地建物取引業法の規定によれば、正しいものはどれか。

1 広告の表示が実際のものよりも著しく優良又は有利であると人を誤認させるようなものであっても、誤認による損害が実際に発生していなければ、監督処分の対象とならない。
2 宅地建物取引業者は、建築確認申請中の建物について、建築確認申請中である旨を表示すれば、自ら売主として当該建物を販売する旨の広告をすることができる。
3 宅地建物取引業者は、宅地の造成工事の完了前においては、当該造成工事に必要とされる許可等の処分があった後であれば、当該宅地の販売に関する広告をすることができる。
4 テレビやインターネットを利用して行う広告は、新聞の折込チラシや配布用のチラシと異なり、規制の対象とならない。

問題 28 宅地建物取引業者Aが、BからB所有の宅地の売却について媒介の依頼を受けた場合における次の記述のうち、宅地建物取引業法の規定によれば、正しいものはいくつあるか。なお、この問において「専任媒介契約」とは、専属専任媒介契約ではない専任媒介契約をいうものとする。

ア AがBとの間で専任媒介契約を締結した場合、Bの要望により当該宅地を指定流通機構に登録しない旨の特約をしているときを除き、Aは、当該契約締結日から７日以内（Aの休業日を含まない。）に、当該宅地の所在等を指定流通機構に登録しなければならない。
イ AがBとの間で専任媒介契約を締結した場合、AはBに対して、当該契約に係る業務の処理状況を１週間に１回以上報告しなければならない。
ウ AがBとの間で一般媒介契約を締結し、当該契約において、Bが他の宅地建物取引業者に重ねて依頼するときは当該他の宅地建物取引業者を明示する義務がある旨を定める場合、Ａは、Ｂが明示していない他の宅地建物取引業者の媒介又は代理によって売買の契約を成立させたときの措置を宅地建物取引業法第34条の２第１項の規定に基づき交付すべき書面に記載しなければならない。

エ　ＡがＢとの間で一般媒介契約を締結した場合、ＡがＢに対し当該宅地の価額について意見を述べるときは、不動産鑑定士に評価を依頼して、その根拠を明らかにしなければならない。

1　一つ
2　二つ
3　三つ
4　四つ

問題 29　次の記述のうち、宅地建物取引業法の規定によれば、正しいものはどれか。

1　宅地建物取引業者（甲県知事免許）が、乙県内に新たに事務所を設置して宅地建物取引業を営むため、国土交通大臣に免許換えの申請を行い、その免許を受けたときは、国土交通大臣から、免許換え前の免許（甲県知事）の有効期間が経過するまでの期間を有効期間とする免許証の交付を受けることとなる。

2　宅地建物取引士（甲県知事登録）が、乙県に所在する宅地建物取引業者の事務所の業務に従事することとなったため、乙県知事に登録の移転の申請とともに宅地建物取引士証の交付の申請をしたときは、乙県知事から、有効期間を５年とする宅地建物取引士証の交付を受けることとなる。

3　宅地建物取引士（甲県知事登録）が、乙県に所在する建物の売買に関する取引において宅地建物取引士として行う事務に関し不正な行為をし、乙県知事により事務禁止処分を受けたときは、宅地建物取引士証を甲県知事に提出しなければならない。

4　宅地建物取引業者（甲県知事免許）は、乙県内で一団の建物の分譲を行う案内所を設置し、当該案内所において建物の売買の契約を締結し、又は契約の申込みを受ける場合、国土交通大臣に免許換えの申請をしなければならない。

問題 30　宅地建物取引業保証協会（以下この問において「保証協会」という。）に関する次の記述のうち、宅地建物取引業法の規定によれば、正しいものはどれか。

1　本店と３つの支店を有する宅地建物取引業者が保証協会に加入しようとする場合、当該保証協会に、110万円の弁済業務保証金分担金を納付しなければならない。
2　保証協会の社員又は社員であった者が、当該保証協会から、弁済業務保証金の還付額に相当する還付充当金を当該保証協会に納付すべき旨の通知を受けたときは、その通知を受けた日から２週間以内に、その通知された額の還付充当金を当該保証協会に納付しなければならない。
3　保証協会に加入している宅地建物取引業者は、保証を手厚くするため、更に別の保証協会に加入することができる。
4　保証協会の社員（甲県知事免許）と宅地建物取引業に関し取引をした者が、その取引により生じた債権に関し、当該保証協会が供託した弁済業務保証金について弁済を受ける権利を実行しようとするときは、弁済を受けることができる額について甲県知事の認証を受ける必要がある。

問題 31　宅地建物取引業の免許に関する次の記述のうち、宅地建物取引業法の規定によれば、正しいものはどれか。

1　宅地建物取引業者が、免許を受けてから１年以内に事業を開始せず免許が取り消され、その後５年を経過していない場合は、免許を受けることができない。
2　免許を受けようとしている法人の政令で定める使用人が、破産手続開始の決定を受け、復権を得てから５年を経過していない場合、当該法人は免許を受けることができない。

3　免許権者は、免許に条件を付することができ、免許の更新に当たっても条件を付することができる。

4　宅地建物取引業者の役員の住所に変更があったときは、30日以内に免許権者に変更を届け出なければならない。

問題 32　宅地建物取引業者が行う宅地建物取引業法第35条に規定する重要事項の説明に関する次の記述のうち、正しいものはいくつあるか。なお、説明の相手方は宅地建物取引業者ではないものとする。

ア　宅地の売買の媒介を行う場合、当該宅地が急傾斜地の崩壊による災害の防止に関する法律第3条第1項により指定された急傾斜地崩壊危険区域にあるときは、同法第7条第1項に基づく制限の概要を説明しなければならない。

イ　建物の貸借の媒介を行う場合、当該建物が土砂災害警戒区域等における土砂災害防止対策の推進に関する法律第7条第1項により指定された土砂災害警戒区域内にあるときは、その旨を説明しなければならない。

ウ　宅地の貸借の媒介を行う場合、文化財保護法第46条第1項及び第5項の規定による重要文化財の譲渡に関する制限について、その概要を説明する必要はない。

エ　宅地の売買の媒介を行う場合、当該宅地が津波防災地域づくりに関する法律第21条第1項により指定された津波防護施設区域内にあるときは、同法第23条第1項に基づく制限の概要を説明しなければならない。

1　一つ
2　二つ
3　三つ
4　四つ

問題 33 宅地建物取引業法に規定する営業保証金に関する次の記述のうち、正しいものはどれか。

1 宅地建物取引業者は、事業の開始後、新たに従たる事務所を設置したときは、その従たる事務所の最寄りの供託所に政令で定める額の営業保証金を供託し、その旨を免許権者に届け出なければならない。

2 宅地建物取引業者は、主たる事務所を移転したためその最寄りの供託所が変更した場合、国債証券をもって営業保証金を供託しているときは、遅滞なく、従前の主たる事務所の最寄りの供託所に対し、営業保証金の保管替えを請求しなければならない。

3 宅地建物取引業者は、免許の有効期間満了に伴い営業保証金を取り戻す場合は、還付請求権者に対する公告をすることなく、営業保証金を取り戻すことができる。

4 免許権者は、宅地建物取引業者が宅地建物取引業の免許を受けた日から3月以内に営業保証金を供託した旨の届出をしないときは、その届出をすべき旨の催告をしなければならず、その催告が到達した日から1月以内に届出がないときは、当該宅地建物取引業者の免許を取り消すことができる。

問題 34 宅地建物取引業者（消費税課税事業者）が受けることができる報酬に関する次の記述のうち、宅地建物取引業法の規定によれば、誤っているものはどれか。

1 宅地建物取引業者が受けることのできる報酬は、依頼者が承諾していたとしても、国土交通大臣の定める報酬額の上限を超えてはならない。

2 宅地建物取引業者は、その業務に関し、相手方に不当に高額の報酬を要求した場合、たとえ受領していなくても宅地建物取引業法違反となる。

3 宅地建物取引業者が、事業用建物の貸借（権利金の授受はないものとする。）の媒介に関する報酬について、依頼者の双方から受けることのできる報酬の合計額は、借賃（消費税等相当額を含まない。）1か月分の1.1倍に相当する金額が上限であり、貸主と借主の負担の割合については特段の規制はない。

4　宅地建物取引業者は、依頼者の依頼によらない広告の料金に相当する額を報酬額に合算する場合は、代理又は媒介に係る報酬の限度額を超える額の報酬を依頼者から受けることができる。

問題 35 ※　宅地建物取引業者Ａが行う媒介業務に関する次の記述のうち、宅地建物取引業法の規定によれば、正しいものはいくつあるか。なお、この問において「37条書面」とは、同法第37条の規定により交付すべき書面をいうものとする。

ア　Ａが建物の売買契約を成立させた場合においては、37条書面を買主に交付するに当たり、37条書面に記名した宅地建物取引士ではないＡの従業者が当該書面を交付することができる。

イ　Ａが建物の賃貸借契約を成立させた場合においては、契約の当事者が宅地建物取引業者であっても、37条書面には、引渡しの時期及び賃借権設定登記の申請の時期を記載しなければならない。

ウ　Ａが建物の売買契約を成立させた場合において、天災その他不可抗力による損害の負担に関する定めがあるときは、重要事項説明書にその旨記載していたとしても、その内容を37条書面に記載しなければならない。

エ　Ａが事業用宅地の定期賃貸借契約を公正証書によって成立させた場合においては、公正証書とは別に37条書面を作成し交付するに当たり、契約の当事者が宅地建物取引業者であっても、宅地建物取引士をして37条書面に記名させなければならない。

1　一つ
2　二つ
3　三つ
4　四つ

問題 36 宅地建物取引業者の守秘義務に関する次の記述のうち、宅地建物取引業法（以下この問において「法」という。）の規定によれば、正しいものはどれか。

1　宅地建物取引業者は、依頼者本人の承諾があった場合でも、秘密を他に漏らしてはならない。

2　宅地建物取引業者が、宅地建物取引業を営まなくなった後は、その業務上取り扱ったことについて知り得た秘密を他に漏らしても、法に違反しない。

3　宅地建物取引業者は、裁判の証人として、その取り扱った宅地建物取引に関して証言を求められた場合、秘密に係る事項を証言することができる。

4　宅地建物取引業者は、調査の結果判明した法第 35 条第 1 項各号に掲げる事項であっても、売主が秘密にすることを希望した場合は、買主に対して説明しなくてもよい。

問題 37 宅地建物取引業法第 37 条の規定により交付すべき書面（以下この問において「37 条書面」という。）に関する次の記述のうち、同法の規定によれば、正しいものはどれか。

1　既存の建物の構造耐力上主要な部分等の状況について当事者の双方が確認した事項がない場合、確認した事項がない旨を 37 条書面に記載しなければならない。

2　代金又は交換差金についての金銭の貸借のあっせんに関する定めがない場合、定めがない旨を 37 条書面に記載しなければならない。

3　損害賠償額の予定又は違約金に関する定めがない場合、定めがない旨を 37 条書面に記載しなければならない。

4　宅地又は建物に係る租税その他の公課の負担に関する定めがない場合、定めがない旨を 37 条書面に記載しなければならない。

問題 38 宅地建物取引士に関する次の記述のうち、宅地建物取引業法及び民法の規定によれば、正しいものはいくつあるか。

ア　宅地建物取引業者は、事務所に置く唯一の専任の宅地建物取引士が退任した場合、その日から30日以内に新たな専任の宅地建物取引士を設置し、その設置の日から２週間以内に、専任の宅地建物取引士の変更があった旨を免許権者に届け出なければならない。

イ　未成年者も、法定代理人の同意があれば、宅地建物取引業者の事務所に置かれる専任の宅地建物取引士となることができる。

ウ　宅地建物取引士は、重要事項説明書を交付するに当たり、相手方が宅地建物取引業者である場合、相手方から宅地建物取引士証の提示を求められない限り、宅地建物取引士証を提示する必要はない。

エ　成年被後見人又は被保佐人は、宅地建物取引士として都道府県知事の登録を受けることができない。

1　一つ
2　二つ
3　三つ
4　なし

問題 39 宅地建物取引業者Ａが、自ら売主として宅地建物取引業者ではない買主Ｂとの間で締結した宅地の売買契約について、Ｂが宅地建物取引業法第37条の２の規定に基づき、いわゆるクーリング・オフによる契約の解除をする場合における次の記述のうち、誤っているものはどれか。

1　Ｂは、Ａの仮設テント張りの案内所で買受けの申込みをし、２日後、Ａの事務所で契約を締結した上で代金全額を支払った。その５日後、Ｂが、宅地の引渡しを受ける前に当該契約について解除の書面を送付した場合、Ａは代金全額が支払われていることを理由に契約の解除を拒むことができる。

2　Bは、自らの希望により自宅近くの喫茶店において買受けの申込みをし、売買契約を締結した。当該契約に係るクーリング・オフについては、その3日後にAから書面で告げられた場合、Bは、当該契約の締結日から10日後であっても契約の解除をすることができる。

3　Bは、Aの仮設テント張りの案内所で買受けの申込みをし、Aの事務所でクーリング・オフについて書面で告げられ、その日に契約を締結した。この書面の中で、クーリング・オフによる契約の解除ができる期間を14日間としていた場合、Bは、当該契約の締結日から10日後であっても契約の解除をすることができる。

4　Bは、売買契約締結後に速やかに建物建築工事請負契約を締結したいと考え、自ら指定した宅地建物取引業者であるハウスメーカー（Aから当該宅地の売却について代理又は媒介の依頼は受けていない。）の事務所で買受けの申込み及び売買契約の締結をし、その際、クーリング・オフについて書面で告げられた。その6日後、Bが当該契約について解除の書面を送付した場合、Aは契約の解除を拒むことができない。

問題 40　宅地建物取引業法（以下この問において「法」という。）に規定する業務に関する禁止事項についての次の記述のうち、正しいものはどれか。

1　宅地建物取引業者が、マンション販売の勧誘をするに際し、相手方から購入を希望しない旨の返事があった後に、当該勧誘を継続することは法に違反しない。

2　宅地建物取引業者は、契約の相手方に対して資金不足を理由に手付の貸付けを行ったが、契約締結後償還された場合は法に違反しない。

3　宅地建物取引業者は、契約の締結の勧誘をするに際し、理由の如何を問わず、相手方に対して当該契約を締結するかどうかを判断するために必要な時間を与えることを拒んではならない。

4　宅地建物取引業者は、勧誘の相手方が金銭的に不安であることを述べたため、売買代金の額を引き下げて、契約の締結を勧誘したとしても、法に違反しない。

問題 41 宅地建物取引業法第49条に規定する帳簿に関する次の記述のうち、正しいものはどれか。

1　宅地建物取引業者は、本店と複数の支店がある場合、支店には帳簿を備え付けず、本店に支店の分もまとめて備え付けておけばよい。
2　宅地建物取引業者は、宅地建物取引業に関し取引のあったつど、その年月日、その取引に係る宅地又は建物の所在及び面積その他国土交通省令で定める事項を帳簿に記載しなければならない。
3　宅地建物取引業者は、帳簿を各事業年度の末日をもって閉鎖するものとし、閉鎖後5年間当該帳簿を保存しなければならないが、自ら売主となり、又は売買の媒介をする新築住宅に係るものにあっては10年間保存しなければならない。
4　宅地建物取引業者は、帳簿の記載事項を、事務所のパソコンのハードディスクに記録し、必要に応じ当該事務所においてパソコンやプリンターを用いて明確に紙面に表示する場合でも、当該記録をもって帳簿への記載に代えることができない。

問題 42 宅地建物取引業法第35条に規定する重要事項の説明に関する次の記述のうち、誤っているものはどれか。なお、説明の相手方は宅地建物取引業者ではないものとする。

1　地域における歴史的風致の維持及び向上に関する法律第12条第1項により指定された歴史的風致形成建造物である建物の売買の媒介を行う場合、その増築をするときは市町村長への届出が必要である旨を説明しなくてもよい。
2　既存の建物の売買の媒介を行う場合、当該建物の建築確認済証がなくなっているときは、その旨を説明すればよい。
3　区分所有建物の売買の媒介を行う場合、一棟の建物の維持修繕の実施状況が記録されているときは、その内容を説明しなければならない。
4　建物の貸借の媒介を行う場合、台所、浴室、便所その他の当該建物の設備の整備の状況について、説明しなければならない。

問題 43 宅地建物取引業法に規定する宅地建物取引士及びその登録（以下この問において「登録」という。）に関する次の記述のうち、正しいものはどれか。

1　登録を受けている者が精神の機能の障害により宅地建物取引士の事務を適正に行うに当たって必要な認知、判断及び意思疎通を適切に行うことができない者となった場合、本人がその旨を登録をしている都道府県知事に届け出ることはできない。

2　甲県知事の登録を受けている宅地建物取引士が乙県知事に登録の移転の申請を行うとともに宅地建物取引士証の交付の申請を行う場合、交付の申請前6月以内に行われる乙県知事が指定した講習を受講しなければならない。

3　宅地建物取引士が、事務禁止処分を受け、宅地建物取引士証をその交付を受けた都道府県知事に速やかに提出しなかったときは、50万円以下の罰金に処せられることがある。

4　宅地建物取引士が、刑法第222条（脅迫）の罪により、罰金の刑に処せられ、登録が消除された場合、刑の執行を終わり又は執行を受けることがなくなった日から５年を経過するまでは、新たな登録を受けることができない。

問題 44 宅地建物取引業法に関する次の記述のうち、正しいものはいくつあるか。

ア　宅地には、現に建物の敷地に供されている土地に限らず、将来的に建物の敷地に供する目的で取引の対象とされる土地も含まれる。

イ　農地は、都市計画法に規定する用途地域内に存するものであっても、宅地には該当しない。

ウ　建物の敷地に供せられる土地であれば、都市計画法に規定する用途地域外に存するものであっても、宅地に該当する。

エ　道路、公園、河川等の公共施設の用に供せられている土地は、都市計画法に規定する用途地域内に存するものであれば宅地に該当する。

1　一つ
2　二つ
3　三つ
4　四つ

問題 45　宅地建物取引業者Aが自ら売主として、宅地建物取引業者ではない買主Bに新築住宅を販売する場合における次の記述のうち、特定住宅瑕疵担保責任の履行の確保等に関する法律によれば、正しいものはどれか。

1　Aが、住宅販売瑕疵担保保証金を供託する場合、当該住宅の床面積が100㎡以下であるときは、新築住宅の合計戸数の算定に当たって、2戸をもって1戸と数えることになる。
2　Aは、住宅瑕疵担保責任保険法人と住宅販売瑕疵担保責任保険契約の締結をした場合、Bが住宅の引渡しを受けた時から10年以内に当該住宅を転売したときは、当該住宅瑕疵担保責任保険法人にその旨を申し出て、当該保険契約の解除をしなければならない。
3　Aは、住宅販売瑕疵担保責任保険契約の締結をした場合、当該住宅を引き渡した時から10年間、当該住宅の構造耐力上主要な部分、雨水の浸入を防止する部分、給水設備又はガス設備の隠れた瑕疵によって生じた損害について保険金の支払を受けることができる。
4　住宅販売瑕疵担保責任保険契約は、新築住宅を引き渡したAが住宅瑕疵担保責任保険法人と締結する必要があり、Bが保険料を支払うものではない。

問題 46　独立行政法人住宅金融支援機構（以下この問において「機構」という。）に関する次の記述のうち、誤っているものはどれか。

1　機構は、地震に対する安全性の向上を主たる目的とする住宅の改良に必要な資金の貸付けを業務として行っている。
2　証券化支援事業（買取型）における民間金融機関の住宅ローン金利

は、金融機関によって異なる場合がある。

3　機構は、高齢者が自ら居住する住宅に対して行うバリアフリー工事に係る貸付けについて、貸付金の償還を高齢者の死亡時に一括して行うという制度を設けている。

4　証券化支援業務（買取型）において、機構による譲受けの対象となる住宅の購入に必要な資金の貸付けに係る金融機関の貸付債権には、当該住宅の購入に付随する改良に必要な資金は含まれない。

問題 47　宅地建物取引業者が行う広告に関する次の記述のうち、不当景品類及び不当表示防止法（不動産の表示に関する公正競争規約を含む。）の規定によれば、正しいものはどれか。

1　建築基準法第42条第2項の規定により道路とみなされる部分（セットバックを要する部分）を含む土地については、セットバックを要する旨及びその面積を必ず表示しなければならない。

2　取引態様については、「売主」、「貸主」、「代理」又は「媒介（「仲介」）」の別を表示しなければならず、これらの用語以外の「直販」、「委託」等の用語による表示は、取引態様の表示とは認められない。

3　インターネット上に掲載している賃貸物件について、掲載した後に契約済みとなり実際には取引できなくなっていたとしても、当該物件について消費者からの問合せがなく、故意に掲載を継続していたものでなければ、不当表示に問われることはない。

4　新築分譲住宅を販売するに当たり、販売価格が確定していないため直ちに取引することができない場合、その取引開始時期をあらかじめ告知する予告広告を行うことはできない。

問題 48 次の記述のうち、正しいものはどれか。

> 本問は参考問題です。
> 次の本試験の基準となる最新統計情報をもとに改題した本問を、弊社webサイトよりダウンロードしてご利用ください（2024年8月末予定）。
>
> ※詳細はｖページ「パーフェクト宅建士シリーズ読者特典（＊特典３＊）」をご参照ください。

1　建築着工統計（令和２年１月公表）によれば、平成31年１月から令和元年12月までの新設住宅着工戸数は約90.5万戸となり、３年ぶりに増加に転じた。

2　令和２年版国土交通白書（令和２年６月公表）によれば、平成31年３月末における宅地建物取引業者数は12万4,000を超えている。

3　令和２年版土地白書（令和２年６月公表）によれば、平成30年の住宅地、工業用地等の宅地は約196万haあるが、前年に比べて大きく減少した。

4　平成30年度法人企業統計調査（令和元年９月公表）によれば、不動産業について、平成30年度の売上高営業利益率及び売上高経常利益率は、いずれも10％以下となっている。

問題 49 土地に関する次の記述のうち、最も不適当なものはどれか。

1　山地は、地形がかなり急峻で、大部分が森林となっている。

2　低地は、一般に洪水や地震などに対して弱く、防災的見地からは住宅地として好ましくない。

3　埋立地は、一般に海面に対して数ｍの比高を持ち、干拓地に比べ自然災害に対して危険度が高い。

4　台地は、一般に地盤が安定しており、低地に比べ自然災害に対して安全度が高い。

問題 50 建築物の構造に関する次の記述のうち、最も不適当なものはどれか。

1 基礎は、硬質の支持地盤に設置するとともに、上部構造とも堅固に緊結する必要がある。
2 木造建物を耐震、耐風的な構造にするためには、できるだけ建物の形態を単純にすることが適切である。
3 鉄骨造は、不燃構造であり、靱(じん)性が大きいことから、鋼材の防錆(せい)処理を行う必要はない。
4 近年、コンクリートと鉄筋の強度が向上しており、鉄筋コンクリート造の超高層共同住宅建物もみられる。

令和２年度（10月）

試験問題

（注）※の問題は、本書発行時点の法令に照らし一部補正してあります。

解　答　欄

問題番号	解答番号			
第 1 問	1	2	3	4
第 2 問	1	2	3	4
第 3 問	1	2	3	4
第 4 問	1	2	3	4
第 5 問	1	2	3	4
第 6 問	1	2	3	4
第 7 問	1	2	3	4
第 8 問	1	2	3	4
第 9 問	1	2	3	4
第10問	1	2	3	4
第11問	1	2	3	4
第12問	1	2	3	4
第13問	1	2	3	4
第14問	1	2	3	4
第15問	1	2	3	4
第16問	1	2	3	4
第17問	1	2	3	4
第18問	1	2	3	4
第19問	1	2	3	4
第20問	1	2	3	4
第21問	1	2	3	4
第22問	1	2	3	4
第23問	1	2	3	4
第24問	1	2	3	4
第25問	1	2	3	4

問題番号	解答番号			
第26問	1	2	3	4
第27問	1	2	3	4
第28問	1	2	3	4
第29問	1	2	3	4
第30問	1	2	3	4
第31問	1	2	3	4
第32問	1	2	3	4
第33問	1	2	3	4
第34問	1	2	3	4
第35問	1	2	3	4
第36問	1	2	3	4
第37問	1	2	3	4
第38問	1	2	3	4
第39問	1	2	3	4
第40問	1	2	3	4
第41問	1	2	3	4
第42問	1	2	3	4
第43問	1	2	3	4
第44問	1	2	3	4
第45問	1	2	3	4
第46問	1	2	3	4
第47問	1	2	3	4
第48問	1	2	3	4
第49問	1	2	3	4
第50問	1	2	3	4

※「解答用紙」（マークシート）はダウンロードできます。詳細は vi ページをご覧ください。

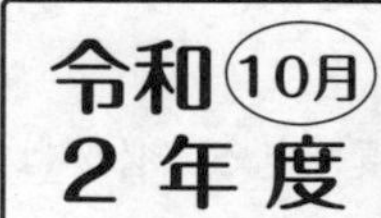

試験問題

問題 1　Aが購入した甲土地が他の土地に囲まれて公道に通じない土地であった場合に関する次の記述のうち、民法の規定及び判例によれば、正しいものはどれか。

1　甲土地が共有物の分割によって公道に通じない土地となっていた場合には、Aは公道に至るために他の分割者の所有地を、償金を支払うことなく通行することができる。
2　Aは公道に至るため甲土地を囲んでいる土地を通行する権利を有するところ、Aが自動車を所有していても、自動車による通行権が認められることはない。
3　Aが、甲土地を囲んでいる土地の一部である乙土地を公道に出るための通路にする目的で賃借した後、甲土地をBに売却した場合には、乙土地の賃借権は甲土地の所有権に従たるものとして甲土地の所有権とともにBに移転する。
4　Cが甲土地を囲む土地の所有権を時効により取得した場合には、AはCが時効取得した土地を公道に至るために通行することができなくなる。

問題 2　下記ケース①及びケース②の保証契約を締結した場合に関する次の1から4までの記述のうち、民法の規定によれば、正しいものはどれか。

（ケース①）　個人Aが金融機関Bから事業資金として1,000万円を借り入れ、CがBとの間で当該債務に係る保証契約を締結した場合

（ケース②）　個人Aが建物所有者Dと居住目的の建物賃貸借契約を締結し、EがDとの間で当該賃貸借契約に基づくAの一切の債務に係る保証契約を締結した場合

1　ケース①の保証契約は、口頭による合意でも有効であるが、ケース②の保証契約は、書面でしなければ効力を生じない。

2　ケース①の保証契約は、Ｃが個人でも法人でも極度額を定める必要はないが、ケース②の保証契約は、Ｅが個人でも法人でも極度額を定めなければ効力を生じない。

3　ケース①及びケース②の保証契約がいずれも連帯保証契約である場合、ＢがＣに債務の履行を請求したときはＣは催告の抗弁を主張することができるが、ＤがＥに債務の履行を請求したときはＥは催告の抗弁を主張することができない。

4　保証人が保証契約締結の日前１箇月以内に公正証書で保証債務を履行する意思を表示していない場合、ケース①のＣがＡの事業に関与しない個人であるときはケース①の保証契約は効力を生じないが、ケース②の保証契約は有効である。

問題 3　次の１から４までの契約に関する記述のうち、民法の規定及び下記判決文によれば、誤っているものはどれか。

(判決文)

法律が債務の不履行による契約の解除を認める趣意は、契約の要素をなす債務の履行がないために、該契約をなした目的を達することができない場合を救済するためであり、当事者が契約をなした主たる目的の達成に必須的でない附随的義務の履行を怠ったに過ぎないような場合には、特段の事情の存しない限り、相手方は当該契約を解除することができないものと解するのが相当である。

1　土地の売買契約において、売主が負担した当該土地の税金相当額を買主が償還する付随的義務が定められ、買主が売買代金を支払っただけで税金相当額を償還しなかった場合、特段の事情がない限り、売主は当該売買契約の解除をすることができない。

2　債務者が債務を履行しない場合であっても、債務不履行について債務者の責めに帰すべき事由がないときは付随的義務の不履行となり、特段の事情がない限り、債権者は契約の解除をすることができない。

3　債務不履行に対して債権者が相当の期間を定めて履行を催告してその期間内に履行がなされない場合であっても、催告期間が経過した時における債務不履行がその契約及び取引上の社会通念に照らして軽微であるときは、債権者は契約の解除をすることができない。

4　債務者が債務を履行しない場合であって、債務者がその債務の全部の履行を拒絶する意思を明確に表示したときは、債権者は、相当の期間を定めてその履行を催告することなく、直ちに契約の解除をすることができる。

問題 4　建物の賃貸借契約が期間満了により終了した場合における次の記述のうち、民法の規定によれば、正しいものはどれか。なお、原状回復義務について特段の合意はないものとする。

1　賃借人は、賃借物を受け取った後にこれに生じた損傷がある場合、通常の使用及び収益によって生じた損耗も含めてその損傷を原状に復する義務を負う。

2　賃借人は、賃借物を受け取った後にこれに生じた損傷がある場合、賃借人の帰責事由の有無にかかわらず、その損傷を原状に復する義務を負う。

3　賃借人から敷金の返還請求を受けた賃貸人は、賃貸物の返還を受けるまでは、これを拒むことができる。

4　賃借人は、未払賃料債務がある場合、賃貸人に対し、敷金をその債務の弁済に充てるよう請求することができる。

問題 5　AとBとの間で締結された委任契約において、委任者Aが受任者Bに対して報酬を支払うこととされていた場合に関する次の記述のうち、民法の規定によれば、正しいものはどれか。

1　Aの責めに帰すべき事由によって履行の途中で委任が終了した場合、Bは報酬全額をAに対して請求することができるが、自己の債務を免れたことによって得た利益をＡに償還しなければならない。

2　Ｂは、契約の本旨に従い、自己の財産に対するのと同一の注意をもって委任事務を処理しなければならない。

3　Ｂの責めに帰すべき事由によって履行の途中で委任が終了した場合、ＢはＡに対して報酬を請求することができない。

4　Ｂが死亡した場合、Ｂの相続人は、急迫の事情の有無にかかわらず、受任者の地位を承継して委任事務を処理しなければならない。

問題 6　ＡとＢとの間で締結された売買契約に関する次の記述のうち、民法の規定によれば、売買契約締結後、ＡがＢに対し、錯誤による取消しができるものはどれか。

1　Ａは、自己所有の自動車を100万円で売却するつもりであったが、重大な過失によりＢに対し「10万円で売却する」と言ってしまい、Ｂが過失なく「Ａは本当に10万円で売るつもりだ」と信じて購入を申し込み、ＡＢ間に売買契約が成立した場合

2　Ａは、自己所有の時価100万円の壺（つぼ）を10万円程度であると思い込み、Ｂに対し「手元にお金がないので、10万円で売却したい」と言ったところ、ＢはＡの言葉を信じ「それなら10万円で購入する」と言って、ＡＢ間に売買契約が成立した場合

3　Ａは、自己所有の時価100万円の名匠の絵画を贋作（がんさく）だと思い込み、Ｂに対し「贋作（がんさく）であるので、10万円で売却する」と言ったところ、Ｂも同様に贋作（がんさく）だと思い込み「贋作（がんさく）なら10万円で購入する」と言って、ＡＢ間に売買契約が成立した場合

4　Ａは、自己所有の腕時計を100万円で外国人Ｂに売却する際、当日の正しい為替レート（１ドル100円）を重大な過失により１ドル125円で計算して「8,000ドルで売却する」と言ってしまい、Ａの錯誤について過失なく知らなかったＢが「8,000ドルなら買いたい」と言って、ＡＢ間に売買契約が成立した場合

問題 7 保証に関する次の記述のうち、民法の規定及び判例によれば、誤っているものはどれか。

1 特定物売買における売主の保証人は、特に反対の意思表示がない限り、売主の債務不履行により契約が解除された場合には、原状回復義務である既払代金の返還義務についても保証する責任がある。
2 主たる債務の目的が保証契約の締結後に加重されたときは、保証人の負担も加重され、主たる債務者が時効の利益を放棄すれば、その効力は連帯保証人に及ぶ。
3 委託を受けた保証人が主たる債務の弁済期前に債務の弁済をしたが、主たる債務者が当該保証人からの求償に対して、当該弁済日以前に相殺の原因を有していたことを主張するときは、保証人は、債権者に対し、その相殺によって消滅すべきであった債務の履行を請求することができる。
4 委託を受けた保証人は、履行の請求を受けた場合だけでなく、履行の請求を受けずに自発的に債務の消滅行為をする場合であっても、あらかじめ主たる債務者に通知をしなければ、同人に対する求償が制限されることがある。

問題 8 相続に関する次の記述のうち、民法の規定によれば、誤っているものはどれか。

1 相続回復の請求権は、相続人又はその法定代理人が相続権を侵害された事実を知った時から5年間行使しないときは、時効によって消滅する。
2 被相続人の子が相続開始以前に死亡したときは、その者の子がこれを代襲して相続人となるが、さらに代襲者も死亡していたときは、代襲者の子が相続人となることはない。
3 被相続人に相続人となる子及びその代襲相続人がおらず、被相続人の直系尊属が相続人となる場合には、被相続人の兄弟姉妹が相続人となることはない。

4　被相続人の兄弟姉妹が相続人となるべき場合であっても、相続開始以前に兄弟姉妹及びその子がいずれも死亡していたときは、その者の子（兄弟姉妹の孫）が相続人となることはない。

問題 9　Ａがその所有する甲建物について、Ｂとの間で、①Ａを売主、Ｂを買主とする売買契約を締結した場合と、②Ａを贈与者、Ｂを受贈者とする負担付贈与契約を締結した場合に関する次の記述のうち、民法の規定及び判例によれば、正しいものはどれか。なお、担保責任に関する特約はないものとする。

1　①の契約において、Ｂが手付を交付し、履行期の到来後に代金支払の準備をしてＡに履行の催告をした場合、Ａは、手付の倍額を現実に提供して契約の解除をすることができる。
2　②の契約が書面によらずになされた場合、Ａは、甲建物の引渡し及び所有権移転登記の両方が終わるまでは、書面によらないことを理由に契約の解除をすることができる。
3　②の契約については、Ａは、その負担の限度において、売主と同じく担保責任を負う。
4　①の契約については、Ｂの債務不履行を理由としてＡに解除権が発生する場合があるが、②の契約については、Ｂの負担の不履行を理由としてＡに解除権が発生することはない。

問題 10　Ａが甲土地を所有している場合の時効に関する次の記述のうち、民法の規定及び判例によれば、誤っているものはどれか。

1　Ｂが甲土地を所有の意思をもって平穏かつ公然に17年間占有した後、ＣがＢを相続し甲土地を所有の意思をもって平穏かつ公然に３年間占有した場合、Ｃは甲土地の所有権を時効取得することができる。
2　Ｄが、所有者と称するＥから、Ｅが無権利者であることについて善意無過失で甲土地を買い受け、所有の意思をもって平穏かつ公然に３年間占有した後、甲土地がＡの所有であることに気付いた場合、そのままさらに７年間甲土地の占有を継続したとしても、Ｄは、甲土地の所有権を時効取得することはできない。

3　Ｄが、所有者と称するＥから、Ｅが無権利者であることについて善意無過失で甲土地を買い受け、所有の意思をもって平穏かつ公然に３年間占有した後、甲土地がＡの所有であることを知っているＦに売却し、Ｆが所有の意思をもって平穏かつ公然に甲土地を７年間占有した場合、Ｆは甲土地の所有権を時効取得することができる。

4　Ａが甲土地を使用しないで20年以上放置していたとしても、Ａの有する甲土地の所有権が消滅時効にかかることはない。

問題11 ※　Ａ所有の甲土地につき、Ｂとの間で居住の用に供する建物の所有を目的として存続期間30年の約定で賃貸借契約（以下この問において「本件契約」という。）が締結された場合に関する次の記述のうち、民法及び借地借家法の規定並びに判例によれば、正しいものはどれか。

1　Ｂは、借地権の登記をしていなくても、甲土地の引渡しを受けていれば、甲土地を令和６年７月２日に購入したＣに対して借地権を主張することができる。

2　本件契約で「一定期間は借賃の額の増減を行わない」旨を定めた場合には、甲土地の借賃が近傍類似の土地の借賃と比較して不相当となったときであっても、当該期間中は、ＡもＢも借賃の増減を請求することができない。

3　本件契約で「Ｂの債務不履行により賃貸借契約が解除された場合には、ＢはＡに対して建物買取請求権を行使することができない」旨を定めても、この合意は無効となる。

4　ＡとＢとが期間満了に当たり本件契約を最初に更新する場合、更新後の存続期間を15年と定めても、20年となる。

問題 12 　ＡとＢとの間でＡ所有の甲建物をＢに対して、居住の用を目的として、期間２年、賃料月額10万円で賃貸する旨の賃貸借契約（以下この問において「本件契約」という。）を締結し、Bが甲建物の引渡しを受けた場合に関する次の記述のうち、民法及び借地借家法の規定並びに判例によれば、誤っているものはどれか。

1　AがCに甲建物を売却した場合、Bは、それまでに契約期間中の賃料全額をAに前払いしていたことを、Cに対抗することができる。

2　本件契約が借地借家法第38条の定期建物賃貸借契約であって、賃料改定に関する特約がない場合、経済事情の変動により賃料が不相当となったときは、AはBに対し、賃料増額請求をすることができる。

3　本件契約が借地借家法第38条の定期建物賃貸借契約である場合、Aは、転勤、療養、親族の介護その他のやむを得ない事情があれば、Bに対し、解約を申し入れ、申入れの日から1月を経過することによって、本件契約を終了させることができる。

4　本件契約が借地借家法第38条の定期建物賃貸借契約であって、造作買取請求に関する特約がない場合、期間満了で本件契約が終了するときに、Bは、Aの同意を得て甲建物に付加した造作について買取請求をすることができる。

問題 13　建物の区分所有等に関する法律に関する次の記述のうち、正しいものはどれか。

1　共用部分の変更（その形状又は効用の著しい変更を伴わないものを除く。）は、区分所有者及び議決権の各4分の3以上の多数による集会の決議で決するが、この区分所有者の定数は、規約で2分の1以上の多数まで減ずることができる。

2　共用部分の管理に係る費用については、規約に別段の定めがない限り、共有者で等分する。

3　共用部分の保存行為をするには、規約に別段の定めがない限り、集会の決議で決する必要があり、各共有者ですることはできない。

4　一部共用部分は、これを共用すべき区分所有者の共有に属するが、規約で別段の定めをすることにより、区分所有者全員の共有に属するとすることもできる。

問題 14 不動産の登記に関する次の記述のうち、不動産登記法の規定によれば、正しいものはどれか。

1　敷地権付き区分建物の表題部所有者から所有権を取得した者は、当該敷地権の登記名義人の承諾を得なければ、当該区分建物に係る所有権の保存の登記を申請することができない。
2　所有権に関する仮登記に基づく本登記は、登記上の利害関係を有する第三者がある場合であっても、その承諾を得ることなく、申請することができる。
3　債権者Ａが債務者Ｂに代位して所有権の登記名義人ＣからＢへの所有権の移転の登記を申請した場合において、当該登記を完了したときは、登記官は、Ａに対し、当該登記に係る登記識別情報を通知しなければならない。
4　配偶者居住権は、登記することができる権利に含まれない。

問題 15 都市計画法に関する次の記述のうち、正しいものはどれか。

1　地区計画については、都市計画に、地区施設及び地区整備計画を定めるよう努めるものとされている。
2　都市計画事業の認可の告示があった後に当該認可に係る事業地内の土地建物等を有償で譲り渡そうとする者は、施行者の許可を受けなければならない。
3　第二種住居地域は、中高層住宅に係る良好な住居の環境を保護するため定める地域とされている。
4　市街化調整区域における地区計画は、市街化区域における市街化の状況等を勘案して、地区計画の区域の周辺における市街化を促進することがない等当該都市計画区域における計画的な市街化を図る上で支障がないように定めることとされている。

問題 16 都市計画法に関する次の記述のうち、誤っているものはどれか。なお、この問において「都道府県知事」とは、地方自治法に基づく指定都市、中核市及び施行時特例市にあってはその長をいうものとする。

1 開発許可を申請しようとする者は、あらかじめ、開発行為又は開発行為に関する工事により設置される公共施設を管理することとなる者と協議しなければならない。

2 都市計画事業の施行として行う建築物の新築であっても、市街化調整区域のうち開発許可を受けた開発区域以外の区域内においては、都道府県知事の許可を受けなければ、建築物の新築をすることができない。

3 開発許可を受けた開発行為により公共施設が設置されたときは、その公共施設は、工事完了の公告の日の翌日において、原則としてその公共施設の存する市町村の管理に属するものとされている。

4 開発許可を受けた者から当該開発区域内の土地の所有権を取得した者は、都道府県知事の承認を受けて、当該開発許可を受けた者が有していた当該開発許可に基づく地位を承継することができる。

問題 17 建築基準法に関する次の記述のうち、正しいものはどれか。

1 階数が2で延べ面積が200㎡の鉄骨造の共同住宅の大規模の修繕をしようとする場合、建築主は、当該工事に着手する前に、確認済証の交付を受けなければならない。

2 居室の天井の高さは、一室で天井の高さの異なる部分がある場合、室の床面から天井の最も低い部分までの高さを2.1 m以上としなければならない。

3 延べ面積が1,000㎡を超える準耐火建築物は、防火上有効な構造の防火壁又は防火床によって有効に区画し、かつ、各区画の床面積の合計をそれぞれ1,000㎡以内としなければならない。

4 高さ30 mの建築物には、非常用の昇降機を設けなければならない。

問題 18 建築基準法に関する次の記述のうち、正しいものはどれか。

1 公衆便所及び巡査派出所については、特定行政庁の許可を得ないで、道路に突き出して建築することができる。
2 近隣商業地域内において、客席の部分の床面積の合計が200㎡以上の映画館は建築することができない。
3 建築物の容積率の算定の基礎となる延べ面積には、老人ホームの共用の廊下又は階段の用に供する部分の床面積は、算入しないものとされている。
4 日影による中高層の建築物の高さの制限に係る日影時間の測定は、夏至日の真太陽時の午前８時から午後４時までの間について行われる。

問題 19 ※ 宅地造成及び特定盛土等規制法に関する次の記述のうち、誤っているものはどれか。なお、この問において「都道府県知事」とは、地方自治法に基づく指定都市、中核市及び施行時特例市にあってはその長をいうものとする。

1 土地の占有者は、都道府県知事又はその命じた者若しくは委任した者が、基礎調査のために当該土地に立ち入って測量又は調査を行うときは、正当な理由がない限り、立入りを拒み、又は妨げてはならない。
2 宅地を宅地以外の土地にするために行う土地の形質の変更は、宅地造成に該当しない。
3 宅地造成等工事規制区域内において、宅地以外の土地を宅地に転用する者は、宅地造成等に関する工事を行わない場合でも、都道府県知事の許可を受けなければならない。
4 宅地造成等に関する工事の許可を受けた者が、工事施行者を変更する場合には、遅滞なくその旨を都道府県知事に届け出ればよく、改めて許可を受ける必要はない。

問題 20 土地区画整理組合（以下この問において「組合」という。）に関する次の記述のうち、土地区画整理法の規定によれば、正しいものはどれか。

1　組合の設立認可を申請しようとする者は、施行地区となるべき区域内の宅地について借地権を有するすべての者の３分の２以上の同意を得なければならないが、未登記の借地権を有する者の同意を得る必要はない。

2　組合の総会の会議は、定款に特別な定めがある場合を除くほか、組合員の半数以上が出席しなければ開くことができない。

3　組合が賦課金を徴収する場合、賦課金の額は、組合員が施行地区内に有する宅地又は借地の地積等にかかわらず一律に定めなければならない。

4　組合の施行する土地区画整理事業に参加することを希望する者のうち、当該土地区画整理事業に参加するのに必要な資力及び信用を有する者であって定款で定められたものは、参加組合員として組合員となる。

問題 21　農地に関する次の記述のうち、農地法（以下この問において「法」という。）の規定によれば、正しいものはどれか。

1　法第３条第１項の許可が必要な農地の売買については、この許可を受けずに売買契約を締結しても所有権移転の効力は生じない。

2　市街化区域内の自己の農地を駐車場に転用する場合には、農地転用した後に農業委員会に届け出ればよい。

3　相続により農地を取得することとなった場合には、法第３条第１項の許可を受ける必要がある。

4　農地に抵当権を設定する場合には、法第３条第１項の許可を受ける必要がある。

問題 22　国土利用計画法第23条の届出（以下この問において「事後届出」という。）に関する次の記述のうち、正しいものはどれか。

1　Ａが所有する市街化区域内の1,500㎡の土地をＢが購入した場合には、Ｂは事後届出を行う必要はないが、Ｃが所有する市街化調整区域内の6,000㎡の土地についてDと売買に係る予約契約を締結した場合には、Dは事後届出を行う必要がある。

2　Eが所有する市街化区域内の2,000㎡の土地をFが購入した場合、Fは当該土地の所有権移転登記を完了した日から起算して２週間以内に事後届出を行う必要がある。

3　Gが所有する都市計画区域外の15,000㎡の土地をHに贈与した場合、Hは事後届出を行う必要がある。

4　Ｉが所有する都市計画区域外の10,000㎡の土地とＪが所有する市街化調整区域内の10,000㎡の土地を交換した場合、Ｉ及びＪは事後届出を行う必要はない。

問題 23　印紙税に関する次の記述のうち、正しいものはどれか。

1「建物の電気工事に係る請負代金は1,100万円（うち消費税額及び地方消費税額100万円）とする」旨を記載した工事請負契約書について、印紙税の課税標準となる当該契約書の記載金額は1,100万円である。

2「Aの所有する土地（価額5,000万円）とBの所有する土地（価額4,000万円）とを交換する」旨の土地交換契約書を作成した場合、印紙税の課税標準となる当該契約書の記載金額は4,000万円である。

3　国を売主、株式会社Cを買主とする土地の売買契約において、共同で売買契約書を２通作成し、国とC社がそれぞれ１通ずつ保存することとした場合、C社が保存する契約書には印紙税は課されない。

4「契約期間は10年間、賃料は月額10万円、権利金の額は100万円とする」旨が記載された土地の賃貸借契約書は、記載金額1,300万円の土地の賃借権の設定に関する契約書として印紙税が課される。

問題 24※　不動産取得税に関する次の記述のうち、正しいものはどれか。

1　令和６年４月に個人が取得した住宅及び住宅用地に係る不動産取得税の税率は３％であるが、住宅用以外の土地に係る不動産取得税の税率は

4％である。

2　一定の面積に満たない土地の取得に対しては、狭小な不動産の取得者に対する税負担の排除の観点から、不動産取得税を課することができない。

3　不動産取得税は、不動産の取得に対して課される税であるので、家屋を改築したことにより、当該家屋の価格が増加したとしても、不動産取得税は課されない。

4　共有物の分割による不動産の取得については、当該不動産の取得者の分割前の当該共有物に係る持分の割合を超えない部分の取得であれば、不動産取得税は課されない。

問題 25　不動産の鑑定評価に関する次の記述のうち、不動産鑑定評価基準によれば、誤っているものはどれか。

1　不動産の価格は、その不動産の効用が最高度に発揮される可能性に最も富む使用を前提として把握される価格を標準として形成されるが、不動産についての現実の使用方法は当該不動産が十分な効用を発揮していない場合があることに留意すべきである。

2　対象建築物に関する工事が完了していない場合でも、当該工事の完了を前提として鑑定評価を行うことがある。

3　特殊価格とは、一般的に市場性を有しない不動産について、その利用現況等を前提とした不動産の経済価値を適正に表示する価格をいい、例としては、文化財の指定を受けた建造物について、その保存等に主眼をおいた鑑定評価を行う場合において求められる価格があげられる。

4　原価法は、対象不動産が建物及びその敷地である場合において、再調達原価の把握及び減価修正を適切に行うことができるときに有効な手法であるが、対象不動産が土地のみである場合には、この手法を適用することはできない。

問題 26　宅地建物取引業の免許（以下この問において「免許」という。）に関する次の記述のうち、宅地建物取引業法の規定によれば、正しいものはどれか。

1　宅地建物取引業者Ａ社（甲県知事免許）が宅地建物取引業者ではないＢ社との合併により消滅した場合には、Ｂ社は、Ａ社が消滅した日から30日以内にＡ社を合併した旨を甲県知事に届け出れば、Ａ社が受けていた免許を承継することができる。

2　信託業法第３条の免許を受けた信託会社が宅地建物取引業を営もうとする場合には、国土交通大臣の免許を受けなければならない。

3　個人Ｃが、転売目的で競売により取得した宅地を多数の区画に分割し、宅地建物取引業者Ｄに販売代理を依頼して、不特定多数の者に分譲する事業を行おうとする場合には、免許を受けなければならない。

4　宅地建物取引業者Ｅ（乙県知事免許）は、乙県内に２以上の事務所を設置してその事業を営もうとする場合には、国土交通大臣に免許換えの申請をしなければならない。

問題 27　宅地建物取引業者がその業務に関して行う広告に関する次の記述のうち、宅地建物取引業法の規定によれば、正しいものはいくつあるか。

ア　建物の売却について代理を依頼されて広告を行う場合、取引態様として、代理であることを明示しなければならないが、その後、当該物件の購入の注文を受けたときは、広告を行った時点と取引態様に変更がない場合を除き、遅滞なく、その注文者に対し取引態様を明らかにしなければならない。

イ　広告をするに当たり、実際のものよりも著しく優良又は有利であると人を誤認させるような表示をしてはならないが、誤認させる方法には限定がなく、宅地又は建物に係る現在又は将来の利用の制限の一部を表示しないことにより誤認させることも禁止されている。

ウ　複数の区画がある宅地の売買について、数回に分けて広告をする場合は、広告の都度取引態様の別を明示しなければならない。

エ　宅地の造成又は建物の建築に関する工事の完了前においては、当該工事に必要な都市計画法に基づく開発許可、建築基準法に基づく建築確認その他法令に基づく許可等の申請をした後でなければ、当該工事に係る宅地又は建物の売買その他の業務に関する広告をしてはならない。

1 一つ
2 二つ
3 三つ
4 四つ

問題 28 宅地建物取引士に関する次の記述のうち、宅地建物取引業法の規定によれば、正しいものはどれか。

1 宅地建物取引士資格試験に合格した者は、合格した日から10年以内に登録の申請をしなければ、その合格は無効となる。
2 宅地建物取引士証の有効期間の更新の申請は、有効期間満了の90日前から30日前までにする必要がある。
3 宅地建物取引士は、重要事項の説明をするときは説明の相手方からの請求の有無にかかわらず宅地建物取引士証を提示しなければならず、また、取引の関係者から請求があったときにも宅地建物取引士証を提示しなければならない。
4 甲県知事の登録を受けている宅地建物取引士が、乙県知事に登録の移転を申請するときは、乙県知事が指定する講習を受講しなければならない。

問題 29 宅地建物取引業者Aが、BからB所有の住宅の売却の媒介を依頼された場合における次の記述のうち、宅地建物取引業法（以下この問において「法」という。）の規定によれば、正しいものはいくつあるか。

ア Aは、Bとの間で専任媒介契約を締結し、所定の事項を指定流通機構に登録したときは、その登録を証する書面を遅滞なくBに引き渡さなければならない。

イ　Aは、Bとの間で媒介契約を締結したときは、当該契約が国土交通大臣が定める標準媒介契約約款に基づくものであるか否かの別を、法第34条の2第1項の規定に基づき交付すべき書面に記載しなければならない。

ウ　Aは、Bとの間で専任媒介契約を締結するときは、Bの要望に基づく場合を除き、当該契約の有効期間について、有効期間満了時に自動的に更新する旨の特約をすることはできない。

エ　Aは、Bとの間で専属専任媒介契約を締結したときは、Bに対し、当該契約に係る業務の処理状況を1週間に1回以上報告しなければならない。

1　一つ
2　二つ
3　三つ
4　四つ

問題 30　宅地建物取引業者A及び宅地建物取引業者B（ともに消費税課税事業者）が受領する報酬に関する次の記述のうち、宅地建物取引業法の規定によれば、正しいものはどれか。なお、借賃には消費税等相当額を含まないものとする。

1　Aは売主から代理の依頼を、Bは買主から媒介の依頼を、それぞれ受けて、代金5,000万円の宅地の売買契約を成立させた場合、Aは売主から343万2,000円、Bは買主から171万6,000円、合計で514万8,000円の報酬を受けることができる。

2　Aが単独で行う居住用建物の貸借の媒介に関して、Aが依頼者の一方から受けることができる報酬の上限額は、当該媒介の依頼者から報酬請求時までに承諾を得ている場合には、借賃の1.1か月分である。

3　Aが単独で貸主と借主の双方から店舗用建物の貸借の媒介の依頼を受け、1か月の借賃25万円、権利金330万円（権利設定の対価として支払われるもので、返還されないものをいい、消費税等相当額を含む。）

の賃貸借契約を成立させた場合、Aが依頼者の一方から受けることができる報酬の上限額は、30万8,000円である。

4　Aが単独で行う事務所用建物の貸借の媒介に関し、Aが受ける報酬の合計額が借賃の1.1か月分以内であれば、Aは依頼者の双方からどのような割合で報酬を受けてもよく、また、依頼者の一方のみから報酬を受けることもできる。

問題 31　宅地建物取引業者が行う宅地建物取引業法第35条に規定する重要事項の説明に関する次の記述のうち、正しいものはどれか。なお、説明の相手方は宅地建物取引業者ではないものとする。

1　建物の売買の媒介だけでなく建物の貸借の媒介を行う場合においても、損害賠償額の予定又は違約金に関する事項について、説明しなければならない。

2　建物の売買の媒介を行う場合、当該建物について、石綿の使用の有無の調査の結果が記録されているか照会を行ったにもかかわらず、その存在の有無が分からないときは、宅地建物取引業者自らが石綿の使用の有無の調査を実施し、その結果を説明しなければならない。

3　建物の売買の媒介を行う場合、当該建物が既存の住宅であるときは、建物状況調査を実施しているかどうかを説明しなければならないが、実施している場合その結果の概要を説明する必要はない。

4　区分所有建物の売買の媒介を行う場合、建物の区分所有等に関する法律第2条第3項に規定する専有部分の用途その他の利用の制限に関する規約の定めがあるときは、その内容を説明しなければならないが、区分所有建物の貸借の媒介を行う場合は、説明しなくてよい。

問題 32　宅地建物取引業者Aが、自ら売主として、宅地建物取引業者ではないBとの間で建物の売買契約を締結する場合における次の記述のうち、宅地建物取引業法（以下この問において「法」という。）の規定によれば、正しいものはどれか。

1　ＡＢ間の建物の売買契約において、Ｂが当該契約の履行に着手した後においては、Ａは、契約の締結に際してＢから受領した手付金の倍額をＢに現実に提供したとしても、契約を解除することはできない。

2　ＡＢ間の建物の売買契約における「法第37条の2の規定に基づくクーリング・オフによる契約の解除の際に、当該契約の締結に際しＡがＢから受領した手付金は返還しない」旨の特約は有効である。

3　ＡＢ間の建物の割賦販売の契約において、Ｂからの賦払金が当初設定していた支払期日までに支払われなかった場合、Ａは直ちに賦払金の支払の遅滞を理由として当該契約を解除することができる。

4　ＡＢ間で工事の完了前に当該工事に係る建物（代金5,000万円）の売買契約を締結する場合、Ａは、法第41条に定める手付金等の保全措置を講じた後でなければ、Ｂから200万円の手付金を受領してはならない。

問題33※　宅地建物取引業者Ａが宅地建物取引業法第37条の規定により交付すべき書面（以下この問において「37条書面」という。）に関する次の記述のうち、正しいものはどれか。

1　Ａが媒介により建物の貸借の契約を成立させたときは、37条書面に借賃の額並びにその支払の時期及び方法を記載しなければならず、また、当該書面を契約の各当事者に交付しなければならない。

2　Ａが媒介により宅地の貸借の契約を成立させた場合において、当該宅地の引渡しの時期について重要事項説明書に記載して説明を行ったときは、その内容を37条書面に記載する必要はない。

3　Ａが自ら売主として宅地建物取引業者である買主と建物の売買契約を締結した場合、37条書面に宅地建物取引士をして記名させる必要はない。

4　Ａが自ら売主として宅地の売買契約を締結した場合、代金についての金銭の貸借のあっせんに関する定めがある場合における当該あっせんに係る金銭の貸借が成立しないときの措置については、37条書面に記載する必要はない。

問題 34　宅地建物取引士の登録（以下この問において「登録」という。）及び宅地建物取引士証に関する次の記述のうち、宅地建物取引業法の規定によれば、正しいものはどれか。

1　甲県で宅地建物取引士資格試験に合格した後１年以上登録の申請をしていなかった者が宅地建物取引業者（乙県知事免許）に勤務することとなったときは、乙県知事あてに登録の申請をしなければならない。
2　登録を受けている者は、住所に変更があっても、登録を受けている都道府県知事に変更の登録を申請する必要はない。
3　宅地建物取引士は、従事先として登録している宅地建物取引業者の事務所の所在地に変更があったときは、登録を受けている都道府県知事に変更の登録を申請しなければならない。
4　丙県知事の登録を受けている宅地建物取引士が、丁県知事への登録の移転の申請とともに宅地建物取引士証の交付の申請をした場合は、丁県知事から、移転前の宅地建物取引士証の有効期間が経過するまでの期間を有効期間とする新たな宅地建物取引士証が交付される。

問題 35　宅地建物取引業者Ａ（甲県知事免許）の営業保証金に関する次の記述のうち、宅地建物取引業法の規定によれば、正しいものはどれか。

1　Ａから建設工事を請け負った建設業者は、Ａに対する請負代金債権について、営業継続中のＡが供託している営業保証金から弁済を受ける権利を有する。
2　Ａが甲県内に新たに支店を設置したときは、本店の最寄りの供託所に政令で定める額の営業保証金を供託すれば、当該支店での事業を開始することができる。
3　Ａは、営業保証金の還付により、営業保証金の額が政令で定める額に不足することとなったときは、甲県知事から不足額を供託すべき旨の通知書の送付を受けた日から２週間以内にその不足額を供託しなければならない。

4　Aが甲県内に本店及び２つの支店を設置して宅地建物取引業を営もうとする場合、供託すべき営業保証金の合計額は1,200万円である。

問題 36　宅地建物取引業保証協会（以下この問において「保証協会」という。）に関する次の記述のうち、宅地建物取引業法の規定によれば、正しいものはどれか。

1　保証協会の社員との宅地建物取引業に関する取引により生じた債権を有する者は、当該社員が納付した弁済業務保証金分担金の額に相当する額の範囲内で弁済を受ける権利を有する。
2　保証協会の社員と宅地建物取引業に関し取引をした者が、その取引により生じた債権に関し、弁済業務保証金について弁済を受ける権利を実行するときは、当該保証協会の認証を受けるとともに、当該保証協会に対し還付請求をしなければならない。
3　保証協会は、弁済業務保証金の還付があったときは、当該還付に係る社員又は社員であった者に対し、当該還付額に相当する額の還付充当金をその主たる事務所の最寄りの供託所に供託すべきことを通知しなければならない。
4　保証協会は、弁済業務保証金の還付があったときは、当該還付額に相当する額の弁済業務保証金を供託しなければならない。

問題 37　宅地建物取引業者Aが、自ら売主として宅地の売買契約を締結した場合に関する次の記述のうち、宅地建物取引業法の規定によれば、正しいものはいくつあるか。なお、この問において「37条書面」とは、同法第37条の規定に基づき交付すべき書面をいうものとする。

ア　Aは、専任の宅地建物取引士をして、37条書面の内容を当該契約の買主に説明させなければならない。
イ　Aは、供託所等に関する事項を37条書面に記載しなければならない。
ウ　Aは、買主が宅地建物取引業者であっても、37条書面を遅滞なく交付しなければならない。

エ　Aは、買主が宅地建物取引業者であるときは、当該宅地の引渡しの時期及び移転登記の申請の時期を37条書面に記載しなくてもよい。

1　一つ
2　二つ
3　三つ
4　なし

問題38　宅地建物取引業者Aが、BからB所有の甲住宅の売却に係る媒介の依頼を受けて締結する一般媒介契約に関する次の記述のうち、宅地建物取引業法（以下この問において「法」という。）の規定によれば、正しいものはどれか。

1　Aは、法第34条の2第1項の規定に基づき交付すべき書面に、宅地建物取引士をして記名させなければならない。
2　Aは、甲住宅の価額について意見を述べる場合、Bに対してその根拠を口頭ではなく書面で明示しなければならない。
3　Aは、当該媒介契約を締結した場合、指定流通機構に甲住宅の所在等を登録しなければならない。
4　Aは、媒介契約の有効期間及び解除に関する事項を、法第34条の2第1項の規定に基づき交付すべき書面に記載しなければならない。

問題39　次の記述のうち、宅地建物取引業法の規定によれば、正しいものはどれか。

1　宅地建物取引業者は、従業者名簿の閲覧の請求があったときは、取引の関係者か否かを問わず、請求した者の閲覧に供しなければならない。
2　宅地建物取引業者は、その業務に従事させる者に従業者証明書を携帯させなければならず、その者が宅地建物取引士であり、宅地建物取引士証を携帯していても、従業者証明書を携帯させなければならない。
3　宅地建物取引業者は、その事務所ごとに従業者名簿を備えなければならないが、退職した従業者に関する事項は、個人情報保護の観点から従業者名簿から消去しなければならない。

4　宅地建物取引業者は、その業務に従事させる者に従業者証明書を携帯させなければならないが、その者が非常勤の役員や単に一時的に事務の補助をする者である場合には携帯させなくてもよい。

問題 40　宅地建物取引業者Aが、自ら売主として、宅地建物取引業者ではないBとの間で宅地の売買契約を締結した場合における、宅地建物取引業法第37条の2の規定に基づくいわゆるクーリング・オフに関する次の記述のうち、Bがクーリング・オフにより契約の解除を行うことができるものはいくつあるか。

ア　Bが喫茶店で当該宅地の買受けの申込みをした場合において、Bが、Aからクーリング・オフについて書面で告げられた日の翌日から起算して8日目にクーリング・オフによる契約の解除の書面を発送し、10日目にAに到達したとき。

イ　Bが喫茶店で当該宅地の買受けの申込みをした場合において、クーリング・オフによる契約の解除ができる期間内に、Aが契約の履行に着手したとき。

ウ　Bが喫茶店で当該宅地の買受けの申込みをした場合において、AとBとの間でクーリング・オフによる契約の解除をしない旨の合意をしたとき。

エ　Aの事務所ではないがAが継続的に業務を行うことができる施設があり宅地建物取引業法第31条の3第1項の規定により専任の宅地建物取引士が置かれている場所で、Bが買受けの申込みをし、2日後に喫茶店で売買契約を締結したとき。

1　一つ
2　二つ
3　三つ
4　四つ

問題 41 ※　宅地建物取引業者が行う宅地建物取引業法第 35 条に規定する重要事項の説明に関する次の記述のうち、正しいものはどれか。

1　重要事項説明書には、代表者の記名があれば宅地建物取引士の記名は必要がない。

2　重要事項説明書に記名する宅地建物取引士は専任の宅地建物取引士でなければならないが、実際に重要事項の説明を行う者は専任の宅地建物取引士でなくてもよい。

3　宅地建物取引士証を亡失した宅地建物取引士は、その再交付を申請していても、宅地建物取引士証の再交付を受けるまでは重要事項の説明を行うことができない。

4　重要事項の説明は、宅地建物取引業者の事務所において行わなければならない。

問題 42 ※　宅地建物取引業者Aが、自ら売主として締結する売買契約に関する次の記述のうち、宅地建物取引業法（以下この問において「法」という。）及び民法の規定によれば、誤っているものはどれか。

1　Aが宅地建物取引業者ではないBとの間で締結する宅地の売買契約において、当該宅地の種類又は品質に関して契約の内容に適合しない場合におけるその不適合を担保すべき責任を負う期間をBが引渡しの日から２年以内に通知をした場合にAは責任を負うとする特約を定めた場合、この特約は有効である。

2　Aが宅地建物取引業者ではないCとの間で建築工事の完了前に締結する建物（代金 5,000 万円）の売買契約においては、Aは、手付金 200 万円を受領した後、法第 41 条に定める手付金等の保全措置を講じなければ、当該建物の引渡し前に中間金 300 万円を受領することができない。

3　Aが宅地建物取引業者Dとの間で造成工事の完了後に締結する宅地（代金 3,000 万円）の売買契約においては、Aは、法第 41 条の２に定める手付金等の保全措置を講じないで、当該宅地の引渡し前に手付金 800 万円を受領することができる。

4　Aが宅地建物取引業者ではないEとの間で締結する建物の売買契約において、Aは当該建物の種類又は品質に関して契約の内容に適合しない場合におけるその不適合を担保すべき責任を一切負わないとする特約を定めた場合、この特約は無効となり、Aが当該責任を負う期間は当該建物の引渡日から２年となる。

問題 43　宅地建物取引業の免許（以下この問において「免許」という。）に関する次の記述のうち、宅地建物取引業法の規定によれば、正しいものはどれか。

1　免許を受けようとするA社の取締役が刑法第204条（傷害）の罪により懲役１年執行猶予２年の刑に処せられた場合、刑の執行猶予の言渡しを取り消されることなく猶予期間を満了し、その日から５年を経過しなければ、A社は免許を受けることができない。
2　宅地建物取引業者である個人Bが死亡した場合、その相続人Cは、Bが締結した契約に基づく取引を結了する目的の範囲内において宅地建物取引業者とみなされ、Bが売主として締結していた売買契約の目的物を買主に引き渡すことができる。
3　宅地建物取引業者D社について破産手続開始の決定があった場合、D社を代表する役員は廃業を届け出なければならない。また、廃業が届け出られた日にかかわらず、破産手続開始の決定の日をもって免許の効力が失われる。
4　免許を受けようとするE社の取締役について、破産手続開始の決定があった場合、復権を得た日から５年を経過しなければ、E社は免許を受けることができない。

問題 44　宅地建物取引業者が行う宅地建物取引業法第35条に規定する重要事項の説明に関する次の記述のうち、誤っているものはどれか。なお、特に断りのない限り、説明の相手方は宅地建物取引業者ではないものとする。

1　昭和55年に新築の工事に着手し完成した建物の売買の媒介を行う場合、当該建物が地方公共団体による耐震診断を受けたものであるときは、その内容を説明しなければならない。

2　貸借の媒介を行う場合、敷金その他いかなる名義をもって授受されるかを問わず、契約終了時において精算することとされている金銭の精算に関する事項を説明しなければならない。

3　自らを委託者とする宅地又は建物に係る信託の受益権の売主となる場合、取引の相手方が宅地建物取引業者であっても、重要事項説明書を交付して説明をしなければならない。

4　区分所有建物の売買の媒介を行う場合、一棟の建物の計画的な維持修繕のための費用の積立てを行う旨の規約の定めがあるときは、その内容を説明しなければならないが、既に積み立てられている額について説明する必要はない。

問題 45　宅地建物取引業者Ａ（甲県知事免許）が、自ら売主として宅地建物取引業者ではない買主Ｂに新築住宅を販売する場合における次の記述のうち、特定住宅瑕疵担保責任の履行の確保等に関する法律の規定によれば、正しいものはどれか。

1　Ａが媒介を依頼した宅地建物取引業者又はＢが住宅販売瑕疵担保責任保険契約の締結をしていれば、Ａは住宅販売瑕疵担保保証金の供託又は住宅販売瑕疵担保責任保険契約の締結を行う必要はない。

2　Ａが住宅販売瑕疵担保保証金の供託をし、その額が、基準日において、販売新築住宅の合計戸数を基礎として算定する基準額を超えることとなった場合、甲県知事の承認を受けた上で、その超過額を取り戻すことができる。

3　新築住宅をＢに引き渡したＡは、基準日ごとに基準日から50日以内に、当該基準日に係る住宅販売瑕疵担保保証金の供託及び住宅販売瑕疵担保責任保険契約の締結の状況について、甲県知事に届け出なければならない。

4　Ｂが宅地建物取引業者である場合であっても、Ａは、Ｂに引き渡した新築住宅について、住宅販売瑕疵担保保証金の供託又は住宅販売瑕疵担保責任保険契約の締結を行う義務を負う。

問題 46 独立行政法人住宅金融支援機構（以下この問において「機構」という。）に関する次の記述のうち、誤っているものはどれか。

1　機構は、証券化支援事業（買取型）において、金融機関から買い取った住宅ローン債権を担保としてＭＢＳ（資産担保証券）を発行している。
2　機構は、災害により住宅が滅失した場合におけるその住宅に代わるべき住宅の建設又は購入に係る貸付金については、元金据置期間を設けることができない。
3　機構は、証券化支援事業（買取型）において、賃貸住宅の建設又は購入に必要な資金の貸付けに係る金融機関の貸付債権については譲受けの対象としていない。
4　機構は、貸付けを受けた者とあらかじめ契約を締結して、その者が死亡した場合に支払われる生命保険の保険金を当該貸付けに係る債務の弁済に充当する団体信用生命保険を業務として行っている。

問題 47 宅地建物取引業者が行う広告に関する次の記述のうち、不当景品類及び不当表示防止法（不動産の表示に関する公正競争規約を含む。）の規定によれば、正しいものはどれか。

1　路地状部分（敷地延長部分）のみで道路に接する土地であって、その路地状部分の面積が当該土地面積のおおむね30％以上を占める場合には、路地状部分を含む旨及び路地状部分の割合又は面積を明示しなければならない。
2　新築住宅を販売するに当たり、当該物件から最寄駅まで実際に歩いたときの所要時間が15分であれば、物件から最寄駅までの道路距離にかかわらず、広告中に「最寄駅まで徒歩15分」と表示することができる。
3　新築分譲住宅を販売するに当たり、予告広告である旨及び契約又は予約の申込みには応じられない旨を明瞭に表示すれば、当該物件が建築確認を受けていなくても広告表示をすることができる。

4　新築分譲マンションを販売するに当たり、住戸により管理費の額が異なる場合であって、全ての住戸の管理費を示すことが広告スペースの関係で困難なときは、全住戸の管理費の平均額を表示すればよい。

問題 48　次の記述のうち、正しいものはどれか。

> 本問は参考問題です。
> 次の本試験の基準となる最新統計情報をもとに改題した本問を、弊社webサイトよりダウンロードしてご利用ください（2024年8月末予定）。
>
> ※詳細はvページ「パーフェクト宅建士シリーズ読者特典（＊特典3＊）」をご参照ください。

1　令和2年地価公示（令和2年3月公表）によれば、平成31年1月以降の1年間の地価変動は、全国平均では、住宅地については下落であったが、商業地については上昇であった。

2　令和2年版土地白書（令和2年6月公表）によれば、土地取引について、売買による所有権の移転登記の件数でその動向をみると、令和元年の全国の土地取引件数は約131万件となり、前年に比べて大きく増加した。

3　建築着工統計（令和2年1月公表）によれば、平成31年1月から令和元年12月までの持家及び分譲住宅の新設住宅着工戸数は前年に比べて増加したが、貸家の新設住宅着工戸数は減少した。

4　平成30年度法人企業統計調査（令和元年9月公表）によれば、不動産業の売上高経常利益率は、平成26年度から平成30年度までの5年間は、いずれも5％以下となっている。

問題 49　土地に関する次の記述のうち、最も不適当なものはどれか。

1　都市の中小河川の氾濫の原因の一つは、急速な都市化、宅地化に伴い、降雨時に雨水が短時間に大量に流れ込むようになったことである。
2　中小河川に係る防災の観点から、宅地選定に当たっては、その地点だけでなく、周辺の地形と防災施設に十分注意することが必要である。
3　地盤の液状化については、宅地の地盤条件について調べるとともに、過去の地形についても古地図などで確認することが必要である。
4　地形や地質的な条件については、宅地に適しているか調査する必要があるが、周辺住民の意見は聴かなくてよい。

問題 50　建築物の構造に関する次の記述のうち、最も不適当なものはどれか。

1　建物の構成は、大きく基礎構造と上部構造からなっており、基礎構造は地業と基礎盤から構成されている。
2　基礎の種類には、基礎の底面が建物を支持する地盤に直接接する直接基礎と、建物を支持する地盤が深い場合に使用する杭基礎（杭地業）がある。
3　直接基礎の種類には、形状により、柱の下に設ける独立基礎、壁体等の下に設けるべた基礎、建物の底部全体に設ける布基礎（連続基礎）等がある。
4　上部構造は、重力、風力、地震力等の荷重に耐える役目を負う主要構造と、屋根、壁、床等の仕上げ部分等から構成されている。

令和元年度

試験問題

（注）※の問題は、本書発行時点の法令に照らし一部補正してあります。

解答欄

問題番号	解答番号				問題番号	解答番号			
第 1 問	①	②	③	④	第26問	①	②	③	④
第 2 問	①	②	③	④	第27問	①	②	③	④
第 3 問	①	②	③	④	第28問	①	②	③	④
第 4 問	①	②	③	④	第29問	①	②	③	④
第 5 問	①	②	③	④	第30問	①	②	③	④
第 6 問	①	②	③	④	第31問	①	②	③	④
第 7 問	①	②	③	④	第32問	①	②	③	④
第 8 問	①	②	③	④	第33問	①	②	③	④
第 9 問	①	②	③	④	第34問	①	②	③	④
第10問	①	②	③	④	第35問	①	②	③	④
第11問	①	②	③	④	第36問	①	②	③	④
第12問	①	②	③	④	第37問	①	②	③	④
第13問	①	②	③	④	第38問	①	②	③	④
第14問	①	②	③	④	第39問	①	②	③	④
第15問	①	②	③	④	第40問	①	②	③	④
第16問	①	②	③	④	第41問	①	②	③	④
第17問	①	②	③	④	第42問	①	②	③	④
第18問	①	②	③	④	第43問	①	②	③	④
第19問	①	②	③	④	第44問	①	②	③	④
第20問	①	②	③	④	第45問	①	②	③	④
第21問	①	②	③	④	第46問	①	②	③	④
第22問	①	②	③	④	第47問	①	②	③	④
第23問	①	②	③	④	第48問	①	②	③	④
第24問	①	②	③	④	第49問	①	②	③	④
第25問	①	②	③	④	第50問	①	②	③	④

※「解答用紙」（マークシート）はダウンロードできます。詳細は vi ページをご覧ください。

令和元年度　試験問題

問題 1　Aは、Aが所有している甲土地をBに売却した。この場合に関する次の記述のうち、民法の規定及び判例によれば、誤っているものはどれか。

1　甲土地を何らの権原なく不法占有しているCがいる場合、BがCに対して甲土地の所有権を主張して明渡請求をするには、甲土地の所有権移転登記を備えなければならない。
2　Bが甲土地の所有権移転登記を備えていない場合には、Aから建物所有目的で甲土地を賃借して甲土地上にD名義の登記ある建物を有するDに対して、Bは自らが甲土地の所有者であることを主張することができない。
3　Bが甲土地の所有権移転登記を備えないまま甲土地をEに売却した場合、Eは、甲土地の所有権移転登記なくして、Aに対して甲土地の所有権を主張することができる。
4　Bが甲土地の所有権移転登記を備えた後に甲土地につき取得時効が完成したFは、甲土地の所有権移転登記を備えていなくても、Bに対して甲土地の所有権を主張することができる。

問題 2 ※　AがBに甲土地を売却し、Bが所有権移転登記を備えた場合に関する次の記述のうち、民法の規定及び判例によれば、誤っているものはどれか。

1　AがBとの売買契約をBの詐欺を理由に取り消した後、CがBから甲土地を買い受けて所有権移転登記を備えた場合、AC間の関係は対抗問題となり、Aは、いわゆる背信的悪意者ではないCに対して、登記なくして甲土地の返還を請求することができない。
2　AがBとの売買契約をBの詐欺を理由に取り消す前に、Bの詐欺について悪意のCが、Bから甲土地を買い受けて所有権移転登記を備えていた場合、AはCに対して、甲土地の返還を請求することができる。

3　Aの売却の意思表示には、それに対応する意思を欠く錯誤があり、その錯誤が法律行為の目的及び取引上の社会通念に照らして重要なものである場合、Aに重大な過失がなければ、Aは、Bから甲土地を買い受けたAの錯誤について悪意のCに対して、錯誤による当該意思表示の取消しを主張して、甲土地の返還を請求することができる。

4　Aの売却の意思表示には、それに対応する意思を欠く錯誤があり、その錯誤が法律行為の目的及び取引上の社会通念に照らして重要なものである場合、Aに重大な過失があったとしても、AはBに対して、錯誤による当該意思表示の取消しを主張して、甲土地の返還を請求することができる。

問題 3 ※　事業者ではないAが所有し居住している建物につきAB間で売買契約を締結するに当たり、Aは建物引渡しから3か月に限り目的物の種類又は品質に関する契約不適合責任（以下この問において「担保責任」という。）を負う旨の特約を付けたが、売買契約締結時点において当該建物の構造耐力上主要な部分に契約に適合しない瑕疵(かし)が存在しており、Aはそのことを知っていたがBに告げず、Bはそのことを知らなかった。この場合に関する次の記述のうち、民法の規定によれば、正しいものはどれか。

1　Bが当該不適合の存在を建物引渡しから1年が経過した時に知ったとしても、当該不適合の存在を知った時から1年以内であれば、BはAに対して不適合を通知して担保責任を追及することができる。

2　建物の構造耐力上主要な部分の不適合については、契約の目的を達成できるか否かにかかわらず、Bは不適合を理由にAに対して瑕疵(かし)の追完を催告することなく売買契約を解除することができる。

3　Bが不適合を理由にAに対して損害賠償請求をすることができるのは、不適合を理由に売買契約を解除することができない場合に限られる。

4　ＡＢ間の売買をＢと媒介契約を締結した宅地建物取引業者Ｃが媒介していた場合には、ＢはＣに対して担保責任を追及することができる。

問題 4　不法行為に関する次の記述のうち、民法の規定及び判例によれば、正しいものはどれか。

1　放火によって家屋が滅失し、火災保険契約の被保険者である家屋所有者が当該保険契約に基づく保険金請求権を取得した場合、当該家屋所有者は、加害者に対する損害賠償請求金額からこの保険金額を、いわゆる損益相殺として控除しなければならない。
2　被害者は、不法行為によって損害を受けると同時に、同一の原因によって損害と同質性のある利益を既に受けた場合でも、その額を加害者の賠償すべき損害額から控除されることはない。
3　第三者が債務者を教唆して、その債務の全部又は一部の履行を不能にさせたとしても、当該第三者が当該債務の債権者に対して、不法行為責任を負うことはない。
4　名誉を違法に侵害された者は、損害賠償又は名誉回復のための処分を求めることができるほか、人格権としての名誉権に基づき、加害者に対し侵害行為の差止めを求めることができる。

問題 5　次の１から４までの記述のうち、民法の規定及び判例並びに下記判決文によれば、誤っているものはどれか。

（判決文）

本人が無権代理行為の追認を拒絶した場合には、その後に無権代理人が本人を相続したとしても、無権代理行為が有効になるものではないと解するのが相当である。けだし、無権代理人がした行為は、本人がその追認をしなければ本人に対してその効力を生ぜず（民法113条１項）、本人が追認を拒絶すれば無権代理行為の効力が本人に及ばないことが確定し、追認拒絶の後は本人であっても追認によって無権代理行為を有効とすることができず、右追認拒絶の後に無権代理人が本人を相続したとしても、右追認拒絶の効果に何ら影響を及ぼすものではないからである。

1　本人が無権代理行為の追認を拒絶した場合、その後は本人であっても無権代理行為を追認して有効な行為とすることはできない。

2　本人が追認拒絶をした後に無権代理人が本人を相続した場合と、本人が追認拒絶をする前に無権代理人が本人を相続した場合とで、法律効果は同じである。

3　無権代理行為の追認は、別段の意思表示がないときは、契約の時にさかのぼってその効力を生ずる。ただし、第三者の権利を害することはできない。

4　本人が無権代理人を相続した場合、当該無権代理行為は、その相続により当然には有効とならない。

問題 6　遺産分割に関する次の記述のうち、民法の規定及び判例によれば、正しいものはどれか。

1　被相続人は、遺言によって遺産分割を禁止することはできず、共同相続人は、遺産分割協議によって遺産の全部又は一部の分割をすることができる。

2　共同相続人は、既に成立している遺産分割協議につき、その全部又は一部を全員の合意により解除した上、改めて遺産分割協議を成立させることができる。

3　遺産に属する預貯金債権は、相続開始と同時に当然に相続分に応じて分割され、共同相続人は、その持分に応じて、単独で預貯金債権に関する権利を行使することができる。

4　遺産の分割は、共同相続人の遺産分割協議が成立した時から効力を生ずるが、第三者の権利を害することはできない。

問題 7　Ａを売主、Ｂを買主として甲建物の売買契約が締結された場合におけるＢのＡに対する代金債務（以下「本件代金債務」という。）に関する次の記述のうち、民法の規定及び判例によれば、誤っているものはどれか。

1　Bが、本件代金債務につき受領権限のないCに対して弁済した場合、Cに受領権限がないことを知らないことにつきBに過失があれば、Cが受領した代金をAに引き渡したとしても、Bの弁済は有効にならない。

2　Bが、Aの代理人と称するDに対して本件代金債務を弁済した場合、Dに受領権限がないことにつきBが善意かつ無過失であれば、Bの弁済は有効となる。

3　Bが、Aの相続人と称するEに対して本件代金債務を弁済した場合、Eに受領権限がないことにつきBが善意かつ無過失であれば、Bの弁済は有効となる。

4　Bは、本件代金債務の履行期が過ぎた場合であっても、特段の事情がない限り、甲建物の引渡しに係る履行の提供を受けていないことを理由として、Aに対して代金の支払を拒むことができる。

問題 8 ※　Aを注文者、Bを請負人とする請負契約（以下「本件契約」という。）が締結された場合における次の記述のうち、民法の規定及び判例によれば、誤っているものはどれか。

1　本件契約の目的物たる建物に重大な瑕疵（かし）があるためこれを建て替えざるを得ない場合には、AはBに対して当該建物の建替えに要する費用相当額の損害賠償を請求することができる。

2　本件契約が、事務所の用に供するコンクリート造の建物の建築を目的とする場合、Bの契約不適合責任の存続期間を20年と定めることができる。

3　本件契約の目的が建物の増築である場合、Aの失火により当該建物が焼失し増築できなくなったときは、Bは本件契約に基づく未履行部分の仕事完成債務を免れる。

4　Bが仕事を完成しない間は、AはいつでもBに対して損害を賠償して本件契約を解除することができる。

問題 9 ※　AがBに対して金銭の支払を求めて訴えを提起した場合の時効の更新に関する次の記述のうち、民法の規定及び判例によれば、誤っているものはどれか。

1　訴えの提起後に当該訴えが取り下げられた場合には、特段の事情がない限り、時効更新の効力は生じない。

2　訴えの提起後に当該訴えの却下の判決が確定した場合には、時効更新の効力は生じない。

3　訴えの提起後に請求棄却の判決が確定した場合には、時効更新の効力は生じない。

4　訴えの提起後に裁判上の和解が成立した場合には、時効更新の効力は生じない。

問題 10　債務者Ａが所有する甲土地には、債権者Ｂが一番抵当権（債権額2,000万円）、債権者Ｃが二番抵当権（債権額2,400万円）、債権者Ｄが三番抵当権（債権額3,000万円）をそれぞれ有しているが、ＢはＤの利益のために抵当権の順位を譲渡した。甲土地の競売に基づく売却代金が6,000万円であった場合、Ｂの受ける配当額として、民法の規定によれば、正しいものはどれか。

1　600万円
2　1,000万円
3　1,440万円
4　1,600万円

問題 11※　甲土地につき、期間を60年と定めて賃貸借契約を締結しようとする場合（以下「ケース①」という。）と、期間を15年と定めて賃貸借契約を締結しようとする場合（以下「ケース②」という。）に関する次の記述のうち、民法及び借地借家法の規定によれば、正しいものはどれか。

1　賃貸借契約が建物を所有する目的ではなく、資材置場とする目的である場合、ケース①は期間の定めのない契約になり、ケース②では期間は

15年となる。

2　賃貸借契約が建物の所有を目的とする場合、公正証書で契約を締結しなければ、ケース①の期間は30年となり、ケース②の期間は15年となる。

3　賃貸借契約が居住の用に供する建物の所有を目的とする場合、ケース①では契約の更新がないことを書面で定めればその特約は有効であるが、ケース②では契約の更新がないことを書面で定めても無効であり、期間は30年となる。

4　賃貸借契約が専ら工場の用に供する建物の所有を目的とする場合、ケース①では契約の更新がないことを公正証書で定めた場合に限りその特約は有効であるが、ケース②では契約の更新がないことを公正証書で定めても無効である。

問題 12　AがBに対し、A所有の甲建物を３年間賃貸する旨の契約をした場合における次の記述のうち、民法及び借地借家法の規定によれば、正しいものはどれか（借地借家法第39条に定める取壊し予定の建物の賃貸借及び同法第40条に定める一時使用目的の建物の賃貸借は考慮しないものとする。）。

1　ＡＢ間の賃貸借契約について、契約の更新がない旨を定めるには、公正証書による等書面によって契約すれば足りる。

2　甲建物が居住の用に供する建物である場合には、契約の更新がない旨を定めることはできない。

3　ＡがＢに対して、期間満了の３月前までに更新しない旨の通知をしなければ、従前の契約と同一の条件で契約を更新したものとみなされるが、その期間は定めがないものとなる。

4　Ｂが適法に甲建物をＣに転貸していた場合、Ａは、Ｂとの賃貸借契約が解約の申入れによって終了するときは、特段の事情がない限り、Ｃにその旨の通知をしなければ、賃貸借契約の終了をＣに対抗することができない。

問題 13　建物の区分所有等に関する法律（以下この問において「法」という。）に関する次の記述のうち、正しいものはどれか。

1　専有部分が数人の共有に属するときは、共有者は、集会においてそれぞれ議決権を行使することができる。
2　区分所有者の承諾を得て専有部分を占有する者は、会議の目的たる事項につき利害関係を有する場合には、集会に出席して議決権を行使することができる。
3　集会においては、規約に別段の定めがある場合及び別段の決議をした場合を除いて、管理者又は集会を招集した区分所有者の１人が議長となる。
4　集会の議事は、法又は規約に別段の定めがない限り、区分所有者及び議決権の各４分の３以上の多数で決する。

問題 14　不動産の登記に関する次の記述のうち、不動産登記法の規定によれば、誤っているものはどれか。

1　登記の申請に係る不動産の所在地が当該申請を受けた登記所の管轄に属しないときは、登記官は、理由を付した決定で、当該申請を却下しなければならない。
2　所有権の登記名義人が相互に異なる土地の合筆の登記は、することができない。
3　登記官は、一筆の土地の一部が別の地目となったときであっても、職権で当該土地の分筆の登記をすることはできない。
4　登記の申請をする者の委任による代理人の権限は、本人の死亡によっては、消滅しない。

問題 15　都市計画法に関する次の記述のうち、誤っているものはどれか。

1　高度地区は、用途地域内において市街地の環境を維持し、又は土地利用の増進を図るため、建築物の高さの最高限度又は最低限度を定める地区とされている。

2　特定街区については、都市計画に、建築物の容積率並びに建築物の高さの最高限度及び壁面の位置の制限を定めるものとされている。

3　準住居地域は、道路の沿道としての地域の特性にふさわしい業務の利便の増進を図りつつ、これと調和した住居の環境を保護するため定める地域とされている。

4　特別用途地区は、用途地域が定められていない土地の区域（市街化調整区域を除く。）内において、その良好な環境の形成又は保持のため当該地域の特性に応じて合理的な土地利用が行われるよう、制限すべき特定の建築物等の用途の概要を定める地区とされている。

問題 16　都市計画法に関する次の記述のうち、正しいものはどれか。ただし、許可を要する開発行為の面積については、条例による定めはないものとし、この問において「都道府県知事」とは、地方自治法に基づく指定都市、中核市及び施行時特例市にあってはその長をいうものとする。

1　準都市計画区域において、店舗の建築を目的とした4,000㎡の土地の区画形質の変更を行おうとする者は、あらかじめ、都道府県知事の許可を受けなければならない。

2　市街化区域において、農業を営む者の居住の用に供する建築物の建築を目的とした1,500㎡の土地の区画形質の変更を行おうとする者は、都道府県知事の許可を受けなくてよい。

3　市街化調整区域において、野球場の建設を目的とした8,000㎡の土地の区画形質の変更を行おうとする者は、あらかじめ、都道府県知事の許可を受けなければならない。

4　市街化調整区域において、医療法に規定する病院の建築を目的とした1,000㎡の土地の区画形質の変更を行おうとする者は、都道府県知事の許可を受けなくてよい。

問題 17 建築基準法に関する次の記述のうち、誤っているものはどれか。

1　特定行政庁は、緊急の必要がある場合においては、建築基準法の規定に違反した建築物の所有者等に対して、仮に、当該建築物の使用禁止又は使用制限の命令をすることができる。

2　地方公共団体は、条例で、津波、高潮、出水等による危険の著しい区域を災害危険区域として指定することができ、当該区域内における住居の用に供する建築物の建築の禁止その他建築物の建築に関する制限で災害防止上必要なものは当該条例で定めることとされている。

3　防火地域内にある看板で建築物の屋上に設けるものは、その主要な部分を不燃材料で造り、又はおおわなければならない。

4　共同住宅の住戸には、非常用の照明装置を設けなければならない。

問題 18 建築基準法に関する次の記述のうち、正しいものはどれか。

1　第一種低層住居専用地域内においては、延べ面積の合計が60㎡であって、居住の用に供する延べ面積が40㎡、クリーニング取次店の用に供する延べ面積が20㎡である兼用住宅は、建築してはならない。

2　工業地域内においては、幼保連携型認定こども園を建築することができる。

3　都市計画において定められた建蔽率の限度が10分の8とされている地域外で、かつ、防火地域内にある準耐火建築物の建蔽率については、都市計画において定められた建蔽率の数値に10分の1を加えた数値が限度となる。

4　地方公共団体は、その敷地が袋路状道路にのみ接する一戸建ての住宅について、条例で、その敷地が接しなければならない道路の幅員に関して必要な制限を付加することができる。

問題 19※　宅地造成及び特定盛土等規制法に関する次の記述のうち、正しいものはどれか。なお、この問において「都道府県知事」とは、地方自治法に基づく指定都市、中核市及び施行時特例市にあってはその長をいうものとする。

1　宅地造成等工事規制区域外において行われる宅地造成等に関する工事については、工事主は、工事に着手する日の14日前までに都道府県知事に届け出なければならない。
2　宅地造成等工事規制区域内において行われる宅地造成等に関する工事の許可を受けた者は、主務省令で定める軽微な変更を除き、当該許可に係る工事の計画の変更をしようとするときは、遅滞なくその旨を都道府県知事に届け出なければならない。
3　宅地造成等工事規制区域の指定の際に、当該宅地造成等工事規制区域内において宅地造成等工事を行っている者は、当該工事について都道府県知事の許可を受ける必要はない。
4　都道府県知事は、宅地造成等に伴い災害が生ずるおそれが大きい市街地もしくは市街地となろうとする土地の区域または集落の区域であって、宅地造成等に関する工事について規制を行う必要があるものを、造成宅地防災区域として指定することができる。

問題 20　土地区画整理法に関する次の記述のうち、誤っているものはどれか。

1　仮換地の指定があった日後、土地区画整理事業の施行による施行地区内の土地及び建物の変動に係る登記がされるまでの間は、登記の申請人が確定日付のある書類によりその指定前に登記原因が生じたことを証明した場合を除き、施行地区内の土地及び建物に関しては他の登記をすることができない。
2　施行者が個人施行者、土地区画整理組合、区画整理会社、市町村、独立行政法人都市再生機構又は地方住宅供給公社であるときは、その換地計画について都道府県知事の認可を受けなければならない。
3　個人施行者以外の施行者は、換地計画を定めようとする場合においては、その換地計画を2週間公衆の縦覧に供しなければならない。

4　換地処分の公告があった場合においては、換地計画において定められた換地は、その公告があった日の翌日から従前の宅地とみなされ、換地計画において換地を定めなかった従前の宅地について存する権利は、その公告があった日が終了した時において消滅する。

問題 21　農地に関する次の記述のうち、農地法（以下この問において「法」という。）の規定によれば、正しいものはどれか。

1　耕作目的で原野を農地に転用しようとする場合、法第４条第１項の許可は不要である。
2　金融機関からの資金借入れのために農地に抵当権を設定する場合、法第３条第１項の許可が必要である。
3　市街化区域内の農地を自家用駐車場に転用する場合、法第４条第１項の許可が必要である。
4　砂利採取法による認可を受けた採取計画に従って砂利採取のために農地を一時的に貸し付ける場合、法第５条第１項の許可は不要である。

問題 22　国土利用計画法第23条の届出（以下この問において「事後届出」という。）に関する次の記述のうち、正しいものはどれか。

1　宅地建物取引業者Ａが、自己の所有する市街化区域内の2,000㎡の土地を、個人Ｂ、個人Ｃに1,000㎡ずつに分割して売却した場合、Ｂ、Ｃは事後届出を行わなければならない。
2　個人Ｄが所有する市街化区域内の3,000㎡の土地を、個人Ｅが相続により取得した場合、Ｅは事後届出を行わなければならない。
3　宅地建物取引業者Ｆが所有する市街化調整区域内の6,000㎡の一団の土地を、宅地建物取引業者Ｇが一定の計画に従って、3,000㎡ずつに分割して購入した場合、Ｇは事後届出を行わなければならない。
4　甲市が所有する市街化調整区域内の12,000㎡の土地を、宅地建物取引業者Ｈが購入した場合、Ｈは事後届出を行わなければならない。

問題 23 ※　個人が令和６年中に令和６年１月１日において所有期間が10年を超える居住用財産を譲渡した場合のその譲渡に係る譲渡所得の課税に関する次の記述のうち、誤っているものはどれか。

1　その譲渡について収用交換等の場合の譲渡所得等の5,000万円特別控除の適用を受ける場合であっても、その特別控除後の譲渡益について、居住用財産を譲渡した場合の軽減税率の特例の適用を受けることができる。

2　居住用財産を譲渡した場合の軽減税率の特例は、その個人が令和４年において既にその特例の適用を受けている場合であっても、令和６年中の譲渡による譲渡益について適用を受けることができる。

3　居住用財産の譲渡所得の3,000万円特別控除は、その個人がその個人と生計を一にしていない孫に譲渡した場合には、適用を受けることができない。

4　その譲渡について収用等に伴い代替資産を取得した場合の課税の特例の適用を受ける場合には、その譲渡があったものとされる部分の譲渡益について、居住用財産を譲渡した場合の軽減税率の特例の適用を受けることができない。

問題 24　固定資産税に関する次の記述のうち、地方税法の規定によれば、正しいものはどれか。

1　居住用超高層建築物（いわゆるタワーマンション）に対して課する固定資産税は、当該居住用超高層建築物に係る固定資産税額を、各専有部分の取引価格の当該居住用超高層建築物の全ての専有部分の取引価格の合計額に対する割合により按分した額を、各専有部分の所有者に対して課する。

2　住宅用地のうち、小規模住宅用地に対して課する固定資産税の課税標準は、当該小規模住宅用地に係る固定資産税の課税標準となるべき価格の３分の１の額とされている。

3　固定資産税の納期は、他の税目の納期と重複しないようにとの配慮から、４月、７月、12月、２月と定められており、市町村はこれと異なる納期を定めることはできない。

4　固定資産税は、固定資産の所有者に対して課されるが、質権又は100年より永い存続期間の定めのある地上権が設定されている土地については、所有者ではなくその質権者又は地上権者が固定資産税の納税義務者となる。

問題 25　地価公示法に関する次の記述のうち、正しいものはどれか。

1　都市及びその周辺の地域等において、土地の取引を行う者は、取引の対象土地から最も近傍の標準地について公示された価格を指標として取引を行うよう努めなければならない。

2　標準地は、都市計画区域外や国土利用計画法の規定により指定された規制区域内からは選定されない。

3　標準地の正常な価格とは、土地について、自由な取引が行われるとした場合におけるその取引（一定の場合を除く。）において通常成立すると認められる価格をいい、当該土地に関して地上権が存する場合は、この権利が存しないものとして通常成立すると認められる価格となる。

4　土地鑑定委員会は、自然的及び社会的条件からみて類似の利用価値を有すると認められる地域において、土地の利用状況、環境等が特に良好と認められる一団の土地について標準地を選定する。

問題 26　宅地建物取引業法に関する次の記述のうち、正しいものはどれか。

1　宅地建物取引業者は、自己の名義をもって、他人に、宅地建物取引業を営む旨の表示をさせてはならないが、宅地建物取引業を営む目的をもってする広告をさせることはできる。

2　宅地建物取引業とは、宅地又は建物の売買等をする行為で業として行うものをいうが、建物の一部の売買の代理を業として行う行為は、宅地建物取引業に当たらない。

3　宅地建物取引業の免許を受けていない者が営む宅地建物取引業の取引に、宅地建物取引業者が代理又は媒介として関与していれば、当該取引は無免許事業に当たらない。

4　宅地建物取引業者の従業者が、当該宅地建物取引業者とは別に自己のために免許なく宅地建物取引業を営むことは、無免許事業に当たる。

問題 27※　宅地建物取引業法に関する次の記述のうち、正しいものはいくつあるか。なお、取引の相手方は宅地建物取引業者ではないものとする（以下この問において「契約不適合責任」とは、種類又は品質に関して契約の内容に適合しない場合における、その適合を担保すべき責任をいう）。

ア　宅地建物取引業者は、自己の所有に属しない宅地又は建物についての自ら売主となる売買契約を締結してはならないが、当該売買契約の予約を行うことはできる。

イ　宅地建物取引業者は、自ら売主となる宅地又は建物の売買契約において、その目的物の契約不適合責任に関し、取引の相手方が同意した場合に限り、当該責任について通知期間を当該宅地又は建物の引渡しの日から1年とする特約を有効に定めることができる。

ウ　宅地建物取引業者は、いかなる理由があっても、その業務上取り扱ったことについて知り得た秘密を他に漏らしてはならない。

エ　宅地建物取引業者は、宅地建物取引業に係る契約の締結の勧誘をするに際し、その相手方に対し、利益を生ずることが確実であると誤解させるべき断定的判断を提供する行為をしてはならない。

1　一つ
2　二つ
3　三つ
4　なし

問題 28　宅地建物取引業者が建物の貸借の媒介を行う場合における宅地建物取引業法第35条に規定する重要事項の説明に関する次の記述の

うち、正しいものはどれか。なお、説明の相手方は宅地建物取引業者ではないものとする。

1　当該建物が住宅の品質確保の促進等に関する法律第５条第１項に規定する住宅性能評価を受けた新築住宅であるときは、その旨を説明しなければならない。

2　当該建物が既存の建物であるときは、既存住宅に係る住宅の品質確保の促進等に関する法律第６条第３項に規定する建設住宅性能評価書の保存の状況について説明しなければならない。

3　当該建物が既存の建物である場合、石綿使用の有無の調査結果の記録がないときは、石綿使用の有無の調査を自ら実施し、その結果について説明しなければならない。

4　当該建物が建物の区分所有等に関する法律第２条第１項に規定する区分所有権の目的であるものであって、同条第３項に規定する専有部分の用途その他の利用の制限に関する規約の定めがあるときは、その内容を説明しなければならない。

問題 29　宅地建物取引業法（以下この問において「法」という。）の規定に基づく監督処分及び罰則に関する次の記述のうち、正しいものはいくつあるか。

ア　宅地建物取引業者Ａ（国土交通大臣免許）が甲県内における業務に関し、法第37条に規定する書面を交付していなかったことを理由に、甲県知事がＡに対して業務停止処分をしようとするときは、あらかじめ、内閣総理大臣に協議しなければならない。

イ　乙県知事は、宅地建物取引業者Ｂ（乙県知事免許）に対して指示処分をしようとするときは、聴聞を行わなければならず、聴聞の期日における審理は、公開により行わなければならない。

ウ　丙県知事は、宅地建物取引業者Ｃ（丙県知事免許）が免許を受けてから１年以内に事業を開始しないときは、免許を取り消さなければならない。

エ　宅地建物取引業者Ｄ（丁県知事免許）は、法第72条第１項の規定に基づき、丁県知事から業務について必要な報告を求められたが、これを怠った。この場合、Ｄは50万円以下の罰金に処せられることがある。

1　一つ
2　二つ
3　三つ
4　四つ

問題 30　宅地建物取引業者が行う広告に関する次の記述のうち、宅地建物取引業法の規定に違反するものはいくつあるか。

ア　建築基準法第６条第１項に基づき必要とされる確認を受ける前において、建築工事着手前の賃貸住宅の貸主から当該住宅の貸借の媒介を依頼され、取引態様を媒介と明示して募集広告を行った。

イ　一団の宅地の売買について、数回に分けて広告する際に、最初に行った広告以外には取引態様の別を明示しなかった。

ウ　建物の貸借の媒介において、依頼者の依頼によらない通常の広告を行い、国土交通大臣の定める報酬限度額の媒介報酬のほか、当該広告の料金に相当する額を受領した。

エ　建築工事着手前の分譲住宅の販売において、建築基準法第６条第１項に基づき必要とされる確認を受ける前に、取引態様を売主と明示して当該住宅の広告を行った。

1　一つ
2　二つ
3　三つ
4　四つ

問題 31　宅地建物取引業者Ａが、ＢからＢ所有の既存のマンションの売却に係る媒介を依頼され、Ｂと専任媒介契約（専属専任媒介契約ではないものとする。）を締結した。この場合における次の記述のうち、宅地建物取引業法の規定によれば、正しいものはいくつあるか。

ア　Ａは、専任媒介契約の締結の日から７日以内に所定の事項を指定流通機構に登録しなければならないが、その期間の計算については、休業日数を算入しなければならない。

イ　ＡがＢとの間で有効期間を６月とする専任媒介契約を締結した場合、その媒介契約は無効となる。

ウ　Ｂが宅地建物取引業者である場合、Ａは、当該専任媒介契約に係る業務の処理状況の報告をする必要はない。

エ　ＡがＢに対して建物状況調査を実施する者のあっせんを行う場合、建物状況調査を実施する者は建築士法第２条第１項に規定する建築士であって国土交通大臣が定める講習を修了した者でなければならない。

1　一つ
2　二つ
3　三つ
4　四つ

問題 32 ※　宅地建物取引業者Ａ（消費税課税事業者）が受け取ることのできる報酬額に関する次の記述のうち、宅地建物取引業法の規定によれば、誤っているものはどれか。なお、この問において報酬額に含まれる消費税等相当額は税率 10％で計算するものとする。

1　宅地（代金 200 万円。消費税等相当額を含まない。）の売買の代理について、通常の売買の代理と比較して現地調査等の費用が８万円（消費税等相当額を含まない。）多く要した場合、売主Ｂと合意していた場合には、ＡはＢから 308,000 円を上限として報酬を受領することができる。
2　事務所（１か月の借賃 110 万円。消費税等相当額を含む。）の貸借の媒介について、Ａは依頼者の双方から合計で 110 万円を上限として報酬を受領することができる。
3　既存住宅の売買の媒介について、Ａが売主Ｃに対して建物状況調査を実施する者をあっせんした場合、ＡはＣから報酬とは別にあっせんに係る料金を受領することはできない。
4　宅地（代金 200 万円。消費税等相当額を含まない。）の売買の媒介について、通常の売買の媒介と比較して現地調査等の費用を多く要しない場合でも、売主Dと合意していた場合には、AはDから194,400円を報酬として受領することができる。

問題 33 宅地建物取引業保証協会（以下この問において「保証協会」という。）に関する次の記述のうち、宅地建物取引業法の規定によれば、正しいものはどれか。

1　宅地建物取引業者で保証協会に加入した者は、その加入の日から２週間以内に、弁済業務保証金分担金を保証協会に納付しなければならない。
2　保証協会の社員となった宅地建物取引業者が、保証協会に加入する前に供託していた営業保証金を取り戻すときは、還付請求権者に対する公告をしなければならない。
3　保証協会の社員は、新たに事務所を設置したにもかかわらずその日から２週間以内に弁済業務保証金分担金を納付しなかったときは、保証協会の社員の地位を失う。
4　還付充当金の未納により保証協会の社員の地位を失った宅地建物取引業者は、その地位を失った日から２週間以内に弁済業務保証金を供託すれば、その地位を回復する。

問題 34 ※ 宅地建物取引業法（以下この問において「法」という。）第37条の規定により交付すべき書面（以下この問において「37条書面」という。）に関する次の記述のうち、法の規定によれば、正しいものはどれか。

1　宅地建物取引業者が自ら売主として建物の売買を行う場合、当事者の債務の不履行を理由とする契約の解除に伴う損害賠償の額として売買代金の額の10分の２を超えない額を予定するときは、37条書面にその内容を記載しなくてよい。
2　宅地建物取引業者が既存住宅の売買の媒介を行う場合、37条書面に当該建物の構造耐力上主要な部分等の状況について当事者の双方が確認した事項を記載しなければならない。

3　宅地建物取引業者は、その媒介により売買契約を成立させた場合、当該宅地又は建物に係る租税その他の公課の負担に関する定めについて、37条書面にその内容を記載する必要はない。

4　宅地建物取引業者は、その媒介により契約を成立させ、37条書面を作成したときは、法第35条に規定する書面に記名した宅地建物取引士をして、37条書面に記名させなければならない。

問題 35　宅地建物取引業者Aが行う業務に関する次の記述のうち、宅地建物取引業法の規定に違反しないものはどれか。

1　Aは、宅地建物取引業者ではないBが所有する宅地について、Bとの間で確定測量図の交付を停止条件とする売買契約を締結した。その後、停止条件が成就する前に、Aは自ら売主として、宅地建物取引業者ではないCとの間で当該宅地の売買契約を締結した。

2　Aは、その主たる事務所に従事する唯一の専任の宅地建物取引士Dが令和5年5月15日に退職したため、同年6月10日に新たな専任の宅地建物取引士Eを置いた。

3　Aは、宅地建物取引業者Fから宅地の売買に関する注文を受けた際、Fに対して取引態様の別を明示しなかった。

4　Aは、宅地の貸借の媒介に際し、当該宅地が都市計画法第29条の許可の申請中であることを知りつつ、賃貸借契約を成立させた。

問題 36　宅地建物取引業者Aが宅地建物取引業法（以下この問において「法」という。）第37条の規定により交付すべき書面（以下この問において「37条書面」という。）に関する次の記述のうち、法の規定によれば、正しいものはいくつあるか。

ア　Aは、その媒介により建築工事完了前の建物の売買契約を成立させ、当該建物を特定するために必要な表示について37条書面で交付する際、法第35条の規定に基づく重要事項の説明において使用した図書の交付により行った。

イ　Aが自ら貸主として宅地の定期賃貸借契約を締結した場合において、借賃の支払方法についての定めがあるときは、Aは、その内容を37条書面に記載しなければならず、借主が宅地建物取引業者であっても、当該書面を交付しなければならない。

ウ　土地付建物の売主Aは、買主が金融機関から住宅ローンの承認を得られなかったときは契約を無条件で解除できるという取決めをしたが、自ら住宅ローンのあっせんをする予定がなかったので、37条書面にその取決めの内容を記載しなかった。

エ　Aがその媒介により契約を成立させた場合において、契約の解除に関する定めがあるときは、当該契約が売買、貸借のいずれに係るものであるかを問わず、37条書面にその内容を記載しなければならない。

1　一つ
2　二つ
3　三つ
4　四つ

問題37※　宅地建物取引業者Aが、自ら売主として、宅地建物取引業者ではないBとの間で締結する建築工事完了前のマンション（代金3,000万円）の売買契約に関する次の記述のうち、宅地建物取引業法（以下この問において「法」という。）の規定によれば、正しいものはどれか。

1　Aが手付金として200万円を受領しようとする場合、Aは、Bに対して書面で法第41条に定める手付金等の保全措置を講じないことを告げれば、当該手付金について保全措置を講じる必要はない。

2　Aが手付金を受領している場合、Bが契約の履行に着手する前であっても、Aは、契約を解除することについて正当な理由がなければ、手付金の倍額を現実に提供して契約を解除することができない。

3　Aが150万円を手付金として受領し、さらに建築工事完了前に中間金として50万円を受領しようとする場合、Aは、手付金と中間金の合計額200万円について法第41条に定める手付金等の保全措置を講じれば、当該中間金を受領することができる。

4　Aが150万円を手付金として受領し、さらに建築工事完了前に中間金として500万円を受領しようとする場合、Aは、手付金と中間金の合計額650万円について法第41条に定める手付金等の保全措置を講じたとしても、当該中間金を受領することができない。

問題38　宅地建物取引業者Aが、自ら売主として、宅地建物取引業者ではないBとの間で宅地の売買契約を締結した場合における、宅地建物取引業法第37条の2の規定に基づくいわゆるクーリング・オフに関する次の記述のうち、誤っているものはいくつあるか。

ア　Bがクーリング・オフにより売買契約を解除した場合、当該契約の解除に伴う違約金について定めがあるときは、Aは、Bに対して違約金の支払を請求することができる。

イ　Aは、Bの指定した喫茶店で買受けの申込みを受けたが、その際クーリング・オフについて何も告げず、その3日後に、クーリング・オフについて書面で告げたうえで売買契約を締結した。この契約において、クーリング・オフにより契約を解除できる期間について買受けの申込みをした日から起算して10日間とする旨の特約を定めた場合、当該特約は無効となる。

ウ　Aが媒介を依頼した宅地建物取引業者Cの事務所でBが買受けの申込みをし、売買契約を締結した場合、Aからクーリング・オフについて何も告げられていなければ、当該契約を締結した日から起算して8日経過していてもクーリング・オフにより契約を解除することができる。

1　一つ
2　二つ
3　三つ
4　なし

問題39　宅地建物取引業者が行う宅地建物取引業法第35条に規定す

る重要事項の説明に関する次の記述のうち、正しいものはどれか。なお、説明の相手方は宅地建物取引業者ではないものとする。

1　既存住宅の貸借の媒介を行う場合、建物の建築及び維持保全の状況に関する書類の保存状況について説明しなければならない。

2　宅地の売買の媒介を行う場合、登記された抵当権について、引渡しまでに抹消される場合は説明しなくてよい。

3　宅地の貸借の媒介を行う場合、借地権の存続期間を50年とする賃貸借契約において、契約終了時における当該宅地の上の建物の取壊しに関する事項を定めようとするときは、その内容を説明しなければならない。

4　建物の売買又は貸借の媒介を行う場合、当該建物が津波防災地域づくりに関する法律第53条第1項により指定された津波災害警戒区域内にあるときは、その旨を、売買の場合は説明しなければならないが、貸借の場合は説明しなくてよい。

問題 40　次の記述のうち、宅地建物取引業法の規定によれば、誤っているものはどれか。

1　宅地建物取引業者の従業者は、取引の関係者の請求があったときは、従業者証明書を提示しなければならないが、宅地建物取引士は、重要事項の説明をするときは、請求がなくても説明の相手方に対し、宅地建物取引士証を提示しなければならない。

2　宅地建物取引業者は、その業務に関する帳簿を、各取引の終了後5年間、当該宅地建物取引業者が自ら売主となる新築住宅に係るものにあっては10年間、保存しなければならない。

3　宅地建物取引業者が、一団の宅地建物の分譲を案内所を設置して行う場合、その案内所が一時的かつ移動が容易な施設であるときは、当該案内所には、クーリング・オフ制度の適用がある旨等所定の事項を表示した標識を掲げなければならない。

4　宅地建物取引業者が、一団の宅地建物の分譲を案内所を設置して行う場合、その案内所が契約を締結し、又は契約の申込みを受ける場所であるときは、当該案内所には、専任の宅地建物取引士を置かなければならない。

問題 41 宅地建物取引業者が行う宅地建物取引業法第35条に規定する重要事項の説明（以下この問において「重要事項説明」という。）に関する次の記述のうち、正しいものはどれか。なお、説明の相手方は宅地建物取引業者ではないものとする。

1　建物管理が管理会社に委託されている建物の貸借の媒介をする宅地建物取引業者は、当該建物が区分所有建物であるか否かにかかわらず、その管理会社の商号及びその主たる事務所の所在地について、借主に説明しなければならない。
2　宅地建物取引業者である売主は、他の宅地建物取引業者に媒介を依頼して宅地の売買契約を締結する場合、重要事項説明の義務を負わない。
3　建物の貸借の媒介において、建築基準法に規定する建蔽率及び容積率に関する制限があるときは、その概要を説明しなければならない。
4　重要事項説明では、代金、交換差金又は借賃の額を説明しなければならないが、それ以外に授受される金銭の額については説明しなくてよい。

問題 42 宅地建物取引業法第2条第1号に規定する宅地に関する次の記述のうち、誤っているものはどれか。

1　建物の敷地に供せられる土地は、都市計画法に規定する用途地域の内外を問わず宅地であるが、道路、公園、河川等の公共施設の用に供せられている土地は、用途地域内であれば宅地とされる。
2　宅地とは、現に建物の敷地に供せられている土地に限らず、広く建物の敷地に供する目的で取引の対象とされた土地をいうものであり、その地目、現況の如何を問わない。
3　都市計画法に規定する市街化調整区域内において、建物の敷地に供せられる土地は宅地である。

4　都市計画法に規定する準工業地域内において、建築資材置場の用に供せられている土地は宅地である。

問題 43　宅地建物取引業の免許（以下この問において「免許」という。）に関する次の記述のうち、宅地建物取引業法の規定によれば、正しいものはどれか。

1　免許を受けようとする法人の非常勤役員が、刑法第 246 条（詐欺）の罪により懲役１年の刑に処せられ、その刑の執行が終わった日から５年を経過していなくても、当該法人は免許を受けることができる。

2　免許を受けようとする法人の政令で定める使用人が、刑法第 252 条（横領）の罪により懲役１年執行猶予２年の刑に処せられ、その刑の執行猶予期間を満了している場合、その満了の日から５年を経過していなくても、当該法人は免許を受けることができる。

3　免許を受けようとする法人の事務所に置く専任の宅地建物取引士が、刑法第 261 条（器物損壊等）の罪により罰金の刑に処せられ、その刑の執行が終わった日から５年を経過していない場合、当該法人は免許を受けることができない。

4　免許を受けようとする法人の代表取締役が、刑法第 231 条（侮辱）の罪により拘留の刑に処せられ、その刑の執行が終わった日から５年を経過していない場合、当該法人は免許を受けることができない。

問題 44　宅地建物取引業法に規定する宅地建物取引士資格登録（以下この問において「登録」という。）に関する次の記述のうち、正しいものはどれか。

1　業務停止の処分に違反したとして宅地建物取引業の免許の取消しを受けた法人の政令で定める使用人であった者は、当該免許取消しの日から５年を経過しなければ、登録を受けることができない。

2　宅地建物取引業者Ａ（甲県知事免許）に勤務する宅地建物取引士（甲

県知事登録）が、宅地建物取引業者Ｂ（乙県知事免許）に勤務先を変更した場合は、乙県知事に対して、遅滞なく勤務先の変更の登録を申請しなければならない。

3　甲県知事登録を受けている者が、甲県から乙県に住所を変更した場合は、宅地建物取引士証の交付を受けていなくても、甲県知事に対して、遅滞なく住所の変更の登録を申請しなければならない。

4　宅地建物取引士資格試験に合格した者は、宅地建物取引に関する実務の経験を有しない場合でも、合格した日から１年以内に登録を受けようとするときは、登録実務講習を受講する必要はない。

問題 45　特定住宅瑕疵担保責任の履行の確保等に関する法律に基づく住宅販売瑕疵担保保証金の供託又は住宅販売瑕疵担保責任保険契約の締結に関する次の記述のうち、誤っているものはどれか。

1　宅地建物取引業者は、自ら売主として新築住宅を販売する場合だけでなく、新築住宅の売買の媒介をする場合においても、住宅販売瑕疵担保保証金の供託又は住宅販売瑕疵担保責任保険契約の締結を行う義務を負う。

2　自ら売主として新築住宅を販売する宅地建物取引業者は、住宅販売瑕疵担保保証金の供託をしている場合、当該住宅の売買契約を締結するまでに、当該住宅の宅地建物取引業者ではない買主に対し、供託所の所在地等について、それらの事項を記載した書面を交付して説明しなければならない。

3　自ら売主として新築住宅を宅地建物取引業者ではない買主に引き渡した宅地建物取引業者は、基準日ごとに基準日から３週間以内に、当該基準日に係る住宅販売瑕疵担保保証金の供託及び住宅販売瑕疵担保責任保険契約の締結の状況について、宅地建物取引業の免許を受けた国土交通大臣又は都道府県知事に届け出なければならない。

4　住宅販売瑕疵担保責任保険契約を締結している宅地建物取引業者は、当該保険に係る新築住宅に、構造耐力上主要な部分又は雨水の浸入を防止する部分の隠れた瑕疵（構造耐力又は雨水の浸入に影響のないものを除く。）がある場合に、特定住宅販売瑕疵担保責任の履行によって生じた損害について保険金を請求することができる。

問題 46　独立行政法人住宅金融支援機構（以下この問において「機構」という。）に関する次の記述のうち、誤っているものはどれか。

1　機構は、証券化支援事業（買取型）において、中古住宅を購入するための貸付債権を買取りの対象としていない。
2　機構は、証券化支援事業（買取型）において、バリアフリー性、省エネルギー性、耐震性又は耐久性・可変性に優れた住宅を取得する場合に、貸付金の利率を一定期間引き下げる制度を実施している。
3　機構は、マンション管理組合や区分所有者に対するマンション共用部分の改良に必要な資金の貸付けを業務として行っている。
4　機構は、災害により住宅が滅失した場合において、それに代わるべき建築物の建設又は購入に必要な資金の貸付けを業務として行っている。

問題 47※　宅地建物取引業者が行う広告に関する次の記述のうち、不当景品類及び不当表示防止法（不動産の表示に関する公正競争規約を含む。）の規定によれば、正しいものはどれか。

1　土地を販売するに当たり、購入者に対し、購入後一定期間内に当該土地に建物を建築することを条件としていても、建物建築の発注先を購入者が自由に選定できることとなっていれば、当該土地の広告に「建築条件付土地」と表示する必要はない。
2　新聞折込チラシにおいて新築賃貸マンションの賃料を表示するに当たり、全ての住戸の賃料を表示することがスペース上困難な場合は、標準的な１住戸１か月当たりの賃料を表示すれば、不当表示に問われることはない。
3　リフォーム済みの中古住宅については、リフォーム済みである旨を必ず表示しなければならない。
4　分譲住宅について、住宅の購入者から買い取って再度販売する場合、当該住宅が建築工事完了後1年未満で居住の用に供されたことがないものであるときは、広告に「新築」と表示しても、不当表示に問われることはない。

問題 48 次の記述のうち、正しいものはどれか。

本問は参考問題です。
次の本試験の基準となる最新統計情報をもとに改題した本問を、弊社webサイトよりダウンロードしてご利用ください（2024年8月末予定）。

※詳細はvページ「パーフェクト宅建士シリーズ読者特典（＊特典３＊）」をご参照ください。

1　平成29年度法人企業統計年報（平成30年9月公表）によれば、平成29年度における全産業の経常利益は前年度に比べ11.4％増加となったが、不動産業の経常利益は13.8％減少した。
2　平成31年地価公示（平成31年3月公表）によれば、平成30年1月以降の1年間の地価変動率は、全国平均では住宅地、商業地、工業地のいずれについても上昇となった。
3　令和元年版国土交通白書（令和元年7月公表）によれば、平成30年3月末における宅地建物取引業者数は約20万に達している。
4　建築着工統計（平成31年1月公表）によれば、平成30年の貸家の新設着工戸数は約39.6万戸となっており、7年連続の増加となった。

問題 49 土地に関する次の記述のうち、最も不適当なものはどれか。

1　台地、段丘は、農地として利用され、また都市的な土地利用も多く、地盤も安定している。
2　台地を刻む谷や台地上の池沼を埋め立てた所では、地盤の液状化が発生し得る。

3　台地、段丘は、水はけも良く、宅地として積極的に利用されているが、自然災害に対して安全度の低い所である。

4　旧河道や低湿地、海浜の埋立地では、地震による地盤の液状化対策が必要である。

問題 50　建築物の構造に関する次の記述のうち、最も不適当なものはどれか。

1　地震に対する建物の安全確保においては、耐震、制震、免震という考え方がある。

2　制震は制振ダンパーなどの制振装置を設置し、地震等の周期に建物が共振することで起きる大きな揺れを制御する技術である。

3　免震はゴムなどの免震装置を設置し、上部構造の揺れを減らす技術である。

4　耐震は、建物の強度や粘り強さで地震に耐える技術であるが、既存不適格建築物の地震に対する補強には利用されていない。

平成30年度

試験問題

（注）※の問題は、本書発行時点の法令に照らし一部補正してあります。

解 答 欄

問題番号	解	答	番	号
第 1 問	①	②	③	④
第 2 問	①	②	③	④
第 3 問	①	②	③	④
第 4 問	①	②	③	④
第 5 問	①	②	③	④
第 6 問	①	②	③	④
第 7 問	①	②	③	④
第 8 問	①	②	③	④
第 9 問	①	②	③	④
第10問	①	②	③	④
第11問	①	②	③	④
第12問	①	②	③	④
第13問	①	②	③	④
第14問	①	②	③	④
第15問	①	②	③	④
第16問	①	②	③	④
第17問	①	②	③	④
第18問	①	②	③	④
第19問	①	②	③	④
第20問	①	②	③	④
第21問	①	②	③	④
第22問	①	②	③	④
第23問	①	②	③	④
第24問	①	②	③	④
第25問	①	②	③	④

問題番号	解	答	番	号
第26問	①	②	③	④
第27問	①	②	③	④
第28問	①	②	③	④
第29問	①	②	③	④
第30問	①	②	③	④
第31問	①	②	③	④
第32問	①	②	③	④
第33問	①	②	③	④
第34問	①	②	③	④
第35問	①	②	③	④
第36問	①	②	③	④
第37問	①	②	③	④
第38問	①	②	③	④
第39問	①	②	③	④
第40問	①	②	③	④
第41問	①	②	③	④
第42問	①	②	③	④
第43問	①	②	③	④
第44問	①	②	③	④
第45問	①	②	③	④
第46問	①	②	③	④
第47問	①	②	③	④
第48問	①	②	③	④
第49問	①	②	③	④
第50問	①	②	③	④

※「解答用紙」（マークシート）はダウンロードできます。詳細はvi ページをご覧ください。

平成30年度 試験問題

問題 1 ※ ＡがＢに甲土地を売却した場合に関する次の記述のうち、民法の規定及び判例によれば、誤っているものはどれか。

1　甲土地につき売買代金の支払と登記の移転がなされた後、第三者の詐欺を理由に売買契約が取り消された場合、原状回復のため、ＢはＡに登記を移転する義務を、ＡはＢに代金を返還する義務を負い、各義務は同時履行の関係となる。
2　Ａが甲土地を売却した意思表示に錯誤があったとしても、Ａに重大な過失があって売買契約を取り消すことができない場合は、ＢもＡの錯誤を理由として取消しを主張することはできない。
3　ＡＢ間の売買契約が仮装譲渡であり、その後ＢがＣに甲土地を転売した場合、Ｃが仮装譲渡の事実を知らなければ、Ａは、Ｃに虚偽表示による無効を対抗することができない。
4　Ａが第三者の詐欺によってＢに甲土地を売却し、その後ＢがＤに甲土地を転売した場合、Ｂが第三者の詐欺の事実を過失なく知らなかったとしても、Ｄが第三者の詐欺の事実を知っていれば、Ａは詐欺を理由にＡＢ間の売買契約を取り消すことができる。

問題 2 Ａが、所有する甲土地の売却に関する代理権をＢに授与し、ＢがＣとの間で、Ａを売主、Ｃを買主とする甲土地の売買契約（以下この問において「本件契約」という。）を締結した場合における次の記述のうち、民法の規定及び判例によれば、正しいものはどれか。

1　Ｂが売買代金を着服する意図で本件契約を締結し、Ｃが本件契約の締結時点でこのことを知っていた場合であっても、本件契約の効果はＡに帰属する。
2　ＡがＢに代理権を授与するより前にＢが補助開始の審判を受けていた

場合、Bは有効に代理権を取得することができない。

3　BがCの代理人にもなって本件契約を成立させた場合、Aの許諾の有無にかかわらず、本件契約は無効となる。

4　AがBに代理権を授与した後にBが後見開始の審判を受け、その後に本件契約が締結された場合、Bによる本件契約の締結は無権代理行為となる。

問題 3　AとBとの間で、5か月後に実施される試験（以下この問において「本件試験」という。）にBが合格したときにはA所有の甲建物をBに贈与する旨を書面で約した（以下この問において「本件約定」という。）。この場合における次の記述のうち、民法の規定及び判例によれば、誤っているものはどれか。

1　本件約定は、停止条件付贈与契約である。

2　本件約定の後、Aの放火により甲建物が滅失し、その後にBが本件試験に合格した場合、AはBに対して損害賠償責任を負う。

3　Bは、本件試験に合格したときは、本件約定の時点にさかのぼって甲建物の所有権を取得する。

4　本件約定の時点でAに意思能力がなかった場合、Bは、本件試験に合格しても、本件約定に基づき甲建物の所有権を取得することはできない。

問題 4　時効の援用に関する次の記述のうち、民法の規定及び判例によれば、誤っているものはどれか。

1　消滅時効完成後に主たる債務者が時効の利益を放棄した場合であっても、保証人は時効を援用することができる。

2　後順位抵当権者は、先順位抵当権の被担保債権の消滅時効を援用することができる。

3　詐害行為の受益者は、債権者から詐害行為取消権を行使されている場合、当該債権者の有する被保全債権について、消滅時効を援用することができる。

4　債務者が時効の完成の事実を知らずに債務の承認をした場合、その後、債務者はその完成した消滅時効を援用することはできない。

問題 5　Aは、隣人Bの留守中に台風が接近して、屋根の一部が壊れていたB宅に甚大な被害が生じる差し迫ったおそれがあったため、Bからの依頼なくB宅の屋根を修理した。この場合における次の記述のうち、民法の規定によれば、誤っているものはどれか。

1　Aは、Bに対して、特段の事情がない限り、B宅の屋根を修理したことについて報酬を請求することができない。

2　Aは、Bからの請求があったときには、いつでも、本件事務処理の状況をBに報告しなければならない。

3　Aは、B宅の屋根を善良な管理者の注意をもって修理しなければならない。

4　AによるB宅の屋根の修理が、Bの意思に反することなく行われた場合、AはBに対し、Aが支出した有益な費用全額の償還を請求することができる。

問題 6　Aが所有する甲土地上にBが乙建物を建築して所有権を登記していたところ、AがBから乙建物を買い取り、その後、Aが甲土地にCのために抵当権を設定し登記した。この場合の法定地上権に関する次の記述のうち、民法の規定及び判例によれば、誤っているものはどれか。

1　Aが乙建物の登記をA名義に移転する前に甲土地に抵当権を設定登記していた場合、甲土地の抵当権が実行されたとしても、乙建物のために法定地上権は成立しない。

2　Aが乙建物を取り壊して更地にしてから甲土地に抵当権を設定登記し、その後にAが甲土地上に丙建物を建築していた場合、甲土地の抵当権が実行されたとしても、丙建物のために法定地上権は成立しない。

3　Aが甲土地に抵当権を設定登記するのと同時に乙建物にもCのために共同抵当権を設定登記した後、乙建物を取り壊して丙建物を建築し、丙建物にCのために抵当権を設定しないまま甲土地の抵当権が実行された場合、丙建物のために法定地上権は成立しない。

4　Aが甲土地に抵当権を設定登記した後、乙建物をDに譲渡した場合、甲土地の抵当権が実行されると、乙建物のために法定地上権が成立する。

問題 7 ※　債権譲渡に関する次の記述のうち、民法の規定及び判例によれば、誤っているものはどれか。

1　譲渡禁止特約のある債権の譲渡を受けた第三者が、その特約の存在を知らなかったとしても、知らなかったことにつき重大な過失があれば、債務者は、当該第三者に対してはその債務の履行を拒むことができる。

2　債権の譲受人が譲渡禁止特約の存在を知っていれば、さらにその債権を譲り受けた転得者がその特約の存在を知らなかったことにつき重大な過失がなかったとしても、債務者はその転得者に対して、その特約の存在を対抗することができる。

3　譲渡禁止特約に反して債権を譲渡した債権者は、その特約の存在を理由に、譲渡の無効を主張することができない。

4　譲渡禁止特約のある債権をもって質権の目的とした場合において、質権者がその特約の存在について悪意であるときは、債務者は、質権者に対してはその履行を拒むことができる。

問題 8　次の1から4までの記述のうち、民法の規定及び下記判決文によれば、誤っているものはどれか。

(判決文)

賃借人は、賃貸借契約が終了した場合には、賃借物件を原状に回復して賃貸人に返還する義務があるところ、賃貸借契約は、賃借人による賃借物件の使用とその対価としての賃料の支払を内容とするものであり、賃借物件の損耗の発生は、賃貸借という契約の本質上当然に予定されているものである。それゆえ、建物の賃貸借においては、賃借人が社会通念上通常の使用をした場合に生ずる賃借物件の劣化又は価値の減少を意味する通常損耗に係る投下資本の減価の回収は、通常、減価償却費や修繕費等の必要経費分を賃料の中に含ませてその支払を受けることにより行われている。そうすると、建物の賃借人にその賃貸借において生ずる通常損耗についての原状回復義務を負わせるのは、賃借人に予期しない特別の負担を課すことになるから、賃借人に同義務が認められるためには、（中略）その旨の特約（以下「通常損耗補修特約」という。）が明確に合意されていることが必要であると解するのが相当である。

1　賃借物件を賃借人がどのように使用しても、賃借物件に発生する損耗による減価の回収は、賃貸人が全て賃料に含ませてその支払を受けることにより行っている。

2　通常損耗とは、賃借人が社会通念上通常の使用をした場合に生ずる賃借物件の劣化又は価値の減少を意味する。

3　賃借人が負担する通常損耗の範囲が賃貸借契約書に明記されておらず口頭での説明等もない場合に賃借人に通常損耗についての原状回復義務を負わせるのは、賃借人に予期しない特別の負担を課すことになる。

4　賃貸借契約に賃借人が原状回復義務を負う旨が定められていても、それをもって、賃借人が賃料とは別に通常損耗の補修費を支払う義務があるとはいえない。

問題 9 ※　Aは、令和6年10月1日、A所有の甲土地につき、Bとの間で、代金1,000万円、支払期日を同年12月1日とする売買契約を締結した。この場合の相殺に関する次の記述のうち、民法の規定及び判例によれば、正しいものはどれか。

1　BがAに対して同年12月31日を支払期日とする貸金債権を有している場合には、Bは同年12月1日に売買代金債務と当該貸金債権を対当額で相殺することができる。

2　同年11月1日にAの売買代金債権がAの債権者Cにより差し押さえられても、Bは、同年11月2日から12月1日までの間にAに対する別の債権を取得した場合には、同年12月1日に売買代金債務と当該債権を対当額で相殺することができる。
3　同年10月10日、BがAの自動車事故によって身体に被害を受け、Aに対して不法行為に基づく損害賠償債権を取得した場合には、Bは売買代金債務と当該損害賠償債権を対当額で相殺することができる。
4　BがAに対し同年9月30日に消滅時効の期限が到来する貸金債権を有していた場合には、Aが当該消滅時効を援用したとしても、Bは売買代金債務と当該貸金債権を対当額で相殺することができる。

問題 10　相続に関する次の記述のうち、民法の規定及び判例によれば、誤っているものはどれか。

1　無権代理人が本人に無断で本人の不動産を売却した後に、単独で本人を相続した場合、本人が自ら当該不動産を売却したのと同様な法律上の効果が生じる。
2　相続財産に属する不動産について、遺産分割前に単独の所有権移転登記をした共同相続人から移転登記を受けた第三取得者に対し、他の共同相続人は、自己の持分を登記なくして対抗することができる。
3　連帯債務者の一人が死亡し、その相続人が数人ある場合、相続人らは被相続人の債務の分割されたものを承継し、各自その承継した範囲において、本来の債務者とともに連帯債務者となる。
4　共同相続に基づく共有物の持分価格が過半数を超える相続人は、協議なくして単独で共有物を占有する他の相続人に対して、当然にその共有物の明渡しを請求することができる。

問題 11　AとBとの間で、A所有の甲土地につき建物所有目的で賃貸借契約（以下この問において「本件契約」という。）を締結する場合に関する次の記述のうち、民法及び借地借家法の規定並びに判例によれば、正しいものはどれか。

1　本件契約が専ら事業の用に供する建物の所有を目的とする場合には、公正証書によらなければ無効となる。

2　本件契約が居住用の建物の所有を目的とする場合には、借地権の存続期間を20年とし、かつ、契約の更新請求をしない旨を定めても、これらの規定は無効となる。

3　本件契約において借地権の存続期間を60年と定めても、公正証書によらなければ、その期間は30年となる。

4　Ｂは、甲土地につき借地権登記を備えなくても、Ｂと同姓でかつ同居している未成年の長男名義で保存登記をした建物を甲土地上に所有していれば、甲土地の所有者が替わっても、甲土地の新所有者に対し借地権を対抗することができる。

問題 12　ＡとＢとの間で、Ａが所有する甲建物をＢが５年間賃借する旨の契約を締結した場合における次の記述のうち、民法及び借地借家法の規定によれば、正しいものはどれか（借地借家法第39条に定める取壊し予定の建物の賃貸借及び同法第40条に定める一時使用目的の建物の賃貸借は考慮しないものとする。）。

1　ＡＢ間の賃貸借契約が借地借家法第38条の定期建物賃貸借で、契約の更新がない旨を定めた場合には、５年経過をもって当然に、ＡはＢに対して、期間満了による終了を対抗することができる。

2　ＡＢ間の賃貸借契約が借地借家法第38条の定期建物賃貸借で、契約の更新がない旨を定めた場合には、当該契約の期間中、Ｂから中途解約を申し入れることはできない。

3　ＡＢ間の賃貸借契約が借地借家法第38条の定期建物賃貸借でない場合、Ａ及びＢのいずれからも期間内に更新しない旨の通知又は条件変更しなければ更新しない旨の通知がなかったときは、当該賃貸借契約が更新され、その契約は期間の定めがないものとなる。

4　ＣがＢから甲建物を適法に賃貸された転借人で、期間満了によってＡＢ間及びＢＣ間の賃貸借契約が終了する場合、Ａの同意を得て甲建物に付加した造作について、ＢはＡに対する買取請求権を有するが、ＣはＡ

に対する買取請求権を有しない。

問題 13 建物の区分所有等に関する法律に関する次の記述のうち、誤っているものはどれか。

1 規約の設定、変更又は廃止を行う場合は、区分所有者の過半数による集会の決議によってなされなければならない。
2 規約を保管する者は、利害関係人の請求があったときは、正当な理由がある場合を除いて、規約の閲覧を拒んではならず、閲覧を拒絶した場合は20万円以下の過料に処される。
3 規約の保管場所は、建物内の見やすい場所に掲示しなければならない。
4 占有者は、建物又はその敷地若しくは附属施設の使用方法につき、区分所有者が規約又は集会の決議に基づいて負う義務と同一の義務を負う。

問題 14 不動産の登記に関する次の記述のうち、誤っているものはどれか。

1 登記は、法令に別段の定めがある場合を除き、当事者の申請又は官庁若しくは公署の嘱託がなければ、することができない。
2 表示に関する登記は、登記官が、職権ですることができる。
3 所有権の登記名義人は、建物の床面積に変更があったときは、当該変更のあった日から１月以内に、変更の登記を申請しなければならない。
4 所有権の登記名義人は、その住所について変更があったときは、当該変更のあった日から１月以内に、変更の登記を申請しなければならない。

問題 15 国土利用計画法第23条の届出（以下この問において「事後届出」という。）に関する次の記述のうち、正しいものはどれか。

1　事後届出に係る土地の利用目的について、甲県知事から勧告を受けた宅地建物取引業者Ａがその勧告に従わないときは、甲県知事は、その旨及びその勧告の内容を公表することができる。

2　乙県が所有する都市計画区域内の土地（面積6,000㎡）を買い受けた者は、売買契約を締結した日から起算して２週間以内に、事後届出を行わなければならない。

3　指定都市（地方自治法に基づく指定都市をいう。）の区域以外に所在する土地について、事後届出を行うに当たっては、市町村の長を経由しないで、直接都道府県知事に届け出なければならない。

4　宅地建物取引業者Ｂが所有する市街化区域内の土地（面積2,500㎡）について、宅地建物取引業者Ｃが購入する契約を締結した場合、Ｃは事後届出を行う必要はない。

問題 16　都市計画法に関する次の記述のうち、誤っているものはどれか。

1　田園住居地域内の農地の区域内において、土地の形質の変更を行おうとする者は、一定の場合を除き、市町村長の許可を受けなければならない。

2　風致地区内における建築物の建築については、一定の基準に従い、地方公共団体の条例で、都市の風致を維持するため必要な規制をすることができる。

3　市街化区域については、少なくとも用途地域を定めるものとし、市街化調整区域については、原則として用途地域を定めないものとする。

4　準都市計画区域については、無秩序な市街化を防止し、計画的な市街化を図るため、都市計画に市街化区域と市街化調整区域との区分を定めなければならない。

問題 17　都市計画法に関する次の記述のうち、誤っているものはどれか。ただし、許可を要する開発行為の面積については、条例による定めはないものとし、この問において「都道府県知事」とは、地方自治法に基づく指定都市、中核市及び施行時特例市にあってはその長をいうものとする。

1　非常災害のため必要な応急措置として開発行為をしようとする者は、当該開発行為が市街化調整区域内において行われるものであっても都道府県知事の許可を受けなくてよい。
2　用途地域等の定めがない土地のうち開発許可を受けた開発区域内においては、開発行為に関する工事完了の公告があった後は、都道府県知事の許可を受けなければ、当該開発許可に係る予定建築物以外の建築物を新築することができない。
3　都市計画区域及び準都市計画区域外の区域内において、8,000㎡の開発行為をしようとする者は、都道府県知事の許可を受けなくてよい。
4　準都市計画区域内において、農業を営む者の居住の用に供する建築物の建築を目的とした1,000㎡の土地の区画形質の変更を行おうとする者は、あらかじめ、都道府県知事の許可を受けなければならない。

問題 18　建築基準法に関する次の記述のうち、正しいものはどれか。

1　建築物の高さ 31 m以下の部分にある全ての階には、非常用の進入口を設けなければならない。
2　防火地域内にある3階建ての木造の建築物を増築する場合、その増築に係る部分の床面積の合計が10㎡以内であれば、その工事が完了した際に、建築主事又は指定確認検査機関の完了検査を受ける必要はない。
3　4階建ての事務所の用途に供する建築物の2階以上の階にあるバルコニーその他これに類するものの周囲には、安全上必要な高さが 1.1 m以上の手すり壁、さく又は金網を設けなければならない。
4　建築基準法の改正により、現に存する建築物が改正後の規定に適合しなくなった場合、当該建築物の所有者又は管理者は速やかに当該建築物を改正後の建築基準法の規定に適合させなければならない。

問題 19 建築基準法（以下この問において「法」という。）に関する次の記述のうち、誤っているものはどれか。

1 田園住居地域内においては、建築物の高さは、一定の場合を除き、10m又は12mのうち当該地域に関する都市計画において定められた建築物の高さの限度を超えてはならない。

2 一の敷地で、その敷地面積の40%が第二種低層住居専用地域に、60%が第一種中高層住居専用地域にある場合は、原則として、当該敷地内には大学を建築することができない。

3 都市計画区域の変更等によって法第3章の規定が適用されるに至った際現に建築物が立ち並んでいる幅員2mの道で、特定行政庁の指定したものは、同章の規定における道路とみなされる。

4 容積率規制を適用するに当たっては、前面道路の境界線又はその反対側の境界線からそれぞれ後退して壁面線の指定がある場合において、特定行政庁が一定の基準に適合すると認めて許可した建築物については、当該前面道路の境界線又はその反対側の境界線は、それぞれ当該壁面線にあるものとみなす。

問題 20 ※ 宅地造成及び特定盛土等規制法に関する次の記述のうち、誤っているものはどれか。なお、この問において「都道府県知事」とは、地方自治法に基づく指定都市、中核市及び施行時特例市にあってはその長をいうものとする。

1 宅地造成等工事規制区域内において、過去に宅地造成等に関する工事が行われ現在は工事主とは異なる者がその工事が行われた土地を所有している場合、当該土地の所有者は、宅地造成等に伴う災害が生じないよう、その土地を常時安全な状態に維持するように努めなければならない。

2 宅地造成等工事規制区域内において行われる宅地造成等に関する工事について許可をする都道府県知事は、当該許可に、工事の施行に伴う災害を防止するために必要な条件を付することができる。

3　宅地を宅地以外の土地にするために行う土地の形質の変更は、宅地造成に該当しない。

4　宅地造成等工事規制区域内において、切土であって、当該切土をする土地の面積が400㎡で、かつ、高さ１ｍの崖を生ずることとなるものに関する工事を行う場合には、一定の場合を除き、都道府県知事の許可を受けなければならない。

問題 21　土地区画整理法に関する次の記述のうち、正しいものはどれか。

1　土地区画整理事業とは、公共施設の整備改善及び宅地の利用の増進を図るため、土地区画整理法で定めるところに従って行われる、都市計画区域内及び都市計画区域外の土地の区画形質の変更に関する事業をいう。

2　土地区画整理組合の設立の認可の公告があった日以後、換地処分の公告がある日までは、施行地区内において、土地区画整理事業の施行の障害となるおそれがある建築物その他の工作物の新築を行おうとする者は、都道府県知事及び市町村長の許可を受けなければならない。

3　土地区画整理事業の施行者は、仮換地を指定した場合において、従前の宅地に存する建築物を移転し、又は除却することが必要となったときは、当該建築物を移転し、又は除却することができる。

4　土地区画整理事業の施行者は、仮換地を指定した場合において、当該仮換地について使用又は収益を開始することができる日を当該仮換地の効力発生の日と同一の日として定めなければならない。

問題 22　農地法（以下この問において「法」という。）に関する次の記述のうち、正しいものはどれか。

1　市街化区域内の農地を宅地とする目的で権利を取得する場合は、あらかじめ農業委員会に届出をすれば法第５条の許可は不要である。

2　遺産分割により農地を取得することとなった場合、法第３条第１項の許可を受ける必要がある。

3　法第２条第３項の農地所有適格法人の要件を満たしていない株式会社は、耕作目的で農地を借り入れることはできない。

4　雑種地を開墾し耕作している土地でも、登記簿上の地目が雑種地である場合は、法の適用を受ける農地に当たらない。

問題 23 ※　住宅用家屋の所有権の移転登記に係る登録免許税の税率の軽減措置に関する次の記述のうち、正しいものはどれか。

1　個人が他の個人と共有で住宅用の家屋を購入した場合、当該個人は、その住宅用の家屋の所有権の移転登記について、床面積に自己が有する共有持分の割合を乗じたものが50㎡以上でなければ、この税率の軽減措置の適用を受けることができない。

2　この税率の軽減措置は、登記の対象となる住宅用の家屋の取得原因を限定しており、交換を原因として取得した住宅用の家屋について受ける所有権の移転登記には適用されない。

3　所有権の移転登記に係る住宅用の家屋が昭和57年１月１日以後に建築されたものであっても、耐震基準適合証明書により一定の耐震基準を満たしていることが証明されないときは、この税率の軽減措置の適用を受けることができない。

4　この税率の軽減措置の適用を受けるためには、登記の申請書に、その家屋が一定の要件を満たす住宅用の家屋であることについての税務署長の証明書を添付しなければならない。

問題 24　不動産取得税に関する次の記述のうち、正しいものはどれか。

1　不動産取得税は、不動産の取得があった日の翌日から起算して３月以内に当該不動産が所在する都道府県に申告納付しなければならない。

2　不動産取得税は不動産の取得に対して課される税であるので、家屋を改築したことにより当該家屋の価格が増加したとしても、新たな不動産の取得とはみなされないため、不動産取得税は課されない。

3　相続による不動産の取得については、不動産取得税は課されない。

4　一定の面積に満たない土地の取得については、不動産取得税は課されない。

問題 25　不動産の鑑定評価に関する次の記述のうち、不動産鑑定評価基準によれば、正しいものはどれか。

1　不動産の価格は、その不動産の効用が最高度に発揮される可能性に最も富む使用を前提として把握される価格を標準として形成されるが、これを最有効使用の原則という。

2　収益還元法は、賃貸用不動産又は賃貸以外の事業の用に供する不動産の価格を求める場合に特に有効な手法であるが、事業の用に供さない自用の不動産の鑑定評価には適用すべきではない。

3　鑑定評価の基本的な手法は、原価法、取引事例比較法及び収益還元法に大別され、実際の鑑定評価に際しては、地域分析及び個別分析により把握した対象不動産に係る市場の特性等を適切に反映した手法をいずれか1つ選択して、適用すべきである。

4　限定価格とは、市場性を有する不動産について、法令等による社会的要請を背景とする鑑定評価目的の下で、正常価格の前提となる諸条件を満たさないことにより正常価格と同一の市場概念の下において形成されるであろう市場価値と乖離することとなる場合における不動産の経済価値を適正に表示する価格のことをいい、民事再生法に基づく鑑定評価目的の下で、早期売却を前提として求められる価格が例としてあげられる。

問題 26　宅地建物取引業者が行う広告に関する次の記述のうち、宅地建物取引業法（以下この問において「法」という。）の規定によれば、正しいものはどれか。

1　宅地の売買に関する広告をインターネットで行った場合において、当該宅地の売買契約成立後に継続して広告を掲載していたとしても、当該広告の掲載を始めた時点で当該宅地に関する売買契約が成立していなかったときは、法第32条に規定する誇大広告等の禁止に違反しない。

2　販売する宅地又は建物の広告に著しく事実に相違する表示をした場合、監督処分の対象となるほか、6月以下の懲役及び100万円以下の罰金を併科されることがある。

3　建築基準法第6条第1項の確認を申請中の建物については、当該建物の売買の媒介に関する広告をしてはならないが、貸借の媒介に関する広告はすることができる。

4　宅地建物取引業者がその業務に関して広告をするときは、実際のものより著しく優良又は有利であると人を誤認させるような表示をしてはならないが、宅地又は建物に係る現在又は将来の利用の制限の一部を表示しないことによりそのような誤認をさせる場合は、法第32条に規定する誇大広告等の禁止に違反しない。

問題 27　宅地建物取引業者Aは、Bが所有し、居住している甲住宅の売却の媒介を、また、宅地建物取引業者Cは、Dから既存住宅の購入の媒介を依頼され、それぞれ媒介契約を締結した。その後、B及びDは、それぞれA及びCの媒介により、甲住宅の売買契約（以下この問において「本件契約」という。）を締結した。この場合における次の記述のうち、宅地建物取引業法（以下この問において「法」という。）の規定によれば、正しいものはどれか。なお、この問において「建物状況調査」とは、法第34条の2第1項第4号に規定する調査をいうものとする。

1　Aは、甲住宅の売却の依頼を受けた媒介業者として、本件契約が成立するまでの間に、Dに対し、建物状況調査を実施する者のあっせんの有無について確認しなければならない。

2　A及びCは、本件契約が成立するまでの間に、Dに対し、甲住宅について、設計図書、点検記録その他の建物の建築及び維持保全の状況に関する書類で国土交通省令で定めるものの保存の状況及びそれぞれの書類に記載されている内容について説明しなければならない。

3　ＣがＤとの間で媒介契約を締結する２年前に、甲住宅は既に建物状況調査を受けていた。この場合において、Ａ及びＣは、本件契約が成立するまでの間に、Ｄに対し、建物状況調査を実施している旨及びその結果の概要について説明しなければならない。

4　Ａ及びＣは、Ｄが宅地建物取引業者である場合であっても、法第37条に基づき交付すべき書面において、甲住宅の構造耐力上主要な部分等の状況について当事者の双方が確認した事項があるときにその記載を省略することはできない。

問題 28　次の記述のうち、宅地建物取引業法（以下この問において「法」という。）の規定によれば、正しいものはいくつあるか。

ア　宅地建物取引業者が、買主として、造成工事完了前の宅地の売買契約を締結しようとする場合、売主が当該造成工事に関し必要な都市計画法第29条第１項の許可を申請中であっても、当該売買契約を締結することができる。

イ　宅地建物取引業者が、買主として、宅地建物取引業者との間で宅地の売買契約を締結した場合、法第37条の規定により交付すべき書面を交付しなくてよい。

ウ　営業保証金を供託している宅地建物取引業者が、売主として、宅地建物取引業者との間で宅地の売買契約を締結しようとする場合、営業保証金を供託した供託所及びその所在地について、買主に対し説明をしなければならない。

エ　宅地建物取引業者が、宅地の売却の依頼者と媒介契約を締結した場合、当該宅地の購入の申込みがあったときは、売却の依頼者が宅地建物取引業者であっても、遅滞なく、その旨を当該依頼者に報告しなければならない。

1　一つ

2　二つ

3　三つ

4　なし

問題 29 ※　Ａは、Ｂとの間で、Ａが所有する建物を代金2,000万円で売却する売買契約（以下この問において「本件契約」という。）を締結した。この場合における次の記述のうち、宅地建物取引業法（以下この問において「法」という。）の規定に違反しないものはどれか（この問において「契約不適合責任」とは、売買の目的物が種類又は品質に関して契約の内容に適合しない場合におけるその不適合を担保すべき責任をいう。）。

1　Ａ及びＢがともに宅地建物取引業者である場合において、Ａは、本件契約の成立後、法第37条の規定により交付すべき書面を作成し、記名は宅地建物取引士ではない者が行い、これをＢに交付した。

2　Ａ及びＢがともに宅地建物取引業者である場合において、当事者の債務の不履行を理由とする契約の解除があったときの損害賠償の額を600万円とする特約を定めた。

3　Ａは宅地建物取引業者であるが、Ｂは宅地建物取引業者ではない場合において、Ａは、本件契約の締結に際して、500万円の手付を受領した。

4　Ａは宅地建物取引業者であるが、Ｂは宅地建物取引業者ではない場合において、本件契約の目的物である建物の契約不適合責任に関し、契約の解除又は損害賠償等の請求は目的物の引渡しの日から１年以内に通知しなければならないものとする旨の特約を定めた。

問題 30 ※　宅地建物取引業者Ａ（消費税課税事業者）は、Ｂが所有する建物について、Ｂ及びＣから媒介の依頼を受け、Ｂを貸主、Ｃを借主とし、１か月分の借賃を10万円（消費税等相当額を含まない。）、ＣからＢに支払われる権利金（権利設定の対価として支払われる金銭であって返還されないものであり、消費税等相当額を含まない。）を150万円とする定期建物賃貸借契約を成立させた。この場合における次の記述のうち、宅地建物取引業法の規定によれば、正しいものはどれか。

1　建物が店舗用である場合、Ａは、Ｂ及びＣの承諾を得たときは、Ｂ及びＣの双方からそれぞれ11万円の報酬を受けることができる。

2　建物が居住用である場合、Ａが受け取ることができる報酬の額は、ＣからＢに支払われる権利金の額を売買に係る代金の額とみなして算出される16万5,000円が上限となる。

3　建物が店舗用である場合、Ａは、Ｂからの依頼に基づくことなく広告をした場合でも、その広告が賃貸借契約の成立に寄与したときは、報酬とは別に、その広告料金に相当する額をＢに請求することができる。

4　定期建物賃貸借契約の契約期間が終了した直後にＡが依頼を受けてＢＣ間の定期建物賃貸借契約の再契約を成立させた場合、Ａが受け取る報酬については、宅地建物取引業法の規定が適用される。

問題 31 ※　宅地建物取引業者Ａ（消費税課税事業者）が受け取ることのできる報酬の上限額に関する次の記述のうち、宅地建物取引業法の規定によれば、正しいものはどれか。

1　土地付中古住宅（代金500万円。消費税等相当額を含まない。）の売買について、Ａが売主Ｂから媒介を依頼され、現地調査等の費用が通常の売買の媒介に比べ５万円（消費税等相当額を含まない。）多く要する場合、その旨をＢに対し説明した上で、ＡがＢから受け取ることができる報酬の上限額は281,000円である。

2　土地付中古住宅（代金300万円。消費税等相当額を含まない。）の売買について、Ａが買主Ｃから媒介を依頼され、現地調査等の費用が通常の売買の媒介に比べ４万円（消費税等相当額を含まない。）多く要する場合、その旨をＣに対し説明した上で、ＡがＣから受け取ることができる報酬の上限額は198,000円である。

3　土地（代金350万円。消費税等相当額を含まない。）の売買について、Ａが売主Ｄから媒介を依頼され、現地調査等の費用が通常の売買の媒介に比べ２万円（消費税等相当額を含まない。）多く要する場合、その旨をＤに対し説明した上で、ＡがＤから受け取ることができる報酬の上限額は198,000円である。

4　中古住宅（１か月分の借賃15万円。消費税等相当額を含まない。）の貸借について、Ａが貸主Ｅから媒介を依頼され、現地調査等の費用が通常の貸借の媒介に比べ３万円（消費税等相当額を含まない。）多く要する場合、その旨をＥに対し説明した上で、ＡがＥから受け取ることができる報酬の上限額は198,000円である。

問題 32 次の記述のうち、宅地建物取引業法の規定によれば、正しいものはどれか。

1　宅地建物取引士が都道府県知事から指示処分を受けた場合において、宅地建物取引業者（国土交通大臣免許）の責めに帰すべき理由があるときは、国土交通大臣は、当該宅地建物取引業者に対して指示処分をすることができる。
2　宅地建物取引士が不正の手段により宅地建物取引士の登録を受けた場合、その登録をした都道府県知事は、宅地建物取引士資格試験の合格の決定を取り消さなければならない。
3　国土交通大臣は、すべての宅地建物取引士に対して、購入者等の利益の保護を図るため必要な指導、助言及び勧告をすることができる。
4　甲県知事の登録を受けている宅地建物取引士が、乙県知事から事務の禁止の処分を受けた場合は、速やかに、宅地建物取引士証を乙県知事に提出しなければならない。

問題 33 宅地建物取引業者Ａは、Ｂから、Ｂが所有し居住している甲住宅の売却について媒介の依頼を受けた。この場合における次の記述のうち、宅地建物取引業法（以下この問において「法」という。）の規定によれば、正しいものはどれか。

1　Ａが甲住宅について、法第34条の２第１項第４号に規定する建物状況調査の制度概要を紹介し、Ｂが同調査を実施する者のあっせんを希望しなかった場合、Ａは、同項の規定に基づき交付すべき書面に同調査を実施する者のあっせんに関する事項を記載する必要はない。
2　Ａは、Ｂとの間で専属専任媒介契約を締結した場合、当該媒介契約締結日から７日以内（休業日を含まない。）に、指定流通機構に甲住宅の所在等を登録しなければならない。

3　Aは、甲住宅の評価額についての根拠を明らかにするため周辺の取引事例の調査をした場合、当該調査の実施についてBの承諾を得ていなくても、同調査に要した費用をBに請求することができる。

4　AとBの間で専任媒介契約を締結した場合、Aは、法第34条の2第1項の規定に基づき交付すべき書面に、BがA以外の宅地建物取引業者の媒介又は代理によって売買又は交換の契約を成立させたときの措置について記載しなければならない。

問題 34 ※　宅地建物取引業者が媒介により既存建物の貸借の契約を成立させた場合、宅地建物取引業法第37条の規定により、当該貸借の契約当事者に対して交付すべき書面に必ず記載しなければならない事項の組合せはどれか。

ア　建物が種類又は品質に関して契約の内容に適合しない場合の不適合を担保すべき責任の内容

イ　当事者の氏名（法人にあっては、その名称）及び住所

ウ　建物の引渡しの時期

エ　建物の構造耐力上主要な部分等の状況について当事者双方が確認した事項

1　ア、イ

2　イ、ウ

3　イ、エ

4　ウ、エ

問題 35 ※　宅地建物取引業者間の取引における宅地建物取引業法第35条に規定する重要事項の説明及び重要事項を記載した書面（以下この問において「重要事項説明書」という。）の交付に関する次の記述のうち、正しいものはどれか。

1　建物の売買においては、売主は取引の対象となる建物（昭和56年6

月１日以降に新築の工事に着手したものを除く。）について耐震診断を受けなければならず、また、その診断の結果を重要事項説明書に記載しなければならない。

2　建物の売買においては、その対象となる建物が未完成である場合は、重要事項説明書を交付した上で、宅地建物取引士をして説明させなければならない。

3　建物の売買においては、その建物が種類又は品質に関して契約の内容に適合しない場合において、その不適合を担保すべき責任の履行に関し保証保険契約の締結などの措置を講ずるかどうか、また、講ずる場合はその概要を重要事項説明書に記載しなければならない。

4　宅地の交換において交換契約に先立って交換差金の一部として30万円の預り金の授受がある場合、その預り金を受領しようとする者は、保全措置を講ずるかどうか、及びその措置を講ずる場合はその概要を重要事項説明書に記載しなければならない。

問題 36　宅地建物取引業の免許（以下この問において「免許」という。）に関する次の記述のうち、宅地建物取引業法の規定によれば、正しいものはどれか。

1　宅地建物取引業者Ａが免許の更新の申請を行った場合において、免許の有効期間の満了の日までにその申請について処分がなされないときは、Ａの従前の免許は、有効期間の満了によりその効力を失う。

2　甲県に事務所を設置する宅地建物取引業者Ｂ（甲県知事免許）が、乙県所在の宅地の売買の媒介をする場合、Ｂは国土交通大臣に免許換えの申請をしなければならない。

3　宅地建物取引業を営もうとする個人Ｃが、懲役の刑に処せられ、その刑の執行を終えた日から５年を経過しない場合、Ｃは免許を受けることができない。

4　いずれも宅地建物取引士ではないＤとＥが宅地建物取引業者Ｆ社の取締役に就任した。Ｄが常勤、Ｅが非常勤である場合、Ｆ社はＤについてのみ役員の変更を免許権者に届け出る必要がある。

問題 37 宅地建物取引業者である売主Ａが、宅地建物取引業者Ｂの媒介により宅地建物取引業者ではない買主Ｃと新築マンションの売買契約を締結した場合において、宅地建物取引業法第 37 条の２の規定に基づくいわゆるクーリング・オフに関する次の記述のうち、正しいものはいくつあるか。

ア　ＡとＣの間で、クーリング・オフによる契約の解除に関し、Ｃは契約の解除の書面をクーリング・オフの告知の日から起算して８日以内にＡに到達させなければ契約を解除することができない旨の特約を定めた場合、当該特約は無効である。

イ　Ｃは、Ｂの事務所で買受けの申込みを行い、その３日後に、Ｃの自宅近くの喫茶店で売買契約を締結した場合、クーリング・オフによる契約の解除はできない。

ウ　Ｃは、Ｂからの提案によりＣの自宅で買受けの申込みを行ったが、クーリング・オフについては告げられず、その 10 日後に、Ａの事務所で売買契約を締結した場合、クーリング・オフによる契約の解除はできない。

エ　クーリング・オフについて告げる書面には、Ｂの商号又は名称及び住所並びに免許証番号を記載しなければならない。

1　一つ
2　二つ
3　三つ
4　なし

問題 38 宅地建物取引業者である売主は、宅地建物取引業者ではない買主との間で、戸建住宅の売買契約（所有権の登記は当該住宅の引渡し時に行うものとする。）を締結した。この場合における宅地建物取引業法第 41 条又は第 41 条の２の規定に基づく手付金等の保全措置（以下この問において「保全措置」という。）に関する次の記述のうち、正しいものはどれか。

1　当該住宅が建築工事の完了後で、売買代金が 3,000 万円であった場合、売主は、買主から手付金200万円を受領した後、当該住宅を引き渡す前に中間金300万円を受領するためには、手付金200万円と合わせて保全措置を講じた後でなければ、その中間金を受領することができない。

2　当該住宅が建築工事の完了前で、売買代金が2,500万円であった場合、売主は、当該住宅を引き渡す前に買主から保全措置を講じないで手付金150万円を受領することができる。

3　当該住宅が建築工事の完了前で、売主が買主から保全措置が必要となる額の手付金を受領する場合、売主は、事前に、国土交通大臣が指定する指定保管機関と手付金等寄託契約を締結し、かつ、当該契約を証する書面を買主に交付した後でなければ、買主からその手付金を受領することができない。

4　当該住宅が建築工事の完了前で、売主が買主から保全措置が必要となる額の手付金等を受領する場合において売主が銀行との間で締結する保証委託契約に基づく保証契約は、建築工事の完了までの間を保証期間とするものでなければならない。

問題 39　宅地建物取引業者が建物の貸借の媒介を行う場合における宅地建物取引業法（以下この問において「法」という。）第35条に規定する重要事項の説明に関する次の記述のうち、誤っているものはどれか。なお、特に断りのない限り、当該建物を借りようとする者は宅地建物取引業者ではないものとする。

1　当該建物を借りようとする者が宅地建物取引業者であるときは、貸借の契約が成立するまでの間に重要事項を記載した書面を交付しなければならないが、その内容を宅地建物取引士に説明させる必要はない。

2　当該建物が既存の住宅であるときは、法第34条の2第1項第4号に規定する建物状況調査を実施しているかどうか、及びこれを実施している場合におけるその結果の概要を説明しなければならない。

3　台所、浴室、便所その他の当該建物の設備の整備の状況について説明しなければならない。

4　宅地建物取引士は、テレビ会議等のＩＴを活用して重要事項の説明を行うときは、相手方の承諾があれば宅地建物取引士証の提示を省略することができる。

問題 40 宅地建物取引業者Aが行う業務に関する次の記述のうち、宅地建物取引業法の規定に違反するものはいくつあるか。

ア　Aは、自ら売主として、建物の売買契約を締結するに際し、買主が手付金を持ち合わせていなかったため手付金の分割払いを提案し、買主はこれに応じた。

イ　Aは、建物の販売に際し、勧誘の相手方から値引きの要求があったため、広告に表示した販売価格から100万円値引きすることを告げて勧誘し、売買契約を締結した。

ウ　Aは、土地の売買の媒介に際し重要事項の説明の前に、宅地建物取引士ではないAの従業者をして媒介の相手方に対し、当該土地の交通等の利便の状況について説明させた。

エ　Aは、投資用マンションの販売に際し、電話で勧誘を行ったところ、勧誘の相手方から「購入の意思がないので二度と電話をかけないように」と言われたことから、電話での勧誘を諦め、当該相手方の自宅を訪問して勧誘した。

1　一つ
2　二つ
3　三つ
4　四つ

問題 41 次の記述のうち、宅地建物取引業の免許を要する業務が含まれるものはどれか。

1　A社は、所有する土地を10区画にほぼ均等に区分けしたうえで、それぞれの区画に戸建住宅を建築し、複数の者に貸し付けた。

2　B社は、所有するビルの一部にコンビニエンスストアや食堂など複数のテナントの出店を募集し、その募集広告を自社のホームページに掲載したほか、多数の事業者に案内を行った結果、出店事業者が決まった。

3　C社は賃貸マンションの管理業者であるが、複数の貸主から管理を委託されている物件について、入居者の募集、貸主を代理して行う賃貸借契約の締結、入居者からの苦情・要望の受付、入居者が退去した後の清掃などを行っている。

4　D社は、多数の顧客から、顧客が所有している土地に住宅や商業用ビルなどの建物を建設することを請け負って、その対価を得ている。

問題 42　次の記述のうち、宅地建物取引業法（以下この問において「法」という。）の規定によれば、正しいものはどれか。

1　宅地建物取引士が死亡した場合、その相続人は、死亡した日から30日以内に、その旨を当該宅地建物取引士の登録をしている都道府県知事に届け出なければならない。

2　甲県知事の登録を受けている宅地建物取引士は、乙県に所在する宅地建物取引業者の事務所の業務に従事しようとするときは、乙県知事に対し登録の移転の申請をし、乙県知事の登録を受けなければならない。

3　宅地建物取引士は、事務禁止の処分を受けたときは宅地建物取引士証をその交付を受けた都道府県知事に提出しなくてよいが、登録消除の処分を受けたときは返納しなければならない。

4　宅地建物取引士は、法第37条に規定する書面を交付する際、取引の関係者から請求があったときは、専任の宅地建物取引士であるか否かにかかわらず宅地建物取引士証を提示しなければならない。

問題 43　宅地建物取引業法に規定する営業保証金に関する次の記述のうち、正しいものはどれか。

1　宅地建物取引業者は、免許を受けた日から３月以内に営業保証金を供託した旨の届出を行わなかったことにより国土交通大臣又は都道府県知事の催告を受けた場合、当該催告が到達した日から１月以内に届出をしないときは、免許を取り消されることがある。

2　宅地建物取引業者に委託している家賃収納代行業務により生じた債権を有する者は、宅地建物取引業者が供託した営業保証金について、その債権の弁済を受けることができる。

3　宅地建物取引業者は、宅地建物取引業の開始後1週間以内に、供託物受入れの記載のある供託書の写しを添附して、営業保証金を供託した旨を免許を受けた国土交通大臣又は都道府県知事に届け出なければならない。

4　宅地建物取引業者は、新たに事務所を2か所増設するための営業保証金の供託について国債証券と地方債証券を充てる場合、地方債証券の額面金額が800万円であるときは、額面金額が200万円の国債証券が必要となる。

問題 44　宅地建物取引業保証協会（以下この問において「保証協会」という。）の社員である宅地建物取引業者Aに関する次の記述のうち、宅地建物取引業法の規定によれば、正しいものはどれか。

1　Aは、保証協会の社員の地位を失った場合、Aとの宅地建物取引業に関する取引により生じた債権に関し権利を有する者に対し、6月以内に申し出るべき旨の公告をしなければならない。

2　保証協会は、Aの取引の相手方から宅地建物取引業に係る取引に関する苦情を受けた場合は、Aに対し、文書又は口頭による説明を求めることができる。

3　Aは、保証協会の社員の地位を失った場合において、保証協会に弁済業務保証金分担金として150万円の納付をしていたときは、全ての事務所で営業を継続するためには、1週間以内に主たる事務所の最寄りの供託所に営業保証金として1,500万円を供託しなければならない。

4　Aは、その一部の事務所を廃止したときは、保証協会が弁済業務保証金の還付請求権者に対し、一定期間内に申し出るべき旨の公告をした後でなければ、弁済業務保証金分担金の返還を受けることができない。

問題 45 特定住宅瑕疵担保責任の履行の確保等に関する法律に基づく住宅販売瑕疵担保保証金の供託又は住宅販売瑕疵担保責任保険契約の締結に関する次の記述のうち、正しいものはどれか。

1　宅地建物取引業者は、自ら売主として新築住宅を販売する場合及び新築住宅の売買の媒介をする場合において、住宅販売瑕疵担保保証金の供託又は住宅販売瑕疵担保責任保険契約の締結を行う義務を負う。

2　自ら売主として新築住宅を宅地建物取引業者でない買主に引き渡した宅地建物取引業者は、その住宅を引き渡した日から３週間以内に、住宅販売瑕疵担保保証金の供託又は住宅販売瑕疵担保責任保険契約の締結の状況について、宅地建物取引業の免許を受けた国土交通大臣又は都道府県知事に届け出なければならない。

3　自ら売主として新築住宅を宅地建物取引業者でない買主に引き渡した宅地建物取引業者は、基準日に係る住宅販売瑕疵担保保証金の供託及び住宅販売瑕疵担保責任保険契約の締結の状況について届出をしなければ、当該基準日の翌日から起算して50日を経過した日以後においては、新たに自ら売主となる新築住宅の売買契約を締結することができない。

4　住宅販売瑕疵担保責任保険契約を締結している宅地建物取引業者は、当該住宅を引き渡した時から10年間、住宅の構造耐力上主要な部分の瑕疵によって生じた損害についてのみ保険金を請求することができる。

問題 46 独立行政法人住宅金融支援機構（以下この問において「機構」という。）に関する次の記述のうち、誤っているものはどれか。

1　機構は、住宅の建設又は購入に必要な資金の貸付けに係る金融機関の貸付債権の譲受けを業務として行っているが、当該住宅の建設又は購入に付随する土地又は借地権の取得に必要な資金の貸付けに係る金融機関の貸付債権については、譲受けの対象としていない。

2　機構は、金融機関による住宅資金の供給を支援するため、金融機関が貸し付けた住宅ローンについて、住宅融資保険を引き受けている。

3　機構は、証券化支援事業（買取型）において、ＭＢＳ（資産担保証券）を発行することにより、債券市場（投資家）から資金を調達している。

4　機構は、高齢者の家庭に適した良好な居住性能及び居住環境を有する住宅とすることを主たる目的とする住宅の改良（高齢者が自ら居住する住宅について行うものに限る。）に必要な資金の貸付けを業務として行っている。

問題 47 ※　宅地建物取引業者が行う広告に関する次の記述のうち、不当景品類及び不当表示防止法（不動産の表示に関する公正競争規約を含む。）の規定によれば、正しいものはどれか。

1　新築分譲住宅について、価格Ａで販売を開始してから３か月以上経過したため、価格Ａから価格Ｂに値下げをすることとし、価格Ａと価格Ｂを併記して、値下げをした旨を表示する場合、値下げ金額が明確になっていれば、価格Ａの公表日や値下げした日を表示する必要はない。

2　土地上に古家が存在する場合に、当該古家が、住宅として使用することが可能な状態と認められる場合であっても、古家がある旨を表示すれば、売地と表示して販売しても不当表示に問われることはない。

3　新築分譲マンションの広告において、当該マンションの完成図を掲載する際に、敷地内にある電柱及び電線を消去する加工を施した場合であっても、当該マンションの外観を消費者に対し明確に示すためであれば、不当表示に問われることはない。

4　複数の売買物件を１枚の広告に掲載するに当たり、取引態様が複数混在している場合には、広告の下部にまとめて表示すれば、どの物件がどの取引態様かを明示していなくても不当表示に問われることはない。

問題 48　次の記述のうち、正しいものはどれか。

> 本問は参考問題です。
> 次の本試験の基準となる最新統計情報をもとに改題した本問を、弊社webサイトよりダウンロードしてご利用ください（2024年8月末予定）。
>
> ※詳細はvページ「パーフェクト宅建士シリーズ読者特典（＊特典3＊）」をご参照ください。

1　建築着工統計（平成30年1月公表）によれば、平成29年の新設住宅着工戸数は前年比0.3%の増加だったが、新設住宅のうち、分譲住宅の着工戸数は前年比1.9%の減少となった。

2　平成28年度法人企業統計年報（平成29年9月公表）によれば、平成28年度における全産業の売上高は前年度に比べ1.7%増加したが、不動産業の売上高は9.1%減少した。

3　平成30年地価公示（平成30年3月公表）によれば、平成29年1月以降の1年間の地価変動率は、住宅地の全国平均では、昨年の横ばいから10年ぶりに上昇に転じた。

4　平成30年版土地白書（平成30年6月公表）によれば、土地取引について、売買による所有権移転登記の件数でその動向を見ると、平成29年の全国の土地取引件数は132万件となり、5年連続で減少した。

問題 49　土地に関する次の記述のうち、最も不適当なものはどれか。

1　山麓の地形の中で、地すべりによってできた地形は一見なだらかで、水はけもよく、住宅地として好適のように見えるが、末端の急斜面部等は斜面崩壊の危険度が高い。

2　台地の上の浅い谷は、豪雨時には一時的に浸水することがあり、現地に入っても気付かないことが多いが、住宅地としては注意を要する。

3　大都市の大部分は低地に立地しているが、この数千年の間に形成され、かつては湿地や旧河道であった地域が多く、地震災害に対して脆弱で、また洪水、高潮、津波等の災害の危険度も高い。

4　低地の中で特に災害の危険度の高い所は、扇状地の中の微高地、自然堤防、廃川敷となった旧天井川等であり、比較的危険度の低い所が沿岸部の標高の低いデルタ地域、旧河道等である。

問題 50　建築物の構造に関する次の記述のうち、最も不適当なものはどれか。

1　木造建物を造る際には、強度や耐久性において、できるだけ乾燥している木材を使用するのが好ましい。

2　集成木材構造は、集成木材で骨組を構成したもので、大規模な建物にも使用されている。

3　鉄骨構造は、不燃構造であり、耐火材料による耐火被覆がなくても耐火構造にすることができる。

4　鉄筋コンクリート構造は、耐久性を高めるためには、中性化の防止やコンクリートのひび割れ防止の注意が必要である。

平成29年度

試験問題

（注）※の問題は、本書発行時点の法令に照らし一部補正してあります。

解　答　欄

問題番号	解	答	番	号
第 1 問	①	②	③	④
第 2 問	①	②	③	④
第 3 問	①	②	③	④
第 4 問	①	②	③	④
第 5 問	①	②	③	④
第 6 問	①	②	③	④
第 7 問	①	②	③	④
第 8 問	①	②	③	④
第 9 問	①	②	③	④
第10問	①	②	③	④
第11問	①	②	③	④
第12問	①	②	③	④
第13問	①	②	③	④
第14問	①	②	③	④
第15問	①	②	③	④
第16問	①	②	③	④
第17問	①	②	③	④
第18問	①	②	③	④
第19問	①	②	③	④
第20問	①	②	③	④
第21問	①	②	③	④
第22問	①	②	③	④
第23問	①	②	③	④
第24問	①	②	③	④
第25問	①	②	③	④

問題番号	解	答	番	号
第26問	①	②	③	④
第27問	①	②	③	④
第28問	①	②	③	④
第29問	①	②	③	④
第30問	①	②	③	④
第31問	①	②	③	④
第32問	①	②	③	④
第33問	①	②	③	④
第34問	①	②	③	④
第35問	①	②	③	④
第36問	①	②	③	④
第37問	①	②	③	④
第38問	①	②	③	④
第39問	①	②	③	④
第40問	①	②	③	④
第41問	①	②	③	④
第42問	①	②	③	④
第43問	①	②	③	④
第44問	①	②	③	④
第45問	①	②	③	④
第46問	①	②	③	④
第47問	①	②	③	④
第48問	①	②	③	④
第49問	①	②	③	④
第50問	①	②	③	④

※「解答用紙」（マークシート）はダウンロードできます。詳細は vi ページをご覧ください。

平成29年度 試験問題

問題 1 代理に関する次の記述のうち、民法の規定及び判例によれば、誤っているものはどれか。

1　売買契約を締結する権限を与えられた代理人は、特段の事情がない限り、相手方からその売買契約を取り消す旨の意思表示を受領する権限を有する。
2　委任による代理人は、本人の許諾を得たときのほか、やむを得ない事由があるときにも、復代理人を選任することができる。
3　復代理人が委任事務を処理するに当たり金銭を受領し、これを代理人に引き渡したときは、特段の事情がない限り、代理人に対する受領物引渡義務は消滅するが、本人に対する受領物引渡義務は消滅しない。
4　夫婦の一方は、個別に代理権の授権がなくとも、日常家事に関する事項について、他の一方を代理して法律行為をすることができる。

問題 2 所有権の移転又は取得に関する次の記述のうち、民法の規定及び判例によれば、正しいものはどれか。

1　Ａの所有する甲土地をＢが時効取得した場合、Ｂが甲土地の所有権を取得するのは、取得時効の完成時である。
2　Ａを売主、Ｂを買主としてＣの所有する乙建物の売買契約が締結された場合、ＢがＡの無権利について善意無過失であれば、ＡＢ間で売買契約が成立した時点で、Ｂは乙建物の所有権を取得する。
3　Ａを売主、Ｂを買主として、丙土地の売買契約が締結され、代金の完済までは丙土地の所有権は移転しないとの特約が付された場合であっても、当該売買契約締結の時点で丙土地の所有権はＢに移転する。
4　ＡがＢに丁土地を売却したが、ＡがＢの強迫を理由に売買契約を取り消した場合、丁土地の所有権はＡに復帰し、初めからＢに移転しなかったことになる。

問題 3 次の1から4までの記述のうち、民法の規定及び下記判決文によれば、誤っているものはどれか。

(判決文)

共有者の一部の者から共有者の協議に基づかないで共有物を占有使用することを承認された第三者は、その者の占有使用を承認しなかった共有者に対して共有物を排他的に占有する権原を主張することはできないが、現にする占有がこれを承認した共有者の持分に基づくものと認められる限度で共有物を占有使用する権原を有するので、第三者の占有使用を承認しなかった共有者は右第三者に対して当然には共有物の明渡しを請求することはできないと解するのが相当である。

1　共有者は、他の共有者との協議に基づかないで当然に共有物を排他的に占有する権原を有するものではない。

2　AとBが共有する建物につき、AB間で協議することなくAがCと使用貸借契約を締結した場合、Bは当然にはCに対して当該建物の明渡しを請求することはできない。

3　DとEが共有する建物につき、DE間で協議することなくDがFと使用貸借契約を締結した場合、Fは、使用貸借契約を承認しなかったEに対して当該建物全体を排他的に占有する権原を主張することができる。

4　GとHが共有する建物につき、Gがその持分を放棄した場合は、その持分はHに帰属する。

問題 4※ 次の記述のうち、令和6年4月1日現在施行されている民法の条文に規定されているものはいくつあるか。

ア　権利についての協議を行う旨の合意が書面でされたときは、その合意があった時から1年を経過した時までは、時効は完成しない旨

イ　他の土地に囲まれて公道に通じない土地の所有者は、公道に至るた

め、その土地を囲んでいる他の土地を通行することができる旨
ウ　売主は、買主に対し、登記、登録その他の売買の目的である権利の移転についての対抗要件を備えさせる義務を負う旨
エ　賃借人の原状回復義務の対象となる損傷からは、通常の使用及び収益によって生じた賃借物の損耗並びに賃借物の経年劣化を除く旨
1　一つ
2　二つ
3　三つ
4　四つ

問題 5 ※　Aは、中古自動車を売却するため、Bに売買の媒介を依頼し、報酬として売買代金の３％を支払うことを約した。Bの媒介によりAは当該自動車をCに100万円で売却した。この場合に関する次の記述のうち、民法の規定によれば、正しいものはどれか。

1　Bが報酬を得て売買の媒介を行っているので、CはAから当該自動車の引渡しを受ける前に、100万円をAに支払わなければならない。
2　当該自動車の種類又は品質が契約の内容に適合していなかった場合には、CはAに対しても、Bに対しても、担保責任を追及することができる。
3　売買契約が締結された際に、Cが解約手付として手付金10万円をAに支払っている場合には、Aはいつでも20万円を償還して売買契約を解除することができる。
4　売買契約締結時には当該自動車がAの所有物ではなく、Aの父親の所有物であったとしても、AC間の売買契約は有効に成立する。

問題 6　Aが死亡し、相続人がBとCの２名であった場合に関する次の記述のうち、民法の規定及び判例によれば、正しいものはどれか。

1　①BがAの配偶者でCがAの子である場合と、②BとCがいずれもAの子である場合とでは、Bの法定相続分は①の方が大きい。

2　Aの死亡後、いずれもAの子であるBとCとの間の遺産分割協議が成立しないうちにBが死亡したときは、Bに配偶者Dと子Eがいる場合であっても、Aの遺産分割についてはEが代襲相続人として分割協議を行う。

3　遺産分割協議が成立するまでの間に遺産である不動産から賃料債権が生じていて、BとCがその相続分に応じて当該賃料債権を分割単独債権として確定的に取得している場合、遺産分割協議で当該不動産をBが取得することになっても、Cが既に取得した賃料債権につき清算する必要はない。

4　Bが自己のために相続の開始があったことを知った時から3か月以内に家庭裁判所に対して、相続によって得た財産の限度においてのみAの債務及び遺贈を弁済すべきことを留保して相続を承認する限定承認をする旨を申述すれば、Cも限定承認をする旨を申述したとみなされる。

問題 7 ※　請負契約に関する次の記述のうち、民法の規定及び判例によれば、誤っているものはどれか。

1　請負契約が請負人の責めに帰すべき事由によって中途で終了し、請負人が施工済みの部分に相当する報酬に限ってその支払を請求することができる場合、注文者が請負人に請求できるのは、注文者が残工事の施工に要した費用のうち、請負人の未施工部分に相当する請負代金額を超える額に限られる。

2　請負契約が注文者の責めに帰すべき事由によって中途で終了した場合、請負人は、残債務を免れるとともに、注文者に請負代金全額を請求できるが、自己の債務を免れたことによる利益を注文者に償還しなければならない。

3　請負契約の目的物の種類又は品質が契約の内容に適合しない場合、注文者は、請負人からその契約不適合による損害の賠償を受けていなくとも、特別の事情がない限り、報酬全額を支払わなければならない。

4　請負人が契約の内容に適合しない仕事の目的物を注文者に引渡したときの担保責任を負わない旨の特約をしたときであっても、知りながら告げなかった事実については、その責任を免れることはできない。

問題 8 ※　A、B、Cの３人がDに対して900万円の連帯債務を負っている場合に関する次の記述のうち、民法の規定によれば、正しいものはどれか。なお、A、B、Cの負担部分は等しいものとする。

1　DがAに対して履行の請求をした場合、B及びCについても、その効力が生じる。
2　Aが、Dに対する債務と、Dに対して有する200万円の債権を対当額で相殺する旨の意思表示をDにした場合、B及びCのDに対する連帯債務も200万円が消滅する。
3　Bのために時効が完成した場合、A及びCのDに対する連帯債務も時効によって全部消滅する。
4　CがDに対して100万円を弁済した場合は、Cの負担部分の範囲内であるから、Cは、A及びBに対して求償することはできない。

問題 9　１億2,000万円の財産を有するAが死亡した。Aには、配偶者はなく、子B、C、Dがおり、Bには子Eが、Cには子Fがいる。Bは相続を放棄した。また、Cは生前のAを強迫して遺言作成を妨害したため、相続人となることができない。この場合における法定相続分に関する次の記述のうち、民法の規定によれば、正しいものはどれか。

1　Dが4,000万円、Eが4,000万円、Fが4,000万円となる。
2　Dが１億2,000万円となる。
3　Dが6,000万円、Fが6,000万円となる。
4　Dが6,000万円、Eが6,000万円となる。

問題 10　①不動産質権と②抵当権に関する次の記述のうち、民法の規定によれば、誤っているものはどれか。

1　①では、被担保債権の利息のうち、満期となった最後の２年分についてのみ担保されるが、②では、設定行為に別段の定めがない限り、被担保債権の利息は担保されない。

2　①は、10年を超える存続期間を定めたときであっても、その期間は10年となるのに対し、②は、存続期間に関する制限はない。

3　①は、目的物の引渡しが効力の発生要件であるのに対し、②は、目的物の引渡しは効力の発生要件ではない。

4　①も②も不動産に関する物権であり、登記を備えなければ第三者に対抗することができない。

問題 11 ※　Ａ所有の甲土地につき、令和６年10月１日にＢとの間で賃貸借契約（以下「本件契約」という。）が締結された場合に関する次の記述のうち、民法及び借地借家法の規定並びに判例によれば、正しいものはどれか。

1　Ａが甲土地につき、本件契約とは別に、令和６年９月１日にＣとの間で建物所有を目的として賃貸借契約を締結していた場合、本件契約が資材置場として更地で利用することを目的とするものであるときは、本件契約よりもＣとの契約が優先する。

2　賃借権の存続期間を10年と定めた場合、本件契約が居住の用に供する建物を所有することを目的とするものであるときは存続期間が30年となるのに対し、本件契約が資材置場として更地で利用することを目的とするものであるときは存続期間は10年である。

3　本件契約が建物所有を目的として存続期間60年とし、賃料につき３年ごとに１％ずつ増額する旨を公正証書で定めたものである場合、社会情勢の変化により賃料が不相当となったときであっても、ＡもＢも期間満了まで賃料の増減額請求をすることができない。

4　本件契約が建物所有を目的としている場合、契約の更新がなく、建物の買取りの請求をしないこととする旨を定めるには、Ａはあらかじめ Ｂに対してその旨を記載した書面を交付して説明しなければならない。

問題 12　Ａが所有する甲建物をＢに対して３年間賃貸する旨の契約を

した場合における次の記述のうち、借地借家法の規定によれば、正しいものはどれか。

1　AがBに対し、甲建物の賃貸借契約の期間満了の１年前に更新をしない旨の通知をしていれば、ＡＢ間の賃貸借契約は期間満了によって当然に終了し、更新されない。

2　Aが甲建物の賃貸借契約の解約の申入れをした場合には申入れ日から３月で賃貸借契約が終了する旨を定めた特約は、Bがあらかじめ同意していれば、有効となる。

3　Cが甲建物を適法に転借している場合、ＡＢ間の賃貸借契約が期間満了によって終了するときに、Cがその旨をBから聞かされていれば、AはCに対して、賃貸借契約の期間満了による終了を対抗することができる。

4　ＡＢ間の賃貸借契約が借地借家法第38条の定期建物賃貸借で、契約の更新がない旨を定めるものである場合、当該契約前にAがBに契約の更新がなく期間の満了により終了する旨を記載した書面を交付して説明しなければ、契約の更新がない旨の約定は無効となる。

問題 13　建物の区分所有等に関する法律に関する次の記述のうち、誤っているものはどれか。

1　管理者は、少なくとも毎年１回集会を招集しなければならない。

2　区分所有者の５分の１以上で議決権の５分の１以上を有するものは、管理者に対し、会議の目的たる事項を示して、集会の招集を請求することができるが、この定数は規約で減ずることはできない。

3　集会の招集の通知は、区分所有者が管理者に対して通知を受け取る場所をあらかじめ通知した場合には、管理者はその場所にあててすれば足りる。

4　集会は、区分所有者全員の同意があれば、招集の手続を経ないで開くことができる。

問題 14 不動産の登記に関する次の記述のうち、不動産登記法の規定によれば、誤っているものはどれか。

1 建物の名称があるときは、その名称も当該建物の表示に関する登記の登記事項となる。
2 地上権の設定の登記をする場合において、地上権の存続期間の定めがあるときは、その定めも登記事項となる。
3 賃借権の設定の登記をする場合において、敷金があるときであっても、その旨は登記事項とならない。
4 事業用定期借地権として借地借家法第23条第1項の定めのある賃借権の設定の登記をする場合、その定めも登記事項となる。

問題 15 農地に関する次の記述のうち、農地法（以下この問において「法」という。）の規定によれば、正しいものはどれか。

1 市街化区域内の農地を耕作のために借り入れる場合、あらかじめ農業委員会に届出をすれば、法第3条第1項の許可を受ける必要はない。
2 市街化調整区域内の4ヘクタールを超える農地について、これを転用するために所有権を取得する場合、農林水産大臣の許可を受ける必要がある。
3 銀行から500万円を借り入れるために農地に抵当権を設定する場合、法第3条第1項又は第5条第1項の許可を受ける必要がある。
4 相続により農地の所有権を取得した者は、遅滞なく、その農地の存する市町村の農業委員会にその旨を届け出なければならない。

問題 16 都市計画法に関する次の記述のうち、正しいものの組合せはどれか。

ア 都市計画施設の区域又は市街地開発事業の施行区域内において建築物の建築をしようとする者は、一定の場合を除き、都道府県知事（市の区域内にあっては、当該市の長）の許可を受けなければならない。

イ　地区整備計画が定められている地区計画の区域内において、建築物の建築を行おうとする者は、都道府県知事（市の区域内にあっては、当該市の長）の許可を受けなければならない。

ウ　都市計画事業の認可の告示があった後、当該認可に係る事業地内において、当該都市計画事業の施行の障害となるおそれがある土地の形質の変更を行おうとする者は、都道府県知事（市の区域内にあっては、当該市の長）の許可を受けなければならない。

エ　都市計画事業の認可の告示があった後、当該認可に係る事業地内の土地建物等を有償で譲り渡そうとする者は、当該事業の施行者の許可を受けなければならない。

1　ア、ウ
2　ア、エ
3　イ、ウ
4　イ、エ

問題 17　都市計画法に関する次の記述のうち、正しいものはどれか。ただし、許可を要する開発行為の面積について、条例による定めはないものとし、この問において「都道府県知事」とは、地方自治法に基づく指定都市、中核市及び施行時特例市にあってはその長をいうものとする。

1　準都市計画区域内において、工場の建築の用に供する目的で1,000㎡の土地の区画形質の変更を行おうとする者は、あらかじめ、都道府県知事の許可を受けなければならない。

2　市街化区域内において、農業を営む者の居住の用に供する建築物の建築の用に供する目的で1,000㎡の土地の区画形質の変更を行おうとする者は、あらかじめ、都道府県知事の許可を受けなければならない。

3　都市計画区域及び準都市計画区域外の区域内において、変電所の建築の用に供する目的で1,000㎡の土地の区画形質の変更を行おうとする者は、あらかじめ、都道府県知事の許可を受けなければならない。

4　区域区分の定めのない都市計画区域内において、遊園地の建設の用に供する目的で3,000㎡の土地の区画形質の変更を行おうとする者は、あらかじめ、都道府県知事の許可を受けなければならない。

問題 18 ※　建築基準法に関する次の記述のうち、誤っているものはどれか。

1　鉄筋コンクリート造であって、階数が2の住宅を新築する場合において、特定行政庁が、安全上、防火上及び避難上支障がないと認めたときは、検査済証の交付を受ける前においても、仮に、当該建築物を使用することができる。

2　長屋の各戸の界壁は、原則として小屋裏又は天井裏に達するものとしなければならない。

3　下水道法に規定する処理区域内においては、便所は、汚水管が公共下水道に連結された水洗便所としなければならない。

4　ホテルの用途に供する建築物を共同住宅（その用途に供する部分の床面積の合計が300㎡）に用途変更する場合、建築確認は不要である。

問題 19　建築基準法（以下この問において「法」という。）に関する次の記述のうち、正しいものはどれか。

1　都市計画区域又は準都市計画区域内における用途地域の指定のない区域内の建築物の建蔽率の上限値は、原則として、法で定めた数値のうち、特定行政庁が土地利用の状況等を考慮し当該区域を区分して都道府県都市計画審議会の議を経て定めるものとなる。

2　第二種中高層住居専用地域内では、原則として、ホテル又は旅館を建築することができる。

3　幅員4m以上であり、法が施行された時点又は都市計画区域若しくは準都市計画区域に入った時点で現に存在する道は、特定行政庁の指定がない限り、法上の道路とはならない。

4　建築物の前面道路の幅員により制限される容積率について、前面道路が2つ以上ある場合には、これらの前面道路の幅員の最小の数値（12

m未満の場合に限る。）を用いて算定する。

問題 20 ※　宅地造成及び特定盛土等規制法に関する次の記述のうち、誤っているものはどれか。なお、この問において「都道府県知事」とは、地方自治法に基づく指定都市、中核市及び施行時特例市にあってはその長をいうものとする。

1　都道府県知事は、宅地造成等工事規制区域内の土地で、宅地造成もしくは特定盛土等に伴う災害の防止のため必要な擁壁が設置されていないために、これを放置するときは、宅地造成等に伴う災害の発生のおそれが大きいと認められる場合、一定の限度のもとに、当該土地の所有者、管理者又は占有者に対して、擁壁の設置を命ずることができる。

2　都道府県知事は、宅地造成等工事規制区域内の土地において行われている工事の状況について、その工事が宅地造成等に関する工事であるか否かにかかわらず、当該土地の所有者、管理者又は占有者に対して報告を求めることができる。

3　都道府県知事は、一定の場合には都道府県（指定都市、中核市又は施行時特例市の区域にあっては、それぞれ指定都市、中核市又は施行時特例市）の規則で、宅地造成等工事規制区域内において行われる宅地造成等に関する工事の技術的基準を強化することができる。

4　宅地造成等工事規制区域内において、政令で定める技術的基準を満たす地表水等を排除するための排水施設の除却工事を行おうとする場合は、一定の場合を除き、都道府県知事への届出が必要となるが、当該技術的基準を満たす必要のない地表水等を排除するための排水施設を除却する工事を行おうとする場合は、都道府県知事に届け出る必要はない。

問題 21　土地区画整理法に関する次の記述のうち、誤っているものはどれか。なお、この問において「組合」とは、土地区画整理組合をいう。

1　組合は、事業の完成により解散しようとする場合においては、都道府県知事の認可を受けなければならない。

2　施行地区内の宅地について組合員の有する所有権の全部又は一部を承継した者がある場合においては、その組合員がその所有権の全部又は一部について組合に対して有する権利義務は、その承継した者に移転する。

3　組合を設立しようとする者は、事業計画の決定に先立って組合を設立する必要があると認める場合においては、７人以上共同して、定款及び事業基本方針を定め、その組合の設立について都道府県知事の認可を受けることができる。

4　組合が施行する土地区画整理事業に係る施行地区内の宅地について借地権のみを有する者は、その組合の組合員とはならない。

問題 22　次の記述のうち、正しいものはどれか。

1　津波防災地域づくりに関する法律によれば、津波防護施設区域内において土地の掘削をしようとする者は、一定の場合を除き、津波防護施設管理者の許可を受けなければならない。

2　国土利用計画法によれば、市街化区域内の3,000㎡の土地を贈与により取得した者は、２週間以内に、都道府県知事（地方自治法に基づく指定都市にあっては、当該指定都市の長）に届け出なければならない。

3　景観法によれば、景観計画区域内において建築物の新築、増築、改築又は移転をした者は、工事着手後30日以内に、その旨を景観行政団体の長に届け出なければならない。

4　道路法によれば、道路の区域が決定された後道路の供用が開始されるまでの間であっても、道路管理者が当該区域についての土地に関する権原を取得する前であれば、道路管理者の許可を受けずに、当該区域内において工作物を新築することができる。

問題 23　所得税法に関する次の記述のうち、正しいものはどれか。

1　個人が台風により主として保養の用に供する目的で所有する別荘につ

いて受けた損失の金額（保険金等により補てんされる部分の金額を除く。）は、その損失を受けた日の属する年分又はその翌年分の譲渡所得の金額の計算上控除される。

2　建物の所有を目的とする土地の賃借権の設定の対価として支払を受ける権利金の金額が、その土地の価額の10分の5に相当する金額を超えるときは、不動産所得として課税される。

3　譲渡所得とは資産の譲渡による所得をいうので、不動産業者である個人が営利を目的として継続的に行っている土地の譲渡による所得は、譲渡所得として課税される。

4　個人が相続（限定承認に係るものを除く。）により取得した譲渡所得の基因となる資産を譲渡した場合における譲渡所得の金額の計算については、その資産をその相続の時における価額に相当する金額により取得したものとして計算される。

問題 24 ※　固定資産税に関する次の記述のうち、正しいものはどれか。

1　固定資産税は、固定資産が賃借されている場合、所有者ではなく当該固定資産の賃借人に対して課税される。

2　家屋に対して課する固定資産税の納税者が、その納付すべき当該年度の固定資産税に係る家屋について家屋課税台帳等に登録された価格と当該家屋が所在する市町村内の他の家屋の価格とを比較することができるよう、当該納税者は、家屋価格等縦覧帳簿をいつでも縦覧することができる。

3　固定資産税の納税者は、その納付すべき当該年度の固定資産課税に係る固定資産について、固定資産課税台帳に登録された価格について不服があるときは、一定の場合を除いて、文書をもって、固定資産評価審査委員会に審査の申出をすることができる。

4　令和6年1月1日現在において更地であっても住宅の建設が予定されている土地においては、市町村長が固定資産課税台帳に当該土地の価格を登録した旨の公示をするまでに当該住宅の敷地の用に供された場合には、当該土地に係る令和６年度の固定資産税について、住宅用地に対する課税標準の特例が適用される。

問題 25　地価公示法に関する次の記述のうち、正しいものはどれか。

1　土地鑑定委員会は、標準地の単位面積当たりの価格及び当該標準地の前回の公示価格からの変化率等一定の事項を官報により公示しなければならないとされている。

2　土地鑑定委員会は、公示区域内の標準地について、毎年２回、２人以上の不動産鑑定士の鑑定評価を求め、その結果を審査し、必要な調整を行って、一定の基準日における当該標準地の単位面積当たりの正常な価格を判定し、これを公示するものとされている。

3　標準地は、土地鑑定委員会が、自然的及び社会的条件からみて類似の利用価値を有すると認められる地域において、土地の利用状況、環境等が通常であると認められる一団の土地について選定するものとされている。

4　土地の取引を行なう者は、取引の対象となる土地が標準地である場合には、当該標準地について公示された価格により取引を行なう義務を有する。

問題 26※　宅地建物取引業者Ａ（消費税課税事業者）は貸主Ｂから建物の貸借の媒介の依頼を受け、宅地建物取引業者Ｃ（消費税課税事業者）は借主Ｄから建物の貸借の媒介の依頼を受け、ＢとＤの間での賃貸借契約を成立させた。この場合における次の記述のうち、宅地建物取引業法（以下この問において「法」という。）の規定によれば、正しいものはどれか。なお、１か月分の借賃は９万円（消費税等相当額を含まない。）である。

1　建物を店舗として貸借する場合、当該賃貸借契約において200万円の権利金（権利設定の対価として支払われる金銭であって返還されないものをいい、消費税等相当額を含まない。）の授受があるときは、Ａ及び

Ｃが受領できる報酬の限度額の合計は220,000円である。

2　ＡがＢから49,500円の報酬を受領し、ＣがＤから49,500円の報酬を受領した場合、ＡはＢの依頼によって行った広告の料金に相当する額を別途受領することができない。

3　Ｃは、Ｄから報酬をその限度額まで受領できるほかに、法第35条の規定に基づく重要事項の説明を行った対価として、報酬を受領することができる。

4　建物を居住用として貸借する場合、当該賃貸借契約において100万円の保証金（Ｄの退去時にＤに全額返還されるものとする。）の授受があるときは、Ａ及びＣが受領できる報酬の限度額の合計は110,000円である。

問題27 ※　宅地建物取引業者Ａが、自ら売主として宅地建物取引業者でない買主Ｂとの間で締結した宅地の売買契約において、売買の目的物が種類又は品質に関して契約の内容に適合しない場合におけるその不適合を担保すべき責任（以下この問において「契約不適合責任」という。）に関する次の記述のうち、宅地建物取引業法第40条及び民法の規定によれば、正しいものはいくつあるか。

ア　売買契約において、契約不適合責任に関する通知期間を引渡しの日から２年間とする特約を定めた場合、その特約は無効となる。

イ　売買契約において、契約不適合責任に関する通知期間について引渡しの日から１年間とする特約を定めた場合、その特約は無効となる。

ウ　Ａが契約不適合責任に関する通知期間内においては、損害賠償の請求をすることはできるが、契約を解除することはできないとする特約を定めた場合、その特約は有効である。

1　一つ

2　二つ

3　三つ

4　なし

問題 28 宅地建物取引業者Aが行う業務に関する次の記述のうち、宅地建物取引業法（以下この問において「法」という。）の規定に違反しないものはいくつあるか。

ア　Aは、法第49条に規定されている業務に関する帳簿について、業務上知り得た秘密が含まれているため、当該帳簿の閉鎖後、遅滞なく、専門業者に委託して廃棄した。

イ　Aは、宅地の売却を希望するBと専任代理契約を締結した。Aは、Bの要望を踏まえ、当該代理契約に指定流通機構に登録しない旨の特約を付したため、その登録をしなかった。

ウ　Aの従業者Cは、投資用マンションの販売において、勧誘に先立ちAの名称を告げず、自己の氏名及び契約締結の勧誘が目的であることを告げたうえで勧誘を行ったが、相手方から関心がない旨の意思表示があったので、勧誘の継続を断念した。

エ　Aは、自ら売主として新築マンションを分譲するに当たり、売買契約の締結に際して買主から手付を受領した。その後、当該契約の当事者の双方が契約の履行に着手する前に、Aは、手付を買主に返還して、契約を一方的に解除した。

1　一つ
2　二つ
3　三つ
4　なし

問題 29 次の記述のうち、宅地建物取引業法（以下この問において「法」という。）の規定によれば、正しいものはどれか。

1　宅地建物取引業者A（甲県知事免許）は、マンション管理業に関し、不正又は著しく不当な行為をしたとして、マンションの管理の適正化の推進に関する法律に基づき、国土交通大臣から業務の停止を命じられた。この場合、Aは、甲県知事から法に基づく指示処分を受けることがある。

2　国土交通大臣は、宅地建物取引業者Ｂ（乙県知事免許）の事務所の所在地を確知できない場合、その旨を官報及び乙県の公報で公告し、その公告の日から30日を経過してもＢから申出がないときは、Ｂの免許を取り消すことができる。

3　国土交通大臣は、宅地建物取引業者Ｃ（国土交通大臣免許）に対し、法第35条の規定に基づく重要事項の説明を行わなかったことを理由に業務停止を命じた場合は、遅滞なく、その旨を内閣総理大臣に通知しなければならない。

4　宅地建物取引業者Ｄ（丙県知事免許）は、法第72条第１項に基づく丙県職員による事務所への立入検査を拒んだ。この場合、Ｄは、50万円以下の罰金に処せられることがある。

問題 30　宅地建物取引業法（以下この問において「法」という。）の規定に関する次の記述のうち、誤っているものはどれか。なお、この問において「登録」とは、宅地建物取引士の登録をいうものとする。

1　宅地建物取引士Ａ（甲県知事登録）が、甲県から乙県に住所を変更したときは、乙県知事に対し、登録の移転の申請をすることができる。

2　宅地建物取引業者Ｂ（甲県知事免許）が、乙県に所在する１棟のマンション（150戸）を分譲するため、現地に案内所を設置し契約の申込みを受けるときは、甲県知事及び乙県知事に、その業務を開始する日の10日前までに、法第50条第２項の規定に基づく届出をしなければならない。

3　宅地建物取引士資格試験合格後18月を経過したＣ（甲県知事登録）が、甲県知事から宅地建物取引士証の交付を受けようとする場合は、甲県知事が指定する講習を交付の申請前６月以内に受講しなければならない。

4　宅地建物取引業者Ｄ社（甲県知事免許）が、合併により消滅したときは、その日から30日以内に、Ｄ社を代表する役員であった者が、その旨を甲県知事に届け出なければならない。

問題 31 宅地建物取引業者Aが、自ら売主として、宅地建物取引業者でないBとの間でマンション（代金3,000万円）の売買契約を締結しようとする場合における次の記述のうち、宅地建物取引業法（以下この問において「法」という。）の規定によれば、正しいものはいくつあるか。

ア　Bは自ら指定した自宅においてマンションの買受けの申込みをした場合においても、法第37条の2の規定に基づき、書面により買受けの申込みの撤回を行うことができる。

イ　BがAに対し、法第37条の2の規定に基づき、書面により買受けの申込みの撤回を行った場合、その効力は、当該書面をAが受け取った時に生じることとなる。

ウ　Aは、Bとの間で、当事者の債務不履行を理由とする契約解除に伴う違約金について300万円とする特約を定めた場合、加えて、損害賠償の予定額を600万円とする特約を定めることができる。

1　一つ
2　二つ
3　三つ
4　なし

問題 32 宅地建物取引業法に規定する営業保証金に関する次の記述のうち、誤っているものはどれか。

1　宅地建物取引業者は、主たる事務所を移転したことにより、その最寄りの供託所が変更となった場合において、金銭のみをもって営業保証金を供託しているときは、従前の供託所から営業保証金を取り戻した後、移転後の最寄りの供託所に供託しなければならない。

2　宅地建物取引業者は、事業の開始後新たに事務所を設置するため営業保証金を供託したときは、供託物受入れの記載のある供託書の写しを添附して、その旨を免許を受けた国土交通大臣又は都道府県知事に届け出なければならない。

3　宅地建物取引業者は、一部の事務所を廃止し営業保証金を取り戻そうとする場合には、供託した営業保証金につき還付を請求する権利を有する者に対し、6月以上の期間を定めて申し出るべき旨の公告をしなければならない。

4　宅地建物取引業者は、営業保証金の還付があったために営業保証金に不足が生じたときは、国土交通大臣又は都道府県知事から不足額を供託すべき旨の通知書の送付を受けた日から2週間以内に、不足額を供託しなければならない。

問題 33　宅地建物取引業者が行う宅地建物取引業法第35条に規定する重要事項の説明に関する次の記述のうち、正しいものはどれか。なお、説明の相手方は宅地建物取引業者ではないものとする。

1　宅地の売買の媒介を行う場合、売買の各当事者すなわち売主及び買主に対して、書面を交付して説明しなければならない。

2　宅地の売買の媒介を行う場合、代金に関する金銭の貸借のあっせんの内容及び当該あっせんに係る金銭の貸借が成立しないときの措置について、説明しなければならない。

3　建物の貸借の媒介を行う場合、私道に関する負担について、説明しなければならない。

4　建物の売買の媒介を行う場合、天災その他不可抗力による損害の負担に関する定めがあるときは、その内容について、説明しなければならない。

問題 34　次の記述のうち、宅地建物取引業法（以下この問において「法」という。）の規定によれば、誤っているものはどれか。

1　宅地建物取引業者が、自ら売主として、宅地及び建物の売買の契約を締結するに際し、手付金について、当初提示した金額を減額することにより、買主に対し売買契約の締結を誘引し、その契約を締結させることは、法に違反しない。

2　宅地建物取引業者が、アンケート調査をすることを装って電話をし、その目的がマンションの売買の勧誘であることを告げずに勧誘をする行為は、法に違反する。

3　宅地建物取引業者が、宅地及び建物の売買の媒介を行うに際し、媒介報酬について、買主の要望を受けて分割受領に応じることにより、契約の締結を誘引する行為は、法に違反する。

4　宅地建物取引業者が、手付金について信用の供与をすることにより、宅地及び建物の売買契約の締結を誘引する行為を行った場合、監督処分の対象となるほか、罰則の適用を受けることがある。

問題 35　次の記述のうち、宅地建物取引業法（以下この問において「法」という。）の規定によれば、正しいものはどれか。

1　宅地建物取引業者は、自ら貸主として締結した建物の賃貸借契約について、法第49条に規定されている業務に関する帳簿に、法及び国土交通省令で定められた事項を記載しなければならない。

2　宅地建物取引業者は、その業務に関する帳簿を、一括して主たる事務所に備えれば、従たる事務所に備えておく必要はない。

3　宅地建物取引業者は、その業務に関する帳簿に報酬の額を記載することが義務付けられており、違反した場合は指示処分の対象となる。

4　宅地建物取引業者は、その業務に従事する者であっても、一時的に事務の補助のために雇用した者については、従業者名簿に記載する必要がない。

問題 36　次の記述のうち、宅地建物取引業法の規定によれば、正しいものはどれか。なお、この問において「免許」とは、宅地建物取引業の免許をいう。

1　宅地建物取引業者Aは、免許の更新を申請したが、免許権者である甲県知事の申請に対する処分がなされないまま、免許の有効期間が満了した。この場合、Aは、当該処分がなされるまで、宅地建物取引業を営むことができない。

2　Bは、新たに宅地建物取引業を営むため免許の申請を行った。この場合、Bは、免許の申請から免許を受けるまでの間に、宅地建物取引業を営む旨の広告を行い、取引する物件及び顧客を募ることができる。

3　宅地建物取引業者Cは、宅地又は建物の売買に関連し、兼業として、新たに不動産管理業を営むこととした。この場合、Cは兼業で不動産管理業を営む旨を、免許権者である国土交通大臣又は都道府県知事に届け出なければならない。

4　宅地建物取引業者である法人Dが、宅地建物取引業者でない法人Eに吸収合併されたことにより消滅した場合、一般承継人であるEは、Dが締結した宅地又は建物の契約に基づく取引を結了する目的の範囲内において宅地建物取引業者とみなされる。

問題 37　次の記述のうち、宅地建物取引業法（以下この問において「法」という。）の規定によれば、正しいものはどれか。

1　宅地建物取引士は、取引の関係者から請求があったときは、物件の買受けの申込みの前であっても宅地建物取引士証を提示しなければならないが、このときに提示した場合、後日、法第35条に規定する重要事項の説明をする際は、宅地建物取引士証を提示しなくてもよい。

2　甲県知事の登録を受けている宅地建物取引士Aは、乙県に主たる事務所を置く宅地建物取引業者Bの専任の宅地建物取引士となる場合、乙県知事に登録を移転しなければならない。

3　宅地建物取引士の登録を受けるには、宅地建物取引士資格試験に合格した者で、２年以上の実務の経験を有するもの又は国土交通大臣がその実務の経験を有するものと同等以上の能力を有するものと認めたものであり、法に定める事由に該当しないことが必要である。

4　宅地建物取引士は、取引の関係者から請求があったときは、従業者証明書を提示しなければならないが、法第35条に規定する重要事項の説明をする際は、宅地建物取引士証の提示が義務付けられているため、宅地建物取引士証の提示をもって、従業者証明書の提示に代えることができる。

問題 38 ※　宅地建物取引業者Aが、宅地建物取引業法（以下この問において「法」という。）第37条の規定により交付すべき書面（以下この問において「37条書面」という。）に関する次の記述のうち、法の規定に違反しないものはどれか（この問において「契約不適合責任」とは、売買の目的物が種類又は品質に関して契約の内容に適合しない場合における、その不適合を担保すべき責任をいう。）。

1　Aは、売主を代理して宅地の売買契約を締結した際、買主にのみ37条書面を交付した。

2　Aは、自ら売主となる宅地の売買契約において、手付金等を受領するにもかかわらず、37条書面に手付金等の保全措置の内容を記載しなかった。

3　Aは、媒介により宅地の売買契約を成立させた場合において、契約の解除に関する定めがあるにもかかわらず、37条書面にその内容を記載しなかった。

4　Aは、自ら売主となる宅地の売買契約において契約不適合責任に関する特約を定めたが、買主が宅地建物取引業者であり、契約不適合責任に関する特約を自由に定めることができるため、37条書面にその内容を記載しなかった。

問題 39　営業保証金を供託している宅地建物取引業者Aと宅地建物取引業保証協会（以下この問において「保証協会」という。）の社員である宅地建物取引業者Bに関する次の記述のうち、宅地建物取引業法の規定によれば、正しいものはいくつあるか。

ア　A（国土交通大臣免許）は、甲県内にある主たる事務所とは別に、乙県内に新たに従たる事務所を設置したときは、営業保証金をその従たる事務所の最寄りの供託所に供託しなければならない。

イ　Aは、令和5年5月1日に、Bに手付金500万円を支払い、宅地の売買契約を締結した。宅地の引渡しの前にBが失踪し、宅地の引渡しを受けることができなくなったときは、Aは、手付金について、弁済業務保証金から弁済を受けることができる。

ウ　Bは、保証協会の社員の地位を失ったときは、その地位を失った日から1週間以内に、営業保証金を供託しなければならない。

エ　Bの取引に関して弁済業務保証金の還付があったときは、Bは、保証協会から当該還付額に相当する額の還付充当金を納付すべき旨の通知を受けた日から2週間以内に、還付充当金を保証協会に納付しなければならない。

1　一つ
2　二つ
3　三つ
4　四つ

問題 40 ※　宅地建物取引業法（以下この問において「法」という。）第37条の規定により交付すべき書面（以下この問において「37条書面」という。）に関する次の記述のうち、法の規定に違反しないものはどれか。

1　宅地建物取引業者Aは、中古マンションの売買の媒介において、当該マンションの代金の支払の時期及び引渡しの時期について、重要事項説明書に記載して説明を行ったので、37条書面には記載しなかった。

2　宅地建物取引業者である売主Bは、宅地建物取引業者Cの媒介により、宅地建物取引業者ではない買主Dと宅地の売買契約を締結した。Bは、Cと共同で作成した37条書面にCの宅地建物取引士の記名がなされていたため、その書面に、Bの宅地建物取引士をして記名をさせなかった。

3　売主である宅地建物取引業者Eの宅地建物取引士Fは、宅地建物取引業者ではない買主Gに37条書面を交付する際、Gから求められなかったので、宅地建物取引士証をGに提示せずに当該書面を交付した。

4　宅地建物取引業者Hは、宅地建物取引業者ではない売主Iから中古住宅を購入する契約を締結したが、Iが売主であるためIに37条書面を交付しなかった。

問題 41 宅地建物取引業者が行う宅地建物取引業法第35条に規定する重要事項の説明に関する次の記述のうち、誤っているものはどれか。なお、説明の相手方は宅地建物取引業者ではないものとする。

1 区分所有建物の売買の媒介を行う場合、当該1棟の建物及びその敷地の管理が委託されているときは、その委託を受けている者の氏名（法人にあっては、その商号又は名称）及び住所（法人にあっては、その主たる事務所の所在地）を説明しなければならない。

2 土地の売買の媒介を行う場合、移転登記の申請の時期の定めがあるときは、その内容を説明しなければならない。

3 住宅の売買の媒介を行う場合、宅地内のガス配管設備等に関して、当該住宅の売買後においても当該ガス配管設備等の所有権が家庭用プロパンガス販売業者にあるものとするときは、その旨を説明する必要がある。

4 中古マンションの売買の媒介を行う場合、当該マンションの計画的な維持修繕のための費用の積立てを行う旨の規約の定めがあるときは、その内容及び既に積み立てられている額について説明しなければならない。

問題 42 宅地建物取引業者が行う広告に関する次の記述のうち、宅地建物取引業法の規定によれば、正しいものはいくつあるか。

ア 宅地の販売広告において、宅地の将来の環境について、著しく事実に相違する表示をしてはならない。

イ 宅地又は建物に係る広告の表示項目の中に、取引物件に係る現在又は将来の利用の制限があるが、この制限には、都市計画法に基づく利用制限等の公法上の制限だけではなく、借地権の有無等の私法上の制限も含まれる。

ウ 顧客を集めるために売る意思のない条件の良い物件を広告することにより他の物件を販売しようとした場合、取引の相手方が実際に誤認したか否か、あるいは損害を受けたか否かにかかわらず、監督処分の対象となる。

エ　建物の売却について代理を依頼されて広告を行う場合、取引態様として、代理であることを明示しなければならないが、その後、当該物件の購入の注文を受けたとき、広告を行った時点と取引態様に変更がない場合でも、遅滞なく、その注文者に対し取引態様を明らかにしなければならない。

1　一つ
2　二つ
3　三つ
4　四つ

問題 43　宅地建物取引業者Ａが、ＢからＢ所有の中古マンションの売却の依頼を受け、Ｂと専任媒介契約（専属専任媒介契約ではない媒介契約）を締結した場合に関する次の記述のうち、宅地建物取引業法（以下この問において「法」という。）の規定によれば、正しいものはいくつあるか。

ア　Ａは、２週間に１回以上当該専任媒介契約に係る業務の処理状況をＢに報告しなければならないが、これに加え、当該中古マンションについて購入の申込みがあったときは、遅滞なく、その旨をＢに報告しなければならない。

イ　当該専任媒介契約の有効期間は、３月を超えることができず、また、依頼者の更新しない旨の申出がなければ自動更新とする旨の特約も認められない。ただし、Ｂが宅地建物取引業者である場合は、ＡとＢの合意により、自動更新とすることができる。

ウ　Ａは、当該専任媒介契約の締結の日から７日（ただし、Ａの休業日は含まない。）以内に所定の事項を指定流通機構に登録しなければならず、また、法第50条の６に規定する登録を証する書面を遅滞なくＢに提示しなければならない。

エ　当該専任媒介契約に係る通常の広告費用はＡの負担であるが、指定流通機構への情報登録及びＢがＡに特別に依頼した広告に係る費用については、成約したか否かにかかわらず、国土交通大臣の定める報酬の限度額を超えてその費用をBに請求することができる。

1　一つ
2　二つ
3　三つ
4　四つ

問題 44　宅地建物取引業の免許（以下この問において「免許」という。）に関する次の記述のうち、宅地建物取引業法の規定によれば、正しいものはどれか。

1　宅地建物取引業者A社が免許を受けていないB社との合併により消滅する場合、存続会社であるB社はA社の免許を承継することができる。
2　個人である宅地建物取引業者Cがその事業を法人化するため、新たに株式会社Dを設立しその代表取締役に就任する場合、D社はCの免許を承継することができる。
3　個人である宅地建物取引業者E（甲県知事免許）が死亡した場合、その相続人は、Eの死亡を知った日から30日以内に、その旨を甲県知事に届け出なければならず、免許はその届出があった日に失効する。
4　宅地建物取引業者F社（乙県知事免許）が株主総会の決議により解散することとなった場合、その清算人は、当該解散の日から30日以内に、その旨を乙県知事に届け出なければならない。

問題 45　宅地建物取引業者Aが自ら売主として、宅地建物取引業者でない買主Bに新築住宅を販売する場合における次の記述のうち、特定住宅瑕疵担保責任の履行の確保等に関する法律の規定によれば、正しいものはどれか。

1　Aは、住宅販売瑕疵（かし）担保保証金の供託をする場合、Bに対し、当該住宅を引き渡すまでに、供託所の所在地等について記載した書面を交付して説明しなければならない。

2　自ら売主として新築住宅をBに引き渡したAが、住宅販売瑕疵担保保証金を供託する場合、その住宅の床面積が55㎡以下であるときは、新築住宅の合計戸数の算定に当たって、床面積55㎡以下の住宅２戸をもって１戸と数えることになる。
3　Aは、基準日に係る住宅販売瑕疵担保保証金の供託及び住宅販売瑕疵担保責任保険契約の締結の状況についての届出をしなければ、当該基準日から１月を経過した日以後においては、新たに自ら売主となる新築住宅の売買契約を締結してはならない。
4　Aは、住宅販売瑕疵担保責任保険契約の締結をした場合、当該住宅を引き渡した時から10年間、当該住宅の給水設備又はガス設備の瑕疵によって生じた損害について保険金の支払を受けることができる。

問題 46　独立行政法人住宅金融支援機構（以下この問において「機構」という。）に関する次の記述のうち、誤っているものはどれか。

1　機構は、団体信用生命保険業務として、貸付けを受けた者が死亡した場合のみならず、重度障害となった場合においても、支払われる生命保険の保険金を当該貸付けに係る債務の弁済に充当することができる。
2　機構は、直接融資業務において、高齢者の死亡時に一括償還をする方法により貸付金の償還を受けるときは、当該貸付金の貸付けのために設定された抵当権の効力の及ぶ範囲を超えて、弁済の請求をしないことができる。
3　証券化支援業務（買取型）に係る貸付金の利率は、貸付けに必要な資金の調達に係る金利その他の事情を勘案して機構が定めるため、どの金融機関においても同一の利率が適用される。
4　証券化支援業務（買取型）において、機構による譲受けの対象となる住宅の購入に必要な資金の貸付けに係る金融機関の貸付債権には、当該住宅の購入に付随する改良に必要な資金も含まれる。

問題 47　宅地建物取引業者がインターネット不動産情報サイトにおいて行った広告表示に関する次の記述のうち、不当景品類及び不当表示防止法（不動産の表示に関する公正競争規約を含む。）の規定によれば、正しいものはどれか。

1　物件の所有者に媒介を依頼された宅地建物取引業者Ａから入手した当該物件に関する情報を、宅地建物取引業者Ｂが、そのままインターネット不動産情報サイトに表示し広告を行っていれば、仮に入手した物件に関する情報が間違っていたとしても不当表示に問われることはない。

2　新築の建売住宅について、建築中で外装が完成していなかったため、当該建売住宅と規模、外観等は同一ではないが同じ施工業者が他の地域で手掛けた建売住宅の外観写真を、施工例である旨を明記して掲載した。この広告表示が不当表示に問われることはない。

3　取引しようとする賃貸物件から最寄りの甲駅までの徒歩所要時間を表示するため、当該物件から甲駅までの道路距離を80 mで除して算出したところ5.25分であったので、１分未満を四捨五入して「甲駅から５分」と表示した。この広告表示が不当表示に問われることはない。

4　新築分譲マンションについて、パンフレットには当該マンションの全戸数の専有面積を表示したが、インターネット広告には当該マンションの全戸数の専有面積のうち、最小面積及び最大面積のみを表示した。この広告表示が不当表示に問われることはない。

問題 48　次の記述のうち、正しいものはどれか。

> 本問は参考問題です。
> 次の本試験の基準となる最新統計情報をもとに改題した本問を、弊社webサイトよりダウンロードしてご利用ください（2024年８月末予定）。
>
> ※詳細はｖページ「パーフェクト宅建士シリーズ読者特典（＊特典３＊）」をご参照ください。

1　平成29年地価公示（平成29年３月公表）によれば、住宅地の公示地価の全国平均は、９年連続で下落した。

2　建築着工統計（平成29年1月公表）によれば、平成28年の持家の新設着工戸数は約29.2万戸となり、３年ぶりに増加に転じた。

3　平成29年版土地白書（平成29年5月公表）によれば、土地取引について、売買による所有権移転登記の件数でその動向を見ると、平成28年の全国の土地取引件数は129万件となり、２年連続の減少となった。

4　平成27年度法人企業統計年報（平成28年9月公表）によれば、平成27年度における不動産業の経常利益は約４兆3,000億円となっており、前年度比7.5%増となった。

問題 49　土地に関する次の記述のうち、最も不適当なものはどれか。

1　扇状地は、山地から河川により運ばれてきた砂礫（れき）等が堆積して形成された地盤である。

2　三角州は、河川の河口付近に見られる軟弱な地盤である。

3　台地は、一般に地盤が安定しており、低地に比べ、自然災害に対して安全度は高い。

4　埋立地は、一般に海面に対して比高を持ち、干拓地に比べ、水害に対して危険である。

問題 50　建物の構造と材料に関する次の記述のうち、最も不適当なものはどれか。

1　木材の強度は、含水率が小さい状態の方が低くなる。

2　鉄筋は、炭素含有量が多いほど、引張強度が増大する傾向がある。

3　常温、常圧において、鉄筋と普通コンクリートを比較すると、熱膨張率はほぼ等しい。

4　鉄筋コンクリート構造は、耐火性、耐久性があり、耐震性、耐風性にも優れた構造である。

平成28年度

試験問題

（注）※の問題は、本書発行時点の法令に照らし一部補正してあります。

解　答　欄

問題番号	解	答	番	号
第 1 問	①	②	③	④
第 2 問	①	②	③	④
第 3 問	①	②	③	④
第 4 問	①	②	③	④
第 5 問	①	②	③	④
第 6 問	①	②	③	④
第 7 問	①	②	③	④
第 8 問	①	②	③	④
第 9 問	①	②	③	④
第10問	①	②	③	④
第11問	①	②	③	④
第12問	①	②	③	④
第13問	①	②	③	④
第14問	①	②	③	④
第15問	①	②	③	④
第16問	①	②	③	④
第17問	①	②	③	④
第18問	①	②	③	④
第19問	①	②	③	④
第20問	①	②	③	④
第21問	①	②	③	④
第22問	①	②	③	④
第23問	①	②	③	④
第24問	①	②	③	④
第25問	①	②	③	④

問題番号	解	答	番	号
第26問	①	②	③	④
第27問	①	②	③	④
第28問	①	②	③	④
第29問	①	②	③	④
第30問	①	②	③	④
第31問	①	②	③	④
第32問	①	②	③	④
第33問	①	②	③	④
第34問	①	②	③	④
第35問	①	②	③	④
第36問	①	②	③	④
第37問	①	②	③	④
第38問	①	②	③	④
第39問	①	②	③	④
第40問	①	②	③	④
第41問	①	②	③	④
第42問	①	②	③	④
第43問	①	②	③	④
第44問	①	②	③	④
第45問	①	②	③	④
第46問	①	②	③	④
第47問	①	②	③	④
第48問	①	②	③	④
第49問	①	②	③	④
第50問	①	②	③	④

※「解答用紙」（マークシート）はダウンロードできます。詳細は vi ページをご覧ください。

平成28年度 試験問題

問題 1 ※　次の記述のうち、民法の条文に規定されているものはいくつあるか。

ア　利息を生ずべき債権について別段の意思表示がないときは、その利率は、年３％とする旨
イ　賃貸人は、賃借人が賃貸借に基づく金銭債務を履行しないときは、敷金をその債務の弁済に充てることができる旨
ウ　免責的債務引受は、債権者と引受人となる者との契約によってすることができる旨
エ　契約により当事者の一方が第三者に対してある給付をすることを約したときは、その第三者は、債務者に対して直接にその給付を請求する権利を有する旨

1　一つ
2　二つ
3　三つ
4　四つ

問題 2　制限行為能力者に関する次の記述のうち、民法の規定及び判例によれば、正しいものはどれか。

1　古着の仕入販売に関する営業を許された未成年者は、成年者と同一の行為能力を有するので、法定代理人の同意を得ないで、自己が居住するために建物を第三者から購入したとしても、その法定代理人は当該売買契約を取り消すことができない。
2　被保佐人が、不動産を売却する場合には、保佐人の同意が必要であるが、贈与の申し出を拒絶する場合には、保佐人の同意は不要である。
3　成年後見人が、成年被後見人に代わって、成年被後見人が居住してい

る建物を売却する際、後見監督人がいる場合には、後見監督人の許可があれば足り、家庭裁判所の許可は不要である。

4　被補助人が、補助人の同意を得なければならない行為について、同意を得ていないにもかかわらず、詐術を用いて相手方に補助人の同意を得たと信じさせていたときは、被補助人は当該行為を取り消すことができない。

問題 3 ※　AがA所有の甲土地をBに売却した場合に関する次の記述のうち、民法の規定及び判例によれば、正しいものはどれか。

1　Aが甲土地をBに売却する前にCにも売却していた場合、Cは所有権移転登記を備えていなくても、Bに対して甲土地の所有権を主張することができる。

2　AがBの詐欺を理由に甲土地の売却の意思表示を取り消しても、取消しより前にBが甲土地をDに売却し、Dが所有権移転登記を備えた場合には、DがBの詐欺の事実を知っていたか否かにかかわらず、AはDに対して甲土地の所有権を主張することができない。

3　Aから甲土地を購入したBは、所有権移転登記を備えていなかった。Eがこれに乗じてBに高値で売りつけて利益を得る目的でAから甲土地を購入し所有権移転登記を備えた場合、EはBに対して甲土地の所有権を主張することができない。

4　AB間の売買契約が、Bの法律行為の基礎とした事情についてのその認識が真実に反する錯誤があって締結されたものである場合、Bが所有権移転登記を備えていても、AはBの錯誤を理由にAB間の売買契約を取り消すことができる。

問題 4　Aは、A所有の甲土地にBから借り入れた3,000万円の担保として抵当権を設定した。この場合における次の記述のうち、民法の規定及び判例によれば、誤っているものはどれか。

1　Aが甲土地に抵当権を設定した当時、甲土地上にA所有の建物があり、当該建物をＡがＣに売却した後、Ｂの抵当権が実行されてＤが甲土地を競落した場合、ＤはＣに対して、甲土地の明渡しを求めることはできない。

2　甲土地上の建物が火災によって焼失してしまったが、当該建物に火災保険が付されていた場合、Ｂは、甲土地の抵当権に基づき、この火災保険契約に基づく損害保険金を請求することができる。

3　ＡがＥから500万円を借り入れ、これを担保するために甲土地にＥを抵当権者とする第２順位の抵当権を設定した場合、ＢとＥが抵当権の順位を変更することに同意すれば、Ａの同意がなくても、甲土地の抵当権の順位を変更することができる。

4　Ｂの抵当権設定後、Ａが第三者であるＦに甲土地を売却した場合、ＦはＢに対して、民法第383条所定の書面を送付して抵当権の消滅を請求することができる。

問題 5 ※　Ａが、Ｂに対する債権をＣに譲渡した場合に関する次の記述のうち、民法の規定及び判例によれば、正しいものはどれか。

1　ＡのＢに対する債権に譲渡禁止の特約があり、Ｃがその特約の存在を知りながら債権の譲渡を受けていれば、Ｃからさらに債権の譲渡を受けた転得者Ｄがその特約の存在を知らなかったことにつき重大な過失がない場合でも、ＢはＤに対して特約の存在を対抗することができる。

2　ＡがＢに債権譲渡の通知を発送し、その通知がＢに到達していなかった場合には、Ｂが承諾をしても、ＢはＣに対して当該債権に係る債務の弁済を拒否することができる。

3　ＡのＢに対する債権に譲渡禁止の特約がなく、Ｃに譲渡された時点ではまだ発生していない将来の取引に関する債権であった場合、その取引の種類、金額、期間などにより当該債権が特定されていたときは、特段の事情がない限り、ＡからＣへの債権譲渡は有効である。

4　Ａに対し弁済期が到来した貸金債権を有していたＢは、Ａから債権譲渡の通知を受けるまでに、承諾をせず、相殺の意思表示もしていなかった。その後、Ｂは、Ｃから支払請求を受けた際に、Ａに対する貸金債権との相殺の意思表示をしたとしても、Ｃに対抗することはできない。

問題 6 ※　Ａを売主、Ｂを買主とする甲土地の売買契約（以下この問において「本件契約」という。）が締結された場合の売主の担保責任に関する次の記述のうち、民法の規定及び判例によれば、誤っているものはいくつあるか。

ア　Ｂが、甲土地がＣの所有物であることを知りながら本件契約を締結した場合、Ａが甲土地の所有権を取得してＢに移転することができないときは、ＢはＡに対して、損害賠償を請求することができない。

イ　Ｂが、甲土地がＣの所有物であることを知りながら本件契約を締結した場合、Ａが甲土地の所有権を取得してＢに移転することができないときは、Ｂは、本件契約を解除することができる。

ウ　Ｂが、Ａ所有の甲土地が抵当権の目的となっていることを知りながら本件契約を締結した場合、当該抵当権の実行によってＢが甲土地の所有権を失い損害を受けたとしても、ＢはＡに対して、損害賠償を請求することができない。

エ　Ｂが、Ａ所有の甲土地が抵当権の目的となっていることを知りながら本件契約を締結した場合、当該抵当権の実行によってＢが甲土地の所有権を失ったときは、Ｂは、本件契約を解除することができる。

1　なし
2　一つ
3　二つ
4　三つ

問題 7 ※　ＡがＢから賃借する甲建物に、運送会社Ｃに雇用されているＤが居眠り運転するトラックが突っ込んで甲建物の一部が損壊して使用及び収益をすることができなくなった場合（以下「本件事故」という。）に関する次の記述のうち、民法の規定及び判例によれば、正しいものはいくつあるか。なお、ＤはＣの業務として運転をしていたものとする。

ア　AがBに支払うべき賃料は、甲建物の滅失して使用及び収益ができなくなった部分の割合に応じ、減額される。

イ　Aは、甲建物の残りの部分だけでは賃借した目的を達することができない場合、Bとの賃貸借契約を解除することができる。

ウ　Cは、使用者責任に基づき、Bに対して本件事故から生じた損害を賠償した場合、Dに対して求償することができるが、その範囲が信義則上相当と認められる限度に制限される場合がある。

1　一つ
2　二つ
3　三つ
4　なし

問題 8　AがBに甲建物を月額10万円で賃貸し、BがAの承諾を得て甲建物をCに適法に月額15万円で転貸している場合における次の記述のうち、民法の規定及び判例によれば、誤っているものはどれか。

1　Aは、Bの賃料の不払いを理由に甲建物の賃貸借契約を解除するには、Cに対して、賃料支払の催告をして甲建物の賃料を支払う機会を与えなければならない。

2　BがAに対して甲建物の賃料を支払期日になっても支払わない場合、AはCに対して、賃料10万円をAに直接支払うよう請求することができる。

3　AがBの債務不履行を理由に甲建物の賃貸借契約を解除した場合、CのBに対する賃料の不払いがなくても、AはCに対して、甲建物の明渡しを求めることができる。

4　AがBとの間で甲建物の賃貸借契約を合意解除した場合、AはCに対して、Bとの合意解除に基づいて、当然には甲建物の明渡しを求めることができない。

問題 9 ※　次の１から４までの記述のうち、民法の規定及び下記判決文によれば、誤っているものはどれか。

（判決文）

契約の一方当事者が、当該契約の締結に先立ち、信義則上の説明義務に違反して、当該契約を締結するか否かに関する判断に影響を及ぼすべき情報を相手方に提供しなかった場合には、上記一方当事者は、相手方が当該契約を締結したことにより被った損害につき、不法行為による賠償責任を負うことがあるのは格別、当該契約上の債務の不履行による賠償責任を負うことはないというべきである。（中略）上記のような場合の損害賠償請求権は不法行為により発生したものである（略）。

1　信義則上の説明義務に違反して、当該契約を締結するか否かに関する判断に影響を及ぼすべき情報を買主に提供しなかった売主に対する買主の損害賠償請求権は、買主が損害及び加害者を知った時から３年間行使しないときは、時効により消滅する。

2　信義則上の説明義務に違反して、当該契約を締結するか否かに関する判断に影響を及ぼすべき情報を買主に提供しなかった売主に対する買主の損害賠償請求権は、損害を被っていることを買主が知らない場合でも、売買契約から10年間行使しないときは、時効により消滅する。

3　買主に対して債権を有している売主は、信義則上の説明義務に違反して、当該契約を締結するか否かに関する判断に影響を及ぼすべき情報を過失により買主に提供しなかった売主に対する買主の損害賠償請求権を受働債権とする相殺をもって、買主に対抗することができることがある。

4　売主が信義則上の説明義務に違反して、当該契約を締結するか否かに関する判断に影響を及ぼすべき情報を買主に提供しなかった場合、買主は、売主に対して、この説明義務違反を理由に、売買契約上の債務不履行責任を追及することはできない。

問題 10　甲建物を所有するＡが死亡し、相続人がそれぞれＡの子であるＢ及びＣの２名である場合に関する次の記述のうち、民法の規定及び判例によれば、誤っているものはどれか。

1　Ｂが甲建物を不法占拠するＤに対し明渡しを求めたとしても、Ｂは単純承認をしたものとはみなされない。

2　Ｃが甲建物の賃借人Ｅに対し相続財産である未払賃料の支払いを求め、これを収受領得したときは、Ｃは単純承認をしたものとみなされる。

3　Ｃが単純承認したときは、Ｂは限定承認をすることができない。

4　Ｂが自己のために相続の開始があったことを知らない場合であっても、相続の開始から３か月が経過したときは、Ｂは単純承認をしたものとみなされる。

問題 11　Ａが居住用の甲建物を所有する目的で、期間30年と定めてＢから乙土地を賃借した場合に関する次の記述のうち、借地借家法の規定及び判例によれば、正しいものはどれか。なお、Ａは借地権登記を備えていないものとする。

1　Ａが甲建物を所有していても、建物保存登記をＡの子Ｃ名義で備えている場合には、Ｂから乙土地を購入して所有権移転登記を備えたＤに対して、Ａは借地権を対抗することができない。

2　Ａが甲建物を所有していても、登記上の建物の所在番地、床面積等が少しでも実際のものと相違している場合には、建物の同一性が否定されるようなものでなくても、Ｂから乙土地を購入して所有権移転登記を備えたＥに対して、Ａは借地権を対抗することができない。

3　ＡＢ間の賃貸借契約を公正証書で行えば、当該契約の更新がなく期間満了により終了し、終了時にはＡが甲建物を収去すべき旨を有効に規定することができる。

4　Ａが地代を支払わなかったことを理由としてＢが乙土地の賃貸借契約を解除した場合、契約に特段の定めがないときは、Ｂは甲建物を時価で買い取らなければならない。

問題 12 AはBと、B所有の甲建物につき、居住を目的として、期間3年、賃料月額20万円と定めて賃貸借契約（以下この問において「本件契約」という。）を締結した。この場合における次の記述のうち、借地借家法の規定及び判例によれば、誤っているものはどれか。

1　AもBも相手方に対し、本件契約の期間満了前に何らの通知もしなかった場合、従前の契約と同一の条件で契約を更新したものとみなされるが、その期間は定めがないものとなる。

2　BがAに対し、本件契約の解約を申し入れる場合、甲建物の明渡しの条件として、一定額以上の財産上の給付を申し出たときは、Bの解約の申入れに正当事由があるとみなされる。

3　甲建物の適法な転借人であるCが、Bの同意を得て甲建物に造作を付加した場合、期間満了により本件契約が終了するときは、CはBに対してその造作を時価で買い取るよう請求することができる。

4　本件契約が借地借家法第38条の定期建物賃貸借で、契約の更新がない旨を定めた場合でも、BはAに対し、同条所定の通知期間内に、期間満了により本件契約が終了する旨の通知をしなければ、期間3年での終了をAに対抗することができない。

問題 13 建物の区分所有等に関する法律に関する次の記述のうち、正しいものはどれか。

1　管理者は、集会において、毎年2回一定の時期に、その事務に関する報告をしなければならない。

2　管理者は、規約に特別の定めがあるときは、共用部分を所有することができる。

3　管理者は、自然人であるか法人であるかを問わないが、区分所有者でなければならない。

4　各共有者の共用部分の持分は、規約で別段の定めをしない限り、共有者数で等分することとされている。

問題 14 不動産の登記に関する次の記述のうち、不動産登記法の規定によれば、誤っているものはどれか。

1　新築した建物又は区分建物以外の表題登記がない建物の所有権を取得した者は、その所有権の取得の日から１月以内に、所有権の保存の登記を申請しなければならない。
2　登記することができる権利には、抵当権及び賃借権が含まれる。
3　建物が滅失したときは、表題部所有者又は所有権の登記名義人は、その滅失の日から１月以内に、当該建物の滅失の登記を申請しなければならない。
4　区分建物の所有権の保存の登記は、表題部所有者から所有権を取得した者も、申請することができる。

問題 15 国土利用計画法第23条に規定する届出（以下この問において「事後届出」という。）に関する次の記述のうち、正しいものはどれか。

1　市街化区域内の土地（面積2,500㎡）を購入する契約を締結した者は、その契約を締結した日から起算して３週間以内に事後届出を行わなければならない。
2　Ａが所有する監視区域内の土地（面積10,000㎡）をＢが購入する契約を締結した場合、Ａ及びＢは事後届出を行わなければならない。
3　都市計画区域外に所在し、一団の土地である甲土地（面積6,000㎡）と乙土地（面積5,000㎡）を購入する契約を締結した者は、事後届出を行わなければならない。
4　市街化区域内の甲土地（面積3,000㎡）を購入する契約を締結した者が、その契約締結の１月後に甲土地と一団の土地である乙土地（面積4,000㎡）を購入することとしている場合においては、甲土地の事後届出は、乙土地の契約締結後に乙土地の事後届出と併せて行うことができる。

問題 16 ※　都市計画法に関する次の記述のうち、正しいものはどれか。

1　市街地開発事業等予定区域に係る市街地開発事業又は都市施設に関する都市計画には、施行予定者をも定めなければならない。
2　準都市計画区域については、都市計画に準防火地域を定めることができる。
3　高度利用地区は、用途地域内において市街地の環境を維持し、又は土地利用の増進を図るため、建築物の高さの最高限度又は最低限度を定める地区である。
4　地区計画等については、都市計画に、地区計画の種類、名称、位置、区域及び面積並びに建築物の建蔽率及び容積率の最高限度を定めなければならない。

問題 17　都市計画法に関する次の記述のうち、正しいものはどれか。なお、この問において「都道府県知事」とは、地方自治法に基づく指定都市、中核市及び施行時特例市にあってはその長をいうものとする。

1　開発許可を受けた者は、開発行為に関する工事を廃止するときは、都道府県知事の許可を受けなければならない。
2　二以上の都府県にまたがる開発行為は、国土交通大臣の許可を受けなければならない。
3　開発許可を受けた者から当該開発区域内の土地の所有権を取得した者は、都道府県知事の承認を受けることなく、当該開発許可を受けた者が有していた当該開発許可に基づく地位を承継することができる。
4　都道府県知事は、用途地域の定められていない土地の区域における開発行為について開発許可をする場合において必要があると認めるときは、当該開発区域内の土地について、建築物の敷地、構造及び設備に関する制限を定めることができる。

問題 18 ※　建築基準法に関する次の記述のうち、正しいものはどれか。

1　防火地域にある建築物で、外壁が耐火構造のものについては、その外壁を隣地境界線に接して設けることができる。
2　高さ 30 m の建築物には、原則として非常用の昇降機を設けなければならない。
3　準防火地域内においては、延べ面積が 2,000㎡の共同住宅は準耐火建築物等としなければならない。
4　延べ面積が 1,000㎡を超える耐火建築物は、防火上有効な構造の防火壁によって有効に区画し、かつ、各区画の床面積の合計をそれぞれ 1,000㎡以内としなければならない。

問題 19 ※　建築基準法に関する次の記述のうち、誤っているものはどれか。

1　特定行政庁が許可した場合、第一種低層住居専用地域内においても飲食店を建築することができる。
2　前面道路の幅員による容積率制限は、前面道路の幅員が 12 m 以上ある場合は適用されない。
3　公園内にある建築物で特定行政庁が安全上、防火上及び衛生上支障がないと認めて許可したものについては、建蔽率の制限は適用されない。
4　第一種住居地域内における建築物の外壁又はこれに代わる柱の面から敷地境界線までの距離は、当該地域に関する都市計画においてその限度が定められた場合には、当該限度以上でなければならない。

問題 20 ※　宅地造成及び特定盛土等規制法（以下この問において「法」という。）に関する次の記述のうち、誤っているものはどれか。なお、この問において「都道府県知事」とは、地方自治法に基づく指定都市、中核市及び施行時特例市にあってはその長をいうものとする。

1　宅地造成等工事規制区域外に盛土によって造成された一団の造成宅地の区域において、造成された盛土の高さが５ｍ未満の場合は、都道府県知事は、当該区域を造成宅地防災区域として指定することができない。

2　宅地造成等工事規制区域内において、切土又は盛土をする土地の面積が600㎡である場合、その土地における排水施設は、政令で定める資格を有する者によって設計される必要はない。

3　宅地造成等工事規制区域内の宅地において、高さが２ｍを超える擁壁を除却する工事を行おうとする者は、一定の場合を除き、その工事に着手する日の14日前までにその旨を都道府県知事に届け出なければならない。

4　宅地造成等工事規制区域内において、公共施設用地を宅地に転用した者は、一定の場合を除き、その転用した日から14日以内にその旨を都道府県知事に届け出なければならない。

問題 21　土地区画整理法に関する次の記述のうち、誤っているものはどれか。

1　施行者は、換地処分を行う前において、換地計画に基づき換地処分を行うため必要がある場合においては、施行地区内の宅地について仮換地を指定することができる。

2　仮換地が指定された場合においては、従前の宅地について権原に基づき使用し、又は収益することができる者は、仮換地の指定の効力発生の日から換地処分の公告がある日まで、仮換地について、従前の宅地について有する権利の内容である使用又は収益と同じ使用又は収益をすることができる。

3　施行者は、仮換地を指定した場合において、特別の事情があるときは、その仮換地について使用又は収益を開始することができる日を仮換地の指定の効力発生日と別に定めることができる。

4　土地区画整理組合の設立の認可の公告があった日後、換地処分の公告がある日までは、施行地区内において、土地区画整理事業の施行の障害となるおそれがある土地の形質の変更を行おうとする者は、当該土地区画整理組合の許可を受けなければならない。

問題 22 農地に関する次の記述のうち、農地法（以下この問において「法」という。）の規定によれば、正しいものはどれか。

1　相続により農地を取得する場合は、法第３条第１項の許可を要しないが、相続人に該当しない者に対する特定遺贈により農地を取得する場合も、同項の許可を受ける必要はない。
2　法第２条第３項の農地所有適格法人の要件を満たしていない株式会社は、耕作目的で農地を借り入れることはできない。
3　法第３条第１項又は法第５条第１項の許可が必要な農地の売買について、これらの許可を受けずに売買契約を締結しても、その所有権の移転の効力は生じない。
4　農業者が、市街化調整区域内の耕作しておらず遊休化している自己の農地を、自己の住宅用地に転用する場合、あらかじめ農業委員会へ届出をすれば、法第４条第１項の許可を受ける必要がない。

問題 23※　印紙税に関する次の記述のうち、正しいものはどれか。

1　印紙税の課税文書である不動産譲渡契約書を作成したが、印紙税を納付せず、その事実が税務調査により判明した場合は、納付しなかった印紙税額と納付しなかった印紙税額の10％に相当する金額の合計額が過怠税として徴収される。
2　「Ａの所有する甲土地（価額 3,000 万円）とＢの所有する乙土地（価額 3,500 万円）を交換する」旨の土地交換契約書を作成した場合、印紙税の課税標準となる当該契約書の記載金額は 3,500 万円である。
3　「Ａの所有する甲土地（価額 3,000 万円）をＢに贈与する」旨の贈与契約書を作成した場合、印紙税の課税標準となる当該契約書の記載金額は、3,000 万円である。
4　売上代金に係る金額の受取書（領収書）は記載された受取金額が３万円未満の場合、印紙税が課されないことから、不動産売買の仲介手数料として、現金49,500円（消費税及び地方消費税を含む。）を受け取り、それを受領した旨の領収書を作成した場合、受取金額に応じた印紙税が課される。

問題 24※　不動産取得税に関する次の記述のうち、正しいものはどれか。

1　家屋が新築された日から３年を経過して、なお、当該家屋について最初の使用又は譲渡が行われない場合においては、当該家屋が新築された日から３年を経過した日において家屋の取得がなされたものとみなし、当該家屋の所有者を取得者とみなして、これに対して不動産取得税を課する。
2　不動産取得税は、不動産の取得に対して課される税であるので、法人の合併により不動産を取得した場合にも、不動産取得税は課される。
3　令和６年４月に取得した床面積240㎡である新築住宅に係る不動産取得税の課税標準の算定については、当該新築住宅の価格から1,200万円が控除される。
4　令和６年４月に個人が取得した住宅及び住宅用地に係る不動産取得税の税率は３％であるが、住宅用以外の家屋及びその土地に係る不動産取得税の税率は４％である。

問題 25　不動産の鑑定評価に関する次の記述のうち、不動産鑑定評価基準によれば、正しいものはどれか。

1　不動産の鑑定評価によって求める価格は、基本的には正常価格であるが、市場性を有しない不動産については、鑑定評価の依頼目的及び条件に応じて限定価格、特定価格又は特殊価格を求める場合がある。
2　同一需給圏とは、一般に対象不動産と代替関係が成立して、その価格の形成について相互に影響を及ぼすような関係にある他の不動産の存する圏域をいうが、不動産の種類、性格及び規模に応じた需要者の選好性によって、その地域的範囲は狭められる場合もあれば、広域的に形成される場合もある。

3　鑑定評価の各手法の適用に当たって必要とされる取引事例等については、取引等の事情が正常なものと認められるものから選択すべきであり、売り急ぎ、買い進み等の特殊な事情が存在する事例を用いてはならない。

4　収益還元法は、対象不動産が将来生み出すであろうと期待される純収益の現在価値の総和を求めることにより対象不動産の試算価格を求める手法であるが、市場における土地の取引価格の上昇が著しいときは、その価格と収益価格との乖離が増大するものであるため、この手法の適用は避けるべきである。

問題 26　宅地建物取引業者Ａ（甲県知事免許）に対する監督処分に関する次の記述のうち、宅地建物取引業法（以下この問において「法」という。）の規定によれば、正しいものはどれか。

1　Ａは、自らが売主となった分譲マンションの売買において、法第35条に規定する重要事項の説明を行わなかった。この場合、Ａは、甲県知事から業務停止を命じられることがある。

2　Ａは、乙県内で宅地建物取引業に関する業務において、著しく不当な行為を行った。この場合、乙県知事は、Ａに対し、業務停止を命ずることはできない。

3　Ａは、甲県知事から指示処分を受けたが、その指示処分に従わなかった。この場合、甲県知事は、Ａに対し、１年を超える期間を定めて、業務停止を命ずることができる。

4　Ａは、自ら所有している物件について、直接賃借人Ｂと賃貸借契約を締結するに当たり、法第35条に規定する重要事項の説明を行わなかった。この場合、Ａは、甲県知事から業務停止を命じられることがある。

問題 27　宅地建物取引業者Ａが、ＢからＢ所有の宅地の売却に係る媒介を依頼された場合における次の記述のうち、宅地建物取引業法（以下この問において「法」という。）の規定によれば、正しいものはどれか。

なお、この問において一般媒介契約とは、専任媒介契約でない媒介契約をいう。

1　AがBと一般媒介契約を締結した場合、当該一般媒介契約が国土交通大臣が定める標準媒介契約約款に基づくものであるか否かの別を、法第34条の2第1項に規定する書面に記載する必要はない。
2　AがBと専任媒介契約を締結した場合、当該宅地の売買契約が成立しても、当該宅地の引渡しが完了していなければ、売買契約が成立した旨を指定流通機構に通知する必要はない。
3　AがBと一般媒介契約を締結した場合、当該宅地の売買の媒介を担当するAの宅地建物取引士は、法第34条の2第1項に規定する書面に記名する必要はない。
4　Aは、Bとの間で締結した媒介契約が一般媒介契約であるか、専任媒介契約であるかを問わず、法第34条の2第1項に規定する書面に売買すべき価額を記載する必要はない。

問題 28　宅地建物取引業者Aが、自ら売主として、宅地建物取引業者でないBとの間でマンション（代金4,000万円）の売買契約を締結した場合に関する次の記述のうち、宅地建物取引業法（以下この問において「法」という。）の規定に違反するものの組合せはどれか。

ア　Aは、建築工事完了前のマンションの売買契約を締結する際に、Bから手付金200万円を受領し、さらに建築工事中に200万円を中間金として受領した後、当該手付金と中間金について法第41条に定める保全措置を講じた。
イ　Aは、建築工事完了後のマンションの売買契約を締結する際に、法第41条の2に定める保全措置を講じることなくBから手付金400万円を受領した。
ウ　Aは、建築工事完了前のマンションの売買契約を締結する際に、Bから手付金500万円を受領したが、Bに当該手付金500万円を償還して、契約を一方的に解除した。

エ　Aは、建築工事完了後のマンションの売買契約を締結する際に、当事者の債務の不履行を理由とする契約の解除に伴う損害賠償の予定額を1,000万円とする特約を定めた。

1　ア、ウ
2　イ、ウ
3　ア、イ、エ
4　ア、ウ、エ

問題 29　宅地建物取引業者Aの業務に関する次の記述のうち、宅地建物取引業法（以下この問において「法」という。）の規定に違反するものの組合せはどれか。

ア　Aは、マンションを分譲するに際して案内所を設置したが、売買契約の締結をせず、かつ、契約の申込みの受付も行わない案内所であったので、当該案内所に法第50条第1項に規定する標識を掲示しなかった。
イ　Aは、建物の売買の媒介に際し、買主に対して手付の貸付けを行う旨を告げて契約の締結を勧誘したが、売買は成立しなかった。
ウ　Aは、法第49条の規定によりその事務所ごとに備えるべきこととされている業務に関する帳簿について、取引関係者から閲覧の請求を受けたが、閲覧に供さなかった。
エ　Aは、自ら売主となるマンションの割賦販売の契約について、宅地建物取引業者でない買主から賦払金が支払期日までに支払われなかったので、直ちに賦払金の支払の遅延を理由として契約を解除した。

1　ア、イ
2　ア、ウ
3　ア、イ、エ
4　イ、ウ、エ

問題 30※　宅地建物取引業法第35条に規定する重要事項の説明及び同法第37条の規定により交付すべき書面（以下この問において「37条書面」という。）に関する次の記述のうち、正しいものはどれか。なお、重要事項の説明の相手方は宅地建物取引業者ではないものとする。

1　宅地建物取引業者は、建物の貸借の媒介における重要事項の説明において、借賃の額並びにその支払の時期及び方法について説明するとともに、37条書面に記載しなければならない。
2　宅地建物取引士は、重要事項の説明をする際に、相手方から求められない場合は、宅地建物取引士証を提示しなくてもよい。
3　宅地建物取引業者は、37条書面を交付する際に、相手方の同意があっても、書面に代えて、電磁的記録で交付することはできない。
4　宅地建物取引業者は、宅地建物取引士をして37条書面に記名させなければならないが、当該書面の交付は宅地建物取引士でない従業者に行わせることができる。

問題 31※　宅地建物取引業保証協会（以下この問において「保証協会」という。）の社員である宅地建物取引業者に関する次の記述のうち、宅地建物取引業法の規定によれば、正しいものはどれか。

1　保証協会に加入することは宅地建物取引業者の任意であり、一の保証協会の社員となった後に、宅地建物取引業に関し取引をした者の保護を目的として、重ねて他の保証協会の社員となることができる。
2　保証協会に加入している宅地建物取引業者（甲県知事免許）は、甲県の区域内に新たに支店を設置した場合、その設置した日から1月以内に当該保証協会に追加の弁済業務保証金分担金を納付しないときは、社員の地位を失う。
3　保証協会から還付充当金の納付の通知を受けた社員は、その通知を受けた日から2週間以内に、その通知された額の還付充当金を主たる事務所の最寄りの供託所に供託しなければならない。
4　150万円の弁済業務保証金分担金を保証協会に納付して当該保証協会の社員となった者と宅地建物取引業に関し取引をした者（宅地建物取引業者を除く。）は、その取引により生じた債権に関し、2,500万円を限度として、当該保証協会が供託した弁済業務保証金から弁済を受ける権利を有する。

問題 32 宅地建物取引業者Ａ（甲県知事免許）がその業務に関して広告を行った場合における次の記述のうち、宅地建物取引業法の規定に違反しないものはどれか。

1　Ａは、宅地の造成に当たり、工事に必要とされる許可等の処分があった宅地について、当該処分があったことを明示して、工事完了前に、当該宅地の販売に関する広告を行った。

2　Ａは、自ら売主として新築マンションを分譲するに当たり、建築基準法第６条第１項の確認の申請中であったため、「建築確認申請済」と明示して、当該建物の販売に関する広告を行い、建築確認を受けた後に売買契約を締結した。

3　Ａは、中古の建物の売買において、当該建物の所有者Ｂから媒介の依頼を受け、取引態様の別を明示せずに自社ホームページに広告を掲載したが、広告を見た者からの問い合わせはなく、契約成立には至らなかった。

4　Ａは、甲県知事から業務の全部の停止を命じられ、その停止の期間中に未完成の土地付建物の販売に関する広告を行ったが、当該土地付建物の売買の契約は当該期間の経過後に締結した。

問題 33 ※ 宅地建物取引業者が売買等の媒介に関して受けることができる報酬についての次の記述のうち、宅地建物取引業法の規定によれば、誤っているものはいくつあるか。

ア　宅地建物取引業者が媒介する物件の売買について、売主があらかじめ受取額を定め、実際の売却額との差額を当該宅地建物取引業者が受け取る場合は、媒介に係る報酬の限度額の適用を受けない。

イ　宅地建物取引業者は、媒介に係る報酬の限度額の他に、依頼者の依頼によらない通常の広告の料金に相当する額を報酬に合算して、依頼主から受け取ることができる。

ウ　居住用の建物の貸借の媒介に係る報酬の額は、借賃の1月分の1.1倍に相当する額以内であるが、権利金の授受がある場合は、当該権利金の額を売買に係る代金の額とみなして算定することができる。

1　一つ
2　二つ
3　三つ
4　なし

問題 34　宅地建物取引業法（以下この問において「法」という。）第47条及び第47条の2に規定されている業務に関する禁止事項に関する次の記述のうち、誤っているものはどれか。なお、Aは宅地建物取引業者である。

1　Aが、賃貸アパートの媒介に当たり、入居申込者が無収入であることを知っており、入居申込書の収入欄に「年収700万円」とあるのは虚偽の記載であることを認識したまま、その事実を告げずに貸主に提出した行為は法に違反する。
2　Aが、分譲マンションの購入を勧誘するに際し、うわさをもとに「3年後には間違いなく徒歩5分の距離に新しく私鉄の駅ができる」と告げた場合、そのような計画はなかったとしても、故意にだましたわけではないので法には違反しない。
3　Aは、建売住宅の売買の相手方である買主から手付放棄による契約の解除の通知を受けたとしても、すでに所有権の移転登記を行い引渡しも済んでいる場合は、そのことを理由に当該契約の解除を拒むことができる。
4　Aが、宅地の売買契約締結の勧誘に当たり、相手方が手付金の手持ちがないため契約締結を迷っていることを知り、手付金の分割払いを持ちかけたことは、契約締結に至らなかったとしても法に違反する。

問題 35　宅地建物取引業の免許（以下この問において「免許」という。）に関する次の記述のうち、宅地建物取引業法の規定によれば、正しいものはどれか。

1　個人である宅地建物取引業者Ａ（甲県知事免許）が、免許の更新の申請を怠り、その有効期間が満了した場合、Ａは、遅滞なく、甲県知事に免許証を返納しなければならない。

2　法人である宅地建物取引業者Ｂ（乙県知事免許）が、乙県知事から業務の停止を命じられた場合、Ｂは、免許の更新の申請を行っても、その業務の停止の期間中は免許の更新を受けることができない。

3　法人である宅地建物取引業者Ｃ（国土交通大臣免許）について破産手続開始の決定があった場合、その日から30日以内に、Ｃを代表する役員Ｄは、その旨を主たる事務所の所在地を管轄する都道府県知事を経由して国土交通大臣に届け出なければならない。

4　個人である宅地建物取引業者Ｅ（丙県知事免許）が死亡した場合、Ｅの一般承継人Ｆがその旨を丙県知事に届け出た後であっても、Ｆは、Ｅが生前締結した売買契約に基づく取引を結了する目的の範囲内においては、なお宅地建物取引業者とみなされる。

問題36※　宅地建物取引業者が行う宅地建物取引業法第35条に規定する重要事項の説明に関する次の記述のうち、正しいものはいくつあるか。なお、当該説明の相手方は宅地建物取引業者ではないものとする。

ア　区分所有権の目的である建物の売買の媒介を行う場合、当該建物が借地借家法第22条に規定する定期借地権の設定された土地の上に存するときは、当該定期借地権が登記されたものであるか否かにかかわらず、当該定期借地権の内容について説明しなければならない。

イ　宅地の貸借の媒介を行う場合、当該宅地が流通業務市街地の整備に関する法律第４条に規定する流通業務地区にあるときは、同法第５条第１項の規定による制限の概要について説明しなければならない。

ウ　建物の売買の媒介を行う場合、当該建物の売買代金の額並びにその支払の時期及び方法について説明する義務はないが、売買代金以外に授受される金銭があるときは、当該金銭の額及び授受の目的について説明しなければならない。

エ　建物の貸借の媒介を行う場合、当該建物が建築工事の完了前であるときは、必要に応じ当該建物に係る図面を交付した上で、当該建築工事の完了時における当該建物の主要構造部、内装及び外装の構造又は仕上げ並びに設備の設置及び構造について説明しなければならない。

1　一つ
2　二つ
3　三つ
4　四つ

問題 37　宅地建物取引業法（以下この問において「法」という。）の規定に関する次の記述のうち、正しいものはいくつあるか。

ア　宅地建物取引業者Ａ（甲県知事免許）が乙県内に新たに支店を設置して宅地建物取引業を営んでいる場合において、免許換えの申請を怠っていることが判明したときは、Ａは、甲県知事から業務停止の処分を受けることがある。

イ　宅地建物取引業者Ｂが自ら売主として宅地の売買契約を成立させた後、当該宅地の引渡しの前に免許の有効期間が満了したときは、Ｂは、当該契約に基づく取引を結了する目的の範囲内においては、宅地建物取引業者として当該取引に係る業務を行うことができる。

ウ　Ｃが免許の申請前５年以内に宅地建物取引業に関し不正又は著しく不当な行為をした場合には、その行為について刑に処せられていなかったとしても、Ｃは免許を受けることができない。

エ　宅地建物取引業者Ｄ（甲県知事免許）が乙県内に新たに支店を設置して宅地建物取引業を営むため、国土交通大臣に免許換えの申請を行っているときは、Ｄは、甲県知事免許業者として、取引の相手方等に対し、法第35条に規定する重要事項を記載した書面及び法第37条の規定により交付すべき書面を交付することができない。

1　一つ
2　二つ
3　三つ
4　四つ

問題 38 ※　宅地建物取引士資格登録（以下この問において「登録」という。）又は宅地建物取引士に関する次の記述のうち、宅地建物取引業法の規定によれば、正しいものはいくつあるか。

ア　宅地建物取引士（甲県知事登録）が、乙県で宅地建物取引業に従事することとなったため乙県知事に登録の移転の申請をしたときは、移転後新たに５年を有効期間とする宅地建物取引士証の交付を受けることができる。

イ　宅地建物取引士は、取引の関係者から宅地建物取引士証の提示を求められたときは、宅地建物取引士証を提示しなければならないが、従業者証明書の提示を求められたときは、宅地建物取引業者の代表取締役である宅地建物取引士は、当該証明書がないので提示をしなくてよい。

ウ　心身の故障により宅地建物取引士の事務を適正に行うことができない者として国土交通省令で定めるものとなったときは、本人又はその法定代理人若しくは同居の親族は、３月以内に、登録している都道府県知事に届け出なければならない。

エ　宅地建物取引士の氏名等が登載されている宅地建物取引士資格登録簿は一般の閲覧に供されることはないが、専任の宅地建物取引士は、その氏名が宅地建物取引業者名簿に登載され、当該名簿が一般の閲覧に供される。

1　一つ
2　二つ
3　三つ
4　なし

問題 39　宅地建物取引業者が媒介により区分所有建物の貸借の契約を成立させた場合に関する次の記述のうち、宅地建物取引業法（以下この問において「法」という。）の規定によれば、正しいものはどれか。なお、この問において「重要事項説明書」とは法第35条の規定により交付すべき書面をいい、「37条書面」とは法第37条の規定により交付すべき書面をいうものとする。

1　専有部分の用途その他の利用の制限に関する規約において、ペットの飼育が禁止されている場合は、重要事項説明書にその旨記載し内容を説明したときも、37条書面に記載しなければならない。

2　契約の解除について定めがある場合は、重要事項説明書にその旨記載し内容を説明したときも、37条書面に記載しなければならない。

3　借賃の支払方法が定められていても、貸主及び借主の承諾を得たときは、37条書面に記載しなくてよい。

4　天災その他不可抗力による損害の負担に関して定めなかった場合には、その旨を37条書面に記載しなければならない。

問題40※　宅地建物取引業者A（甲県知事免許）は、甲県に本店と支店を設け、営業保証金として1,000万円の金銭と額面金額500万円の国債証券を供託し、営業している。この場合に関する次の記述のうち宅地建物取引業法の規定によれば、正しいものはどれか。

1　Aは、本店を移転したため、その最寄りの供託所が変更した場合は、遅滞なく、移転後の本店の最寄りの供託所に新たに営業保証金を供託しなければならない。

2　Aは、営業保証金が還付され、営業保証金の不足額を供託したときは、供託書の写しを添附して、30日以内にその旨を甲県知事に届け出なければならない。

3　本店でAと宅地建物取引業に関する取引をした者（宅地建物取引業者を除く。）は、その取引により生じた債権に関し、1,000万円を限度としてAからその債権の弁済を受ける権利を有する。

4　Aは、本店を移転したため、その最寄りの供託所が変更した場合において、従前の営業保証金を取りもどすときは、営業保証金の還付を請求する権利を有する者に対し、一定期間内に申し出るべき旨の公告をしなければならない。

問題41　宅地建物取引業者Aが行う業務に関する次の記述のうち、宅地建物取引業法（以下この問において「法」という。）の規定によれば、正しいものはどれか。

1　Aは、宅地建物取引業者Bから宅地の売却についての依頼を受けた場合、媒介契約を締結したときは媒介契約の内容を記載した書面を交付しなければならないが、代理契約を締結したときは代理契約の内容を記載した書面を交付する必要はない。
2　Aは、自ら売主として宅地の売買契約を締結したときは、相手方に対して、遅滞なく、法第37条の規定による書面を交付するとともに、その内容について宅地建物取引士をして説明させなければならない。
3　Aは、宅地建物取引業者でないCが所有する宅地について、自らを売主、宅地建物取引業者Dを買主とする売買契約を締結することができる。
4　Aは、宅地建物取引業者でないEから宅地の売却についての依頼を受け、専属専任媒介契約を締結したときは、当該宅地について法で規定されている事項を、契約締結の日から休業日数を含め5日以内に指定流通機構へ登録する義務がある。

問題 42※　宅地建物取引業法（以下この問において「法」という。）第37条の規定により交付すべき書面（以下この問において「37条書面」という。）に関する次の記述のうち、正しいものはどれか。なお、Aは宅地建物取引業者（消費税課税事業者）である。

1　Aは、宅地建物取引業者Bと宅地建物取引業者Cの間で締結される宅地の売買契約の媒介においては、37条書面に引渡しの時期を記載しなくてもよい。
2　Aは、自ら売主として土地付建物の売買契約を締結したときは、37条書面に代金の額を記載しなければならないが、消費税等相当額については記載しなくてもよい。
3　Aは、自ら売主として、宅地建物取引業者Dの媒介により、宅地建物取引業者Eと宅地の売買契約を締結した。Dが宅地建物取引士をして37条書面に記名させている場合、Aは宅地建物取引士をして当該書面に記名させる必要はない。

4　Aは、貸主Fと借主Gの間で締結される建物賃貸借契約について、Fの代理として契約を成立させたときは、FとGに対して37条書面を交付しなければならない。

問題 43　宅地建物取引業者Aが、自ら売主として、宅地建物取引業者でないBと建築工事完了前のマンション（代金3,000万円）の売買契約を締結した場合、宅地建物取引業法第41条の規定に基づく手付金等の保全措置（以下この問において「保全措置」という。）に関する次の記述のうち、正しいものはいくつあるか。

ア　Aが、Bから手付金600万円を受領する場合において、その手付金の保全措置を講じていないときは、Bは、この手付金の支払を拒否することができる。

イ　Aが、保全措置を講じて、Bから手付金300万円を受領した場合、Bから媒介を依頼されていた宅地建物取引業者Cは、Bから媒介報酬を受領するに当たり、Aと同様、あらかじめ保全措置を講じなければ媒介報酬を受領することができない。

ウ　Aは、Bから手付金150万円を保全措置を講じないで受領し、その後引渡し前に、中間金350万円を受領する場合は、すでに受領した手付金と中間金の合計額500万円について保全措置を講じなければならない。

エ　Aは、保全措置を講じないで、Bから手付金150万円受領した場合、その後、建築工事が完了しBに引き渡す前に中間金150万円を受領するときは、建物についてBへの所有権移転の登記がなされるまでに、保全措置を講じる必要がない。

1　一つ

2　二つ

3　三つ

4　四つ

問題 44 宅地建物取引業者Aが、自ら売主として、宅地建物取引業者でないBと宅地の売買契約を締結した場合、宅地建物取引業法第37条の2の規定に基づくいわゆるクーリング・オフについてAがBに告げるときに交付すべき書面の内容に関する次の記述のうち、誤っているものはどれか。

1　Aについては、その商号又は名称及び住所並びに免許証番号、Bについては、その氏名（法人の場合、その商号又は名称）及び住所が記載されていなければならない。

2　Bは、クーリング・オフについて告げられた日から起算して8日を経過するまでの間は、代金の全部を支払った場合を除き、書面によりクーリング・オフによる契約の解除を行うことができることが記載されていなければならない。

3　クーリング・オフによる契約の解除は、Bが当該契約の解除を行う旨を記載した書面を発した時にその効力を生ずることが記載されていなければならない。

4　Bがクーリング・オフによる契約の解除を行った場合、Aは、それに伴う損害賠償又は違約金の支払をBに請求することができないこと、また、売買契約の締結に際し、手付金その他の金銭が支払われているときは、遅滞なくその全額をBに返還することが記載されていなければならない。

問題 45 宅地建物取引業者Aが、自ら売主として、宅地建物取引業者でないBに新築住宅を販売する場合における次の記述のうち、特定住宅瑕疵担保責任の履行の確保等に関する法律の規定によれば、正しいものはどれか。

1　Aは住宅販売瑕疵（かし）担保保証金を供託する場合、当該住宅の床面積が100㎡以下であるときは、新築住宅の合計戸数の算定に当たって、2戸をもって1戸と数えることになる。

2　Aは、当該住宅をBに引き渡した日から3週間以内に、住宅販売瑕疵（かし）

担保保証金の供託又は住宅販売瑕疵担保責任保険契約の締結の状況について、宅地建物取引業の免許を受けた国土交通大臣又は都道府県知事に届け出なければならない。

3　Aは、住宅販売瑕疵担保保証金の供託をする場合、Bに対し、当該住宅の売買契約を締結するまでに、供託所の所在地等について記載した書面を交付して説明しなければならない。

4　Aは、住宅瑕疵担保責任保険法人と住宅販売瑕疵担保責任保険契約の締結をした場合、Bが住宅の引渡しを受けた時から10年以内に当該住宅を転売したときは、住宅瑕疵担保責任保険法人にその旨を申し出て、当該保険契約の解除をしなければならない。

問題 46　独立行政法人住宅金融支援機構（以下この問において「機構」という。）に関する次の記述のうち、誤っているものはどれか。

1　機構は、子どもを育成する家庭又は高齢者の家庭に適した良好な居住性能及び居住環境を有する賃貸住宅の建設又は改良に必要な資金の貸付けを業務として行っている。

2　機構は、証券化支援事業（買取型）において、債務者又は債務者の親族が居住する住宅のみならず、賃貸住宅の建設又は購入に必要な資金の貸付けに係る金融機関の貸付債権についても譲受けの対象としている。

3　機構は、証券化支援事業（買取型）において、バリアフリー性、省エネルギー性、耐震性、耐久性・可変性に優れた住宅を取得する場合に、貸付金の利率を一定期間引き下げる制度を実施している。

4　機構は、マンション管理組合や区分所有者に対するマンション共用部分の改良に必要な資金の貸付けを業務として行っている。

問題 47　宅地建物取引業者が行う広告に関する次の記述のうち、不当景品類及び不当表示防止法（不動産の表示に関する公正競争規約を含む。）の規定によれば、正しいものはどれか。

1　インターネット上に掲載した賃貸物件の広告について、掲載直前に契約済みとなったとしても、消費者からの問合せに対し既に契約済みであり取引できない旨を説明すれば、その時点で消費者の誤認は払拭されるため、不当表示に問われることはない。

2　宅地の造成及び建物の建築が禁止されており、宅地の造成及び建物の建築が可能となる予定がない市街化調整区域内の土地を販売する際の新聞折込広告においては、当該土地が市街化調整区域内に所在する旨を16ポイント以上の大きさの文字で表示すれば、宅地の造成や建物の建築ができない旨まで表示する必要はない。

3　半径300 m以内に小学校及び市役所が所在している中古住宅の販売広告においては、当該住宅からの道路距離の表示を省略して、「小学校、市役所近し」と表示すればよい。

4　近くに新駅の設置が予定されている分譲住宅の販売広告を行うに当たり、当該鉄道事業者が新駅設置及びその予定時期を公表している場合、広告の中に新駅設置の予定時期を明示して表示してもよい。

問題 48　次の記述のうち、正しいものはどれか。

> 本問は参考問題です。
> 次の本試験の基準となる最新統計情報をもとに改題した本問を、弊社webサイトよりダウンロードしてご利用ください（2024年8月末予定）。
>
> ※詳細はvページ「パーフェクト宅建士シリーズ読者特典（＊特典３＊）」をご参照ください。

1　平成28年地価公示（平成28年3月公表）によれば、平成27年1月以降の1年間の地価は、全国平均では、住宅地はわずかに下落しているものの下落幅は縮小しており、全用途平均では昨年までの下落から上昇に転じた。

2　平成28年版土地白書（平成28年5月発表）によれば、平成26年の住宅地、工業用地等の宅地は、全国で約193万ヘクタールあり、近年、減少傾向にある。

3　建築着工統計（平成28年1月公表）によれば、分譲住宅の着工戸数は、消費税増税の影響を受け、マンション、一戸建住宅ともに平成26年から2年連続で前年に比べ減少している。

4　平成27年度国土交通白書（平成28年6月公表）によれば、平成27年3月末時点に宅地建物取引業者数は122,685業者となっており、前年3月末時点に比べ減少した。

問題49　土地に関する次の記述のうち、最も不適当なものはどれか。

1　豪雨による深層崩壊は山体岩盤の深い所に亀裂が生じ、巨大な岩塊が滑落し、山間の集落などに甚大な被害を及ぼす。

2　花崗(こう)岩が風化してできた、まさ土地帯においては、近年発生した土石流災害によりその危険性が再確認された。

3　山麓や火山麓の地形の中で、土石流や土砂崩壊による堆積でできた地形は危険性が低く、住宅地として好適である。

4　丘陵地や台地の縁辺部の崖崩れについては、山腹で傾斜角が25度を超えると急激に崩壊地が増加する。

問題50　建築物の構造に関する次の記述のうち、最も不適当なものはどれか。

1　鉄骨造は、自重が大きく、靭(じん)性が小さいことから、大空間の建築や高層住宅にはあまり使用されない。

2　鉄筋コンクリート造においては、骨組の形式はラーメン式の構造が一般に用いられる。

3　鉄骨鉄筋コンクリート造は、鉄筋コンクリート造にさらに強度と靭(じん)性を高めた構造である。

4　ブロック造を耐震的な構造にするためには、鉄筋コンクリートの布基礎及び臥梁(がりょう)により壁体の底部と頂部を固めることが必要である。

平成27年度

試験問題

（注）※の問題は、本書発行時点の法令に照らし一部補正してあります。

解　答　欄

問題番号	解	答	番	号
第 1 問	①	②	③	④
第 2 問	①	②	③	④
第 3 問	①	②	③	④
第 4 問	①	②	③	④
第 5 問	①	②	③	④
第 6 問	①	②	③	④
第 7 問	①	②	③	④
第 8 問	①	②	③	④
第 9 問	①	②	③	④
第10問	①	②	③	④
第11問	①	②	③	④
第12問	①	②	③	④
第13問	①	②	③	④
第14問	①	②	③	④
第15問	①	②	③	④
第16問	①	②	③	④
第17問	①	②	③	④
第18問	①	②	③	④
第19問	①	②	③	④
第20問	①	②	③	④
第21問	①	②	③	④
第22問	①	②	③	④
第23問	①	②	③	④
第24問	①	②	③	④
第25問	①	②	③	④

問題番号	解	答	番	号
第26問	①	②	③	④
第27問	①	②	③	④
第28問	①	②	③	④
第29問	①	②	③	④
第30問	①	②	③	④
第31問	①	②	③	④
第32問	①	②	③	④
第33問	①	②	③	④
第34問	①	②	③	④
第35問	①	②	③	④
第36問	①	②	③	④
第37問	①	②	③	④
第38問	①	②	③	④
第39問	①	②	③	④
第40問	①	②	③	④
第41問	①	②	③	④
第42問	①	②	③	④
第43問	①	②	③	④
第44問	①	②	③	④
第45問	①	②	③	④
第46問	①	②	③	④
第47問	①	②	③	④
第48問	①	②	③	④
第49問	①	②	③	④
第50問	①	②	③	④

※「解答用紙」（マークシート）はダウンロードできます。詳細は vi ページをご覧ください。

平成27年度 試験問題

問題 1※　次の記述のうち、民法の条文に規定されていないものはいくつあるか。

ア　債務の不履行に基づく人の生命又は身体の侵害による損害賠償請求権は、権利を行使することができる時から20年間行使しないときは、時効によって消滅する旨
イ　事業のために負担した貸金債務を主たる債務とする保証契約は、保証人になろうとする者が、契約締結の日の前1か月以内に作成された公正証書で保証債務を履行する意思を表示していなければ無効となる旨
ウ　併存的債務引受は、債権者と引受人となる者との契約によってすることができる旨
エ　債務の不履行に関して債権者に過失があったときは、裁判所は、これを考慮して、損害賠償の責任及びその額を定める旨

1　一つ
2　二つ
3　三つ
4　なし

問題 2　Aは、その所有する甲土地を譲渡する意思がないのに、Bと通謀して、Aを売主、Bを買主とする甲土地の仮装の売買契約を締結した。この場合に関する次の記述のうち、民法の規定及び判例によれば、誤っているものはどれか。なお、この問において「善意」又は「悪意」とは、虚偽表示の事実についての善意又は悪意とする。

1　善意のCがBから甲土地を買い受けた場合、Cがいまだ登記を備えていなくても、AはAB間の売買契約の無効をCに主張することができない。

2　善意のCが、Bとの間で、Bが甲土地上に建てた乙建物の賃貸借契約（貸主B、借主C）を締結した場合、AはAB間の売買契約の無効をCに主張することができない。

3　Bの債権者である善意のCが、甲土地を差し押さえた場合、AはAB間の売買契約の無効をCに主張することができない。

4　甲土地がBから悪意のCへ、Cから善意のDへと譲渡された場合、AはAB間の売買契約の無効をDに主張することができない。

問題 3 ※　AB間で、Aを貸主、Bを借主として、A所有の甲建物につき、⑴賃貸借契約を締結した場合と、⑵使用貸借契約を締結した場合に関する次の記述のうち、民法の規定によれば、誤っているものはどれか。

1　Bが死亡した場合、⑴では契約は終了しないが、⑵では契約が終了する。

2　Bは、⑴では、甲建物のAの負担に属する必要費を支出したときは、Aに対しその償還を請求することができるが、⑵では、甲建物の通常の必要費を負担しなければならない。

3　AB間の契約は、⑴では諾成契約であり、⑵では要物契約である。

4　AはBに対して、甲建物の種類又は品質が契約の内容に適合しないものであったことについて、⑴では担保責任を負う場合があるが、⑵では担保責任を負わないのが原則である。

問題 4　A所有の甲土地を占有しているBによる権利の時効取得に関する次の記述のうち、民法の規定及び判例によれば、正しいものはどれか。

1　Bが父から甲土地についての賃借権を相続により承継して賃料を払い続けている場合であっても、相続から20年間甲土地を占有したときは、Bは、時効によって甲土地の所有権を取得することができる。

2　Bの父が11年間所有の意思をもって平穏かつ公然に甲土地を占有し

た後、Bが相続によりその占有を承継し、引き続き９年間所有の意思をもって平穏かつ公然に占有していても、Bは、時効によって甲土地の所有権を取得することはできない。

3　Aから甲土地を買い受けたCが所有権の移転登記を備えた後に、Bについて甲土地所有権の取得時効が完成した場合、Bは、Cに対し、登記がなくても甲土地の所有者であることを主張することができる。

4　甲土地が農地である場合、BがAと甲土地につき賃貸借契約を締結して20年以上にわたって賃料を支払って継続的に耕作していても、農地法の許可がなければ、Bは、時効によって甲土地の賃借権を取得することはできない。

問題 5　占有に関する次の記述のうち、民法の規定及び判例によれば、正しいものはどれか。

1　甲建物の所有者Aが、甲建物の隣家に居住し、甲建物の裏口を常に監視して第三者の侵入を制止していたとしても、甲建物に錠をかけてその鍵を所持しない限り、Aが甲建物を占有しているとはいえない。

2　乙土地の所有者の相続人Bが、乙土地上の建物に居住しているCに対して乙土地の明渡しを求めた場合、Cは、占有者が占有物について行使する権利は適法であるとの推定規定を根拠として、明渡しを拒否することができる。

3　丙土地の占有を代理しているDは、丙土地の占有が第三者に妨害された場合には、第三者に対して占有保持の訴えを提起することができる。

4　占有回収の訴えは、占有を侵奪した者及びその特定承継人に対して当然に提起することができる。

問題 6　抵当権に関する次の記述のうち、民法の規定及び判例によれば、誤っているものはどれか。

1　賃借地上の建物が抵当権の目的となっているときは、一定の場合を除き、敷地の賃借権にも抵当権の効力が及ぶ。

2　抵当不動産の被担保債権の主債務者は、抵当権消滅請求をすることはできないが、その債務について連帯保証をした者は、抵当権消滅請求をすることができる。

3　抵当不動産を買い受けた第三者が、抵当権者の請求に応じてその代価を抵当権者に弁済したときは、抵当権はその第三者のために消滅する。

4　土地に抵当権が設定された後に抵当地に建物が築造されたときは、一定の場合を除き、抵当権者は土地とともに建物を競売することができるが、その優先権は土地の代価についてのみ行使することができる。

問題 7　債務者Ａが所有する甲土地には、債権者Ｂが一番抵当権（債権額 2,000 万円）、債権者Ｃが二番抵当権（債権額 2,400 万円）、債権者Ｄが三番抵当権（債権額 4,000 万円）をそれぞれ有しており、Ａにはその他に担保権を有しない債権者Ｅ（債権額 2,000 万円）がいる。甲土地の競売に基づく売却代金 5,400 万円を配当する場合に関する次の記述のうち、民法の規定によれば、誤っているものはどれか。

1　ＢがＥの利益のため、抵当権を譲渡した場合、Ｂの受ける配当は０円である。

2　ＢがＤの利益のため、抵当権の順位を譲渡した場合、Ｂの受ける配当は 800 万円である。

3　ＢがＥの利益のため、抵当権を放棄した場合、Ｂの受ける配当は 1,000 万円である。

4　ＢがＤの利益のため、抵当権の順位を放棄した場合、Ｂの受ける配当は 1,000 万円である。

問題 8　同時履行の抗弁権に関する次の記述のうち、民法の規定及び判例によれば、正しいものはいくつあるか。

ア　マンションの賃貸借契約終了に伴う賃貸人の敷金返還債務と、賃借人の明渡債務は、特別の約定のない限り、同時履行の関係に立つ。

イ　マンションの売買契約がマンション引渡し後に債務不履行を理由に解

除された場合、契約は遡及的に消滅するため、売主の代金返還債務と、買主の目的物返還債務は、同時履行の関係に立たない。

ウ　マンションの売買契約に基づく買主の売買代金支払債務と、売主の所有権移転登記に協力する債務は、特別の事情のない限り、同時履行の関係に立つ。

1　一つ
2　二つ
3　三つ
4　なし

問題 9　土地の転貸借に関する次の1から4までの記述のうち、民法の規定、判例及び下記判決文によれば、誤っているものはどれか。

(判決文)

土地の賃借人が賃貸人の承諾を得ることなく右土地を他に転貸しても、転貸について賃貸人に対する背信行為と認めるに足りない特段の事情があるため賃貸人が民法第612条第2項により賃貸借を解除することができない場合において、賃貸人が賃借人（転貸人）と賃貸借を合意解除しても、これが賃借人の賃料不払等の債務不履行があるため賃貸人において法定解除権の行使ができるときにされたものである等の事情のない限り、賃貸人は、転借人に対して右合意解除の効果を対抗することができず、したがって、転借人に対して賃貸土地の明渡を請求することはできないものと解するのが相当である。

1　土地の賃借人が無断転貸した場合において賃貸人に対する背信行為と認めるに足りない特段の事情があるため賃貸人が無断転貸を理由に賃貸借契約を解除できないときであっても、賃貸借契約を合意解除したときは、賃貸人は転借人に対して賃貸土地の明渡しを請求することができる。

2　土地の賃貸人が転貸借について承諾を与えた場合には、賃貸人は、無断転貸を理由としては賃貸借契約を解除することはできないが、賃借人と賃貸借契約を合意解除することは可能である。

3　土地の賃借人が無断転貸した場合、賃貸人は、賃貸借契約を民法第612条第2項により解除できる場合とできない場合があり、土地の賃借人が賃料を支払わない場合にも、賃貸人において法定解除権を行使できる場合とできない場合がある。

4　土地の賃借人が無断転貸した場合、転借人は、賃貸人と賃借人との間で賃貸借契約が合意解除されたとしても、賃貸人からの賃貸土地の明渡し請求を拒絶することができる場合がある。

問題10※　遺言及び遺留分に関する次の記述のうち、民法の規定及び判例によれば、誤っているものはいくつあるか。

ア　自筆証書の内容を遺言者が一部削除する場合、遺言者が変更する箇所に二重線を引いて、その箇所に押印するだけで、一部削除の効力が生ずる。

イ　自筆証書による遺言をする場合、遺言書の本文の自署名下に押印がなければ、自署と離れた箇所に押印があっても、押印の要件として有効となることはない。

ウ　遺言執行者が管理する相続財産を相続人が無断で処分した場合、当該処分行為は、遺言執行者に対する関係で無効となるが、第三者に対する関係では無効とならない。

エ　被相続人がした贈与が遺留分侵害額請求により全部失効した場合、受贈者が贈与に基づいて目的物の占有を平穏かつ公然に20年間継続したとしても、その目的物を時効取得することはできない。

1　一つ
2　二つ
3　三つ
4　四つ

問題 11　ＡがＢとの間で、Ａ所有の甲建物について、期間３年、賃料月額10万円と定めた賃貸借契約を締結した場合に関する次の記述のうち、民法及び借地借家法の規定並びに判例によれば、正しいものはどれか。

1　ＡがＢに対し、賃貸借契約の期間満了の６か月前までに更新しない旨の通知をしなかったときは、ＡとＢは、期間３年、賃料月額10万円の条件で賃貸借契約を更新したものとみなされる。
2　賃貸借契約を期間を定めずに合意により更新した後に、ＡがＢに書面で解約の申入れをした場合は、申入れの日から３か月後に賃貸借契約は終了する。
3　Ｃが、ＡＢ間の賃貸借契約締結前に、Ａと甲建物の賃貸借契約を締結していた場合、ＡがＢに甲建物を引き渡しても、Ｃは、甲建物の賃借権をＢに対抗することができる。
4　ＡＢ間の賃貸借契約がＢの賃料不払を理由として解除された場合、ＢはＡに対して、Ａの同意を得てＢが建物に付加した造作の買取りを請求することはできない。

問題 12　賃貸人と賃借人との間で、建物につき、期間５年として借地借家法第38条に定める定期借家契約（以下「定期借家契約」という。）を締結する場合と、期間５年として定期借家契約ではない借家契約（以下「普通借家契約」という。）を締結する場合に関する次の記述のうち、民法及び借地借家法の規定によれば、正しいものはどれか。なお、借地借家法第40条に定める一時使用目的の賃貸借契約は考慮しないものとする。

1　賃借権の登記をしない限り賃借人は賃借権を第三者に対抗することができない旨の特約を定めた場合、定期借家契約においても、普通借家契約においても、当該特約は無効である。
2　賃貸借契約開始から３年間は賃料を増額しない旨の特約を定めた場合、定期借家契約においても、普通借家契約においても、当該特約は無効である。

3　期間満了により賃貸借契約が終了する際に賃借人は造作買取請求をすることができない旨の規定は、定期借家契約では有効であるが、普通借家契約では無効である。

4　賃貸人も賃借人も契約期間中の中途解約をすることができない旨の規定は、定期借家契約では有効であるが、普通借家契約では無効である。

問題 13　建物の区分所有等に関する法律に関する次の記述のうち、正しいものはどれか。

1　管理者が選任されていない場合、集会においては、規約に別段の定めがある場合及び別段の決議をした場合を除いて、集会を招集した区分所有者の１人が議長となる。

2　集会の招集の通知は、会日より少なくとも２週間前に発しなければならないが、この期間は規約で伸縮することができる。

3　集会の議事録が書面で作成されているときは、議長及び集会に出席した区分所有者の１人がこれに署名し、押印をしなければならない。

4　区分所有者は、規約に別段の定めがない限り集会の決議によって、管理者を選任することができる。この場合、任期は２年以内としなければならない。

問題 14※　不動産の登記に関する次の記述のうち、不動産登記法の規定によれば、誤っているものはどれか。

1　登記事項証明書の交付の請求は、利害関係を有することを明らかにすることなく、することができる。

2　土地所在図、地積測量図、地役権図面、建物図面及び各階平面図を除く登記簿の附属書類の閲覧の請求は、請求人に正当な理由がある場合に限り、することができる。

3　登記事項証明書の交付の請求は、請求情報を電子情報処理組織を使用して登記所に提供する方法によりすることができる。

4　筆界特定書の写しの交付の請求は、請求人が利害関係を有する部分に限り、することができる。

問題 15　都市計画法に関する次の記述のうち、正しいものはどれか。なお、この問において「都道府県知事」とは、地方自治法に基づく指定都市、中核市及び施行時特例市にあってはその長をいうものとする。

1　市街化区域内において開発許可を受けた者が、開発区域の規模を100㎡に縮小しようとする場合においては、都道府県知事の許可を受けなければならない。
2　開発許可を受けた開発区域内の土地において、当該開発許可に係る予定建築物を建築しようとする者は、当該建築行為に着手する日の30日前までに、一定の事項を都道府県知事に届け出なければならない。
3　開発許可を受けた開発区域内において、開発行為に関する工事の完了の公告があるまでの間に、当該開発区域内に土地所有権を有する者のうち、当該開発行為に関して同意をしていない者がその権利の行使として建築物を建築する場合については、都道府県知事が支障がないと認めたときでなければ、当該建築物を建築することはできない。
4　何人も、市街化調整区域のうち開発許可を受けた開発区域以外の区域内において、都道府県知事の許可を受けることなく、仮設建築物を新築することができる。

問題 16　都市計画法に関する次の記述のうち、正しいものはどれか。

1　第二種住居地域における地区計画については、一定の条件に該当する場合、開発整備促進区を都市計画に定めることができる。
2　準都市計画区域について無秩序な市街化を防止し、計画的な市街化を図るため必要があるときは、都市計画に、区域区分を定めることができる。
3　工業専用地域は、工業の利便を増進するため定める地域であり、風致地区に隣接してはならない。

4　市町村が定めた都市計画が、都道府県が定めた都市計画と抵触するときは、その限りにおいて、市町村が定めた都市計画が優先する。

問題 17　建築基準法に関する次の記述のうち、誤っているものはどれか。

1　防火地域及び準防火地域外において建築物を改築する場合で、その改築に係る部分の床面積の合計が10㎡以内であるときは、建築確認は不要である。
2　都市計画区域外において高さ12 m、階数が３階の木造建築物を新築する場合、建築確認が必要である。
3　事務所の用途に供する建築物をホテル（その用途に供する部分の床面積の合計が500㎡）に用途変更する場合、建築確認は不要である。
4　映画館の用途に供する建築物で、その用途に供する部分の床面積の合計が300㎡であるものの改築をしようとする場合、建築確認が必要である。

問題 18※　建築基準法に関する次の記述のうち、誤っているものはどれか。

1　建築物の容積率の算定の基礎となる延べ面積には、エレベーターの昇降路の部分又は共同住宅の共用の廊下若しくは階段の用に供する部分の床面積は、一定の場合を除き、算入しない。
2　建築物の敷地が建蔽率に関する制限を受ける地域又は区域の２以上にわたる場合においては、当該建築物の建蔽率は、当該各地域又は区域内の建築物の建蔽率の限度の合計の２分の１以下でなければならない。
3　地盤面下に設ける建築物については、道路内に建築することができる。
4　建築協定の目的となっている建築物に関する基準が建築物の借主の権限に係る場合においては、その建築協定については、当該建築物の借主は、土地の所有者等とみなす。

問題 19 ※　宅地造成及び特定盛土等規制法に関する次の記述のうち、誤っているものはどれか。なお、この問において「都道府県知事」とは、地方自治法に基づく指定都市、中核市及び施行時特例市にあってはその長をいうものとする。

1　都道府県知事は、宅地造成等工事規制区域内の土地について、宅地造成等に伴う災害を防止するために必要があると認める場合には、その土地の所有者に対して、擁壁等の設置等の措置をとることを勧告することができる。

2　宅地造成等工事規制区域の指定の際に、当該宅地造成等工事規制区域内において宅地造成等工事を行っている者は、当該工事について改めて都道府県知事の許可を受けなければならない。

3　宅地造成等に関する工事の許可を受けた者が、工事施行者を変更する場合には、遅滞なくその旨を都道府県知事に届け出ればよく、改めて許可を受ける必要はない。

4　宅地造成等工事規制区域内において、宅地を造成するために切土をする土地の面積が500㎡であって盛土が生じない場合、切土をした部分に生じる崖の高さが1.5 mであれば、都道府県知事の許可は必要ない。

問題 20　土地区画整理法に関する次の記述のうち、誤っているものはどれか。

1　仮換地の指定は、その仮換地となるべき土地の所有者及び従前の宅地の所有者に対し、仮換地の位置及び地積並びに仮換地の指定の効力発生の日を通知してする。

2　施行地区内の宅地について存する地役権は、土地区画整理事業の施行により行使する利益がなくなった場合を除き、換地処分があった旨の公告があった日の翌日以後においても、なお従前の宅地の上に存する。

3　換地計画において定められた保留地は、換地処分があった旨の公告があった日の翌日において、施行者が取得する。

4　土地区画整理事業の施行により生じた公共施設の用に供する土地は、

換地処分があった旨の公告があった日の翌日において、すべて市町村に帰属する。

問題 21 国土利用計画法第23条の事後届出（以下この問において「事後届出」という。）に関する次の記述のうち、正しいものはどれか。

1 都市計画区域外においてAが所有する面積12,000㎡の土地について、Aの死亡により当該土地を相続したBは、事後届出を行う必要はない。
2 市街化区域においてAが所有する面積3,000㎡の土地について、Bが購入した場合、A及びBは事後届出を行わなければならない。
3 市街化調整区域に所在する農地法第３条第１項の許可を受けた面積6,000㎡の農地を購入したAは、事後届出を行わなければならない。
4 市街化区域に所在する一団の土地である甲土地（面積1,500㎡）と乙土地（面積1,500㎡）について、甲土地については売買によって所有権を取得し、乙土地については対価の授受を伴わず賃借権の設定を受けたAは、事後届出を行わなければならない。

問題 22 農地に関する次の記述のうち、農地法（以下この問において「法」という。）の規定によれば、正しいものはどれか。

1 市街化区域内の農地を耕作目的で取得する場合には、あらかじめ農業委員会に届け出れば、法第３条第１項の許可を受ける必要はない。
2 農業者が自己所有の市街化区域外の農地に賃貸住宅を建設するため転用する場合は、法第４条第１項の許可を受ける必要はない。
3 農業者が自己所有の市街化区域外の農地に自己の居住用の住宅を建設するため転用する場合は、法第４条第１項の許可を受ける必要はない。
4 農業者が住宅の改築に必要な資金を銀行から借りるため、市街化区域外の農地に抵当権の設定が行われ、その後、返済が滞ったため当該抵当権に基づき競売が行われ第三者が当該農地を取得する場合であっても、法第３条第１項又は法第５条第１項の許可を受ける必要がある。

問題 23 「直系尊属から住宅取得等資金の贈与を受けた場合の贈与税の非課税」に関する次の記述のうち、正しいものはどれか。

1　直系尊属から住宅用の家屋の贈与を受けた場合でも、この特例の適用を受けることができる。
2　日本国外に住宅用の家屋を新築した場合でも、この特例の適用を受けることができる。
3　贈与者が住宅取得等資金の贈与をした年の1月1日において60歳未満の場合でも、この特例の適用を受けることができる。
4　受贈者について、住宅取得等資金の贈与を受けた年の所得税法に定める合計所得金額が2,000万円を超える場合でも、この特例の適用を受けることができる。

問題 24 ※　固定資産税に関する次の記述のうち、正しいものはどれか。

1　令和6年1月15日に新築された家屋に対する令和6年度分の固定資産税は、新築住宅に係る特例措置により税額の2分の1が減額される。
2　固定資産税の税率は、1.7%を超えることができない。
3　区分所有家屋の土地に対して課される固定資産税は、各区分所有者が連帯して納税義務を負う。
4　市町村は、財政上その他特別の必要がある場合を除き、当該市町村の区域内において同一の者が所有する土地に係る固定資産税の課税標準額が30万円未満の場合には課税できない。

問題 25 地価公示法に関する次の記述のうち、誤っているものはどれか。

1　都市計画区域外の区域を公示区域とすることはできない。
2　正常な価格とは、土地について、自由な取引が行われるとした場合におけるその取引において通常成立すると認められる価格をいい、この

「取引」には住宅地とするための森林の取引も含まれる。

3　土地鑑定委員会が標準地の単位面積当たりの正常な価格を判定する際は、二人以上の不動産鑑定士の鑑定評価を求めなければならない。

4　土地鑑定委員会が標準地の単位面積当たりの正常な価格を判定したときは、標準地の形状についても公示しなければならない。

問題 26　次の記述のうち、宅地建物取引業法（以下この問において「法」という。）の規定によれば、正しいものはいくつあるか。

ア　都市計画法に規定する工業専用地域内の土地で、建築資材置き場の用に供されているものは、法第２条第１号に規定する宅地に該当する。

イ　社会福祉法人が、高齢者の居住の安定確保に関する法律に規定するサービス付き高齢者向け住宅の貸借の媒介を反復継続して営む場合は、宅地建物取引業の免許を必要としない。

ウ　都市計画法に規定する用途地域外の土地で、倉庫の用に供されているものは、法第２条第１号に規定する宅地に該当しない。

エ　賃貸住宅の管理業者が、貸主から管理業務とあわせて入居者募集の依頼を受けて、貸借の媒介を反復継続して営む場合は、宅地建物取引業の免許を必要としない。

1　一つ

2　二つ

3　三つ

4　四つ

問題 27　宅地建物取引業の免許（以下この問において「免許」という。）に関する次の記述のうち、宅地建物取引業法の規定によれば、誤っているものはどれか。

1　A社は、不正の手段により免許を取得したことによる免許の取消処分に係る聴聞の期日及び場所が公示された日から当該処分がなされるまでの間に、合併により消滅したが、合併に相当の理由がなかった。この場合においては、当該公示の日の50日前にA社の取締役を退任したBは、当該消滅の日から５年を経過しなければ、免許を受けることができない。

2　C社の政令で定める使用人Dは、刑法第234条（威力業務妨害）の罪により、懲役１年、執行猶予２年の刑に処せられた後、C社を退任し、新たにE社の政令で定める使用人に就任した。この場合においてE社が免許を申請しても、Dの執行猶予期間が満了していなければ、E社は免許を受けることができない。

3　営業に関し成年者と同一の行為能力を有しない未成年者であるFの法定代理人であるGが、刑法第247条（背任）の罪により罰金の刑に処せられていた場合、その刑の執行が終わった日から５年を経過していなければ、Fは免許を受けることができない。

4　H社の取締役Iが、暴力団員による不当な行為の防止等に関する法律に規定する暴力団員に該当することが判明し、宅地建物取引業法第66条第１項第３号の規定に該当することにより、H社の免許は取り消された。その後、Iは退任したが、当該取消しの日から５年を経過しなければ、H社は免許を受けることができない。

問題 28　宅地建物取引業者Aが行う業務に関する次の記述のうち、宅地建物取引業法（以下この問において「法」という。）の規定によれば、正しいものはいくつあるか。

ア　Aは、Bが所有する甲宅地の売却に係る媒介の依頼を受け、Bと専任媒介契約を締結した。このとき、Aは、法第34条の２第１項に規定する書面に記名押印し、Bに交付のうえ、宅地建物取引士をしてその内容を説明させなければならない。

イ　Aは、Cが所有する乙アパートの売却に係る媒介の依頼を受け、Cと専任媒介契約を締結した。このとき、Aは、乙アパートの所在、規模、形質、売買すべき価額、依頼者の氏名、都市計画法その他の法令に基づく制限で主要なものを指定流通機構に登録しなければならない。

ウ　Aは、Dが所有する丙宅地の貸借に係る媒介の依頼を受け、Dと専任媒介契約を締結した。このとき、Aは、Dに法第34条の2第1項に規定する書面を交付しなければならない。

1 一つ
2 二つ
3 三つ
4 なし

問題 29 ※ 宅地建物取引業者が行う宅地建物取引業法第35条に規定する重要事項の説明及び書面の交付に関する次の記述のうち、正しいものはどれか。

1 宅地建物取引業者ではない売主に対しては、買主に対してと同様に、宅地建物取引士をして、契約締結時までに重要事項を記載した書面を交付して、その説明をさせなければならない。
2 重要事項の説明及び書面の交付は、取引の相手方の自宅又は勤務する場所等、宅地建物取引業者の事務所以外の場所において行うことができる。
3 宅地建物取引業者が代理人として売買契約を締結し、建物の購入を行う場合は、代理を依頼した者に対して重要事項の説明をする必要はない。
4 重要事項の説明を行う宅地建物取引士は専任の宅地建物取引士でなくてもよいが、書面に記名する宅地建物取引士は専任の宅地建物取引士でなければならない。

問題 30 宅地建物取引業者Aは、Bが所有する宅地の売却を依頼され、専任媒介契約を締結した。この場合における次の記述のうち、宅地建物取引業法の規定に違反するものはいくつあるか。

ア Aは、Bが宅地建物取引業者であったので、宅地建物取引業法第34条の2第1項に規定する書面を作成しなかった。
イ Aは、Bの要望により、指定流通機構に当該宅地を登録しない旨の特約をし、指定流通機構に登録しなかった。

ウ　Aは、短期間で売買契約を成立させることができると判断したので指定流通機構に登録せず、専任媒介契約締結の日の9日後に当該売買契約を成立させた。

エ　Aは、当該契約に係る業務の処理状況の報告日を毎週金曜日とする旨の特約をした。

1　一つ
2　二つ
3　三つ
4　四つ

問題 31 ※　宅地建物取引業者が、宅地建物取引業法第35条に規定する重要事項の説明を行う場合における次の記述のうち、宅地建物取引業法の規定に違反するものはいくつあるか。ただし、説明の相手方は、宅地建物取引業者ではないものとする。

ア　宅地の貸借の媒介の場合、当該宅地が都市計画法の第一種低層住居専用地域内にあり、建築基準法第56条第1項第1号に基づく道路斜線制限があるときに、その概要を説明しなかった。

イ　建物の貸借の媒介の場合、当該建物が新住宅市街地開発事業により造成された宅地上にあり、新住宅市街地開発法第32条第1項に基づく建物の使用及び収益を目的とする権利の設定又は移転について都道府県知事の承認を要する旨の制限があるときに、その概要を説明しなかった。

ウ　建物の貸借の媒介の場合、当該建物が都市計画法の準防火地域内にあり、建築基準法第62条第1項に基づく建物の構造に係る制限があるときに、その概要を説明しなかった。

1　一つ
2　二つ
3　三つ
4　なし

問題 32 ※　宅地建物取引業者が行う宅地建物取引業法第 35 条に規定する重要事項の説明に関する次の記述のうち、正しいものはどれか。ただし説明の相手方は、宅地建物取引業者ではないものとする。

1　建物の売買の媒介に関し、受領しようとする預り金について保全措置を講ずる場合において、預り金の額が売買代金の額の 100 分の 10 以下であるときは、その措置の概要を説明する必要はない。

2　宅地の貸借の媒介を行う場合、当該宅地について借地借家法第 22 条に規定する定期借地権を設定しようとするときは、その旨を説明しなければならない。

3　建物の貸借の媒介を行う場合、消費生活用製品安全法に規定する特定保守製品の保守点検に関する事項を説明しなければならない。

4　建物の貸借の媒介を行う場合、契約の期間については説明する必要があるが、契約の更新については、宅地建物取引業法第 37 条の規定により交付すべき書面への記載事項であり、説明する必要はない。

問題 33 ※　宅地建物取引業者Ａ及びＢ（ともに消費税課税事業者）が受領した報酬に関する次の記述のうち、宅地建物取引業法の規定に違反するものの組合せはどれか。なお、この問において「消費税等相当額」とは、消費税額及び地方消費税額に相当する金額をいうものとする。

ア　土地付新築住宅（代金 3,000 万円。消費税等相当額を含まない。）の売買について、Ａは売主から代理を、Ｂは買主から媒介を依頼され、Ａは売主から 211 万 2,000 円を、Ｂは買主から 105 万 6,000 円を報酬として受領した。

イ　Ａは、店舗用建物について、貸主と借主双方から媒介を依頼され、借賃１か月分 20 万円（消費税等相当額を含まない。）、権利金 500 万円（権利設定の対価として支払われる金銭であって返還されないもので、消費税等相当額を含まない。）の賃貸借契約を成立させ、貸主と借主からそれぞれ 23 万 1,000 円を報酬として受領した。

ウ　居住用建物（借賃１か月分10万円）について、Ａは貸主から媒介を依頼され、Ｂは借主から媒介を依頼され、Ａは貸主から８万円、Ｂは借主から５万5,000円を報酬として受領した。なお、Ａは、媒介の依頼を受けるに当たって、報酬が借賃の0.55か月分を超えることについて貸主から承諾を得ていた。

1　ア、イ
2　イ、ウ
3　ア、ウ
4　ア、イ、ウ

問題 34 ※　宅地建物取引業者Ａが、自ら売主として、宅地建物取引業者でないＢとの間で建物の売買契約を締結する場合における次の記述のうち、民法及び宅地建物取引業法の規定によれば、正しいものはどれか（この問において「契約不適合責任」とは、売買の目的物が種類又は品質に関して契約の内容に適合しない場合において、その不適合を担保すべき責任をいう。）。

1　Ｃが建物の所有権を有している場合、ＡはＢとの間で当該建物の売買契約を締結してはならない。ただし、ＡがＣとの間で、すでに当該建物を取得する契約（当該建物を取得する契約の効力の発生に一定の条件が付されている。）を締結している場合は、この限りではない。
2　Ａは、Ｂとの間における建物の売買契約において、「ＡがＢに対して契約不適合責任における通知期間は、建物の引渡しの日から１年間とする」旨の特約を付した。この場合、当該特約は無効となり、ＢがＡに対して契約不適合責任を追及することができる通知期間は、当該建物の引渡しの日から２年間となる。
3　Ａは、Ｂから喫茶店で建物の買受けの申込みを受け、翌日、同じ喫茶店で当該建物の売買契約を締結した際に、その場で契約代金の２割を受領するとともに、残代金は５日後に決済することとした。契約を締結した日の翌日、ＡはＢに当該建物を引き渡したが、引渡日から３日後にＢから宅地建物取引業法第37条の２の規定に基づくクーリング・オフによる契約の解除が書面によって通知された。この場合、Aは、契約の解除を拒むことができない。

4　AB間の建物の売買契約における「宅地建物取引業法第37条の2の規定に基づくクーリング・オフによる契約の解除の際に、AからBに対して損害賠償を請求することができる」旨の特約は有効である。

問題 35　宅地建物取引業法の規定に関する次の記述のうち、正しいものはどれか。

1「宅地建物取引業者は、取引の関係者に対し、信義を旨とし、誠実にその業務を行わなければならない」との規定があるが、宅地建物取引士については、規定はないものの、公正かつ誠実に宅地建物取引業法に定める事務を行うとともに、宅地建物取引業に関連する業務に従事する者との連携に努めなければならないものと解されている。

2「宅地建物取引士は、宅地建物取引業の業務に従事するときは、宅地建物取引士の信用又は品位を害するような行為をしてはならない」との規定がある。

3「宅地建物取引士は、宅地建物取引業を営む事務所において、専ら宅地建物取引業に従事し、これに専念しなければならない」との規定がある。

4「宅地建物取引業者は、その従業者に対し、その業務を適正に実施させるため、必要な教育を行うよう努めなければならない」との規定があり、「宅地建物取引士は、宅地又は建物の取引に係る事務に必要な知識及び能力の維持向上に努めなければならない」との規定がある。

問題 36　宅地建物取引業者Aが、自ら売主として、宅地建物取引業者でないBとの間で建物（代金2,400万円）の売買契約を締結する場合における次の記述のうち、宅地建物取引業法の規定によれば、正しいものはいくつあるか。

ア　Aは、Bとの間における建物の売買契約において、当事者の債務の不履行を理由とする契約の解除に伴う損害賠償の予定額を480万円とし、かつ、違約金の額を240万円とする特約を定めた。この場合、当該特約は全体として無効となる。

イ　Aは、Bとの間における建物の売買契約の締結の際、原則として480万円を超える手付金を受領することができない。ただし、あらかじめBの承諾を得た場合に限り、720万円を限度として、480万円を超える手付金を受領することができる。

ウ　AがBとの間で締結する売買契約の目的物たる建物が未完成であり、AからBに所有権の移転登記がなされていない場合において、手付金の額が120万円以下であるときは、Aは手付金の保全措置を講じることなく手付金を受領することができる。

1　一つ
2　二つ
3　三つ
4　なし

問題 37　次の記述のうち、宅地建物取引業法の規定によれば、正しいものはどれか。なお、この問において「建築確認」とは、建築基準法第6条第1項の確認をいうものとする。

1　宅地建物取引業者は、建築確認が必要とされる建物の建築に関する工事の完了前においては、建築確認を受けた後でなければ、当該建物の貸借の媒介をしてはならない。

2　宅地建物取引業者は、建築確認が必要とされる建物の建築に関する工事の完了前において、建築確認の申請中である場合は、その旨を表示すれば、自ら売主として当該建物を販売する旨の広告をすることができる。

3　宅地建物取引業者は、建築確認が必要とされる建物の建築に関する工事の完了前においては、建築確認を受けた後でなければ、当該建物の貸借の代理を行う旨の広告をしてはならない。

4　宅地建物取引業者は、建築確認が必要とされる建物の建築に関する工事の完了前において、建築確認の申請中である場合は、建築確認を受けることを停止条件とする特約を付ければ、自ら売主として当該建物の売買契約を締結することができる。

問題 38 ※　宅地建物取引業者Aが宅地建物取引業法第37条の規定により交付すべき書面（以下この問において「37条書面」という。）に関する次の記述のうち、宅地建物取引業法の規定によれば、正しいものはいくつあるか。

ア　Aが売主を代理して中古マンションの売買契約を締結した場合において、宅地若しくは建物が種類又は品質に関して契約の内容に適合しない場合における、その不適合を担保すべき責任の履行に関して講ずべき保証保険契約の締結その他の措置についての定めがあるときは、Aは、その内容を37条書面に記載しなければならず、当該書面を、売主及び買主に交付しなければならない。

イ　Aが媒介により中古戸建住宅の売買契約を締結させた場合、Aは、引渡しの時期又は移転登記の申請の時期のいずれかを37条書面に記載しなければならず、売主及び買主が宅地建物取引業者であっても、当該書面を交付しなければならない。

ウ　Aが自ら貸主として宅地の定期賃貸借契約を締結した場合において、借賃の支払方法についての定めがあるときは、Aは、その内容を37条書面に記載しなければならず、借主が宅地建物取引業者であっても、当該書面を交付しなければならない。

エ　Aが自ら買主として宅地の売買契約を締結した場合において、当該宅地に係る租税その他の公課の負担に関する定めがあるときは、Aは、その内容を37条書面に記載しなければならず、売主が宅地建物取引業者であっても、当該書面を交付しなければならない。

1　一つ
2　二つ
3　三つ
4　四つ

問題 39 ※　宅地建物取引業者Aが自ら売主となる売買契約に関する次の記述のうち、宅地建物取引業法（以下この問において「法」という。）の規定によれば、正しいものはどれか（この問において「契約不適合責任」とは、売買の目的物が種類又は品質に関して契約の内容に適合しない場合において、その不適合を担保すべき責任をいう。）。

1　宅地建物取引業者でない買主Bが、法第37条の2の規定に基づくクーリング・オフについてAより書面で告げられた日から7日目にクーリング・オフによる契約の解除の書面を発送し、9日目にAに到達した場合は、クーリング・オフによる契約の解除をすることができない。
2　宅地建物取引業者でない買主Cとの間で土地付建物の売買契約を締結するに当たって、Cが建物を短期間使用後取り壊す予定である場合には、建物について、「一切契約不適合責任を負わない」旨の特約を定めることができる。
3　宅地建物取引業者Dとの間で締結した建築工事完了前の建物の売買契約において、当事者の債務の不履行を理由とする契約の解除に伴う損害賠償の予定額を代金の額の30%と定めることができる。
4　宅地建物取引業者でない買主Eとの間で締結した宅地の売買契約において、当該宅地の引渡しを当該売買契約締結の日の1月後とし、当該宅地の契約不適合責任の通知期間について、当該売買契約を締結した日から2年間とする特約を定めることができる。

問題 40　宅地建物取引業者Aが、自ら売主として宅地建物取引業者でない買主Bとの間で締結した売買契約に関する次の記述のうち、宅地建物取引業法の規定によれば、正しいものはいくつあるか。

ア　Aは、Bとの間で建築工事完了後の建物に係る売買契約（代金3,000万円）において、「Aが契約の履行に着手するまでは、Bは、売買代金の1割を支払うことで契約の解除ができる」とする特約を定め、Bから手付金10万円を受領した。この場合、この特約は有効である。

イ　Aは、Bとの間で建築工事完了前の建物に係る売買契約（代金3,000万円）を締結するに当たり、保険事業者との間において、手付金等について保証保険契約を締結して、手付金300万円を受領し、後日保険証券をBに交付した。

ウ　Aは、Bとの間で建築工事完了前のマンションに係る売買契約（代金3,000万円）を締結し、その際に手付金150万円を、建築工事完了後、引渡し及び所有権の登記までの間に、中間金150万円を受領したが、合計額が代金の10分の1以下であるので保全措置を講じなかった。

1　一つ
2　二つ
3　三つ
4　なし

問題 41　宅地建物取引業者が売主である新築分譲マンションを訪れた買主Aに対して、当該宅地建物取引業者の従業者Bが行った次の発言内容のうち、宅地建物取引業法の規定に違反しないものはいくつあるか。

ア　A：眺望の良さが気に入った。隣接地は空地だが、将来の眺望は大丈夫なのか。

　　B：隣接地は、市有地で、現在、建築計画や売却の予定がないことを市に確認しました。将来、建つとしても公共施設なので、市が眺望を遮るような建物を建てることは絶対ありません。ご安心ください。

イ　A：先日来たとき、5年後の転売で利益が生じるのが確実だと言われたが本当か。

　　B：弊社が数年前に分譲したマンションが、先日高値で売れました。このマンションはそれより立地条件が良く、また、近隣のマンション価格の動向から見ても、5年後値上がりするのは間違いありません。

ウ　A：購入を検討している。貯金が少なく、手付金の負担が重いのだが。

　　B：弊社と提携している銀行の担当者から、手付金も融資の対象になっていると聞いております。ご検討ください。

エ　Ａ：昨日、申込証拠金10万円を支払ったが、都合により撤回したいので申込証拠金を返してほしい。

　　Ｂ：お預かりした10万円のうち、社内規程上、お客様の個人情報保護のため、申込書の処分手数料として、5,000円はお返しできませんが、残金につきましては法令に従いお返しします。

1　一つ
2　二つ
3　三つ
4　なし

問題 42 ※　営業保証金を供託している宅地建物取引業者Ａと宅地建物取引業保証協会（以下この問において「保証協会」という。）の社員である宅地建物取引業者Ｂに関する次の記述のうち、宅地建物取引業法の規定によれば、正しいものはどれか。

1　新たに事務所を設置する場合、Ａは、主たる事務所の最寄りの供託所に供託すべき営業保証金に、Ｂは、保証協会に納付すべき弁済業務保証金分担金に、それぞれ金銭又は有価証券をもって充てることができる。

2　一部の事務所を廃止した場合において、営業保証金又は弁済業務保証金を取り戻すときは、Ａ、Ｂはそれぞれ還付を請求する権利を有する者に対して6か月以内に申し出るべき旨を官報に公告しなければならない。

3　ＡとＢが、それぞれ主たる事務所の他に３か所の従たる事務所を有している場合、Ａは営業保証金として2,500万円の供託を、Ｂは弁済業務保証金分担金として150万円の納付をしなければならない。

4　宅地建物取引業に関する取引により生じた債権を有する者（宅地建物取引業者を除く。）は、Ａに関する債権にあってはＡが供託した営業保証金についてその額を上限として弁済を受ける権利を有し、Ｂに関する債権にあってはＢが納付した弁済業務保証金分担金についてその額を上限として弁済を受ける権利を有する。

問題 43 ※ 宅地建物取引業法の規定に基づく監督処分等に関する次の記述のうち、誤っているものはどれか。

1 宅地建物取引業者Ａ（甲県知事免許）は、自ら売主となる乙県内に所在する中古住宅の売買の業務に関し、当該売買の契約においてその目的物が種類又は品質に関して契約の内容に適合しない場合において、その不適合を担保すべき責任を負わない旨の特約を付した。この場合、Ａは、乙県知事から指示処分を受けることがある。
2 甲県に本店、乙県に支店を設置する宅地建物取引業者Ｂ（国土交通大臣免許）は、自ら売主となる乙県内におけるマンションの売買の業務に関し、乙県の支店において当該売買の契約を締結するに際して、代金の30％の手付金を受領した。この場合、Ｂは、甲県知事から著しく不当な行為をしたとして、業務停止の処分を受けることがある。
3 宅地建物取引業者Ｃ（甲県知事免許）は、乙県内に所在する土地の売買の媒介業務に関し、契約の相手方の自宅において相手を威迫し、契約締結を強要していたことが判明した。この場合、甲県知事は、情状が特に重いと判断したときは、Ｃの宅地建物取引業の免許を取り消さなければならない。
4 宅地建物取引業者Ｄ（国土交通大臣免許）は、甲県内に所在する事務所について、業務に関する帳簿を備えていないことが判明した。この場合、Ｄは、甲県知事から必要な報告を求められ、かつ、指導を受けることがある。

問題 44 宅地建物取引業者Ａ（甲県知事免許）が乙県内に所在するマンション（100戸）を分譲する場合における次の記述のうち、宅地建物取引業法（以下この問において「法」という。）の規定によれば、正しいものはどれか。

1 Ａが宅地建物取引業者Ｂに販売の代理を依頼し、Ｂが乙県内に案内所を設置する場合、Ａは、その案内所に、法第50条第１項の規定に基づく標識を掲げなければならない。

2　Aが案内所を設置して分譲を行う場合において、契約の締結又は契約の申込みの受付を行うか否かにかかわらず、その案内所に法第50条第1項の規定に基づく標識を掲げなければならない。

3　Aが宅地建物取引業者Cに販売の代理を依頼し、Cが乙県内に案内所を設置して契約の締結業務を行う場合、A又はCが専任の宅地建物取引士を置けばよいが、法第50条第2項の規定に基づく届出はCがしなければならない。

4　Aが甲県内に案内所を設置して分譲を行う場合において、Aは甲県知事及び乙県知事に、業務を開始する日の10日前までに法第50条第2項の規定に基づく届出をしなければならない。

問題 45　特定住宅瑕疵担保責任の履行の確保等に関する法律に基づく住宅販売瑕疵担保保証金の供託又は住宅販売瑕疵担保責任保険契約の締結に関する次の記述のうち、正しいものはどれか。

1　宅地建物取引業者は、自ら売主として宅地建物取引業者である買主との間で新築住宅の売買契約を締結し、その住宅を引き渡す場合、住宅販売瑕疵担保保証金の供託又は住宅販売瑕疵担保責任保険契約の締結を行う義務を負う。

2　自ら売主として新築住宅を販売する宅地建物取引業者は、住宅販売瑕疵担保保証金の供託をする場合、宅地建物取引業者でない買主へのその住宅の引渡しまでに、買主に対し、保証金を供託している供託所の所在地等について記載した書面を交付して説明しなければならない。

3　自ら売主として新築住宅を宅地建物取引業者でない買主に引き渡した宅地建物取引業者は、基準日に係る住宅販売瑕疵担保保証金の供託及び住宅販売瑕疵担保責任保険契約の締結の状況について届出をしなければ、当該基準日以後、新たに自ら売主となる新築住宅の売買契約を締結することができない。

4　住宅販売瑕疵担保責任保険契約を締結している宅地建物取引業者は、当該保険に係る新築住宅に、構造耐力上主要な部分及び雨水の浸入を防止する部分の隠れた瑕疵（構造耐力又は雨水の浸入に影響のないものを除く。）がある場合に、特定住宅販売瑕疵担保責任の履行によって生じた損害について保険金を請求することができる。

問題 46 独立行政法人住宅金融支援機構（以下この問において「機構」という。）に関する次の記述のうち、誤っているものはどれか。

1　機構は、高齢者が自ら居住する住宅に対して行うバリアフリー工事又は耐震改修工事に係る貸付けについて、貸付金の償還を高齢者の死亡時に一括して行うという制度を設けている。
2　証券化支援事業（買取型）において、機構による譲受けの対象となる貸付債権は、償還方法が毎月払いの元利均等の方法であるものに加え、毎月払いの元金均等の方法であるものもある。
3　証券化支援事業（買取型）において、機構は、いずれの金融機関に対しても、譲り受けた貸付債権に係る元金及び利息の回収その他回収に関する業務を委託することができない。
4　機構は、災害により住宅が滅失した場合におけるその住宅に代わるべき住宅の建設又は購入に係る貸付金について、一定の元金返済の据置期間を設けることができる。

問題 47※　宅地建物取引業者が行う広告に関する次の記述のうち、不当景品類及び不当表示防止法（不動産の表示に関する公正競争規約を含む。）の規定によれば、正しいものはどれか。

1　新築分譲マンションを数期に分けて販売する場合に、第１期の販売分に売れ残りがあるにもかかわらず、第２期販売の広告に「第１期完売御礼！いよいよ第２期販売開始！」と表示しても、結果として第２期販売期間中に第１期の売れ残り分を売り切っていれば、不当表示にはならない。
2　新築分譲マンションの広告に住宅ローンについても記載する場合、返済例を表示すれば、当該ローンを扱っている金融機関や融資限度額等について表示する必要はない。

3　販売しようとしている土地が、都市計画法に基づく告示が行われた都市計画施設の区域に含まれている場合は、都市計画施設の工事が未着手であっても、広告においてその旨を明示しなければならない。

4　築15年の企業の社宅を買い取って一棟リノベーションマンションではないが大規模にリフォームし、分譲マンションとして販売する場合、一般消費者に販売することは初めてであるため、「新発売」と表示して広告を出すことができる。

問題48　次の記述のうち、正しいものはどれか。

> 本問は参考問題です。
> 次の本試験の基準となる最新統計情報をもとに改題した本問を、弊社webサイトよりダウンロードしてご利用ください（2024年8月末予定）。
>
> ※詳細はvページ「パーフェクト宅建士シリーズ読者特典（＊特典3＊）」をご参照ください。

1　国土交通省が毎月公表する不動産価格指数（住宅）のうち、全国のマンション指数は、リーマンショックが発生した年である2008年以降2015年3月まで一貫して下落基調となっている。

2　建築着工統計（平成27年1月公表）によれば、平成26年の新設住宅着工戸数は、消費税率引上げ前の駆け込み需要の影響が大きかった平成25年と比較すると減少したが、平成24年の新設住宅着工戸数を上回っていた。

3　平成25年度法人企業統計年報（平成26年9月公表）によれば、平成25年度の不動産業の売上高経常利益率は、消費税率引上げの影響もあり、前年度と比べて低下し、全産業の売上高経常利益率よりも低くなった。

4　平成27年版土地白書（平成27年6月公表）によれば、土地取引について、売買による所有権の移転登記の件数でその動向を見ると、平成26年の全国の土地取引件数は３年連続の減少となった。

問題 49 土地に関する次の記述のうち、最も不適当なものはどれか。

1 我が国の低地は、ここ数千年の間に形成され、湿地や旧河道であった若い軟弱な地盤の地域がほとんどである。
2 臨海部の低地は、洪水、高潮、地震による津波などの災害が多く、住宅地として利用するには、十分な防災対策と注意が必要である。
3 台地上の池沼を埋め立てた地盤は、液状化に対して安全である。
4 都市周辺の丘陵や山麓に広がった住宅地は、土砂災害が起こる場合があり、注意する必要がある。

問題 50 建物の構造に関する次の記述のうち、最も不適当なものはどれか。

1 木造は湿気に強い構造であり、地盤面からの基礎の立上がりをとる必要はない。
2 基礎の種類には、直接基礎、杭基礎等がある。
3 杭基礎には、木杭、既製コンクリート杭、鋼杭等がある。
4 建物は、上部構造と基礎構造からなり、基礎構造は上部構造を支持する役目を負うものである。

平成26年度

問題

（注）※の問題は、本書発行時点の法令に照らし一部補正してあります。

解 答 欄

問題番号	解	答	番	号
第 1 問	①	②	③	④
第 2 問	①	②	③	④
第 3 問	①	②	③	④
第 4 問	①	②	③	④
第 5 問	①	②	③	④
第 6 問	①	②	③	④
第 7 問	①	②	③	④
第 8 問	①	②	③	④
第 9 問	①	②	③	④
第10問	①	②	③	④
第11問	①	②	③	④
第12問	①	②	③	④
第13問	①	②	③	④
第14問	①	②	③	④
第15問	①	②	③	④
第16問	①	②	③	④
第17問	①	②	③	④
第18問	①	②	③	④
第19問	①	②	③	④
第20問	①	②	③	④
第21問	①	②	③	④
第22問	①	②	③	④
第23問	①	②	③	④
第24問	①	②	③	④
第25問	①	②	③	④

問題番号	解	答	番	号
第26問	①	②	③	④
第27問	①	②	③	④
第28問	①	②	③	④
第29問	①	②	③	④
第30問	①	②	③	④
第31問	①	②	③	④
第32問	①	②	③	④
第33問	①	②	③	④
第34問	①	②	③	④
第35問	①	②	③	④
第36問	①	②	③	④
第37問	①	②	③	④
第38問	①	②	③	④
第39問	①	②	③	④
第40問	①	②	③	④
第41問	①	②	③	④
第42問	①	②	③	④
第43問	①	②	③	④
第44問	①	②	③	④
第45問	①	②	③	④
第46問	①	②	③	④
第47問	①	②	③	④
第48問	①	②	③	④
第49問	①	②	③	④
第50問	①	②	③	④

※「解答用紙」（マークシート）はダウンロードできます。詳細は vi ページをご覧ください。

平成26年度 試験問題

問題 1　次の記述のうち、民法の条文に規定されているものはどれか。

1　賃借人の債務不履行を理由に、賃貸人が不動産の賃貸借契約を解除するには、信頼関係が破壊されていなければならない旨
2　当事者は、債務の不履行について損害賠償の額を予定することができる旨
3　債務の履行のために債務者が使用する者の故意又は過失は、債務者の責めに帰すべき事由に含まれる旨
4　債務不履行によって生じた特別の損害のうち、債務者が、債務不履行時に予見し、又は予見することができた損害のみが賠償範囲に含まれる旨

問題 2　代理に関する次の記述のうち、民法の規定及び判例によれば、誤っているものはいくつあるか。

ア　代理権を有しない者がした契約を本人が追認する場合、その契約の効力は、別段の意思表示がない限り、追認をした時から将来に向かって生ずる。
イ　不動産を担保に金員を借り入れる代理権を与えられた代理人が、本人の名において当該不動産を売却した場合、相手方において本人自身の行為であると信じたことについて正当な理由があるときは、表見代理の規定を類推適用することができる。
ウ　代理人は、行為能力者であることを要しないが、代理人が後見開始の審判を受けたときは、代理権が消滅する。
エ　代理人の意思表示の効力が意思の不存在、詐欺、強迫又はある事情を知っていたこと若しくは知らなかったことにつき過失があったことに

よって影響を受けるべき場合には、その事実の有無は、本人の選択に従い、本人又は代理人のいずれかについて決する。

1　一つ
2　二つ
3　三つ
4　四つ

問題 3 ※　権利の取得や消滅に関する次の記述のうち、民法の規定及び判例によれば、正しいものはどれか。

1　売買契約に基づいて土地の引渡しを受け、平穏に、かつ、公然と当該土地の占有を始めた買主は、当該土地が売主の所有物でなくても、売主が無権利者であることにつき善意で無過失であれば、即時に当該不動産の所有権を取得する。
2　所有権は、権利を行使することができる時から20年間行使しないときは消滅し、その目的物は国庫に帰属する。
3　買主の売主に対する契約不適合責任による損害賠償請求権には消滅時効の規定の適用があり、この消滅時効のうち権利を行使することができる時から10年間行使しないときに成立するものは、買主が売買の目的物の引渡しを受けた時から進行する。
4　20年間、平穏に、かつ、公然と他人が所有する土地を占有した者は、占有取得の原因たる事実のいかんにかかわらず、当該土地の所有権を取得する。

問題 4　AがBとの間で、CのBに対する債務を担保するためにA所有の甲土地に抵当権を設定する場合と根抵当権を設定する場合における次の記述のうち、民法の規定によれば、正しいものはどれか。

1　抵当権を設定する場合には、被担保債権を特定しなければならないが、根抵当権を設定する場合には、ＢＣ間のあらゆる範囲の不特定の債権を極度額の限度で被担保債権とすることができる。

2　抵当権を設定した旨を第三者に対抗する場合には登記が必要であるが、根抵当権を設定した旨を第三者に対抗する場合には、登記に加えて、債務者Ｃの異議を留めない承諾が必要である。

3　Ｂが抵当権を実行する場合には、ＡはまずＣに催告するように請求することができるが、Ｂが根抵当権を実行する場合には、ＡはまずＣに催告するように請求することはできない。

4　抵当権の場合には、ＢはＣに対する他の債権者の利益のために抵当権の順位を譲渡することができるが、元本の確定前の根抵当権の場合には、Ｂは根抵当権の順位を譲渡することができない。

問題 5　法改正により削除

問題 6 ※　Ａは、Ｂに建物の建築を注文し、完成して引渡しを受けた建物をＣに対して売却した。本件建物の種類又は品質に関して契約の内容に適合しない瑕疵があった場合に関する次の記述のうち、民法の規定及び判例によれば、正しいものはどれか。

1　Ｃは、売買契約の締結の当時、本件建物に瑕疵があることを知っていた場合であっても、瑕疵の存在を知ってから１年以内にその旨を通知すれば、常にＡに対して売買契約に基づく担保責任を追及することができる。

2　Ｂが建物としての基本的な安全性が欠けることがないように配慮すべき義務を怠ったために本件建物に基本的な安全性を損なう瑕疵がある場合には、当該瑕疵によって損害を被ったＣは、特段の事情がない限り、Ｂに対して不法行為責任に基づく損害賠償を請求できる。

3　ＣがＢに対して本件建物の瑕疵に関して不法行為責任に基づく損害賠償を請求する場合、当該請求ができる期間は、Ｃが瑕疵の存在に気付いてから１年以内である。

4　本件建物に存在している瑕疵のために請負契約を締結した目的を達成することができない場合でも、ＡはＢとの契約を一方的に解除することができない。

問題 7 賃貸人Ａから賃借人Ｂが借りたＡ所有の甲土地の上に、Ｂが乙建物を所有する場合における次の記述のうち、民法の規定及び判例によれば、正しいものはどれか。なお、Ｂは、自己名義で乙建物の保存登記をしているものとする。

1　ＢがＡに無断で乙建物をＣに月額10万円の賃料で貸した場合、Ａは、借地の無断転貸を理由に、甲土地の賃貸借契約を解除することができる。

2　Ｃが甲土地を不法占拠してＢの土地利用を妨害している場合、Ｂは、Ａの有する甲土地の所有権に基づく妨害排除請求権を代位行使してＣの妨害の排除を求めることができるほか、自己の有する甲土地の賃借権に基づいてＣの妨害の排除を求めることができる。

3　ＢがＡの承諾を得て甲土地を月額15万円の賃料でＣに転貸した場合、ＡＢ間の賃貸借契約がＢの債務不履行で解除されても、ＡはＣに解除を対抗することができない。

4　ＡＢ間で賃料の支払時期について特約がない場合、Ｂは、当月末日までに、翌月分の賃料を支払わなければならない。

問題 8 ※ 不法行為に関する次の記述のうち、民法の規定及び判例によれば、正しいものはどれか。

1　不法行為による損害賠償請求権の消滅時効を定める民法第724条における、被害者が損害を知った時とは、被害者が損害の発生を現実に認識した時をいう。

2　不法行為による損害賠償債務の不履行に基づく遅延損害金債権は、当該債権が発生した時から10年間行使しないことにより、時効によって消滅する。

3　不法占拠により日々発生する損害については、加害行為が終わった時から一括して消滅時効が進行し、日々発生する損害を知った時から別個に消滅時効が進行することはない。

4　不法行為の加害者が海外に在住している間は、民法第724条第２号の

20年の時効期間は進行しない。

問題 9 後見人制度に関する次の記述のうち、民法の規定によれば、正しいものはどれか。

1　成年被後見人が第三者との間で建物の贈与を受ける契約をした場合には、成年後見人は、当該法律行為を取り消すことができない。
2　成年後見人が、成年被後見人に代わって、成年被後見人が居住している建物を売却する場合には、家庭裁判所の許可を要しない。
3　未成年後見人は、自ら後見する未成年者について、後見開始の審判を請求することはできない。
4　成年後見人は家庭裁判所が選任する者であるが、未成年後見人は必ずしも家庭裁判所が選任する者とは限らない。

問題 10 Ａには、父のみを同じくする兄Ｂと、両親を同じくする弟Ｃ及び弟Ｄがいたが、Ｃ及びＤは、Ａより先に死亡した。Ａの両親は既に死亡しており、Ａには内縁の妻Ｅがいるが、子はいない。Ｃには子Ｆ及び子Ｇが、Ｄには子Ｈがいる。Ａが、平成26年8月1日に遺言を残さずに死亡した場合の相続財産の法定相続分として、民法の規定によれば、正しいものはどれか。

1　Ｅが２分の１、Ｂが６分の１、Ｆが９分の１、Ｇが９分の１、Ｈが９分の１である。
2　Ｂが３分の１、Ｆが９分の２、Ｇが９分の２、Ｈが９分の２である。
3　Ｂが５分の１、Ｆが５分の１、Ｇが５分の１、Ｈが５分の２である。
4　Ｂが５分の１、Ｆが15分の４、Ｇが15分の４、Ｈが15分の４である。

問題 11※ 甲土地の所有者が甲土地につき、建物の所有を目的として賃貸する場合（以下「ケース(1)」という。）と、建物の所有を目的とせずに資材置場として賃貸する場合（以下「ケース(2)」という。）に関する次の記述のうち、民法及び借地借家法の規定によれば、正しいものはどれか。

1　賃貸借の存続期間を60年と定めた場合には、ケース(1)では書面で契約を締結しなければ期間が50年となってしまうのに対し、ケース(2)では口頭による合意であっても期間は60年となる。
2　ケース(1)では、賃借人は、甲土地の上に登記されている建物を所有している場合には、甲土地が第三者に売却されても賃借人であることを当該第三者に対抗できるが、ケース(2)では、甲土地が第三者に売却された場合に賃借人であることを当該第三者に対抗する方法はない。
3　期間を定めない契約を締結した後に賃貸人が甲土地を使用する事情が生じた場合において、ケース(1)では賃貸人が解約の申入れをしても合意がなければ契約は終了しないのに対し、ケース(2)では賃貸人が解約の申入れをすれば契約は申入れの日から1年を経過することによって終了する。
4　賃貸借の期間を定めた場合であって当事者が期間内に解約する権利を留保していないとき、ケース(1)では賃借人側は期間内であっても1年前に予告することによって中途解約することができるのに対し、ケース(2)では賃貸人も賃借人もいつでも一方的に中途解約することができる。

問題 12　借地借家法第38条の定期建物賃貸借（以下この問において「定期建物賃貸借」という。）に関する次の記述のうち、借地借家法の規定及び判例によれば、誤っているものはどれか。

1　定期建物賃貸借契約を締結するには、公正証書による等書面によらなければならない。
2　定期建物賃貸借契約を締結するときは、期間を1年未満としても、期間の定めがない建物の賃貸借契約とはみなされない。
3　定期建物賃貸借契約を締結するには、当該契約に係る賃貸借は契約の更新がなく、期間の満了によって終了することを、当該契約書と同じ書面内に記載して説明すれば足りる。

4　定期建物賃貸借契約を締結しようとする場合、賃貸人が、当該契約に係る賃貸借は契約の更新がなく、期間の満了によって終了することを説明しなかったときは、契約の更新がない旨の定めは無効となる。

問題 13　建物の区分所有等に関する法律（以下この問において「法」という。）に関する次の記述のうち、誤っているものはどれか。

1　区分所有者の団体は、区分所有建物が存在すれば、区分所有者を構成員として当然に成立する団体であるが、管理組合法人になることができるものは、区分所有者の数が 30 人以上のものに限られる。
2　専有部分が数人の共有に属するときの集会の招集の通知は、法第 40 条の規定に基づく議決権を行使すべき者にすればよく、共有者間で議決権を行使すべき者が定められていない場合は、共有者のいずれか一人にすればよい。
3　建物の価格の２分の１以下に相当する部分が滅失した場合、規約で別段の定めがない限り、各区分所有者は、滅失した共用部分について、復旧の工事に着手するまでに復旧決議、建替え決議又は一括建替え決議があったときは、復旧することができない。
4　管理者が、規約の保管を怠った場合や、利害関係人からの請求に対して正当な理由がないのに規約の閲覧を拒んだ場合は、20 万円以下の過料に処せられる。

問題 14　不動産の登記に関する次の記述のうち、誤っているものはどれか。

1　表示に関する登記を申請する場合には、申請人は、その申請情報と併せて登記原因を証する情報を提供しなければならない。
2　新たに生じた土地又は表題登記がない土地の所有権を取得した者は、その所有権の取得の日から１月以内に、表題登記を申請しなければならない。
3　信託の登記の申請は、当該信託に係る権利の保存、設定、移転又は変更の登記の申請と同時にしなければならない。

4　仮登記は、仮登記の登記義務者の承諾があるときは、当該仮登記の登記権利者が単独で申請することができる。

問題 15　都市計画法に関する次の記述のうち、誤っているものはどれか。

1　都市計画区域については、用途地域が定められていない土地の区域であっても、一定の場合には、都市計画に、地区計画を定めることができる。

2　高度利用地区は、市街地における土地の合理的かつ健全な高度利用と都市機能の更新とを図るため定められる地区であり、用途地域内において定めることができる。

3　準都市計画区域においても、用途地域が定められている土地の区域については、市街地開発事業を定めることができる。

4　高層住居誘導地区は、住居と住居以外の用途とを適正に配分し、利便性の高い高層住宅の建設を誘導するために定められる地区であり、近隣商業地域及び準工業地域においても定めることができる。

問題 16　次のアからウまでの記述のうち、都市計画法による開発許可を受ける必要のある、又は同法第 34 条の 2 の規定に基づき協議する必要のある開発行為の組合せとして、正しいものはどれか。ただし、開発許可を受ける必要のある、又は協議する必要のある開発行為の面積については、条例による定めはないものとする。

ア　市街化調整区域において、国が設置する医療法に規定する病院の用に供する施設である建築物の建築の用に供する目的で行われる 1,500㎡の開発行為

イ　市街化区域において、農林漁業を営む者の居住の用に供する建築物の建築の用に供する目的で行われる 1,200㎡の開発行為

ウ　区域区分が定められていない都市計画区域において、社会教育法に規

定する公民館の用に供する施設である建築物の建築の用に供する目的で行われる4,000㎡の開発行為

1　ア、イ
2　ア、ウ
3　イ、ウ
4　ア、イ、ウ

問題 17　建築基準法に関する次の記述のうち、正しいものはどれか。

1　住宅の地上階における居住のための居室には、採光のための窓その他の開口部を設け、その採光に有効な部分の面積は、その居室の床面積に対して7分の1以上としなければならない。
2　建築確認の対象となり得る工事は、建築物の建築、大規模の修繕及び大規模の模様替であり、建築物の移転は対象外である。
3　高さ15 mの建築物には、周囲の状況によって安全上支障がない場合を除き、有効に避雷設備を設けなければならない。
4　準防火地域内において建築物の屋上に看板を設ける場合は、その主要な部分を不燃材料で造り、又は覆わなければならない。

問題 18※　建築基準法（以下この問において「法」という。）に関する次の記述のうち、誤っているものはどれか。

1　店舗の用途に供する建築物で当該用途に供する部分の床面積の合計が10,000㎡を超えるものは、原則として工業地域内では建築することができない。
2　学校を新築しようとする場合には、法第48条の規定による用途制限に適合するとともに、都市計画により敷地の位置が決定されていなければ新築することができない。
3　特別用途地区内においては、地方公共団体は、国土交通大臣の承認を得て、条例で、法第48条の規定による建築物の用途制限を緩和することができる。

4　都市計画において定められた建蔽率の限度が10分の8とされている地域を除く防火地域内にある耐火建築物等の建蔽率については、都市計画において定められた建蔽率の数値に10分の1を加えた数値が限度となる。

問題 19 ※　宅地造成及び特定盛土等規制法に関する次の記述のうち、誤っているものはどれか。なお、この問において「都道府県知事」とは、地方自治法に基づく指定都市、中核市及び施行時特例市にあってはその長をいうものとする。

1　宅地造成等工事規制区域内において、宅地を宅地以外の土地にするために行われる切土であって、当該切土をする土地の面積が600㎡で、かつ、高さ3mの崖を生ずることとなるものに関する工事については、都道府県知事の許可は必要ない。
2　都道府県知事は、宅地造成等工事規制区域内において行われる宅地造成等に関する工事の許可に付した条件に違反した者に対して、その許可を取り消すことができる。
3　土地の占有者は、都道府県知事又はその命じた者若しくは委任した者が、基礎調査のために当該土地に立ち入って測量又は調査を行う場合、正当な理由がない限り、立入りを拒み、又は妨げてはならない。
4　宅地造成等工事規制区域内において行われる宅地造成等に関する工事の許可を受けた者は、主務省令で定める軽微な変更を除き、当該工事の計画を変更しようとするときは、遅滞なく、その旨を都道府県知事に届け出なければならない。

問題 20　土地区画整理法に関する次の記述のうち、正しいものはどれか。

1　施行者は、宅地の所有者の申出又は同意があった場合においては、その宅地を使用し、又は収益することができる権利を有する者に補償をすれば、換地計画において、その宅地の全部又は一部について換地を定めないことができる。

2　施行者は、施行地区内の宅地について換地処分を行うため、換地計画を定めなければならない。この場合において、当該施行者が土地区画整理組合であるときは、その換地計画について市町村長の認可を受けなければならない。

3　関係権利者は、換地処分があった旨の公告があった日以降いつでも、施行地区内の土地及び建物に関する登記を行うことができる。

4　土地区画整理事業の施行により公共施設が設置された場合においては、その公共施設は、換地処分があった旨の公告があった日の翌日において、原則としてその公共施設の所在する市町村の管理に属することになる。

問題 21　農地法（以下この問において「法」という。）に関する次の記述のうち、正しいものはどれか。

1　農地について法第３条第１項の許可があったときは所有権が移転する旨の停止条件付売買契約を締結し、それを登記原因とする所有権移転の仮登記を申請する場合には、その買受人は農業委員会に届出をしなければならない。

2　市街化区域内の農地について、耕作の目的に供するために競売により所有権を取得しようとする場合には、その買受人は法第３条第１項の許可を受ける必要はない。

3　農業者が住宅の改築に必要な資金を銀行から借りるために、自己所有の農地に抵当権を設定する場合には、法第３条第１項の許可を受ける必要はない。

4　山林を開墾し現に農地として耕作している土地であっても、土地登記簿上の地目が山林であれば、法の適用を受ける農地とはならない。

問題 22　次の記述のうち、誤っているものはどれか。

1　国土利用計画法によれば、同法第23条の届出に当たっては、土地売買等の対価の額についても都道府県知事（地方自治法に基づく指定都市にあっては、当該指定都市の長）に届け出なければならない。

2　森林法によれば、保安林において立木を伐採しようとする者は、一定の場合を除き、都道府県知事の許可を受けなければならない。

3　海岸法によれば、海岸保全区域内において土地の掘削、盛土又は切土を行おうとする者は、一定の場合を除き、海岸管理者の許可を受けなければならない。

4　都市緑地法によれば、特別緑地保全地区内において建築物の新築、改築又は増築を行おうとする者は、一定の場合を除き、公園管理者の許可を受けなければならない。

問題 23 ※　住宅用家屋の所有権の移転登記に係る登録免許税の税率の軽減措置に関する次の記述のうち、正しいものはどれか。

1　この税率の軽減措置は、一定の要件を満たせばその住宅用家屋の敷地の用に供されている土地に係る所有権の移転の登記にも適用される。

2　この税率の軽減措置は、個人が自己の経営する会社の従業員の社宅として取得した住宅用家屋に係る所有権の移転の登記にも適用される。

3　この税率の軽減措置は、以前にこの措置の適用を受けたことがある者が新たに取得した住宅用家屋に係る所有権の移転の登記には適用されない。

4　この税率の軽減措置は、所有権の移転の登記に係る住宅用家屋が、昭和57年1月1日以後に建築された建築物に該当していても、床面積が50㎡未満の場合には適用されない。

問題 24　不動産取得税に関する次の記述のうち、正しいものはどれか。

1　不動産取得税は、不動産の取得に対して、当該不動産の所在する市町村において課する税であり、その徴収は普通徴収の方法によらなければならない。

2　共有物の分割による不動産の取得については、当該不動産の取得者の分割前の当該共有物に係る持分の割合を超えなければ不動産取得税が課されない。

3　不動産取得税は、独立行政法人及び地方独立行政法人に対しては、課することができない。

4　相続による不動産の取得については、不動産取得税が課される。

問題 25　地価公示法に関する次の記述のうち、正しいものはどれか。

1　土地鑑定委員会は、標準地の価格の総額を官報で公示する必要はない。

2　土地の使用収益を制限する権利が存する土地を標準地として選定することはできない。

3　不動産鑑定士が土地鑑定委員会の求めに応じて標準地の鑑定評価を行うに当たっては、標準地の鑑定評価額が前年の鑑定評価額と変わらない場合は、その旨を土地鑑定委員会に申告することにより、鑑定評価書の提出に代えることができる。

4　不動産鑑定士は、土地鑑定委員会の求めに応じて標準地の鑑定評価を行うに当たっては、近傍類地の取引価格から算定される推定の価格を基本とし、必要に応じて、近傍類地の地代等から算定される推定の価格及び同等の効用を有する土地の造成に要する推定の費用の額を勘案しなければならない。

問題 26　宅地建物取引業の免許（以下この問において「免許」という。）に関する次の記述のうち、宅地建物取引業法の規定によれば、正しいものはいくつあるか。

ア　Aの所有する商業ビルを賃借しているBが、フロアごとに不特定多数の者に反復継続して転貸する場合、AとBは免許を受ける必要はない。

イ　宅地建物取引業者Cが、Dを代理して、Dの所有するマンション（30戸）を不特定多数の者に反復継続して分譲する場合、Dは免許を受ける必要はない。

ウ　Ｅが転売目的で反復継続して宅地を購入する場合でも、売主が国その他宅地建物取引業法の適用がない者に限られているときは、Ｅは免許を受ける必要はない。

エ　Ｆが借金の返済に充てるため、自己所有の宅地を10区画に区画割りして、不特定多数の者に反復継続して売却する場合、Ｆは免許を受ける必要はない。

1　一つ
2　二つ
3　三つ
4　なし

問題 27　宅地建物取引業法（以下この問において「法」という。）に関する次の記述のうち、正しいものはどれか。

1　契約締結権限を有する者を置き、継続的に業務を行う場所であっても、商業登記簿に登載されていない事務所は、法第３条第１項に規定する事務所には該当しない。

2　国土交通大臣又は都道府県知事は、免許に条件を付すことができるが、免許の更新に当たっても条件を付すことができる。

3　法人である宅地建物取引業者が株主総会の決議により解散することとなった場合、その法人を代表する役員であった者は、その旨を当該解散の日から30日以内に免許を受けた国土交通大臣又は都道府県知事に届け出なければならない。

4　免許申請中である者が、宅地建物取引業を営む目的をもって宅地の売買に関する新聞広告を行った場合であっても、当該宅地の売買契約の締結を免許を受けた後に行うのであれば、法第12条に違反しない。

問題 28　宅地建物取引業者Ａ（甲県知事免許）が乙県内に建設したマンション（100戸）の販売について、宅地建物取引業者Ｂ（国土交通大臣免許）及び宅地建物取引業者Ｃ（甲県知事免許）に媒介を依頼し、Ｂ

が当該マンションの所在する場所の隣接地（乙県内）に、Cが甲県内にそれぞれ案内所を設置し、売買契約の申込みを受ける業務を行う場合における次の記述のうち、宅地建物取引業法（以下この問において「法」という。）の規定によれば、誤っているものはどれか。

1　Bは国土交通大臣及び乙県知事に、Cは甲県知事に、業務を開始する日の10日前までに法第50条第2項に定める届出をしなければならない。

2　Aは、法第50条第2項に定める届出を甲県知事及び乙県知事へ届け出る必要はないが、当該マンションの所在する場所に法第50条第1項で定める標識を掲示しなければならない。

3　Bは、その設置した案内所の業務に従事する者の数5人に対して1人以上の割合となる数の専任の宅地建物取引士を当該案内所に置かなければならない。

4　Aは、Cが設置した案内所においてCと共同して契約を締結する業務を行うこととなった。この場合、Aが当該案内所に専任の宅地建物取引士を設置すれば、Cは専任の宅地建物取引士を設置する必要はない。

問題 29　宅地建物取引業法に規定する営業保証金に関する次の記述のうち、正しいものはどれか。

1　新たに宅地建物取引業を営もうとする者は、営業保証金を金銭又は国土交通省令で定める有価証券により、主たる事務所の最寄りの供託所に供託した後に、国土交通大臣又は都道府県知事の免許を受けなければならない。

2　宅地建物取引業者は、既に供託した額面金額1,000万円の国債証券と変換するため1,000万円の金銭を新たに供託した場合、遅滞なく、その旨を免許を受けた国土交通大臣又は都道府県知事に届け出なければならない。

3　宅地建物取引業者は、事業の開始後新たに従たる事務所を設置したときは、その従たる事務所の最寄りの供託所に政令で定める額を供託し、その旨を免許を受けた国土交通大臣又は都道府県知事に届け出なければならない。

4　宅地建物取引業者が、営業保証金を金銭及び有価証券をもって供託している場合で、主たる事務所を移転したためその最寄りの供託所が変更したときは、金銭の部分に限り、移転後の主たる事務所の最寄りの供託所への営業保証金の保管替えを請求することができる。

問題 30　宅地建物取引業者Ａが行う業務に関する次の記述のうち、宅地建物取引業法の規定によれば、正しいものはどれか。

1　Ａは、新築分譲マンションを建築工事の完了前に販売しようとする場合、建築基準法第６条第１項の確認を受ける前において、当該マンションの売買契約の締結をすることはできないが、当該販売に関する広告をすることはできる。

2　Ａは、宅地の売買に関する広告をするに当たり、当該宅地の形質について、実際のものよりも著しく優良であると人を誤認させる表示をした場合、当該宅地に関する注文がなく、売買が成立しなかったときであっても、監督処分及び罰則の対象となる。

3　Ａは、宅地又は建物の売買に関する広告をする際に取引態様の別を明示した場合、当該広告を見た者から売買に関する注文を受けたときは、改めて取引態様の別を明示する必要はない。

4　Ａは、一団の宅地の販売について、数回に分けて広告をするときは、最初に行う広告以外は、取引態様の別を明示する必要はない。

問題 31※　宅地建物取引業者Ａが、自ら売主として宅地建物取引業者ではない買主Ｂとの間で宅地の売買契約を締結する場合における次の記述のうち、宅地建物取引業法の規定によれば、誤っているものはいくつあるか（この問において「契約不適合責任」とは、売買の目的物が種類又は品質に関して契約の内容に適合しない場合におけるその不適合を担保すべき責任をいう。）。

ア　Ａが契約不適合責任の通知期間について売買契約に係る宅地の引渡し

の日から３年間とする特約は、無効である。

イ　Ａは、Ｂに売却予定の宅地の一部に甲市所有の旧道路敷が含まれていることが判明したため、甲市に払下げを申請中である。この場合、Ａは、重要事項説明書に払下申請書の写しを添付し、その旨をＢに説明すれば、売買契約を締結することができる。

ウ　「手付放棄による契約の解除は、契約締結後30日以内に限る」旨の特約を定めた場合、契約締結後30日を経過したときは、Ａが契約の履行に着手していなかったとしても、Ｂは、手付を放棄して契約の解除をすることができない。

1　一つ
2　二つ
3　三つ
4　なし

問題 32　宅地建物取引業者Ａは、ＢからＢ所有の宅地の売却について媒介の依頼を受けた。この場合における次の記述のうち、宅地建物取引業法（以下この問において「法」という。）の規定によれば、誤っているものはいくつあるか。

ア　ＡがＢとの間で専任媒介契約を締結し、Ｂから「売却を秘密にしておきたいので指定流通機構への登録をしないでほしい」旨の申出があった場合、Ａは、そのことを理由に登録をしなかったとしても法に違反しない。

イ　ＡがＢとの間で媒介契約を締結した場合、Ａは、Ｂに対して遅滞なく法第34条の２第１項の規定に基づく書面を交付しなければならないが、Ｂが宅地建物取引業者であるときは、当該書面の交付を省略することができる。

ウ　ＡがＢとの間で有効期間を３月とする専任媒介契約を締結した場合、期間満了前にＢから当該契約の更新をしない旨の申出がない限り、当該期間は自動的に更新される。

エ　ＡがＢとの間で一般媒介契約（専任媒介契約でない媒介契約）を締結

し、当該媒介契約において、重ねて依頼する他の宅地建物取引業者を明示する義務がある場合、Aは、Bが明示していない他の宅地建物取引業者の媒介又は代理によって売買の契約を成立させたときの措置を法第34条の2第1項の規定に基づく書面に記載しなければならない。

1 一つ
2 二つ
3 三つ
4 四つ

問題 33 宅地建物取引業者Aが、自ら売主として買主との間で建築工事完了前の建物を5,000万円で売買する契約をした場合において、宅地建物取引業法第41条第1項に規定する手付金等の保全措置(以下この問において「保全措置」という。)に関する次の記述のうち、同法に違反するものはどれか。

1 Aは、宅地建物取引業者であるBと契約を締結し、保全措置を講じずに、Bから手付金として1,000万円を受領した。
2 Aは、宅地建物取引業者でないCと契約を締結し、保全措置を講じた上でCから1,000万円の手付金を受領した。
3 Aは、宅地建物取引業者でないDと契約を締結し、保全措置を講じることなくDから手付金100万円を受領した後、500万円の保全措置を講じた上で中間金500万円を受領した。
4 Aは、宅地建物取引業者でないEと契約を締結し、Eから手付金100万円と中間金500万円を受領したが、既に当該建物についてAからEへの所有権移転の登記を完了していたため、保全措置を講じなかった。

問題 34 ※ 宅地建物取引業者が行う宅地建物取引業法第35条に規定する重要事項の説明に関する次の記述のうち、正しいものはどれか。ただし、説明の相手方は、宅地建物取引業者ではないものとする。

1 建物の売買の媒介を行う場合、当該建物の売主に耐震診断の記録の有無を照会したにもかかわらず、当該有無が判別しないときは、自ら耐震診断を実施し、その結果を説明する必要がある。

2　建物の貸借の媒介を行う場合、当該建物が津波防災地域づくりに関する法律第23条第1項の規定に基づく津波防護施設区域に位置しているときはその旨を説明する必要があるが、同法第53条第1項の規定に基づく津波災害警戒区域に位置しているときであってもその旨は説明する必要はない。

3　建物の売買の媒介を行う場合、売主が特定住宅瑕疵(かし)担保責任の履行の確保等に関する法律に基づく住宅販売瑕疵(かし)担保保証金の供託を行うときは、その措置の概要を説明する必要があるが、当該建物の種類又は品質に関して契約の内容に適合しない場合におけるその不適合を担保すべき責任の履行に関し保証保険契約の締結を行うときは、その措置の概要を説明する必要はない。

4　区分所有権の目的である建物の貸借の媒介を行う場合、その専有部分の用途その他の利用制限に関する規約の定めがあるときはその内容を説明する必要があるが、1棟の建物又はその敷地の専用使用権に関する規約の定めについては説明する必要がない。

問題 35 ※　宅地建物取引業法第35条に規定する重要事項の説明及び同条の規定により交付すべき書面（以下この問において「35条書面」という。）に関する次の記述のうち、同法の規定によれば、誤っているものはどれか。ただし、説明の相手方は、宅地建物取引業者ではないものとする。

1　宅地建物取引業者は、買主の自宅で35条書面を交付して説明を行うことができる。

2　宅地建物取引業者は、中古マンションの売買を行う場合、抵当権が設定されているときは、契約日までにその登記が抹消される予定であっても、当該抵当権の内容について説明しなければならない。

3　宅地建物取引士は、宅地建物取引士証の有効期間が満了している場合、35条書面に記名することはできるが、取引の相手方に対し説明はできない。

4　宅地建物取引業者は、土地の割賦販売の媒介を行う場合、割賦販売価格のみならず、現金販売価格についても説明しなければならない。

問題 36 ※　建物の貸借の媒介を行う宅地建物取引業者が、その取引の相手方（宅地建物取引業者を除く。）に対して行った次の発言内容のうち、宅地建物取引業法の規定に違反しないものはどれか。なお、この問において「重要事項説明」とは同法第35条の規定に基づく重要事項の説明をいい、「重要事項説明書」とは同条の規定により交付すべき書面をいうものとする。

1　重要事項説明のため、明日お宅にお伺いする当社の者は、宅地建物取引士ではありませんが、当社の最高責任者である代表取締役ですので、重要事項説明をする者として問題ございません。

2　この物件の契約条件につきましては、お手元のチラシに詳しく書いてありますので、重要事項説明は、内容が重複するため省略させていただきます。ただ、重要事項説明書の交付は、法律上の義務ですので、入居後、郵便受けに入れておきます。

3　この物件の担当である宅地建物取引士が急用のため対応できなくなりましたが、せっかくお越しいただきましたので、重要事項説明書にある宅地建物取引士欄を訂正の上、宅地建物取引士である私が記名をし、代わりに重要事項説明をさせていただきます。私の宅地建物取引士証をお見せします。

4　この物件は人気物件ですので、申込みをいただいた時点で契約成立とさせていただきます。後日、重要事項説明書を兼ねた契約書を送付いたしますので、署名の上、返送していただければ、手続は全て完了いたします。

問題 37 ※　宅地建物取引業者Ａ及び宅地建物取引業者Ｂ（共に消費税課税事業者）が受け取る報酬に関する次の記述のうち、正しいものはいくつあるか。

ア　Ａが居住用建物の貸借の媒介をするに当たり、依頼者からの依頼に基づくことなく広告をした場合でも、その広告が貸借の契約の成立に寄与したとき、Ａは、報酬とは別に、その広告料金に相当する額を請求できる。
イ　Ａは売主から代理の依頼を受け、Ｂは買主から媒介の依頼を受けて、代金4,000万円の宅地の売買契約を成立させた場合、Ａは売主から277万2,000円、Ｂは買主から138万6,000円の報酬をそれぞれ受けることができる。
ウ　Ａは貸主から、Ｂは借主から、それぞれ媒介の依頼を受けて、共同して居住用建物の賃貸借契約を成立させた場合、貸主及び借主の承諾を得ていれば、Ａは貸主から、Ｂは借主からそれぞれ借賃の1.1か月分の報酬を受けることができる。

1　一つ
2　二つ
3　三つ
4　なし

問題 38　宅地建物取引業者Ａが、自ら売主として宅地建物取引業者でない買主Ｂとの間で締結した宅地の売買契約について、Ｂが宅地建物取引業法第37条の２の規定に基づき、いわゆるクーリング・オフによる契約の解除をする場合における次の記述のうち、正しいものはどれか。

1　Ａは、喫茶店でＢから買受けの申込みを受け、その際にクーリング・オフについて書面で告げた上で契約を締結した。その７日後にＢから契約の解除の書面を受けた場合、Ａは、代金全部の支払を受け、当該宅地をＢに引き渡していても契約の解除を拒むことができない。
2　Ａは、Ｂが指定した喫茶店でＢから買受けの申込みを受け、Ｂにクーリング・オフについて何も告げずに契約を締結し、７日が経過した。この場合、Ｂが指定した場所で契約を締結しているので、Ａは、契約の解除を拒むことができる。
3　Ｂは、Ａの仮設テント張りの案内所で買受けの申込みをし、その３日後にAの事務所でクーリング・オフについて書面で告げられた上で契約を締結した。この場合、Aの事務所で契約を締結しているので、Bは、契約の解除をすることができない。

4　Bは、Aの仮設テント張りの案内所で買受けの申込みをし、Aの事務所でクーリング・オフについて書面で告げられた上で契約を締結した。この書面の中で、クーリング・オフによる契約の解除ができる期間を14日間としていた場合、Bは、契約の締結の日から10日後であっても契約の解除をすることができる。

問題 39 ※　宅地建物取引業保証協会（以下この問において「保証協会」という。）に関する次の記述のうち、正しいものはどれか。

1　還付充当金の未納により保証協会の社員の地位を失った宅地建物取引業者は、その地位を失った日から2週間以内に弁済業務保証金を供託すれば、その地位を回復する。

2　保証協会は、その社員である宅地建物取引業者から弁済業務保証金分担金の納付を受けたときは、その納付を受けた日から2週間以内に、その納付を受けた額に相当する額の弁済業務保証金を供託しなければならない。

3　保証協会は、弁済業務保証金の還付があったときは、当該還付に係る社員又は社員であった者に対して、当該還付額に相当する額の還付充当金を保証協会に納付すべきことを通知しなければならない。

4　宅地建物取引業者が保証協会の社員となる前に、当該宅地建物取引業者に建物の貸借の媒介を依頼した者（宅地建物取引業者を除く。）は、その取引により生じた債権に関し、当該保証協会が供託した弁済業務保証金について弁済を受ける権利を有しない。

問題 40 ※　宅地建物取引業者が行う業務に関する次の記述のうち、宅地建物取引業法の規定によれば、正しいものはいくつあるか。なお、この問において「37条書面」とは、同法第37条の規定により交付すべき書面をいうものとする。

ア　宅地建物取引業者は、自ら売主として宅地建物取引業者ではない買主との間で新築分譲住宅の売買契約を締結した場合において、目的物が種類又は品質に関して契約の内容に適合しない場合におけるその不適合を担保すべき責任の履行に関して講ずべき保証保険契約の締結その他の措置について定めがあるときは、当該措置についても37条書面に記載しなければならない。

イ　宅地建物取引業者は、37条書面を交付するに当たり、宅地建物取引士をして、その書面に記名の上、その内容を説明させなければならない。

ウ　宅地建物取引業者は、自ら売主として宅地の売買契約を締結した場合は、買主が宅地建物取引業者であっても、37条書面に当該宅地の引渡しの時期を記載しなければならない。

エ　宅地建物取引業者は、建物の売買の媒介において、当該建物に係る租税その他の公課の負担に関する定めがあるときは、その内容を37条書面に記載しなければならない。

1　一つ
2　二つ
3　三つ
4　四つ

問題 41　次の記述のうち、宅地建物取引業法（以下この問において「法」という。）の規定によれば、正しいものはどれか。

1　宅地建物取引業者が、他の宅地建物取引業者が行う一団の宅地建物の分譲の代理又は媒介を、案内所を設置して行う場合で、その案内所が専任の宅地建物取引士を置くべき場所に該当しない場合は、当該案内所には、クーリング・オフ制度の適用がある旨を表示した標識を掲げなければならない。

2　宅地建物取引業者が、その従業者をして宅地の売買の勧誘を行わせたが、相手方が明確に買う意思がない旨を表明した場合、別の従業者をして、再度同じ相手方に勧誘を行わせることは法に違反しない。

3　宅地建物取引業者が、自ら売主となる宅地建物売買契約成立後、媒介を依頼した他の宅地建物取引業者へ報酬を支払うことを拒む行為は、不当な履行遅延（法第44条）に該当する。

4　宅地建物取引業者は、その事務所ごとに従業者名簿を備えなければならないが、退職した従業者に関する事項は従業者名簿への記載の対象ではない。

問題 42 ※　宅地建物取引業者Ａが宅地建物取引業法第37条の規定により交付すべき書面（以下この問において「37条書面」という。）に関する次の記述のうち、同法の規定によれば、誤っているものの組合せはどれか。

ア　Ａが売主として宅地建物取引業者Ｂの媒介により、土地付建物の売買契約を締結した場合、Ｂが37条書面を作成し、その宅地建物取引士をして当該書面に記名させれば、Ａは、宅地建物取引士による37条書面への記名を省略することができる。

イ　Ａがその媒介により、事業用宅地の定期賃貸借契約を公正証書によって成立させた場合、当該公正証書とは別に37条書面を作成して交付するに当たって、宅地建物取引士をして記名させる必要はない。

ウ　Ａが売主としてＣとの間で売買契約を成立させた場合（Ｃは自宅を売却して購入代金に充てる予定である。）、ＡＣ間の売買契約に「Ｃは、自宅を一定の金額以上で売却できなかった場合、本件売買契約を無条件で解除できる」旨の定めがあるときは、Ａは、37条書面にその内容を記載しなければならない。

1　ア、イ
2　ア、ウ
3　イ、ウ
4　ア、イ、ウ

問題 43　宅地建物取引業者Ａが行う業務に関する次の記述のうち、宅地建物取引業法の規定に違反しないものはどれか。

1　Aは、買主Bとの間で建物の売買契約を締結する当日、Bが手付金を一部しか用意できなかったため、やむを得ず、残りの手付金を複数回に分けてBから受領することとし、契約の締結を誘引した。

2　Aの従業者は、投資用マンションの販売において、相手方に事前の連絡をしないまま自宅を訪問し、その際、勧誘に先立って、業者名、自己の氏名、契約締結の勧誘が目的である旨を告げた上で勧誘を行った。

3　Aの従業者は、マンション建設に必要な甲土地の買受けに当たり、甲土地の所有者に対し、電話により売買の勧誘を行った。その際、売却の意思は一切ない旨を告げられたが、その翌日、再度の勧誘を行った。

4　Aの従業者は、宅地の売買を勧誘する際、相手方に対して「近所に幹線道路の建設計画があるため、この土地は将来的に確実に値上がりする」と説明したが、実際には当該建設計画は存在せず、当該従業者の思い込みであったことが判明した。

問題 44 ※　宅地建物取引業法（以下この問において「法」という。）の規定に基づく監督処分に関する次の記述のうち、誤っているものはいくつあるか。

ア　宅地建物取引業者A（甲県知事免許）が乙県内において法第32条違反となる広告を行った。この場合、乙県知事から業務停止の処分を受けることがある。

イ　宅地建物取引業者B（甲県知事免許）は、法第50条第2項の届出をし、乙県内にマンション分譲の案内所を設置して業務を行っていたが、当該案内所について法第31条の3第3項に違反している事実が判明した。この場合、乙県知事から指示処分を受けることがある。

ウ　宅地建物取引業者C（甲県知事免許）の事務所の所在地を確知できないため、甲県知事は確知できない旨を公告した。この場合、その公告の日から30日以内にCから申出がなければ、甲県知事は法第67条第1項により免許を取り消すことができる。

エ　宅地建物取引業者D（国土交通大臣免許）は、甲県知事から業務停止の処分を受けた。この場合、Dが当該処分に違反したとしても、国土交通大臣から免許を取り消されることはない。

1 一つ
2 二つ
3 三つ
4 なし

問題 45 特定住宅瑕疵担保責任の履行の確保等に関する法律に基づく住宅販売瑕疵担保保証金の供託又は住宅販売瑕疵担保責任保険契約の締結に関する次の記述のうち、正しいものはどれか。

1 自ら売主として新築住宅を宅地建物取引業者でない買主に引き渡した宅地建物取引業者は、基準日に係る住宅販売瑕疵担保保証金の供託及び住宅販売瑕疵担保責任保険契約の締結の状況について届出をしなければ、当該基準日から起算して50日を経過した日以後、新たに自ら売主となる新築住宅の売買契約を締結してはならない。
2 宅地建物取引業者は、自ら売主として新築住宅を販売する場合だけでなく、新築住宅の売買の媒介をする場合においても、住宅販売瑕疵担保保証金の供託又は住宅販売瑕疵担保責任保険契約の締結を行う義務を負う。
3 住宅販売瑕疵担保責任保険契約は、新築住宅の買主が保険料を支払うことを約し、住宅瑕疵担保責任保険法人と締結する保険契約である。
4 自ら売主として新築住宅を販売する宅地建物取引業者は、住宅販売瑕疵担保保証金の供託をする場合、当該新築住宅の売買契約を締結するまでに、当該新築住宅の買主に対し、当該供託をしている供託所の所在地、供託所の表示等について記載した書面を交付して説明しなければならない。

問題 46 ※ 独立行政法人住宅金融支援機構（以下この問において「機構」という。）に関する次の記述のうち、誤っているものはどれか。

1 機構は、地震に対する安全性の向上を主たる目的とする住宅の改良に必要な資金の貸付けを業務として行っている。

2　機構は、証券化支援事業（買取型）において、住宅の改良（住宅の購入に付随する改良工事を除く。）に必要な資金の貸付けに係る貸付債権について譲受けの対象としている。

3　機構は、高齢者の家庭に適した良好な居住性能及び居住環境を有する住宅とすることを主たる目的とする住宅の改良（高齢者が自ら居住する住宅について行うものに限る。）に必要な資金の貸付けを業務として行っている。

4　機構は、市街地の土地の合理的な利用に寄与する一定の建築物の建設に必要な資金の貸付けを業務として行っている。

問題 47　宅地建物取引業者が行う広告に関する次の記述のうち、不当景品類及び不当表示防止法（不動産の表示に関する公正競争規約を含む。）の規定によれば、正しいものはどれか。

1　建築基準法第 28 条（居室の採光及び換気）の規定に適合した採光及び換気のための窓等がなくても、居室として利用できる程度の広さがあれば、広告において居室として表示できる。

2　新築分譲マンションの販売広告において、住戸により修繕積立金の額が異なる場合であって、全ての住戸の修繕積立金を示すことが困難であるときは、全住戸の平均額のみ表示すればよい。

3　私道負担部分が含まれている新築住宅を販売する際、私道負担の面積が全体の５％以下であれば、私道負担部分がある旨を表示すれば足り、その面積までは表示する必要はない。

4　建築工事に着手した後に、その工事を相当の期間にわたり中断していた新築分譲マンションについては、建築工事に着手した時期及び中断していた期間を明瞭に表示しなければならない。

問題 48 宅地建物の統計等に関する次の記述のうち、正しいものはどれか。

本問は参考問題です。
次の本試験の基準となる最新統計情報をもとに改題した本問を、弊社webサイトよりダウンロードしてご利用ください（2024年8月末予定）。

※詳細はvページ「パーフェクト宅建士シリーズ読者特典（＊特典3＊）」をご参照ください。

1 平成24年度法人企業統計年報（平成25年9月公表）によれば、平成24年度における不動産業の売上高は約32兆7,000億円と対前年度比で8.5％減少し、3年連続で減少した。

2 建築着工統計（平成26年1月公表）によれば、平成25年の新設住宅着工戸数は持家、分譲住宅ともに前年に比べ増加したが、貸家は3年ぶりに減少した。

3 平成26年版土地白書（平成26年6月公表）によれば、土地取引について、売買による所有権の移転登記の件数でその動向を見ると、平成25年の全国の土地取引件数は128.1万件となり、前年に比べ減少した。

4 平成26年地価公示（平成26年3月公表）によれば、平成25年の1年間の地価変動率は、全国平均で見ると全ての用途で前年に引き続き下落したが、地方平均で見ると商業地については上昇に転じた。

問題 49 土地に関する次の記述のうち、最も不適当なものはどれか。

1 旧河道は、地震や洪水などによる災害を受ける危険度が高い所である。

2 地盤の液状化は、地盤の条件と地震の揺れ方により、発生することがある。

3 沿岸地域は、津波や高潮などの被害を受けやすく、宅地の標高や避難経路を把握しておくことが必要である。

4　台地や丘陵の縁辺部は、豪雨などによる崖崩れに対しては、安全である。

問題 50　建築物の構造と材料に関する次の記述のうち、最も不適当なものはどれか。

1　鉄筋コンクリート構造におけるコンクリートのひび割れは、鉄筋の腐食に関係する。

2　モルタルは、一般に水、セメント及び砂利を練り混ぜたものである。

3　骨材とは、砂と砂利をいい、砂を細骨材、砂利を粗骨材と呼んでいる。

4　コンクリートは、水、セメント、砂及び砂利を混練したものである。

平成25年度

試験問題

（注）※の問題は、本書発行時点の法令に照らし一部補正してあります。

解　答　欄

問題番号	解	答	番	号
第 1 問	①	②	③	④
第 2 問	①	②	③	④
第 3 問	①	②	③	④
第 4 問	①	②	③	④
第 5 問	①	②	③	④
第 6 問	①	②	③	④
第 7 問	①	②	③	④
第 8 問	①	②	③	④
第 9 問	①	②	③	④
第10問	①	②	③	④
第11問	①	②	③	④
第12問	①	②	③	④
第13問	①	②	③	④
第14問	①	②	③	④
第15問	①	②	③	④
第16問	①	②	③	④
第17問	①	②	③	④
第18問	①	②	③	④
第19問	①	②	③	④
第20問	①	②	③	④
第21問	①	②	③	④
第22問	①	②	③	④
第23問	①	②	③	④
第24問	①	②	③	④
第25問	①	②	③	④

問題番号	解	答	番	号
第26問	①	②	③	④
第27問	①	②	③	④
第28問	①	②	③	④
第29問	①	②	③	④
第30問	①	②	③	④
第31問	①	②	③	④
第32問	①	②	③	④
第33問	①	②	③	④
第34問	①	②	③	④
第35問	①	②	③	④
第36問	①	②	③	④
第37問	①	②	③	④
第38問	①	②	③	④
第39問	①	②	③	④
第40問	①	②	③	④
第41問	①	②	③	④
第42問	①	②	③	④
第43問	①	②	③	④
第44問	①	②	③	④
第45問	①	②	③	④
第46問	①	②	③	④
第47問	①	②	③	④
第48問	①	②	③	④
第49問	①	②	③	④
第50問	①	②	③	④

※「解答用紙」（マークシート）はダウンロードできます。詳細は vi ページをご覧ください。

平成25年度 試験問題

問題 1 ※　次の記述のうち、民法の条文に規定されていないものはどれか。

1　意思表示に法律行為の目的及び取引上の社会通念に照らして重要な錯誤があった場合は、表意者は、その意思表示を取り消すことができる旨
2　贈与者は、贈与の目的である物又は権利の瑕疵（かし）又は不存在を知りながら受贈者に告げなかった場合は、その物又は権利の瑕疵（かし）又は不存在の責任を負う旨
3　売買契約の目的物が種類又は品質に関して契約の内容に適合しないものである場合には、買主は、その程度に応じて代金の減額を請求することができる旨
4　多数の相手方との契約の締結を予定してあらかじめ準備される契約条項の総体であって、それらの契約の内容を画一的に定めることを目的とするものを定型約款と定義する旨

問題 2　未成年者に関する次の記述のうち、民法の規定及び判例によれば、正しいものはどれか。

1　父母とまだ意思疎通することができない乳児は、不動産を所有することができない。
2　営業を許可された未成年者が、その営業のための商品を仕入れる売買契約を有効に締結するには、父母双方がいる場合、父母のどちらか一方の同意が必要である。
3　男は18歳に、女は16歳になれば婚姻することができるが、父母双方がいる場合には、必ず父母双方の同意が必要である。
4　Aが死亡し、Aの妻Bと嫡出でない未成年の子CとDが相続人となった場合に、CとDの親権者である母EがCとDを代理してBとの間で遺

産分割協議を行っても、有効な追認がない限り無効である。

問題 3 甲土地の所有者Aが、他人が所有している土地を通行することに関する次の記述のうち、民法の規定及び判例によれば、誤っているものはどれか。

1 甲土地が他の土地に囲まれて公道に通じない場合、Aは、公道に出るために甲土地を囲んでいる他の土地を自由に選んで通行できるわけではない。

2 甲土地が共有物分割によって公道に通じなくなった場合、Aは、公道に出るために、通行のための償金を支払うことなく、他の分割者の土地を通行することができる。

3 甲土地が公道に通じているか否かにかかわらず、他人が所有している土地を通行するために当該土地の所有者と賃貸借契約を締結した場合、Aは当該土地を通行することができる。

4 甲土地の隣接地の所有者が自らが使用するために当該隣接地内に通路を開設し、Aもその通路を利用し続けると、甲土地が公道に通じていない場合には、Aは隣接地に関して時効によって通行地役権を取得することがある。

問題 4 留置権に関する次の記述のうち、民法の規定及び判例によれば、正しいものはどれか。

1 建物の賃借人が賃貸人の承諾を得て建物に付加した造作の買取請求をした場合、賃借人は、造作買取代金の支払を受けるまで、当該建物を留置することができる。

2 不動産が二重に売買され、第2の買主が先に所有権移転登記を備えたため、第1の買主が所有権を取得できなくなった場合、第1の買主は、損害賠償を受けるまで当該不動産を留置することができる。

3 建物の賃貸借契約が賃借人の債務不履行により解除された後に、賃借人が建物に関して有益費を支出した場合、賃借人は、有益費の償還を受けるまで当該建物を留置することができる。

4　建物の賃借人が建物に関して必要費を支出した場合、賃借人は、建物所有者ではない第三者が所有する敷地を留置することはできない。

問題 5　抵当権に関する次の記述のうち、民法の規定及び判例によれば、正しいものはどれか。

1　債権者が抵当権の実行として担保不動産の競売手続をする場合には、被担保債権の弁済期が到来している必要があるが、対象不動産に関して発生した賃料債権に対して物上代位をしようとする場合には、被担保債権の弁済期が到来している必要はない。

2　抵当権の対象不動産が借地上の建物であった場合、特段の事情がない限り、抵当権の効力は当該建物のみならず借地権についても及ぶ。

3　対象不動産について第三者が不法に占有している場合、抵当権は、抵当権設定者から抵当権者に対して占有を移転させるものではないので、事情にかかわらず抵当権者が当該占有者に対して妨害排除請求をすることはできない。

4　抵当権について登記がされた後は、抵当権の順位を変更することはできない。

問題 6　※　Ａ銀行のＢに対する貸付債権1,500万円につき、ＣがＢの委託を受けて全額について連帯保証をし、Ｄ及びＥは物上保証人として自己の所有する不動産にそれぞれ抵当権を設定していた場合、次の記述のうち、民法の規定及び判例によれば、正しいものはどれか。

1　ＣがＡ銀行に対して債権全額について保証債務を履行した場合、Ｃは、Ｄ及びＥの各不動産に対する抵当権を実行して1,500万円を回収することができる。

2　Ａ銀行がＤの不動産の抵当権を実行して債権全額を回収した場合、ＤはＣに対して、1,000万円を限度として求償することができる。

3　第三者がＤの所有する担保不動産を買い受けた後、ＣがＡ銀行に対して債権全額を弁済した場合、Ｃは、当該第三者に対してＡ銀行に代位することができない。

4　Ｅの担保不動産を買い受けた第三者がＡ銀行に対して債権全額を弁済した場合、当該第三者は、Ｃに対して、弁済した額の一部を求償することができる。

問題 7　次の１から４までの記述のうち、民法の規定及び下記判決文によれば、誤っているものはどれか。

(判決文)

期間の定めのある建物の賃貸借において、賃借人のために保証人が賃貸人との間で保証契約を締結した場合には、反対の趣旨をうかがわせるような特段の事情のない限り、保証人が更新後の賃貸借から生ずる賃借人の債務についても保証の責めを負う趣旨で合意がされたものと解するのが相当であり、保証人は、賃貸人において保証債務の履行を請求することが信義則に反すると認められる場合を除き、更新後の賃貸借から生ずる賃借人の債務についても保証の責めを免れないというべきである。

1　保証人が期間の定めのある建物の賃貸借の賃借人のために保証契約を締結した場合は、賃貸借契約の更新の際に賃貸人から保証意思の確認がなされていなくても、反対の趣旨をうかがわせるような特段の事情がない限り、更新後の賃借人の債務について保証する旨を合意したものと解される。

2　期間の定めのある建物の賃貸借の賃借人のための保証人が更新後の賃借人の債務についても保証の責任を負う趣旨で合意した場合には、賃借人の未払賃料が１年分に及んだとしても、賃貸人が保証債務の履行を請求することが信義則に反すると認められる事情がなければ、保証人は当該金額の支払義務を負う。

3　期間の定めのある建物の賃貸借の賃借人のための保証人が更新後の賃借人の債務についても保証の責任を負う場合、更新後の未払賃料について保証人の責任は及ぶものの、更新後に賃借人が賃借している建物を故意又は過失によって損傷させた場合の損害賠償債務には保証人の責任は及ばない。

4　期間の定めのある建物の賃貸借の賃借人のための保証人が更新後の賃借人の債務についても保証の責任を負う旨の合意をしたものと解される場合であって、賃貸人において保証債務の履行を請求することが信義則に反すると認められるときには、保証人は更新後の賃借人の債務について保証の責任を負わない。

問題 8　次の記述のうち、民法の規定及び判例によれば、正しいものはどれか。

1　倒壊しそうなＡ所有の建物や工作物について、Ａが倒壊防止の措置をとらないため、Ａの隣に住むＢがＡのために最小限度の緊急措置をとったとしても、Ａの承諾がなければ、Ｂはその費用をＡに請求することはできない。

2　建物所有を目的とする借地人は、特段の事情がない限り、建物建築時に土地に石垣や擁壁の設置、盛土や杭(くい)打ち等の変形加工をするには、必ず賃貸人の承諾を得なければならない。

3　建物の賃貸人が必要な修繕義務を履行しない場合、賃借人は目的物の使用収益に関係なく賃料全額の支払を拒絶することができる。

4　建物の賃貸人が賃貸物の保存に必要な修繕をする場合、賃借人は修繕工事のため使用収益に支障が生じても、これを拒むことはできない。

問題 9　Ａに雇用されているＢが、勤務中にＡ所有の乗用車を運転し、営業活動のため顧客Ｃを同乗させている途中で、Ｄが運転していたＤ所有の乗用車と正面衝突した（なお、事故についてはＢとＤに過失がある。）場合における次の記述のうち、民法の規定及び判例によれば、正しいものはどれか。

1　Ａは、Ｃに対して事故によって受けたＣの損害の全額を賠償した。この場合、Ａは、ＢとＤの過失割合に従って、Ｄに対して求償権を行使することができる。

2　Ａは、Ｄに対して事故によって受けたＤの損害の全額を賠償した。この場合、Ａは、被用者であるＢに対して求償権を行使することはできない。

3　事故によって損害を受けたＣは、ＡとＢに対して損害賠償を請求することはできるが、Ｄに対して損害賠償を請求することはできない。

4　事故によって損害を受けたＤは、Ａに対して損害賠償を請求することはできるが、Ｂに対して損害賠償を請求することはできない。

問題 10 ※　婚姻中の夫婦ＡＢ間には嫡出子ＣとＤがいて、Ｄは既に婚姻しており嫡出子Ｅがいたところ、Ｄは令和６年10月１日に死亡した。他方、Ａには離婚歴があり、前の配偶者との間の嫡出子Ｆがいる。Ａが令和６年10月２日に死亡した場合に関する次の記述のうち、民法の規定及び判例によれば、正しいものはどれか。

1　Ａが死亡した場合の法定相続分は、Ｂが２分の１、Ｃが５分の１、Ｅが５分の１、Ｆが10分の１である。

2　Ａが生前、Ａ所有の全財産のうち甲土地についてＣに相続させる旨の遺言をしていた場合には、特段の事情がない限り、遺産分割の方法が指定されたものとして、Ｃは甲土地の所有権を取得するのが原則である。

3　Ａが生前、Ａ所有の全財産についてＤに相続させる旨の遺言をしていた場合には、特段の事情がない限り、Ｅは代襲相続により、Ａの全財産について相続するのが原則である。

4　Ａが生前、Ａ所有の全財産のうち甲土地についてＦに遺贈する旨の意思表示をしていたとしても、Ｆは相続人であるので、当該遺贈は無効である。

問題 11　Ａは、Ａ所有の甲建物につき、Ｂとの間で期間を10年とする借地借家法第38条第１項の定期建物賃貸借契約を締結し、Ｂは甲建物をさらにＣに賃貸（転貸）した。この場合に関する次の記述のうち、民法及び借地借家法の規定並びに判例によれば、正しいものはどれか。

1　ＢがＡに無断で甲建物をＣに転貸した場合には、転貸の事情のいかんにかかわらず、ＡはＡＢ間の賃貸借契約を解除することができる。

2　Ｂの債務不履行を理由にＡが賃貸借契約を解除したために当該賃貸借契約が終了した場合であっても、ＢがＡの承諾を得て甲建物をＣに転貸していたときには、ＡはＣに対して甲建物の明渡しを請求することができない。

3　ＡＢ間の賃貸借契約が期間満了で終了する場合であっても、ＢがＡの承諾を得て甲建物をＣに転貸しているときには、ＢのＣに対する解約の申入れについて正当な事由がない限り、ＡはＣに対して甲建物の明渡しを請求することができない。

4　ＡＢ間の賃貸借契約に賃料の改定について特約がある場合には、経済事情の変動によってＢのＡに対する賃料が不相当となっても、ＢはＡに対して借地借家法第32条第1項に基づく賃料の減額請求をすることはできない。

問題 12　賃貸借契約に関する次の記述のうち、民法及び借地借家法の規定並びに判例によれば、正しいものはどれか。

1　ゴルフ場経営を目的とする土地賃貸借契約については、対象となる全ての土地について地代等の増減額請求に関する借地借家法第11条の規定が適用される。

2　借地権の存続期間が満了する際、借地権者の契約の更新請求に対し、借地権設定者が遅滞なく異議を述べた場合には、借地契約は当然に終了する。

3　二筆以上ある土地の借地権者が、そのうちの一筆の土地上に登記ある建物を所有し、登記ある建物がない他方の土地は庭として使用するために賃借しているにすぎない場合、登記ある建物がない土地には、借地借家法第10条第1項による対抗力は及ばない。

4　借地権の存続期間が満了する前に建物が滅失し、借地権者が残存期間を超えて存続すべき建物を建築した場合、借地権設定者が異議を述べない限り、借地権は建物が築造された日から当然に20年間存続する。

問題 13 建物の区分所有等に関する法律に関する次の記述のうち、誤っているものはどれか。

1 区分所有者の承諾を得て専有部分を占有する者は、会議の目的たる事項につき利害関係を有する場合には、集会に出席して議決権を行使することができる。
2 区分所有者の請求によって管理者が集会を招集した際、規約に別段の定めがある場合及び別段の決議をした場合を除いて、管理者が集会の議長となる。
3 管理者は、集会において、毎年一回一定の時期に、その事務に関する報告をしなければならない。
4 一部共用部分は、区分所有者全員の共有に属するのではなく、これを共用すべき区分所有者の共有に属する。

問題 14 不動産の登記に関する次の記述のうち、誤っているものはどれか。

1 所有権の登記名義人が表示に関する登記の申請人となることができる場合において、当該登記名義人について相続その他の一般承継があったときは、相続人その他の一般承継人は、当該表示に関する登記を申請することができる。
2 共有物分割禁止の定めに係る権利の変更の登記の申請は、当該権利の共有者である全ての登記名義人が共同してしなければならない。
3 敷地権付き区分建物の表題部所有者から所有権を取得した者は、当該敷地権の登記名義人の承諾を得ることなく、当該区分建物に係る所有権の保存の登記を申請することができる。
4 所有権に関する仮登記に基づく本登記は、登記上の利害関係を有する第三者がある場合には、当該第三者の承諾があるときに限り、申請することができる。

問題 15　都市計画法に関する次の記述のうち、誤っているものはどれか。

1　都市計画施設の区域又は市街地開発事業の施行区域内において建築物の建築をしようとする者であっても、当該建築行為が都市計画事業の施行として行う行為である場合には都道府県知事（市の区域内にあっては、当該市の長）の許可は不要である。

2　用途地域の一つである特定用途制限地域は、良好な環境の形成又は保持のため当該地域の特性に応じて合理的な土地利用が行われるよう、制限すべき特定の建築物等の用途の概要を定める地域とする。

3　都市計画事業の認可の告示があった後においては、当該事業地内において、当該都市計画事業の施行の障害となるおそれがある土地の形質の変更又は建築物の建築その他工作物の建設を行おうとする者は、都道府県知事等の許可を受けなければならない。

4　一定の条件に該当する土地の区域における地区計画については、劇場、店舗、飲食店その他これらに類する用途に供する大規模な建築物の整備による商業その他の業務の利便の増進を図るため、一体的かつ総合的な市街地の開発整備を実施すべき区域である開発整備促進区を都市計画に定めることができる。

問題 16　都市計画法に関する次の記述のうち、正しいものはどれか。

1　開発行為とは、主として建築物の建築の用に供する目的で行う土地の区画形質の変更を指し、特定工作物の建設の用に供する目的で行う土地の区画形質の変更は開発行為には該当しない。

2　市街化調整区域において行う開発行為で、その規模が300㎡であるものについては、常に開発許可は不要である。

3　市街化区域において行う開発行為で、市町村が設置する医療法に規定する診療所の建築の用に供する目的で行うものであって、当該開発行為の規模が1,500㎡であるものについては、開発許可は必要である。

4　非常災害のため必要な応急措置として行う開発行為であっても、当該開発行為が市街化調整区域において行われるものであって、当該開発行為の規模が3,000㎡以上である場合には、開発許可が必要である。

問題 17 建築基準法に関する次の記述のうち、誤っているものはいくつあるか。

ア 一室の居室で天井の高さが異なる部分がある場合、室の床面から天井の一番低い部分までの高さが2.1 m以上でなければならない。
イ 3階建ての共同住宅の各階のバルコニーには、安全上必要な高さが1.1 m以上の手すり壁、さく又は金網を設けなければならない。
ウ 石綿以外の物質で居室内において衛生上の支障を生ずるおそれがあるものとして政令で定める物質は、ホルムアルデヒドのみである。
エ 高さが20 mを超える建築物には原則として非常用の昇降機を設けなければならない。

1 一つ
2 二つ
3 三つ
4 四つ

問題 18※ 建築基準法（以下この問において「法」という。）に関する次の記述のうち、誤っているものはどれか。

1 地方公共団体は、延べ面積が1,000㎡を超える建築物の敷地が接しなければならない道路の幅員について、条例で、避難又は通行の安全の目的を達するために必要な制限を付加することができる。
2 建蔽率の限度が10分の8とされている防火地域内にある耐火建築物等については、建蔽率の制限は適用されない。
3 建築物が第二種中高層住居専用地域及び近隣商業地域にわたって存する場合で、当該建築物の過半が近隣商業地域に存する場合には、当該建築物に対して法第56条第1項第3号の規定（北側斜線制限）は適用されない。

4　建築物の敷地が第一種低層住居専用地域及び準住居地域にわたる場合で、当該敷地の過半が準住居地域に存する場合には、作業場の床面積の合計が100㎡の自動車修理工場は建築可能である。

問題 19 ※　宅地造成及び特定盛土等規制法に関する次の記述のうち、誤っているものはどれか。なお、この問において「都道府県知事」とは、地方自治法に基づく指定都市、中核市及び施行時特例市にあってはその長をいうものとする。

1　宅地造成等工事規制区域内において宅地造成等に関する工事を行う場合、宅地造成等に伴う災害を防止するために行う高さ4ｍの擁壁の設置に係る工事については、政令で定める資格を有する者の設計によらなければならない。

2　宅地造成等工事規制区域内において行われる切土であって、当該切土をする土地の面積が600㎡で、かつ、高さ1.5ｍの崖を生ずることとなるものに関する工事については、都道府県知事の許可が必要である。

3　宅地造成等工事規制区域内において行われる盛土であって、当該盛土をする土地の面積が300㎡で、かつ、高さ1.5ｍの崖を生ずることとなるものに関する工事については、都道府県知事の許可が必要である。

4　都道府県知事は、宅地造成等工事規制区域内の土地について、宅地造成等に伴う災害の防止のため必要があると認める場合においては、その土地の所有者、管理者、占有者、工事主又は工事施行者に対し、擁壁の設置等の措置をとることを勧告することができる。

問題 20　土地区画整理法に関する次の記述のうち、正しいものはどれか。

1　個人施行者は、規準又は規約に別段の定めがある場合においては、換地計画に係る区域の全部について土地区画整理事業の工事が完了する以前においても換地処分をすることができる。

2　換地処分は、施行者が換地計画において定められた関係事項を公告して行うものとする。

3　個人施行者は、換地計画において、保留地を定めようとする場合においては、土地区画整理審議会の同意を得なければならない。

4　個人施行者は、仮換地を指定しようとする場合においては、あらかじめ、その指定について、従前の宅地の所有者の同意を得なければならないが、仮換地となるべき宅地の所有者の同意を得る必要はない。

問題 21 ※　農地法（以下この問において「法」という。）に関する次の記述のうち、正しいものはどれか。

1　農地の賃貸借について法第３条第１項の許可を得て農地の引渡しを受けても、土地登記簿に登記をしなかった場合、その後、その農地について所有権を取得した第三者に対抗することができない。

2　雑種地を開墾し、現に畑として耕作されている土地であっても、土地登記簿上の地目が雑種地である限り、法の適用を受ける農地には当たらない。

3　国又は都道府県等が市街化調整区域内の農地（１ヘクタール）を取得して学校を建設する場合、都道府県知事との協議が成立しても法第５条第１項の許可を受ける必要がある。

4　農業者が相続により取得した市街化調整区域内の農地を自己の住宅用地として転用する場合でも、法第４条第１項の許可を受ける必要がある。

問題 22　次の記述のうち、正しいものはどれか。

1　地すべり等防止法によれば、地すべり防止区域内において、地表水を放流し、又は停滞させる行為をしようとする者は、一定の場合を除き、市町村長の許可を受けなければならない。

2　国土利用計画法によれば、甲県が所有する都市計画区域内の7,000㎡の土地を甲県から買い受けた者は、事後届出を行う必要はない。

3　土壌汚染対策法によれば、形質変更時要届出区域内において土地の形質の変更をしようとする者は、非常災害のために必要な応急措置として行う行為であっても、都道府県知事に届け出なければならない。

4　河川法によれば、河川区域内の土地において工作物を新築し、改築し、又は除却しようとする者は、河川管理者と協議をしなければならない。

問題 23 ※　印紙税に関する次の記述のうち、正しいものはどれか。

1　土地譲渡契約書に課税される印紙税を納付するため当該契約書に印紙をはり付けた場合には、課税文書と印紙の彩紋とにかけて判明に消印しなければならないが、契約当事者の従業者の印章又は署名で消印しても、消印したことにはならない。

2　土地の売買契約書（記載金額2,000万円）を３通作成し、売主Ａ、買主Ｂ及び媒介した宅地建物取引業者Ｃがそれぞれ１通ずつ保存する場合、Ｃが保存する契約書には、印紙税は課されない。

3　一の契約書に土地の譲渡契約（譲渡金額4,000万円）と建物の建築請負契約（請負金額5,000万円）をそれぞれ区分して記載した場合、印紙税の課税標準となる当該契約書の記載金額は、5,000万円である。

4「建物の電気工事に係る請負金額は2,200万円（うち消費税額及び地方消費税額が200万円）とする」旨を記載した工事請負契約書について、印紙税の課税標準となる当該契約書の記載金額は、2,200万円である。

問題 24　固定資産税に関する次の記述のうち、正しいものはどれか。

1　国会議員及び地方団体の議会の議員は、固定資産評価員を兼ねることができる。

2　登記所は、土地又は建物の表示に関する登記をしたときは、30日以内に、その旨を当該土地又は家屋の所在地の市町村長に通知しなければならない。

3　住宅用地のうち小規模住宅用地に対して課する固定資産税の課税標準

は、当該小規模住宅用地に係る固定資産税の課税標準となるべき価格の３分の１の額である。

4　固定資産税に係る徴収金について滞納者が督促を受け、その督促状を発した日から起算して10日を経過した日までに、その督促に係る固定資産税の徴収金について完納しないときは、市町村の徴税吏員は、滞納者の財産を差し押さえなければならない。

問題 25　地価公示法に関する次の記述のうち、正しいものはどれか。

1　地価公示法の目的は、都市及びその周辺の地域等において、標準地を選定し、その周辺の土地の取引価格に関する情報を公示することにより、適正な地価の形成に寄与することである。

2　標準地は、土地鑑定委員会が、自然的及び社会的条件からみて類似の利用価値を有すると認められる地域において、土地の利用状況、環境等が通常と認められ、かつ、当該土地の使用又は収益を制限する権利が存しない一団の土地について選定する。

3　公示価格を規準とするとは、対象土地の価格を求めるに際して、当該対象土地とこれに類似する利用価値を有すると認められる１又は２以上の標準地との位置、地積、環境等の土地の客観的価値に作用する諸要因についての比較を行い、その結果に基づき、当該標準地の公示価格と当該対象土地の価格との間に均衡を保たせることをいう。

4　不動産鑑定士は、土地鑑定委員会の求めに応じて標準地の鑑定評価を行うに当たっては、近傍類地の取引価格から算定される推定の価格、近傍類地の地代等から算定される推定の価格又は同等の効用を有する土地の造成に要する推定の費用の額のいずれかを勘案してこれを行わなければならない。

問題 26※　宅地建物取引業の免許（以下この問において「免許」という。）に関する次の記述のうち、宅地建物取引業法の規定によれば、正しいものはどれか。

1　宅地建物取引業者Ａ社の代表取締役が、道路交通法違反により罰金の刑に処せられたとしても、Ａ社の免許は取り消されることはない。

2　宅地建物取引業者Ｂ社の使用人であって、Ｂ社の宅地建物取引業を行う支店の代表者が、刑法第222条（脅迫）の罪により罰金の刑に処せられたとしても、Ｂ社の免許は取り消されることはない。

3　宅地建物取引業者Ｃ社の非常勤役員が、刑法第208条の２（凶器準備集合及び結集）の罪により罰金の刑に処せられたとしても、Ｃ社の免許は取り消されることはない。

4　宅地建物取引業者Ｄ社の代表取締役が、法人税法違反により懲役の刑に処せられたとしても、執行猶予が付されれば、Ｄ社の免許は取り消されることはない。

問題 27　宅地建物取引業者の営業保証金に関する次の記述のうち、宅地建物取引業法（以下この問において「法」という。）の規定によれば、正しいものはどれか。

1　宅地建物取引業者は、不正の手段により法第３条第１項の免許を受けたことを理由に免許を取り消された場合であっても、営業保証金を取り戻すことができる。

2　信託業法第３条の免許を受けた信託会社で宅地建物取引業を営むものは、国土交通大臣の免許を受けた宅地建物取引業者とみなされるため、営業保証金を供託した旨の届出を国土交通大臣に行わない場合は、国土交通大臣から免許を取り消されることがある。

3　宅地建物取引業者は、本店を移転したためその最寄りの供託所が変更した場合、国債証券をもって営業保証金を供託しているときは、遅滞なく、従前の本店の最寄りの供託所に対し、営業保証金の保管替えを請求しなければならない。

4　宅地建物取引業者は、その免許を受けた国土交通大臣又は都道府県知事から、営業保証金の額が政令で定める額に不足することとなった旨の通知を受けたときは、供託額に不足を生じた日から２週間以内に、その不足額を供託しなければならない。

問題 28 宅地建物取引業者Ａ社が、Ｂから自己所有の甲宅地の売却の媒介を依頼され、Ｂと媒介契約を締結した場合における次の記述のうち、宅地建物取引業法の規定によれば、正しいものはいくつあるか。

ア　Ａ社が、Ｂとの間に専任媒介契約を締結し、甲宅地の売買契約を成立させたときは、Ａ社は、遅滞なく、登録番号、取引価格、売買契約の成立した年月日、売主及び買主の氏名を指定流通機構に通知しなければならない。
イ　Ａ社は、Ｂとの間に媒介契約を締結し、Ｂに対して甲宅地を売買すべき価額又はその評価額について意見を述べるときは、その根拠を明らかにしなければならない。
ウ　Ａ社がＢとの間に締結した専任媒介契約の有効期間は、Ｂからの申出により更新することができるが、更新の時から３月を超えることができない。

1　一つ
2　二つ
3　三つ
4　なし

問題 29 ※　宅地建物取引業法（以下この問において「法」という。）に関する次の記述のうち、正しいものはどれか。

1　宅地建物取引業者でない売主と宅地建物取引業者である買主が、媒介業者を介さず宅地の売買契約を締結する場合、法第35条の規定に基づく重要事項の説明義務を負うのは買主の宅地建物取引業者である。
2　建物の管理が管理会社に委託されている当該建物の賃貸借契約の媒介をする宅地建物取引業者は、当該建物が区分所有建物であるか否かにかかわらず、その管理会社の商号又は名称及びその主たる事務所の所在地を、宅地建物取引業者でない借主に説明しなければならない。
3　区分所有建物の売買において、売主が宅地建物取引業者である場合、当該売主は当該宅地建物取引業者でない買主に対し、当該一棟の建物に係る計画的な維持修繕のための修繕積立金積立総額及び売買の対象となる専有部分に係る修繕積立金額の説明をしなければならないが、滞納があることについては説明をしなくてもよい。

4　区分所有建物の売買において、売主及び買主が宅地建物取引業者である場合、当該売主は当該買主に対し、法第35条の2に規定する供託所等の説明をしなければならない。

問題 30 ※　宅地建物取引業者が行う宅地建物取引業法第35条に規定する重要事項の説明（以下この問において「重要事項説明」という。）及び同条の規定により交付すべき書面（以下この問において「35条書面」という。）に関する次の記述のうち、正しいものはどれか。なお、特に断りのない限り、当該説明の相手方は宅地建物業者ではないものとする。

1　宅地建物取引業者は、宅地又は建物の売買について売主となる場合、買主が宅地建物取引業者であっても、重要事項説明は行わなければならないが、35条書面の交付は省略してよい。

2　宅地建物取引業者が、宅地建物取引士をして取引の相手方に対し重要事項説明をさせる場合、当該宅地建物取引士は、取引の相手方から請求がなくても、宅地建物取引士証を相手方に提示しなければならず、提示しなかったときは、20万円以下の罰金に処せられることがある。

3　宅地建物取引業者は、貸借の媒介の対象となる建物（昭和56年5月31日以前に新築）が、指定確認検査機関、建築士、登録住宅性能評価機関又は地方公共団体による耐震診断を受けたものであっても、その内容を重要事項説明において説明しなくてもよい。

4　宅地建物取引業者は、重要事項説明において、取引の対象となる宅地又は建物が、津波防災地域づくりに関する法律の規定により指定された津波災害警戒区域内にあるときは、その旨を説明しなければならない。

問題 31　宅地建物取引業者A社が宅地建物取引業法第37条の規定により交付すべき書面（以下この問において「37条書面」という。）に関する次の記述のうち、宅地建物取引業法の規定によれば、正しいものの組合せはどれか。

ア　A社は、建物の貸借に関し、自ら貸主として契約を締結した場合に、その相手方に37条書面を交付しなければならない。

イ　A社は、建物の売買に関し、その媒介により契約が成立した場合に、当該売買契約の各当事者のいずれに対しても、37条書面を交付しなければならない。

ウ　A社は、建物の売買に関し、その媒介により契約が成立した場合に、天災その他不可抗力による損害の負担に関する定めがあるときは、その内容を記載した37条書面を交付しなければならない。

エ　A社は、建物の売買に関し、自ら売主として契約を締結した場合に、その相手方が宅地建物取引業者であれば、37条書面を交付する必要はない。

1　ア、イ
2　イ、ウ
3　ウ、エ
4　ア、エ

問題 32　次の記述のうち、宅地建物取引業法の規定に違反しないものの組合せとして、正しいものはどれか。なお、この問において「建築確認」とは、建築基準法第6条第1項の確認をいうものとする。

ア　宅地建物取引業者A社は、建築確認の済んでいない建築工事完了前の賃貸住宅の貸主Bから当該住宅の貸借の媒介を依頼され、取引態様を媒介と明示して募集広告を行った。

イ　宅地建物取引業者C社は、建築確認の済んでいない建築工事完了前の賃貸住宅の貸主Dから当該住宅の貸借の代理を依頼され、代理人として借主Eとの間で当該住宅の賃貸借契約を締結した。

ウ　宅地建物取引業者F社は、建築確認の済んだ建築工事完了前の建売住宅の売主G社（宅地建物取引業者）との間で当該住宅の売却の専任媒介契約を締結し、媒介業務を行った。

エ　宅地建物取引業者H社は、建築確認の済んでいない建築工事完了前の建売住宅の売主I社（宅地建物取引業者）から当該住宅の売却の媒介を依頼され、取引態様を媒介と明示して当該住宅の販売広告を行った。

1　ア、イ
2　イ、ウ
3　ウ、エ
4　イ、ウ、エ

問題 33 ※　宅地建物取引業法第35条に規定する重要事項の説明に関する次の記述のうち、正しいものはどれか。ただし、説明の相手方は宅地建物取引業者ではないものとする。

1　宅地建物取引業者は、自ら売主として分譲マンションの売買を行う場合、管理組合の総会の議決権に関する事項について、管理規約を添付して説明しなければならない。
2　宅地建物取引業者は、分譲マンションの売買の媒介を行う場合、建物の区分所有等に関する法律第２条第４項に規定する共用部分に関する規約の定めが案の段階であっても、その案の内容を説明しなければならない。
3　宅地建物取引業者は、マンションの１戸の貸借の媒介を行う場合、建築基準法に規定する容積率及び建蔽率に関する制限があるときは、その制限内容を説明しなければならない。
4　宅地建物取引業者は、マンションの１戸の貸借の媒介を行う場合、借賃以外に授受される金銭の定めがあるときは、その金銭の額、授受の目的及び保管方法を説明しなければならない。

問題 34　宅地建物取引業者A社が、自ら売主として宅地建物取引業者でない買主Bとの間で締結した宅地の売買契約について、Bが宅地建物取引業法第37条の２の規定に基づき、いわゆるクーリング・オフによる契約の解除をする場合における次の記述のうち、正しいものはどれか。

1　Bは、自ら指定した喫茶店において買受けの申込みをし、契約を締結した。Bが翌日に売買契約の解除を申し出た場合、A社は、既に支払われている手付金及び中間金の全額の返還を拒むことができる。

2　Bは、月曜日にホテルのロビーにおいて買受けの申込みをし、その際にクーリング・オフについて書面で告げられ、契約を締結した。Bは、翌週の火曜日までであれば、契約の解除をすることができる。

3　Bは、宅地の売買契約締結後に速やかに建物請負契約を締結したいと考え、自ら指定した宅地建物取引業者であるハウスメーカー（A社より当該宅地の売却について代理又は媒介の依頼は受けていない。）の事務所において買受けの申込みをし、A社と売買契約を締結した。その際、クーリング・オフについてBは書面で告げられた。その6日後、Bが契約の解除の書面をA社に発送した場合、Bは売買契約を解除することができる。

4　Bは、10区画の宅地を販売するテント張りの案内所において、買受けの申込みをし、2日後、A社の事務所で契約を締結した上で代金全額を支払った。その5日後、Bが、宅地の引渡しを受ける前に契約の解除の書面を送付した場合、A社は代金全額が支払われていることを理由に契約の解除を拒むことができる。

問題 35　宅地建物取引業者が媒介により建物の貸借の契約を成立させた場合、宅地建物取引業法第37条の規定により当該貸借の契約当事者に対して交付すべき書面に必ず記載しなければならない事項の組合せとして、正しいものはどれか。

ア　保証人の氏名及び住所
イ　建物の引渡しの時期
ウ　借賃の額並びにその支払の時期及び方法
エ　媒介に関する報酬の額
オ　借賃以外の金銭の授受の方法

1　ア、イ
2　イ、ウ
3　ウ、エ、オ
4　ア、エ、オ

問題 36※　宅地建物取引業者Ａ社が行う業務に関する次の記述のうち、宅地建物取引業法（以下この問において「法」という。）の規定に違反しないものはどれか。なお、この問において「37 条書面」とは、法第 37 条の規定により交付すべき書面をいうものとする。

1　Ａ社は、宅地の売買の媒介に際して、売買契約締結の直前に、当該宅地の一部に私道に関する負担があることに気付いた。既に宅地建物取引業者ではない買主に重要事項説明を行った後だったので、Ａ社は、私道の負担に関する追加の重要事項説明は行わず、37 条書面にその旨記載し、売主及び買主の双方に交付した。
2　Ａ社は、営業保証金を供託している供託所及びその所在地を説明しないままに、自らが所有する宅地の売買契約が成立したので、宅地建物取引業者ではない買主に対し、その供託所等を 37 条書面に記載の上、説明した。
3　Ａ社は、媒介により建物の貸借の契約を成立させ、37 条書面を借主に交付するに当たり、37 条書面に記名押印をした宅地建物取引士が不在であったことから、宅地建物取引士ではない従業員に 37 条書面を交付させた。
4　Ａ社は、宅地建物取引業者間での宅地の売買の媒介に際し、当該売買契約の目的物が種類又は品質に関して契約の内容に適合しない場合におけるその不適合を担保すべき責任に関する特約はあったが、宅地建物取引業者間の取引であったため、当該特約の内容について 37 条書面への記載を省略した。

問題 37※　宅地建物取引業者Ａ社（消費税課税事業者）は売主Ｂから土地付建物の売却の代理の依頼を受け、宅地建物取引業者Ｃ社（消費税課税事業者）は買主Ｄから戸建住宅の購入の媒介の依頼を受け、ＢとＤの間で売買契約を成立させた。この場合における次の記述のうち、宅地建物取引業法の規定に違反しないものはいくつあるか。なお、土地付建物の代金は5,400万円（うち、土地代金は2,100万円）で、消費税額及び地方消費税額を含むものとする。

ア　Ａ社はＢから3,500,000円の報酬を受領し、Ｃ社はＤから1,750,000円の報酬を受領した。

イ　Ａ社はＢから3,700,000円の報酬を受領し、Ｃ社はＡ社及びＤの了承を得た上でＤから1,500,000円の報酬を受領した。

ウ　Ａ社はＢから1,702,890円の報酬を受領し、Ｃ社はＤから1,749,000円を報酬として受領したほか、Ｄの特別の依頼に基づき行った遠隔地への現地調査に要した特別の費用について、Ｄが事前に負担を承諾していたので、50,000円を受領した。

1　一つ
2　二つ
3　三つ
4　なし

問題 38　宅地建物取引業者Ａ社が、自ら売主として宅地建物取引業者でない買主Ｂとの間で締結した売買契約に関する次の記述のうち、宅地建物取引業法の規定によれば、誤っているものはいくつあるか。

ア　Ａ社は、Ｂとの間で締結した中古住宅の売買契約において、引渡後２年以内に発見された雨漏り、シロアリの害、建物の構造耐力上主要な部分の瑕疵（かし）についてのみ責任を負うとする特約を定めることができる。

イ　Ａ社は、Ｂとの間における新築分譲マンションの売買契約（代金3,500万円）の締結に際して、当事者の債務の不履行を理由とする契約の解除に伴う損害賠償の予定額と違約金の合計額を700万円とする特約を定めることができる。

ウ　Ａ社は、Ｂとの間における土地付建物の売買契約の締結に当たり、手付金100万円及び中間金200万円を受領する旨の約定を設けた際、当事者の一方が契約の履行に着手するまでは、売主は買主に受領済みの手付金及び中間金の倍額を支払い、また、買主は売主に支払済みの手付金及び中間金を放棄して、契約を解除できる旨の特約を定めた。この特約は有効である。

1 一つ
2 二つ
3 三つ
4 なし

問題 39 宅地建物取引業保証協会（以下この問において「保証協会」という。）に関する次の記述のうち、宅地建物取引業法の規定によれば、正しいものはどれか。

1 保証協会は、社員の取り扱った宅地建物取引業に係る取引に関する苦情について、宅地建物取引業者の相手方等からの解決の申出及びその解決の結果を社員に周知させなければならない。
2 保証協会に加入した宅地建物取引業者は、直ちに、その旨を免許を受けた国土交通大臣又は都道府県知事に報告しなければならない。
3 保証協会は、弁済業務保証金の還付があったときは、当該還付に係る社員又は社員であった者に対し、当該還付額に相当する額の還付充当金をその主たる事務所の最寄りの供託所に供託すべきことを通知しなければならない。
4 宅地建物取引業者で保証協会に加入しようとする者は、その加入の日から2週間以内に、弁済業務保証金分担金を保証協会に納付しなければならない。

問題 40 宅地建物取引業者Aが、自ら売主として買主との間で締結する売買契約に関する次の記述のうち、宅地建物取引業法（以下この問において「法」という。）の規定によれば、正しいものはどれか。なお、この問において「保全措置」とは、法第41条に規定する手付金等の保全措置をいうものとする。

1　Aは、宅地建物取引業者でない買主Bとの間で建築工事完了前の建物を4,000万円で売却する契約を締結し300万円の手付金を受領する場合、銀行等による連帯保証、保険事業者による保証保険又は指定保管機関による保管により保全措置を講じなければならない。

2　Aは、宅地建物取引業者Cに販売代理の依頼をし、宅地建物取引業者でない買主Dと建築工事完了前のマンションを3,500万円で売却する契約を締結した。この場合、A又はCのいずれかが保全措置を講ずることにより、Aは、代金の額の5％を超える手付金を受領することができる。

3　Aは、宅地建物取引業者である買主Eとの間で建築工事完了前の建物を5,000万円で売却する契約を締結した場合、保全措置を講じずに、当該建物の引渡前に500万円を手付金として受領することができる。

4　Aは、宅地建物取引業者でない買主Fと建築工事完了前のマンションを4,000万円で売却する契約を締結する際、100万円の手付金を受領し、さらに200万円の中間金を受領する場合であっても、手付金が代金の5％以内であれば保全措置を講ずる必要はない。

問題 41　宅地建物取引業法の規定によれば、次の記述のうち、正しいものはどれか。

1　宅地建物取引業者は、その事務所ごとにその業務に関する帳簿を備えなければならないが、当該帳簿の記載事項を事務所のパソコンのハードディスクに記録し、必要に応じ当該事務所においてパソコンやプリンターを用いて紙面に印刷することが可能な環境を整えていたとしても、当該帳簿への記載に代えることができない。

2　宅地建物取引業者は、その主たる事務所に、宅地建物取引業者免許証を掲げなくともよいが、国土交通省令で定める標識を掲げなければならない。

3　宅地建物取引業者は、その事務所ごとに、その業務に関する帳簿を備え、宅地建物取引業に関し取引のあった月の翌月１日までに、一定の事項を記載しなければならない。

4　宅地建物取引業者は、その業務に従事させる者に、従業者証明書を携帯させなければならないが、その者が宅地建物取引士で宅地建物取引士証を携帯していれば、従業者証明書は携帯させなくてもよい。

問題 42　甲県知事の宅地建物取引士資格登録（以下この問において「登録」という。）を受けている宅地建物取引士Ａへの監督処分に関する次の記述のうち、宅地建物取引業法の規定によれば、正しいものはどれか。

1　Ａは、乙県内の業務に関し、他人に自己の名義の使用を許し、当該他人がその名義を使用して宅地建物取引士である旨の表示をした場合、乙県知事から必要な指示を受けることはあるが、宅地建物取引士として行う事務の禁止の処分を受けることはない。

2　Ａは、乙県内において業務を行う際に提示した宅地建物取引士証が、不正の手段により交付を受けたものであるとしても、乙県知事から登録を消除されることはない。

3　Ａは、乙県内の業務に関し、乙県知事から宅地建物取引士として行う事務の禁止の処分を受け、当該処分に違反したとしても、甲県知事から登録を消除されることはない。

4　Ａは、乙県内の業務に関し、甲県知事又は乙県知事から報告を求められることはあるが、乙県知事から必要な指示を受けることはない。

問題 43　宅地建物取引業法に関する次の記述のうち、正しいものはどれか。

1　甲県に事務所を設置する宅地建物取引業者（甲県知事免許）が、乙県所在の物件を取引する場合、国土交通大臣へ免許換えの申請をしなければならない。

2　宅地建物取引業者（甲県知事免許）は、乙県知事から指示処分を受けたときは、その旨を甲県知事に届け出なければならない。

3　免許を受けようとする法人の政令で定める使用人が、覚せい剤取締法違反により懲役刑に処せられ、その刑の執行を終わった日から5年を経過していない場合、当該使用人が取締役に就任していなければ当該法人は免許を受けることができる。

4　宅地建物取引業に関し不正又は不誠実な行為をするおそれが明らかな者は、宅地建物取引業法の規定に違反し罰金の刑に処せられていなくても、免許を受けることができない。

問題 44 ※　宅地建物取引業法に規定する宅地建物取引士資格登録（以下この問において「登録」という。）、宅地建物取引士及び宅地建物取引士証に関する次の記述のうち、正しいものはいくつあるか。

ア　登録を受けている者は、登録事項に変更があった場合は変更の登録申請を、また、破産手続開始の決定を受けた者となった場合はその旨の届出を、遅滞なく、登録している都道府県知事に行わなければならない。

イ　宅地建物取引士証の交付を受けようとする者（宅地建物取引士資格試験合格日から1年以内の者又は登録の移転に伴う者を除く。）は、都道府県知事が指定した講習を、交付の申請の90日前から30日前までに受講しなければならない。

ウ　宅地建物取引業法第35条に規定する事項を記載した書面への記名及び同法第37条の規定により交付すべき書面への記名については、専任の宅地建物取引士でなければ行ってはならない。

エ　宅地建物取引士は、事務禁止処分を受けた場合、宅地建物取引士証をその交付を受けた都道府県知事に速やかに提出しなければならないが、提出しなかったときは10万円以下の過料に処せられることがある。

1　一つ

2　二つ

3　三つ

4　なし

問題 45 宅地建物取引業者Aが自ら売主として、宅地建物取引業者でない買主Bに新築住宅を販売する場合における次の記述のうち、特定住宅瑕疵担保責任の履行の確保等に関する法律の規定によれば、正しいものはどれか。

1　Bが建設業者である場合、Aは、Bに引き渡した新築住宅について、住宅販売瑕疵担保保証金の供託又は住宅販売瑕疵担保責任保険契約の締結を行う義務を負わない。
2　Aは、基準日に係る住宅販売瑕疵担保保証金の供託及び住宅販売瑕疵担保責任保険契約の締結の状況について届出をしなければ、当該基準日から３週間を経過した日以後、新たに自ら売主となる新築住宅の売買契約を締結してはならない。
3　Aは、住宅販売瑕疵担保保証金の供託をする場合、Bに対する供託所の所在地等について記載した書面の交付及び説明を、Bに新築住宅を引き渡すまでに行えばよい。
4　Aが住宅販売瑕疵担保保証金を供託する場合、当該住宅の床面積が55㎡以下であるときは、新築住宅の合計戸数の算定に当たって、２戸をもって１戸と数えることになる。

問題 46 独立行政法人住宅金融支援機構（以下この問において「機構」という。）に関する次の記述のうち、誤っているものはどれか。

1　機構は、住宅の建設又は購入に必要な資金の貸付けに係る金融機関の貸付債権の譲受けを業務として行っているが、当該住宅の建設又は購入に付随する土地又は借地権の取得に必要な資金の貸付けに係る貸付債権については、譲受けの対象としていない。
2　機構は、災害により、住宅が滅失した場合において、それに代わるべき建築物の建設又は購入に必要な資金の貸付けを業務として行っている。
3　機構は、貸付けを受けた者とあらかじめ契約を締結して、その者が死亡した場合に支払われる生命保険の保険金を当該貸付けに係る債務の弁済に充当する団体信用生命保険に関する業務を行っている。

4　機構が証券化支援事業（買取型）により譲り受ける貸付債権は、自ら居住する住宅又は自ら居住する住宅以外の親族の居住の用に供する住宅を建設し、又は購入する者に対する貸付けに係るものでなければならない。

問題 47　宅地建物取引業者が行う広告に関する次の記述のうち、不当景品類及び不当表示防止法（不動産の表示に関する公正競争規約を含む。）の規定によれば、正しいものはどれか。

1　新築分譲マンションの販売広告で完成予想図により周囲の状況を表示する場合、完成予想図である旨及び周囲の状況はイメージであり実際とは異なる旨を表示すれば、実際に所在しない箇所に商業施設を表示するなど現況と異なる表示をしてもよい。

2　宅地の販売広告における地目の表示は、登記簿に記載されている地目と現況の地目が異なる場合には、登記簿上の地目のみを表示すればよい。

3　住戸により管理費が異なる分譲マンションの販売広告を行う場合、全ての住戸の管理費を示すことが広告スペースの関係で困難なときには、1住戸当たりの月額の最低額及び最高額を表示すればよい。

4　完成後8か月しか経過していない分譲住宅については、入居の有無にかかわらず新築分譲住宅と表示してもよい。

問題 48 宅地建物の統計等に関する次の記述のうち、誤っているものはどれか。

> 本問は参考問題です。
> 次の本試験の基準となる最新統計情報をもとに改題した本問を、弊社 web サイトよりダウンロードしてご利用ください（2024 年 8 月末予定)。
>
> ※詳細は v ページ「パーフェクト宅建士シリーズ読者特典（＊特典３＊)」をご参照ください。

1　平成 23 年度法人企業統計年報（平成 24 年９月公表）によれば、平成 23 年度における不動産業の経常利益は約３兆 3,000 億円となっており、前年度比 0.5％減となった。

2　平成 25 年地価公示（平成 25 年３月公表）によれば、平成 24 年の１年間の地価は、全国的に依然として下落を示したが、下落率は縮小し、上昇又は横ばいの地点が大幅に増加している。

3　建築着工統計（平成 25 年１月公表）によれば、平成 24 年の持家戸数は３年連続で増加しているものの、貸家戸数は３年ぶりに減少している。

4　平成 25 年版土地白書（平成 25 年６月公表）によれば、土地取引について、売買による所有権移転登記の件数でその動向を見ると、平成 24 年の全国の土地取引件数は 120.4 万件となり、９年ぶりに増加に転じた。

問題 49 日本の土地に関する次の記述のうち、最も不適当なものはどれか。

1　国土を山地と平地に大別すると、山地の占める比率は、国土面積の約 75％である。

2　火山地は、国土面積の約７％を占め、山林や原野のままの所も多く、水利に乏しい。

3　台地・段丘は、国土面積の約12%で、地盤も安定し、土地利用に適した土地である。

4　低地は、国土面積の約25%であり、洪水や地震による液状化などの災害危険度は低い。

問題 50　建築の構造に関する次の記述のうち、最も不適当なものはどれか。

1　耐震構造は、建物の柱、はり、耐震壁などで剛性を高め、地震に対して十分耐えられるようにした構造である。

2　免震構造は、建物の下部構造と上部構造との間に積層ゴムなどを設置し、揺れを減らす構造である。

3　制震構造は、制震ダンパーなどを設置し、揺れを制御する構造である。

4　既存不適格建築物の耐震補強として、制震構造や免震構造を用いることは適していない。

平成24年度

試験問題

（注）※の問題は、本書発行時点の法令に照らし一部補正してあります。

解答欄

問題番号	解答番号			
第 1 問	①	②	③	④
第 2 問	①	②	③	④
第 3 問	①	②	③	④
第 4 問	①	②	③	④
第 5 問	①	②	③	④
第 6 問	①	②	③	④
第 7 問	①	②	③	④
第 8 問	①	②	③	④
第 9 問	①	②	③	④
第10問	①	②	③	④
第11問	①	②	③	④
第12問	①	②	③	④
第13問	①	②	③	④
第14問	①	②	③	④
第15問	①	②	③	④
第16問	①	②	③	④
第17問	①	②	③	④
第18問	①	②	③	④
第19問	①	②	③	④
第20問	①	②	③	④
第21問	①	②	③	④
第22問	①	②	③	④
第23問	①	②	③	④
第24問	①	②	③	④
第25問	①	②	③	④

問題番号	解答番号			
第26問	①	②	③	④
第27問	①	②	③	④
第28問	①	②	③	④
第29問	①	②	③	④
第30問	①	②	③	④
第31問	①	②	③	④
第32問	①	②	③	④
第33問	①	②	③	④
第34問	①	②	③	④
第35問	①	②	③	④
第36問	①	②	③	④
第37問	①	②	③	④
第38問	①	②	③	④
第39問	①	②	③	④
第40問	①	②	③	④
第41問	①	②	③	④
第42問	①	②	③	④
第43問	①	②	③	④
第44問	①	②	③	④
第45問	①	②	③	④
第46問	①	②	③	④
第47問	①	②	③	④
第48問	①	②	③	④
第49問	①	②	③	④
第50問	①	②	③	④

※「解答用紙」（マークシート）はダウンロードできます。詳細は vi ページをご覧ください。

平成24年度 試験問題

問題 1 民法第94条第2項は、相手方と通じてした虚偽の意思表示の無効は「善意の第三者に対抗することができない。」と定めている。次の記述のうち、民法の規定及び判例によれば、同項の「第三者」に該当しないものはどれか。

1 Aが所有する甲土地につき、AとBが通謀の上で売買契約を仮装し、AからBに所有権移転登記がなされた場合に、B名義の甲土地を差し押さえたBの債権者C
2 Aが所有する甲土地につき、AとBの間には債権債務関係がないにもかかわらず、両者が通謀の上でBのために抵当権を設定し、その旨の登記がなされた場合に、Bに対する貸付債権を担保するためにBから転抵当権の設定を受けた債権者C
3 Aが所有する甲土地につき、AとBが通謀の上で売買契約を仮装し、AからBに所有権移転登記がなされた場合に、Bが甲土地の所有権を有しているものと信じてBに対して金銭を貸し付けたC
4 AとBが通謀の上で、Aを貸主、Bを借主とする金銭消費貸借契約を仮装した場合に、当該仮装債権をAから譲り受けたC

問題 2 代理に関する次の記述のうち、民法の規定及び判例によれば、誤っているものはどれか。

1 未成年者が代理人となって締結した契約の効果は、当該行為を行うにつき当該未成年者の法定代理人による同意がなければ、有効に本人に帰属しない。
2 法人について即時取得の成否が問題となる場合、当該法人の代表機関が代理人によって取引を行ったのであれば、即時取得の要件である善意・無過失の有無は、当該代理人を基準にして判断される。

3　不動産の売買契約に関して、同一人物が売主及び買主の双方の代理人となった場合であっても、売主及び買主の双方があらかじめ承諾をしているときには、当該売買契約の効果は両当事者に有効に帰属する。

4　法定代理人は、やむを得ない事由がなくとも、復代理人を選任することができる。

問題 3 ※　次の記述のうち、民法の条文に規定されているものはいくつあるか。

ア　意思能力を欠く状態でなされた意思表示が無効である旨

イ　契約締結に当たって当事者が基礎とした事情に変更が生じた場合に、当事者は契約の再交渉を求めることができる旨

ウ　保証契約は、書面でしなければその効力を生じない旨

エ　物の瑕疵(かし)とは、目的物が備えるべき性質、品質を備えていないことである旨

1　一つ

2　二つ

3　三つ

4　四つ

問題 4　A所有の甲土地につき、Aから売却に関する代理権を与えられていないBが、Aの代理人として、Cとの間で売買契約を締結した場合における次の記述のうち、民法の規定及び判例によれば、誤っているものはどれか。なお、表見代理は成立しないものとする。

1　Bの無権代理行為をAが追認した場合には、AC間の売買契約は有効となる。

2　Aの死亡により、BがAの唯一の相続人として相続した場合、Bは、Aの追認拒絶権を相続するので、自らの無権代理行為の追認を拒絶することができる。

3　Bの死亡により、AがBの唯一の相続人として相続した場合、AがB

の無権代理行為の追認を拒絶しても信義則には反せず、ＡＣ間の売買契約が当然に有効になるわけではない。

4　Ａの死亡により、ＢがＤとともにＡを相続した場合、ＤがＢの無権代理行為を追認しない限り、Ｂの相続分に相当する部分においても、ＡＣ間の売買契約が当然に有効になるわけではない。

問題 5　法改正により削除

問題 6　Ａ所有の甲土地についての所有権移転登記と権利の主張に関する次の記述のうち、民法の規定及び判例によれば、正しいものはどれか。

1　甲土地につき、時効により所有権を取得したＢは、時効完成前にＡから甲土地を購入して所有権移転登記を備えたＣに対して、時効による所有権の取得を主張することができない。

2　甲土地の賃借人であるＤが、甲土地上に登記ある建物を有する場合に、Ａから甲土地を購入したＥは、所有権移転登記を備えていないときであっても、Ｄに対して、自らが賃貸人であることを主張することができる。

3　Ａが甲土地をＦとＧとに対して二重に譲渡してＦが所有権移転登記を備えた場合に、ＡＧ間の売買契約の方がＡＦ間の売買契約よりも先になされたことをＧが立証できれば、Ｇは、登記がなくても、Ｆに対して自らが所有者であることを主張することができる。

4　Ａが甲土地をＨとＩとに対して二重に譲渡した場合において、Ｈが所有権移転登記を備えない間にＩが甲土地を善意のＪに譲渡してＪが所有権移転登記を備えたときは、Ｉがいわゆる背信的悪意者であっても、Ｈは、Ｊに対して自らが所有者であることを主張することができない。

問題 7　物上代位に関する次の記述のうち、民法の規定及び判例によれば、誤っているものはどれか。なお、物上代位を行う担保権者は、物上代位の対象とする目的物について、その払渡し又は引渡しの前に差し押さえるものとする。

1　Ａの抵当権設定登記があるＢ所有の建物の賃料債権について、Ｂの一般債権者が差押えをした場合には、Ａは当該賃料債権に物上代位することができない。
2　Ａの抵当権設定登記があるＢ所有の建物の賃料債権について、Ａが当該建物に抵当権を実行していても、当該抵当権が消滅するまでは、Ａは当該賃料債権に物上代位することができる。
3　Ａの抵当権設定登記があるＢ所有の建物が火災によって焼失してしまった場合、Ａは、当該建物に掛けられた火災保険契約に基づく損害保険金請求権に物上代位することができる。
4　Ａの抵当権設定登記があるＢ所有の建物について、ＣがＢと賃貸借契約を締結した上でＤに転貸していた場合、Ａは、ＣのＤに対する転貸賃料債権に当然に物上代位することはできない。

問題 8 ※　債務不履行に基づく損害賠償請求権に関する次の記述のうち、民法の規定及び判例によれば、誤っているものはどれか。

1　ＡがＢと契約を締結する前に、信義則上の説明義務に違反して契約締結の判断に重要な影響を与える情報をＢに提供しなかった場合、Ｂが契約を締結したことにより被った損害につき、Ａは、不法行為による賠償責任を負うことはあっても、債務不履行による賠償責任を負うことはない。
2　ＡＢ間の利息付金銭消費貸借契約において、利率に関する定めがない場合、借主Ｂが債務不履行に陥ったことによりＡがＢに対して請求することができる遅延損害金は、年３パーセントの利率により算出する。
3　ＡＢ間でＢ所有の甲不動産の売買契約を締結した後、Ｂが甲不動産をＣに二重譲渡してＣが登記を具備した場合、ＡはＢに対して債務不履行に基づく損害賠償請求をすることができる。
4　ＡＢ間の金銭消費貸借契約において、借主Ｂは当該契約に基づく金銭の返済をＣからＢに支払われる売掛代金で予定していたが、その入金がなかった（Bの責めに帰すべき事由はない。）ため、返済期限が経過してしまった場合、Bは債務不履行には陥らず、Aに対して遅延損害金の支払義務を負わない。

問題 9 Aに雇用されているBが、勤務中にA所有の乗用車を運転し、営業活動のため得意先に向かっている途中で交通事故を起こし、歩いていたCに危害を加えた場合における次の記述のうち、民法の規定及び判例によれば、正しいものはどれか。

1 BのCに対する損害賠償義務が消滅時効にかかったとしても、AのCに対する損害賠償義務が当然に消滅するものではない。

2 Cが即死であった場合には、Cには事故による精神的な損害が発生する余地がないので、AはCの相続人に対して慰謝料についての損害賠償責任を負わない。

3 Aの使用者責任が認められてCに対して損害を賠償した場合には、AはBに対して求償することができるので、Bに資力があれば、最終的にはAはCに対して賠償した損害額の全額を常にBから回収することができる。

4 Cが幼児である場合には、被害者側に過失があるときでも過失相殺が考慮されないので、AはCに発生した損害の全額を賠償しなければならない。

問題 10 ※ Aは未婚で子供がなく、父親Bが所有する甲建物にBと同居している。Aの母親Cは令和５年３月末日に死亡している。AにはBとCの実子である兄Dがいて、DはEと婚姻して実子Fがいたが、Dは令和６年３月末日に死亡している。この場合における次の記述のうち、民法の規定及び判例によれば、正しいものはどれか。

1 Bが死亡した場合の法定相続分は、Aが２分の１、Eが４分の１、Fが４分の１である。

2 Bが死亡した場合、甲建物につき法定相続分を有するFは、甲建物を

１人で占有しているＡに対して、当然に甲建物の明渡しを請求することができる。

3　Ａが死亡した場合の法定相続分は、Ｂが４分の３、Ｆが４分の１である。

4　Ｂが死亡した後、Ａがすべての財産を第三者Ｇに遺贈する旨の遺言を残して死亡した場合、ＦはＧに対して遺留分を主張することができない。

問題 11　賃貸借契約に関する次の記述のうち、民法及び借地借家法の規定並びに判例によれば、誤っているものはどれか。

1　建物の所有を目的とする土地の賃貸借契約において、借地権の登記がなくても、その土地上の建物に借地人が自己を所有者と記載した表示の登記をしていれば、借地権を第三者に対抗することができる。

2　建物の所有を目的とする土地の賃貸借契約において、建物が全焼した場合でも、借地権者は、その土地上に滅失建物を特定するために必要な事項等を掲示すれば、借地権を第三者に対抗することができる場合がある。

3　建物の所有を目的とする土地の適法な転借人は、自ら対抗力を備えていなくても、賃借人が対抗力のある建物を所有しているときは、転貸人たる賃借人の賃借権を援用して転借権を第三者に対抗することができる。

4　仮設建物を建築するために土地を一時使用として１年間賃借し、借地権の存続期間が満了した場合には、借地権者は、借地権設定者に対し、建物を時価で買い取るように請求することができる。

問題 12　Ａ所有の居住用建物（床面積 50㎡）につき、Ｂが賃料月額 10 万円、期間を２年として、賃貸借契約（借地借家法第 38 条に規定する定期建物賃貸借、同法第 39 条に規定する取壊し予定の建物の賃貸借及び同法第 40 条に規定する一時使用目的の建物の賃貸借を除く。以下この問において「本件普通建物賃貸借契約」という。）を締結する場合と、同法第38条の定期建物賃貸借契約（以下この問において「本件定期建物賃貸借契約」という。）を締結する場合とにおける次の記述のうち、民法及び借地借家法の規定によれば、誤っているものはどれか。

1　本件普通建物賃貸借契約でも、本件定期建物賃貸借契約でも、賃借人が造作買取請求権を行使できない旨の特約は、有効である。

2　本件普通建物賃貸借契約でも、本件定期建物賃貸借契約でも、賃料の改定についての特約が定められていない場合であって経済事情の変動により賃料が不相当になったときには、当事者は将来に向かって賃料の増減を請求することができる。

3　本件普通建物賃貸借契約では、更新がない旨の特約を記載した書面を契約に先立って賃借人に交付しても当該特約は無効であるのに対し、本件定期建物賃貸借契約では、更新がない旨の特約を記載した書面を契約に先立って賃借人に交付さえしておけば当該特約は有効となる。

4　本件普通建物賃貸借契約では、中途解約できる旨の留保がなければ賃借人は２年間は当該建物を借りる義務があるのに対し、本件定期建物賃貸借契約では、一定の要件を満たすのであれば、中途解約できる旨の留保がなくても賃借人は期間の途中で解約を申し入れることができる。

問題 13　建物の区分所有等に関する法律に関する次の記述のうち、誤っているものはどれか。

1　共用部分の保存行為は、規約に別段の定めがない限り、集会の決議を経ずに各区分所有者が単独ですることができる。

2　共用部分の変更（その形状又は効用の著しい変更を伴わないものを除く。）は、区分所有者及び議決権の各４分の３以上の多数による集会の決議で決するが、規約でこの区分所有者の定数及び議決権を各過半数まで減ずることができる。

3　管理者は、その職務に関して区分所有者を代理するため、その行為の効果は、規約に別段の定めがない限り、本人である各区分所有者に共用部分の持分の割合に応じて帰属する。

4　共用部分の管理に要した各区分所有者の費用の負担については、規約に別段の定めがない限り、共用部分の持分に応じて決まる。

問題 14　不動産の登記に関する次の記述のうち、誤っているものはどれか。

1　登記の申請をする者の委任による代理人の権限は、本人の死亡によっては、消滅しない。
2　承役地についてする地役権の設定の登記は、要役地に所有権の登記がない場合においても、することができる。
3　区分建物である建物を新築した場合において、その所有者について相続その他の一般承継があったときは、相続人その他の一般承継人も、被承継人を表題部所有者とする当該建物についての表題登記を申請することができる。
4　不動産の収用による所有権の移転の登記は、起業者が単独で申請することができる。

問題 15　国土利用計画法第23条の届出（以下この問において「事後届出」という。）に関する次の記述のうち、正しいものはどれか。

1　土地売買等の契約による権利取得者が事後届出を行う場合において、当該土地に関する権利の移転の対価が金銭以外のものであるときは、当該権利取得者は、当該対価を時価を基準として金銭に見積った額に換算して、届出書に記載しなければならない。
2　市街化調整区域においてＡが所有する面積4,000㎡の土地について、Ｂが一定の計画に従って、2,000㎡ずつに分割して順次購入した場合、Ｂは事後届出を行わなければならない。
3　Ｃ及びＤが、Ｅ市が所有する都市計画区域外の24,000㎡の土地について共有持分50％ずつと定めて共同で購入した場合、Ｃ及びＤは、それぞれ事後届出を行わなければならない。

4　Ｆが市街化区域内に所有する2,500㎡の土地について、Ｇが銀行から購入資金を借り入れることができることを停止条件とした売買契約を、ＦとＧとの間で締結した場合、Ｇが銀行から購入資金を借り入れることができることに確定した日から起算して２週間以内に、Ｇは事後届出を行わなければならない。

問題 16　都市計画法に関する次の記述のうち、正しいものはどれか。

1　市街地開発事業等予定区域に関する都市計画において定められた区域内において、非常災害のため必要な応急措置として行う建築物の建築であれば、都道府県知事（市の区域内にあっては、当該市の長）の許可を受ける必要はない。
2　都市計画の決定又は変更の提案は、当該提案に係る都市計画の素案の対象となる土地について所有権又は借地権を有している者以外は行うことができない。
3　市町村は、都市計画を決定しようとするときは、あらかじめ、都道府県知事に協議し、その同意を得なければならない。
4　地区計画の区域のうち地区整備計画が定められている区域内において、建築物の建築等の行為を行った者は、一定の行為を除き、当該行為の完了した日から30日以内に、行為の種類、場所等を市町村長に届け出なければならない。

問題 17　次の記述のうち、都市計画法による許可を受ける必要のある開発行為の組合せとして、正しいものはどれか。ただし、許可を要する開発行為の面積については、条例による定めはないものとする。

ア　市街化調整区域において、図書館法に規定する図書館の建築の用に供する目的で行われる3,000㎡の開発行為
イ　準都市計画区域において、医療法に規定する病院の建築の用に供する目的で行われる4,000㎡の開発行為
ウ　市街化区域内において、農業を営む者の居住の用に供する建築物の建

築の用に供する目的で行われる1,500㎡の開発行為

1　ア、イ

2　ア、ウ

3　イ、ウ

4　ア、イ、ウ

問題 18 ※　建築基準法に関する次の記述のうち、正しいものはどれか。

1　建築基準法の改正により、現に存する建築物が改正後の建築基準法の規定に適合しなくなった場合、当該建築物は違反建築物となり、速やかに改正後の建築基準法の規定に適合させなければならない。

2　事務所の用途に供する建築物を、飲食店（その床面積の合計250㎡）に用途変更する場合、建築主事又は指定確認検査機関の確認を受けなければならない。

3　住宅の居室には、原則として、換気のための窓その他の開口部を設け、その換気に有効な部分の面積は、その居室の床面積に対して、25分の1以上としなければならない。

4　建築主事は、建築主から建築物の確認の申請を受けた場合において、申請に係る建築物の計画が建築基準法令の規定に適合しているかを審査すれば足り、都市計画法等の建築基準法以外の法律の規定に適合しているかは審査の対象外である。

問題 19 ※　建築基準法に関する次の記述のうち、正しいものはどれか。

1　街区の角にある敷地又はこれに準ずる敷地内にある建築物の建蔽率については、特定行政庁の指定がなくとも都市計画において定められた建蔽率の数値に10分の1を加えた数値が限度となる。

2　第一種低層住居専用地域又は第二種低層住居専用地域内においては、建築物の高さは、12ｍ又は15ｍのうち、当該地域に関する都市計画に

おいて定められた建築物の高さの限度を超えてはならない。

3　用途地域に関する都市計画において建築物の敷地面積の最低限度を定める場合においては、その最低限度は200㎡を超えてはならない。

4　建築協定区域内の土地の所有者等は、特定行政庁から認可を受けた建築協定を変更又は廃止しようとする場合においては、土地所有者等の過半数の合意をもってその旨を定め、特定行政庁の認可を受けなければならない。

問題 20 ※　宅地造成及び特定盛土等規制法に関する次の記述のうち、誤っているものはどれか。なお、この問において「都道府県知事」とは、地方自治法に基づく指定都市、中核市及び施行時特例市にあってはその長をいうものとする。

1　宅地造成等工事規制区域内において行われる宅地造成等に関する工事が完了した場合、工事主は、都道府県知事の検査を申請しなければならない。

2　宅地造成等工事規制区域内において行われる宅地造成等に関する工事について許可をする都道府県知事は、当該許可に、工事の施行に伴う災害を防止するために必要な条件を付することができる。

3　都道府県知事は、宅地造成等工事規制区域内における土地の所有者、管理者又は占有者に対して、当該土地又は当該土地において行われている工事の状況について報告を求めることができる。

4　都道府県知事は、関係市町村長の意見を聴いて、宅地造成等工事規制区域内で、宅地造成等に伴う災害で相当数の居住者その他の者に危害を生ずるものの発生のおそれが大きい一団の造成宅地の区域であって一定の基準に該当するものを、造成宅地防災区域として指定することができる。

問題 21　土地区画整理法における土地区画整理組合に関する次の記述のうち、誤っているものはどれか。

1　土地区画整理組合は、総会の議決により解散しようとする場合において、その解散について、認可権者の認可を受けなければならない。

2　土地区画整理組合は、土地区画整理事業について都市計画に定められた施行区域外において、土地区画整理事業を施行することはできない。

3　土地区画整理組合が施行する土地区画整理事業の換地計画においては、土地区画整理事業の施行の費用に充てるため、一定の土地を換地として定めないで、その土地を保留地として定めることができる。

4　土地区画整理組合が施行する土地区画整理事業に係る施行地区内の宅地について所有権又は借地権を有する者は、すべてその組合の組合員とする。

問題 22　農地法（以下この問において「法」という。）に関する次の記述のうち、誤っているものはどれか。

1　登記簿上の地目が山林となっている土地であっても、現に耕作の目的に供されている場合には、法に規定する農地に該当する。

2　法第３条第１項又は第５条第１項の許可が必要な農地の売買について、これらの許可を受けずに売買契約を締結しても、その所有権は移転しない。

3　市街化区域内の農地について、あらかじめ農業委員会に届け出てその所有者が自ら駐車場に転用する場合には、法第４条第１項の許可を受ける必要はない。

4　砂利採取法による認可を受けた砂利採取計画に従って砂利を採取するために農地を一時的に貸し付ける場合には、法第５条第１項の許可を受ける必要はない。

問題 23※　令和６年中に、個人が居住用財産を譲渡した場合における譲渡所得の課税に関する次の記述のうち、正しいものはどれか。

1　令和６年１月１日において所有期間が10年以下の居住用財産については、居住用財産の譲渡所得の3,000万円特別控除（租税特別措置法第

35条第1項）を適用することができない。

2　令和6年1月1日において所有期間が10年を超える居住用財産について、収用交換等の場合の譲渡所得等の5,000万円特別控除（租税特別措置法第33条の4第1項）の適用を受ける場合であっても、特別控除後の譲渡益について、居住用財産を譲渡した場合の軽減税率の特例（同法第31条の3第1項）を適用することができる。

3　令和6年1月1日において所有期間が10年を超える居住用財産について、その譲渡した時にその居住用財産を自己の居住の用に供していなければ、居住用財産を譲渡した場合の軽減税率の特例を適用することができない。

4　令和6年1月1日において所有期間が10年を超える居住用財産について、その者と生計を一にしていない孫に譲渡した場合には、居住用財産の譲渡所得の3,000万円特別控除を適用することができる。

問題 24 ※　不動産取得税に関する次の記述のうち、正しいものはどれか。

1　不動産取得税の課税標準となるべき額が、土地の取得にあっては10万円、家屋の取得のうち建築に係るものにあっては1戸につき23万円、その他のものにあっては1戸につき12万円に満たない場合においては、不動産取得税が課されない。

2　令和6年4月に取得した床面積250㎡である新築住宅に係る不動産取得税の課税標準の算定については、当該新築住宅の価格から1,200万円が控除される。

3　宅地の取得に係る不動産取得税の課税標準は、当該取得が令和6年3月31日までに行われた場合、当該宅地の価格の4分の1の額とされる。

4　家屋が新築された日から2年を経過して、なお、当該家屋について最初の使用又は譲渡が行われない場合においては、当該家屋が新築された日から2年を経過した日において家屋の取得がなされたものとみなし、当該家屋の所有者を取得者とみなして、これに対して不動産取得税を課する。

問題 25 不動産の鑑定評価に関する次の記述のうち、不動産鑑定評価基準によれば、誤っているものはどれか。

1 不動産の価格を形成する要因とは、不動産の効用及び相対的稀少性並びに不動産に対する有効需要の三者に影響を与える要因をいう。不動産の鑑定評価を行うに当たっては、不動産の価格を形成する要因を明確に把握しかつ、その推移及び動向並びに諸要因間の相互関係を十分に分析すること等が必要である。

2 不動産の鑑定評価における各手法の適用に当たって必要とされる事例は、鑑定評価の各手法に即応し、適切にして合理的な計画に基づき、豊富に秩序正しく収集、選択されるべきであり、例えば、投機的取引と認められる事例は用いることができない。

3 取引事例比較法においては、時点修正が可能である等の要件をすべて満たした取引事例について、近隣地域又は同一需給圏内の類似地域に存する不動産に係るもののうちから選択するものとするが、必要やむを得ない場合においては、近隣地域の周辺の地域に存する不動産に係るもののうちから選択することができる。

4 原価法における減価修正の方法としては、耐用年数に基づく方法と、観察減価法の二つの方法があるが、これらを併用することはできない。

問題 26 宅地建物取引業の免許（以下この問において「免許」という。）に関する次の記述のうち、正しいものはどれか。

1 免許を受けようとするA社に、刑法第204条（傷害）の罪により懲役1年（執行猶予2年）の刑に処せられ、その刑の執行猶予期間を満了した者が役員として在籍している場合、その満了の日から5年を経過していなくとも、A社は免許を受けることができる。

2 免許を受けようとするB社に、刑法第206条（現場助勢）の罪により罰金の刑に処せられた者が非常勤役員として在籍している場合、その刑の執行が終わってから5年を経過していなくとも、B社は免許を受けることができる。

3　免許を受けようとするC社に、刑法第208条（暴行）の罪により拘留の刑に処せられた者が役員として在籍している場合、その刑の執行が終わってから5年を経過していなければ、C社は免許を受けることができない。

4　免許を受けようとするD社に、刑法第209条（過失傷害）の罪により科料の刑に処せられた者が非常勤役員として在籍している場合、その刑の執行が終わってから5年を経過していなければ、D社は免許を受けることができない。

問題 27　宅地建物取引業の免許（以下この問において「免許」という。）に関する次の記述のうち、正しいものはどれか。

1　免許を受けていた個人Aが死亡した場合、その相続人Bは、死亡を知った日から30日以内にその旨をAが免許を受けた国土交通大臣又は都道府県知事に届け出なければならない。

2　Cが自己の所有する宅地を駐車場として整備し、賃貸を業として行う場合、当該賃貸の媒介を、免許を受けているD社に依頼するとしても、Cは免許を受けなければならない。

3　Eが所有するビルを賃借しているFが、不特定多数の者に反復継続して転貸する場合、Eは免許を受ける必要はないが、Fは免許を受けなければならない。

4　G社（甲県知事免許）は、H社（国土交通大臣免許）に吸収合併され、消滅した。この場合、H社を代表する役員Iは、当該合併の日から30日以内にG社が消滅したことを国土交通大臣に届け出なければならない。

問題 28　宅地建物取引業者が行う広告に関する次の記述のうち、宅地建物取引業法（以下この問において「法」という。）の規定によれば、正しいものはいくつあるか。

ア　建物の所有者と賃貸借契約を締結し、当該建物を転貸するための広告をする際は、当該広告に自らが契約の当事者となって貸借を成立させる旨を明示しなければ、法第34条に規定する取引態様の明示義務に違反する。

イ　居住用賃貸マンションとする予定の建築確認申請中の建物については、当該建物の貸借に係る媒介の依頼を受け、媒介契約を締結した場合であっても、広告をすることができない。

ウ　宅地の売買に関する広告をインターネットで行った場合において、当該宅地の売買契約成立後に継続して広告を掲載していたとしても、最初の広告掲載時点で当該宅地に関する売買契約が成立していなければ、法第32条に規定する誇大広告等の禁止に違反することはない。

エ　新築分譲住宅としての販売を予定している建築確認申請中の物件については、建築確認申請中である旨を表示をすれば、広告をすることができる。

1　一つ
2　二つ
3　三つ
4　四つ

問題 29　宅地建物取引業者Ａ社が、宅地建物取引業者でないＢから自己所有の土地付建物の売却の媒介を依頼された場合における次の記述のうち、宅地建物取引業法（以下この問において「法」という。）の規定によれば、誤っているものはどれか。

1　Ａ社がＢと専任媒介契約を締結した場合、当該土地付建物の売買契約が成立したときは、Ａ社は、遅滞なく、登録番号、取引価格及び売買契約の成立した年月日を指定流通機構に通知しなければならない。

2　Ａ社がＢと専属専任媒介契約を締結した場合、Ａ社は、Ｂに当該媒介業務の処理状況の報告を電子メールで行うことはできない。

3　Ａ社が宅地建物取引業者Ｃ社から当該土地付建物の購入の媒介を依頼され、Ｃ社との間で一般媒介契約（専任媒介契約でない媒介契約）を締結した場合、Ａ社は、Ｃ社に法第34条の2の規定に基づく書面を交付しなければならない。

4　A社がBと一般媒介契約（専任媒介契約でない媒介契約）を締結した場合、A社がBに対し当該土地付建物の価額又は評価額について意見を述べるときは、その根拠を明らかにしなければならない。

問題30※　宅地建物取引業者が行う宅地建物取引業法第35条に規定する重要事項の説明に関する次の記述のうち、正しいものはどれか。ただし、説明の相手方は宅地建物取引業者ではないものとする。

1　建物の貸借の媒介を行う場合、当該建物が住宅の品質確保の促進等に関する法律に規定する住宅性能評価を受けた新築住宅であるときは、その旨について説明しなければならないが、当該評価の内容までを説明する必要はない。

2　建物の売買の媒介を行う場合、飲用水、電気及びガスの供給並びに排水のための施設が整備されていないときは、その整備の見通し及びその整備についての特別の負担に関する事項を説明しなければならない。

3　建物の貸借の媒介を行う場合、当該建物について、石綿の使用の有無の調査の結果が記録されているときは、その旨について説明しなければならないが、当該記録の内容までを説明する必要はない。

4　昭和55年に竣（しゅん）工した建物の売買の媒介を行う場合、当該建物について耐震診断を実施した上で、その内容を説明しなければならない。

問題31　宅地建物取引業者A社が宅地建物取引業法（以下この問において「法」という。）第37条の規定により交付すべき書面（以下この問において「37条書面」という。）に関する次の記述のうち、法の規定に違反するものはどれか。

1　A社は、自ら売主として宅地建物取引業者でない買主との間で宅地の売買契約を締結した。この際、当該買主の代理として宅地建物取引業者B社が関与していたことから、37条書面を買主に加えてB社へも交付した。

2　A社は、宅地建物取引業者C社が所有する建物について、宅地建物取引業者でない買主から購入の媒介の依頼を受け、当該建物の売買契約を成立させた。この際、C社と当該買主との間では、C社が法第41条の2に規定する手付金等の保全措置を講じており、A社もそのことを知っていたが、37条書面には当該措置の内容を記載しなかった。

3　A社は、建築工事完了前の建物の売買を媒介し、当該売買契約を成立させた。この際、37条書面に記載する当該建物を特定するために必要な表示については、法第35条の規定に基づく重要事項の説明において使用した図書があったため、当該図書の交付により行った。

4　A社は、居住用建物の貸借を媒介し、当該賃貸借契約を成立させた。この際、当該建物の引渡しの時期に関する定めがあったが、法第35条の規定に基づく重要事項の説明において、既に借主へ伝達していたことから、37条書面にはその内容を記載しなかった。

問題 32　宅地建物取引業者A社が、自ら売主として宅地建物取引業者でない買主Bと宅地の売買について交渉を行う場合における次の記述のうち、宅地建物取引業法（以下この問において「法」という。）の規定に違反しないものはどれか。なお、この問において、「重要事項説明」とは、法第35条の規定に基づく重要事項の説明を、「37条書面」とは、法第37条の規定により交付すべき書面をいうものとする。

1　Bは、買受けの申込みを行い、既に申込証拠金を払い込んでいたが、申込みを撤回することとした。A社は、既にBに重要事項説明を行っていたため、受領済みの申込証拠金については、解約手数料に充当するとして返還しないこととしたが、申込みの撤回には応じた。

2　Bは、事業用地として当該宅地を購入する資金を金融機関から早急に調達する必要があったため、重要事項説明に先立って37条書面の交付を行うようA社に依頼した。これを受け、A社は、重要事項説明に先立って契約を締結し、37条書面を交付した。

3　Bは、当該宅地を購入するに当たり、A社のあっせんを受けて金融機関から融資を受けることとした。この際、A社は、重要事項説明において当該あっせんが不調に終わるなどして融資が受けられなくなった場合の措置について説明をし、37条書面へも当該措置について記載することとしたが、融資額や返済方法等のあっせんの内容については、37条書面に記載するので、重要事項説明に係る書面への記載は省略することとした。

4　Bは、契約するかどうかの重要な判断要素の1つとして、当該宅地周辺の将来における交通整備の見通し等についてA社に確認した。A社は、将来の交通整備について新聞記事を示しながら、「確定はしていないが、当該宅地から徒歩2分のところにバスが運行するという報道がある」旨を説明した。

問題 33 ※　宅地建物取引業者A社の営業保証金に関する次の記述のうち、宅地建物取引業法の規定によれば、正しいものはどれか。

1　A社が地方債証券を営業保証金に充てる場合、その価額は額面金額の100分の90である。

2　A社は、営業保証金を本店及び支店ごとにそれぞれ最寄りの供託所に供託しなければならない。

3　A社が本店のほかに5つの支店を設置して宅地建物取引業を営もうとする場合、供託すべき営業保証金の合計額は210万円である。

4　A社は、自ら所有する宅地を売却するに当たっては、当該売却に係る売買契約が成立するまでの間に、その宅地建物取引業者でない買主に対して、供託している営業保証金の額を説明しなければならない。

問題 34　宅地建物取引業者A社は、自ら売主として宅地建物取引業者でない買主Bとの間で、中古マンション（代金2,000万円）の売買契約（以下「本件売買契約」という。）を締結し、その際、代金に充当される解約手付金200万円（以下「本件手付金」という。）を受領した。この場合におけるA社の行為に関する次の記述のうち、宅地建物取引業法（以下この問において「法」という。）の規定に違反するものはいくつあるか。

ア　引渡前に、A社は、代金に充当される中間金として100万円をBから受領し、その後、本件手付金と当該中間金について法第41条の2に定める保全措置を講じた。

イ　本件売買契約締結前に、A社は、Bから申込証拠金として10万円を受領した。本件売買契約締結時に、当該申込証拠金を代金の一部とした上で、A社は、法第41条の2に定める保全措置を講じた後、Bから本件手付金を受領した。

ウ　A社は、本件手付金の一部について、Bに貸付けを行い、本件売買契約の締結を誘引した。

1　一つ
2　二つ
3　三つ
4　なし

問題35※　宅地建物取引業者A社（消費税課税事業者）は売主Bから土地付中古別荘の売却の代理の依頼を受け、宅地建物取引業者C社（消費税課税事業者）は買主Dから別荘用物件の購入に係る媒介の依頼を受け、BとDの間で当該土地付中古別荘の売買契約を成立させた。この場合における次の記述のうち、宅地建物取引業法の規定によれば、正しいものの組合せはどれか。なお、当該土地付中古別荘の売買代金は320万円（うち、土地代金は100万円）で、消費税額及び地方消費税額を含むものとする。

ア　A社がBから受領する報酬の額によっては、C社はDから報酬を受領することができない場合がある。

イ　A社はBから、少なくとも154,000円を上限とする報酬を受領することができる。

ウ　A社がBから100,000円の報酬を受領した場合、C社がDから受領できる報酬の上限額は208,000円である。

エ　A社は、代理報酬のほかに、Bからの依頼の有無にかかわらず、通常の広告の料金に相当する額についても、Ｂから受け取ることができる。

1　ア、イ
2　イ、ウ
3　ウ、エ
4　ア、イ、ウ

問題36　宅地建物取引士に関する次の記述のうち、宅地建物取引業法の規定によれば、正しいものはどれか。

1　宅地建物取引業者Ａ社は、その主たる事務所に従事する唯一の専任の宅地建物取引士が退職したときは、30日以内に、新たな専任の宅地建物取引士を設置しなければならない。
2　宅地建物取引業者Ｂ社は、10戸の一団の建物の分譲の代理を案内所を設置して行う場合、当該案内所に従事する者が６名であるときは、当該案内所に少なくとも２名の専任の宅地建物取引士を設置しなければならない。
3　宅地建物取引業者Ｃ社（甲県知事免許）の主たる事務所の専任の宅地建物取引士Ｄが死亡した場合、当該事務所に従事する者17名に対し、専任の宅地建物取引士４名が設置されていれば、Ｃ社が甲県知事に届出をする事項はない。
4　宅地建物取引業者Ｅ社（甲県知事免許）の専任の宅地建物取引士であるＦ（乙県知事登録）は、Ｅ社が媒介した丙県に所在する建物の売買に関する取引において宅地建物取引士として行う事務に関し著しく不当な行為をした場合、丙県知事による事務禁止処分の対象となる。

問題37　宅地建物取引業者Ａ社が、自ら売主として宅地建物取引業者でない買主Ｂとの間で締結した建物の売買契約について、Ｂが宅地建物取引業法第37条の２の規定に基づき、いわゆるクーリング・オフによる契約の解除をする場合における次の記述のうち、正しいものはどれか。

1　Bは、モデルルームにおいて買受けの申込みをし、後日、A社の事務所において売買契約を締結した。この場合、Bは、既に当該建物の引渡しを受け、かつ、その代金の全部を支払ったときであっても、A社からクーリング・オフについて何も告げられていなければ、契約の解除をすることができる。

2　Bは、自らの希望により自宅近くの喫茶店において買受けの申込みをし、売買契約を締結した。その3日後にA社から当該契約に係るクーリング・オフについて書面で告げられた。この場合、Bは、当該契約締結日から起算して10日目において、契約の解除をすることができる。

3　Bは、ホテルのロビーにおいて買受けの申込みをし、その際にA社との間でクーリング・オフによる契約の解除をしない旨の合意をした上で、後日、売買契約を締結した。この場合、仮にBがクーリング・オフによる当該契約の解除を申し入れたとしても、A社は、当該合意に基づき、Bからの契約の解除を拒むことができる。

4　Bは、A社の事務所において買受けの申込みをし、後日、レストランにおいてA社からクーリング・オフについて何も告げられずに売買契約を締結した。この場合、Bは、当該契約締結日から起算して10日目において、契約の解除をすることができる。

問題 38　宅地建物取引業者A社が、自ら売主として締結する建築工事完了後の新築分譲マンション（代金3,000万円）の売買契約に関する次の記述のうち、宅地建物取引業法の規定によれば、誤っているものはいくつあるか。

ア　A社は、宅地建物取引業者である買主Bとの当該売買契約の締結に際して、当事者の債務不履行を理由とする契約解除に伴う損害賠償の予定額を1,000万円とする特約を定めることができない。

イ　A社は、宅地建物取引業者でない買主Cとの当該売買契約の締結に際して、当事者の債務不履行を理由とする契約解除に伴う損害賠償の予定額300万円に加え、違約金を600万円とする特約を定めたが、違約金についてはすべて無効である。

ウ　A社は、宅地建物取引業者でない買主Dとの当該売買契約の締結に際して、宅地建物取引業法第41条の2の規定による手付金等の保全措置を講じた後でなければ、Dから300万円の手付金を受領することができない。

1　一つ
2　二つ
3　三つ
4　なし

問題 39 ※　宅地建物取引業者A社が、自ら売主として建物の売買契約を締結する際の契約不適合責任の特約に関する次の記述のうち、宅地建物取引業法第40条の規定に違反するものはどれか。(以下この問において「契約不適合責任」とは、売買の目的物が種類又は品質に関して契約の内容に適合しない場合におけるその不適合を担保すべき責任をいう。)

1　当該建物が新築戸建住宅である場合、宅地建物取引業者でない買主Bの売買を代理する宅地建物取引業者C社との間で当該契約締結を行うに際して、A社が当該住宅の契約不適合責任を負うべき通知期間についての特約を定めないこと。
2　当該建物が中古建物である場合、宅地建物取引業者である買主Dとの間で、「中古建物であるため、A社は、契約不適合責任を負わない」旨の特約を定めること。
3　当該建物が中古建物である場合、宅地建物取引業者でない買主Eとの間で、「A社が負う契約不適合責任に対するEの通知期間は、売買契約締結の日にかかわらず引渡しの日から2年間とする」旨の特約を定めること。
4　当該建物が新築戸建住宅である場合、宅地建物取引業者でない買主Fとの間で、「Fは、A社が負う契約不適合責任の通知期間内であれば、損害賠償の請求をすることはできるが、契約の解除をすることはできない」旨の特約を定めること。

問題 40 ※ 次の記述のうち、宅地建物取引業法（以下この問において「法」という。）の規定によれば、正しいものはいくつあるか。

ア 不当な履行遅延の禁止（法第44条）は、宅地若しくは建物の登記若しくは引渡し又は取引に係る対価の支払を対象とするのみである。

イ 宅地建物取引業者は、個人情報の保護に関する法律第２条第５項に規定する個人情報取扱事業者に該当しない場合、業務上取り扱った個人情報について、正当な理由なく他に漏らしても、秘密を守る義務（法第45条）に違反しない。

ウ 宅地建物取引業者は、その事務所ごとに、従業者名簿を備えなければならず、当該名簿については最終の記載をした日から10年間保存しなければならない。

エ 宅地建物取引業者は、その事務所ごとに、その業務に関する帳簿を備えなければならず、帳簿の閉鎖後５年間（当該宅地建物取引業者が自ら売主となる新築住宅に係るものにあっては10年間）当該帳簿を保存しなければならない。

1 一つ
2 二つ
3 三つ
4 四つ

問題 41 宅地建物取引業者Ａ社による投資用マンションの販売の勧誘に関する次の記述のうち、宅地建物取引業法の規定に違反するものはいくつあるか。

ア Ａ社の従業員は、勧誘に先立ってＡ社の商号及び自らの氏名を告げてから勧誘を行ったが、勧誘の目的が投資用マンションの売買契約の締結である旨を告げなかった。

イ Ａ社の従業員は、「将来、南側に５階建て以上の建物が建つ予定は全くない。」と告げ、将来の環境について誤解させるべき断定的判断を提供したが、当該従業員には故意に誤解させるつもりはなかった。

ウ　A社の従業員は、勧誘の相手方が金銭的に不安であることを述べたため、売買代金を引き下げ、契約の締結を誘引した。

エ　A社の従業員は、勧誘の相手方から、「午後３時に訪問されるのは迷惑である。」と事前に聞いていたが、深夜でなければ迷惑にはならないだろうと判断し、午後３時に当該相手方を訪問して勧誘を行った。

1　一つ
2　二つ
3　三つ
4　四つ

問題 42　宅地建物取引業者A社（国土交通大臣免許）が行う宅地建物取引業者B社（甲県知事免許）を売主とする分譲マンション（100戸）に係る販売代理について、A社が単独で当該マンションの所在する場所の隣地に案内所を設けて売買契約の締結をしようとする場合における次の記述のうち、宅地建物取引業法（以下この問において「法」という。）の規定によれば、正しいものの組合せはどれか。なお、当該マンション及び案内所は甲県内に所在するものとする。

ア　A社は、マンションの所在する場所に法第50条第１項の規定に基づく標識を掲げなければならないが、B社は、その必要がない。

イ　A社が設置した案内所について、売主であるB社が法第50条第２項の規定に基づく届出を行う場合、A社は当該届出をする必要がないが、B社による届出書については、A社の商号又は名称及び免許証番号も記載しなければならない。

ウ　A社は、成年者である専任の宅地建物取引士を当該案内所に置かなければならないが、B社は、当該案内所に成年者である専任の宅地建物取引士を置く必要がない。

エ　A社は、当該案内所に法第50条第１項の規定に基づく標識を掲げなければならないが、当該標識へは、B社の商号又は名称及び免許証番号も記載しなければならない。

1　ア、イ

2　イ、ウ
3　ウ、エ
4　ア、エ

問題 43 ※　宅地建物取引業保証協会（以下この問において「保証協会」という。）に関する次の記述のうち、宅地建物取引業法の規定によれば、誤っているものはどれか。

1　保証協会は、弁済業務保証金分担金の納付を受けたときは、その納付を受けた額に相当する額の弁済業務保証金を供託しなければならない。
2　保証協会は、弁済業務保証金の還付があったときは、当該還付額に相当する額の弁済業務保証金を供託しなければならない。
3　保証協会の社員との宅地建物取引業に関する取引により生じた債権を有する者は、当該社員が納付した弁済業務保証金分担金の額に相当する額の範囲内で、弁済を受ける権利を有する。
4　保証協会の社員との宅地建物取引業に関する取引により生じた債権を有する者（宅地建物取引業者に該当する者を除く）は、弁済を受ける権利を実行しようとする場合、弁済を受けることができる額について保証協会の認証を受けなければならない。

問題 44　宅地建物取引業法の規定に基づく監督処分に関する次の記述のうち、正しいものはどれか。

1　国土交通大臣又は都道府県知事は、宅地建物取引業者に対して必要な指示をしようとするときは、行政手続法に規定する弁明の機会を付与しなければならない。
2　甲県知事は、宅地建物取引業者Ａ社（国土交通大臣免許）の甲県の区域内における業務に関し、Ａ社に対して指示処分をした場合、遅滞なく、その旨を国土交通大臣に通知するとともに、甲県の公報により公告しなければならない。
3　乙県知事は、宅地建物取引業者Ｂ社（丙県知事免許）の乙県の区域内における業務に関し、B社に対して業務停止処分をした場合は、乙県に備えるB社に関する宅地建物取引業者名簿へ、その処分に係る年月日と内容を記載しなければならない。

4　国土交通大臣は、宅地建物取引業者C社（国土交通大臣免許）が宅地建物取引業法第37条に規定する書面の交付をしていなかったことを理由に、C社に対して業務停止処分をしようとするときは、あらかじめ、内閣総理大臣に協議しなければならない。

問題 45　特定住宅瑕疵（かし）担保責任の履行の確保等に関する法律に基づく住宅販売瑕疵（かし）担保保証金の供託又は住宅販売瑕疵（かし）担保責任保険契約の締結（以下この問において「資力確保措置」という。）に関する次の記述のうち、正しいものはどれか。

1　自ら売主として新築住宅を宅地建物取引業者でない買主に引き渡した宅地建物取引業者は、当該住宅を引き渡した日から3週間以内に、その住宅に関する資力確保措置の状況について、その免許を受けた国土交通大臣又は都道府県知事に届け出なければならない。

2　自ら売主として新築住宅を宅地建物取引業者でない買主に引き渡した宅地建物取引業者は、基準日に係る資力確保措置の状況の届出をしなければ、当該基準日の翌日から起算して50日を経過した日以後においては、新たに自ら売主となる新築住宅の売買契約を締結してはならない。

3　住宅販売瑕疵（かし）担保責任保険契約は、新築住宅を自ら売主として販売する宅地建物取引業者が住宅瑕疵（かし）担保責任保険法人と締結する保険契約であり、当該住宅の売買契約を締結した日から5年間、当該住宅の瑕疵（かし）によって生じた損害について保険金が支払われる。

4　新築住宅を自ら売主として販売する宅地建物取引業者が、住宅販売瑕疵（かし）担保保証金の供託をした場合、買主に対する当該保証金の供託をしている供託所の所在地等について記載した書面の交付及び説明は、当該住宅の売買契約を締結した日から引渡しまでに行わなければならない。

問題 46 独立行政法人住宅金融支援機構（以下この問において「機構」という。）に関する次の記述のうち、誤っているものはどれか。

1 機構は、証券化支援事業（買取型）において、民間金融機関から買い取った住宅ローン債権を担保としてＭＢＳ（資産担保証券）を発行している。

2 証券化支援事業（買取型）における民間金融機関の住宅ローン金利は、金融機関によって異なる場合がある。

3 機構は、証券化支援事業（買取型）における民間金融機関の住宅ローンについて、借入金の元金の返済を債務者本人の死亡時に一括して行う高齢者向け返済特例制度を設けている。

4 機構は、証券化支援事業（買取型）において、住宅の建設や新築住宅の購入に係る貸付債権のほか、中古住宅を購入するための貸付債権も買取りの対象としている。

問題 47 宅地建物取引業者が行う広告に関する次の記述のうち、不当景品類及び不当表示防止法（不動産の表示に関する公正競争規約を含む。）の規定によれば、正しいものはどれか。

1 宅地建物取引業者が自ら所有する不動産を販売する場合の広告には、取引態様の別として「直販」と表示すればよい。

2 改装済みの中古住宅について、改装済みである旨を表示して販売する場合、広告中には改装した時期及び改装の内容を明示しなければならない。

3 取引しようとする物件の周辺に存在するデパート、スーパーマーケット等の商業施設については、現に利用できるものでなければ広告に表示することはできない。

4 販売する土地が有効な利用が阻害される著しい不整形画地であっても、実際の土地を見れば不整形画地であることは認識できるため、当該土地の広告にはその旨を表示する必要はない。

問題 48 宅地建物の統計等に関する次の記述のうち、正しいものはどれか。

> 本問は参考問題です。
> 次の本試験の基準となる最新統計情報をもとに改題した本問を、弊社webサイトよりダウンロードしてご利用ください（2024年8月末予定）。
>
> ※詳細はｖページ「パーフェクト宅建士シリーズ読者特典（＊特典３＊）」をご参照ください。

1　平成24年地価公示（平成24年3月公表）によれば、平成23年の1年間の地価を前年1年間と比較すると、三大都市圏平均で住宅地・商業地ともに下落率が縮小したものの、地方平均は住宅地・商業地ともに引き続き下落率が拡大している。

2　平成23年度国土交通白書（平成24年7月公表）によれば、平成23年3月末現在の宅地建物取引業者数は約12.6万業者となっており、近年、微減傾向が続いている。

3　平成24年版土地白書（平成24年6月公表）によれば、平成22年末の住宅地、工業用地等の宅地は前年より減少して全国で約190万ヘクタールとなっている。

4　建築着工統計（平成24年1月公表）によれば、平成23年の新設住宅着工戸数のうち貸家は約28.6万戸で、2年ぶりに増加した。

問題 49 土地に関する次の記述のうち、最も不適当なものはどれか。

1　台地は、一般的に地盤が安定しており、低地に比べ自然災害に対して安全度は高い。

2　台地や段丘上の浅い谷に見られる小さな池沼を埋め立てた所では、地震の際に液状化が生じる可能性がある。

3　丘陵地帯で地下水位が深く、砂質土で形成された地盤では、地震の際に液状化する可能性が高い。

4　崖崩れは降雨や豪雨などで発生することが多いので、崖に近い住宅では梅雨や台風の時期には注意が必要である。

問題 50　建物の構造に関する次の記述のうち、最も不適当なものはどれか。

1　鉄筋コンクリート構造の中性化は、構造体の耐久性や寿命に影響しない。

2　木造建物の寿命は、木材の乾燥状態や防虫対策などの影響を受ける。

3　鉄筋コンクリート構造のかぶり厚さとは、鉄筋の表面からこれを覆うコンクリート表面までの最短寸法をいう。

4　鉄骨構造は、不燃構造であるが、火熱に遭うと耐力が減少するので、耐火構造にするためには、耐火材料で被覆する必要がある。

〈本書へのお問い合わせ〉

本書の記述に関するご質問等は，**文書**にて下記あて先にお寄せください。お寄せいただきましたご質問等への回答は，若干お時間をいただく場合もございますので，あらかじめご了承ください。また，**電話でのお問い合わせはお受けいたしかねます**。

なお，当編集部におきましては記述内容をこえるご質問への回答および受験指導等は行っておりません。なにとぞご了承の程お願いいたします。

郵送先　〒171-0014
東京都豊島区池袋2－38－1
㈱住宅新報出版
FAX　(03) 5992－5253

法改正等による修正の情報に関しては，下記ウェブサイトでご確認いただけます。
情報の公開は2025年版発行までとさせていただきます。ご了承ください。

https://www.jssbook.com/

2024年版　パーフェクト宅建士過去問12年間

1991年12月12日　初版発行（旧書名 パーフェクト宅建 過去問10年間）
2018年12月21日　2019年版（改題版）発行（旧書名 パーフェクト宅建の過去問12年間）
2020年12月28日　2021年版（改題版）発行
2023年12月19日　2024年版発行

編　者　住宅新報出版
発行者　馬場栄一
発行所　㈱住宅新報出版
〒171-0014 東京都豊島区池袋2－38－1
電話 (03) 6388－0052
https://www.jssbook.com/

印刷・製本／㈱ワコー　Printed in Japan
落丁本・乱丁本はお取り替えいたします。